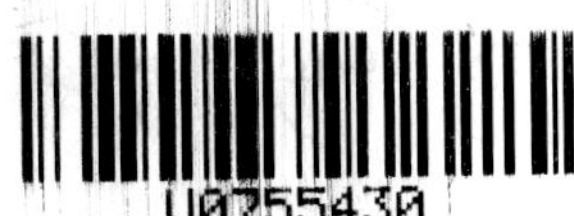

清末民初文獻叢刊

撫吴公牘

（上册）

［清］丁日昌 撰

朝華出版社
BLOSSOM PRESS

圖書在版編目（CIP）數據

撫吴公牘 ： 全3册 / (清) 丁日昌撰. -- 北京 ： 朝華出版社, 2018.9

（清末民初文獻叢刊）

ISBN 978-7-5054-4332-7

Ⅰ. ①撫… Ⅱ. ①丁… Ⅲ. ①洋務運動－史料 Ⅳ. ①K256.106

中國版本圖書館CIP數據核字(2018)第183621號

撫吴公牘（全三册）

作　　者　[清]丁日昌

選題策劃　楊麗麗　尚論聰
責任編輯　胡　泊
特約編輯　齊　芳
責任印制　張文東　陸競贏
封面設計　劉敬偉

出版發行　朝華出版社
社　　址　北京市西城區百萬莊大街24號　郵政編碼　100037
訂購電話　（010）68996618　68996050
傳　　真　（010）88415258（發行部）
聯系版權　j-yn@163.com
網　　址　http://zhcb.cipg.org.cn
印　　刷　藝堂印刷（天津）有限公司
經　　銷　全國新華書店
開　　本　880mm×1230mm　1/32　字　　數　401千字
印　　張　52.25
版　　次　2018年9月第1版　2018年9月第1次印刷
裝　　别　精
書　　號　ISBN 978-7-5054-4332-7
定　　價　390.00元（全三册）

出版前言

中國自一八四〇年鴉片戰争以來，傳統的農業文明在西方的堅船利炮轟擊之下徹底被顛覆，有擔當的知識分子苦苦追尋，思索社會改革的途徑。從最初的『師夷長技以制夷』到『民主制度，天下之公理』（梁啓超語），他們發現要『强國富民』，首先要『開啓民智』，祇有民衆擁有了獨立思想和批判精神，國家纔能實現真正的强大。在此後一百年的時間裏（一八四〇—一九四九），思想者們從社會變革深入到國民性的改造，用每一部作品見證着中國近代化的遞變歷程。這是一個極其重要的時代，《清末民初文獻叢刊》正是收録了這一時期的作品，大部分書籍都是早期版本，有着極高的文獻研究價值。

清末的中國經歷了『三千年來未有之大變局』（李鴻章語），大清王朝面對西方列强的艦炮，表現得驚慌失措。尤其是鴉片戰争，使『天朝帝國萬世長存的迷信受到了致命的打擊，野蠻的、閉關自守的、與文明世界隔絶的狀態被打破了』（《馬克思恩格斯選集》）。一批士大夫知識分子，尤其是在歐美諸國擔任使臣或者游歷的知識分子最先覺醒，着眼于對西方國家的考察，進而反省本國政治制度的劣勢，可以視作『啓蒙』的端倪。如曾擔任駐英公使（兼任駐法公使）的郭嵩燾在《使西紀程》中以日記的形式記録了自己對歐西諸國的觀感，他在考察了英國的政治制度之後，發現英國政府官員收入超過三百磅者與普通老百姓一樣同等納税，他説：『此法誠善，然非民主之國，則勢有所不行。西洋所以享國長久，君民兼主國政故也。』他明確提出了『民主』，在國家的管理問題上，人民也有參與的權利。他在該書中所披露的西方政治、經濟、文化等領域優于大清帝國這一事實觸動了保守派的神經，立刻遭到保守派群起而攻之，進士何金壽彈劾他『有二心于英國，欲中國臣事之』，他家鄉湖南的民衆對他更是痛加詆毁，以至于滿城揭帖，誣蔑他『溝通洋人』，在這種群情洶洶的情況下，朝廷最後下旨將《使西紀程》毁版，從而使該書成了禁書。然而，書雖被毁版，却不能堵死民衆的傳播與閲讀的途徑，上海的《萬國公報》依舊連載該書，張佩綸曾説：『朝廷禁其書，而新聞紙接續刊刻，中外傳播如故也。』從某種意義上來説，啓蒙是時代的需要，盡管清政府發諭旨禁了該書，民衆乃至一些朝廷大員却依舊在私下閱讀，以便瞭解外部的世界。進步的社會是開放性的，任何企圖『閉關鎖國』的努力都意味着歷史的倒退，衹有開放，與整個世界文明保持同等的步伐，纔能實現真正的强國之夢。當大批知識分子走出閉鎖的國門，親歷了文明的洗禮之後，也就把啓蒙的智識帶回了中華大地。容閎的《西學東漸記》，梁啓超的《新大陸游記》，崔國因的《出使美日秘日記》等一大批作品介紹了海外諸國的政治、經濟、軍事、外交、文化。雖然這些作品在認識上仍然帶有時代的局限性，然而却是那時最爲珍貴的聲音。

另一方面，在學術上，中國文化母體內『經世致用』思想與資產階級思想相結合，也喚起了變革，以康有爲、梁啓超爲首的改良派試圖通過自上而下的革新以實現變革。康有爲的《新學僞經考》《孔子改制考》就是借經學之表論資產階級學說之裏的著作，康有爲的弟子梁啓超更是通過《新民説》一書提出國民性改造。與早期啓蒙者『師夷長技』的器物文明引進不同，梁啓超上升到形而上的精神領域，從文化心理上更加徹底地進行變革。梁氏是清朝末年到民國初年一個橋梁式的人物，被譽爲『輿論之驕子，天縱之文豪』，其影響力不但在學術領域，同時還在文學領域，他所倡導的『詩界革命』得到了譚嗣同、黄遵憲、丘逢甲等人的響應，黄遵憲的《日本雜事詩》，丘逢甲的《嶺雲海日樓詩鈔》都體現了這種主張。這一主張要求反映新的時代和新的思想，用『我手寫我口』（黄遵憲語）的方式直抒胸臆，對長期占詩壇主流的擬古主義、形式主義產生了巨大的衝擊，解放了寫作者的心靈和頭腦。

與社會變革同步的是早期對西方思想著作的翻譯，這裏面影響最大的是嚴復，他翻譯的《天演論》《社會通詮》等書直接孕育了民國一代的知識階層。魯迅、胡適等人在文章中都曾提到《天演論》對他們思想所產生的震撼。與嚴復略有不同的另一位翻譯家是林紓，他的譯作雖然參差不齊，但却在更細膩的心靈層次對讀者產生影響，許壽裳曾回憶，他和魯迅都熱衷于林譯的小説，如《巴黎茶花女遺事》《黑奴籲天録》《迦茵小傳》等作品。

辛亥革命之後，進步社會思潮成爲主流，比之清末思想啓蒙者『求存』的追求，民國以來的知識階層深入到了更加細微的肌理，一方面呼唤社會變革，另一方面進行點滴的建設，革命并不能使所有的一切一蹴而就，在更加深廣的領域，事物的改變是由微觀而宏觀。通俗地説，比之于革命，建設的意義更大。如《中國商業史》《中國教育史》《中國倫理學史》《中國哲學史大綱》《中國小説史略》等一大批作品都是進行系統的梳理與建設的理論作品。其中，以胡適和魯迅二人的影響最大，他們的作品一紙風靡，從而成爲新文化運動的主力人物。

《清末民初文獻叢刊》收録的文獻大致上可以分爲三個階段，其中龔自珍、張之洞、魏源、郭嵩燾、薛福成等人的作品可視爲『早期啓蒙』，康有爲、梁啓超、黄遵憲、嚴復、林紓等人的作品可視爲『中期啓蒙』，胡適、魯迅、蔡元培等人的作品可視爲『晚期啓蒙』。當然，這種劃分并非嚴格意義上的，大部分啓蒙思想者隨着時代的變化，其思想在不斷進步。縱觀整個近現代史，可以發現，要求變革不是在某一個領域，由某一類人發起和完成的，而是全社會的要求。變革，已經成爲全社會的共識。

從清末民初的文獻中，我們能够發現一種豐富性。這些作品涉及政治、經濟、軍事、教育、外交、宗教、心理、情感等方方面面，從内而外地净化着中國兩千年以來的封建積習。它不衹是對社會的改造，更是對人心靈的重塑；它首重國家社會之建設，同時亦重靈魂心智之唤醒；它是宏大的，也是微觀的；它是嚴肅莊重的，也是活潑靈動的；這些作品結構精巧，思想内容深刻，擁有濃厚的人文主義色彩，對推動社會主義建設，實現中國夢有重大意義，是近現代中國一百年來最宏富的智識與情感的寶藏。因此，整理這些文獻作品，無論是出于資料保存的目的，還是爲圖書館提供資料副本，都有不可估量的意義。

特定時代下的文獻，當它一旦形成（既指草擬，創作的完成，也指其成爲一個載體），就不可再複製了，也就意味着它將面對消亡。對于文獻資料而言，越接近歷史事件發生的時代記録，越具有研究價值。文獻本身具有不可再生性，它衹會消亡，而不會增多。盡管文獻本身的文字可以保留下來，并進行傳播，却失去了當時的時代氣息。當時的作品可能在技巧上，文字的成熟度上不及當代，但它所負載的信息，創作者的情感都反映了當時的歷史，也就是説，它具有不可替代的歷史意義。

影印的版本有三個特點，第一是擁有文獻的『原始性』；第二個特點是『未經改動的』；第三個特點是『歷史的原貌』。所謂『原始性』，也就是説，它是第一手資料，而非轉述的，回憶形成的；『未經改動的』，是指未被篡改、删節、挖補的；『歷史的原貌』是指在影印製作過程中，完全依照文獻的原來模樣……這樣製作出版的作品，無异延續了文獻的壽命。

近現代思想史上的一個最重大的思潮就是『開放』，從林則徐的『開眼看世界』到蔡元培的『兼容并包』，都是在倡導一種開放式的胸襟。而《清末民初文獻叢刊》最有魅力的部分就是『開放』這一主題，衹有融入到世界文明發展的進程中，中華文明纔能歷久彌新。

《清末民初文獻叢刊》編委會

二〇一七年四月十四日

凡例

一、《清末民初文獻叢刊》（以下簡稱『叢刊』）爲影印本，舉凡所用之底本，均爲該書之早期版本。有清末刊本，亦有民國印本。

二、《叢刊》均依底本影印，未予删改，僅代表作者個人觀點，不代表官方立場；原刊本有誤，不予校改，以保留文獻之原貌。

三、《叢刊》所用之底本，因時日久遠存在漫漶的情况，均進行了修復；底本闕文、印刷不清，均保留原貌。

四、爲讀者閱讀之便，《叢刊》中之舊底本目録未標記頁碼者，編了目次；原底本有頁碼和目録，未予重複編目。

五、爲保持文獻的原始風貌，影印本保留了原書書影（原書爲多册，則保留第一册書影）、扉頁等信息。所用底本無相應信息者，則不予妄添，以免錯訛。

目録

上册

中　册

下　册

皇帝御極之元年起家楨擢兩江知非其

任也堅辭弗許

疊旨促之行悵悵然不知所為恒滬間揭

傷丁公在焉修謁乞指迷援以梅吳公

牘於舟中讀之大自興奮立教安內攘外

諸政毖於雀角鼠牙之細故射魚弋

鳥之常經，坐恐畫指算，條舉縷析，胡還抑滌，胡嶽抑彰，大要以濟其治民人心者，本詞所不能盡其意，尚想乎其有餘。公撰吳時，江南底定三年耳，其發民氣凋因，兼荒益瘡痛，弥生其多，都邑殘丘，失舊規，蕩然，其治放紛，紛不可理

啓瘁神殫精擘設條教抉剔弊源兩年
之間奸蠹斂手閩左蘇息上下康乂甫然
甚然何其偉也夫學之體猶日也學用猶月之
光也月之體無時明故光無時蝕學之體
貴時究極用無時周　召劉健篤實之德
尊蔡邈見素質之中而變權之以人情參之時

儻知坐可言者起可行所謂由體達用即用

見體者歟倘不善師心者拘襲形迹分分而

度之寸寸而忖之且恐貌合神離泥乎摸

私攻蜚讆之口積羽以冀折軸聚蟁以希

漂山更於公何損哉此之所關入

朝也

天子特詔 公襄辦北洋事務於
命總理船政未幾復有 撫閩之
命一歲中
恩旨稠疊
上之知 公可謂匹矣 公謙讓未遑世每不盡
公夔然蒞撫閩海讀是編者爲閩疆第

闈昧無似又頹廢耕支自拯付罪公之舊

治未由踵公成蹟用副吳人所以望公其實

心愿焉公其何以發吾病而藥之

光緒戊子倖官部民沈樣揆再拜書

丁巳戊辰間江南既平吏事放紛民氣渙散時揭陽
丁公以江蘇布政使任巡撫稔知癥結之所在抉擿隱
伏專通上下之情而豪彊大姓及吏之不奉職者皆不
便其所為日騰謗書百出百變公屹不為動一意興
革民用大和餘嘗得公批牘類為一冊命之曰丁公
實政錄今年夏遇公京師乃益遍觀此數冊其
嚴密者曰詞訟月報曰錢糧斗則告示此二者它省
或放而行之矣而未睹其效者何哉史稱黃霸為
條教班行民間米鹽靡密初若煩碎然其精力

能推而行之為人上者欲移風易俗而遇物渾〻其可乎今
朝廷任公以籌海之事公其往哉執簡以馭繁推誠以格物天下多事來者無窮　公其慎此身以塞
賢士大夫之望乙亥五月廿又四日翁同龢記

所謂太昔世精神周到燭幽
隱輕張儀封于北溟之　國初時任
習猶豫於信則錮蔽之源不惟不知
歲知後且王於騰讀書如畫
丈夫而振頓之哉讀羅之歎伯潘祖蔭識

乙亥冬　先生由津門赴閩達泉自海州馳至清江
謁焉言公私事既畢因陳海州水利不脩異日將成
澤國　先生曰吾前撫吳時函牘中言海州水利者
數矣當時欲撥鹽款大舉未能如願今果不幸多言
而中言畢太息達泉因請前言水利書　先生出撫
吳公牘見示前半言清訟清漕諸舉皆達泉在幕時
所經見後半則目所未覩其與前海州牧言水利事
指畫詳明雖親履其地者不能及且於海州書差蠹
民之弊言之尤爲諳切遂乞　先生弆此書爲趨步
之資　先生許焉此書前有常熟　翁侍郎序所謂
米鹽靡密初若煩碎而其精力足以貫之者也既回
署畧師效書中意義行之頗有起色丁丑秋達泉由

海州牧擢臺北守調　幼丹制府於金陵將辭　制
府曰吾初來江茫然無所適從乞　禹生中丞指迷
中丞授以撫吳公牘且屬爲點定荏苒三年矣擬爲
刊刻而訛脫處甚多無暇校勘今子長途多暇若能
爲之校刊有益於吏治非淺鮮也達泉曰然奈　先
生意不欲何　制府曰子不見于北溟之門人李中
素刊北溟政書乎其時北溟任兩江尚允中素之請
且公牘非他文比也子在　中丞門下久宜勿辭弁
授白金二百爲刊資達泉起應曰諾受書而行則見
與　翁侍郎所序本詳畧稍殊而此本多加函加標
數則卽　制府序中所謂辭所不能盡者意尚懇懇
乎其有餘也因將二本互校訛者正之漏者補之多

分卷數廣覓刻工不一月遂竣事行將持此書詣門牆援李中素故事乞宥不告而刻之罪未知　先生其許之否也書既成因誌其緣起如此丁丑重九日受業林達泉謹序

凡例

一是書所言吏治多江北事其江南所舉辦如清訟均漕減漕價墾荒田釐賦役勸積穀懲奸胥興水利諸大端皆載在藩吳公牘中

一是書所載函牘前後位置似有錯亂有同治九年之事而載在七年者有同治七年之事而載在九年者達泉悉心清釐前半次序似尚不錯惟八年以後達泉已離幕中各文牘皆未過目故只可仍從其舊

一是書各篇目眉端有經　幼丹制府加一圈者當時未及詳詢所由迨後悉心細閱凡目上有圈者文皆無甚精義故從删汰其餘似亦仍有平衍者

擬請命於　先生再定去留

一是書凡圈點皆　幼丹制府原筆但未圈斷句讀眉目仍不清醒達泉竭數日夜之力每句各加一圈庶閱者一目了然

一是書原本凡札行某某函致某某多有姓名別號今概爲刪去但倉猝中恐未能盡歸一律

一是書文牘多係內稿或書吏擬稿而全改者或改至十之五六十之三四故往往有中間數語精卓而前後平衍者其全無改者不錄至函信則皆係內稿每當夜闌秉燭案牘高可隱人　先生無不親自稽核閱至百姓枉屈不能自伸或受書差陵虐輙撫膺戯欷凄然淚下或見勤政愛民興利除

弊諸事則呼幕僚相共欣賞此皆達泉在幕中所親見者　先生撫吳時甫逾强仕不半年而鬢髮盡白蓋憂能傷人也

一是書殆係吏胥所鈔故字畫多從俗寫今畧爲校正然爲時匆促耳目有所未周故俗字仍往往而有也

一是書原本十卷今因付梓期迫故分爲五十卷俾可分手寫刻庶易竣工

九月十八日林達泉校畢再記

撫吳公牘目錄

卷之一

飭提同治三年以前江北各州縣未結命盜積
案檢齊原卷送臬司核辦
行臬司
札沭陽縣記過并催淹禁人犯案
批阜甯縣稟大曹圖糧戸藉團抗完漕賦由
宜興縣詳武生雷德章郎雷志春率眾滋事請
革由
札飭禁燬淫詞小說
批江都縣詳徐天南上控蔣盛宗一案訊供請
示由
飭議崇明大丈沙洲辦法由
禁革報荒規費告示

卷之二

卷之三

淮安府詳安東王士烱控王㦤基挾嫌陷害勒
逼斃命訊擬由
卷之四
咨行嚴禁需索魚花船隻
署震澤縣稟到任後籌辦地方大畧情形由
飭禁捕捉田雞
批復蘇松太應道等核議水師章程
宿遷縣詳復有無未結命盜雜案由
批淮安府稟復安東王士烱遣抱呈控王㦤基
移屍栽害一案由
咨商威林密輪船停撤變賣解餉船隻酌派長
龍舢板

卷之五

札飭查明開徵不貼簡明告示各州縣詳記大
過一次
批常鎮道會稟普生莊船救生六濠口局一體
給獎並田租情形由
飭議挑除瓦礫章程
批泰州詳張陳氏被王二小逼詐氣忿服毒身
死獲犯驗訊由
批沭陽縣稟民情强詐辦公棘手情形由
會銜嚴禁各屬自盡人命親屬藉屍圖詐告示
批睢甯縣詳竊犯靳開永即靳繼先病故驗訊
由
批試用知縣稟積案內盜案情形請飭覆審由

卷之六

督院咨各業商民求請減免釐捐咨行飭議由

泰州詳軍犯王大盈小前經請減未奉部示請咨催由

批碭山縣民人陳萬里呈控被匪搶刦請飭提各寨長押交由

批臬司詳泰州曹毓琦挾嫌誣告差役匡洪藉差嚇逼致被告曹毓芝自刎身死審擬由

批阜甯縣申送四月分監押人犯册由

批阜甯縣稟清理積案並察查地方情形由

批淮安府詳阜甯孫卜本被押自縊案內鍾樹田已獲請將吳令頂戴給還

批徐州府申送銅山縣項秀文服毒身死案詳
稿由
批淮安府詳阜甯孫卜本被鍾樹田私押自縊
身死獲犯訊供由
咨請學院檢卷派書承辦闈務
山陽縣稟遵飭查禁淫書並呈示稿及收買書
目由
江都縣稟訪獲地惡楊五瞎虎等分別訊辦由
崇明縣詳文生黃澧將張丙榮私穽拷掠革審
一案訊明請開復由
卷之八
通飭禁革各屬招解人犯承差陋規案

簽商蕭縣民徐大坤救親情切砍傷孟廣大辜
限内因傷身死一案
通飭佐貳不准擅受
批山陽縣禀復查明並無未結自盡命案由
批興化縣禀復嗣後遇報自盡命案遵飭認眞
整頓一案
批新陽縣詳王應霖報無名男屍無憑相驗由
批蘇司會詳蘇省擬請開設文案總局由
批江藩司詳覆甯屬佐教留署毋庸仿照蘇屬
章程辦理由
批臬司詳覆揚屬裏下河州縣擬設腰站一案
並繳清摺由

沭陽縣監生胡官鵬呈控葉士榮之女係被包和尙等搶去致令羞忿自盡遣叩恩准提案親訊核斷

飭司將記過三次之員詳請撤委由

海州申閏四月分詞訟監押清册由

贛榆縣申四月分監押各犯清册由

蘇藩司詳各屬造送二月起至四月分止三箇月詞訟清册核明勤惰請分別記功記過由

通飭將奉文日期敘明由

青浦縣學會詳司事稟請修廟立案由

札飭蘇屬佐雜人員以後無論府縣如何稟留應一體駁斥

鹽城縣記功

卷之十

安東縣詳徐克榮被賊拒殺現獲佘老漢訊係

姤姦起意糾毆致死請更正由

飭司行查官封房屋給還房主

宜荊釐局詳城局被刦開摺詳報暨宜興縣陸

令通報獲犯由

山陽縣稟拏獲兇犯田星沅稟經漕院批飭正

法由

睢甯縣詳錢萬成被竊案內劉文卓等訊因栽

誣平反由

如皐縣稟詞訟月報開除項下註明舊票何日

弔銷差役姓名及現辦情形由

會示江北捐輸舊欠概行停免

咨行本衙門辦公條款

卷之十一

札飭整肅大祀章程

嘉定縣稟城鄉已辦義塾情形由

江陰縣稟遵設立義塾並添議章程由

桃源縣月報不符摘頂

宿遷縣申五月分詞訟清册由

淮安府詳桃源縣解役王明等疎脫徒犯吳南

煜一案訊供由

如皋縣稟奉批飭閏四月分上控自理月報稟

卷之十二

由

飭查上忙斗則告示有無浮勒

瓜口至觀音門口分設救生船局酌議章程請

示

東臺縣詳復遵札清釐詞訟月報辦理原委由

江蘇現任候補功過各員由

淮安府詳安東捐職程端義上控外委張致和

縱子張樺毀墳毆傷伊母等情一案訊屬子

虛就案擬結由

徐州府詳復碭山監生陳賡歌上控張存樸等

一案遵批查復由

淮安府通詳鹽城兇犯朱寶菖聽從郭恒沐圖

卷之十三

身死案

鹽城縣詳獲鹽犯呂愛堂因病交保醫痊提訊

詳辦由

賀節記過

崑山縣稟赶造上忙冊串告示一俟辦齊另報

啟徵由

洛商減免滬局房市坐賈空船各捐

江都縣稟現辦沙洲情形由

常熟縣稟到任後查辦地方事宜由

靖江縣詳顧瑞明控潘明山等迭搶賸穉等情

錄案詳請批示祇遵由

通州詳民人瞿志成上控吳成川等執械蜂搶

錢洋衣服牛隻一案詳復由

崑山縣稟到任後清釐案牘下鄉察訪情形由

沭陽縣銷大過一次由

豐縣稟前縣漏報監犯王潮賓等何犯應行咨
緝由

沛縣詳委驗豐縣監犯仇生郎仇存興病故由

臬司詳邳州魏四刃傷韓應廣平復於取供後
提禁病故一案核擬由

咨爵閣部堂裁撤蘇局所屬鋪捐

會銜裁撤鋪捐告示

通商大臣咨詢商號擬購輪船試運是否可行

錫山驛不填到站時刻行司申飭

卷之十四

海州詳覆奉發緊要排單硃標文件業經遵式

月報所有未奉通飭以前文札懇免補造由

密查崑山城隍廟捐何人爲首由

洛明丹徒令記過由

靖江縣稟現訊吳錫珠供無夥刦情事可否提

禁遞籍請示由

札飭金壇季貴林服毒身死一案飭縣另行訪

查詳辦

清河縣詳張金報葛泳磬被胞兄葛恆磬故殺

身死埋屍不失一案獲犯由

吳江縣詳潘曹氏服毒身死驗訊由

如皋縣詳李趙氏報伊子李建溺死在王琴圍

等溝內一案驗訊由

飭查碭山繳排單漏塡遲延

常州府詳木簰經由三河應捐撈河工費無傷

商力請照常開收由

安東縣詳嚴成方等訊非方同竊案內正犯仍

發回沭邑審辦由

江浦縣客民穆聚興控武進縣民陶德順一案

安東縣稟甫經抵任所有五月分造報各册應

請展限由

甘泉縣申五月分押犯花名清册由

太倉州稟奉飭設立社學遵辦由

卷之十五

獎一案請示

札飭徐海道查明無驛州縣添設腰站

督院咨覆滬局減釐大概情形

札查吳江縣申復公文先後是否相符

崇明縣詳奉飭查禁收買淫書據董稟辦議罰

各情由

卷之十六

海州誤會黏貼排單札飭更正

清河桃源縣會詳清河奉驗桃源花戶葉成如欠糧

不完差提自盡一案因屍子力求桃源相驗

後避匿不到清河無憑相驗仍由桃源填格

錄供由

卷之十七

併訊辦請示由

泰興沙洲局會稟復成洲民疑用儀門竇施丈進城乞恩開導勸散情形由

江陰縣稟奉飭辦蘆洲大丈現應如何辦理之處請示由

蘇司會詳前署丹陽縣主簿候補主簿稟訐印官叅革由

碭山縣詳黃瑞勝在監病故由

蘇藩司詳送開濬老劉河收支各款冊由

通州詳添設舖房跑夫接遞文報由

卷之十八

如皋縣稟陳玉樹上控陳鍾秀等遵辦情形並

呈供摺由

桃源縣稟花戶葉成如欠糧不完差提自盡一案訪明係由丁差詐贓斃命據實檢舉請賜飭府嚴辦并請從重議處由

蘇州府詳川沙夏廷棟上控牙甲黃成賄庇白拉書差姜承業等索洋不遂改帖寃禁說合報効等情一案訊明示遵由

臬司詳蘇州府督同元和縣承審崑山縣職員李溥上控已革武生宋玉田挾嫌闘禁並宋玉田閙拏投首一案核擬

蘇藩司詳長元吳三縣經徵六年分恤孤餘剩應否免提請示由

宿遷縣稟獲犯陸承謨等錄供請示由

海州稟遵飭添設跑夫遞送公文由

松江府轉詳婁縣詳革監朱清愼一案請示由

淮安府詳桃源孫寶奎被刦一案遵批審明前獲王倘揚等實非案內正盜請示由

丹陽縣詳科書臧壽芝侵吞田捐由

甘泉縣詳委驗高郵押所陳采卿泮芹服毒身死由

逼飭江北各屬同治三年以前積案免其解省由

東撫咨豐魚河道委員勘辦由

飭議開典

咨行紅單船經費由捕盜局給發由

松太道詳復給紅單船官勇薪糧并籌還粵省
墊給經費由

札委全丞赴桃源守提壯役榮標等解省

札飭倪道復勘海崇互爭沙地

蘇司詳崇明縣貢生黃文淵孝廉方正請考驗
由

卷之十九

太倉州稟遵飭請示上忙仍帶徵劉河工費歸
補由

蘇州營申拏獲槍船船夥張小五等並洋槍等
件解縣收審由

臬司詳覆禁革各屬招解命盜褋案規費一案

核議由

蘇城設立分局收留散勇送下關等局資遣回

籍告示

江藩司詳復教職領憑定限由

江藩司詳送高郵州珠湖書院六年分報銷册

由

高郵州詳盜犯鄭安邦聽封王炳元船接贓案

解府翻供復訊由

咨會蕭縣記過

札飭王聲金京控案内究出訟棍張本治發府

審辦

安東縣詳般萬成報有一男屍投水身死認係賊犯徐務屍身畏罪自盡驗明由

常州府稟呈武陽二縣學擬覆丁祭樂舞條款並示式清摺由

通飭沛縣詞訟案件漏報王署令記過由

飭查桃源會令奏叅案各屬奉文日期

卷之二十

札飭未結自盡命案迅速審結

批贛榆縣申送閏四月分監押册由

丹徒縣稟奉飭訪拏朱小患等一案訊擬由

靖江縣申五月分詞訟監押清册由

批蘇藩司會詳遵議禁絶槍船收繳器械由

飭拏郭顧氏案內訟棍沈鴻綸等查辦

飭議江北錢漕均平徵收章程

批淮揚道詳沭陽縣文生周寶溪上控丁役串攀押詐等情一案訊議請示由

飭查陸紀等遺犯改發案

蘇司詳常叅將未支廉銀應否酌放一案由

札飭教職不准擅受民詞到任時取結送查

批通州詳民人王球上控王興等昧吞遺產一案申請核示並繳鈔黏由

札飭鹽城縣密選幹役嚴拏耿德庭等解府審辦

金陵釐捐局詳揚城善後捐務停止並免追欠

項由

徐海道稟碭山陳萬里被刦上控督同委員審

定具詳由

徐海道稟睢甯匪犯張崇先等供多游移應否

發回請示由

徐海道稟請給還宿遷縣城守營頂戴由

崑山新陽縣會詳紳董蔣泰咸等稟覆積穀緩

至八年隨漕帶徵由

東臺縣稟送飭開出入用賬數目册由

阜甯縣稟吳學詩海船被刦獲犯訊認惟事主

並不請勘船亦不知何往與勘報格式不符

請示由

阜甯縣稟委員私押差役稟請查辦並自行檢
舉由
通州詳督審如臯命犯王川訊認疑姦用斧迭
砍胡兎子并伊妻石氏身死一案由
豐縣稟遵辦積案情形由
桃源縣稟奉委權理桃邑篆務現辦地方事宜
大畧情形由
卷之二十一
札飭將同治三年以前積案內已解府司者補
開清摺
會銜示諭海島居民耕種安業毋窩留盜賊由
崇明縣詳徵收錢糧照漕糧改收公費今後大

小戶一律均收由

鹽城縣稟亢旱日久沿海灘地查有蝻孽萌生

現已搜捕淨盡並辦理情形由

訪聞豐縣典史需索監犯使用飭道查辦

批豐縣申送五月分公文月報册由

批睢寗縣申送正月起至五月底止公文月報

册由

銅山縣申五月分詞訟監押清册由

大倉州稟添設義塾並撥充費由

會示沙洲老額概免補課新洲只繳正價章程

臬司詳贛榆縣民劉光孟劉光義互行京控一

案審擬由

查案請示由

碭山縣郭令摘項

蘇藩司詳復荆溪縣清理民山議減單費由

海州詳劉段氏因病身死訊擬由

淸河縣詳代驗安東張殿英服毒身死驗訊由

咨商籌辦江浙運京洋銅

浙撫咨浙省應解運津制錢此後改爲解銅

揚州府詳泰州陳滄洲控巫永榆案訊明由

揚州府稟泰州陳滄洲控案請示由

鹽城縣稟遵札密拏郭恆汰等情形並繳排單

由

蕭縣詳老孫三取保後在歇病故由

如皋縣詳陳學來報陳柏魁自縊身死驗訊由

卷之二十四

批東臺縣申送五月分詞訟監押各册由

批海門廳申送五月分詞訟監押及公文月報各册由

批桃源縣稟前獲嵇瀛來等三名訊非徐進被刦案犯業經分别解訊保釋補請核示由

批蘇松太道稟遵飭查議蠶桑水利由

札飭委署正印官一律定限赴任

批淮安府詳桃源縣丁差蓋林等向欠完錢糧花戶葉成如詐錢毆押致令自縊訊供由

批江震二縣會稟籌議育嬰堂章程由

吳江縣稟籌議社學經費添設四塾延師開館
由
鹽城縣申覆並無同治三年以前未解積案及
現應解勘命盜之案並繳排單由
臬司詳瓜洲司巡檢裁缺改設巡緝委員可否
毋須咨部請示由
殷丞解餉在桃源歇店被失一案札飭緝參
札飭將徐進被搶案內韓得勝等由府親提研
訊稟復察辦
王丞崇明縣會稟崇邑補課請照同治三年沙
洲章程辦理由
札查程滿淪起解文冊曾否詳司由

泰州申五月分公文清册由

泰興縣稟史正軺聽從史正虎等幫索豆欠將張史氏搭傷咽喉身死一案屢訊犯供翻異請提省或提州審辦由

金山縣稟呈刊刻金山田賦徵信錄由

咨行贛榆縣知縣張令等摘頂撤任摺片

札飭桃源五月分月報舛錯

飭查揚郡各善堂局

沙洲總局詳議覆崇明沙洲免予查辦擬具示稿請示由

武進縣會稟擬送現辦沙洲保甲條款由

飭議瓜洲司巡檢裁缺改設委員案請咨由

海門廳稟訟棍陳錫光避匿訪拏由

飭禁背娘舅弁挖取堤岸石塊

批沙洲總局稟請將沙洲辦有成效之江陰常熟印委記功獎勵由

批蘇藩司詳楊周二令領解京餉無誤請給外獎由

韓振鉞控案未列月報銅山記過由

批銅山縣詳委驗范寶華在押病故由

批桃源縣詳獲匪尹開太訊認圖財謀殺丁學保身死一案正法由

批震澤縣稟平望嚴墓二鎮設塾開課由

札飭巡查章程

酌擬巡查章程

韓振錢控案未列月報沛縣記過由

松江府知府楊守患病難痊請委員接署開缺

調理由

江震二縣會稟酌擬巡緝事宜由

徐海道稟復密查豐縣黃典史在任情形由

豐縣典史黃純熙違例擅受咨部斥革

楊州關詳請仍准填給執照免其復用紅單由

札發江北錢糧章程

通飭詿銷詞訟各案未便假手差役由

卷之二十七

批蘇藩司會詳核議禁絶槍船收繳器械一案

章程由

咨行查禁槍匪槍船器械勒令改造銷燬章程

批泰州稟地方情形由

通飭江北積案勒限三箇月審結辦竣由

飭撥洒掃會息本札

義塾已未辦各處開單查核飭催札

通飭查禁火葬

會銜札發江陰等縣免繳沙洲積欠價銀兩示

式由

咨覆漕院浚河利運

上海縣稟紳董議呈義倉積穀章程錄送請示

由

咨行現派許提督爲撫轅總營務處並統帶中
營
催查崇明王令挪用江甯善後捐款曾否解清
松江府詳復修築華亭海塘經費擬請分忙按
畝攤捐並呈估册由
奉賢嚴禁索費等弊
咨行江守報遵委接辦提調並留蒯道
丹陽縣申送七年十一月分宣講清摺由
宜興縣申送義塾子弟功課清摺由
丹徒縣詳送七年十一月分宣講清摺由
卷之二十八
銅山縣記過行司註册由

批桃源縣稟嗣後接奉憲文遵照歸入奉文之
月造報並整頓監獄書差情形由
批沭陽縣稟到任後正值勘辦秋災並逐漸整
頓詞訟由
批吳江縣稟淸釐詞訟杜弊安良由
批蘇藩司詳余維士等上控史懿初等藉捐索
費續飭查復請示由
札飭碭山縣積案究有若于起開摺送查由
批揚州府詳奉行設立養濟院舉行各善舉將
重甯慧因寺田撥作經費一案遵辦情形由
批沙洲總局詳訊明童恩霆等稟控王德懷等
一案大概情形現在解赴臬司衙門審辦由

批崇明縣詳江甯善後捐款現在尾欠應否一律免追請示由

批蘇藩司詳復奉賢不在丁田另徵雜辦漁課一案由

批吳縣稟各圖地保諭飭十甲里者舉充毋庸再由佐雜衙門投充由

批武進縣稟會獲事主費伯雄家劫案首夥各犯訊供請示由

批蘇藩司附詳震澤勸辦義倉積穀應飭另行詳辦由

吳縣申送七年十一月十二月分宣講清摺由

三首縣會稟請委員備辦丁祭祭品由

卷之二十九

淮揚築隄一事行道府察酌議辦

批睢甯縣申歷年未詳盜案開摺申送由

札飭查議海門廳徵收地漕銀數由

批蘇司詳各屬造送閏四五六三個月詞訟清
册核明結案較多各縣請記功一案由

批淮安府詳清河士民呈請撥除金吳二鄉代
攤沉糧

批徐海道稟碭山縣知縣雖無別劣蹟諸務廢
弛請改教職由

批徐海道稟徐屬各牧令詳報遲延處分寬免
由

酌擬候補府廳州縣銜參章程

札飭江蘇兩屬呈送月報改申爲詳

札司飭屬嚴密查禁差役需索

鄉約等事行司飭學按月開報由

輿圖局詳江北輿圖請飭在甯開局辦理由

飭府按月造送詞訟各册

札催京控各案迅速訊結並取遲延職名

簽駁甘泉胡老疤仔起意糾約毆鐵䄺仔等謀殺于謂成身死案由

簽崑山王劉氏故殺親夫王振庸身死又湯二等同謀共毆朱瀛翔身死二案審擬簽飭研訊妥擬解勘

申禁需索串票遞呈相驗各項雜費由

卷之三十

議請示由

批江陰縣詳議按田捐辦積穀由佃扣留代繳錢文由

批山陽縣詳委驗淸邑監犯葛恆磬病故驗訊由

簽飭鹽城周大圖船謀害劉文壇等一案審擬由司覆審

批沭陽縣稟風俗民情及到任後一切整頓緣由

飭禁上海船埠名目

札飭裁革淸江小車行頭名目

常昭二縣會稟境內得兩過多請開白茆大塡

以消積水由

松滬捐釐總局蒯道稟遵批交卸回籍一切局

務就近交杜道接收由提調稟商辦理由

松江府稟刊印卧碑文分給諸生並飭屬將廪

貢生監詞訟按季造册詳送由

青浦縣稟重建陳忠裕公祠堂並請列入祀典

春秋致祭由

札委徐令炳奎帶同眼綫馳赴常熟江陰密拏

逸盜窩家及豢盜捕保追起原贓稟解查封

窩主房屋聽候飭燬由

嘉定縣詳四月分詞訟監押並藩司公文各册

由

銅山縣稟應行註銷詞訟各案分別造呈彙銷

清册可否免入月報請示由

飭禁大戳名目

札催裁減丹陽科書章程由

吳江縣稟請毋庸設立社學由

上海縣詳戚義庭上控朱忠全等串捉擄物一

案查案詳覆由

蘇州營詳請酌留兵丁專令分處差防由

清河縣稟裁併船埠革除規費由

清河縣稟裁革夫車行頭禁絕規費請示由

淮安府稟覆山阜清桃四縣徵漕並無匿示浮

收弁送貼過處所摺由

分釐局稟嗣後各營增領額外之款應請由營

稟准行知照發由

阜甯縣詳孫秀章上控陳正猷等一案請銷由

丹陽縣稟駐洪亮被刦二案奉查匪等如何進

城出城及守城兵丁姓名移營查復由

催各屬同治四年後未辦未結命盜各案開摺

送核

示禁迎神賽會由

查催露柩會否收埋淨盡一案

蘇郡紳士潘編修等呈請籌還義倉存款由

江西撫院咨商籌辦海運事宜由

卷之三十三

婁縣稟到任辦理漕務情形由

飭屬修理橋梁

臬司詳吳江王導烇等共毆王萬坜身死一案

審擬由

淮安府稟覆清安二縣便民等河與挑一案由

疏通海屬水利

高淳縣稟匪徒繫帶石墩鐵桿擬式請示由

飭司核議蘇屬簡缺州縣應否仍歸輪委

飭查同治七年下忙告示有無浮勒

蘇屬漕糧告示分等行司

江屬漕糧告示分等行司

通飭遍貼銀米斗則告示並於串票內加蓋折

收錢數紅戳
徐海道稟委員查勘沭邑侯家河似應照舊啟
放由
各學月送宣講清摺彙別等第分記功過
卷之三十四
溧陽縣稟幕友品行端方並不常赴賭場由
飭查東臺縣監押人犯與牌不符
札飭密查如皋縣監押各犯與牌示不符
通飭各屬凡遇命案相驗嚴禁書差需索使費
勒石永禁
溧陽縣申送七年十一月十二月分宣講清摺
由

華亭縣申送郭友松詩文稿由

札查如東泰通各卡索費重罰

泰州興化監押各犯牌示無名飭查

淮揚道會稟漕范兩隄閘堤涵洞各情形謹陳

管見由

洛行江屬詞訟月報功過章程

寶山縣詳義倉積穀隨漕收繳籌議章程請示

由

札委朱丞勘丈丹徒袁振金控案灘地由

川沙廳詳淮法國胡總鐸函致姚和尚强娶楊

珠姐一案訊供由

徐海道稟復勘豐境不能另開支河幷請另委

會勘由

浙江撫院咨匯犯徐瀰漳等犯案地方無論何縣所屬總宜執法嚴辦咨煩核飭示復由

常鎮道禀如皋上年十二月分監押人犯漏列粉牌飭據明白禀復由

卷之三十五

外來遊民挖取塘岸石脚飭禁

嘉定寶山漕折告示行司

札查寶山等縣沙洲並積案情形

飭查武進縣驛丁尚萬春等剋扣索詐

飭查東臺縣糧書私押花戶

行查東臺縣浮收漕價

卷之三十六

南匯稿門袁姓等需索訟費飭查

飭查武進江陰靖江宜興書差需索

卷之三十七

批荆溪縣詳葉健芳茶葉行先後被刦獲犯由

分飭認眞遞送文報

奉賢浮銷倉穀經費欠解漕項行司查辦

海門廳稟各港口商漁等船仿照陸地煙戶編

查請示由

金壇縣稟到任情形並請免減津貼公費

管帶親兵副營補用副將袁九皐稟請批發月

需軍火由

安東縣稟奉拿朱東敔到案訊明鈔詳請示由

飭查未葬屍棺是否掩埋淨盡一案由

川沙廳申覆遵飭收埋暴露屍棺業已淨盡並

呈清摺由

通飭各屬牧令到任應將前任移交本部院公

文專案具報一案由

婁縣會稟會辦清丈大畧情形

上海縣申覆按月抽查義學可否由教諭抽查

由

卷之三十八

發監臨封條

崇明縣申送五月分宣講摺

丹陽縣稟請免減津貼公費

丹徒縣稟城內有匪徒圖刦追捕潛逃由

震澤縣會稟清糧六月內造齊田數按墟抽丈章程由

常州府稟陳金桃案弔卷訊辦由

崇明縣稟勘明新漲各沙繪圖呈送由

札飭委勘言子祠墓廟宇

淮揚道詳山陽唐得勝糾同行刦葉昇泰錢店一案審擬由

簽駁臬司招解無錫縣匪犯章大幅等搶奪衛隴泉等行船案由

機器製造局稟續造第五號輪船現已飭匠改作兵船並現辦輪船情形請示由

臬司會詳議復保甲章程請示由

會銜出示招商買米免釐

臬司詳長元吳三縣寄禁寄押人犯病故記過由

寶山縣知縣稟請開缺回籍養親由

江甯府詳句容朱邰氏因姦謀殺朱兆貴身死案調縣督審由

甘泉縣詳王萬德自縊身死驗訊由

崇明縣詳五月分詞訟監押公文各册由

如皋令記過一案

常昭內河釐局稟夏季新換司事及原辦未調摺由

札飭將𦩎舉之通案人證提集訊辦由

江甯縣稟呈七言律文由

請飭東衛各船於歲底來滬兌漕

卷之三十九

咨行吳江令記過註册由

臬司詳籌議清釐京控案件章程遵批議詳由

華亭縣稟徵收錢糧自封投櫃由

阜甯縣詳設立保赤堂收養嬰孩鈔錄章程請

通飭各屬照辦由

臬司詳鹽城縣民楊西元京控成德昌等欠錢

誣姦一案請銷由

臬司會詳蕭縣提解京控人證遲延請記大過

三次撤任由

臬司詳蘇州府會審桃源縣家丁蓋淋起意串

同糧差曹幗拘提花戶葉成如私押嚇逼致

令愁急自縊身死一案訊擬由

臬司詳桃源壯捕戎標等挾嫌捉拏王得勝等

私行逼認爲盜一案遵批核議詳復由

催飭將示禁迎神賽會遵辦緣由具復

臬司詳元和陸會山借猪載賣河凍阻滯致母

陸陳氏乏用愁急自縊身死訊擬詳咨由

松海防翁丞會稟請咨直東等省招徠東衛船

隻由

元和震澤二縣會稟徐汝福金輅被刦各案已會委

臬司詳溧陽龐德郎王其洪聽從逸犯趙有順郎李大罄謀砍張永壽身死同行並未加功一案核擬由

臬司稟清理積案力求祛弊由

海州詳孫首夫提禁患病一案驗訊由

出示勸石變通蘆洲丈期嚴杜需索丈費

卷之四十一

通州會詳江金球控案會同審擬請示由

批統領蘇防各營稟查薛游擊等私自將礮出營請查辦由

臬司詳解部駁通州盜犯王彬等出洋行刦拒傷事主葛堯封等並許福張嘉福受傷後失

金壇縣稟徒陽欠解考費無從撥解請酌撥釐捐濟用由

臬司稟提省審辦各案人證擬請訊明後由司府先行省釋請示由

蘇司會詳候補直隸州知州等委署震澤縣知縣等缺由

江陰縣稟清查廟產撥作義塾經費請通飭查辦又單稟僧一清等聚衆圖控由

蘇州府詳各州縣承緝盜案酌定勸懲功過章程遵批議覆由

鎭江府詳溧陽張巧生懷疑姤姦殺斃三命自刎身死應否剉屍請示由

宿遷令催提案件遲延由府記過轉飭一案由

松滬捐釐總局詳五月分各局捐款月報收支各册摺由

淮揚道詳清桃界溝勘估興挑請彙案會奏由

淮揚道詳覆勘新安河道請照原估籌款興挑由

高淳縣稟奉刊嚴禁蘆洲丈費告示照搨碑摹呈送查核由

直隸督院咨機器局詳六年四月至七年九月製造輪船用過洋稅

札飭睢甯縣經書提訊由

丹陽縣詳王甘霖被刦勘訊由

飭屬刊碑禁絕丈費計鈔示

常州府詳六月分詞訟監押公文册摺由

酌留淮軍一成洋稅抵作機器製造局用款咨

商一案

札飭京控提解遲延申明定章

札催沭陽程張氏京控　奏交速審

催議清理京控各案並查委員幫審到省日期

南匯縣申送六月分宣講清摺由

前徐河後幫千總蘇文魁稟裁丁欠款請飭鈔

蘇糧道申覆奉提減漕輕賫會司催提屬欠漕

項湊解由

䧮監追由

行臬司催桃源韓得勝等一案核詳

江都縣詳據職員黃逸雲稟仿金陵典章在揚城試開原章變擬二條可否准行請示由

金匱縣稟查李容照控案並開該圖積欠漕銀摺由

鎭江府稟鎭郡善堂請俟考試後清查由

札飭臬司將押發之葉金生等飭府提審由

卷之四十三

札發程張氏京控駁審計發解批一件

海門廳詳韋厚之被竊勘訊由

機器製造局稟訂請美國金階理繙繹酌送薪水由

揚州府詳興化縣舉人王春旭等訊無率衆鬧

漕情事詳請開復由

札催委員等覆試

蕭縣稟辦過保甲情形由

新陽縣稟辦理保甲情形並章程由

臬司詳新陽縣地保嵇大踈脫軍犯石小猪一

案復訊議擬由

蘇州府詳六月分詞訟管押公文各册由

金壇縣稟擬辦保甲章程由

臬司詳江甯張佘氏僞造聯照描摸關防誆騙

得贓核擬由

江藩司詳故官王布政請祀名宦一案迄尚未

及請撥欠發錢文由

江陰縣稟上年啟徵熟田應徵上忙銀兩擬請

照額全徵其剔出淹田緩至下忙察看併徵

請示由

山陽縣詳候補同知直隸州知州王牧病故日

期家屬扶柩回籍治喪由 計發護照一張

校核江屬下忙告示

校核江屬冬漕告示

吳江縣稟勸諭築墟並示禁各種惡習由

江蘇兩屬未造忙漕斗則告示單串各式記過

申飭一案通飭

蘇州府詳安東縣民周幗愛之妻許氏實係被

崇明縣禀各義塾辦理情形由

卷之四十五

飭查各屬積穀數目詳報

鎮江府禀徒陽運河挑工約需經費不敷請撥款由

清河縣詳孫繼沅等認刲孔憲儒布店訊供由

江海關道禀復進口半稅存票統抵正半稅現蒙指駮並狄司稅欲改舊章各情形由

佘御史奏禁蘇省蠹役計鈔黏

常熟縣詳訪獲民人陳慼金等疑賊綑縛曹阿四等致斃棄屍不失一案驗訊由

江都縣禀擬呈詞訟章程並差限簿式請示由

江都縣稟周汝誠私開小押請革衣頂並周汝

誠在寓自服洋煙身死由

札臬司通飭各府州廳縣清理監獄體恤罪囚

由

吳縣詳覆詞訟差票外加限單一案現辦情形

由

吳江縣詳委驗吳縣監犯陳幫輪病故一案驗

訊由

元和令記過一案由

銅山令記過一案由

贛榆詳六月分公文詞訟監押册結由

崑新清丈局稟覆奉提節省經費委屬無從籌

解由
臬司詳籌議清理京控案件章程摺由
淮安府詳阜甯縣事主崇如堂被刦案內李大等訊非正盜可否分別歸案另行確訊責釋由
海門廳稟嗣後上控人證請押發收審由
江藩司詳覆江都仙女廟杜康二仙顯聖請加封號由
江陰縣稟被毀木石橋梁由縣撥款捐廉建修由
高郵州稟遵飭示諭仿辦義圖妥議辦理情形由

鎭江府會稟覆勘徒陽運河擬請另造機器開
濬由
蘇滬釐捐萬分支絀應將淮揚水師酌裁三四
營畧資周轉由
金山縣詳送積穀捐錢清册由
上海縣詳送七年分帶捐積穀收解支欠各數
清册由
江海關稟官置輪船進出黃浦請派員查驗由
札飭親兵水師礮船營制章程
松江府詳送各廳縣帶收積穀實存錢穀各數
清册由
常昭二縣會詳紳士捐建昭忠祠請立案致祭

由
札飭釐局嚴禁卡勇稽阻商民船隻
松江府禀海塘總局距工太遠照料難周現在
覓房遷移由
丹陽縣會禀比追田捐先將實在情形禀覆由
崑新二縣委員李丞會禀呈奉定清丈更正用款準摺請
賜查考由
婁縣禀密查如有斂錢聚衆眞正教匪當即拏
辦由
咨商籌撥善後經費一案
武進縣禀民間置買產業祇准寫立絕契不得
告找告贖請示由

南匯縣申送七月分宣講清摺

蘇藩司詳奉催欠解布疋議先酌數辦解由

候補知縣馮令條陳清釐洋商地租酌改釐捐

整頓洋務考試人員由

太湖義塾飭令赶緊延師開館札

沙洲總局倪道稟密查各沙洲情形並請假十

日省親由

江蘇藩司會詳奉撥協黔兵餉委實無力籌解

由

淮安府稟請仍飭淮揚各屬勸修民圩由

卷之四十七

飭撥修志經費

署婁縣詳送各前令認解交案各款及已未解

數目摺由

貴州請餉委員請再增撥餉銀由

李軍門咨各營采辦煤炭咨請免釐

蘇藩司詳查辦各屬交代章程請示由

興化孫𧸃仔案飭提復訊解勘

松滬捐釐局稟籌防捐款抵撥善後經費擬請

儘收儘解由

臬司詳江都職員董恩霆等上控革書李賢才

等串設私局索騙得贓等一案審擬由

泰州詳民婦張章氏買贓畏罪服毒身死驗訊

擬詳由

牙釐局稟請減各府縣津貼公費並防兵薪糧
由
勒限查辦崑新清丈飭將印委紳董摘頂由
崑新二縣會稟八年分應辦積穀因民情困苦
緩至本年再辦由
長洲元和吳縣會稟三縣典史在任一年獄囚
並無疎失請予外奬請示由
武進縣詳請將　先賢祠田產基租歸公善堂
經理並請註銷前案由
鎮江關稟委查官置輪船一案擬請明定章程
由
飭司核減蘇省各典當利息議復

奉賢縣稟各典月捐可否充修志經費請示由

桃源縣詳倪汝昌牛車被搶拒捕放鎗轟傷來
富身死獲犯訊供由

蘇州府稟桃源盜韓得勝等一案現訊供情由

程紳肇淸稟請撥款舉辦賑施粥飯棉衣由

江藩司詳請註銷崔牧等記過江丞差欠仍請
改委崔收會追由

泰州稟揚郡八屬考試向歸一處供應並無津
貼陳明請示由

蕭縣稟添設書塾情形錄呈示稿條規由

札飭將署震澤縣甘令記過飭司註册

咨行奉賢縣韓令等記過由

丹陽縣詳賊犯王幅庚訊認行竊事主鄺鳳章家一案訊擬由

委查邳州圩董戴錫玲等勸派圩捐由

卷之四十八

催送交代款册清單並飭頒册式

常鎮道詳如皋令議自盡命案已結復翻可否另起審限由州詳轉請示由

洋藥稅捐局稟陳通判可否札委駐蘇稽查洋藥請示由

吳江縣稟拏獲王盡臣等訊無迷拐情事遞籍由

江海關稟查驗輪船章程十條請示由

如臯泰興會詳奉委會審戴長玉殺傷丁文保
身死並遺火燒傷丁陳氏身死一案由

蘇藩司稟巡洋經費請示遵辦由

泰興縣詳童生張渠報被刦獲犯起贓訊供不
符勘訊情形由

吳江縣詳訪聞東珊圩圩甲馬洪業之幫夥馬
幅雲被馬盎齋等戳瞎兩眼一案辦理情形
由

札飭軍裝局所存藥帽全歸蘇防五營支用

札飭善後局撥給銀兩製造蘇防三營號衣戰
裙

催造交代款册並首府等摘頂記過

專提各屬存庫銀兩
江陰縣稟議挑東橫河情形由
上海廳縣會稟封雇沙船辦理情形由
清河縣稟訪查陳景福不甚安分奉訪陳姓訟
棍是否即係其人請示由
委解書籍
金陵釐捐總局稟請開復泰興縣張令泰興營
成都司頂戴由
溧陽教官記功
札催修理華亭塘工攤捐報銷確查詳辦
代辦中軍參將詳不在營盤當差各員弁可否
邀恩酌給薪銀由

卷之四十九

松滬釐局會禀崇明布捐查議章程歸併各局兼辦由

臬司會詳海州命盜重案應仍循舊由道勘轉由

札飭停免常郡布捐

咨行如皋周令詳報李建失跌溝內淹斃三案驗訊由

常州府禀諳飭所屬勸設義塾由

委沈道煌等辦理江陰通州沙務

沙洲總局禀委查通海各處沙務情形並請加札沈紳等襄辦及李庚年提訊由

安東縣知縣記功由

松滬總局詳崇明布釐應否准予邀免請示由

臬司詳青浦盜犯周庭九等審擬由

訪聞上元老農王元吉被委員枷責一案由

札催震澤縣稟獲盜陳大德等審明正法等六

案批查未復

催睢甯䘵標拼單詞訟監押各册

蘇藩司詳衛船來南查無不讓裝運各情請咨

覆由

崑山縣稟現擬辦理地方情形由

盛澤釐局汪令稟接辦釐務一載以來捐數較

前增收由

催邳州碭山縣積年未結各案訊擬勘辦由

蕭縣等記功由

泰州詳無名竊賊因事主孫長庚追捕戳傷後落水身死驗訊由

卷之五十

鎮洋縣稟浚河築塘由

臬司詳贛榆民朱湘糾毆王剛兒身死一案核擬由

金陵釐捐總局稟泰興界河捐卡連被搶燬請勒限飭拏並鈔呈匿名揭帖由

蘇紳請撥釐捐辦理各項工程行司局核議

陽湖縣會稟荒熟田畝擬請分別蠲減徵輸並呈圖摺由

機器製造局稟送配成備解總署機器淸摺並

圖由

後路營務處高道稟武毅營咨送官馬飭邳宿

二州縣喂養請示由

札飭丹徒縣等記過註册

山陽縣稟徵漕另加印單呈送各示式並保甲

示式由

桂道稟水師米價一款擬自八年正月起每石

折給銀二兩請示由

飭崑新印委淸丈田畝

松太道稟教練營勇可否俯如領事所請緩調

請示由

撫吳公牘卷之一

豐順丁禹生侍郎原本　　受業林達泉校刊

候官沈幼丹尚書評選

通飭行查淹禁人犯

爲通飭遵辦事據司詳邳州截留寄禁軍犯張五因案被獲照例擬軍安置福建咸豐三年二月准山東嶧縣遞解到州適值道路梗阻將犯截留恭逢歷次恩詔不准援減仍應解配之犯今於同治六年七月十九日在監病故由州驗訊核詳請咨等情到本部院據此查由蘇至閩道路疏通非一日矣似此應行解配之犯羈留至十餘年之久卒至瘐斃而後已可知歷任於監禁各犯從無過問之人江北吏治廢弛即此

已有明證亟應嚴加整飭以振頹靡除批司飭取歷任邳州淹禁應議職名專案詳參外合亟通飭札到該州縣立即遵照查明如有似此淹禁人犯即日提禁起解具報其截留問發陝甘雲貴等省遣軍流犯亦即詳司照章詳咨改發如再玩視忽延一經察出定行嚴參並提承辦經書重究不貸仍將奉文遵辦緣由先行呈覆毋遲切切特札

加標

應死之犯古人尚求其生今奈何於可生之犯必令瘐斃而後已哉撫牘摩挲良堪太息該牧令奉文後務即用心推求逐細確查有無似此淹禁人犯限三月初十以前稟覆切勿任聽書吏以一空稟了事也

札淮揚徐海通五屬州縣

切禱切懇。

示禁棍徒需索魚花船隻

爲出示嚴禁事。照得魚花一項。產自外江。種蓄內地。乃蘇浙鄉民一大生計。每居春深。各處商販。不遠千里。前往九江蕪湖等處。購買販運。惟魚子初生。細若鍼尖。端賴水活。船行。生機暢遂。稍有阻滯。立卽變壞。茲本部院訪聞上年魚花船隻。路經徒陽武陽。並江口橫越二閘。諫壁越河辛豐等處。仍有營汛弁兵關卡勇役。及閘夫地痞人等。暗中留難。沿途需索。以致魚花船隻。視爲畏途。殊堪痛恨。現居春融。蘇浙鄉民。瞬必前往外江販運。亟應嚴行申禁。以利遄行而重樹蓄除札甯蘇兩藩司暨各關局通飭所屬地方營汛關口局卡認眞訪查嚴拏究辦並咨黃李軍門一體示禁轉飭所部派防師船妥爲照料外合亟出示嚴禁爲此示仰沿途營汛關卡弁兵勇役及商販人等一體遵照自示之後凡魚花船隻經過關口鼇卡營汛地方無分晝夜隨到隨放不准片刻耽延在該員不過多費一番心事照料在百姓生計卽少一分折閱儻再有營兵勇役及地匪土痞人等仍敢如前需索留難阻擾許該商民就近指稟地方官立卽查拏盡法懲治本部院廑念民生務除積弊心思所及耳目必周言出法隨各宜懍遵切切特示

一出示幷通行各屬

批江陰縣稟嚴禁蠹役並酌議簽票章程由

差役無票尚可索詐則地保具結亦難免扶同爲之拔本塞源莫如平日嚴加約束遇案示期編審爲要蓋令嚴則役有戒心案結則票成廢紙矣此次如嘉定汪令所稟毋案止出一票亦頗簡要可行仰按察司核飭遵照繳

批嘉定縣稟覆酌議簽票章程由

差役藉票影射索詐多施之於鄉愚故明定簽票之法貴簡易不貴精微必使愚民易辨而後不致爲若輩所朦據稟章程尚屬簡明切當仰按察司即飭該令認真辦理尤以遇案作速審結隨時加意訪查爲要繳

同知李丞稟奉委崑新勘坍帶辦更正科則由

來稟閱悉查核摺開各條崑新二縣失冊圖分既有一百四十餘圖亟宜先行查丈清楚俾與有冊各圖合符原額即可蕆事惟魚鱗冊有關徵糧根本能否各造一分藉杜飛灑隱匿亦屬一勞永逸之策至該二縣科則太繁易滋獘混當此清糧更正之際設法歸併誠屬便民第辦理稍不平允或致變本加厲其應籌丈費據稱不分新墾舊熟每畝一律收錢四十文查該二縣成熟田畝前已收過每畝單費八十文此次一律統收在未繳各戶固所樂從而已繳各戶雖早收租米三年而單費浮出兩倍能否各無異議是概捐四十文之說可以絕隱混之獘而未足以示

畫一之規究宜如何區別方爲平允仰全書總局轉
飭遵照會縣妥議復核飭遵繳摺存

蘇藩司詳川沙夏廷棟控案人證延不解審記
過由

查夏廷棟所控皆在官人役不難一呼即至該廳將
原告之子先行解府被告則延不解審經本部院明
切告誡迄今徇庇如故實屬有意玩違應將川沙廳
加記大過一次註册以示懲儆仍勒限五日內提集
被控之經承姜承業牙甲黃成等一併解府審辦取
提解日期報查如再置若罔聞即行撤任仍候爵閣
督部堂批示繳

批太倉州稟遵札酌議簽票章程由

差票以無印者爲僞自屬正理若以隔月者爲僞在該州民醋事簡或尚可行若事繁俗悍之區不無窒礙所擬未爲盡善況在官多換一次印票在百姓必多出一次差費民脂民膏不可不思量及之也自不如隨到隨審隨審隨結更爲盡善盡美仰按察司酌核妥善章程通飭遵辦具復繳

札取存署詞批堂事原簿

爲札取事照得民間詞訟關乎身家性命專賴爲民父母者於收呈之初分別准駁既准之後速審速結本部院前在藩司任內一再諄飭並將詞訟及監押人犯按月飭報在案茲查各府州縣批斷詞訟向有存署之詞批堂事各簿係按期按日登註明晰本部

院昨赴江寧於經過各府縣業已順道取閱其餘各
處未經調核除俟彙閱仍即發還外合亟排單札取
札到該某立即遵照速將存署之詞批堂事原簿定
限文到日星夜固封遝送到院以憑彙核此係專札
特取之件只將原簿包封立刻即送不必另鈔塗改
致失本來面目幸勿刻延致干嚴查切切特札

加標

堂事批詞不免與詞訟月報小有參差本部院斷不
以此吹索務望放心將原冊於文到日連排單立刻
封繳本部院即照程限屈指以待幸勿刻稽爲盼

札松鎭太三府州并二廳二十二縣

批陽湖縣禀遵飭擬具簽票條約由

書役犯贓罪在不赦後世無庶人在官之祿欲納諸
軌物當恤其飢寒此探源之論也所議章程平易近
情尚屬妥協仰按察司核飭遵辦繳

飭提同治三年以前江北各州縣未結命盜積
案檢齊原卷送臬司核辦

爲飛札飭提事照得漕部堂移交同治三年以前江
北未結命盜積案業經本部院
奏請分別變通辦理鈔摺行司轉行遵照在案所有該
州縣未結積案除犯證已據解省者應毋庸議外其
餘應卽查照
奏定章程先將原卷詳送臬司核辦合亟開單飛提札
到該州縣立卽遵照將單開各案卷宗督承查檢齊

全鈔縫封固限文到三日內馳送臬司查核一面將某案卷宗已於某月日送司緣由連同排單專文報院查考其案內犯證概免提解所有從前出過提人差票文到即逐一弔銷不准片紙存留差役之手如或陽奉陰違致令書役藉端需索撞騙別經訪聞定行撤參提究儻內有必須提省審辦之案另候臬司核明原卷專札飭遵至此外如有同治三年以前未結命盜積案不在現札黏單之內者即非漕部堂咨送之件應與同治四年以後未結各案一體照常按擬招解統限四箇月完結不得誤會致有舛錯亦不准仍前懸宕致干嚴參本部院將於此甄別人才考察勤惰既已曲加體恤必不再任因循各宜自顧考

成。共圖振作。懍切懍速。特札。

加標

該牧令奉文後。限三日內。一面將卷宗解司。一面將解卷緣由。幷將所奉排單。填明到該署時刻。專文送院。以便按程核算。此係

奏明辦理之件。令在必行。該牧令如再泄沓遲延。或任聽書差舞弊。定即從嚴參撤。

札鹽城 東臺 碭山 睢寧 安東 銅山 邳州 海州 江都 豐 宿遷 贛榆 高郵 蕭 沛 沭陽各州縣

行臬司

爲札知事。據該署司申送江北積案。分別已未審解。及犯故酗歸外結三項。開摺呈送前來。查漕部堂咨

送積案尚有沭陽縣桑夢枉因續姦未遂戳傷本婦盧張氏身死一案犯巳病故業據贛榆縣於同治六年三月內奉委驗明詳報當經批司在案現送摺內漏未開除又豐縣詳遇

赦援免酌歸外結除孫連珠王聖布二案外尚有同時並詳之許庭現一案未據該司詳結摺內亦未聲明又徐海道詳宿遷縣賊犯路㥪夥竊謝氏行船一案又蕭縣民人粱谿子疑竊毆傷魯胡氏致令氣忿投水身死一案又蕭縣民人趙大八戳傷無名竊賊身死一案現經本部院查照原詳核咨均應扣除外其餘各案業經開單分札各該州縣先行檢卷送司核辦合行鈔札飭知札到該司卽便一體分飭遵照册

任遲延。切切特札。

札沭陽縣記過弁催淹禁人犯案

爲札飭事。據沭陽縣知縣申稱本年三月十四日。奉札飭查。如有淹禁人犯。卽日提禁起解具報。其截留問發陝甘雲貴等省遣軍流犯。亦卽詳司照章詳咨改發。仍將奉文遵辦緣由。先行呈覆等因到縣。奉此。除查案另文詳辦外。所有奉發排單。合先具文申繳仰祈查核等情到本部院。據此。查此案該縣於二月十四日奉札。遲至二十五日始行申覆。猶云查案另行詳辦。監內有無截留人犯。一言可決。有何難查。難辦。試問此十數日中。所辦何事。且文內摘敘原札案由。亦不明晰。該縣於本部院特札飭查要件。似此漫

不經心其玩愒已可概見應將該縣先記大過二次
除札司註冊外合行札飭札到該州立卽遵照嗣後
遇有行查事件務須趕緊詳晰具覆儻再狃於積習
泄沓玩違定干撤參不貸懍切懍速

札海州

批阜寗縣稟大曹圖糧戶藉圖抗完漕賦由

查大曹上下兩圖應完錢漕究竟已完若干尚欠若
干未據聲叙明晰據稟該二圖每年錢漕均爲豪强
者勾串糧差地保侵蝕入已可見良民並未抗欠且
糧差地保均係在官人役不難提案比追並將豪强
懲辦一二以儆其餘此風自可漸草乃率請會帶礮
船前往拏辦甚非催科良策設辦理不善轉致激成

事端。試問該縣能當此重咎否。所稟未便准行。仰江藩司即飭淮安府確查實在情形。通稟察核。仍候爵閣督部堂批示錄報。繳。

宜興縣詳武生雷德章即雷志春率衆滋事請革由

雷德章糾衆喧嚷。必有所以喧嚷之故。陳聚奎等因何向阻被毆。其中亦必有情節。該縣旣經驗傷提訊。自巳逐一問明。何以詳內並不聲敘。始則但云喧嚷。繼則以滋事二字。替却喧嚷二字。又闌入李敏成控案一節。逐漸接卸。殊屬含糊。請革武生一節。迹涉周內。甚屬可疑。仰按察司會同蘇藩司即飭常州府親提人證。查訊確情。據實詳辦。毋稍枉縱稽延。仍候爵

閱督部堂批示繳

札飭禁燬淫詞小說

爲通飭一體查禁事照得蘇省設立書局刊刻牧令等書並請

旨飭下各直省嚴禁淫詞小說以戢人心而維風化一摺經本部院於同治七年二月二十一日恭摺奏明行知在案查淫詞小說向干例禁乃近來書賈射利往往鏤板流傳揚波扇燄水滸西廂等書幾於家置一編人懷一篋原其著造之始大率少年浮薄以綺膩爲風流鄉曲武豪藉放縱爲任俠而愚民尠識遂以犯上作亂之事視爲尋常地方官漠不經心以致盜案奸情紛歧疊出殊不知忠孝廉節之事千百

人教之而未見爲功奸盜詐僞之書一二人導之而立萌其禍風俗與人心相爲表裏近來兵戈浩劫未嘗非此等踰閑蕩檢之說默釀其殃若不嚴行禁燬流毒伊於胡底本部院前在藩司任內會通飭所屬宣講
聖諭廣訓並頒發小學各書飭令認眞勸解俾城鄉士民得以目染耳濡納身軌物惟是尊崇正學尤須力黜邪言合亟將應禁書目黏單札飭札到該司卽於現在書局附設銷燬淫詞小說局畧籌經費俾可永遠經理并嚴飭所屬明定限期諭令各書舖將已刷陳本及未印板片一律赴局呈繳由局彙齊分別給價卽由該局親督銷燬仍嚴禁書差毋得向各書肆借

端滋擾此係爲風俗人心起見切勿視爲迂濶之言本部院將以辦理此事之認眞與否辨守令之優絀焉除俟恭奉
上諭再行欽遵咨行外文到仍將遵辦緣由及示稿先行稟送察核毋違特札

札蘇州江寗兩藩司并各府州縣

批江都縣詳徐天南上控蔣盛宗一案訊供請示由

此案詳覆尚不爲遲惟徐天南與蔣盛宗有不共戴天之讐蔣盛宗逃回病故何地不可葬而葬在徐天南田內殊不可解究竟徐天南是否徐福書之子其田內有無蔣盛宗之墳蔣盛宗葬墳之田何人出價

向徐天南承買有無契據中證爲憑何以徐天南甘心賣給未據查訊明確其中不無可疑鞫獄如讀書貴在得間疑竇所在卽肯綮所關當平心靜氣以求其理之所在理窮則情見理確則情眞不宜預存成見也仰再提監生蔣桂宗到案遵照前指查明蔣盛宗埋葬處所集訊確供另文詳奪繳

飭議崇明大丈沙洲辦法由

爲札飭會議事照得崇明聚沙成邑坍漲靡常前人定爲三年一丈俾符額賦其買賣推收亦於三年居丈之期改戶承糧法甚善也無如日久弊生近來徒有大丈之名其實並未勘丈不過戶總各書藉此斂費而於公事毫無實濟今有人開送節畧前來應如

何釐剔弊端以期民無受累賦不虛懸合行鈔發飭諭札到該廳立卽會同沙洲總局蘇藩司體察情形妥議具覆以憑核奪毋違繳

札蘇藩司
沙洲總局

計鈔節略

謹按崇邑聚沙成邑坍漲倏忽以戶領坦不判都圖前人定爲三年一丈俾符額賦其買賣推收亦於三年屆丈之期改戶承糧謂買賣改戶之推收法固甚善無如田土案卷全歸戶總而戶總引糧書爲爪牙以遂婪索推收之費糧書之能爲戶總斂費者戶總必親信之不能斂費者戶總必勾引訟師多方以陷之邑宰知糧書之斂費則設大丈費名目以分其潤而戶總糧

書。因官得陋規。葢覺肆行無忌。故名曰大丈。其實尺寸未丈。不過將三年中漲者起賦。坍者除糧。應升者升。應減者減。俾合乎定額。其漲沙則均撥里排。以酬其催賠大糧之苦而已。今欲掃除積弊。則必勒石嚴禁。以紓民困。然大丈費可以禁絕。而推收不能廢。里排不能廢。漲坍升減之制。更不能廢。何也。業戶買賣。例應改立新名。承完糧賦。苟因書辦斂索。而弁禁推收。則辦糧無的戶。而纏訟不休。催科匪易。是推收之不能廢也。邑無都圖。一戶之產。交涉數坵。勢難按圖索戶。不用里排。則莫能催賦。且人亡地坍之戶。尤須里排賠墊。苟三年所漲之沙。竟不均撥里排。則無利可圖。不肯催賠糧賦。竟無辦法。是里排不能廢也。新漲之處。一二年每成高阜。儻三年後仍不取賦。則豪強者得以踞佔。其毘連鄰境者。必遭鄰境之侵吞。滋訟日紛。民無休息。坍没之處。窮苦流亡。儻三年後仍不豁賦。則貧民旣不能賠。里排又不肯墊。額賦竟虞虧折。且應減應升之處。久不清釐。以均甘苦。則人必藉詞推諉。訐訟日興。是漲坍升減之不能廢也。然則三年一辦。漲坍升減之事。乃剔弊清源之良法。不比別邑之漸漲漸坍。可以十五年一辦也。唯各戶之推收。不關大丈。亦不必定以三年。似應酌定每畝許收筆墨資一二十文。凡買賣成交。均可隨時報明。改立的名。承認完糧。一面將糧書所收之推收費及所出之大丈費。永遠禁革。訛索者究治。如能將戶總名目一併革除著令公舉妥書輪辦田土事宜則弊源永剔至於漲者之均撥起賦坍者之查明豁賦應升應減者之彙案勘辦一照舊章三年一辦由縣酌給經費則民力均而積弊除矣如欲并革里排則姑俟今年大丈辦完後檄委幹員將闔邑田畝逐細清丈劃出都圖另造鱗冊則催追大糧可以按戶而稽不復立里排名目而新漲皆可召變矣然而有不便者三一清丈須三四年鉅費無著一坍戶逃徙無人賠墊一漲坍升減仍須三年一辦俾免糾纏不能緩至五年十年則究不如僅革陋規之較爲妥善

禁革報荒規費告示

爲出示諭禁事照得本部院訪聞江蘇各屬每遇歲

功不齊旱潦歉收之區糧戶呈報荒歉該州縣書差保甲必多方勒索使費方能報案註冊蠲緩錢糧名爲荒費其弊已久其風漸熾有田雖荒歉因無報荒使費而仍徵糧賦者有田係成熟因出費報荒而轉得免徵者更有以甲區應免錢糧移歸乙區免徵而甲區仍行徵收者顛倒錯亂移坵換段以熟作荒以荒作熟弊竇叢滋難以悉數總由於書差之圖得賣荒使費高下其手而趨於是乎豪强之戶藉此挾制硬佔荒數懦弱之戶隱忍含冤賠完荒糧種種朦混病民實甚現在徵收錢漕已禁革大小戶名目均平定價收納惟此賣荒之弊尚未湔除小民深受其累急應嚴行禁絕以紓民困除通行各屬查辦外合行

出示諭禁。爲此示仰闔屬糧戶書差人等一體遵照。嗣後設遇水旱偏災卽據實查明荒歉區圖頃畝荒者報荒熟者報熟。勿得稍有牽混欺朦。亦不得再有賣荒買荒。及詐荒使費名目。如敢仍循積習。與受同罪。該書差保甲人等。應聽實被災歉之戶報案註冊蠲緩。不得留難需索。儻再私勒荒費。准該糧戶指名控告。以憑查究嚴辦。決不寬縱。本部院法隨令行。愼毋嘗試。懍之。切切。特示。

一出示

發告示札

爲札發事。照得本部院訪聞各屬遇有荒歉蠲緩。書差人等。勒索糧戶荒費。方能免徵錢糧。現經出示禁

草合將告示札發札到該某即便查收分發城鄉市
鎮實貼曉諭並遵示內指飭各情遇有荒歉蠲緩即
細心勘訪核實查辦務期徵免悉歸實在勿任書差
人等顛倒朦混并嚴行查禁賣荒買荒等費儻敢仍
循積習再行違犯立即查明嚴行究懲該某徇隱不
辦一經查出定干叅究不貸仍將收到日期及遵辦
緣由具覆毋遲速速

計發告示二十道

札江蘇各州廳縣

長洲縣詳池戶朱魁山等求請飭委員彈壓需

索魚花船由

已據詳札行江蘇兩藩司松滬金陵省城各釐局江

海鎮江二關、蘇州城守營、常鎮各府縣、一體遵照。認眞訪查、嚴拏究辦。責成經過釐卡委員代爲照料。不必另給薪水。將來如查有需索阻滯情弊。卽惟釐卡委員是問。並咨爵閣督部堂暨撫軍門轉飭經過營汛、派委師船一體查驗放行矣。仰卽遵照。仍候本部院告示刊就。發交該縣面給池戶。自行沿途張貼。幷諭以如有兵勇地棍需索。立卽來省呈稟。自當照例嚴辦。若該池戶得此告示。便藉以訛索。同夥勒派錢文。尤當從嚴究辦。該令務當諄諄傳諭爲要。繳

飭應道等挑選兵槍等項聽候委員解赴　總理衙門

爲札飭事。照得現承准　總理衙門函開捻匪自入

直以來蔓延深州饒陽一帶各路大兵雲集兼以神機營派出馬步各隊分赴要隘扼劄需用軍火爲數甚鉅亟須酌量添製卽望籌款撥解多多購辦設法由海道解送𣲖來價值若干並望先期函悉等因承准此本部院昨在上海詢問該局現在洋行只存有法國本家兵槍一千桿卽由劉道議價核減挑選一千桿所有價值照案關局分攤並提局存大銅帽一百萬一併聽候委員由海道運解勿遲切切

札上海道應督辦軍火局劉道

云云准此除札軍火局外該局卽湊備自造洋槍一百桿火箭筒一架火箭二十桿聽候委員由海道運解勿遲切切

札督辦機器局沈馮守

札飭碭山縣查復淹禁人犯遲延記過

爲札飭事。據署碭山知縣申稱。蒙札飭查如有淹禁人犯。即日提禁起解具報。其截留閩發陝甘雲貴等省遣軍流犯。亦即照章詳司改發等因。遵查卑縣監內並無截流閩發福建及陝甘雲貴等省遣軍流犯。查明申復到本部院。據此。查此案前因各屬。惟該縣一處未據復到。正在行司摘頂間。據申前情。應免其摘頂。惟二月十九日奉札。至三十日始行申復。究屬遲延。應將該署碭山縣知縣記過一次。以觀後效。除札司註冊外。合行札飭。札到該司府立即遵照註冊轉仍通飭行知照。毋違。所屬嗣後務須振刷精神。遇事上緊認眞辦理。不得泄沓從事。致干重咎。懍切慎切。再原發排單文封。未據附繳。並飭該縣備文呈送查核。毋違。

札江臬藩司徐州府

通飭各屬犯證病故等案據實詳請銷案

爲通飭遵照事。據海州陳牧詳解林格傷竊賊陳汰平身死一案。該犯於取保後病故。犯屬屍親遠出無從查傳。案延數載。與其日久掩宕。莫若據實具詳請銷等情到院。據此。除批示外。查各該州縣於應詳應解案件。原應赶緊辦理。此案因該州原詳未協。駁飭復審。嗣因犯病取保。以致延閣多年。據稱犯已病故。雖未取具切結。自應准予銷案。此外如有似此之案。亦即據實具詳請銷。以清塵牘。除通飭江蘇各州廳合行札飭札到該某縣遵照辦理外。合行札飭。札到該司。立即通飭。一體立即遵照查明。如有似此之案。即行據實詳請銷案。

遵照辦理。毋違。

如無亦即具復。毋稍玩違。切切。

札臬司江蘇各州廳縣

加函致司

舊日不能清之案不銷。則現在能清之案愈積。陳陳相因。牧令眞如一部廿一史。不知從何處說起。安得不視同陳債。屢約屢延乎。鄙意凡同治三年以前之案。擬爲

奏明變通辦理。庶幾舊案可冀速了。新案亦不致紛如亂絲也。明早即請惠臨一商。

會督院銜咨浙協濟前敵軍餉銀十萬兩解蘇

轉解

爲咨會事。竊照前敵諸軍追勦捻逆。需餉浩繁。年來

江蘇供應悉索待盡現在前敵嚴催無以應急若不預爲籌措儻致兵勇譁潰大局何堪設想應請貴部院於浙省藩運各庫無論何款內酌撥協濟銀十萬兩委員解蘇轉解俾濟軍需相應咨會爲此合咨貴部院請煩查照希卽迅速籌撥委解來蘇足紉公誼望切施行

咨浙江撫院

常鎭道詳泰興監生施澤阻撓團練糾搶勒索一案請銷由

前署丹陽縣吳繩祖在十平洲所辦諸事皆不可問黃寬被控之案甚多施澤與黃寬殊塗同歸不過一流一物耳現在吳令已故此案姑准如詳完結儻施

澤黄寛等不能痛改前非如再經人續控仍當提案嚴辦並移臬司知照仍候漕爵閣督部堂批示繳

撫吳公牘卷之二

札委李董事親查內外洋面各山島

爲札委事照得現准爵閣督部堂函開會議外海水師章程查該董事生長崇明熟悉海洋沙綫兼諳算法合行札委札到該董立即馳詣上海稟商應道劉道並同管帶天平輪船之姚道管帶鐵皮輪船之李鎮等親歷內外洋面訪試沙綫深淺曲折並密確訪查盜窩究在何處盜船是否全係廣艇釣船抑有闗快白鼈殼同安魚蓬等船北自佘山五條沙南至小羊山大羊山岱山海石門澄江山魚山小乍浦山等處島嶼共有若干通賊者幾處接濟者何人何以能恩威並孚撫之使爲我用其能爲我用者應如何給

以記認使有辨別甯波上海岱山定海爲銷贓之地其受贓姓名可訪而知否上自山東下至浙江沿海形勝隘口可以建設礮臺者共幾處島嶼可以避風停船者共幾處其長江上自任家港下至十滧口亦一體查照前情一一繪圖貼說限一月內呈候洽商爵閣督部堂會議核奪本部院有譯出五大洲沿海形勝險要圖三紙一弁發交該董事攜帶前往藉資印證切切特札

札輿圖局李董事

批臬司詳蘇州府遵飭議給禁押犯證批差衣糧由

差役乃庶人之在官者苟未犯法猶吾赤子也豈可

不分皁白但見差役二字概以棍徒匪類待之哉州縣額設各役人數無多皆有承值事件欲其正身解犯進省勢有所難且一案解省由司而院動需數月若犯供翻異或因案情未協另行委審則更遥遥無期司府書差零星使費往往惟解役是問故正身差役多不敢來無非雇倩貧民乞丐頂名充數受雇者皆赤貧無業之徒冀伴犯進監得官捐飯食錢文以餬其口司府各役知其一身皮骨僅存別無所有亦遂無如之何而縣役轉藉雇替以紓其累則又有迫之使然者矣聞此等伴犯解役均係三縣捐給口糧然非用人得當隨時親自稽查則官捐十錢若輩僅獲其六七若責令原解州縣於起解之初豐其資斧

無論人犯在省時日之久暫不得而知經費之多寡無從預定卽使賢有司肯發婆心寬爲之備此等解役本非誠實之流但顧目前不免隨手浪費且或覬有贏餘本署不無侵扣之弊到省或轉有需索之人仍無實濟似莫如由三縣將此等伴犯解役留意撫恤所捐飯食錢文務令足資果腹勿任從中尅扣煥則清其居處寒則授以棉衣每月朔望與犯人一體點驗親加查問似較官樣文章差爲切實雖三縣每年多費一二百千而每年於此救濟數人保全數命不爲不值也諸君子其熟籌之仍錄報爵閣督部堂查考並候批示繳

批蘇藩司詳署武進縣小河司巡檢留署一年

請示由

本部院在藩司任時。凡署事佐雜。遇有民情愛戴。實能幫助印官者。准由該府縣出具保結留任。如該佐雜嗣後有違例擅受。及被人控告之事。卽惟該縣令是問。今署武進縣小河司巡檢期滿。據稱在任勸辦開墾諸事。認眞經理。員缺瘠苦。取具印結。援案詳請留署。雖非戀棧。究與實有承辦緊要事件者有別。應查明該員有無勞績存記可抵。如無外奬。卽作爲舊班署事一次。以昭公允。此等佐雜留署。今擬再爲變通。如在任一年。實係輿論翕然。由府縣出結詳准留任後。設或該員初終異轍。仍有前項擅受民詞經人控告犯案。或訪有貪劣實蹟者。卽將該管知府先記大過一次該縣先記大過二次果能如此辦理則准其留任亦未爲不可仰卽遵照循辦查明該廵檢有無弊案聲覆詳奪一面由司通飭各屬知照毋忽仍報明爵閣督部堂查考繳

批淮安府詳𢎞清河縣詳葉保珍被胡香泉等毆傷後服毒身死附詳由

案牘文字各有所本如情節則用律例內字面傷痕則用洗寃錄內字面語雖近俚實則無一字無來歷故天下之大情僞萬端而登諸公牘如出一手豈惟道一風同亦由斷繩切墨故閉門造車得以出門合轍耳惟江北州縣不然於盜案則好用擄字掠字以代搶刦等字於命案則好用剸字攮字以代砍戳等

字隨手杜撰不知其意云何如該縣前詳之撄字又其一也使各省案牘各操土音則刑曹將設象胥以通重譯又安用官吏核辦爲耶仰按察司通飭所屬嗣後驗報傷痕悉依洗寃錄字面爲準聲叙情節悉依律例字面爲準毋得戛戛獨造餘照正詳批示飭遵

會提督銜示禁遣撤兵勇不准逗遛在蘇迅速回籍

爲曉諭事照得本部院訪聞江北浙江一帶遣撤兵勇現在蘇省城鄉流寓者甚多該兵勇等遠道從征久經戰陣父母則門閭懸望妻孥則寤寐興思今幸凱撤放歸或保有官職翎頂自應及早還鄉慰骨肉

之離懷敘天倫之樂事乃竟逗遛異地殊覺不近人情且日久旅食無資必致別生枝節除通飭營縣嚴查外合行出示曉諭爲此示仰各該兵勇知悉爾等既經遣散各有家鄉務卽迅速言旋另圖生業自示之後限十日內一律起程如有逾限尚復在蘇耽延定卽嚴行查辦斷不僅以遞解了事至本部院標下所部水陸各營兵勇亦責成管帶將弁及營哨各官申明紀律隨時約束如有無籤外出者卽行重懲弁不准强賒硬買滋擾良懦途中如遇官長轎馬往來毋許衝撞無禮儻敢玩違定行從嚴究辦該管帶營哨各官切勿偏護縱容致干未便各宜懍遵特示

札行示禁開設戲館點演淫戲

爲札飭事照得工歌雖易俗所宜而聲色乃化民之末蘇省從前極盛之時水陸衝衢商賈駢集其時地方繁庶百物豐盈無業游民因得鳩集貲財開設戲館以爲利藪而來往富商大賈亦復騁懷游目樂極一時卒之天道禍淫兵戈歷刦舊日歌臺舞榭盡成蔓草荒煙固由氣運之乘除亦風俗之淫靡有以召之也現逢寰海鏡清民安其業創鉅痛深之後正歸眞返樸之時本部院撫輯是邦兢兢焉以正人心維風俗爲念第恐若輩狃於積習故態復萌或託詞於果報勸懲而藉端斂費或假名於招徠商旅而引誘愚氓非特財匱民窮無暇徵歌選色卽使地方日漸饒裕而四民各有專業亦當勿荒於嬉至因此而演

唱淫詞。男女雜遝。傷風敗俗。更無論已。除出示嚴禁。並飭蘇州府勒石永遠禁止外。合行札飭。札到該司道。卽便轉飭所屬一體嚴禁。嗣後城廂內外。不得再如從前之開設戲館。射利營私。儻有重葺園館。因而鳩集腳色演唱者。無論已未蓋成。一槪將房屋基地入官。仍將創造之人。從重究辦。地保鄰右知情不首。並予責處。其外府州縣城鄉。如有點演淫戲者。地方官一併嚴行懲辦。庶民知務本。財不虛糜。於以端風化而正人心。本部院實有厚望焉。毋違。此札。

札蘇藩司　蘇松太道　常鎮道

通飭一切公文及催查催提緊要事件分別緩急定限辦理

爲通飭遵照事。照得本部院前在蘇藩司任內。凡日接公文分別上要要件次要常件四項加蓋紅戳限定日期飭書辦稿繕簽不准遲逾延擱違者記過斥革至所發公文除尋常文牘不定限期照常趕緊辦理外。其餘催提催解以及事關民生軍餉停案以待者。由司酌定限期粘發排單飛遞各屬接到之日卽先將文到日期申復。一面依限辦理不得逾延。如有案款繁重實難遵限者准將實在情形先行具稟請展聲明定於何日復到該守令儻敢視爲具文不復不辦或既請展緩仍不副限者分別案情輕重以大小過詿冊小過積至六次大過積至三次者撤委曾經通飭在案甯屬各處亦應照辦除通飭外合亟札

飭札到該某卽便遵照辦理如本任隨後交卸卽將任內奉到本部院公文幾件何件已辦何件未辦專案移交後任由後任接辦具報毋違特札

札寧藩司寧屬各府廳州縣

通飭各屬詞訟立限審結

爲通飭事照得錢糧爲國計攸關獄訟爲民生所繫二者原可並行不悖惟今之州縣往往將撫字催科分作兩事不知催科卽寓於撫字之中果能勤求民隱刻刻懷愛民之念不使一夫失所天下無不可化之民卽平日著名頑戶當無不格心格面踴躍輸將何致藉口陽城自書下考耶本部院前在蘇藩司任內訪聞各州縣於詞訟案

件。其勤勤懇懇者固不乏人。而漫不經心者亦復不少。如收呈則委之捕衙。准駁則憑之幕友。而審與不審。則又惟門丁之言是聽。每有原被催訴。卷已成帙。一審再審。年久不結。其中卽不至顚倒是非。而百姓已拖累無窮矣。至羈押人犯。原因案情重大。或人證未齊。一時遽難定讞。不得不擇要管押。此乃聽訟者無可如何之舉。若錢債口角細故。兩造均又當面。不難片言折服。應無所用其管押。乃有不論事之大小。人之多寡。經年累月。久押不放。此尚是官押也。甚有家丁書差。狠狽作奸。將案外無辜之人。及案已訊明之後。暗地私押。種種情弊。毫無覺察。似此玩視民瘼。衆心鮮不渙散。而欲其踴躍完糧。其可得乎。蘇屬賚

經通飭在案甯屬各州縣諒亦同此情弊除逕札飭
合行札飭札到該司立即轉飭所屬一體遵照每屆
放告日期務須親收呈詞不得以此爲調劑屬員之
舉其間或准或駁應須揆情度理勿存成見有應行
提訊之案尤須隨到隨審隨審隨結人非要證不得
濫押即有應押之人其管押之所須不時親往查視
丁胥有無凌虐地方是否潔淨現在天時漸熱應令
夫役勤加灑掃勿使穢氣薰蒸至於清理監獄稽查
書差積弊則在各牧令隨時認眞留意本部院未能
瑣屑言之嗣後應將每月訟案分別上控自理已結
若干未結若干及在禁在押各人犯監押年月久暫
摘錄事由分別管收除在查照單開冊式開具四柱

簡明清冊各一套自四月起於下月初旬呈送查核

本部院仍不時設法抽查將於此察各州縣之存心

考各州縣之勤惰語無泛設令不虛行但求振作於

將來並不吹求其既往文到先取具各遵依送查毋

違特札

計開

詞訟冊式

上控項下

舊管幾案內將上月實在未結案件逐一挨順全行開列

一於某年月日奉某衙門批發某控某某事

一案所摘事由不可太略

以下照此開列

新收幾案內將本月奉發上控案件逐日挨順日期全行開列

一於某月日奉　某衙門批發某控某某事一案所摘事由不可太略

以下照此開列

開除幾案

一於某年月日奉　某衙門批發某控某某事一案

登明現於某月某日如何集訊斷結已否詳覆銷案

以下照此開列

實在幾案內將管收項下案件開除之外實在未結幾件全行開列

一於某年月日奉　某衙門批發某控某某事

一案

登明奉批幾月因何尚未

訊結現在如何催辦緣由

以下照此開列

自理項下

舊管幾案照上控式樣

一於某年月日據某呈控某某事一案所摘事由不可太略

新收幾案照上控式樣

一於某月日據某呈控某某事一案所摘事由不可太略

開除幾案

一某控某某事一案

登明現於某月某日如何

訊結息銷其案非重情原被久

未呈催應行註銷者亦應

聲明案逾幾月遵飭註銷

實在幾案照上控式樣

一某控某一案

登明控告幾月因何尚未

訊結現在如何催辦緣由

以上專列一冊與監押冊併案同送如

管收除在項下或無案件亦應註明

無案字樣

監押冊式

內監項下

舊管幾名內將上月實在監犯名數全行開列

某人註明係某年月日因某案擬某罪或已未招解或已未奉准部覆或已未請咨起解之犯所開案由不可太略

以下照此開列如係奉發及寄禁人犯亦應分晰聲明

新收幾名內將本月所收監犯名數全行開列

某人註明係某月日何案內收禁已未通詳之犯所開案由不可太略

以下照此開列如係奉發及寄禁人犯亦應分晰聲明

開除幾名內將本月管收項下開除各犯全行開列

某人註明某月日或處決或病故或招解發配

以下照此開列

實在幾名內將本月管收項下各犯開除之外實存名數全行開列

某人

以下照此開列

外監項下照內監式樣開造登註

舊管

新收

開除

實在

押犯項下照內監式樣開造登註

舊管幾名

某人

新收幾名

某人註明因某事於某日管押

開除幾名

某人註明於某日或訊結省釋因病交保或枷責遞籍

實在幾名

某人仍存若干名

以上專列一冊與詞訟冊併案同送如

內外監或羈押項下並無人犯亦應

於四柱下註明無犯字樣不得請免

開報

加標

江北百姓本來好訟兒寬蒲鞭之治幾疑遷地弗良

然亦地方官不操本而逐末之故也現查未結各案積至一千數百餘起之多吏治廢弛於此可見此次定章之後務望諸君子努力激發切實清釐人生百歲光陰難得有此造福機會即不爲功過計獨不爲子孫計耶肝膽相待幸勿視爲泛常切盼切禱

札甯藩司　甯屬各府廳州縣

以上詞訟分立四柱清冊押犯懸牌各條曾文正公任直督時曾請公開列章程仿照辦理旋奉

旨頒行各直省仁人之言利溥豈不信哉褚以與謹註

淮安府詳安東董文遠被人毒死訊明由

此案董文遠屍身被移已屬確鑿其如何受毒身死如何被人謀害仰按察司即飭安東縣查緝正犯務

獲確訊究報一面開具承緝職名詳參王士灼訊係
無干應卽省釋不得再任拖累仍候濬爵閣督部堂批
示繳

外洋多盜咨粵借撥紅單船兩號派員管駕來
蘇緝捕

爲咨請事竊照蘇省地方外洋多盜曾准總理衙
門函商設法勦捕當經會同爵閣部堂會籌商製造
輪艇各船次第辦理惟各船造成尚需時日查巡緝
洋面以貴省紅單船最爲得力擬請借撥堅固紅單
船兩號選派得力員弁管駕來蘇應用所有口糧一
切均由蘇省發給合行咨請爲此合咨貴部堂請煩
查照迅將前項紅單船隻擇其尤爲堅固者派撥兩

號。駕駛來蘇。以資緝捕。仍俟輪船造成。即飭回粵銷

差。望速施行。

咨廣東督部堂瑞

署蘇州府知府錢守稟因病未愈請假兩月委

員接署由

該守歷官蘇省。素著循聲。據稟患病難支。皆由省會

公事殷繁。該守急於求治。必躬必親所致。現已飭司

派員接署。該守其即安心調理。以期速痊。本部院諸

藉助勷。實深厚望。繳。

撫吳公牘卷之三

通飭清理詞訟嚴禁傳呈等弊

爲通飭嚴禁事。照得詞訟案件。動關百姓身家性命。書差訟棍。藉以自肥。弊端百出。爲民父毋者。若非廉明詳慎。鮮不墮其術中。本部院前任蘇藩司時。查各屬期呈之外。尚有傳呈喊詞。書差門丁。無不朋分陋規。有准無駁。此等惡習。强者操必勝之權。懦者受無窮之累。甚至破家蕩產。喪膽驚心。迨至虛實訊明。早已不堪其擾。其餘無票私押。飾稱原告扭交。值日投詞。計圖坐差勾串。旣禁傳呈。所有扭交坐差各名目。更應一律禁絕。至書差因案需索。又無不狠吞虎噬。若不分別禁革。何以儆刁玩而安閭閻。蘇屬曾經嚴禁在案。甯屬各府廳州縣。想亦同此情弊。合行札飭。札到該某立將後開嚴禁四條。轉飭所屬逐一遵照。嗣後每逢告期。必須坐堂親收呈詞。先將原告確訊。如係情眞。即行核批。否。則當堂駁斥。儻供詞與呈詞刺謬者。立傳代書究其詞稿所由來。則有無訟師可以立辨。而搭檯訛詐之風。亦得淨盡。至攔輿之禀。雖係違式。而小民情廹具控。勢不能守候告期。祇須帶署親訊。分別准駁。且收閱此等禀詞。最足以體恤民情。凡控及書差。代書不肯用戳。准以無戳指告被告具訴。經承索費。不遂不肯鈔案。因而代書措戳者。亦准以無戳訴陳。惟既無須代書加戳。並不花錢投遞較易。又恐刁民飾詞混瀆。轉起訟端。惟在各牧令於接收時詳加訊問儻係虛誣除不准外更須從嚴究治總之詞不輕准准必速審審必速結則諸弊盡除且清理詞訟旣須嚴禁書差尤在查拏訟棍一經獲案必須盡法懲治若輩無不與書差朋比爲奸不容稍事姑息文到即將遵辦緣由以及本部院所論或有未周該某另有愛民息訟之見亦即稟覆察奪特札

計開嚴禁四條

一禁傳呈

凡傳呈係控告之人出費錢數十千文即可通同熟識書差先將被告私押外而書差內而門丁朋分陋規呈詞一入不問是非曲直

有准無駁。立時批判。簽稿並送。控詞朝入縣。符午下。虎狠之勢。頃刻生風。綫索通靈。莫過於此。天下豈有以數十千文之費。能容若輩操必勝之權乎。是宜首先永遠嚴禁。

一禁扭交指交

此等名目。各處皆有。係原告與差役串通。一面投遞。傳呈一面先將被告私自提到管押。由差禀報被控某某。已據指交收管。甚有稱爲扭交者。第非姦。非盜。非竊。從來無是辦法。此種刁風。斷不可長。惟有將被告先行取保。即將收管之原差責革枷示。再將案情秉公察訊。

一禁坐差

坐差卽値日之差也既禁傳呈一切稟詞統歸標差以杜擇差勾串之弊

一禁書差需索

各衙門書差無不索費已似通行定例深可歎息訪聞吳中差役持票到門往往四五人或乘轎或坐船謂之行公事踞吵不堪兇惡無狀卽須講定書差費若干被告之人將此項了結公事擱起不提並有原告卽央書差向被告關說和息此卽圖准不圖審之謂也設有被告不願出費立時禁押班房並不准投呈申訴若准以無徵訴陳不難水落石出

則需索之弊不禁而自禁矣。

各府廳州縣札內加標

地方官收閱呈詞，但看情節緊要，即當立時辦理。此外嚴禁各條，務當永遠革除。各州縣儻仍復蹈故轍，一經本部院訪有確據，定即照例揭參。本部院深知詞訟爲民生之大害，故剴切申明，願諸公留一分菩薩心，造百年子孫福。

通飭訟案久懸不結核明註銷

札蕃司
札蕃屬各府廳州縣

爲查例通飭事。照得民間詞訟，每因一言參商，致起訟端，旋由親族說勸，氣平忿消，兩造皆願罷訟；或因訟費未清，或因訟棍阻撓，以致經年累月，案懸莫結。

查例載赴各衙門告言人罪一經批准卽令原告到案投審若不卽赴審輒行脫逃及並無疾病事故兩月不到案聽審者卽將被誣及誣佐釋放所告之事不與審理拏獲原告專治以誣告之罪等語本部院前在蘇藩司任內查核各屬詳到按月摺報每有舊案結訟已久既未投候質訊又未具結求銷況此情形皆係訟棍書差從中牽制新官到任及每年開印無不轉票傳提以為常例進益及質之兩造本心皆已不願終訟自應逐一查明如果案非重情原告久未呈催卽照原告兩月無故不投審例將案註銷并將差票弔銷以清積牘蘇屬業已遵辦甯屬亦應一律辦理除逕札外合行通飭札到該某立卽遵照辦

理並將本月註銷某某等案分別註明原告幾月未催列入月報毋違特札

各府廳州縣札內加標

銷案而不弔銷差票雖銷猶弗銷也該差一票在手百姓卽其食邑戶任其隳突叫囂寢食爲之不安雞犬爲之不甯諸君子多自田間來何不一設身處地乎此後務於既結既銷之案隨時將票親自弔銷不惟百姓感激無盡卽本部院亦感激無盡切禱切懇

札甯藩司 甯屬各府廳州縣

通飭奉行已未辦事件查照摺式按月開報

爲通飭遵辦事案照本部院前在蘇藩司任內查從前發行文件各屬於接到後往往延不遵辦並有置

之不復者。殊非慎重辦公之道。即經通飭遵照除尋常事件照常辦理外。凡緊要函札分別加寫硃標或粘排單發遞。各屬接到後。應將排單隨時呈繳。至月終彙開事由。聲明已未辦復。於下月初十前開摺送司。以憑考核在案。甯屬亦應照辦。合亟通飭。札到該某立即遵照。此後接到院司衙門公牘。如有後加硃標或粘連排單之件。應將排單隨時呈繳。至月終統將接到公牘。彙開事由。聲明某件。某日接到。某件已辦已復。某件已辦未復。某件未辦未復。查照粘單冊式造具清冊。定於下月初十以前同詞訟月報備文申送本部院衙門查核。毋得含糊遺漏。切切。特札。

計開冊式

某某府州廳縣今將某月分奉到排單硃標各緊要函

札分别已未辦覆挨順日期開冊呈

核

計開

一某日某刻奉到某衙門某日某刻發行某案

公文一角

前件有排單者聲明排單何日呈繳現已如有硃標者叙明硃標云云

何辦理業於某日詳禀復在案此件已辦已復

一某日某刻奉到某衙門某日某刻發行某案

公文一角

前件聲叙排單硃標同上現在如何辦理定於某

日詳禀復此件已辦未復

一某日某刻奉到　某衙門某日某刻發行某案
公文一角
前件聲叙排單硃標同上現擬如何辦理業於某
日將辦理緣由先行稟詳復在案此件未辦已復
以上是月奉到緊要函札若干件內已辦未復
及已復未辦若干件仍俟下月冊內分別再
報聽候查對
各府廳州縣札內加標
本部院辦事必求核實。最可恨者。如催提解款。則云
另文批解。查辦事件。則云奉文遵辦。此次責開月報。
原以破除積習。不使遁飾而後已。自古大局。敗於因
循。諸君肯振作一番精神。百姓便受無限甘露也。勉

之望之。

通飭收押人犯開明列示

札 甯藩司 甯屬各府廳州縣

爲通飭遵辦事。照得各屬審理案件。務須隨到隨審。隨審隨結。不得稍任延訟以重公事。而恤小民。設有訊供未確。或人證未齊。不能不暫爲羈押。無如蠹役舞弊多端。或提到而匿不稟明。或訊釋而私押索費。甚有以扭交指交爲名。原告串蠹私自管押。隨後再行具呈。以爲欺懦之計。此種弊竇相習成風。急須從嚴查禁。本部院前在蘇藩司任內。曾經立定章程。通飭遵照。凡各屬管押人犯。須特設大粉牌一面。懸掛頭門外。即於奉文之日起。將管押各人姓名。逐一載。並註其月日。因其案管押。書明牌上。俾衆周知。

並載明。如牌內無名。以及登註開釋。交保守候原員至

仍行無弊私押。准該家屬人等喊稟。以憑查究嚴後

每遇收押開除一名。隨時另書牌上。由該州縣派丁。

督同縣封。以杜弊混。仍每日親自抽查。以免丁書匿

牌不封。又捕役等獲盜賊。亦即嚴飭日具報。於示

尾刀刻一行登註。以絕私刑誣栽賣放等弊。愿用屬名

廳州縣應行一律照辦。除逕札外。合發示式札飭。札到該詞。亟轉遵照辦理。仍並飭將將奉文日期。及如何辦

理情形具報查考。倘有匿牌不報或已經釋放。並不

開除等弊。一經本部院訪查得實。除將揭參外。定提該

丁書完辦毋違特札。

計發示式

爲奉文曉示以杜私押事照得本𨺗審理案件隨到隨審隨審隨結惟案內設有訊供未確或證佐未齊不能不管押候質無如差役舞弊多端或提到而匿不稟明或訊釋而私押索費甚有以扭交指交爲名原告串差私自管押隨後具呈以爲欺懦之計此種弊竇相習成風今奉札嚴行查禁合亟牌示爲此示仰諸色人等知悉嗣後管押人證本𨺗必於當時曉示註明日期及至開釋交保亦必開載俾衆周知如有示內無名以及登註交保開釋者原差仍行私押准該家屬人等喊稟以憑查究特示

計開

詞訟案內

收押項下

按名登註某月某日因某案收押

開除項下

按名登註某月某日或訊釋或交保以及押

後收禁等項逐一開明

又捕役拏獲盜賊

收捕項下

按名登註同前

開除項下

按名登註同前

牌懸頭門

各府廳州縣札內加標

蘇屬江陰某令匿報監押各犯經本部院於蘇藩司任內密派委員查明撤任另委接署各寅好愼重公事原不致以月報爲具文任意開列惟按名牌示既便訪查又杜私押想諸君關心民瘼必不致如某令之泄泄沓沓也此舉雖不利於門閽書差而深利於百姓門閽書差乃吾奴僕百姓乃吾子弟諸君子豈有薄待子弟而厚待奴僕者乎此後望將所懸之牌出其不意隨時抽查便知若輩有無私押勉之望之留一分心便是循良放一分心便是貪酷果能從此振作精神相厚豈有量哉

再粉牌須用横式寛四尺豎二尺庶便識别又及

札甯藩司甯屬各府廳州縣

淮揚道稟查明安東王令提解董文遠案證遲延現將王威基等提解可否免參請示由

據稟已悉王令業經撤任姑寛免參至另單所請命案即行詣驗一節已先於整飭自盡人命案內徑札通行又屍傷照洗冤録塡註一節已先於該府詳清河縣葉保珍案内批司通行各在案仰即遵照葉保珍一案批發已五十餘日矣司中何時轉行何以至今尚未到府並即查明申復繳

淮安府詳安東王士熌控王威基挾嫌陷害勒逼斃命訊擬由

此案既據訊無挾嫌陷害勒詐逼命重情。祇須外結。王臧基以擬答請革。應否專案咨部。仰按察司確核妥議詳奪。仍候漕爵閣督部堂批示。繳。

撫吳公牘卷之四

豐順丁禹生侍郎原本　　受業林達泉校刊

侯官沈幼丹尚書評選

咨行嚴禁需索魚花船隻

爲咨會事。照得商販魚花船隻。前多沿途索擾。當經貴爵閣部堂會同本部院出示嚴禁。委員照料在案。茲復訪聞歷屆魚苗船隻進口。一路需索。最甚者爲越河口諫壁。及以下之觀音橋燕家辛豐丹陽各碼頭。並陶莊苟兒廟張官渡黃泥閘馬橋尹公橋陵口鎭呂城鎭奔牛常州戚墅堰橫林洛社五牧。以及武陽錫金等處。江快河快閘夫糧幫馬號及營兵礮船衙門差役地痞人等。節節訛詐。並有頻毫壽及山東

各處外路棍徒。糾合黨夥。紛來諫壁丹徒一帶。百般
索擾。習以爲常。且向來池戸邀有沈𧉮子說合開發。
去年曾被鎖閉一室。欲置於死。必盈慾壑而後已。似
此擾害民生。實堪痛恨。現已會同爵閣督部堂頒示
曉諭。飭發蘇藩司委員前往越河駐紮。會同丹徒縣
暨該口釐卡委員督率彈壓。嚴查拏辦。並令迅飭常
鎮兩屬各府縣。一體嚴行禁革。如有沿途地痞棍徒
差役營兵人等需索留難。一經察出。卽惟該管地方
官是問。如係護卡巡勇司事人等。卽惟釐卡委員是
問。其沿江內河駐防水師。卽請爵閣督部堂札飭各
營官嚴加約束。杜絕弊端。除分別咨行外。合亟咨會。
爲此合咨貴爵閣部堂。請煩查照。希飭正前營[illegible]

礮船就近前往越河等處會同印委各員認眞巡查

妥爲彈壓仍祈見復望速施行

浴　督院

署震澤縣稟到任後籌辦地方大畧情形由

該令下車伊始務當提綱挈領擇要以圖尤當諮詢利弊使胸有成竹然後發無不當至於正經界清詞訟緝盜匪禁槍船興水利乃該縣必不可緩之事聞該縣墟甲向受書差訛索弊竇甚深蘇文忠公所謂欠戶者乃吏胥之食邑戶也言之痛心該令能否於此首先留意乎勉之望之仰蘇藩司轉飭遵照仍候爵閣督部堂批示繳

飭禁捕捉田雞

爲札飭示禁事照得多稌多黍年穀必祈順成有蜚

有螟。春秋不諱書事。農夫終歲勤動。自播種以至秋收。培護良苗。不遺餘力。而於害苗之物。如大田之詩所稱去其螟螣者。則亦不可不爲留意。吳民舊俗輒以田雞爲有益禾苗。是以每屆良苗懷新。地方官多示禁捕捉。非專爲惜物命。亦所以順民情也。現值秧田水滿之時。蛙鼓池塘。正是田家風景。深恐鄉愚違禁捕捉。爲營利之計。地方官又謂事涉迂濶。無事深求。不知毋殺孩蟲。月令所記。事關王政。初未嘗以微細忽之。合行飭禁。札到該司。卽便通飭各屬。示諭鄉民。毋得再有捕捉販賣。以期嘉禾遂生。此外如於農政有關者。亦宜酌量舉辦。卽可稍惜物命。且以見父母官之討及民生。無微不至也。並嚴禁書差人等不得藉此開需索之端。是所切囑。此札。

札　江蘇兩藩司

批復蘇松太應道等核議水師章程

據稟及另單均悉。所議巡洋暫章。尙爲周妥。惟云（迺）緝洋盜。上自靖江起。下自佘山止。深恐一分界限。則我出彼歸。我歸彼出。勢難絕其根株。其內江應自靖江起。外海不必限定自佘山止。緣佘山以下。浙省各島。尙有盜窩。必須窮其所往。庶可一勞永逸。今就摺開各條。逐層參酌。第一條內江外海。合力協擊。固屬衆擎易舉。第緝捕雖須各船聯絡一氣。而內江外海。不能不各分責成。即如狼福山一帶洋面雖有七八十里之寬。只有中泓一線。可容大輪船行走。其餘茫茫一片。俱是淺沙。若賊船在淺沙游駛。則大輪船可望而不可即。故內江宜以小輪船爲經。添雇關快、小廣艇、潤頭舢板、及長龍舢板等船爲緯。外海宜以大輪船爲經。添雇大艇船、大釣船爲緯。外洋師船尚可兼顧內江。內江師船。難禦風浪。恐不能兼巡外洋也。第二條天平鐵皮二輪船。各配大廣艇二三號、大釣船二三號。一輪船專任南洋。一輪船專任北洋。遇有緊急。可以互相策應。南洋則每月兩次會哨於陳錢山。北洋則每月兩次會哨於漲水虹。不必拘定駐守一處也。第三條管帶員弁。不必拘定都守千把。亦不必拘定文武官紳。只要熟悉勤練。便於捕務。有濟。月給薪水。不妨稍優。其餘仍照來議而行。第四條輪艇各船。七日會哨一次。查外海輪船。不拘風信。尚可時常會哨。其大艇船。大釣船。須俟風候潮便。難剋期至內江長龍舢板。宜長泊在狠福山上下各港。如遇逆風。七日不能駛到吳淞。僕僕會哨。轉致拋荒本業。擬長龍舢板只須於所泊本港內外就近梭巡。遇輪船艇船追賊至淺水時。即出而接應。小輪船似宜於海生之外。加添一隻。沿江梭巡。督同中小艇船。每月會哨三次。弁可稽察長龍舢板各船有無在防。其小輪船。小艇船應如何擇要駐紮。弁定在何處會哨之處。統候褚委員李董事察看形勢。回滬呈繪圖說。再行核奪。第五條所定賞罰。尚嫌太輕。蓋賞罰明而後號令行。號令行而後緝捕力。該船等果能拏獲首犯者

如王小娘劉阿磨等之類毋名賞給洋四百圓破格

奏奬若能拏獲十名以上亦專案

奏奬如拏獲尋常盜犯者弁兵照擬賞給管帶則分別記功五功以上酌奬洋面失事照例議處失事三次以上若無功可抵者以軍法從事其餘照行第六條各口營汛均有巡洋師船不能因現有輪船協緝遂將分內捕務置諸膜外所見甚是應由督部堂飭知崇明狼山福山三鎭會同巡哨彼此互相查察營員弁兵賞罰照前議章程辦理其各鎭出洋亦可附搭輪船前往督緝第七條艇船宜擬編號圖查緝捕艇船一有記號可認商船固不致望而生畏而盜船或且見而遠颺莫如密藏兵勇於商船以爲餌賊之計

而伏輪艇各船於左近賊至則升旗或舉礮爲號內外夾攻庶收聚殲之效其餘照行第八條體恤船勇第九條寬給軍械均照行第十條中外船隻遭風擱淺亟應救護應飭沿海各州縣於濱海居民編查保甲設立望寮嚴定賞罰川沙南滙地方各設八團舢板二隻遇有中外遭風船隻一面救護不准沿海居民肆搶一面報知地方官設法辦理其舢板薪糧照擬由巡道衙門籌款給發其南滙縣丞汛官應即移駐泥城酌給薪水以專責成除十條外本部院酌增二條一大洋行駛輪船速而艇船遲輪船吃水深而艇船吃水淺內洋尚可將艇船拖帶外洋則風浪過急無從拖帶故每每輪船遇賊而艇船跟蹤不上賊

若走避淺水則輪船熟視之而無可如何查大輪船向有洋舢板數號懸掛船旁遇停泊則放舢板上岸今以天平鐵皮兩船專司巡洋應各添配堅固洋舢板二三號並添募勇敢水手一二十人如追賊至淺水則可多放舢板往追勇數既增亦可上山搜捕其舢板須能架放六磅十二磅小礮者方能得力一查沿海島嶼如岱山洋山勒魚山小乍甫山馬蹟山陳錢山等處皆有居民或數千人或數百人不等其中有甘心爲盜者有脅逼爲盜者此等盜匪凡擬下海行刦之先一日盜首拖一竹枝沿街行走次日卽紛紛持械下船人滿卽開蓋由教化之所不及故變本而加厲也其每島各有島長稱曰柱首一島之事皆

枉首主之此後凡輪艇各船所到宜與島民聯絡綰
行保甲先之以恩結之以信示之以威務使皆為我
用並為之設立義學宣講
聖諭則不惟盜匪之接濟可絕而盜窩所在能瞞官兵之
耳目必不能瞞島民之耳目是在統領者之虛心實
力剛柔並用所裨益於大局者非淺鮮也如有未盡
事宜仰仍悉心會議稟復察奪繳
宿遷縣詳復有無未結命盜雜案由
現據署徐州府知府稟送清摺開有該縣民鄭延恩
鄭延恩共毆大功服弟鄭延愷身死一案又陸泳玨
毆傷胞弟陸泳琛身死一案均係咸豐四年六年詳
報未結之件卽經批司嚴催審解並鈔黏徑札飭遵

在案來詳漏未叙及率稱此外並無未結案件豈此二案該令並未寓目耶大屬不合應將該縣記過一次以示薄懲仰按察司即移江藩司註冊仍飭該縣查照另札認眞辦理如再諱飾稽延定干重咎懍之此繳

批淮安府稟復安東王士烱遣抱呈控王紘基移屍栽害一案由

董文遠身死一案前據安東縣詳報驗係服毒斃命屬實當經前署院以此等自盡命案律無抵法該縣延不審結徒滋書差需索之端通案人證受累無窮明晰批飭勒限半月詳結在案乃該府縣遲延兩載仍未訊結以致復釀人命江北府縣如此憒憒良堪

何以爲生言之實深憤懣據稟前情叅核王士烱原
呈則王盛基挾嫌謀陷一層不爲無因已札行淮揚
道確查此案因何延閣何任遲延最久據實稟復一
面札行藩臬兩司飭將署安東縣知縣先行摘去頂
戴幷通飭各屬此後凡外結命案統限一月內訊明
詳結如再遲延逾限卽行分別撤叅仰卽飭將王王
氏服毒身死緣由刻日塡格通詳察核一面由府摘
提人證併案確審速爲詳結王瑶旣屬無干應先釋
回俾免拖累至王盛基挾嫌栽害周元得賄樊捺如
果屬實均應從嚴懲辦以儆刁頑勿稍徇縱仍報明
臬司查考繳
加函

此案當時地方官若肯速爲斷結何致釀加王王氏一命哉死者固長已矣因此破家者更不知凡幾故凡自盡命案官吏遲結一日書差訟棍必快活一日良懦百姓必受苦一日諸君子奈何專爲書差訟棍開利路不爲良懦百姓保身家耶現定外結命案一月內訊結令在必行務祈轉囑所屬勿過雷池一步蓋命案既不能拖累他人則自盡者少自盡者少則因株連而破家者亦少矣近人詩云獄豈得情寧結早敬爲諸君子誦之

洺商威林密輪船停撤變賣解餉船隻酌派長龍舢板

爲洺明事竊照前准貴爵閣部堂函商巡洋事宜當

經本部院議以天平鐵皮兩輪船專司捕盜以保商本而裕餉源威林密輪船專司解餉以免遲滯函復辦理在案茲查威林密輪船年老窳朽一遇風濤時有沈散之虞若以裝解數十萬鉅餉誠難放心且該船解餉一次須用洋煤七八十墩以每墩價銀十一二兩計之一次須用銀七八百兩一月解餉三次便須銀二千三四百兩再加每月中外辛工一千兩每月須用銀三千兩用費旣覺虛糜轉運又難期利涉查從前由上海解餉至金陵沿緣江路恐風阻有需時日故不能不專用輪船現在糧臺分局只有一江之隔無虞風信阻滯似可將威林密輪船停撤存滬聽候變賣其解餉船隻由貴爵閣部堂酌派長龍舢

板轆轤轉運小批常解以勤補遲計自上海至揚州由內河行走不過七八日可到可以按日而稽威林密輪船則須下煤兩日在吳淞口候潮候風又須二三日不定統計亦須六七日方能到揚如此一轉移間既省費用之繁又免風濤之險是否可行除分札闗局糧臺知照外相應咨商爲此合咨貴爵閣部堂請煩查照希即酌辦示復施行

須至咨者

咨

督院

撫吳公牘卷之五

通飭嚴禁短差押解

爲通飭事。據淮安府稟稱竊照寶應縣接遞解回鹽城縣徒犯僧本歷等。商同批差章谷頂替賄縱一案。前奉批司飭府提訊。章谷堅稱該犯等向伊情懇回家攜取川費。令僧本舟等暫替。實無賄縱情事。催據寶應令稟復。以同批兵役均已病故。無從送質等情。惟查遞解人犯。例應一犯兩解。乃近來各州縣因經費不敷。往往短解。以致疏脫。並滋賄縱情弊。相習成風。實屬不成事體。應請寬其既往。通飭各州縣嗣後務須照例遞解等情到本部院。據此查各州縣遞解人犯。竟敢藉以經費不敷。任聽違例短解。以致人犯時有疏脫，甚至有雇替賄縱情事，實屬漫不經心。既往姑准不咎，第積習相沿，伊於胡底，亟應嚴行查禁，以挽因循。除批示外，合行通飭。札到該州縣，立即遵照，嗣後遞解人犯，務須照例一犯兩解，不得再蹈故轍，致干嚴參。仍將奉文日期具報，毋違。切切。特札。

札甯蘇兩屬七十一州廳縣

批淮安府詳安東縣董廣與上控王士灼一案

附詳由

董文遠若被王士灼致死，其屍必不懸掛王士灼門首。其爲移屍圖害，夫復何疑。屍親之指控，顯由訟棍書役之串唆，或卽移屍之人暗中主唆，亦未可定。該前縣詣驗時，既不留心，該府奉到前署院明晰批示，

又不迅速審結王士灼被累年餘其妻王王氏由此
而死試問是誰之過士大夫寒則輕裘緩帶暑則清
簟疏簾饔飧處優宴然無事曾不念窮簷蔀屋有無
可告訴之民至於家破人亡而不恤公祖耶父臺耶
祖父之待子孫當如是耶從來自盡命案爲小民破
家之事卽爲衙蠹養命之源承行書役莫不利其蔓
引枝牽庶可頭會箕斂卽上司衙門胥吏遇此等案
件亦樂於引繩批根冀日後詳復時向其打點若不
認眞整頓鄉曲小康之戶幾不聊生於吏治民風所
關甚鉅本部院現已另札通飭各屬嗣後外結命案
統限報官一月內訊明詳結原呈牽連無關緊要人
證不准概行差傳以省擾累如再任聽羅織相率擱

延定。即擇尤嚴參。仰按察司先飭遵照。仍錄報爵閣
督部堂查核。並移兩藩司各巡道繳
桃源縣詳拏獲匪犯王尙揚等訊供狡展應如
何辦理請示由
此案供情屢審不符。即前漕部堂將陳履正先行正
法。亦未具奏。當時似欲照土匪外結。是以苟且粗畧。
並未切實推求。現在犯供不承。別無指證。究竟原問
官在淮者尙有幾員。能否飭令就近會審。原拏捕役
雖已退卯。儘可查傳對質。王尙揚等平日有無爲匪
該令曾否訪查。詳內亦未聲敘。且牽牛焚屋。狀跡昭
著。無難確訪實情。仰按察司卽飭淮安府確切查訪。
督同該縣提犯虛衷研鞫。務得實情。分別通詳察

毋稍枉縱稽延仍候爵閣督部堂批示繳

蘇州府詳遵飭議給各屬解審批差衣糧由

所議尚屬妥協如能照此留心辦理則首縣監獄定無枉死之批差矣可慰可感之至該守仍須諄囑印官按月親自散給否則徒資中飽日久弊生於事仍無裨益仰按察司核飭遵照仍候爵閣督部堂批示繳

飭司核明阜甯縣監犯米三費小兩子是否正

盜一併提省質訊

爲札飭事案據該署司詳解阜甯縣盜犯徐三費三夥刦事王陳澍家一案又王九夥刦江榮廷京貨店一案業經本部院提訊犯供翻異徐三等供係捕快

羅順教令供認王九供係劉得盛米三誣攀又稱江榮廷被封之事米三知情米三已經阜甯縣獲案監禁若提省對質卽可水落石出等語卽經分別發司委審如必須米三等到案亦卽行提質明辦理在案茲據阜甯縣造送監押人犯冊內內監項下有米長太卽米三一名於同治五年二月間訊供收禁聲明據陳澍等公呈米三係屬積匪查陳澍卽封案事主則徐三王九等所供米三知情之語不爲無因又外監項下有費小兩子一名查徐三等原供有費小兩子同夥是否卽係其人在各州縣拏獲匪徒往往有堅不承認欲辦不能又明知其必非善類難以釋放姑禁押之以示懲創者因與定例不符未敢據實聲

欽本部院既欲其和盤托出未便因鉤考參差遽加詰責惟米三費小雨子等如係正盜儻因其狡供置之不辦即無以服徐三王九之心自應一併提省質訊以成信讞合行札飭札到該司立即遵照迅速分別札提具復至縣詳原拏捕役係羅升是否即係徐三等所供羅順並飭查復均毋任延切切特札

札臬司

臬司詳桃源孫寶奎被刦獲犯王尚揚等翻異前供批府督審並將該縣記過由

所議甚是仰即如詳嚴飭該府縣遵照辦理該縣才具平庸而不肯以平庸自命兼之遇事取巧讞獄尤爲浮率應記大過一次由司通飭并知照江藩司註

冊。如再不能振作。卽行嚴揭請參。仍候爵閣督部堂批示。繳。

金壇縣稟抵任後察看地方情形先行稟報由

據稟已悉。該縣兵燹之餘。居民十不存一。官民務當刻刻、刻刻、呼吸相通。視官事如家事。地方庶有起色。仰蘇藩司諭飭該令破除積習。以古循吏自待。勿以俗吏自待。則得之矣。仍候爵閣督部堂批示。繳。

加標

該令前署各缺。亦無政聲。此次務當振刷精神。竭力爲吾民興利除弊。若仍泄泄沓沓。則大失本部院暨藩司期望之深意矣。

札飭查明開徵不貼簡明告示各州縣諱飾大

過一次

爲札飭事照得州縣爲親民之官所謂親者一言一動皆可使百姓共見共聞內外旣不隔閡膏澤方可宣布蘇省田地科則繁多每至徵收錢漕丁書差保據爲利藪高擡銀價低作洋價者有之以下則指爲上則者有之正供之外勒索串票脚費者有之小民之脂膏有限書差之慾壑無窮每念及此未嘗不惻然痛心也本部院在蘇藩司任內曾經通飭各州縣於丁漕開徵時將田地山蕩分別上中下科則註明應完銀數若干合錢若干洋價作錢若干刋刻簡明告示遍貼郊衢明白曉諭使愚夫愚婦一目了然以免書差高下其手此法本爲至實至善弁屢經各牧

令將刊刻示式呈核在案玆查本年上忙開徵已久僅據嘉定武進呈送示式登詎亦未詳晰其餘各州廳縣均未呈送訪查亦無張貼告示之事殊堪詫異豈各州縣怠玩成風視上司札行竟同廢紙耶抑以書差浮收爲分所當然必將此示祕而不宣方可任聽若輩需索中飽耶刊貼告示所費無幾有益於民而無損於官並非窒礙難行之事本部院去年鈔式札商穎秃唇焦至再至三相去曾幾何時該州縣已視功令如弁髦奉書差若神明積習深痼一至如此非嚴加鍼砭不足生其警惕合行札飭札到該司立卽查明將已開徵各州縣未將告示刊刻張貼者詳記大過一次該府州有督飭之責未能先期詳識亦

應由司申飭一面將示式分送院司衙門查核并飭各州廳縣嗣後開徵錢漕務當一體遵式明晰出示以杜需索該牧令匡居坐誦自命何等何至一行作吏遂爾與民生疾苦漠不相關勉之勉之毋謂吾言爲迂闊而不近事情也并即分別錄報咨行切切此札

札蘇藩司

加函

查蘇省錢糧科則繁多書差視爲金科玉律往往祕而不宣愚民亦遂恐氣吞聲任其勒索務盈慾壑而後已今若將百姓應完丁漕銀數定爲折錢若干多貼簡明告示使愚民一望而知所謂徵者彰之使著

祕者揭之使宣書差又何從施其鬼蜮之技哉各州
縣匿示不貼固屬恢於因循亦難保無從中分肥之
念不然此等易知易能之事又何所憚而不爲耶務
祈大聲疾呼庶能發聾振聵此間兵燹之餘民氣疲
薾久矣我輩若不於催科撫字中爲之刮垢爬痒民
困何由蘇息一燈相對不覺言之絮絮幸同志諒其
苦心抑須擇尤撤參一二人庶不致密雲不雨否乞
明早惠臨一商

批常鎮道會禀普生莊船救生六濠口局一體
給奬並田租情形由

據禀已悉黄天蕩至焦山一百餘里水勢最爲急溜
過往客船時有失事殊可憐憫仰再會同設法推廣

派委實心員董認眞經理多籌一文費多用一番郎多救一人命願與同志者勉之仍飭丹陽縣設法將莊田清出召佃墾種徵租毋任中飽再前署常鎮道趙守曾在焦山設有救生局近年如何辦理弁郎由道查明具復繳

飭議挑除瓦礫章程

爲札飭查復事照得蘇城兵燹以後公私廬舍半成焦土克復數年雖漸次蓋造仍未能遽返舊觀每見通衢僻巷瓦礫纍纍推原其故皆由各業戶因自已屋基已爲鄰右先修之瓦礫所堆積雖欲儘力搬棄一苦於工費繁重一苦於無地可移歲月既深堆累更厚以致有力者樂土是遷莫戀頹垣廢井無力者

望洋興歎長嗟斷梗飄萍人煙愈覺寥落則生意愈難興旺十年生聚之謂何本部院查得城內無主基地甚多儘可爲容納併積之所現擬由官僱集人夫將各處瓦礫分別併積騰出有主空地百姓即易於營造無須過費周張其併積瓦礫之所不妨繼長增高堆成岡阜環植竹樹數年之後即可蔚然成林合行札飭札到該司即預籌閒款以便鳩工一面分飭府縣會同紳董妥議章程分段辦理庶幾閒山林於城市吏隱皆宜化腐臭爲神奇招徠有自附綴條欵並希熟籌切切特札

一從前善後局清理房屋基地各業戶給照爲憑如至今未據領照即係無主荒地該縣即傳[illegible]

地保將某圖地方確係無主荒地幾處、逐一報出、以爲堆積瓦礫之所。大約一里之內、須得一二處、俾就近搬移、方免費力。其舊堆岡阜亦可附麗增益、以免佔地。

一批挖工費、必須先行分段確估。某坊共分幾段、某段應挑幾處、繪圖貼說、酌定工價。每夫日挑若干担、給錢若干文。將城內各圖統計需費若干、確實估計、開摺呈送籌辦。

一所挑整磚、有無工程堪以合用。至現報堪以堆積之所、日後如有主承認、應否給還地價、抑以附近無主之地換給、一并查明稟復。

一堆積之處、亦須因其形勢、或孤峰獨峙、或大山小山。蜿蜒俯仰不可隨意堆填。有如殘岡斷壍山頂。嘗以淺土。便可栽桑種樹。以備緩急之需。昔石曼卿以泥包裹桃核。抛擲崇崖。數年之後滿山錦繡。似可彷彿此意。

札蘇藩司

批秦州詳張陳氏被王二小逼詐氣忿服毒身死獲犯驗訊由

察閱詳內情節。張陳氏之死。張臣山並不知情。兒媳張徐氏。因王二小索錢之時。張臣山坐視不問。是以歸怨。及之該署州不卽開導究結。輒懸案以待。爲逼同串詐地步。辦事如此。居心如此。無怪該州自盡命案之多也。仰新任卽提王二小。照不應重律。杖八十。

酌加枷號一箇月。先行折責發落。俟秋涼補枷。仍斷令張臣山出錢十六千文。給與張徐氏作爲埋葬伊姑之費。以懲當日坐視之失。而昭同宗周恤之情。免其到案。即給諭張徐氏令其自向張臣山領取。不准恃婦潑鬧。亦不准多索一文。所有先後出過差票。全行弔銷。勿留一紙在外。作書役訛錢之劵。仍將遵辦緣由。錄批通報查考。繳。

批沭陽縣稟民情强訴辦公棘手情形由

據稟沭邑情形。無浮光掠影語。非平口講求整頓者。不能如此透切。殊屬可嘉。惟望行之以漸。持之以恆。吏治民風。自有起色。該令果能矢以實心。本部院亦不求其速效也。勉之望之。所有命盜未結各案。務須

赶緊審解勿因惜費畏難儻有原審未確者不妨核實更正案雖咨部獄貴得情本部院入

告時當獨任其咎斷不分罪於該令之前後任也若禁押人犯中有欲辦不能欲釋不可之匪類可仿照成例將罪在滿徒以下者酌量改擬鎖繫石礅鐵桿以濟法令之窮此事本部院不日另有通行仰即遵照繳

加函

細查貴前任詳辦各案不無鍛鍊周內之處是以懇求悉心再審我輩既爲民牧當以人命爲重不當以處分爲重況處分僥處當獨自任之乎務祈事可問心斷不稍有掣肘切切此囑

會銜嚴禁各屬自盡人命親屬藉屍圖詐告示

爲嚴禁自盡圖賴以重民命事照得自盡人命律無抵法而小民愚戇每因細故動輒輕生其親屬聽人主唆無不砌詞混控牽涉多人意在求財兼圖洩忿經年累月蔓引株連被告深受其害夫父子兄弟夫婦皆人道之大經乃死而因以爲利是雖靦然人面實則禽獸不如尤人心風俗之憂也本部院現已通飭各屬隨事整頓力挽頹波凡自盡命案均限一箇月審結儻有聳令自盡誣告詐賴等情即嚴究主使棍徒一併從重治罪此後爾等即或自拚一死總不能貽害別人其親屬雖欲逞刁一經審出實情不過自取罪戾亦無人肯與賄和是不但死者枉送性命

不直、一錢。卽生者、因此、又犯、刑章。更屬、無益、有損、本何、欲害人。適以、自害。徒爲、讐人、所快。復何、利之、可圖。何忿之、能洩、哉。合行、剴切、示禁。爲此、示仰、闔屬、軍民、耆老婦女人等知悉。爾等、須知、身命、爲重。旣死、不可、復生。公論、難誣、千虛、難逃、一實。訟師、羅織、伎倆。今日不復能行。嗣後、務各、自愛、其身。毋得、逞忿、輕生。希圖、詐害。其親、屬亦、不許、聽唆、誣告。枉費、譸張。所有、律例、罪名。逐條、開示、於後。

一子孫將祖父母父母屍身圖賴人者杖一百徒三年期親尊長杖八十徒二年（妻將夫屍圖賴人者罪同）功緦遞減一等告官者以誣告反坐（杖一百流三千里加徒役三年）因而詐取財物者計贓准竊盜論搶去財物者准搶奪

論

一詞狀止許實告實證若陸續投詞牽連婦女及原狀內無名之人一概不准仍從重治罪

一赴各衙門告言人罪一經批准即令原告投審若無故兩月不到案即將被告證佐俱行釋放所告之事不與審理專拏原告治以誣告之罪

一控告人命如有誣告情弊照律治罪不得聽其攔息或有誤聽人言情急妄告於未經驗屍之先盡吐實情自願認罪遞詞求息者果無賄和等情照不應重律杖八十如有主唆仍將教唆之人照律治罪

以上均係律例明文何等嚴切。本部院力除積弊。

務挽澆風惟有執法從事爾等各宜猛省愼勿自貽伊戚徒悔噬臍懍遵特示

批雎甯縣詳竊犯靳開永卽靳繼先病故驗訊由

此案懸宕五年靳開永之爲莠爲良至死迄無定論吏治闒茸泄沓一至於此深堪太息仰按察司飭提現犯劉文卓等再行虛衷研訊如果犯供不承又無爲匪確據卽行省釋限文到十日內詳復察奪如再延玩定干撤叅

加函

細閱劉文卓等初供上盜情形參差不一恐非眞盜聞徐屬捕役最慣誣良爲盜屈打成招此案於該令

毫無處分，幸轉囑平心靜氣以求之，當可水落石出也。

批試用知縣稟積案內盜案情形請飭覆審由

本部院於各屬稟請就地正法之盜犯，必交該管道府就近復審，遇有平反，省釋或改擬枷杖徒流者，無不核准從末追咎原問官之失入，即該臬司遇有情節疑似之盜，亦往往改擬從輕，准原問官隨同審正，蓋以人命為重，儻原問官得有處分，此後復審者或不無瞻顧遷就之處，故特權其輕重，以期獄無枉濫，刑協於平，但此意未經明白宣示耳。該令所稟實事求是，平正通達，與本部院及該司歷辦各案意見相同，仰按察司移行道府州縣查照辦理，嗣後州縣承

審盜案尤當悉心推鞫毋枉毋縱是爲切要粗率不得爲明決縱弛不得爲寬仁要其質諸鬼神而無疑斯不愧爲民之父母矣此檄

撫吳公牘卷之六

督院咨各業商民求請減免釐捐咨行飭議由

爲咨復事同治七年閏四月二十四日准貴爵閣部堂咨據各業商民稟求減免釐捐鈔録稟批咨商酌核見復等因到本部院准此查蘇省釐捐繁重商民窮困日甚祇因前敵軍餉支絀不能遽議裁減去冬東捻蕩平曾經函商貴爵閣部堂將蘇省釐捐分別減併旋以西捻竄擾直隸因而中止昨本部院在滬時衆商等亦曾稟求現蒙貴爵閣部堂酌減滬捐議行之後蘇省自必相率籲求亦應照辦庶免向隅惟如何議減及應否以三個月爲期之處必須從長計議方有把握儻或捻勢能即日蕩平則似亦不必俟

至三個月也。仍祈貴爵閣部堂酌核施行。

咨復督院

泰州詳軍犯王大盈小前經請減未奉部示請

咨催由

查軍犯王大盈小。恭逢咸豐十一年十月初九日

大赦部議不准減免。嗣據該州於同治元年九月初一日。

欽奉

恩詔案內擬請減徒。經李升院駁飭批司核明飭遵在案。

該犯歷逢咸豐十年正月初一日。十一年正月十三

日

恩旨及是年十月初九日

恩赦。均奉部議不准減免。自應先行解配。毋庸再事羈留。

現在陝西道路時而疏通時而梗塞應飭驗貌造冊由司照章詳請改發給咨起解仰按察司即飭遵照辦理所有同治元年八月初二日並九月初一日兩次恭逢

恩旨應行查辦人犯並即由司核明情罪分別准減不准減赶緊確核彙冊詳辦俾准減各犯早沐

皇仁幸勿仍前冰擱貽誚屯膏是所望切此繳

批碭山縣民人陳萬里呈控被匪搶刦請飭提

各寨長押交由

匪徒持械搶奪拒殺事主二死三傷當場獲犯兩名該縣不即確訊追蹤拏辦致日久犯供游移案情夾雜又不照例通詳均屬玩視民瘼本年三月二十日

呈批無可自解乃歸咎於事主當日之招搖尤不成語徐州吏治委靡至此深堪憤恨至該事主控道初呈謂非孫廣基帶練救護則人財所傷愈多自係公論因續獲王桂供有孫廣基令孫思純勾約等語現呈遂將孫廣基一併牽控殊不思孫廣基果有勾匪搶劫情事豈肯帶人往救卽使帶人往救亦不過掩人耳目必不肯幫同獲犯送官自取敗露所獲之趙兇文等到案之初亦豈肯代爲隱瞞不將孫廣基供出此理之最易明者若王桂供詞或係挾嫌混攀或由旁人串誘皆未可定該事主不當遽信爲實墮人術中受人愚弄也仰徐海道親提周傳誠王逢吉等責令將各犯交案提同趙兇文等研訊確情追贓擬

辦。仍飭縣將勘驗情形。卽行詳報。一面飭承比差勒拏各犯。務獲解究。毋再玩縱。致干撤叅。鈔案存院備查。繳。

加函

事主二命三傷。情形不可謂之不慘。若聽兇犯逍遙事外。尙復成何世界乎。務求轉致該令重賞購緝。並改裝易服。親到該鄉前後左右虛衷查訪。此案一日不破。則死者之冤一日不伸。死者之冤一日不伸。則鄙人之寢食一日不能安帖。該縣令之功名一日不能保全也。乞切實轉致爲禱。

再江北州縣本多瘠苦。兼之差使絡繹。一身皮骨僅存。欲其認眞辦事。似亦勢有所難。茲仍有要事奉商者三一兵差過境所用舟車爲費不貲若由州縣供張勢不能不移挪正欵此後似宜改由釐局派員供應作正報銷此一事也一捐攤最爲州縣之累以毫不相干之事而令李代桃僵牧令豈能自其家市田宅以紓官累哉不過陳陳相因拖至以不了爲了之日爲止此事似宜詳核共有若干全爲

奏免既欲牧令爲循良又欲牧令作債帥於心安乎此一事也江北兵差挪墊之案無縣無之挪墊一日不了則交代一日不能結交代一日不能結則丁漕一日不能清勢本相因理實一貫此一事也鄙意州縣總當使之稍能自存方可放手做事今江北牧令貧至不能自養自教而欲責其養人教人能乎不能敷

處昨已以此三事商之爵相尚無回信但江北州縣之窮鄙人僅得之於所聞公則得之於所見務祈將前事切實具詳上陳弟再據詳咨商蓋豁免捐攤挪墊此係

特恩曠典非藉爵相重望會疏大部必駁爵相自幼歷清華未必深悉州縣之苦故有望於執事傾倉倒廩而出之也

批臬司詳泰州曹毓琦挾嫌誣告差役匡洪藉差嚇逼致被告曹毓芝自刎身死審擬由

查例載捏造姦贓欵蹟挾仇汚衊以致被誣之人忿激自盡者照誣告致死例擬絞監候又將曖昧不明姦贓事情汚人名節報復私仇者發附近充軍各等

語。此案曹毓琦向曹毓芝借銀三百兩。並未起息。曹毓芝待之不爲不厚。乃曹毓琦因其索欠。反德爲仇。輒以曹毓芝與族姪媳李氏有私、汚祖敗俗、醜聲四著等詞。赴州呈控。致曹毓芝被州差匡洪嚇逼自刎身死。雖曹毓芝之死。非因被誣忿激所致。然曹毓琦偶挾微嫌。卽以曖昧情詞汚人名節。其居心傾險。情理難容。自應按例擬軍、以示懲儆。今據照尋常誣告加等擬杖、八十。徒二年。與並未釀命者無所區別。殊覺情重法輕。差役匡洪事不干己。苟非逼勒詐贓。何須代人嚇制。據供並無詐贓情事。而所供嚇逼情節。甚屬支離。亦恐有不實不盡。至誣告之案。如所誣之罪。應加枷號者。誣告之人毋庸加枷。例有專條。今來詳將曹毓琦於所誣罪上加等擬枷號五十五日適與定例相背亦似未協礙難遽轉仰再提犯研訊實在有無嚇詐逼勒重情確核例案另行妥擬詳咨仍録報爵閣督部堂並候批示繳

批阜甯縣申送四月分監押人犯册由

前據臬司招解該縣盜犯徐三等行刦陳尌等家一案本部院提訊據供有費小雨子同夥及米三知情等語茲查册造外監人犯有費小雨子一名是否即係其人又內監人犯有米長太即米三一名並無獲案日期僅稱據陳樹等公呈係屬積匪陳樹與事主陳尌似即一人或與徐三等同時拏獲因訊無確供剔出另辦亦未可定業經行司飭將米三費小雨子

分起解省歸案審辦在案至押犯朱二罪止擬杖於

三月內發回何以尚未釋放據稱具稟請示究竟稟

請何衙門核示不得而知應卽提案發落不必再事

羈留此等擬杖人犯無不應釋放之理卽使誤行釋

放亦無因釋一杖罪人犯獲咎之理有何不敢擔當

而拘泥如此耶又取保之周崇儒旣係訟棍未便寬

縱應著保人交案出示招告另行確審詳辦以期懲

一儆百切勿姑息養奸爲要仰卽遵照其米三費小

雨子二名須分作兩批先後起解以杜狡串切切此

批冊存

批阜甯縣稟清理積案並察查地方情形由

江北民情好訟每每圖准不圖審以冀拖累該縣舊

案叢積如山卽應力加整頓原被隨時呈訴者勒提
研審原告久未呈催者照例註銷並卽弔銷差票按
月彙報總期官民聯爲一氣書差訟棍無所施其伎
倆是爲至要該令向以經濟自命值此事權在握務
期勿負初心勉之望之繳

加函致府

細閱該縣來稟似有條理惟於清訟事宜尚未留意
淮屬好訟尤好京控往往小故齟齬或親戚有案輒
分送名柬於各富戶書其柬曰北上辭行以示若不
速圖賄免則京控必株連及之近而鄰佑遠而隔縣
無不波及此風殊可痛恨務望轉囑認眞整頓嚴嚴
懲創一二爲首之人則若輩自無所施其伎倆矣聞

该縣大街正興字號外係麵館內有密室二所一爲蠹差聚處一爲訟棍聚處該令儻能出其不意親至該處密拏並將訟棍筆據起出分別嚴辦或可稍爲斂迹天下訟棍未有不與書差串通一氣者乞將此言遍告所屬留意良儒當戴德無盡矣

批淮安府詳阜寗孫卜本被押自縊案內鍾樹田已獲請將吳令頂戴給還

前據上海縣會稟將鍾樹田拏獲解府審辦卽經批飭訊明主守人等果無賄縱情弊該代理經歷吳炳勳前摘頂戴准予開復嗣據該府申報又經札飭審詳各在案該府置命案不問特爲吳炳勳頂戴之故一稟不足再加詳請若視民事能如此關切則王士

灼之案。審結多時。王王氏不致死於非命。所保全者豈止一頂戴而已耶。吳炳勳頂戴亟應再予開復。使該府心安志定。以便速提鍾樹田認眞審辦。仰按察司會同江藩司轉飭遵照。若既欲保全吳炳勳之頂戴。又欲開脫鍾樹田之罪名。則二事不可同年而語。須知吳炳勳功過足以相抵。無該府此詳。其頂戴亦已開復。非鍾樹田罪名比也。此繳。

札委密查江甯府屬月報事件

爲密札飭查事。照得州縣審理詞訟。例應按月造冊。申送該府道司撫督查考。本部院上年在蘇藩司任內。業飭蘇屬按月將已未結詞訟監押人犯並硃標排單函札已未辦復。分別造報。甯屬各處本年亦經逼飭從四月分起一律照辦在案茲據陸續送到四月分各冊現值造辦之初恐未能核實開報該員現在某某縣查辦抵徵堪以就近逐一密查合將原冊札發札到該員卽便遵照將發去各冊逐項嚴密確查是否相符監押人犯名數與造冊有無多少確實訪明據實開摺稟復此係特委密查之件毋稍徇隱率忽別經查出代人受過切切特札

計發原文幾件冊幾本仍繳

札江甯六合句容高淳上元江浦溧水等縣清丈委員

批沭陽縣申送上控自理詞訟及禁押人犯冊由

該縣詞訟一月之中僅訊結七起宜乎愈積愈多至

未結項下歷年舊案纍纍甚有咸豐年間具控之案其中豈無情願息銷之人必係訟棍書差從中把持或遇新官到任或隔數月之久聳令呈催一次使官司一日不了若輩生意一日不絕地方官能覷破此中關鍵勤於審斷不使案件積壓則若輩當無所施其伎倆矣仰卽將未結各案查明如有兩月不催卽照原告兩月不到例飭承註銷並弔銷前票儻再來縣具呈另作新案辦理並於收呈時問其從前因何久未呈催如係被人播弄卽令具結請銷一面查提播弄之人從嚴究辦至監犯冊內張小年一名尚係咸豐十一年正月拏獲聲明俟比拏王步金獲案核辦現巳八年之久何以延不拏辦究竟何時可獲又

田藍山徐萬得舒小六劉汶長四名業經本部院換
給咨牌飭發應即赶緊提犯起解於下月冊內開除
又監押各冊毋犯一名應列一行分註案由不得一
直寫下復又按犯登註未免重複至押犯冊內均稱
交差押候訊辦何以並不赶訊斷結徒滋差役索擾
再管押各犯何年月日准何處送案何年月日據差
提到亦應分別註明附送硃標排單已未辦覆文冊
空出某件申覆日月經書率忽之至嗣後務須細心
核對毋錯毋漏如再錯誤定提該經承至省懲究該
縣並干記過此批冊存

加函鈔申致道

記得前閱漕帥咨文有梟匪王補金一名於同治六

年正法想王補金即王步金之說亦未可定所將金
件細核倘若署中無案即求切致該令確查全案如
果業經正法則王步金到案無日即張小年亦出監
無日也并囑明查暗訪黨張小年平時果是匪黨則
當長繫獄中不使出爲民害若係安分良民自宜取
保早釋免致瘐斃無辜務望切實轉致千禱萬禱

金壇縣詳溧邑民人江萬林因案押解在船失
足落河身死驗訊由

仰按察司即飭溧陽縣傳屬領埋至此案甘泉縣先
已訊明江萬林江祥林不知拐賣情由又復遠道提
解辦理殊屬未協應將率行關提之甘泉縣記過一
次移會江藩司註冊一面由司遍飭各屬嗣後凡訊

係無干之人。或並非案內緊要人證。不必牽屬提人。致滋擾累。繳。

撫吳公牘卷之七

通飭弔銷差票並原差姓名彙冊送核

爲通飭遵辦事照得各屬詞訟案件如果案非重情原告久未呈催卽照原告兩月無故不投審例將案註銷並將差票弔銷以及審結者亦一並當堂將差票弔銷當經通飭遵辦在案玆查各屬月報詞訟開除冊內其弔銷差票未據註明日期並原差姓名亦有並未登註弔銷差票者殊屬含混合再通飭札到該州縣廳立卽轉飭遵照嗣後凡詞訟開除項下務將某案舊票何日弔銷原差是何姓名分條明晰登註以憑查核儻既結既銷之案書差仍有藉票需索者一經告發卽刻立予嚴懲庶良懦得少蘇息也仍將

遵辦緣由報明切切

札 江藩司 臬司 江屬府廳州縣
蘇藩司 蘇屬府廳州縣

加標府州廳縣札上

昨江北有具控差役藉舊票需索者可見若輩魚肉平民之技牢不可破非同志諸君子留心整頓則頹風何自挽乎接札後務將已結已銷之案隨時弔銷差票親自稽核不准片紙隻字存留書差之手仍於月報冊內分條明晰登註切禱切懇

加函

今再爲諸公質言之諸公當窮秀才必有向人借錢之時借錢勢必立券若錢既還清而券不取回將來債主仍必執券取錢豈不永遠受累稍有知識者斷

不出此差役之票卽訛錢之券也案既銷而票不銷是百姓永無安枕之日矣諸公若一設身處地自不以弔銷差票一事爲無關百姓痛癢

札飭華亭徵收錢糧告示含混

爲札飭事據華亭縣呈送徵收同治七年上忙錢糧斗則銀合錢數示式並細圖清摺前來本部院查閱所送告示內開洋價長落不定遵照櫃所牌示等情聲敘殊屬含混復查嘉定縣前送示式有洋價隨時核定之語亦欠明晰自應仿照武陽辦法一律按照市價兌收以昭公允合行札飭札到該司立卽遵照轉飭府州確核飭遵毋任櫃書作僞舞弊至市廛每日兌換銀價向據各屬於旬報雨水糧價摺內塡報

其長元吳三縣。則將銀洋價值專摺一並開報。應由司通飭各屬將市肆銀洋價值並於旬報摺內一律填明。毋許虛捏。俾各衙門一覽即知。以便稽察而杜弊混。仍飭將遵辦緣由具覆。切速切速。

札蘇藩司

加函

高擡洋價。徒供帳房官親糧廠丁役輩中飽耳。於本官無絲毫利益也。而閭閻由此而生謗言。徵收由此而不踴躍。上司由此而起嫌疑。是所益於若輩者甚小。所損於牧令者甚大。祈再與牧民諸君痛切言之。毋任聽官親丁役之蠱惑。致所得小而所失大也。

批鹽城縣稟監犯朱寶菖訊無畫一供詞請示

遵辦由

此案犯供屢審不符。各有疑竇。惟最後該令所取供詞。尤爲荒謬。試問商船在洋遭風。若非沉覆。船內之人從何淹斃。如果馬國興船隻在定海洋面遭風溺斃十二人之多。其船非覆卽沉。縱幸而不覆不沉。亦必滲漏不堪行駛。在船貨物。皆當飄蕩無存。今遭風後。猶能將船貨駕出大洋。由海入江。至各處變賣。是此船並未沉覆。且未滲漏可知。所駕之船。旣未沉覆。又未滲漏。船內貨物並無損失。獨在船之船主眷屬淹死至十二人之多。有是理乎。謂非圖財害命之確憑乎。該犯朱寶菖爲本船水手。馬國興衣服又穿在該犯身上。馬國興等之死。該犯豈能諉爲不知。卽據歷訊供情而論該犯目覩船主兄弟妻子死於非命不卽往報其家乃商同郭恆汰等將船隻貨物陸續賣錢瓜分入己其幸災樂禍如此其忍心害理如此謂非同謀加功其誰信之該縣於此等破綻不能當堂駁詰從此追求而錄取離奇惝怳之供作無可奈何之狀稟請代爲核奪其用意與桃源令相同要之祇圖置身事外而已殊屬取巧仰按察司速行淮安府飭令押帶人犯至郡由府督審確切供情通詳察核如應監候待質亦卽按擬詳洛一面勒拏郭恆汰等務獲究報毋再顢頇延宕繳供摺存

淮安府加函

大凡行海章程如遇狂風惡浪必先將船內貨物丟

棄水中然後船輕可免於險今閱原供如醃腿牛油放在艙面粗重之物尚且絲毫不致損失何至八口淹斃至十二名之多其可疑者一也十二名之中皆屬船主馬國興家屬大小男女親戚何以船主之家屬親戚全皆溺死而水手六人無一溺者其可疑者二也船不破漏則人必不致溺死然海船稍有破漏即咫尺不能行駛據供馬國興等在定海溺斃後該船並未脩理仍由大洋駛入長江此事理之所萬萬不可信者其可疑者三也船主馬國興暨其妻子全家被難朱寶菖係該船水手巳至泰興距鹽城不過一百餘里何以不往鹽城向船主之父母報知竟將船內貨物任意變賣亘至年餘之久爲船主家屬遇

見然後將船主溺死情節說明是可忍孰不可忍其可疑者四也以情理論之馬國興眷屬必係被水手朱寶菖等於醉中睡中次第謀害且必謀害於駛入長江之後斷非謀害於尚在海洋之時何則供詞中載有馬國興連年出海朱寶菖等六人則皆係新募水手既係新募水手必不熟習海洋沙線故斷不敢於未入長江之前將熟悉沙線之人謀害也又供船巳賣往湖南販鹽此言尤不可信凡下江之船不宜於上江行江之船尤不宜於行海計此船許久失修不能遠行必仍在通泰一帶港口灣泊若潛往物色掩捕水手伙夫中必仍有與聞此事之人不難旁敲側擊而知也至郭恆汰等到案後必須隔別硏訊口

供、一有參差。即、可乘、間而入。斷不可任其任在一處一有串供。則便難水落石出矣

札提月報辛飯

爲飭提事。照得蘇省用兵日久。吏治因循。現經本部院實力整頓。隨時隨事。通飭各屬遵照辦理。並飭各府州縣於閏四月起。將上控自理詞訟監押人犯及奉到公文。按月造冊報核。政務較平時驟增數倍。各房均須添雇清書。幫同趕辦。辛工紙墨。所費不貲。現當弊絕風清之際。年例額解辛工紙張各款本屬無多。既欲責令各書洗手奉公。自應量加體恤。查本部院前在蘇藩司在內。此項承辦遁行核冊紙飯經費。曾經稟明兩院。於司庫閒款內按月動給每月六七

十千至八九十千不等以不過百千爲度今院書經辦大江南北全省通行事件彙核六十五州縣月報各冊視蘇藩司書吏事務倍增紙張飯食費亦較鉅應循案於蘇藩庫開欵項下毋月酌撥銀一百兩自閏四月分爲始按月解院酌核分給以資津貼經此次津貼之後如該書仍有暗中需索及延擱等弊不帷將此項津貼裁去且當將該書加等嚴辦合行札飭札到該司即便遵照按月如數撥解來轅以憑核給辦公毋違

札蘇藩司

批徐州府申送銅山縣項秀文服毒身死案詳

稿由

據詳。送詳冊存查。仰即如詳銷案。至命盜案件。例應通詳。此案該前府因曾經臬司批駁。請免通詳。前漕院即批准免其通詳。公事私辦。不可。爲訓。並即知照。此批繳。

批淮安府詳阜甯孫卜本被鍾樹田私押自縊身死獲犯訊供由

孫卜本如果僅被看管。並無詐贓情事。何致遽爾輕生。若一經看管即致輕生。各州縣押犯。不將盡皆縊死乎。所訊恐有不實不盡。仰按察司飭再提集研審。如何擅受私押。致令孫卜本自縊身死。是否詐贓逼命。務得確情按擬招解。毋稍瞻徇。仍候漕 閣督 部堂批示繳。

加函

鍾、樹、田、如、非、詐、贓、逼、命、何、必、藥、官、而、逃、其、中、必、有、不
可、問、必、之、處、孫、卜、本一命由此而死、試問是誰之過
比來汎弁擅受私押之案。層見疊出。不可不擇尤懲
創、俾閭閻稍獲蘇息也。前此閣下函稱嚴辦官役則
百姓刁風。必致日長。此語不爲無見。但官役所擾累
者。皆、良、懦、百、姓、焉、有、刁、狡、百、姓、官、役、敢、擾、之、累、之、哉
即、使、將、來、眞、長、刁、風、到、其、時、再、分、別、嚴、辦、亦、不、爲、遲
我。輩。玉。下。紗。帽。便是。百。姓。切。勿。謂。官。吏。全。是。百。姓。全
非。也。特附數語。與賢太守熟商。幸勿預存成見。何如。
再倣處前飭將押犯姓名書牌懸掛頭門。未知各縣
有無遵照。姓名是否相符。有無遺漏。除派人密訪外。

仍祈吾兄就近確查據實示知緣私押一事最爲閭閻之累若皆彰之使著牧令又何敢公然以百姓爲魚肉哉新阜甯令能否比前任差强清河無內心桃源取巧皆由我輩不能化導深以爲愧未知江北百姓此生有出水火之一日否念之黯然頃據路丞報南運河水勢驟漲未知此數日又復何如望時時飛示

咨請學院檢卷派書承辦闈務

爲咨請事竊照本部院衙門從前文闈舊案陷毁無存承辦闈務各書亦均被難物故前居同治三年甲子科文闈鄉試經李爵部院赴甯監臨因當省城克復未久場期較迫諸同草創遇事通融辦理今居同

治九年庚午正科。並補帶壬戌
恩科江南文闈鄉試。輪居下江偕科。應由本部院入闈監
臨。所有一切闈務。應照向例詳愼妥辦。惟案卷未能
全備。書吏又不熟諳。恐有遺漏錯誤。掄才大典。關繫
匪細。查上屆同治六年丁卯科。前學院鮑。恭代上江
承辦監臨。會向本部院衙門檢案參酌查辦。諸凡從
容就緒。辦過各案。自較甲子科周備妥洽。應請檢齊
全卷。並選派熟悉書吏二人。來轅辦理闈務。以資熟
手。相應咨請。爲此合咨貴部院。請煩查照。希卽飭承
檢齊丁卯科文闈全卷。並選派熟悉闈務書吏二人。
攜帶案卷。給文來轅。承偕辦理。望切施行。
咨學院

山陽縣稟遵飭查禁淫書並呈示稿及收買書

目由

據稟已悉。該縣查禁淫詞小說，並不假手書差，遂得收繳應禁各書五十餘部及唱本二百餘本。辦理尙屬認眞，應卽記功一次，以示獎勵。仰江藩司註册，飭遵。並飭將收繳各書，卽行親督銷燬，仍隨時嚴行查禁。務當收燬淨盡爲要。弁候通飭各府州廳一體遵照。繳。摺存。

加函

淫書小說，最爲蠱惑人心。童年天眞未漓，偶得水滸、西廂等書，遂致縱情放膽，因而喪身亡家者多矣。前此分檄各屬嚴禁，初時江北應者寥寥。旋據江甘二令搜索五百餘部上元等縣續報搜索八百餘部幷板片等件今山陽又復繼之蘇常各屬報繳尤多或數千數百部不等板片則令解至省城書局驗明焚燬儻能再接再厲得一掃而空之亦世道人心之一轉機也已將焚繳尤多者記大功餘則記功仍祈尊處通飭所屬認眞搜查勿留遺種庶通力合作收效較賖也

江都縣稟訪獲地惡楊五瞎虎等分別訊辦由

稂莠不除則嘉禾不植地方棍徒必應隨時訪拏究辦以示懲創而儆强横據稟辦理認眞殊堪嘉尚仰按察司飭提楊永盛即楊五瞎虎稽標即稽長林到案究明實在劣蹟一面出示招告集訊確情按擬詳

辦緻

加函

訪聞江甘境內棍徒尚有湯大亂子郎湯天福葛長松趙六花林楊石秋諸人而楊石秋尤爲刁狡在詹啟綸營中爲之主謀估屋估田已保花翎縣丞此外女棍陳大腳無惡不作人所共知又探花巷長源店主劉三娘掠賣人口其家內現尚豢養婦女多人又東關德昌店主王名大腳藍子三義閣巷豫隆昌店主名楊小瞎子皆著名之軟下處引誘良家閨閫藏垢納汚均宜分別嚴加懲創驅逐庶足以挽回風氣務祈密函切囑江甘二令不動聲色嚴密查辦以免兎脫仍求勿用公文庶免輾轉多手走漏風聲也

崇明縣詳文生黃澧將張丙榮私穽拷掠革審
一案訊明請開復由
查黃澧先後控告張聖詳朱松泉搶奪各情均係揑飾。其平日恃符健訟既可概見。本應照例加等反坐擬以杖流。姑念到案供明從寬免其治罪。所革衣頂不准開復。仍准其原名另應童試。予以自新。責成該縣留心訪查。儻再不知自愛。仍以刀筆爲事。卽以訟棍嚴拏重辦。毋稍姑息。餘如所議完結。仰卽遵照。仍錄批通報查考。並候爵閣督部堂　學院批示。繳。

咨商照案劃扣木鐵等價
爲咨商事。據松滬捐釐局司道禀稱。洋礮局購買木鐵等價。由局撥給。是否於糧臺正餉內劃扣。請示等情到本部院。據此查此次木鐵等價。姑准照案劃扣具報。以後洋礮局采買各件。當就近稟請貴爵閣部堂核示撥款。以免轉折。除批飭移知洋礮局糧臺一體知照外。相應咨商。爲此合咨貴爵閣部堂。請煩查照施行。

咨督院

撫吳公牘卷之八

通飭禁革各屬招解人犯承差陋規案

爲通飭事照得本部院訪聞江蘇各屬招解命盜雜案院司道府及本管直隸州承差規費每案多至四五十金解役犯人盤纏飯食尚不在內當此清釐積牘之際一案需五十金十案即需五百金若悉由州縣捐貼已屬賠累難支且恐此項或有向歸原差承應者若輩無資可賠勢必取辦於案中之被證於是命案則串唆羅織盜案則教供誣攀本官知解費無出不得不稍稍聽其所爲流毒閭閻關繫尤鉅昨聞本轅茶號房得受太倉新陽婁縣三處端節犒賞及本轅門皁得受秋審值堂陋規業經提責斥革枷示

一面札行該蘇州府查辦在案所有前項各衙門招解規費亟應通行禁革以肅紀綱合行札飭札到該司府州立即遵照嗣後各屬招解人犯所有一切陋規永遠全行裁革并通飭所屬不准再行付給儻敢陽奉陰違私相授受一經察出與受同科其解犯盤費口糧統由州縣官捐給不得責成原差承辦致滋弊端仍將遵辦緣由報查切切

札三司　五道　八府　三直州

蘇司加函

昨日面詢江都縣解役知劉吳氏一案司中三次駁回該縣三次解省每解一次承行原差賠貼規費盤川飯食錢至六十餘千之多詢其錢從何出答曰凡

案內之有名。及有名者之親戚兄弟。皆須貼費名曰幫公事。詢以控案有名之兄弟親戚。能甘心出錢乎抑逼勒而後出也。答曰。靠此五尺蛇耳。蛇到頸則錢出矣。詢何所謂蛇。微笑答曰。鎖鍊也。由此言之。則院司屢次提案駁案。亦可令百姓破家。豈但如諺所稱破家州縣哉。思之悚然。欲正本清源。則首在禁革招解陋規。其必不可省之飯食盤川。則由起解之州縣捐貼。而尤要則在爲之速結速辦。庶乎案內少瘐斃之人。案外無株連之累矣。

發商蕭縣民徐大坤救親情切砍傷孟廣大辜
限內因傷身死一案

發按察司知悉。據該署司招解蕭縣民徐大坤救親情切砍傷孟廣太辜限內因傷身死一案人文到院經本部院提犯審供相符點批發回在案查向辦救親情切之案必犯親已受重傷倒地死者仍將其擬按毆打死生在呼吸之間實係情危勢急者方得援例聲請減流若本犯雖有救護之情而其親並無危急之勢則仍按本律擬絞歷有成案可查此案徐大坤之父徐茂得被孟廣太戳傷手腕逃跑孟廣太持鎗追赶正將近身該犯見而救護用刀砍傷孟廣太右後肋越十二日身死其時孟廣太雖持鎗而赶徐茂得尚有路可跑追者固將近身逃者仍可走避該犯徐大坤縱有救護之意而其父徐茂得實非危急之時若概得援請減流則此後父子共毆之案皆可

自附於救親情切之條似不足以昭平允案關罪名
出入一經奉部改正卽干吏議不得不相與推敲合
行簽商簽到該司卽便遵照檢查例案虛衷叅酌妥
協議擬詳候核
題毋再率延切切此簽仍繳

簽　臬司

通飭佐貳不准擅受

爲通飭事案據高郵州申送四月分詞訟清册自理
項下內開監生張時稟吳春驄在揚軍廳捏告牽累
一案當查揚軍廳並非理民同知吳春驄如何在該
衙門捏告張時卽經批飭揚州府移弔廳卷發州提
訊詳辦去後茲據該府申稱查前據監生張時來府

具控廳差索鬧。當經飭州申請廳卷核明。如與張時無干。即行摘釋。一面將控案訊斷詳復在案。茲奉前因。除移弔廳卷發州訊詳外。申復鑒核等情到本部院。據此。查同通佐雜等官例不准擅受詞訟。近來江北各屬往往有佐貳等官擅受民詞。甚至有移交地方官辦理者。今揚軍廳竝非理民同知。乃敢違例擅受。且敢縱差索鬧。實屬不合。應將該糧捕同知記大過一次。以示薄懲。除札臬司通飭遵照江藩司註冊外。合行札飭。札到該司。即便遵照由司註冊飭知通飭。毋違。

札江藩司臬司

加函

自各省減成之例起。佐雜捐貲。多者千餘金。少者數百金。其家本非殷實。類皆東挪西貸。希冀得缺。後藉此宦、爲搖錢樹耳。故佐雜擅受、無不與訟棍書差土豪通同一氣。方能擇肥而噬。若非認眞約束。誠恐孑遺黎民無復有蘇息之日也。務望嚴加懲創。所有謗書毀語。敝處當獨自任之。

批山陽縣稟復查明並無未結自盡命案由

藉屍圖詐之案。爲訟棍所教誘者十之三。官吏丁役所教誘者十之七。利鷸蚌之爭。爲擇肥之噬。雖屍親自願收埋。且有嗾之使訟者矣。其次則世務人情。不甚透徹。於當官之要。從未講求。相驗時。胸中茫無主宰。承審時。又不能批郤導窾。以折無情之辭。使刁徒得肆譸張。良民深受其累。是雖未率獸食人。仍不啻教、猱、升、木、也、據稟在任三年。自盡命案。從無上控之事。殊屬可嘉、古稱滅門刺史、破家縣令、今之牧令。無此事權、惟自盡人命與詞訟案件、宕延不結。猶足令人家破身亡、思之悚惕。本部院職司舉措。與屬吏言賞罰。不言果報、然目前之赤子。即膝下之兒孫。使當官有呼號冤慘之民、他日子孫。必有凌夷衰微之禍、感召之理、有固然者。可、不儆懼乎。該令平日於此等事。既能認眞辨理。而簿書猶有不中繩墨者。其益加策勵、毋涉粗疏。本部院將於是徵事而考言焉。非徒以目聽也。繳。

批興化縣稟復嗣後遇報自盡命案遵飭認眞整頓一案

江北藉屍圖詐之風興化爲甚前令皆爲刁徒所挾持該縣履任以來認眞整頓獄訟衰息本部院訪查有素知之頗詳如所稟飛傳指傳及望鄰名目視本部院通飭嚴禁之扭交指交尤爲荒謬應卽遵批勒石永禁搨取碑摹送查江蘇候補知縣不下數百人如該令者遭際不爲不幸其盍加策勵勉奏循良毋自負其所已能而勤求其所未至虛和敬恕惟日孜孜則進境無窮身名俱泰矣勉之望之仍候爵閣督部堂批示繳摺存

批新陽縣詳王應霖報無名男屍無憑相驗由

屍身腐爛其生前被毆或刃傷處皆貼骨不壞蟲不能食洗冤録開載甚明該縣並不查照辦理驗明有

傷無傷填格通報輒以無憑相驗一語草率具詳此案遂成疑獄試問相驗不以洗冤録爲憑更以何者爲憑乎洗冤録明明載有驗已爛屍之法乃以爲無憑相驗乎豈驗屍時并洗冤録未經查閱乎抑以含混爲空靈乎所辦意在取巧殊屬錯謬仰按察司飭即遵照前指查明該無名男屍有無傷痕切實具復以定枲緝處分一面示召屍屬訊明具報毋得顢頇飾延仍候爵閣督部堂批示繳

批蘇司會詳蘇省擬請開設文案總局由

開設文案總局應即於此次考試文理上優次優之員由該司采選入品謹飭才具開展者四五員先行入局督率學習餘俟采訪確實隨時添補庶免經費

虛糜。如在局半年而尙無長進者。卽當撤去另補。其實缺留省察看人員。亦宜試以疑難差使。庶知其才具之長短。人品之優劣。餘如詳行。仰卽遵照辦理。並通飭各府州廳縣。嗣後交代冊結。添造一分送局稽核。仍先將遴選入局員名報查。並候爵閣督部堂批示。繳。

批江藩司詳覆甯屬佐教留署毋庸仿照蘇屬章程辦理由

佐雜期滿留署。誠如該司所議。無非戀缺起見。實爲探本之論。況佐雜人員斷無經手未完之事。以後無論府縣如何稟留。該司總應照案駁斥。不准再有留署名目。庶免辦法參差。致開方便之門。所有蘇屬亦

應循辦除飭蘇藩司一體遵照外仰卽遵照辦理此繳

批臬司詳覆揚屬裏下河州縣擬設腰站一案

並繳清摺由

各縣舖司皆係有名無實移舖司之費以歸腰站在該州縣未必樂從然實事求是舍此亦別無辦法至來詳所稱另行籌動閒欵一層似難照行緣一經動欵則必須報銷一經報銷則院司道府層層駁詰書吏之索費者紛至沓來腰站變成具文而費用牢不可破矣此次辦理腰站只要排單能填到站時刻公文不致擱延司庫並無閒欵可撥該地方官只可自行通融挹注經費或多或寡毋庸報銷以省轇轕仰

即鈔批排催淮揚二府速辦定於六月初十後舉行仍行常通二府州知照繳摺存

札飭候補人員差委給發薪水不准向州縣需索

爲通飭事照得候補人員在省聽候差遣遇有各屬緊要事件委令查催或京控等案人證委令提解理宜潔已奉公方爲不負委任其間廉謹自好者固不乏人而習氣深重者亦復不少一經出省碩大無朋藩臬所委者即儼然以藩臬自居道府所委者即公然以道府自命始之以恐嚇繼之以詐欺公事則顛倒自由差費則錙銖必較且其傔從別有師傳往往爭一已之蠅頭視主人爲雞肋稍不遂意悻悻狺狺

特彼護符情同惡丐甚則回省之後播造謠言冀圖陷害地方官既要破財又要受氣是以委員日多公事日積亟應整飭以肅官方合行札飭札到該某即便遵照嗣後如有應辦事件應提人證均責成府州廳縣認眞辦理勒限提解儻敢因循忽悞小則詳請記過摘頂大則詳請撤任查叅非必不得已毋庸委員前往其有必須委員者在藩司則由司庫籌動閒欵給發薪水在臬司則咨明藩司籌欵給發薪水在道府直隸州則由道府直隸州籌發閒欵或酌捐廉銀給發薪水不准奉委之人及隨帶家人向州縣需索分文庶幾地方官可騰出一番酬應精神辦幾件緊要公事如再有需索情事責成所在州縣據實

報以憑參辦儻該州縣徇情容隱別經查出與受同科勿謂言之不預也特札

江蘇藩臬三司

札糧鹽蘇松常鎮淮揚徐海七道

八府三直隸州並各廳州縣

三司加函

州縣不了之案或經上司委員提省提府或經委員會審則此案更不得了何者委員未到之前原被告僅受本縣門丁差役之需索委員既到之後原被告又須兼受委員門丁差役之需索矣故為澄清吏治計惟有將應辦之事責成州縣自行清理不能如期者責成道府就近嚴催嚴催之後事仍不辦只可以

白簡從事若事事皆須委員查辦道府豈非贅疣儻慮候補人多有飢寒之患似宜按月考課詢以吏事民事優者加奬再發交讞局幫同審案或派釐卡差使其萬難造就者給發盤川咨遣回籍另圖別業如此辦理庶候補者無冗滯窮困之憂現任者無應接不暇之苦矣我輩當力持此議吏治庶稍有起色乎

禁婦女上茶館

爲札飭轉行嚴禁事照得貞淫爲風化之首男女宜授受不親是以由左由右道路亦申禮防采唐采葑風人特嚴詩刺未有招搖過市媟褻褰裳男女同入茶館如是其無恥者也本部院訪聞吳中陋習過僑僻壤若肆分開雜遝喧闐士女混坐入門者既非鄙

婦在座者豈盡曾男。卽使瓜李無嫌。而履舄交錯。亦復成何事體。傷風敗俗。莫此爲甚。惟是蚩氓無識。姑寬閭閻之眚。而傭保攬財。宜嚴招誘之罰。合行札禁。爲此札飭該司轉飭首府縣認眞嚴禁。嗣後凡省城內外。所有茶館。均不准招集婦女入內飲茶。有違禁者。卽拿該茶保杖責。枷號兩月。遊街示衆。仍出簡明告示。擇首領中之勤妥者數員。飭令持示分往茶館張貼。藉可面爲勸諭。並不得多帶從人。致有騷擾。切切特札。

札蘇藩司
臬司

沭陽縣詳犯婦盧岳氏被匪擄去鄰族人等訊供由

本部院前次通飭如有人犯病故屍親遠出無從查傳者即行詳銷係指人犯實已病故及例不擬抵之案而言而例應擬罪之案人犯在逃未獲皆得以存亡未卜率行詳銷爲之設法開脫使死者含寃要犯漏網是不啻縱惡長奸豈本部院息事安民之本意乎此案盧岳氏故殺前妻幼子情節慘忍若不徹底究辦無以慰盧耿氏盧小滿毋子於地下盧岳氏經該前縣悞行保釋是否被擄抑係脫逃及擄後果否被捻匪殺害均未可知儻遽准註銷從此置之不問適爲逃犯開一倖免法門碍難率准仰按察司飭再隨時查緝若盧岳氏被擄逃回即行提案確審詳辦毋任踈縱仍候漕爵閣督部堂批示繳

咨查子孫會名目

爲咨會事同治七年五月二十七日准浙江撫院咨訪有匪徒斂錢聚衆名曰子孫會起於諸暨蔓延各縣並及蘇松咨會轉飭密捕等因到本部院准此查會匪約有數等有結會爲匪者有匪而不會者有會而不匪者情節不同辦理因之亦異今浙江所訪之子孫會雖無不軌情形但其結會之初必有號召之名與所以糾約之故否則錢不可得而斂衆不可得而聚也應先密查其糾結所由與蹤跡所在然後分别孥辦庶無枉縱合亟密飭札到該府立即遵照不動聲色確切密查此等子孫會蘇松二屬是否隨在皆有因何倡議結會如何斂錢聚衆究竟意欲何爲

蘇屬松屬、是否各有爲首之人、所斂之錢、歸何人收、存所聚之衆、聽何人指使、務得確情、切實禀復、以憑併札松江等府、設法查辦、總期實事求是、不得諱飾消弭、亦不可徒震會匪之名、過於張皇、一味混拏、致滋擾累、尤不得濫委好大喜功之員、激成事端、冀爲他日保舉地步、惟靜惟慎爲要、特札。

札蘇州府

加函

會匪之禍、往往起於承平無事、文恬武嬉之時。今大難初平、勇營林立、而謂蚩蚩愚民、敢爲毫毛試火之計、斷無此理。閣下更事已多、必不張皇、故敢以此相托。即使中有匪類、亦不過懲創一二爲首之人、以慎靜處之自可令反側子自安萬不可令好事者與聞誠恐貪功激變轉難收拾唐人詩一將功成萬骨枯此言雖大可以喻小乞密圖之他處並未行文恐以訛傳訛轉生枝節也

蘇司詳摘去頂戴人員不得抗違戴頂由

府廳州縣因事摘頂原所以示儆惕而冀其愧悔也愧而後能悔悔而後能改儻已摘而仍戴愧且不能倘望其能改乎所有摘頂人員遇有臨民祭祀考試若准其從權戴用究屬一事兩歧嗣後自應一律照摘儻敢故違郎照違制律詳參仰即通飭遵照

東臺縣稟查明未結自盡命案一起辦理情形

查傅兆祺自縊身死一案即使所控屬實吉禎多罪止擬杖況屍親傅咏堂控府之後數月不到應即照例註銷所控之事不與審理以符定例而儆刁風仰即遵照辦理一面錄批通報完案仍候爵閣督部堂批示繳

海州詳捐攤各欵年分案由清冊請賜量予刪減由

攤捐各欵最爲州縣之累不獨海州一處宜刪減也乃該牧只圖爲一已除害而不聞其爲民興利亦只見到一邊事關通省仰江藩司通盤籌畫核議詳復詧奪繳

撫吳公牘卷之九

札蘇藩司飭屬設立社學

爲通飭事照得蒙養實聖功之始化民以興學爲先蘇省爲人文淵藪兵燹以後文教未興鄉曲愚民尤難振起往往以儇薄爲智巧以游蕩爲安閒其中詎乏可造之才徒以門第單寒力難負笈未聞師長之教遂致業荒於嬉揆厥由來實堪憫惜夫父兄莫不愛其子弟卽莫不冀以成立顧不使稍明義理而欲其勉爲好人是猶舍五穀而別求養生之方棄權衡而欲協均平之則其爲扞格不著可知從前湯文正陳文恭諸賢曾於社學義學各事宜諄諄致意原以童時天眞未離先入爲主苟日見澆浮之習雖美質

亦爲棄材若日親禮法之儒卽頑嚚可成善士是社學之設所以維風俗而育人材實非淺鮮本部院前飭蘇州府妥議章程先於省城內設立社學倣朱子小學教法設爲規條延請品學兼優之士實心訓課當經該守等議章八條飭辦在案因念各屬事同一律凡城鄉村鎭等處均應設法舉辦以啟顓蒙合亟札飭札到該司立卽轉飭所屬酌捐廉俸每縣先設四處社學能多設者聽從其便或以公所作爲館舍或於廟宇借用空屋限文到後兩月內卽行開辦稟由該府親加查勘督率奉行賢有司爲民父毋必當勤勤懇懇視如子弟愼選師儒俾知效法庶幾漸摩覲感薰德善良上爲

國家儲有用之才下爲閭里化不齊之俗轉移風化莫善於此其將來如何籌費添設俟辦有成效再行禀候核奪本部院爲勸學正俗起見幸毋視爲具文並行書局委員董事及各學教官會同地方官籌商辦理切切此札

計粘鈔章程

札蘇藩司

計開設立社學章程八條

一塾師一人課徒以十人爲率每月酌給束脩膳金五千文月費一千文按月支領務須植品端方之庠生始准延訂其素行不謹者雖有文才不得濫舉充數

一責成教官會同該紳董經理一切並於每月朔望輪流至塾稽查其離城較遠者按月往查一次地方官仍當隨時督察務收實效

一舉公正紳董兩人作爲學總會同教官專司經理令立總冊記學徒姓名年歲住址及入學年月日並將入塾時所讀經書至年終散館讀至何書一一登記送由地方官申報查核以昭慎重

一教子弟以正其身心爲首務眞文忠公訓學齋規最爲切要應分條大書刷印懸著壁間塾師於學徒入學之始逐條分日講解務令遵循其平常動作威儀灑掃進退亦宜隨時教導使合規矩

一少成天性習機易動凡學徒入塾須先讀小學孝

經以端其本即已讀經書者亦令補讀尤須詳細解說就令學者向自已身上體貼才有領會每日功課畢時將可法可戒故事解說兩條令之省惕所講各書由學總隨時抽令回講

一塾師教導之勤惰以學生之禮貌放謹書本生熟爲驗學生循謹書熟者爲上等酌予奬勵循謹而書不熟者爲次等無奬放縱者書雖熟爲三等訓飭之放縱而書不熟者爲下等扑責之扑責三次不悛者黜學生無次等下等者具見塾師實心訓誨管東有方應即量加奬勵怠惰廢業者辭去另延即由該教官紳董等註其等第於總册內以憑隨時查考

一塾師無故曠業一月至五日者辭學生無故不到

一月逾五日者黜

一學中需用椅桌器具書本紙筆硃墨茶水等項將

來即由該學及紳董等隨時請領官項備辦按季

報銷

沭陽縣監生胡官鵬呈控葉士榮之女係被包

和尚等搶去致令姦忿自盡遣叩恩准提案

親訊核斷

爲札飭事同治七年五月二十四日據沭陽縣監生

胡官鵬禀稱生於五月初八日呈詞全敘鈔黏遣叩

恩准提案親訊核斷等情到院據此本部院查閱鈔

呈全案葉士榮之女被包和尚喻樂田搶去是包和

尚喻樂田係屬正犯乃葉士榮舍此二人不控而控該生父子詞多裝點其意必另有所圖然胡其玉已逆葉女同家復因飯錢細故中道折回則葉士榮所控該生賠中指使似亦不爲無因今閱鈔案逐層粘簽指駁其平日不安本分已可概見至葉士榮之女於五年五月初四日被搶至初八日始抵新挑河與喻樂田起居相共在飯店飲噉自如經地保盤詰時並未呼號求救其中情節豈堪設想況六月還家九月淹斃輾轉差保之手者又閱兩月有餘此而謂爲羞忿自盡其誰信之此案人證衆多紛紛提解徒滋延累應責成該府提卷核明分別辦理除將該監生胡官鵬押發吳縣遞回外合亟札飭札到該府立即

澄照速提桃源沭陽兩縣卷宗悉心確核並提胡官
鵬訊明有無主使扣留逼取爲妾情事將葉女落水
身死一案先行詳銷仍飭縣勒提包和尚喻樂田等
照例究辦其餘牽連之人概飭省釋至胡官鵬逞刁
瀆訟應否斥革或量予薄懲之處并即酌結具復毋
延

札淮安府

加標

鈔案並發仍繳此案拖累已久務望提卷後早結爲
要亦勿令書差人等勒索胡官鵬也切囑

飭司將記過三次之員詳請撤委由

爲札飭事照得本部院涖任後明定章程於所屬與

任各官承辦刑錢詞訟一切公事暨候補差遣人員察其勤惰分別記功記過隨時飭司註册凡記大過已滿三次而無大功可抵者即行撤委前經通飭遵照在案茲查該州縣等記大功者固不乏人而記大過者亦復不少應將記大過三次無功可抵並未註銷之員由司查明照章詳請撤任以示懲儆除札江蘇兩藩司暨臬司外合行札飭札到該司即便遵照會同查明詳辦毋違此札

札兩藩臬司

海州申閏四月分詞訟監押清册由

查上控詞訟各案雖據於管收項下登註而實在項下仍應按起開列並將某案因何未結緣由另行註

明至舊管監押各犯事由雖於上月開報而本月冊內仍應照造不得請免重錄新收押犯孫兆喜註係總巡委員獲解鹽犯委員是何姓名孫扣含葛二註係海州營獲送匪犯究竟所犯何事類如此者均應明晰登註賈大早程開章二名註係程芳林與程桂林互控拉牛營送之犯控案非營弁所得干預何以由營送案至該州本月上控自理新舊共一百零二起並未訊結一起尤不可解仰徐海道嚴飭該牧赶緊提訊以速補遲並即遵照指飭於下月冊內明白聲註毋違此批冊存

[illegible]標

[illegible]從前頗有循聲何近來公事泄沓若此毋乃宜

怠於宦成耶。抑閱歷深而趨避熟。誠篤精毅之氣漸爲積習所轉移耶。江北兵燹之餘民生困苦已極。該牧留一分心。則百姓受一分福積案滯獄尤百姓之所痛心本部院之所注意奈何呼籲不聞嚴檄不應耶。天氣酷熱豈羈滯囹圄者。獨非赤子。設身處地寸心亦怦怦有動否耶。該牧若不振刷精神。一已之聲名得失。固無足惜且貽本部院及高道以不知人之誚矣。仰徐海道提撕警覺之。使該牧終爲循吏而不致變爲俗吏。是則本部院之所旦夕禱祝者也。仍移淮揚劉道。并通飭所屬知照。

贛榆縣申四月分監押各犯清冊由

冊造舊管某某等若干名。此數行殊可不必。衹須開列舊管幾名。另一行寫犯名事由、實在項下。應一名一行平寫。來冊一直寫下。均不合式。至冊造監禁項下。尚有咸豐元年分獲案之犯。爲時幾將二十載。未據訊擬起解。實屬不成政體。押犯項下。賈有茂、王允中、即王三揚。王永溪、即王永其三犯。均係同治元年分被控之犯。至今七年之久。案內人證。尚未提齊解審。公事廢弛。已可知矣。仰徐海道嚴飭該署令。務當激發。且氣、洗除、積習。迅將監押人犯內應起解者。即行造冊詳司。轉請洛牌。應提訊者。即行提案確審。分別擬解。俾無辜者早日案業。有罪者立寻究懲。不致久稽囹圄。亦該署令之積德也。至應造清冊。下月務當遵照頒式。不得再錯。此批冊存。

加標

該署令於本部院札飭公事置之不復嚴催不已敷衍塞責且一切聽之書吏自己毫不寓目該令沈湎洋烟午後方起豈復知世上公事尚有切於洋烟者耶贑榆之民何不幸而屢遇此麻木不仁之令尹耶該道即再密查該令如何廢弛情形於六月二十以前稟復聽候酌奪辦理

蘇藩司詳各屬造送二月起至四月分止三箇月詞訟清冊核明勤惰請分別記功記過由

如詳將本年二月至四月三箇月內自理詞訟完結五成以上之署蘇州府事正任長洲縣蒯守署吳縣田丞吳江縣沈令前署奉賢縣羅丞調署青浦縣前

署南匯縣陳牧、署武進縣鹿令、署江陰縣汪令、署丹徒縣王令、寶山縣陶令各記大功一次，以示鼓勵。溧陽縣三箇月內自理詞訟不過十案，可謂民醕事簡矣，乃審結僅止二起，不知其終日安坐衙齋所司何事。在山僻小縣辦事尚如此遲鈍，假令處衝繁之地，安望其措置裕如乎。應卽記過撤任，以示懲儆而重地方。仰卽移會江藩司通飭所屬一體知照，仍候爵閣督部堂批示繳。

通飭將奉文日期敘明由

爲通飭事。照得各屬申復文件，往往不將奉文日期填註，儻有驛遞遲延，無從稽查。嗣後無論何項文札，各該州廳縣應須於文首填明某月日奉某衙門某月某日文開字樣至各屬據文據稟轉詳轉稟等件亦須將何月日接據文稟於文內一律敘明以憑查核而免積壓又本部院專札飭辦之件均須專文具復以清眉目合行通飭札到該司立即轉飭一體遵照辦理毋違

札江蘇藩司 江蘇藩司 臬司 江蘇各府州廳縣

青浦縣學會詳司事稟請修廟立案由

據請將該縣捐修

文廟牘款就千佛閣規模改建

武廟應准照辦仰蘇藩司轉飭遵照督董妥爲建造先將連年按田捐款至停收截數止及已辦學宮工料各數造冊通送核銷餘剩之款俟此次廟工造成再行

報銷。並卽通飭蘇省各屬。凡
武廟之未修復者。均設法興修。或將不列祀典之寺廟改
造供奉。以崇典禮。仍令將遵辦緣由具覆。並候爵閣
督部堂學院批示。繳。

札飭蘇屬佐雜人員以後無論府縣如何禀留
應一體駁斥

爲札飭事。照得蘇屬佐雜期滿留署本部院前在藩
司任時。凡署事佐雜遇有民情愛戴實能幫助印官
者。准由該府縣出具保結留任。後如該佐雜有違例
擅受及被人控告之事。卽惟該縣令是問。嗣於該司
詳報署武進縣小河司巡檢錢敩泗留署案內擬再
變通。如在任一年。實係輿論翕然。由府縣出結詳准

留任後設或該員初終異轍仍有前項擅受民詞經人控告犯案或訪有貪劣實蹟者即將該管知府先記大過一次該縣記大過二次果能如此辦理則准留任亦未爲不可當經批飭遵照循辦在案茲有署江都縣萬壽司巡檢王慶恩留署一案飭據江藩司詳稱甯屬教佐向不准留署該管府縣時有詳請者大都以輿情愛戴巡緝認眞爲詞無非爲戀缺起見不問其有無徇私概行駁斥必察係地方適有要事或本員有經手未完事件實在因公始准留署等情前來查江藩司所議佐雜期滿留署無非戀缺起見實爲探本之論至佐雜人員斷無經手未完之事以後無論府縣如何稟留總應照案駁斥不准再有留

署名目。庶免辦法參差。致開方便之門。除批示外。所有蘇屬亦應照辦。合行札飭。札到該司。卽便遵照。循辦具復。毋違。

札蘇藩司

加函

佐雜俸薪無幾。不擅受不足以自存。擅受則又嚴議隨其後。然擅受者仍復比比皆是。豈矢人不仁於函人哉。擇術不愼故也。今蘇省有千百數十之候委佐雜。而只有百數十可委之缺。計非十數年不能輪委到班。則此十數年中衣服飲食養家之費。不能不出之借貸。該佐雜若一得缺。勢不能不籌還前此虧空之費。又不能不預備日後賦閒之費。其擅受蓋亦勢所逼非人盡無良也若又准其留署則是鑽營者舉可蟬聯而迂拙者將畢生淹滯尤非疏通仕途之道此後惟有密飭正印官署分餘潤以養其廉仍擬請停分發以清其源庶人員不致擁擠稍知自愛者皆將納身軌物擅受之風或可望日少一日乎

鹽城縣記功

爲札飭事據鹽城縣知縣陳令申送閏四月詞訟清册到本部院據此除册存案外查該令審斷最有條理且註銷之案少審結之案多應記功一次以示奬勵合行札飭札到該司卽便移會江藩司註册飭遵一面通飭知照俾江北牧令觀感奮興毋違

札江藩司 臬司

加函

闘鹽城門閽袁太早役楊彪、蕭玉、三人串通一氣魚肉鄉民。控案纍纍。該令熟視無覩。誠可詫異。又該縣西門外廣泰釘店對門有一小茶館。乃船埠頭下處。勒索過往客船每隻二百文。空船每隻四十八文。本地裝貨船每隻一千文。行主錢姓、夥伴楊姓。極爲兇很。即祈嚴行該令分別驅逐禁革。若一見公文。恐又湋驅逐禁革所能了事矣。又訪聞該縣之上岡鎮陳桂華霸佔孀婦。包攬詞訟。該縣帳房曾與來往多次。官親擇交不愼。將來必致貽累本官。弁祈轉囑該令杜漸防微。尤所至禱。

撫吳公牘卷之十

安東縣詳徐克榮被賊拒殺現獲余老漢訊係茹姦起意糾毆致死請更正由

此案傷多且重。謂非有心致死。殊難憑信。茹姦洩忿。商同一二人前往足矣。何必糾約五人之多。且何必各帶刀械。朱榮等四人既非圖姦。又非圖財。又非與徐克榮素有仇隙。何以遽聽旁人糾約。將不相關涉之人砍死。且是夜裴樊氏之夫裴小眼。是否在家。亦未據訊及。種種支離閃爍。顯有不實不盡。仰按察司飭卽遵照指駁情節。提集屍親犯證研訊確供。另行通詳察核。一面比差勒拏朱芳等。務獲併究。毋稍顢頇。仍候爵閣督部堂批示。繳。

飭司行查官封房屋給還房主

爲札飭事。照得蘇城前被兵燹。公私廬舍多半焚燬。其民房之整飭者。又多爲賊所改造。克復後。官兵無所棲止。百姓尚未旋歸。相率借住民房。亦勢之所無可如何。相沿既久。給還者固多。而未領者尙屬不少。揆之情理。殊未平允。夫賊奪民房而改造之。並非民作賊而自行改造也。民遭賊而流離蕩散。滿望賊平之日。可以言旋故土。乃因房屋經賊改造。而概以充公。是豈吾民初願之所及乎。民房爲賊踞。猶不過抱無家之痛。民產爲官封。則并受不白之名。況且有經賊改造而先給還者。有不甚改造而不給還者。該府縣辦理此事。亦覺兩歧。合行札飭。札到該司。卽便轉行蘇州府長元吳三縣查明舊日充公髮逆改造民房尚有若干妥議晝一章程開摺詳覆除前院公館業經給價毋庸再議外其餘現任公館及書院公所或籌款佑僱或按月付租酌乎情理之平庶爲持久之道房主人等亦不得視同奇貨可居故意刁索仍將辦理情形速覆察奪此札

札蘇藩司

宜荆釐局詳城局被刦開摺詳報暨宜興縣陸令通報獲犯由

查此案現據宜興縣陸令稟報當時追獲盜匪顧重樓丁岳保等二名並淹斃首犯一名訊認共夥九人進局行刦得贓現經購線緝撈贓犯務獲等情前來

查外局釐金向係月初彙集起解該局被刦正在彙集銀洋起解之時計必有本處熟悉土匪勾結外來游兵散勇方敢如此此目無法紀據該縣稟稱次早即經拏獲匪犯二名何以數千元之贓任聽拋棄水中毫無一獲丁岳保年僅十四歲何以即敢做如此大案且局詳賊搶一時之久天明始散該縣則稟稱三更行刦經官弁赶到賊始爬城逃逸試思賊僅九人文武官役總不下數十人何以跟踪尾追之下竟任聽該匪等爬城而去逍遥四散乎而且該匪每人身上皆有重贓何致追赶不上乎種種情詞閃爍殊難憑信該縣局等務即振刷精神認眞拏辦如若顢頇塞責定即分別嚴叅仰即移縣知照仍候爵閣督部

堂批示繳摺存

加函致常州府

此案據該令所禀頗有不實不盡何則贓至八千餘元之多豈九人所能負之而走而且九人之中尚有一小孩在內其可疑者一也宜興城河水並不深據禀賊見兵役追急洋銀全丟下河是賊已見兵役矣兵役豈有不見賊之理該令當時何不即派見賊丟銀之兵役在該處立刻將銀撈起乃竟遲延數日之久原贓毫無一獲其可疑者二也該令禀中既稱顧重樓丁岳保與首犯平時並不識面係於是晚二更時候在南門大路上遇着各盜臨時起意行刦以救飢寒等語試思顧重樓等先時與羣盜既不認識是

晚驟然相遇又係在初一夜二更並無月色之時次日何由知淹斃者之爲首犯又何由知首犯之姓名爲劉阿艮其可疑者三也種種情節支離不惟本部院不肯相信卽該令亦不肯自信總之該令欲求寛限緝犯則可欲誣艮爲盜致死滅口則不可此案該令恐不能了祈就近代爲訪查并祈轉囑切勿立錯主意至禱至禱

又加函致冊徒縣

宜興釐局被刦一案昨經專牘奉達來案惟該縣尚無弋獲眞犯消息殊深焦急弟思此案必係游兵散勇所爲犯事後必逃至六七濠口一帶藏身恣意嫖賭務祈吾兄不分畛域密飭幹捕給以重賞在六七

濠口留心偵緝，當可望其就手，或託熟悉營弁作線，更易得其蹤蹟。瓜口營吳鎮軍處，若以弟意託其物色，亦或有裨。陸大兄德有餘而才不足，恐不能了此事。又恐此案終不能破，必致誤彼功名，尤覺可惜。尊處缺苦無錢可備賞號，兹專差送上俸餘百兩，以備購線之用。如若不敷，隨後源源再寄。惟事不宜遲，遲則贓消盜逸，無從着手矣。又弟前飭密拏洋行包攬捐務數人，原爲整頓洋藥釐捐起見。吾兄老於洋務，想能實事虛做，隨時操縱，能發能收，但使彼聞風而懼，便於局務有益矣。此紙密之爲要。

山陽縣稟拏獲兇犯田星沅稟經漕院批飭正法由

據稟張學淙獲案時衣有血跡當時詳內自應聲敘驗明衣有血跡字樣豈多此六字即不簡淨耶況人命案件縱使人犯斷無可疑而起釁情節下手情形總須研訊明確不能僅憑趙甲被錢乙致死一語不問情由即將錢乙推出處斬也田星沅雖係游勇所犯挾仇謀命不在節奉

諭旨准予就地正法之列況金姓馬販與潘泳倡並無深仇所殺之李梁氏又非潘泳倡親屬本非田星沅所欲殺之人乃無故喝令張學淙將其致死試問情理安在能置之不問乎該縣明知夥犯業已招解辦理不便兩歧徒以解省事繁竊幸漕部堂衙門無案可稽因借逃勇爲詞含糊稟請將田星沅即行正法希

圖遷就完案。既不聽候督撫批示，又姑並稟以嘗之。
實屬居心巧詐，仰按察司嚴行申飭，並移江藩司先
將該令記大過一次，一面將張學淙發回該縣飭令
遵照簽駁情節，悉心研訊確供，另行按擬招解，如特
田星沅已死，無可質究，廻護鍛鍊，草率成招，定干嚴
叅不貸，並即由司通飭淮徐海各屬一體遵照，並録
報爵閣督部堂察核。繳。
加函致淮安府
山陽縣如此草菅人命，居心恐不可問，務望明查暗
訪，將此案實情和盤托出，庶不致田星沅含冤於地
下。我輩既爲民牧，當仰體上天好生之德，豈可以人
命博上司之歡心。該令因漕帥志在嚴辦游勇，遂欲

以屠伯自命。然漕帥所欲嚴辦者有罪之人。豈欲嚴辦無罪之人乎。前札業已諄囑該令，不可草率從事。田星沅如果罪在不赦，該令亦何妨稍緩須臾。聽候委員覆訊明確。乃竟毅然決然。下此辣手。乎明有憲章。幽有鬼神。恐不能爲該令寬耳。

雎甯縣詳錢萬成被竊案內劉文卓等訊因栽

誣平反由

前據報蘄開永提禁病故。經本部院查案懸五年。蘄開永爲莠爲良。至死迄無定論，批飭勒限訊詳。茲據訊明竟係捕役誣良爲竊。使人寒心。原拏之捕役程章。已伏冥誅。現犯未便再羈。應由府訊明辦理。抑按察司即飭徐州府。速提劉文卓武宗斂彭得海逝者桊到案復訊明確如實係妄拏卽行省釋具報至該縣經承將宋令等會審卷宗夾入他案該前縣未能查出顢頂已極幷飭提承究革某令任聽捕役誣良爲盜其人現在仍否服官蘇省該司并卽查明具復仍候爵閣督部堂批示繳

祗函致徐海道

江北捕役往往訛詐不遂輒將良民指爲盜竊或官押或私押牧令日坐癡牀任聽差役指揮百姓有貲者尚能生還無貲者必致瘐斃而後已近日如桃源阜甯等縣稟請就地正法之案一經派府督審皆係良民受刑誣服計平反者不下十七八起若使院中當時率爾批准死者豈能復生斷者豈能復續耶思

之思之毛骨悚然即如此案斬開永業已瘐斃無法
可想然劉文卓等四名其罪果不致死固尙可救之
使活也務望督同徐州府提齊人證隔別研訊并爲
明查暗訪如劉文卓等並非眞盜即一面先行釋放
一面稟聞緣伊等在囹圄業已五年現值天時酷熱
恐發疫氣一誤幸勿再誤也切懇切禱

如皋縣稟詞訟月報開除項下註明舊票何日
弔銷差役姓名及現辦情形由

據擬將現存各案悉換新票該縣以爲可以杜弊而
不知若不隨時約束則換票一回書差復多勒索一
回似未盡妥至稱查有舊票需索者嚴行懲辦豈新
票即可准其需索乎此言一出尤爲害盡蒼生總之

此項舊票因年遠遺失者固屬有之而不繳銷欲留爲需索地步者居其大半縣中果多銷一票民間卽少受一累全在賢有司一片眞心對着百姓做去日久自見功效若徒紙上空談寸衷全漠不相關則雖出告示取切結終恐於事無濟仰卽知照再稟尾末塡日期疎忽並飭此繳排單存銷

會示江北捐輸舊欠概行停免

爲出示曉諭事照得江北各項捐輸前以軍餉工賑需用浩繁司庫籌款維艱不能不借資民力原屬一時權宜之計乃初捐未已續捐又來公款未完私勸復至百姓屢遭水災兵燹皮骨僅存而急公好義之忱十數年如一日本部堂院嘉許之懷實難言罄現在

本省軍務肅清正期與民休息共享
昇平乃訪聞地方官尚有藉辦善後爲名仍將從前捐
輸舊欠追呼不已吾民流離顛沛之餘竟無安枕息
肩之日富者如之何其不貧貧者如之何其不散也
除札飭江北府廳州縣無論從前何項捐輸凡非關
錢漕課稅牙釐者一概停捐外合行出示曉諭爲此
諭仰官紳商民一體知悉所有同治六年以前江北
各項捐輸概行停止地方官紳不得藉稱辦理善後
仍將尾欠重收其揚州府城善後捐亦卽一律并免
自示之後如有董事書差人等暗中需索許卽隨時
禀明以憑從嚴究辦切切特示

出示江北各屬

咨行本衙門辦公條款

爲札飭咨明事照得竊照上下衙門辦理公務無論鉅細均關緊要文件之名目雖殊其攸關於吏治民生則一雖各衙門經書不乏奉公守法之人而遲閣滋弊者恐亦不免稽察偶疎卽易墜其術中自宜嚴立限期以期迅速而杜欺朦本部院履任後凡遇公牘躬親裁決隨時考核文件則分列上要次常四項飭發辦送以杜捺閣之弊現又明定條款分論遵守責令依限辦公酌示賞罰該司衙門似可叅酌仿照辦理所有本衙門辦公條款合行鈔發札到該司卽便查照備核具復毋違

計黏條款

江蘇藩臬司

酌示賞罰藩臬各司似可參酌仿辦除將本衙門辦公條款鈔發江蘇兩藩司暨臬司一體備核相應鈔錄條款咨明以備酌采爲此合咨貴爵閣部堂請煩查照備核施行。

計黏條欵

咨督院

計開

一每日發出緊要日行公文應分部文咨文詳文稟文驗文五項號簿分門別類各摘詳細案由登列簿內照戳上要次常同編列之號數挨次登簿並於各簿案由上加盖紅戳照稿尾所蓋某日發房某日送稿某日判發某日送簽某日發行以便稽

核凡遇判稿簽簿均當即刻登填其有不批行者加用存案戳記以清眉目仍按五日一次與各房所登文到專簿逐件校對庶免積壓其號批雨水公出旬報及各處釐卡旬報月報等文另登一簿以免淆混而備根查仍候內署掛號隨時抽簿查對

一每日發出緊要日行公文應儲於公所於各房稿書中輪派一人督責號書挂號如號書壓延催傳不挂即由該稿書選一心地明白之清書代挂是日之掛號銷號均責成該書一手經理務竟一日之事號書辛飯向係月給錢七千餘文現應按日計算無論號書自挂清書代掛均日給辛飯錢二

百四十文俾免曠誤儻有半日而止者卽將是日應給錢文歸接手之人全支如敢阻撓異議及催傳不挂至三次者稟究至每日所掛所銷號簿仍以字蹟爲考成方無推諉各稿書督責挂號應五日後更換一次以專責成

一每日派發文件應由輪值督責挂號之稿書傳集各科稿書公同閱派如稿書有事令幇稿書代替務須一呼而集齊至公所如交件應歸吏科者卽於文角弔一吏字由吏房書自於號簿註明各科以次自行登註亦按字蹟爲收文之據不致脫漏推諉其塘遞日行部文於弔字後仍照向章彙交禮房刑房管咨書另登總簿查明京報號件再行

散派如各項公文內有事隸兩房者文交主稿者接手會名送稿仍節録案事付交會名房科存查俾日後互有稽考

一各房設立文到專簿案由上應分别加戳除毋庸辦送者蓋用存案二字應辦稿批者照加五行紅戳隨時填註日期俾已未辦送一目了然其辦送日期分别上要次常均照立定限期遵行不得逾違設有一日文件共有數十一時擁擠及須核查例案頭緒紛繁者均准隨事禀請酌展限期庶免愆促貽誤仍將文到簿案由按五日一次與承發房總簿查對以免延漏

一據文除辦送者已立簿登註其有特辦咨行通飭

行催之類皆謂之特行各房亦應設立專簿登明案由或飭辦飭復限期上加紅戳於送稿印發時

一體填註俾昭詳慎

一各屬申復文件如有奉批飭審及訊結詳銷之類該書一面於到文上簽明一面於總簿上摘由註明庶可一目了然其詞訟及人證有發司發府發縣者均各立專簿以備查核

一凡遇放告之期以及攔輿准收詞稟發房後應照執掌色目有原案者歸原案房科接辦無原案者由承發房辦理仍統由承發書登列呈詞專簿摘鈔批語加用某月日文到發行戳記

一詞訟月報一律先登總簿加戳月報二字由經管

書查檢案據擬送核批。

一題咨各案例有定限者。照例辦理。無限期者。亦卽隨時赶辦。均不得任意耽延。其部文中有給憑赴任。行查截缺。以及催餉取結等事。並京控發審者。此等部文發房後。號書另設專簿。隨時登註。散交承辦經書立卽送稿。次日卽須送簽發行。務須於稿內聲請標限。飭送辦復。儻或屆限尙未復到。卽送稿行催。庶免稽延遺誤。其無定限者。並卽按定字數限清書每日繕寫若干。總以積延不過一月爲限。

一凡行各屬限某月某日登覆者。應另立一簿。逾限不覆。卽日敘稿送催。並於稿首貼簽標明逾限催

送緣由以清眉目

一各屬記功簿交吏房專管記過簿交刑房專管隨時登記各房書吏於判稿後卽時付知登註均不得稍有遺漏仍十日送核一次

一各到文發房後見有上要紅戳者當日辦稿另立上要稿簿夾送要件兩日辦送次要三日辦送常件四日辦送要次常三項內如有案情繁細不克依限辦送者准於送稿時黏簽禀明但照原限總不得過兩日以示限制

一各稿判行後往往有遲至日久始行送簽者每慮無從稽查嗣後如尋常文件僅止咨行數處者限判行之第二日判行之第三日送簽次要文件限

送簽。儻係通飭各府廳州縣。及鈔黏字數過多。准於送稿時簽禀聽候批定。若上要之件。無論字數多寡。應即日分手趕繕。當日送簽。不在此列。仍由登號書於簿內註明某日送簽。某日發行字樣。

一各屬詳禀中文往往不塡奉文日期。現通飭嗣後不論何項文札。應塡明某月某日奉某衙門某月某日公文等因。又如專札飭辦之件。各屬必須專文具復。以清眉目。各該房先將各處程途逐一查明。如某處約計程途幾日。開單實貼公所。接文後隨時查對日期。有無遲延。如遲祇數日者。或因風雨所致。毋庸置議。其有遲至十日以外。應敘稿札查沿途何處壓閣。稿首簽明請示。

一稿簿內無論件數多寡。總須編號登送。以便稽查。
一在卯各書。一月之中。准給假三日。以倣古人休沐之義。其有婚嫁喪葬等事。准隨時另行稟請。不在三日之內。此外不得擅離。給假期內應辦事件。准由同房書代辦。設有舛誤。仍惟本書是問。
一此次定章之後。各書勤惰。除隨時存記功過外。再三箇月考較一次。功多則賞。過多則罰。

撫吳公牘卷之十一

豐順丁禹生侍郎原本　　受業林達泉校刊

侯官沈幼丹尙書評選

札飭整肅大祀章程

爲札飭事。照得軍興以來，殿宇宮牆無不鞠爲茂草。欲求禮明樂備，一時誠有未能。現在各屬文廟均已次第修葺，泮宮芹藻，依舊流馨。而俎豆莘莘，未復祼將盛典。查從前入廟助祭之士，大半庠序菁英。近來讀書肄雅者無多，科歲試取進儒童，往往不敷原額。每屆春秋釋奠，學官但知以官價派辦祭品，而於筵前將事，或隨意湊集充數，以致佻達貽譏。平時則櫺星門以內，幾無有過而問者。此外鄉賢名宦各祠更無論矣。

國家設學明倫典章具備。乃視等餼羊告朔。其何以昭祀典而淑人心。本部院爲修明祀事起見。特酌議章程七條。令多士得以敦崇禮樂。爲此粘單札飭。札到該司。卽便遍飭所屬。就單開各款。逐細參仿。實力遵行。毋得視爲具文。有乖振鷺在公之義。切切特札。

札江蘇藩司
　　蘇藩司

計粘單

計開章程七條

一各府州縣祭祀。皆因克復後急於舉行。襄事者非盡身列膠庠之人。因陋就簡。殊不足昭儼恪。嗣後議定。非庠生不得與祭。有文童願爲佾生者。預期由廪生具結報名取考。由學註冊候傳。
一殿上執事。俱以諸生當之。殿下樂舞三十六人。例
有佾生襄職。查乾隆五十年。議生員充樂舞生者。
免其錄遺。又學政全書內。載凡樂舞生應試者。免
其縣府考。近來學院錄取佾生不多。應由各州縣
禀請督學批定。凡生員充樂舞生者。免其錄遺監
生充樂舞生者。由學報名送府考驗充補。一體免
其錄遺。文童充樂舞生者。免其縣府考。每學佾生
定額三十六名。額外十名。以備臨時更替。并爲缺
額充補地步。其由佾生入學者。毋庸開缺。現在上
海樂舞一事。頗稱考究詳備。應由司札調數人來
省以資教習。

一祭祀執事人員殿上需五十餘人由教職預期出單傳集諸生在明倫堂演習禮樂各宜正其衣冠恪恭將事不得飲酒妄談喧嘩蹲沓奉傳不到者申斥三期不到者報劣如有事遠出者准其報明學官簽註

一每學派定司事四人輪流經管一應祀事其灑掃之費議於春秋兩祭銀兩內提出每月合錢一千文由司事按月朔望前一日恭詣灑掃平時亦隨時進內照看以昭虔敬而免躧蹋

一鄉賢名宦各祠宇向盡諉諸看守之人致多藝穢嗣後即由司事經管朔望一律灑掃拈香以昭愼重

一凡毎季牲牢祭品飯食經費應由各府州縣援例重加核定届期仍由教官具領核實備辦一面由縣會學出示曉諭不准向民間鋪戶需索分毫以免擾累

一丁祭之日各官轎夫騶從以及閒人隨入廟中殊覺喧嘩失體應如何定章嚴禁俾昭誠肅該司并飭府縣核議

嘉定縣稟城鄉已辦義塾情形由

鄉僻處所不必一村設一塾但擇其人烟稠密窮戶較多之處設塾課讀與其多而騖虛名不如精而有實濟也其經費由書吏經手日後必致虧缺無著終非持久之道今既提歸紳董生息務須地方官隨時

根查督飭視義學子弟如親子弟一般庶有成效可覩矣至相離義塾較遠子弟領錢附學一層命意未嘗不周但恐與董事熟悉之人有力者亦可領錢與董事不熟之人無力者亦難領錢總之天下無無弊之事全在該令隨時留心隨事認眞自不致有名無實仰蘇藩司悉心察酌妥議經久章程稟覆核奪飭遵毋遲此繳

江陰縣稟遵設五義塾並添議章程由

查無關祀典廟宇賊燬後不准創議修建曾經御史王書瑞於上年奏奉

俞允洛行欽遵今該縣將無關祀典庵寺田產歸入義學充費所謂化無用爲有用辦理得宜大可倣效推行

所呈添議章程亦尙妥協其中愼選可靠塾董經理一層尤爲切要惟塾中師徒姓名功課勤惰不獨應由董事隨時報縣查核且當由該縣時常親往抽查分別奬勵黜責俾知奮勉勤學不致有名無實仰蘇藩司轉飭遵照將遵辦情形及經董塾師姓名通報查考此繳摺存

桃源縣月報不符摘項

爲札飭事六月十七日據桃源縣知縣申送五月分詞訟監押各冊前來本部院訪查該縣懸掛粉牌開載收管之胡得元谷小唐稽鳳來何士信張玉王得等六名來冊均已開除又鄭祥珠一名已據該縣於閏四月冊內聲明交給其母領回開除在案何以牌

內仍稱收押此時尚未開除難保無私押勒索情弊
粉牌開列收管項下之戴小伶竊盜收捕項下之袁
小狗胡學正吳得甚吳其王玉山等六名何以冊內
無名另有管押之林英早劉掌劉漢潘大洪于行江
胡揚五李觀興稽萬選王蘭王志和畢三等十一名
粉牌既未登列而造送各冊又未開報有名至粉牌
上所開之馬邦慶徐印中二名是否即係冊報馬慶
控徐萬中搶女之案又徐伶李長伶二名冊內係列
內監實在項下何以粉牌中仍列收管詞訟爲小民
身家性命所關該縣於此等案件一任胥吏高下其
手荼毒窮黎其平日之昏酷庸惰已可概見應將桃
源縣令先行摘頂以示懲儆合行札飭札到該司立

卽遵照一面由府確查該縣粉牌內冊內犯人姓名因何多少不符是否本官授意抑係書差舞弊胡得元等七名冊內均已開除何以粉牌仍書收押另有管押之林英早等十一名何以已經管押粉牌冊報均無其名究竟是否書差私押由府派員確查并親提丁書禁卒嚴訊詳桼毋稍徇延切切

札臬司

宿遷縣申五月分詞訟清冊由

查五月分冊內開除寥寥訊結者更寥寥矣卽上控項下共計十二案今僅銷一起實屬躭延此後該縣務當振刷精神將未結各案赶速分別訊斷詳辦至自理項下該縣係二月分造起究竟二月以前之舊

案作何開除有無未結之案本部院無從查悉並即查明先行聲復如有積年未結各案務於下月冊內補造送核勿得遺漏再查冊內有嗣嶇司擅受葉秀巖胡信發許萬年王敬修等控案四起姑念係在通飭之前從寬免究嗣後務即永遠禁革爲要此批冊存再該縣盜風甚熾詞訟亦多積滯該令竟同木偶嗣後如再不振作即行參撤仰徐州府轉飭知照幷錄報高道查照

札徐州府

淮安府詳桃源縣解役王明等疎脫徒犯吳爾煜一案訊供由

近來桃宿兩縣遞接人犯中途脫逃者不下二十餘

名各該縣若肯痛懲於事後劫盜於事前兵役等何敢漫不經心視疏脫爲常事此案則竟通同匿報尤屬想入非非苟非酗所移查該縣尚爲差役玩諸掌中而不覺本部院不勝代爲慙汗之至仰按察司飭再提兵役研訊是否得賄縱放何以視本官如土木偶人任其侮弄毫無顧忌錄取切供從嚴詳辦候示發落并開具僉差不慎職名詳參一面責成該縣比差勒緝並移鄰封營縣及犯籍一體協拏逃徒吳南煜務獲究報仍候爵閣督部堂批示繳

如皋縣稟奉批飭閏四月分上控自理月報稟

批逐節申復由

該令務當視民事如家事清一案即省拖累數十八

不惟上免吏議而且可以暗種福田勉之望之趁此事權在手若將濟人利物之事置之度外機會豈不可惜諸公於窮百姓分上留十分心中間書差阻撓隔絕百姓尚沾不到五分惠何況一味瞻徇泄沓無可告訴之民如之何其不流離顛沛也本部院舌敝脣焦費盡心血並無他望只望諸公爲循吏不爲俗吏免得良懦百姓爲書差所魚肉耳仰通州牧轉飭該令幷泰興令時時警惕奮勉幷以自鏡毋徒爲自了漢也檄

預飭招徠船隻承運糧米

爲札飭事照得海運船隻向以沙船爲大宗及春在滬陸續放洋及夏在津一律驗兑其集船待運則於

隔年之冬。預爲籌備。惟查沙船年復一年。逐漸消乏。上屆米數稍多。官董竭蹶辦運。幾有米多船少之慮。本年江浙年穀順成。米數必比去年尤增。若至起運時再行籌備。恐致猝不及事。公私兩有所損。合行札飭。札到該道。立即轉飭海運滬局員董。查明現在上海結實沙船尚有若干。其船面雖舊而船身尚堅固可用者。應如何趕緊修艌。備將來裝米之用。此外東衛船。甯波船。向來可以濟運者。應如何設法招徠。俾及早可以抵滬。該滬局即與董事熟商。先事綢繆。以免臨時貽誤。去年經爵閣督部堂加增水腳。沙船漸有生機。務望踴躍修葺。顧公即以顧私。切勿因循自誤。爲要。仍飭該局將商辦情形隨時禀覆。切切。此札。

咨商就地正法之案照例辦理由

爲咨商事。竊照命盜案件。例應由州縣按擬招解。該管道府復審明確。解赴臬司審解廵撫衙門勘題。奉

旨交三法司核擬復奏。然後降

旨正法。所以慎刑章、重民命也。軍興以來。烽燧頻驚。道途多梗。於是有稟請就地正法之事。其始不過將鄰封未破各案。皆揑作現獲各犯之所爲。其弊止於開脫承緝文武處分。尙無大害。旣而相沿成習。地方官恃無復審印證之員。遇事心粗、手滑。不暇致詳。但以一稟殺卻了事。稍加審慎。轉似迂拘。殊不知死者不可復生。斷者不可復續。誰非赤子。我亦蒼生。人命所關。豈容輕忽。即如靖江縣吳錫珠一犯。該前縣齊令稟

經批准正法。現據復審係屬悞拏。又桃源縣王尚揚一犯。前經漕部堂將夥盜陳履正處斬梟示。而首犯王尚揚。至今屢審不承。又上海縣夏錫林一犯。該前縣王令稟經批准正法。續飭蘇松太道審明改擬杖徒。監候待質。又江陰縣陳祥郎一犯。該縣顏令稟經批准同李洪希等一併正法。續飭常州府審明將陳祥郎改擬杖徒。以上各犯。假使其時駢首就誅。豈能復起死人而肉白骨乎。又如近日山陽縣稟請將田星沅就地正法。經貴爵閣部堂暨本部院批駁。同案解省之張學淙。現在翻供。飛飭聽候提質。乃嚴批未到。而該令已稟請漕部堂將田星沅正法矣。又何從起九原而問之耶。近來江北稟請正法。飭駁覆審。旋卽平反之案不一而足令人心寒此就地正法之請實未能深信不疑也江蘇軍務肅清已久一切招解使費業已通行禁革所有刦盜案件應否一律照例招解不准再行禀請就地正法以期詳愼而符定制之處相應咨商爲此合咨貴爵閣部堂請煩查照酌核定奪挈銜通飭各屬一體遵照望切馳行

咨督院

撫吳公牘卷之十二

札飭查清田額順圖完賦由

爲專札飭遵事。據江西丁憂補用知府王守禀稱竊正經界爲仁政之始，方今縣籍雖失而賦役全書應卽請部頒發，與其搏量畝步，繁重稽遲，似不若以求復舊額爲斷。宋時方田之政講求五六十年，猶恐高下失當，命權其賦稅，不得於原額外別有增損。經李椿年專意措置，懸兩爭對換之令，始畢其事。蓋非懲欺隱之難，而處剩餘之難。查上元舊志所稱民田一百二十萬畝，係包舉水影坍塌等地，籠統而言，不盡有可指名。今戶籍無存，而額徵銀米之多寡，科則之重輕，幾經參酌損益，成數具在。計上邑民田每畝完平米六升三合七勺一撮六抄六六七科正米四升二合四勺九撮八抄圩田减一合地减半柴山平米一升正年地丁銀照米九二科閏年九五科上蘆田每畝課銀一錢五分五釐至六分止上密蘆洲每畝課銀六分密蘆四分稀蘆三分上草地每畝一分次五釐上泥灘三釐次二釐下一釐均無米康熙年間前兩江總督傅奏免房稅祠壁本有碑記今圯無考而田畝應完銀米咸豐三年以前民間完納大率準此綜計通縣地丁漕米額徵若干除已報荒熟若干科算外仍缺正額若干顯有隱漏之弊若寸寸而度之至丈必有異從簡捷辦法或明張示諭無論荒熟未報期以一年自陳免究再一年許該族人代報鄙

以其田作爲該族醮田無族者許該村代報卽以其田作該村社田隱漏之戶仍按律痛懲行之兩年應無不復額之理惟此時亟應順村編造圖甲以符舊制凡甲圖買乙圖之田仍在乙圖完糧只推收戶名不准過割圖分從前富民多提歸巳圖自納便於勾結里胥因而揑熟爲災挪新掩舊飛灑詭寄之弊由此而生圖甲既編不使田與圖離按圖求賦自可不勞而理等情據此所議是否可行合就專札飭遵札到該司立卽遵照酌核釆擇議詳察辦毋違

札江藩司

桃源縣申五月分詞訟冊由

查冊造上控項下葉敬堂一案現經行府提卷確訊

該縣速將全卷送府審辦毋稍藉延自理項下王相珠陳九俗張竹江等三案查核閏四月分冊內均已開除何以五月分冊內舊管項下仍行列入將以前此之開除爲準乎抑以現在之舊管爲準乎舊管計有五十三案總數塡寫五十二起固屬舛錯而新收項下蔡廣德與葛克超互控一案何以開除項下又稱蔡茂德與葛克紹互控名氏兩歧究以何者爲是且陳匯川一案來冊已列開除而實在項下仍行列入其實在項下又多開丁省賢蘇桂元控案兩起漏開王相珠陳九俗張竹江等四起王保善案由內又漏塡方需如之名該縣於此等事件並未親自寓目一任幕友胥吏隨意塡寫以致舛漏粗疏殊堪痛恨仰

淮安府嚴飭遵照指飭事理。刻日明晰聲覆察奪。並於下月冊內更正再自理收除項下漏塡總數開除項下、未據將如何訊結情由逐案聲敘是否於斷結時、不甚平允、故以簡略彌其罅漏、耶至高盛氏劉維中唐樹等三起、經該縣批飭不准、不能歸入開除、卽沈振南一案、旣經批飭另呈、尤不能歸入開除以後凡遇批駁案件及一案而呈催數次者、均毋庸逐件開列充數、祇須於案由內聲明、以免宂繁而淸眉目。該縣訟案甚多、訊結甚少、如果事事軫念民瘼、何至案懸莫結。應卽趕緊分別訊斷結銷、免致延累。該令如再不知振作、本部院此後不復以苦口相煩瀆矣。該守仍將此批鈔行所屬知之。冊存。

加函

毋閱該縣詞訟案牘，如夜行萬山，如晝入叢棘，必須息心靜氣，揣摩數日，而後知其誤處錯處。公牘尚且如此，其鞫獄之才可想而知。務祈遇事明白指示，庶不致終入迷途。以該令現在行爲，何嘗不可卽登白簡，但恐來者又復如此，一蟹不如一蟹，故有望於執事之耐心教導也。

江浦穆聚興妻子被盧司務誘拐一案飭府縣

追緝由

爲札飭事。本日有江浦縣人穆聚興攔輿稟控陶德順店夥盧司務將伊妻子誘拐，並竊物潛逃。閱稟誘拐似屬實情，而波及陶德順，未免有意株連。當將原禀擲還回署細思穆聚興究係江北客民妻子財物全爲盧司務所拐蕩然無歸實屬難以爲情況伊人地生疏地方官若不爲之認眞辦理歲月愈久必致尋覓更難且盧司務既在陶德順店作夥則陶德順必知盧司務之來歷穆聚興家室人財被盧司務席捲而去必有窩頓之處同謀之人該縣捕役如果上緊得力不難跟踪追查向以事隔數月置若罔聞札仰常州府卽飭鹿令嚴比捕役認眞追緝並傳詢陶德順從前邀盧司務作夥有無保人盧司務向來何處最爲熟悉現在竊負而逃計當在何處安身其妻被拐之前必先有姦穆聚興是否知情該令肯於來踪去跡爲之細心推求此案必有著落仍勿任差役

等擾累陶德順及事外不相干涉之人是爲至要該守令向來愷惻爲懷一夫不獲怦怦然有動於中民瘼攸關諒必不忍置之不見不聞也仍錄報司道查照切切此札

札常州府

臬司詳鹽城丁懷齊聽從其父丁萬盛將妻王氏搭死圖賴未成該犯下手加功並丁萬盛在家病故一案核擬由

丁王氏雖因性悍與夫丁懷齊不睦并不爲氏翁丁萬盛所喜究無實在過惡丁萬盛苟非深惡痛疾何忍將其搭斃卽爲圖詐計豈不思詐得之錢不敷另娶一媳之費乎丁懷齊情關伉儷如果父意難回無

妨密告其妻囑令暫避乃竟聽從下手加功揆諸恆情當無是理且丁萬盛旣將丁王氏搭斃棄屍谷義圍門首塘內是其處心積慮專爲圖賴張本何以次日寂無舉動谷義圍於其門首塘內浮有女屍亦若熟視無覩必待丁王氏夫兄丁懷與外出回歸路過看見始行將屍撈起而蓄意詐賴之丁萬盛則自丁王氏搭斃之後始終並未出頭直相忘於無事尤不可解丁萬盛乘子婦睡熟騎壓其身無復人理難保非因他故將丁王氏搭死事後移屍圖詐該府縣或明知丁懷齊情有可矜從而平空結撰冀爲開脫轉致扭揑支離亦未可定倫紀名節攸關不厭詳愼仰即速飭淮安府密訪確查提犯研訊切實供情另行

妥議詳辦。務期質諸鬼神而無疑。毋稍顢頇遷就爲要。仍候爵閣督部堂批示繳。

泰州稟六月十五日起在宜陵地方添設腰站由

該州新設腰站。應用跑夫。據稟卽於鋪兵內挑選輪值。城內一站。循舊令鋪兵遞送等情。如此量爲變通。經費既得通融挹注。鋪兵亦免藉口嗟怨。所辦甚是。應准照行。仰按察司轉飭遵照。督率站書鋪兵遇有往來文報。務須塡註到站時刻。依限轉遞。如有遲閣延誤。以及漏塡到站時刻者。立予提責究懲。勿稍徇庇。切切。此繳。

飭查上忙斗則告示有無浮勒

爲特札飭查事照得蘇松常鎮太五府州屬各廳縣所送斗則簡明告示本部院詳細校核分別次第以南匯爲最剴切詳明洋價亦爲酌中次則元和詳細長洲吳縣明白吳江曉透奉賢鎮洋震澤詳明金匱嘉定減價期內收數最多惟告示內除弊語句大畧無錫高低等田折實平田二條以銀合錢較之武陽明白太湖簡明武進陽湖各則田歸平田起科尚欠明晰常熟並無不准貼水補串字樣華亭含糊崑山新陽欠精細寶山草率上海太畧青浦無裁費語句婁縣金山丹徒告示雖詳明而洋價稍高是否確實昭文不載洋價卽隨時長落一語亦未刊入太倉無裁費又無洋價川沙上下忙銀數不分江陰靖江就

告示而論尙屬明晰惟洋錢作價最高有無捏飾崇明尙詳而到得最遲以上各州廳縣其中有無言行不符書差是否仍有浮勒以及低作洋價高擡銀價陽奉陰違情弊所有從前積習曾否全行禁革合行特札飭查札到該司立即查照指飭各情由司復加考校嚴密確查具復如有情弊即行據實詳請分別參撤懲辦毋稍瞻徇切切特札

札蘇藩司

瓜口至觀音門口分設救生船局酌議章程請

示

爲咨商事六月二十一日據署蘇藩司會同江藩司淮運二司常鎮道詳稱遵飭酌議瓜口至觀音門口

分設救生船局請示緣由到本部院據此除已據聲明並詳貴爵閣部堂察核其原詳毋庸重錄外查分設救生船局事關善舉所議章程均尚妥協所需經費除量力籌捐外可否於鹽務閒款項下酌量籌撥濟用之處相應咨商爲此合咨貴爵閣部堂請煩查照祈爲酌核施行

東臺縣詳復遵札清釐詞訟月報辦理原委由

據詳已悉該令書生面目本無聽訟之才仰揚州府即飭遵照迅將未結各案次第清釐趕緊催提編審速結勿再拖延致與匡居抱負相刺謬繳

江蘇現任候補功過各員由

爲咨會事竊照本部院蒞任後明定章程所屬現任

各官及候補差遣人員。核其辦事之勤惰。分别記功記過。隨時飭司註冊。凡記大過三次而無大功可抵者。應行撤委。前經通飭遵照在案。所有功過員名。除由司詳批准者。貴爵閣部堂業已另詳有案。不復贅錄外。茲將本部院特記功過各員。摘由開單咨明。以備查核。為此合咨貴爵閣部堂。請煩查考。嗣後如貴爵閣部堂於江蘇現任候補人員有記功記過者。亦祈隨時咨示。備核施行。

計鈔單

咨督院

淮安府詳安東捐職程端義上控外委張致和繼子張樺毀墳毆傷伊母等情一案。訊屬子

虛就案擬結由

細閱此案情節前半是營兵滋事後半是白役逞刁據訊營兵緝捕一層自是裝點况鎗係火器何不在曠野地方開驗而必在程端義門首乎其曲直可揣而知該府詰以汎兵劉斌等用鎗轟塌祖墳有誰見證究竟程端義充當白役亦未自行承認即使屬實程端義固當斥革外委張致和縱子與兵在平民門首放鎗又將鐵器傷人母子亦難置身事外所詳殊未允洽仰按察司飭再秉公訊擬詳辦毋稍偏徇切切繳

徐州府詳復碭山監生陳賡歌上控張存樸等一案遵批查復由

查此案衅端由於匿名揭帖郝金章等在縣稟控陳賡歌等扗殺郝樹禮等一案該前縣藉以屍親不願赴郡投訊請由縣就近提集訊辦誠恐該令別有肺腸至郝金章等旣以確查郝樹禮等並未在碭被害情願具結不追則原控卽應辦誣張存樸之勾串圖詐亦殊可恨均不可稍涉輕縱此案雖經發縣訊辦恐非該縣所能了結仰徐海道卽先勒限傳提差役任標等及摘提應訊要證由道親提研訊明確將訟棍蠹役據實嚴究詳辦此繳鈔案存

淮安府通詳鹽城克犯朱寶莒聽從郭恒汰圖財害命臨時畏懼不行事後分贓一案督同

訊明由

謀殺重在陰謀非鬬毆可比不能以死者人數之多寡氣力之强弱定其事之有無據訊郭恆汰等圖財害命朱寶萬臨時畏懼不行旁無質證然觀賣船租船諸事皆朱寶萬一人主張一手經理其爲造謀起意已可概見似此心很手辣法無可寬該府縣乃取狡展避就之供冀爲兇徒苟延殘喘獨不念十二命含冤地下乎仰按察司速飭勒拏郭恆汰陳金和耿得庭務獲提同嚴審確切供情分別通詳擬解毋稍縱延仍候爵閣督部堂批示繳

松滬捐釐總局稟奉飭減釐大概情形並覆月撥各餉可以節省若干無從查悉由

蘇局舖捐業經本部院會同爵閣部堂出示於六月

初一起裁免在案據稟房市坐價空船各捐尤為累民請先裁撤具徵該道等刻刻與民生休戚相關可感之至仰候咨商爵閣部堂會同速辦以甦民困其餘各捐統由該局妥籌酌減總以能寬商賈之力不礙糧臺之餉為要至另稟所撤水師等七營可以節省月餉若干既札飭蘇省牙釐總局查明逕復矣仍候爵閣督部堂批示錄報繳摺存

錢道稟劉軍門所借銀五萬兩難以全數歸補

請督院酌辦

為咨明事據委辦清江後路營務處轉運總局錢道稟稱劉軍門所借銀五萬兩難以全數歸補等情到本部院據此查前據錢道稟稱即經函復以浙中借

款現准貴爵閣部堂提充月餉。擬由蘇另籌一二萬兩解還歸款。餘俟劉軍門具牘再定等因。今錢道業既墊解五萬兩。自係因劉軍門起程急逼。不及稟商。現擬於浙省協餉內提撥銀三萬兩。由蘇藩庫籌銀二萬兩。以資歸墊。是否可行。相應咨明。爲此合咨貴爵閣部堂。請煩查照酌辦示復施行。

咨督院

附函

敬肅者。此次派任丞到省。三處勸駕。囑其爲秦庭之哭。省三一日不答應起程。則任丞一日水漿不入口。不意省三竟公然投袂而起。雖非盡任丞圖賴之力。然任丞亦可謂有心人矣。省三僅索五萬金。只可由

此閒竭力籌款還墊。夏雨連綿。百川灌河。似乎天人
助順。省三至營。宮保得此生力軍。定當滅此朝食。喜
何如之。犒賞之費。必須後路預籌。又不能不敎駱駝
之奮迅兩耳也。比因江北各牧令尚緣舊習。以辦理
善後爲名。私自設局收捐。閭閻實患苦之。擬卽會同
出示。全行裁撤。爲吾民櫛垢爬痒。函丈以爲何如。

撫吳公牘卷之十三

札飭征收上忙錢糧價值告示內加蓋紅戳

爲札飭事據金匱縣呈送征收上忙錢糧刋刷加價銀合錢數斗則告示到本部院據此查核告示內將開征之日本洋英洋價值加蓋紅戳塡明確數較免假借合行札飭札到該司立即通飭各縣一律遵照辦理又查該縣自五月初一起始改徵二千二百文其五月初一以前是否僅徵二千文如果僅徵二千文又集有鉅款解司則其心跡皎然與他縣之匿示不貼者情節有閒併仰該司查核確實准銷前次記過切切此札

札蘇藩司

商號擬購輪船試行漕運行司核議

爲札飭事據商號吳南記等稟呈現據集資購買輪船四隻試行漕運以補沙船之不足其水脚一切悉照海運定章無須增加稟乞核示祇遵等情到本部院據此查沙船如果足數裝運自應先儘沙船惟將來楚皖等省河運難復恐均不能不酌改海運米數日多船數日少亦斷不可不未雨綢繆急圖補救本部院前此本有輪船分運之議事關重大必應詳愼妥籌期於大局有裨合行鈔稟札飭札到該司卽便遵照會同蘇江藩司悉心叅酌核議稟復察奪毋遲

計鈔稟

札江藩司蘇藩司密釘

加函

海運兼用輪船言之似駭聽聞然目前沙船日少勢不能不圖變法況現議在滬製造輪船若不爲代籌生計試問將來養船之費出在何處杜摯有言曰利不百不變法工不十不易器易曰窮則變變則通目前正是窮極而通之時多辦輪船一可收回利權一可精習水戰斷斷不可拘牽時論致失事機某昨與緣仲熟商不過藉商辦以爲嚆矢較無痕迹並將事宜急辦實情剴切函達爵相伯帥以期堅持此議俾獲速諧務祈尊處接牘後迅爲議復敝處擬上加廉併餉封事亦即順爲陳明也

陳令在南匯縣任內倡捐書院義倉等項善舉

行司記功

爲札飭事。照得署南匯縣知縣陳令於卸事時分案
具詳新設觀濤書院捐助錢五百千文。又勸設義倉
倡捐錢二千千文。又恤嫠會倡捐錢五百千文。又城
中及新場周浦二鎮興建善堂共三處捐助錢一千
五百千文。統計三案詳報捐給地方各項善舉經費
錢共四千五百千文。在前尚有捐設社學二十二處。
稟定於徵收正耗錢糧辦公經費內每兩提錢十二
文。歲共約提錢七百千零。並捐修境內袁鮑葉三公
墳墓。勒石植樹。凡此振興文教。惠愛民生。牖啟童蒙。
表彰往哲之事。俱各捐廉爲倡。次第規畫辦理。期垂
永久。洵能盡心民事。堪以風示羣僚。應將前署南匯

縣現署青浦縣事陳令特記大功一次以昭獎勸合行札飭札到該司卽便遵照註冊飭遵並移臬司暨通行知照此札

札蘇藩司

札催鹽城縣民劉步蟾毆傷紀呂氏致令服毒身死案

爲再行札飭事案據該道詳鹽城縣民劉步蟾毆傷紀呂氏致令氣忿服毒身死一案核擬詳咨到院經前署院查劉寶南本係漕部堂飭拏未獲之訟棍伊子姪劉步蟾等向紀蕙家索煙不給遽將紀呂氏毆傷墜胎未必非仗訟師之勢紀藻等往向爭論已經勸回並未取去錢物劉寶南輙糾弟姪復向吵毆致

紀呂氏氣忿服毒身死。跡近棍徒、擾害僅、止擬杖不、足、蔽辜。劉寶南自稱革監其監生因何斥革。詳內亦未聲明。批飭再行確訊。並經本部院札催各在案。迄今仍未據詳辦。合再札催。札到該道立即遵照先令批檄嚴飭該縣研訊確供。按例妥擬詳咨毋再姑息稽延。如遲至六月初五以前仍未復到定即記過切速切速。

札淮揚道

鹽城縣詳獲鹽犯呂愛堂因病交保醫痊提訊詳辦由

販買二三千觔之鹽、犯。俱已逃脫。挑賣五六十觔之、呂愛堂。獨、被、拏、獲。其中、情、事。可、想見矣。仰按察司[illegible]

將犯病醫痊提案研訊確供。分別究釋。毋稍枉縱。羈延仍候漕爵閣督部堂批示。繳。

賀節記過

爲札飭事。據崇明縣貎貊司巡檢禀賀午節前來。查上年本部院在藩司任內。曾經通飭不准賀節賀壽。各屬均已遵照。何以該巡檢竟敢故違。實屬不識時務。應記大過一次。以示薄懲。合行札飭。札到該司。立卽遵照註冊。飭知。並卽移會江藩司暨各巡道。轉飭所屬一體遵照。毋違。

札蘇藩司

加函

顧亭林有言。迎候生辰紙料之費。率取諸民。今若十減七八東南竹箭不可勝收誠爲有裨時務之言務望嚴飭所屬此後無論年節生辰一概雙紅舊套統不舉行將全副精神專注於撫字催科庶幾不致作無益以害有益乎

崑山縣稟赶造上忙冊串告示一俟辦齊另報啓徵由

該令下車後即赶辦啓徵上忙冊串細心稽核抽查並查照成式刋示曉諭尚能實事求是此外地方利病更宜隨事隨時悉心諮訪務須力圖整頓勉爲循吏以副厚望切不可爲尋常官氣所染致與匡居抱負相刺謬也仰蘇藩司轉飭知照繳

咨商減免滬局房市坐賈空船各捐

爲據稟咨商事。五月二十八日。據松滬捐釐總局稟稱奉飭減釐將滬局大概情形。先行稟祈示遵等情到本部院。據此查蘇屬鋪捐業經本部院會同貴爵閣部堂出示。於六月初一日起裁免。據稟房市坐賈空船各捐繁擾。於商民尤爲不便。擬將此三項一律全免。俾各業商民均沾其惠。市路漸可疏通。當經批候咨商貴爵閣部堂會同速辦。以甦民困在案。查蘇局鋪捐旣裁。則滬局之房市坐賈等捐事同一律。未便歧異。日間復據應道蒯道等函稱坐賈等捐利少弊多。若早行裁撤。市路可望流通。稟請早爲發示等因。察其情形。似難稍緩。相應鈔稟咨商。爲此合咨貴爵閣部堂。請煩查照。祈卽酌核會辦。定期停免施行。

咨爵閣督部堂

江都縣稟現辦沙洲情形由

該令資質極好任事亦勇所病者積習太深無知人之明耳聞自去年同任以來竟能破除習氣實事求是今於沙洲一事又能處處認眞不存敷衍苟且之見尤爲喜而不寐仰即會同委員妥速辦理並報明總局查考繳

常熟縣稟到任後查辦地方事宜由

該令指陳各節語頗切實果能言行相副於地方之利弊民俗之美惡隨時實力整頓勸懲兼施可期日有起色該縣水路搶刦之案層見疊出應會督地方營汛認眞緝捕有犯必獲有獲必辦其徵收錢糧分

設鄉局令糧戶自封投櫃未結詞訟立限催傳審結二層尤爲地方要務該令到任後均能次第查辦深爲欣慰今夏雖水潦爲患目下天氣放晴陣雨究屬無多節候尚早水勢可望涸退仰即諭督鄉農赶緊堵築圩岸車戽宣洩將受傷禾稼加意補救以期無礙收成勿任情誤仍報明藩司查照並候爵閣督部堂批示繳

靖江縣詳顧瑞明控潘明山等迭搶朦釋等情

錄案詳請批示祇遵由

查此案本部院在藩司任內倪國泰曾來控告細閱案情倪國泰本係原案無名即隨後控其指使亦無確據業已拖累經年是以批令摘釋並飭提案速結

今顧瑞明復來轅翻控其爲逞刁羅織已可槪見然不傳案質審終無以杜其口而平其心仰常州府飭速摘傳要證虛衷確訊限兩月訊明詳結如果倪國泰實有指使情事自當照例懲辦儻顧瑞明所控失實意在洩忿卽將顧瑞明照例反坐以儆刁風該縣若能速傳速結不准差役絲毫索擾又何致累及無辜耶仍報明藩司查照繳

通州詳民人瞿志成上控吳成川等執械蜂搶

錢泙衣服牛隻一案詳復由

據詳已悉現在又據瞿志成來轅具呈查閱黎鈔季裕煥被控舊案除該民人故父一詞之外餘皆各有原告與該民人無干丁裕春以女易牛尤非情理均

毋庸議惟該令旣稱季裕煥等素非安分應將吳成川花長春先行責釋其季裕煥等查明實在劣跡另行分別辦理或照例鎖繫石墩數年俾知懲艾仰卽遵照辦理繳瞿志成副狀一紙同鈔案附發備查

崑山縣稟到任後淸釐案牘下鄉察訪情形由

該縣到任後卽行淸釐案牘遍歷四鄰察訪情形詢問疾苦民情通則上下不致隔膜書差亦不能從中把持矣閱稟殊深欣慰仰將整頓地方禁約書差速結獄訟議設社學諸要事及此外一切應辦事宜振刷精神次第查辦毋負委任懍之切切仍報明司府查照此繳

沭陽縣銷大過一次由

爲札飭事。五月十七日據沭陽縣知縣申送閏四月分詞訟監押各册到本部院。據此查該令於詞訟月報一事，眉目井井，辦理尚爲認眞，自應將前次飭查淹禁人犯申復遲延案內飭記大過二次銷去一次。除批示外，合卽札飭。札到該司，卽便遵照，由司註銷，並移臬司暨行該令知照毋違。

札江藩司

豐縣稟前縣漏報監犯王潮賓等何犯應行咨緝由

該縣在監被匪縱放漏未開報各犯，如罪該徒流以上，有關內結者，自應補報，由司彙核詳咨。如王大娃之訊無確供，卽使審定亦不過照餘人擬杖者，此等人犯本不在應禁之列，毋庸補咨，其應咨不應咨，以應禁不應禁爲斷。仰按察司飭即遵照，迅速核明詳辦繳。

沛縣詳委驗豐縣監犯仇生即仇存興病故由

仰按察司即飭豐縣核入正案議擬詳辦，並行該縣知照。嗣後凡未定罪名人犯在監在押病故者，無論有無凌虐，係監犯，似應將管獄官記大過一次，有獄官記過一次；係押犯，似應將該州縣記大過一次，庶不致視人命如草菅，並即由司酌核具復，通飭各屬一體遵照。仍候爵閣督部堂批示繳。格存

臬司詳邳州魏四刃傷韓應廣平復，於取供後提禁病故一案核擬由

此案犯事到官均在節奉
恩詔以前應否援免仰即核明具復該州於遇
赦人犯並不早爲審結致令淹禁瘐斃實屬忍心害理並即由司查明人犯未故以前究由何處延擱將在任遲延最久之員詳復察辦仍候　爵閣督部堂批示繳

咨爵閣部堂裁撤蘇局所屬鋪捐

爲咨會事竊照前因霪雨積月近更大雨如注田地被淹市廛蕭索爲近年所未有訪查蘇州牙釐局所屬鋪捐抽收毫無起色而員董薪水辛工局費絲毫不能少減實爲無益於餉有損於民各鄉鎮店鋪商民於本部院祈禱旋署時攔輿哀訴乞免情詞慘切當即面商何中書亦以鋪捐局費重而收數少最爲

累民且與卡捐迴殊即使先免亦不致掣動全局惟
全免之後每月約短糧臺餉銀一萬兩請商籌彌補
旋商之杜藩司據云藩庫除月餉外每月尚可以一
萬兩挹注蠶局因擬將蘇局所屬鋪捐先行裁免冀
以甦民困而召
天和除會銜分別札行出示曉諭外相應備具會行示札
稿同繕就示札一併咨送爲此咨請貴爵閣督部堂
祈即查收備案並請將示札即日會印封發施行
計咨送會示稿一紙會札稿一紙告示十二道
札一件
咨爵閣督部堂告示札文排單

會銜裁撤鋪捐告示

爲出示曉諭事照得現在城鄉市鎭鋪捐日少而員董局費依舊如故無益於軍餉而有損於民生亟應裁撤以節浮費而甦民困本部院堂會商意見相同現飭蘇州牙釐局自六月初一日爲始將所屬城鄉市鎭鋪捐全行裁撤如有員董胥役暗中抽取需索准該鋪戶隨時控告以憑嚴辦切切特示

附函

敬肅者十九日肅達寸啓旋於是晚奉十六日鈞諭敬悉一是連旬陰雨前數日猶覺無礙今則低田一望汪洋秧苗皆壞猶復雨腳如麻不能斷絕蘇人咸云近年以來無此大水某早晚祈禱回署輒有鄉耆多人跪在泥塗僉稱城市鄉鎭店舖自三月以來淫

雨不止生意毫無而舖捐絲毫不能短少是以近時店舖日少一日且卡捐尚有委員作主舖捐則係董事經理高下其手受害尤深若蒙寬免天將不禱自晴等語言畢淚零某告以督撫正在商辦免減舖捐爾輩不日即有生機無庸疾首蹙額渠等始悵悵而去查蘇省兵燹之餘鄉村市鎮百姓復業者十無四五偶開市舖不過小本經營若令稍有盈餘則食物自可日賤逃亡在外者亦可逐漸言旋此爲規復元氣第一要務況行商儻若虧本生意即可不做生意不做釐金即可不完舖捐則無論有無生意但開一日店即要一日釐百姓生機安得不日見日蹙乎某昨曾微行蘇常各屬親見窮民菜色鵠形父老晚餐

有以鹽送粥者詢何以不買魚菜答曰鋪捐重物價高買不起也即此一端足見鋪捐之有礙窮民生計前此宮保回信亦言兵事一有轉機即當將此款首先裁撤與中堂愛民如子之心不約而同現與子永筱舫熟商皆言鋪捐局費最鉅民捐十文公家不得五文之用惟裁撤之後每月餉額約短萬金等語鄙意此款既由某倡議裁撤自當由某籌款抵注以免前敵支絀現已會列銜札飭釐局自六月初一日爲始將蘇局所有城鄉市鎮一切鋪捐概行裁免以甦民困而迓天和謹將示稿並會札稿送呈伏祈鑒核迅爲會印發還不勝依切此舉並非某敢於專擅實緣目擊民情困苦萬分故敢爲汲黯矯詔之舉尚

求諒其心之無他爲禱正肅函間適應道因公到蘇談及松滬舖捐較之蘇省所入尤少應否一併裁去之處某因無款挹注不敢遽定仍當仰乞恩慈早裁一日好一日也或將鳳皇山教練勇商裁一半亦可彌縫其闕頃接江北報單運河水勢亦覺可危前年清水潭決口因在事員弁省數十千文之項其後卒致糜費數十萬金可否嚴札該管工員弁及地方官極力保護河堤但能有益於民准其便宜行事之處並乞鈞裁酌采總之事前之糜費較之事後之糜費究竟有間臨書無任惶悚待命之至

再品蓮自金陵來談及常州途中所看水勢皆比禾苗高二尺有餘恐成荒象誠可焦灼連日察看附城

塘路亦已被淹皆因底水太多之故裁免鋪捐札示務求鈎處用排單速發到蘇爲叩今早放晴此刻又陰晦矣告示恐卡捐效尤故聲明局費一層係與子永商定有李生丹崖者崇明人精於算學有體有用未能量其所至此次派令勘查沿海形勢繪有圖說甚爲詳盡已囑其親自持呈某欲令伊偕同容閎往泰西周歷險要並察看外國交涉情形但須費盤川千餘金未知鈞意以爲可行否

咨覆通商大臣商號擬購輪船試運

爲咨明事同治七年六月初五日准貴大臣咨據華商吳南記等稟請集資購辦輪船試行漕運一案當經批示印發錄批咨會查照等因到本部院准此查

批詞置備輪船。究以、裝、貨、攬、載、爲、第、一、義。以運、漕、辦、
公、爲、第、二、義。此誠、徹、上、徹、下、洞、見、癥、結、之、論。此案前
據並稟到院。卽經札飭江蘇兩藩司會議稟覆、並批
以沙船如果足敷裝運。自應先儘沙船。與貴大臣意
見相同。茲准前因。除札兩藩司遵照外。相應將前稟
批札鈔錄咨明。爲此合咨貴爵大臣。請煩查照施行。

附函

敬肅者。中國試辦輪船公司。原爲收回利權起見。並
非一有輪船。卽能與彼族爭雄海上也。蓋兵船與商
船制度截然兩途。兵船利在靈緊。靈緊則不能裝貨。
商船利在寬大。寬大則不能對敵。然必須商船日盛
方冀餉源漸旺。可爲籌備兵船之計。英法商船遍五

大洲。一在壟斷利權。一在周習險要。而且設天主教以窺我隱情。則如水銀瀉地。無孔不入。設鴉片煙以柔我氣骨。則如白蟻蠹物。無堅不摧。我之形勝。彼已繪爲圖說。而我尙夢然不知也。我之奸民。彼已資爲指臂。而我尙夷然不察也。欲脩武備。惟有棄我之短。師彼之長。非興各省礦務。無以裕我財源。非往外國。經商。無以制其死命。而習水師。製器械。當此迫不及待之時。亦屬刻不容緩之舉。而尤以停止捐輸、肅清、吏治、維繫人心。爲第一根本。輪船公司一舉。本屬自強嚆矢。尊論所謂攬載爲第一義。運漕爲第二義。實已洞見癥結。但起辦之初。貴在立腳堅定。又似非先辦運漕。無以爲體。繼辦攬載。無以爲用也。總之鄰氛日逼。不能不嘗膽卧薪。積習太深。不能不改絃易轍。非掌中堂堅持定見。登高而呼。則某雖痛哭陳詞。恐亦不能挽回萬一耳。

錫山驛不塡到站時刻行司申飭

爲札飭事。照得江蘇各州縣接遞公文。往往躭延遲悞。互相諉卸。前經本部院飭司通飭各府州廳縣。於緊要公牘。照浙省辦法在申封背面刊刷排單格式。責令經遞各州縣塡註接遞日時。以便稽核在案。今於六月初三四兩日。接到丹陽縣鎭江府等初一日發遞背面刊刻新式排單申封公文六件。丹徒丹陽武進等縣。俱照章塡註時日。惟經過之無錫縣錫山驛。均未塡註接到轉遞時日。殊屬玩違。本部院今在必行。豈容如此玩忽。應將管驛丁書量予示懲。俾知儆惕。合行札飭。札到該司卽便遵照。嚴飭無錫縣將此次不塡到站時日之管驛丁書親自責革。仍飭該縣諭督在驛丁書。嗣後凡遇此項公文。雖與大排單立卽馳遞者有間。然亦不可將到站時日漏不塡註以致難於查考。該縣係初次錯誤。是以姑免記過。然亦足見其精神不如前數站之周到矣。該司并卽通飭知照。切速切速。

札臬司

撫吳公牘卷之十四

海州詳覆奉發緊要排單硃標文件業經遵式

月報所有未奉通飭以前文札懇免補造由

查各州縣本年正月起奉到公文前次通飭造報一案全省均已照辦何以該州不能與前次不造粉牌同一藐玩所請免其補造之處斷難准行仰即遵照迅速查明限於月底補行開送查核該州豈老將至而昏憒隨之耶噫嘰

密查崑山城隍廟捐查明何人爲首由

爲札查事照得崑山縣舖捐停止之後訪聞有不肖書役以修理城隍廟爲名另起日捐民間每日五文起至二三十文止舖戶則十文起至七八十文止如

果屬實大爲玩法合行密查札到該司立卽派員前任確切查明何人爲首是否由民間自行舉辦抑由官董書役之勒派究竟捐至何時爲止據實具覆以憑分別嚴辦火速密速此札

札蘇藩司 釘封

咨明丹徒令記過由

爲咨明事六月初九日據丹徒縣稟稱奉查焦遇春控曹學富欠還借欵一案據實稟覆等情到本部院據此查此案業已註銷而差仍索費此皆由該令並不隨時弔銷差票之過事後又不能審出實情僅予責處了事至每月詞訟屢次嚴飭照數核實開報何以仍有遺漏逌至本部院查訪始知遺漏則未經訪

查以前其遺漏更不知凡幾本應從嚴撤叅姑念事
在通飭之前從寬記大過一次以示薄懲除批示並
飭蘇藩司註冊暨札臬司通飭各州縣此後註銷之
案除弔銷差票仍須隨時榜示照壁始能杜弊外相
應將該令因案記大過緣由咨明為此合咨貴爵閣
督部堂請煩查照施行
咨督院

靖江縣稟現訊吳錫珠供無夥刦情事可否提

禁遞籍請示由
吳錫珠一犯現訊供情與原稟大相逕庭該前縣與
該縣當時率請正法可謂草菅人命矣抑按察司即
飭常州府提犯虛衷研訊是否特無質證狡供圖翻

抑原審實有未確。分別核議通詳察辦。毋稍廻護致滋枉縱。切切。仍候爵閣督部堂批示繳

札飭金壇季貴林服毒身死一案飭縣另行訪查詳辦

爲札飭事。據該縣申覆該縣未結自盡命案。有外籍季貴林服毒身死一案。因屍妻季陳氏尚未緝獲。無憑質斷等情。開摺到院。據此。摺內有季陳氏此拏彼竄。字樣。殊屬小題大做。檢查此案。先據該前縣驗訊通詳。經前署院以指姦勿論律有明條。祝榮萬有田可耕。屍親訟棍捕風捉影。不過爲串詐地步。引律明晰。批司。飭傳季陳氏到案訊詳在案。迄今將及一年。季陳氏既未提到。屍叔季盛久已潛回。應卽將案詿

錯。視榮葛依律勿問。季貴林究竟因何服毒身死。由縣另行訪查詳辦。合亟札飭。札到該縣立卽遵照辦理。將詿錯緣由。出榜曉示。所有出過差票。全行弔銷。仍將遵辦緣由。通報查考毋遲。

札金壇縣

清河縣詳張金報葛泳磬被胞兄葛恒磬故殺身死埋屍不失一案獲犯由

葛恒磬。偕夏長吉等。往尋葛泳磬評理未遇。卽取其家剪刀藏放身邊。試問是何用意。迨與葛泳磬途遇口角。輒用剪刀剜瞎其眼睛。苟非預蓄兇謀。何致心很手辣如此。據詳恐有不實不盡。仰按察司飭再研訊。實在因何起釁爭毆。果否登時起意致死。埋屍不失。抑係預謀殺害。此外有無在場幫毆及幫同擡埋之人。務得確情。按擬招解。一面北差勒拏逸犯夏鑾等。務獲併究。毋稍顢頇。仍候爵閣督部堂批示。繳。格存。

吳江縣詳潘曹氏服毒身死驗訊由

此案詳結尚速。至將潘朱氏擬笞。亦不爲無見。葢妬婦固有。愧於三從。而寵妾則傳所稱六逆也。仰按察司核明飭遵。繳。格存。

如皋縣詳李趙氏報伊子李建溺死在王琴圃等溝內一案驗訊由

此案係上年七月間報驗。該前署縣並不早爲審結。以致案內人證。受累經年。實屬昏憒。應將該前署縣記大過三次。永遠不准委缺。以爲玩視民瘼者戒。已札行江藩司註册飭遵。並咨爵閣督部堂查照矣。仰按察司核飭遵照。仍候爵閣督部堂批示。繳。格存。

飭查碭山繳排單漏塡遲延

爲札飭事。六月初八日。據署碭山縣。申繳五月二十三日接奉本部院五月十三日未時所發限行四百里公文郵封排單到院。查該排單內塡五月十八日寅時未刻到鍾吾驛。以後並未塡註到站時刻。查鍾吾驛以下。應由邳州趙村單家二驛。銅山東岸驛西。經蕭縣境。遞至碭山。約計程途四百里有零。何以其間經過縣驛。均不塡註到站到縣時刻。且行六日之久。始行遞到。殊屬違延。前因該碭山縣繳到閏四月二十四日所發公文排單內東岸驛以下。漏塡時刻接遞延誤。即經於五月二十一日札查并飭徐州府查議腰站情形。至今尚未覆到。今復有漏塡數站遲誤多日之事。實堪痛恨。若不嚴行整飭。何以儆疲玩而肅郵政。合行札飭。札到該某。即便轉飭徐州府遵照查明此起公文究在何處耽延。立飭該府親提丁書遞夫。從重責處。并飭徐海二屬將有站者。認眞整頓。無站者。添設腰站。仿照淮揚二府現在辦法。勒限辦理具覆。諭令嗣後往來排單公文。該府州縣如再遺漏遲延。定干參究。仍將遵辦緣由具覆。毋遲。速速。

札臬司 徐州府 海州

常州府詳木簰經由三河應捐撈河工費無傷

商力請照常開收由

木簰捐款、無論紳董卡員經收。究竟弊竇多端。難以照准、仰蘇藩司轉飭該府。將此項撈河經費、如何另行籌措。務期於水利商情兩無妨礙。再行悉心酌度核議詳奪、仍飭先行補詳爵閣督部堂。並候批示錄報。繳、

安東縣詳嚴成方等訊非方同義案內正犯仍發回沭邑審辦由

石至動即石小棟子。嚴成方在沭陽縣另犯何案。石小棟子雙目何時成瞽。均未訊明聲敘。既據將犯解回審辦、仰按察司即飭沭陽縣。俟石至動即石小棟子等解到、提同研訊。確情錄供詳辦。一面查明案由。

於一月內先行申覆毋稍羈延該令甫經到任卽能
清理滯獄殊堪嘉尙應記功一次以示獎勵卽移江
藩司註冊仍候漕爵閣督部堂批示繳

江浦縣客民穆聚與控武進縣民陶德順一案
該民控及不相關之人是以將稟擲還繼思爾人地
生疎人財兩失亦屬可憫已札飭常州府縣認眞比
捕跟追爾卽前往武進縣聽候辦理勿再恃刁株連
干咎切切

安東縣稟甫經抵任所有五月分造報各冊應
請展限由
該縣清理石小棟子一案足見留心民瘼已行司記
功一次矣茲據稱甫經到任積案尙多現擬逐日編

審所辦甚是其五六兩月詞訟各冊准於七月初十以前一齊到院毋再遲延仰即遵照赶辦並將以前積案次第清理該令其勉爲循吏毋負厚望切切繳

甘泉縣申五月分押犯花名清冊由

查核來冊監禁人犯朱康年等均未註明收禁年月日期管押項下又重列王三一名下月務即逐案留心實事求是該令素有血性何不認眞辦理免得本部院於積牘如山之下既要費心又要淘氣至胡老疤子等犯皆係積案尚未據詳結一起仰即赶緊清理會審明確次第詳辦毋再延宕該令力保黃委員會審何以許久竟未審結一起該令恐難免知人不明之咎府中近日結案甚多該令何不效法耶仰揚

州府轉飭該縣並松令知照繳冊存

太倉州稟奉飭設立社學遵辦由

查核該州所設義塾三處除璜涇鎮一學有田七十餘畝堪以收租抵用可期經久外其城內及六河二塾常用經費由該州縣等捐廉濟用雖稱爲數無多尚易籌措然無定款可支恐致日久廢弛仰蘇藩司飭令與現議在鄉添設義塾一并妥議經久之資或該境內有不在祀典之庵寺田產撥歸充用庶幾經費有常永遠奉行並令俟籌定款項選舉可靠紳董經理妥議收支章程課讀規條詳細通稟察奪毋遲繳

補用同知稟遣屬赴蘇請領鈐記由

稟悉。該丞辦理中外交涉事務。須外圓內方。不可內
外俱圓也。此繳。

羅店鎮私收廟捐撥入義學催查捐數章程

爲札催事。案於四月初二日。據寶山縣稟羅店鎮私
收修理廟宇捐項。並未稟准。實有不合。當委典史前
往確查。計所收廟捐五百二千三百二十九文。立卽
飭提到縣。因思羅店鎮現設義塾。正籌經久之資。今
將此項捐錢發商生息。作爲該鎮義塾經費。除飭公
正紳董籌擬經久章程。另報外。通稟立案等情到院。
當查該縣以羅店鎮私自派收修廟捐項。提充該鎮
義塾經費。斥浮僞而崇教化。辦理甚爲得體。但該縣
政務清簡。此等地方要事。何妨親往查辦。而必委諸

典史乎實屬不解即經批道轉飭確查捐數果否核實並令將該鎮義塾選舉公正紳董督同經理妥立課讀規條收支章程通稟立案務使經久無弊不可徒滋中飽他處鄉鎮亦即籌款一體設立毋稍懈惰在案昨據該縣稟報已於高橋江灣月浦大場真如各鎮設立義塾其羅店鎮籌設義塾案內批查捐數章程迄未查議聲覆合行札催札到該道即便遵照先今批札迅飭確查捐數選舉公正紳董妥議章程通稟核奪毋再任延切速切速

札蘇松太道

桃源縣詳陳丁氏被卜全勝强姦不從羞忿自縊由

此案以拏獲淫兇按例懲辦爲要至不得已而將烈婦先行請

旌已落第二義矣仰按察司飭即比差購線勒限兩箇月上緊查拏卜全勝務獲究報毋任漏網逾限無獲另候專案

奏叅并將陳丁氏附請

旌表可也此繳

溧水縣申四月分詞訟監押清册由

查該縣四月分詞訟尚有高淯縣童生赴府應試經過該縣與門皂毆打受傷控奉江甯府飭查一案册中何以未列仰江甯府轉飭查明補報查核後次勿再疎忽此批繳册存

復督院咨商淮關變通章程一案

爲核案咨復事准貴爵閣部堂咨案准戶部咨議復淮關監督奏關口情形酌擬變通章程一摺奉
旨鈔單行文遵辦等因當經本部堂派委常鎮蔡道前赴邵伯鎮徐海高道前赴青口鎮淮揚劉道前赴石達口分投查勘是否可以添設關卡有無窒礙妥籌稟復酌奪辦理嗣准貴部院咨會派委候補楊道會同常鎮蔡道履勘邵伯鎮等處設巡毋庸置議咨請會奏等因並據淮揚劉道詳覆前赴鹽城查勘石達口添設關卡窒礙難行並摹搨碑文一道詳祈核辦又據署徐海高道稟復馳赴青口鎮察看青口一鎮非通商口岸例止黃豆一項准其出口餘則悉由淮關

及地方文武隨時查禁立法至爲周密茲若驟議設
關非徒無裨
國課實屬有礙商民籲懇彙
奏請將青口免其試行設關各等情到本部堂據此查
淮關分設關卡前據候選縣丞葉蘭皋等稟稱宿遷
水旱兼關擾累地方咨准淮關咨復如果裁撤旱稅
應於水路設法招徠如由陸路越漏拏獲嚴懲將歷
年征收稅銀數鈔單咨請酌核辦理等因當因邵伯
青口等處委查未復存俟彙辦又蔣壩地方本爲鳳
關所屬淮關設役巡查舊章止准專查黃豆餅片芝
蔴鐵貨藥材煎礦六宗不得查及他貨近年以來該
丁役等屢次藉端滋擾上年即有盱眙監生俞元昌

呈控木植被詐一案。當查歷來各省無一地兩關稽
征之理。咨行
奏。明永定章程。以後蔣壩專歸鳳關征稅。淮關不得再
設巡役。以清界限。各在案。現在既據淮揚道等。將石
達口等處履勘詳復。自應一併彙案復奏辦理。鈔案
咨商查照。酌核見復。以憑核定會
奏。等因。准此。查設關須因地制宜。權稅非抽捐可比。淮
宿海三處關隘。原設黃運河之間。以徵南北往來之
稅。今黃河北徙。商賈自稀。此亦時地使然。有非人力
所能挽回者。如淮關所陳六事。除大關小口稅則應
劃一辦理一條。既經戶部議駁。又高良澗分口發給
秤尺。照大關例徵收。及岔河口改巡查爲徵收口岸

等二條既奉部議准行查高良澗卽蔣壩之下游原
係該關分口向收口岸錢文岔河口舊日設巡今均
改徵課稅所增究屬無多有無累商之處應俟試辦
外邵伯設口一條現據常鎮蔡道及委員楊道會詳
一地兩關商情不協其王家港等三處設巡亦多窒
礙淮關之不能在揚屬設巡猶之揚關不能在淮屬
設巡等情又青口鎮設口徵稅一條現據徐海道稟
復馳往察勘該鎮坐落贛榆縣境內距外海洋面百
餘里口門以內河淤水淺僅通商漁小船並非通商
大道例止黃豆一項准予出口淮關及地方文武輪
流查禁若驟開海禁不惟無裨
國課實屬有礙商民等情又石達口徵收內河貨稅一

條據淮揚道詳復親往察勘查得乾隆二十八年奉
前關部牌開南來貨物在本地卸賣者概免投稅立
有碑文各貨之來自蘇常者有滸墅關揚關暨各口
稽查間有北路販往者又有宿關淮關以及阜甯等
口稽查輸稅無從偷漏添設關卡事屬窒礙難行等
情各前來查核各該道詳稟均係實在情形以上各
層似應據情會
奏又准貴爵閣部堂咨候選縣丞葉蘭皋等稟宿遷一
縣水旱兼關擾累地方所呈極爲明澈咨淮淮關咨
復如果裁撤旱稅應於水路設法招徠如由陸路越
漏拏獲嚴懲將歷年徵收稅銀數目鈔單咨請酌核
辦理查商賈陸路搬盤其費十倍於水路况既試行

四年。一無實際。誠如貴爵閣部堂原批。相度地勢。該
處旱關本可不設。又准貴爵閣部堂咨蔣壩地方。本
爲鳳關所屬。准關設巡。止准專查黃豆等六宗。該丁
役等藉端滋擾。上年有盱眙監生俞元昌呈報木植
被詐一案。歷來無一地兩關之理。咨行
奏明。永定章程。以後蔣壩專歸鳳關徵稅。准關不得再
設巡役。以清界限。貴爵閣部堂執理衡斷。極爲公允。
以上宿遷盱眙二案。似應附案會
奏。總之淮關因來源日絀。不得已而思變通成法。爲補
偏救弊之計。而高道蔡道劉道等所查。皆係親勘地
勢。博采輿論。所云窒礙難行。自係確有所見。准咨前
因。相應咨復。爲此合咨貴爵閣部堂。請煩查照。希將

實在情形。挈銜會
奏施行。

咨督院

附函

敬肅者。淮關胥役徵收。過於苛刻。無論何人經過。翻箱倒篋。無異盜賊。偶有漏稅。則罰款非數十倍不可。將來良商必致裹足不前。黠者必串通洋商司事。專行子口半稅。爲叢驅雀。實此輩階之厲也。如蒙函丈和盤托出。實於時局大有轉機。某必隨同畫諾。斷不敢有所規避。否則即由某處主稿。亦無不可。實因該胥役辦事。毫無分寸。將來釀成天下皆是子口半稅。禍根不小。故不能不痛哭流涕以陳之也。是否有當。

伏乞鈞裁。

通州申閏四月分詞訟監押清册由

查該州自理詞訟案舊管新收共有一百七十六起。册報開除三十九起。內僅審結七起。且如何審斷亦未註明。實在項下。亦未將因何未能審結緣由明晰聲敘。均屬草率。嗣後應查照前頒册式逐一妥爲聲敘。以憑查核。其册報奉到公文未將本部院發遞日期查開。嗣後應註明發遞日期。至飭辦之件如果前月既辦者。下月應免重開。未辦者仍須列入。仰即遵照。並將未結各案赶緊提訊斷結。毋再老氣横九秋也。此批。册存。

常鎮道詳復奉查鎮城西門外巡防委員彭慶

嵩等在局擅受一案由

據詳旣悉查鎭江府於本部院特札飭查事件。並不遵照確查。輙敢一味瞻徇曲爲開脫。覆核該道所查。較爲認眞。何以同在一城。該守竟漫無覺察。至於如此。至該局委員試用縣丞彭慶嵩前署丹徒縣典史沈史震。旣經該道查明擅責擅受確據。應將該二員各先記大過三次並將鎭江府記大過一次以示薄懲。候行司分別註册可也。其彈壓局經費據稱由各行棧公籌。本來無此辦法。現在該局旣撤。姑免置議。仰卽遵照。繳。

武進縣稟江浦穆聚興控案稟復由

據稟已悉。細閱摺開穆聚興供詞陶德順代卜延宕。

必知盧司務蹤蹟。難保非徇私容隱。仰常州府即飭該縣將陶德順提案根追是否知情。據實稟復。察奪一面嚴比捕役。勒限赶緊查拏盧司務等務獲究報繳。摺存。

撫吳公牘卷之十五

六合縣禀文生李澄控案查覆由

該令既稱文生李澄情虛畏審訐告官長習爲慣常何以任聽其潛匿鄉居不卽傳案訊辦至稱該生之戚某道在爵部堂軍營辦事又係本部院江西寅交府縣礙於情面等語試問該令任聽李澄潛匿曾奉爵部堂札行乎抑奉本部院札行乎如果李澄借勢揚言該令尤當不畏疆禦乃任聽避匿半年有餘該令遇此虛聲之情面尚且如此瞻顧若遇實在之情面又將何如身爲民牧而畏葸顧忌至於如此尚能爲閭閻判是非伸冤抑耶總之該令當論李澄之有理無理不當論李澄之有勢無勢如果無理卽本部

院之戚。亦當照辦。如果有理。即非某道之戚。亦不應
牽連。且該令所云府縣礙於情面。本部院細察涂守
所辦各案。剛不吐。柔不茹。與該令之專以情面爲事
者。大相懸殊。而乃强令老聃與韓非同傳。耶殊不可
解。仰江藩司速飭該縣照案勒限查傳解府提訊詳
辦。毋任瞻顧畏葸。其高訓導是否吸煙有無劣跡。並
由府密查具復。仍錄報爵閣督部堂查考。繳

贛榆縣於飭查積案空言申復再記過由

爲札飭事。案於六月二十六日。據該令申稱五月二
十九日。奉札嚴催臬司摺開江北積年未復未辦各
案。通行各屬查復詳辦。將遵辦情形申復。一案遵查
前奉札查漕部堂奏交同治三年以前積案。即將學

開之高守義等原卷送司核辦嗣奉札催飭承將未結各案開單送核正在核辦間奉札前因除赶緊分別核辦外申復到院據此查此案本部院於三月三十日通行飭查該縣延擱三月有餘始據含糊率復究竟未結積案共有若干如何清理仍不得而知本部院屢催將辦理積案緣由具復該縣必須將如何核辦情形說出條理方有歸宿非徒空言塞責而已乃該令前月所復則云飭承查復間現在所復又云正在核辦間是此兩間無盡之藏儘足為該令終身做官不辦事之遁逃藪矣本部院每閱桃源縣及該縣文牘月報如理亂絲如行荊棘目眩心亂徒喚奈何而已姑將該令再記大過一次萬一冀其愧奮除

行藩臬司詳冊飭遵並咨督部堂外合行札飭札到該縣即便遵照將所有未結命盜褉案趕緊分別詳辦毋再仍前泄沓專以遁詞申復致干參咎切切特札

加標

州縣稟復緊要文件往往云飭承查辦間或云正在查覆間此皆劣幕傳授宕字訣現在做官須用實際非宕字所能了事也極知該令好靜惡煩本部院何忍過於嘵瀆無如該縣積案一日不清則民困一日不蘇有相因而至之勢是以不得已而屢瀆清聽耳人貴自立但須振作精神豈有辦不了的事勉之望之放下屠刀立成佛地切勿仍爲劣幕蠹閣所愚弄

而不覺也

江甯府詳按奉憲文是否按照發行之月造報抑歸奉文之月造報請示由

據詳已悉嗣後此種文件應歸入奉文之月造報同詞訟監押各冊一文申送仰即轉飭一體遵照再此次酷暑所屬監押各犯尚平善否同一死也死於法則我與彼皆無憾死於瘐則此中終覺怦怦有動也果報之說儒者不談然積善餘慶積不善餘殃其理固自不爽一人在押一家若失魂魄一票到鄉數十家不得安枕各牧令多未由貧賤起家所以不知閭閻疾苦也不謀利不計功各牧令恐無此心地學問該守試降格以禍福果報之說動之或更易翻然振

作。但望各牧令能辦事能了事。不必辦其勉強自然。猶之種樹但期結果開花。不必問其用何物灌溉也。本部院前在上海途次承爵閣部堂諄諄面商以甯屬詞訟爲念近與藩司函商亦擬將刑名錢穀分任辦理。今查該府所屬詞訟積案。似有頭緒皆係該守督率有方之效江北亦有轉機惟桃源碭山贛榆三縣。任聽書差舞弊。冤獄沉滯本部院先之以巽詞繼之以危言。小過不已記以大過大過不已繼以摘頂。而該令等寵辱不驚喜怒不形本部院伎倆既窮遂無可奈何矣。該守曾否與各該令習或再婉詞勸導冀其由悟而改並告以嗣後仍不掃除積習兩院即當撤司撤參萬一該令等能激發自新則該守之化奢矣。本部院實因人才難得。所以不憚舌敝唇焦。宛轉勸誡。如再以水沃石。只可先行撤參一二以儆其餘。該守於謁見爵閣部堂及藩司時。並望先爲面商。切。切。繳。

江北州縣向歸督院主政。故公亦不能不與督院婉商。此札行後。旋接蓢軒太守稟復。傳爵相面諭。囑將贛榆等縣參撤。益見和衷之收效賒也。林達泉謹記

通飭詞訟監押奉文各冊一文彙送

爲通飭事。照得各屬上控自理詞訟各案禁押人犯。及奉到本部院逕札文件已未辦復各冊。本係一氣相生。應一文彙送。方便稽核。並經通飭於下月初旬一律造送在案。茲查江北各州廳縣月報各冊。或有

一文彙送。或有另文分送。殊不畫一。且查各屬送到各冊。亦係先後不齊。竟有遲至下月底始行送到。實屬延玩。今本部院以路之遠近。再行酌定限期。此後上月之冊。江淮揚通海門等屬。不得逾至下月十五以後到院。其徐海各屬。不得逾至下月二十日以後到院。以示限制。合行通飭。札到該某立即遵照。嗣後月報各冊。務須依限一文彙送查核。不得參差遺漏。經此次通飭之後。如有玩延。定記大過。該管府州亦干記過。不貸。懍之。切切。

札江屬各府州廳縣

淮安府稟據鹽邑稟水路河蕩閘阻排單公文

請寬時刻由

排單限行公文攸關緊要本應照所限里數遞送因自淮至鹽全係水道湖蕩舟行難期迅捷故於二百四十里之程途限令十八箇時辰遞到已屬格外體恤今據再請寬展難以照准嗣後發遞該縣排單緊要公文仍應十八箇時辰遞到如因風雪阻滯遲至二十四箇時辰始到者准於申繳排單時聲明緣由免予究辦若再有遲逾定將該縣記過夫快船戶提府責懲仰按察司飭府轉飭該縣遵照辦理毋違此繳

江甯府稟隔省州縣及隔府縣關緝關提犯證所需差費由本官酌給不准在外詐擾請分別咨會通飭照辦由

江湖間有一種似差非差似丐非丐之流攜帶州縣訪緝案犯公文赴所至地方官蓋印挂號手持竹綽板口唱急口令向各店舖索錢藉盤費爲名以自別於流丐只索舖戶不索居民其行徑與乞丐異其衣履完好亦與乞丐迥殊至索錢之多寡各處不同惟江甯爲數最鉅故此等人赴江甯者亦最多承平時每典給錢二百文綢緞等大店每店一百文估衣等中店每店五十文若蘇州則店無大小不過人給一錢而已在江湖派中亦似有相沿舊規不容紊亂也若輩三五成羣以公差自居稍不如意輙臧氣相向閭閻頗患苦之該府所稟卽是此輩據請查禁具見留心民瘼甚屬可嘉惟此等訪案公人大抵籍隸安

徽江西湖廣者居多並非各省皆有至於查禁則別有簡易之法祇須通飭各州縣嗣後遇有持廣緝文批到境者概不蓋印一面將查禁緣由出示曉諭卽可杜絕根株蓋伊等須經本處地方官蓋印挂號方能在外需索本地丐頭不敢過問若未經本處地方官蓋印挂號而遽沿街索錢本地各段丐頭卽不能相容得羣起而撻逐之矣此等條例不知剏自何人而奉行唯謹正自索解不得然以其人之道還治其人則易知易從轉勝正言莊論也仰按察司通飭各屬遵照辦理金陵丐頭最强如此法不效該府再行稟候酌辦仍錄報爵閣督部堂並候批示繳

睢甯縣記功由

爲札飭事據睢甯縣申稱事主錢萬成被竊案內前獲之劉文卓等遵批研訊實係誤拏誣服當堂每名酌給錢三千文諭令回家小本營生仍派妥役護送出城以防書役需索等情到院據此除批示外查該縣孫令奉札後卽能將淹滯多年之劉文卓等平反省釋且其釋放之時用心周密殊屬可嘉應將該縣孫令記功一次以示獎勵除札江藩司註冊飭遵臬司知照外合行札飭札到該司卽便註冊飭遵仍移徐海道知照毋違

加函致徐海道

此案靳開泳業已瘐斃於前劉文卓等若非嚴批覆審豈不又爲靳開泳之續乎該差役等枉拏良民必

當嚴辦庶免效尤不得又稱爲巳伏冥誅也

蘇藩司詳荆溪清理民山議減經費請緩至秋

後起限辦竣由

荆邑接清山糧如詳飭於八月起查丈限於十一月內一律完竣所收單費雖經司府核減五文而該縣山額六十萬畝有奇核計頗厲二令任內巳經註冊民山僅止一萬七千五百餘畝現在張令議請接續清理山地甚多當此民困未蘇據請每畝實收二十五文尚屬浮多應再刪減仰即由司察議詳復飭遵繳

蘇藩司詳金山職員錢國寶闔族捐餉議請給

奬一案請示

咸豐年間所鑄當十大錢銅砂攙雜分兩輕短輪廓亦不分明因之市肆行用初則每文僅抵制錢三四文繼則一文祇抵一文甚至有剔除不用者官民咸以爲累於是捐款競以二八搭繳而軍餉支絀不能不通融作收暗中虧折爲數不貲現在該捐戶等旣欲補獎又不能照數補繳所請就數折算聲敘亦不明晰礙難准行且此項捐繳銀錢均無支銷案據亦恐仍干部詰仰卽轉飭遵照究應如何核實查辦仍卽由府妥議通詳察奪毋稍遷就含混並候爵閣督部堂批示繳

札飭徐海道查明無驛州縣添設腰站

爲札飭事六月二十六日據徐州府六月二十日申

稱奉行碭山排單公文漏塡遲延一案現飭銅邳宿
三州縣查明何驛遲延檢照稟覆飭提玩誤丁書遞
夫解府究懲另詳並札蕭碭二縣添設腰站外具文
申覆並繳排單等情到本部院據此除排單存銷外
查節次札行該府飭查所屬州縣排單公文遲延漏
塡之案俱以遵即飭查提究一語空言申覆該守見
解本領竟與贛榆令相等殊負期望本部院前因江
北積案陳陳
奏明清理若非文報迅速何能一空積壓之弊昨飭令
該屬於無驛處所添設腰站原因無驛之縣距驛較
遠或上下兩鋪路途綿長鋪兵徑遞力有不及起見
並非專就是案內蕭碭二縣而言自應查明所屬無

驛各縣站鋪相離較遠之處適中添設跑夫以向來例支鋪司工食移虛就實通融挹注該府並不悉心體會通盤籌畫僅飭蕭碭二縣添設殊不思蕭縣距府城東岸驛祇五十里馬力人力均足逕遞何庸添設腰站該府舍遠而圖近實屬顢頇率忽深堪痛恨合行札飭札到該道即便轉飭該府遵照查明所屬無驛各縣內距站離鋪窵遠之處飭議添設腰站移鈔淮揚二府辦定章程飭發參仿辦理所需跑夫或即挑撥鋪兵輪流充當或雇用健夫以額設有名無實之鋪司工食抵支如有不敷由縣自行籌補不得藉端請撥一俟議定即將添設處所上下相距里數注章程內詳細條列於七月底起辦稟覆并先將奉

次飭查各案卽速挨查明確飭提玩誤丁書遞夫分別斥革責懲逐案具覆該府儻再延混定干嚴咎並催海州一體查議添設開列章程稟覆毋違此札

札臬司徐海道

加標徐海道札內

茲將淮揚二府新定腰站章程鈔發一分由該道督飭該府州衆酌仿辦恐該府不能了此事也該道俟該令空言申復記過札到時仍面交該守一閱或可冀其愧奮

又加函

向來徐海等處公文往往遲至四五十日方能到省設有緊要事件豈不大爲所誤額設鋪司工食大半

爲帳房門上書吏所剋扣全是虛文不如移此款改設腰站較有實濟議者謂此事與吏治毫無關涉不知文報遲延卽與人身之血脈不能周流相等試問血脈不能周流而其人有不日就枯槁者乎卽如水旱之請籌款賑濟冤獄之請示釋放大盜之請兵勦辦此豈可頃刻延緩者乎添設腰站然後文報方能迅速文報迅速然後上下情意方不隔膜此乃一氣相生之理現蘇屬俱已照行淮揚通泰各屬公文從前月餘方能到省者今亦五六日可到只有徐海兩屬屢催不能如約平原獨無想開心亦難自安務望嚴飭兩屬儘於一月內辦成庶幾上下無關格不通之慮矣臨書無任懇切祈禱之至

督院咨覆滬局減釐大概情形

爲咨覆事同治七年六月十二日准爵閣督部堂咨松滬捐釐總局稟減釐大概情形並請飭桂道查覆撤去撫標水師等七營節省月餉若干鈔批咨覆查照等因到本部院准此合就鈔黏札行札到該總局立卽遵照出示分別停止鋪捐并派親信妥人分投確查毋任員董司事人等從中舞弊其房市坐賈從前欠繳之捐并卽一體豁免庶免經手人等藉端混索切切毋違

札查吳江縣申復公文先後是否相符

爲札飭事六月初九日據吳江縣沈令申稱遵飭嗣後申詳文首塡明月日字樣等情據此查本部院通

飭之件無論何項公事均係吳江縣首先覆到甚爲
迅速惟該縣申復該司等衙門事件有無遲緩是否
相符除將送到申封排單格式存案合行札飭札到
該司卽便遵照查核吳江縣申復公文是否一律迅
速其辦理事件是否言行相符刻日具復察奪毋違

札臬司

加函

沈令輿論不一有人言其勤者有人言其僞者故欲
折衷於尊處之公事該令勸石永禁經造一節實於
催科洞見癥結又聞其間案最能得情土人呼爲沈
拐子有此事否惟門閽周小郵有收受各鄉禮物之
說望囑其認眞嚴查立法必自近庶膏澤方可下行

耳

崇明縣詳奉飭查禁收買淫書據董稟辦議罰

各情由

據詳該縣查禁淫詞小說收繳殘缺西廂各書十七本於五月初六日巳刻當衆目昭彰之際眼同焚燬以示儆信而廣勸化并請示灘簧淫戲應否示禁等因該縣局僅止給價四百二十文收繳殘破不全之淫書爲數甚屬無幾乃聲敘如許張皇未免駭人聽聞至灘簧淫戲早經通飭嚴禁該令豈未寓目耶該董事等所議查獲應禁淫書議罰各層徒滋弊竇萬不可行該縣遽即飭董照辦尤屬不諳事理至董事原稟不通語句甚多該令輒即據以通詳幕友之惡

劣。可想而知。仰蘇藩司卽飭先將幕友驅逐。並隨時嚴禁董事書差。不得藉端索擾。仍通飭各屬暨行書局查照。繳。

加函

聞崇明幕友張興嗣聲名惡劣。外間索謝。皆由董事朱祝庭爲之說合。不欲明揭其短。故藉此驅逐耳。禁淫書以華亭張令最爲認眞。然於前此兼理婁縣時。其門闈端姓、南京在西門外埽葉山房搜獲珍珠塔小說一部。罰洋數十元。藉端騷擾。殊可痛恨。并祈轉囑張令卽行驅逐。庶可保全令名。本欲見諸公牘。因護惜該令聲名起見。故請公以密函諄囑也。

撫吳公牘卷之十六

海州誤會黏貼排單札飭更正

爲札飭事。六月二十七日據海州申稱，奉飭於上申緊要公牘文封背面刊刻排單格式等因。奉此，茲將排單式樣飭匠刊就，凡緊要文件，塡註發遞，具文申報查核等情，並據於此件申封上黏用排單遞送到本部院。據此，查前次札司通飭仿照浙江辦法，於申封背面刊刷排單格式，塡註接遞日時，俾便稽查遲速，並未飭令黏用排單。通省各州縣均係一律辦理，獨該州不能領會此意，誤於文封上黏用排單，殊屬錯謬。合行札飭。札到該州，卽便轉飭該州遵照，將所擬排單格式收縮短小，刊印於申封背面年月之下。

遇有緊要文件卽用此封發遞毋庸另黏排單其尋常文報仍用舊式文封以示區別並飭沭贛二縣一體照辦均毋誤會切切

札臬司海州

清河縣會詳清河奉驗桃源花戸葉成如欠糧不完差提自盡一案因屍子力求桃源相驗後避匿不到清河無憑相驗仍由桃源塡格

録供由

鐵錬非自縊之具葉成如明係墜鍊身死何得率以自縊塡報且身受鐵器傷兩處尤屬可疑該縣既禀請委驗於前復違例自驗於後所驗又不實不盡難保非丁役詐贓毆打陵逼釀命從而設法消弭據稱

委勘河工。何以携帶件作同往。又稱另有相驗民人具報鬬毆受傷案件。何以民人並無姓名。種種欲蓋彌彰。適形閃爍。清河令奉委相驗並不遵札辦理。輒行折回。亦屬不合。仰按察司速卽移會江藩司。先將清河令記大過一次。註册一面飛飭淮安府提集人證。嚴審確情。據實詳請參辦。毋稍徇延。併干未便。切速切速。仍候爵閣督部堂批示。繳。格存。

豐縣排單漏塡一案。含混申覆。飭令查辦

爲札飭事。六月二十七日。據徐州府六月二十一日申稱。奉札查豐縣排單公文漏塡遲延一案。查明遞豐公文驛站程途。飭提銅山丁書解府究懲。並繳排單等情到本部院。據此除排單存銷外。查豐縣公文既據該府查明向由銅山東岸驛轉遞自應經由邳州單家驛而至東岸驛何以混稱不由邳州單家驛遞送殊不可解前件排單既係東岸驛匿不塡註其遲延之處亦必在該驛不問可知該府近在同城應卽立提驛書丁夫究責示懲詳覆完結何得仍以除飭提解等詞含混申覆可見該府辦事一味顢頇毫無振作以致所屬驛務玩愒成風此後如再有遲延漏塡卽將該府記過以爲因循者戒合行札飭札到該司卽便轉飭遵照立提東岸驛丁書馬夫責懲詳報並查明邳州單家驛至東岸驛中間腰站兩處究竟曾否設立此件公文單家驛有無遲誤一併具覆一面嚴飭各屬認眞整頓驛務此後如再有遲延

填定卽分別嚴辦不貸

札臬司
徐州府

海州詳趙有科故殺陸芳身死由

故殺由旁人代爲供認殊屬奇㸚難保非商同預謀
致死仰按察司飭卽比差勒緝趙有科務獲提同研
訊確情另行通詳擬辦繳

蘇司詳復崑山私捐邑廟經費一案由

崑山縣書差駱文炳等於六月初一日停止鋪捐之
日起藉修廟爲名張貼捐條出頭派捐該署縣毫無
覺察並不查禀請示迨本部院行司委查始行禀復
本干嚴咎姑念其到任未久人地尙屬生疎且奉文
後卽將該書差解案姑從寬記大過一次由司通飭

餘如詳辦理繳

蘇藩司詳余維士等上控縣書史懿初等藉捐索費一案飭據復查明確請示由

此案余維士不控則司中無從行查司中不行查則該令等擅自科歛將賴常州府爲之發覺耶抑賴蘇州府代爲發覺耶且此項歉田該令前已結實詳覆萬難收捐如果事出因公豈有不詳稟請示甘心爲人任過萬萬無此情理況查該二縣歉熟田捐項係同時開收計該令等詳復難以收捐之時正在該令等私自收捐之時謂非罔利營私其誰信之常州府事前既不能覺察事後又爲迴護積習大深姑先記過一次以示薄懲仰卽註冊飭遵仍由司行查[illegible]

二縣該令等何時倡議收捐此項歉田捐欵據稱抵充各項公用應有報銷案據可憑既已行府查明何難將年月是否相符一層一併查復又前據常州府稟史懿初等供認毋畝得錢二文當經詳明院司有案何以此詳並不提及應再分晰查明議詳至宜興縣存錢六百二十七千零應即勒限該革令補繳歸款其荆溪縣存錢三百餘千並即飭縣留存公用毋任虧挪所有常州府詎過之處已咨明爵閣督部堂查照矣並郎剏照繳摺存

南匯縣申五月分詞訟監押清冊由

查冊造上控項下錢萬千嚴其德計寶賢等三案均尚未奉有批示自應仍列實在項下俟接奉批示再

行開除方為合式至自理開除項下王桂卿朱吳氏兩案該縣以駢語判斷未免太文況若輩並非文人所謂不可與言而與之言也總之本部院只要案結得多人押得少判語則明白曉暢農夫野老人人共知足矣並卽遵照嗣後判語不必加以文飾轉致以詞掩意此批冊存

阜甯縣申閏四月分內外監管押人犯清冊由

下月舊管卽係上月實在查該縣外監四月分實在項下共十四名今核閏四月分外監舊管項下僅有十三名計漏開梁長元一犯又據另申五月分冊造內監舊管項下漏開朱二夏正洪二犯實屬疏忽仰淮安府嚴飭遵照嗣後務當認眞辦理至四柱項下

均無總數、亦屬不合。下月應卽註冊。毋再舛錯遺漏。致干記過。爲要。此批。冊存。

加標

該縣積案。務須認眞清理。詞訟務須認眞斷結。訪聞該令署中有在外招搖之人。尤當嚴密關防。聲名勿爲所累。該令當差作幕時。自命何等。何以事權在手、遂甘庸庸。與俗吏爲伍耶。噫。

鎭江府詳覆理事同知設立鹽卡巡役藉名索擾、查訊供情請示由

巡役孫高等。應如詳辦理。懲一卽以儆百。其餘滋事之謝勝等。自應從寬。毋庸飭提。以省拖累。仰常鎭道轉飭遵照。至桃庄鹽卡。旣不認眞稽查。輒敢藉端索

擾。實屬無益於課。而有累於民、應否裁撤、並即查議詳覆察奪。仍録報爵閣督鹽部堂浙鹽撫院查照繳。

長洲縣申五月分詞訟監押清冊由

該令審理訟案。竟能隨到隨結。具見實事求是。深堪嘉尚。積壓詞訟。譬如負欠錢債。錢債愈久、愈不能清。詞訟愈積、愈不能了。此一定之理也。該令勉旃。勿負厚望。仍録批報明蘇州府知照。繳。冊存。

加函

詳閱詞訟月報。斷結判語。切當平允。足使兩造折服。惟中有駢體。尚未能盡除文人結習耳。田陳氏判語中有蘼蕪山下。及見金夫不有躬等句。似涉不莊。阿信等判語中。有六房氈欲生塵等句。在作者命不過自明清苦。但恐愚民誤會。以爲欲調劑書差、曾記說部中、有嶺南節度使某、深知館帖累驛、凡求館帖者、皆云累路館驛、供給菜飯而已。有客賫帖到驛。驛司依帖供訖。客仍不行。驛吏催之。客詢食帖如何處分。吏曰。供給菜飯而已。客曰。菜飯供了。還我而已吏相顧莫知所爲。客曰。而已者。比騾小比驢大。若無可供。還我價值。吏問而已價值若何。客曰。三五千。吏遂斂送。此皆以詞害意之一證。大約公牘文字。貴淺顯。不貴精微。貴人人能通、不貴引、用經典。務祈此後判語。但取達意、更以至誠愷惻之詞、使閱者、人人感動、收效、尤賒。東坡詩云。洗我綺語硯、願與、同志共勉之。

會銜嚴飭不准就地正法

爲通飭遵照事照得命盜案件例應由州縣訊明按擬招解該管道府復審明確解赴司院衙門審解勘題奏

旨交三法司核議覆奏然後降

旨正法所以愼刑章重民命也軍興以來烽燧頻驚道途多梗於是有就地正法之事其始不過將鄰封未破各案捏作現獲各犯之所爲其弊止於開脫承緝文武處分尚無大害旣而相沿成習地方官恃無復審印證之員遇事心粗手滑不暇致詳但裝入曾充營勇一句空詞卽以一稟殺却了事稍加審愼轉似迂拘殊不知死者不可復生斷者不可復續人命所關

豈容輕忽近來江北各屬詳報平反盜竊等案不一而足令人寒心此就地正法之請實未能深信不疑也查江蘇地方肅清已久各衙門勘轉一切使費逼飭禁革所有盜刦案件自應照例解勘惟現在裁撤各營難保無外來游兵散勇逗遛地方搶刦生事亦不得不量爲變通迅速辦理本部院公同酌核嗣後如有遣撤兵勇糾刦之案一經獲犯訊明贓證確鑿並有充當兵勇實據實在法所難宥者准其錄供通禀聽候本部院批飭附近道府復訊明確就地正法俾知儆畏其尋常盜犯概由該管巡道府州按例審轉不得混敘曾當兵勇空言率請就地正法以昭詳慎而符定制合亟通飭札到該某立卽飭屬一體遵

照辦理。仍將奉文日期專案申復。毋違。特札。

札臬司
　鎮府州

徐海道稟宿遷盜犯王玉英等訊擬請示由

王玉英持刀扒墟肆刦釐卡。與尋常盜案不同。既由該道復訊明確。卽如稟將王玉英一犯卽行正法。傳首犯事地方示衆。俾昭炯戒。其楊田一犯罪止擬流。卽發回復審。同王玉英正法緣由一併按擬詳咨。仍先移臬司查照。現在尋常盜案。業經本部院會同爵閣督部堂明定章程。苟非游兵散勇犯法確有實據者。不得再請就地正法。通飭遵照在案。其有逼稟在前曾奉督撫批准由道府親提復審明確。卽行正法者。應仍照原奉批示辦理。以歸畫一。仍録報爵閣督

部堂並候批示繳

機器製造局稟明遵購祺記洋行機器各件懇
請給發價銀並呈契據清摺由

兩稟均悉至 總理衙門前商購辦機器於天津開
廠藉以拱衛
神京業經函復由蘇辦理分別咨行在案今該局購就
旗昌祺記機器兩份預備解交 總理衙門備用俾
竟李爵大臣未盡之忱殊堪嘉尚仍須每件由局拆
看是否合用未備之鑄銅鐵大爐等件既由局中代
鑄約計四個月內可以成功尤見力顧大局仰候據
情咨請 總理衙門查照其機器等件何時可以裝
齊起解是否全搭輪船抑或裝雇夾板該局仍妥商

稟復應領規平銀九千餘兩及皮帶銀五百兩既將印領札發蘇藩司照數給發並行知江海關矣皮帶一項能否移寬就緊再當隨時函商也此繳洋文契據單清摺存

加函

天津開設機器局爲漸圖自强張本儆處前經慫恿地帥至再至三并允大小一切機器模均由上海爲之代辦渠始首肯當時亦不料代辦之難如此然已應諾於前豈可翻悔於後不獨銅鐵大爐須爲代鑄即汽錘各件亦須代購一切款項均由儆處籌還津局器械一精則津事自强可望務望尊處力爲其難不僅地帥感激靡已也

催碭山一切公文定限辦理

爲札催飭事案照本部院札飭將一切公文定限辦理一案又飭將原告久未呈催之案即行註銷並將差票弔銷一案迄今未據碭山該縣將遵辦緣由具復又飭將奉到本部院繕發公文不論有無硃標排單按月造册送核一案又飭將上控自理詞訟各案禁押各犯分別管收除在按月造册呈送一案迄今碭山該縣並未遵照造送實屬麻木不仁應將署碭山知縣郭令記大過一次以示薄懲合行札催飭札到該司縣立即遵照由司註册通飭知照册遵先後札飭事理分別具復一面速將本年正月起至五月止奉到本部院繕發公文不論有無硃標排單逐件查明補造清册送核嗣後按月一送並

將四月分起至五月分止。詞訟監押各册。赶緊造送。
以憑查核。如再遲延。不僅記過已也。特札。

札江藩司
碭山縣

崇明縣詳紀吉祥酒醉溺水身死由

仰按察司核明飭遵。詳內溺水之溺字。皆誤書弱字。
使崇明而有弱水。得無可望而不可卽耶。仍候爵閣
督部堂批示。繳。格存。

署青浦縣陳令稟城鄉已分設義塾由

義學爲啟愚蒙興禮讓之大本。該署青浦縣陳令到
任後。卽籌議添設。尚能盡心政教。深堪嘉慰。應記大
功一次。以昭獎勵。卽准抵銷該令前署南匯任內不
貼斗則銀錢各數告示。所記大過一次。仰蘇藩司註

册飭遵並由司逼飭各屬一體遵照至來稟內敘黃渡鎮擬建造義塾一處尚未動工稟尾又聲明黃渡地方現在亦已諭董籌設義塾等情是否聲敘重複或有錯誤並飭該縣稟復查核毋遲仍鈔錄稟批報明爵閣督部堂查考此繳

加函

聞該令又於陳夏二公祠添設義學一處黃渡雖未動工已借關帝廟設立義學如此留心教化真牧令中不可多得之員望即手書獎勵使之有志竟成惟聞該縣珠溪義學塾師張姓不甚得力兼吸洋煙祈轉致速爲撤換有一吸煙先生誠恐引出無數吸煙弟子不可不慎之於始也

御史張沄奏叅泰州長康各款由

爲恭錄咨行事同治七年六月二十七日准兵部火票遞到軍機大臣字寄大學士兩江總督一等毅勇侯曾江蘇巡撫丁同治七年六月十四日奉

上諭前據曾國藩等奏署泰州知州長康被控門丁指官詐贓延不交案當經降旨將長康革職勒令將門丁高順交出審辦茲據御史張沄奏稱該署知州復有授意詐贓以致民人曹毓芝自刎及非刑責打李日廣令出錢了事並有革書李鳳歧等迭經控告各等語長康平日居官如果尙知自愛何致屢被叅劾著曾國藩丁日昌按照該御史摺內所叅各情嚴行審訊以肅吏治而挽頽風原摺著鈔給閱看將此各諭令知之欽此遵

旨寄信前來並鈔錄御史張沄原奏到本部院。承准此。查
署泰州知州長康。前經會摺奏參。欽奉
諭旨革職。勒令將門丁高順交出審辦。嗣據現任泰州申
報。高順在曾港地方落水身死。卽經移咨安省飭屬
確查。尚未復到。至曹毓芝被逼自刎身死一案。前據
該臬司審擬詳咨。因情罪未協。批飭確審。另詳核辦。其
陳滄洲稟訴長康吞捐斂費一案。事不干己。據揚州
府詳請將陳滄洲鹽大使斥革。亦經批飭審辦。各在
案。欽奉前因。除咨行外。合亟札飭。札到該司。立卽遵
照。會同江藩司提齊應核卷宗。查明應訊緊要人證。
開單飭提解省。傳同已革知州長康。按照指參各款。
嚴行審訊。務得確情。錄供按擬。解候勘明會奏。毋稍

徇延。切速。特札。

計鈔黏

札臬司

撫吳公牘卷之十七

豐順丁禹生侍郎原本　　受業林達泉校刊

侯官沈幼丹尚書評選

淮安府稟桃源葉成如自縊案訊供情形由

本月初四日據該守六月二十六日來稟閱悉一切查此案前據縣詳閃爍離奇已疑丁役有詐贓釀命情事當經批府提審茲核來稟情形係該縣家丁蓋林帶差並邀同汎弁呂文清前往查提何以該令前詳於此等緊要關節一字未敘且葉成如名下欠完地丁銀僅止二錢六分又米一斗二升五合爲數甚屬無多遽行差提又派汎弁家丁蜂湧而往已屬不知輕重乃汎弁丁役相率嚇逼稱欲罰錢一百千謂

非詐贓而何。該花戶若無窘廹難堪之情。欠糧無多。何致遽行墜鍊身死。必應確訊分別叅辦。難任輕縱。仰即移營飭縣將呂文清等一干人証。刻日提齊解府研訊確供。據實詳請叅辦。毋稍率延。切切。仍錄報臬司查考。此批。

加函

江北捐輸業經嚴札飭停。並不准以善後爲名。藉端嘗試。乃口血未乾。該縣又有罰捐之事。嗟嗟。葉成如所欠銀米。不過升斗錢分之間。而竟欲置之死地耶。且尚爲犯者粉飾。彌縫使之晏然無事耶。況葉成如尚肯出錢數十千。哀求釋放。斷非頑戶可知。江北吏治如此。眞屬暗無天日。此案若非嚴加批駁。葉成如

一命竟是自死務望尊處於接札後破除情面和盤托出他事尚可遷就草菅人命鄙人實不敢遷就也

桃源縣稟獲犯韓得勝等認搶事主徐進行車請就地正法由

此案焦步青未故之先並未取供逼詳其死後之供未必可靠現犯王得勝雖曾據錄供詳報而現送供摺內並無該犯供詞所起贓銀等件稟內全無著落辦理甚屬粗疏蘇省肅清已久現經本部院會同爵閣督部堂明定章程尋常盜案概不准稟請就地正法該縣如果查訊確鑿何慮犯供刁翻且韓得勝之爲散勇與否並無確據該縣既能將犯解赴淸江何難將犯解省仰即遵照會營僉撥兵役即提韓得勝

王得勝兩犯解赴臬司衙門聽候委員審辦毋稍疏虞先將起解日期通報查考一面勒拏逸犯務獲究報仍候漕爵閣督部堂批示繳供摺存

加函致淮安府

焦步青謂韓得勝等爲搶犯自必須焦步青面爲指質受刑者方始心服今焦步青業已病故奈何率以死者之供詞置生人於重典耶誠恐該令效山陽縣故轍先在清江就近請令正法務望賢太守刀下留人嚴切力阻將來提省如果審係眞犯韓得勝等當亦死而無怨否則欲以一紙之空言枉送數人之性命非惟理有不可抑亦天所不容嗟乎循吏能吏何者不可爲該令奈何專欲以屠伯自命耶噫

徐州府禀嗣後發行蕭沛豐碭公文可否責令鋪兵接遞由

據議飭令無驛州縣將從前鋪遞章程重加整頓往來公文由上站分交鋪兵遞送等情應准照辦仰按察司即飭該府督飭各該州縣速將向設鋪司赶緊整理復設悉照舊額派撥司兵毋得短少其向有鋪兵而無鋪司之處即由該州縣捐廉添設俾專責成如從前設鋪處所現無公文經過即酌量移設往來必經之衝途但要排單能塡到站時刻緊要文件每日一百四五十里尋常文件每日百里即不致貽誤矣一面查明設鋪處所司兵花名四至八到行走程途里數開摺送核並移徐海道查照毋遲切切此檄

札臬司

札飭海州或設腰站或舖司遞文

爲札飭事。七月初二日。據海州陳牧六月二十二日。申覆州屬向無驛站。既設有舖遞。尚無遲誤。似可毋庸再設腰站等情到本部院。據此。查現據該州繳到本部院六月十一日戌時所發限行四百里公文。郵封排單內。填十五日酉時到清口驛。後至十八日始到該州。又六月十二日亥時所發五百里排單公文。十六日午時到清口驛。後至十八日始到該州。又本衙門現接該州六月二十三日戌時發。限行三百里排單公文二件。均至二十八日子時始到清口驛。如此緊要排單公文。該州與清口驛每每遲至數日始行遞到。該牧如肯整頓舖司。亦不致延滯若此。猶復率稱尙無遲誤。該牧之飾詞諉卸。實出情理之外。合行札飭。札到該道。卽便將海州陳牧。嚴行申飭。並由道將本部院昨發淮揚二府新定章程。及朱守現定章程。鈔發該州。叅酌仿辦。無論添設腰站夫馬。整頓額設舖司。但期遞送迅速。排單文封內。能塡接遞時刻處所。爲主。緊要文件。每日約行一百四五十里。尋常文件。每日約行百里足矣。並非强該牧以所難也。務令卽速因地制宜。妥議詳細章程。卽日稟明辦理。毋再玩延。切速切速。

札徐海道

淮安府詳沭邑排單清口驛書漏塡時刻訊明

責懲由

據詳已悉。該守速將淮屬設立腰站跑夫章程。專差迭交海州仿照辦理。該牧老吝委靡。以爲設立腰站。不知需費若干。若見章程。知所費無幾。或肯欣然遵辦。自海州至淸口。行至四五日之久。猶云舖司不致遲悞。該牧之不肯絲毫用心。亦可想而知矣。仰卽鈔批函商。無論該州地方舖遞亦可。馬遞亦可。但要排單能塡到站時刻。緊要文件。每日一百四五十里。尋常文件。每日百里。卽不致貽誤矣。仍錄批報明臬司查照。此繳。

上海租界會審委員稟移駐新建公廨開用鈐記仍仿照公堂舊章參酌辦理由

稟悉凡遇華洋交涉事件該丞務當悉心經理按照條約秉公妥辦並隨時稟商應道毋得一味足恭是爲至要此繳

通州稟查如皋捐事情形並將陳玉樹先行飭釋由

據稟並另單均悉查地方捐輸原因從前軍餉工賑需用浩繁不得不借資民力乃一時權宜之計現在本省軍務肅清從前捐輸陳欠早應一律停免乃如皋縣以監生陳玉樹欠繳數十金發交典史羈押逼至半年之久伊子陳懷儒來轅具控並稱從前已繳捐款被前充縣招書之陳鍾秀及草保季文杏等收去大半未給收照等情經本部院批飭行查該縣於

陳玉樹陳鍾秀等當堂對質時何難逐細研詰澈底跟查乃僅以出外結算一語姑先延塞並稱陳玉樹雖發典史羈管而起居服食家屬往來悉聽其便該州亦卽據詞稟復試問此半年中在典史署內豈能保無陵虐需索情弊如果往來悉聽其便則與在家無異又何必多此一番羈押耶又何以該縣押犯冊中匿不報明耶至各戸未繳欠款該州旣稱應予豁免而又派修志書何以從前並不將緣由稟明立案現經本部院會同爵閣督部堂出示一律豁免不准地方官紳將從前捐輸尾數藉稱辦理善後私行收派至累商民除將如皋縣記大過一次並將告示會印另行飭發外仰江藩司轉飭遵照所有應修志書

即由該牧另籌經費再行舉辦其欠繳錢二千餘千該州已稱應予豁免即不得派修志書以滋弊混一面將陳玉樹之子陳懷儒控案速飭如皋縣赶緊確查據實究詳毋任徇延仍飭所屬嗣後毋得將紳民濫發佐雜衙門羈押即間有不得已交管亦須於月報內專案聲明備查切切繳摺存

加函

派捐一事最爲弊政經手之門闈書差豪紳得賄則上戶可改爲下戶不得賄則下戶可改爲上戶而其間設局之費用報銷之浮冒官長之不潔者又從而分潤之蓋派捐之有損於下而無益於上到處皆然不獨江北已也而江北爲尤甚百姓經兵燹之餘飽

煢者十不獲一奈何又從而束縛之摧折之從前厲民之事只有派捐一端今則旣有派捐又有躉捐必使小民生計盡絕而後已老弱者如之何不轉溝壑强壯者如之何不散四方也前此函商爵相將舖躉先行酌裁江北捐輸一槪全停已蒙回信應允一俟告示會印寄還卽行發貼示到之後如有藉端後爲名仍收捐輸者州縣叅撤書差正法務望先爲轉致所屬俾免誤蹈刑章如皋令恃有繫援故敢爲所欲爲然經此次諄諄告誡之後仍不改悔以後斷不復以巽語相混瀆矣

徐海道稟修建蘭垻石閘並創辦紡織請撥款接濟由

水利蠶織是百姓衣食之源兵燹之餘尤當銳意農桑徐培元氣近來地方官舍本逐末於小民身家之計幾若秦人視越人之肥瘠崔實五原紡車教織史起鄴郡漳水引渠求之近時渺不可覯詳閱該道來禀紡績已有成效濬河急待興工事雖兩端政兼數善抗懷上理嘉許殊深既據禀求爵閣督部堂撥錢五千串事關闔郡民生自必俯如所請本部院當再據情轉咨俾蕆厥事彭城山高水深九嶷雲龍岡巒綿亙安陂雁麥溝渠滙流時閱滄桑或未克盡如疇昔第如養魚種竹飼蠶植桑數端果使經理得人貲本甚輕而享利甚溥爲之既久則泉甘土沃無論植物動物隨地皆可蕃滋至若工執藝事古有成規徐

俗剽悍而力強無業游垠必使之各習一藝俾將來易以謀食庶不致流爲匪僻所謂勞則善心生也凡若此類不勝枚舉是在因地之利隨時課功仰即督飭所屬斟酌妥辦勿畏難而墮志勿因事而擾民日積月累成效當可觀也而該屬當務之急則尤在於清理積獄杜絕浮收緝捕盜匪皆該道禀中之所未及去年本部院在徐州時爵閣督部堂曾言州縣能聽訟催科緝盜即是第一等好牧令舉凡教養諸善政皆從此三大事生根言雖不甚高遠而治民之道終不能出此範圍該道試以此考課各屬必能見其底裏本部院近日清理積案各屬均有轉機惟贛榆碭山若爲弗聞弗見該道能否就近開導使之發憤

振興至著名積匪劉兆燦現仍游弋無常邳宿一帶。近聞盜匪駕船搶刦尤爲從前所未有之事該道務當嚴飭各屬寓猛於寛以婆心行辣手百姓方無玩心高洋曰亂者必斬龔遂曰治亂民如治亂繩不可急也嗚呼合此二者以治江北之民庶其有豸乎仍候

漕爵閣督部堂批示並通飭所屬遵照繳

加函

徐海二屬積案之所以不能清理者由於妝令不肯留心案牘留心案牘須於百姓初具控時親自收呈詳細研鞫最易得情葢百姓初呈枝節不多裝點未深易於了結也鄙人爲萬安令時將各房所有公牘舊卷一概提入卧室終日翻閱爲之別類分門每遇

呈期辰刻卽先將百姓副狀弔進息心詳閱若是舊案或與舊案有關涉者卽將舊卷確核其中或有經前任審訊載有兩造供詞者尤當息心體會遇有疑竇及前後情節不符有閒隙可乘之處以另紙節錄梗概備少閒面折之用查閱已竣仍將副狀發出然後坐堂百姓以爲僅係收呈不料尚有推敲更不料官已心目了然訟棍亦未授以抵制之法卽從閒隙處平心靜氣以求之攻其無備出其不意虛實是非無不迎刃而解百姓見官係初至何以洞見癥結疑爲先已有所訪聞尤不敢稍有欺隱並有原被告均在一期遞呈者卽將兩造傳齊竟可一堂了結其轇轕難了之事定有訟師主持可向原告密詢被告之

訟棍姓名住址又向被告密詢原告之訟棍姓名住址即飭丁役速往密拏幷將呈詞筆迹全爲起出訟棍到堂無論如何難了之案無有不了者大約萬安初次期呈約在百紙以外除詞不入信當時擲還者居其半口角細故勸令不必涉訟者居三之一事關倫紀親戚批令公親調處積年陳案批候查覆核奪者又居三之一除外所存要件不過三數紙即爲批准傳審每票只准一差所傳不過二三人多則四人惟差票必須面交即詢該差以道里遠近酌定到案限期在票內親自註明又詢此票須盤川若干差必答以不過數兩至多不過索至十餘兩爲止即如言面與之而於票內親標此案已由官給盤川該差不

得再向百姓勒索分文。仍將到案限期登。註內簿弁
條貼。辦事棹前。俾可隨時觸目。迨一屆期。卽催詢。原
差將原被帶案。其能如期者。酌加重賞。否則嚴責。仍
再勒。限賞罰旣明。盤川又足。且係官給。人證斷無不
如期帶到之理。人證旣到。亦斷無不可卽行審結之
理。他案辦法。亦復如之。審有誣告。嚴加懲創。該處刁
民。往往串同書差。圖告不圖審。以爲拖累需索之計。
今有告必審。有審必結。有結必辦。則刁民必匿。訟棍
必逃。卽以每日結一案計之。不出三月。可結百案。一
縣詞訟。雖多。員案不過數十件。苟能隨到隨結。又何
致陳陳相因。紛如亂絲哉。萬安第二三期呈詞。卽僅
四五十紙。以後按期遞減。一月之後。不過二三紙。而

已甚至有副狀已弔內閱過而坐堂未見投遞者蓋懼誣告必致水落石出轉爲身累又懼廉得其情斥駁無以應也約計任內每票盤川并賞共須銀十餘兩計結八十餘案共用銀一千餘兩至兩月後官民相信每期並無一呈即偶有控告寫數字傳之無有不到斷令和息亦無不遵衆差窮困各求給資少許另改別業只可酌量與之蓋百姓既已無呈差役亦遂無票若仍在衙門無以爲生故也在我輩僅費千餘金而通縣之案由此而結省得幾多案內風波案外枝節錢糧由此而旺徵盜賊由此而衰息通盤合算未爲不值也然關鍵在於留意收呈收呈得法方能勢如破竹也徐海獄訟蔓引枝牽鄙人每閱一案

輒腦痛數日執事深悉閭閻疾苦可否將鄙人萬安
辦法於屬吏謁見時詳細告之或以此情加函詳達
冀有一二起而應者未嘗非清訟之一法總之牧令
決意清訟一在耐煩一在細心舍此二端而欲清訟
是猶航斷港絕潢而望至於海也區區一得伏望仁
心仁政之大君子采擇而廣行之

鎮江府詳丹陽侵吞田捐科書提省懲辦楊凌
雲等上控批府親提訊明一案應否解省一
併訊辦請示由

據詳該科書等所控情詞與縣詳情形固屬兩歧究
竟孰虛孰實門丁伍蓉川有無通同舞弊得賄情事
仰蘇藩司即飭該府提集原被一干人證弔齊卷據

研訊明確錄供通詳察奪至該縣清糧單費每畝繳收五十四文內提十四文分作地方善後公用前於五年間據司詳報業經郭前署院批准在案據稱每戶加收錢十四文係同治四年九月之事會否報明司中有案今於本年五月內一律停止時將三載何以不早議停有無弊混並飭確查具復切切仍候爵閣督部堂批示繳

泰興沙洲局會稟復成洲民疑用儀門籉施丈

進城乞恩開導勸散情形由

前定之儀門籉係據丹徒委員開報殊欠精詳迨因弓非部定旋據該總局議改仍照向用部弓清丈以歸畫一當於六月內本部院會同爵閣督部堂出示

曉諭在案今據稟復成洲民因示用儀門簟現聞仍照向用之簟來城乞恩既經該印委等剴切開導是否不致再有疑議應否由局再行明白示諭仰沙洲總局核議具復察奪仍候爵閣督部堂批示繳

加函

訪聞復成洲沙民聚衆進城以毀用舊簟爲名實則因委員需索沙費逼而出此不知確否百姓驟變必有致變之由不可謂官吏全是百姓全非也泰興本年漕務收本色者票費腳費尚與告示相符折色則於告示定價之外里書每石索貼費錢一千二百文蓋該邑里書分圖書冊書三項名目已多誅求並覺無厭民心安得不變即祈分別確訪密函示知

以便嚴辦甚矣牧令必先有駕馭書差之才然後不致僨事不可徒恃忠厚也

江陰縣稟奉飭辦蘆洲大丈現應如何辦理之處請示由

前據沙洲總局轉據丹陽分局稟此次清理沙洲可否與同治五年大丈案併辦並照章革除一切浮費等情卽經札飭江蘇兩藩司核議會詳察辦在案今據江陰縣稟沙洲陞坍應歸每年冬季勘辦不拘五年之限舊費既經革除隨解各款無從徵辦若將大丈一案另行照章辦理恐與新章未合請示前來查核所議不爲無見仰蘇藩司會同總局查照先今批札一併會議詳復察奪總以百姓此後不再出絲毫

浮費爲要繳

加函

大丈小丈全是具文第前此已與載軒切言何以仍有舉辦之事甚矣委員索賄之心屢遏屢萌勢不遂其欲不止也聞該處沙棍張沛霖周在鎬周磬寶等串通丈總科書左奎光尚有沿洲索費之事務乞嚴密拏辦設法杜絕弊端爲要弊去太甚之說只可出自局外之口不可出自局中之口蓋在我輩只見爲一分之弊在百姓已受了十分之害也

蘇司會詳前署丹陽縣主簿候補主簿趙咸熙

稟訐印官參革由

此案趙咸熙因巡緝不力由司撤委於卸事後復訐

告印官。即經該司查明違例擅受民詞。確鑿可據。先
將該主簿發府訊供一面摘提人證確究分別詳參
嗣經委員確查該主簿所訐各情全屬子虛該府傳
案查訊供詞狡執始行發縣看管而又在管脫逃自
應
奏明斥革拏辦。惟蘇州府究未摘提人證訊明。難昭折
服。所訐印官情節尤重。除先咨請爵閣部堂酌核外。
仰即遵照由司摘提人證查訊確情另敘簡詳核辦
一面通飭各屬勒拏趙咸熙。務獲究報。毋任逃匿。切
切。仍候爵閣督部堂批示繳。摺存。

碭山縣詳黃瑞勝在監病故由

仰按察司即移徐海道核入正案議擬詳辦。並行該

縣知照再此案外監犯人黄瑞勝尚未審實定罪於同治六年七月二十八日病故該前縣並不登時將相驗情形通詳實屬視人命如草菅應由徐海道查明該前縣馬令有無他項劣蹟據實詳參現署縣郭令遲至半年始爲通詳亦應記大過一次以示懲儆即分別移行飭遵仍候漕爵閣督部堂批示繳格存

蘇藩司詳送開濬老劉河收支各款册由

查核册開支用各款尚無浮濫應准照銷仰即轉飭遵照至太鎮嘉三州縣尚有留挑支河之二三兩年餉捐等案内隨收劉河工費錢五萬餘串究竟開挑何處支河幾道共用工費若干有無餘存迄未彚總報銷並令查明詳細彚造總册通送查核如有餘剩

卽按數淸出撥充開濬白茆河之用勿任侵蝕隱漏
白茆已竣卽當接修太湖緣修白茆僅七邑受其利
修太湖則全吳受其利故也仍候爵閣督部堂批示
繳冊存

加函

昨據沈守稟報白茆河工程已得十分之六大約年
底卽可竣事矣目前所最急者惟太湖之港溇淤塞
必須籌一鉅款方能大舉興修查該湖三面受上流
之水惟恃東北一隅爲去路而吳江之長橋尤爲去
路之咽喉橋下向開四十五𪺰今惟六𪺰通流其餘
槪經壅塞自吳江城西北迤斜而南至𧍒聚黑橋等
港而至南仁南庫石里十八港東注下流之水向稱

湖中十八樞紐爲分洩白龍三江等橋要路漸次狹而欲塞淺而將湮又自三江橋迤北至裊腰等十二橋爲腹裏疎通關鍵現祇大浦白龍兩橋通流無滯餘或橋石傾圮或橋衕全塞或僅通一二衕下流之勢日見窒礙上自練聚港而西至湖漊之薛埠港沿湖港口約及八十處悉受上流之水以入湖口門日就淺窄上流已滯下流安得而不淤乎夫水之爲性力聚則勢壯故駛而長流力分則勢弱故緩而易淤太湖上承浙江等處之來源而下洩於吳淞之一路全恃上流力猛蕩滌汙泥下流乃能奔迅由江以達於海今上流日形淺滯下流復梗塞不通獨全湖停瀦三面之水一旦淫雨連旬瀰漫泛溢其患將有不

可勝言者。本年太湖吳縣吳江震澤四處。屢報水災
固其明徵。雖港汊繁多。難以槪施濬治。然似可於最
關緊要之長橋及梟腰翁涇惠政三江等十橋瀕湖
東岸之十八港。先行疏濬。逼目前瀦積之流。備異日
洊至之水。使三吳永免爲魚之患。較之疏濬白茆。其
利益更有萬倍者。惟經費難籌。意欲於釐捐補苴一
二。昨見子翁以言引之。意似以爲不可。只可再於藩
關二處。搜索枯腸。先行舉辦。嗚呼。自命理學之人。獨
不肯於民生疾苦。稍加顧盼。奈之何哉。奈之何哉。

通州詳添設舖房跑夫接遞文報由

查通海公文。改由江靖轉遞。已據通如泰三州縣報
明。專設跑夫走遞。今據詳於泰如交界及通境之白

蒲鎮二處設立腰鋪自係爲遞送迅速起見惟泰興

由如皋而至通州各有程途若干里今添設腰鋪處

所是否適中相距上下坐鋪各若干里緊要尋常文

報如何分別定限遞到均未據詳晰聲敘無憑查核

仰按察司即飭該州督同如泰二縣逐一查明詳覆

察核其如泰交界設鋪處所係何地名並令一併聲

明一面諭飭書夫慎速遞送文報均毋延誤切切仍

候爵閣督部堂批示繳

撫吳公牘卷之十八

如皋縣禀陳玉樹上控陳鍾秀等遵辦情形並

呈供摺由

此案前據通州禀復卽經批司飭遵在案茲據禀並另單均悉至典史衙門酷刑需索比書差更甚所謂往來悉聽其便者欺人乎欺天乎陳玉樹以捐輸陳欠數十金之故押至半年之久該縣押犯冊內並未報明實屬有意隱混姑寬先將該令記大過一次以示薄懲仰江藩司詳冊飭遵以後儻蹈前轍恐難再邀寬典仍嚴飭該縣速提陳鍾秀季文杏等質訊確實從嚴詳辦並通飭地方官毋得濫將紳士民人交佐雜看管如萬不得已看管者亦須於月報內專案

聲明以便稽核繳摺存，

桃源縣稟花戸葉成如欠糧不完差提自盡一

案訪明係由丁差詐贓斃命據實檢舉請賜

飭府嚴辦并請從重議處由

此案前據桃源縣會詳卽經明晰批示嗣據淮安府

密稟又經批飭確訊詳絫各在案茲核來稟所敘係

該縣家丁蓋林帶差往提並稱驗明屍身受有兩傷

又係墜鍊身死顯有疑竇等語何以該縣前詳內於

此等緊要情節均未敘及該令違例自驗但云葉成

如所受之傷係爲數日前與人鬬毆含糊聲敘原冀

彌縫迨經本部院行府親提該令知事難隱瞞始不

得已和盤托出作爲自行檢舉實屬昏憒已極且淮

安府稟內有丁役邀同汛弁呂文清同往之語來稟
何以並無該弁之名案關汛弁丁役拷逼詐贓斃命
亟應確訊分別參辦未便輕縱仰按察司速飭淮安
府遵照節次批示提集一干人證到案研訊確供據
實詳請
奏參懲辦毋稍徇庇率延仍候漕爵閣督部堂批示繳
蘇州府詳川沙夏廷棟上控牙甲黃成賄庇白
拉書差姜承業等索洋不遂改帖冤禁說合
報劾等情一案訊明示遵由
如詳擬結惟查所訊供情與松江府原審大相逕庭
某守之審斷顢頇可見一斑應將松江府記大過一
次候行司註冊飭遵並咨會爵閣督部堂查核至夏

廷棟誣告書役代添米字實屬刁玩亦當擬以不應重杖以示薄懲惟年已九十照律勿論仍卽由廳就近提其子夏蘭勳到案責懲具報仰卽遵照辦理仍報明藩司查考繳

臬司詳蘇州府督同元和縣承審崑山縣職員李溥上控巳革武生宋玉田挾嫌闖禁並宋玉田聞拏投首一案核擬

據詳將宋玉田卽宋瑞擬以杖徒惟查甪直鎭距省不過數十里該犯竟敢擄人闖禁實屬目無法紀應於杖徒之外再在蘇州府枷號兩月以儆兇頑仰卽轉飭遵照俟枷號期滿再行詳請定地充徒可也餘如所議辦理仍候爵閣督部堂批示繳

蘇藩司詳長元吳三縣經徵六年分恤孤餘剩

應否免提請示由

據詳免提恤孤餘款該三縣如果眞爲孤貧請命能使實惠均沾則可行名爲孤貧請命而漫不經心任聽丁董吏胥從中侵漁則不可行旣據稱該三縣額外孤貧實比外縣較多前兩年又經由司批准免提有案所有六年分銀兩姑准照案免提仰卽轉飭遵照實事求是別縣仍不得援以爲例至孤貧頭恐有從中剋扣情弊節次行令裁撤今三縣何以仍有開銷孤貧頭工食錢文並卽明晰申飭卽行革除所放口糧每月由妥當董事經理仍應由該三縣輪流督飭散放以昭核實並飭府查照繳

加函

古人云用書差不如用紳董非紳董皆賢書差皆不肖也但紳董若有侵漁尚懼清議之持其後差役則惟利是圖非清議所能動心東坡云貴已不可得而至矣則將惟富之是求蓋專指此輩而言之也弟里居時每見孤貧育嬰恤嫠諸善舉由紳董經管者雖不能滴滴歸源尚有七八成可歸實濟由書差經管者則帳房分十之二三雜務門上分十之二三書差又復侵漁十之三四窮民所沾實惠不過一二而已鄙意以爲三縣恤孤育嬰諸事必須訪擇公正紳士三數人輪流經管每月領支費用榜示通衢歲終刻爲徵信錄似更可杜浮冒之弊從前租業逐細清出

一槪不令書差與聞其事雖不免稍有怨言然此中保全人命爲不少矣望卽與三明府切實商改一清中飽之獘書差卽使含恨亦不過多造我輩數紙謠言而已舍此別無伎倆也

宿遷縣稟獲犯陸承謨等錄供請示由

尋常盜案不准就地正法業經本部院會同爵閣督部堂明定章程通飭各該州廳縣遵辦在案該縣匪蹤充斥現獲各犯又有游勇在內應先解道隔別確訊另行請示辦理仰按察司卽移徐海高道親提周連玉等各犯虛衷研訊明確錄供稟辦高道審訊最有條理諒不致枉殺人命也並飭將倪牛氏等被刦各案勘驗估贓詳報陸承謨拒捕被格斃命一案驗

訊通詳併飭雎甯縣俟馬明先等解到研訊確供同
勘驗緣由通詳究辦仍飭比差會營嚴緝各逸犯務
獲究報均毋玩延切切並候漕爵閣督部堂批示繳摺
存

海州稟遵飭添設跑夫遞送公文由

昨據徐州府議稟所屬無驛各縣應令將從前額設
舖遞章程重加整頓每一二十里設立一舖派撥司
兵分司登號走遞等情查係向來成法可垂久遠卽
經批准飭辦並於海州申覆毋庸添設腰站案內札
令徐海道鈔發該州參酌仿辦無論添設腰站整頓
舖司卽速因地制宜議章稟辦在案據稟前情該牧
似已領會本部院整頓文報卽以肅清吏治之意惟

該州額設鋪兵是否僅祇城內十五名新安鎮二名。此外有無分鋪。今雖於大伊山添設腰撥。上下相距。尚各有七八十里。道路較長。所設二名跑夫往來遞送。是否敷用。能否以城內之有餘。助中途之不足。仰該州卽查照前次札飭。並查所屬二縣額設鋪司各有幾處。每鋪司兵幾名。應如何重加整頓。分布衝途。每四五十里。必須設立一鋪。俾尋常公文每日可行兩鋪。緊要公文每日可行三鋪。或因鋪兵不敷分派。酌量添雇跑夫走遞。該牧令隨時稽查。嚴定賞罰。不任丁胥中飽。則所費不多。而文報不致積壓矣。本部院但期公事速到。速辦。免致無告窮民羈押守候耳。豈眞欲該牧令多賠多累哉。該州卽督同沭贛二縣。

刻速察酌形勢因地制宜議定辦法條列詳細章程通稟核奪毋稍率忽遲延至清口驛至該州境止中間應設腰撥已由淮安府飭令清河縣會議添設夫快矣並飭知照仍移徐州府朱守淮安府章守查核繳摺存

加函

昔王猛治秦纖悉必舉麻思還冀州請於猛猛曰速裝行矣出關而郡州皆已被符史傳以爲美談此皆整頓驛站之效驛站不通譬如筋絡不舒勢必發爲癱瘓癱疽而後已前此批准釋放贛榆縣押犯二名若使不在大伊山等站遲延五日則文札業已早到該民業已早釋何致在押所染疫不能與妻子面訣哉此

則驛站與吏治相為表裏之明證也。執事初疑儆處整頓驛務。有意與州縣為難。由此觀之。為難耶。抑亦勢之所不容已耶。務祈力持此議。毋任兩屬浮言搖動。庶幾千里之外。如在戶庭。不致有呼應不靈之慮矣。

松江府轉詳婁縣詳革監朱清慎一案請示由

該革監朱清慎。固屬上控逞刁。該府忽詳革。忽又據情詳請開復。亦可謂起滅自由。姑念艱於折獄。准即如詳銷案。仰蘇藩司轉飭遵照。仍候爵閣督部堂批示。繳。

淮安府詳桃源孫寶奎被刦一案遵批審明前獲王尚楊等實非案內正盜請示由

此案王尙揚等雖據審被挾嫌誣攀。並無行刦情事。惟旁無質証。難保非有意狡賴。必應拏獲逸犯。澈底究明。方成信讞。該縣前此率請將王尙揚就地正法。尤堪詫異。仰按察司速飭該縣比差會營。上緊懸賞購線。嚴緝將王玉考等悉獲到案。提同質訊明確。錄取切供。一面明查暗訪王尙揚等是否在塲。速行通詳察奪。毋任延縱。切切。仍補詳漕爵閣督部堂並候批示。繳。

丹陽縣詳科書臧壽芝侵吞田捐由

該縣科書臧壽芝侵吞田捐五十餘千據請提省審辦自應照行惟科書楊凌雲等亦有侵吞田捐甚至兜收清糧單費均屬玩法究竟各有侵收數目若干既未聲明該縣又欲自行訊辦殊屬一事兩歧現在臧壽芝等均已逃匿該縣事前毫無覺察及至委員守提捐款始行查辦亦屬率忽仰蘇藩司速飭該縣着令原差嚴拏臧壽芝及楊凌雲等務獲迅速一併解省懲辦並令該縣嚴查各科書經收田捐統共完欠若干並先擬整頓經徵錢糧章程科書應如何裁減以期催科得力刻日悉心妥議詳復察辦毋再玩延切切繳

甘泉縣詳委驗高郵押所陳采即泮芹服毒身
死由
查此案陳采即泮芹在押之時妻子人等既時至看
視何以既死之後又絕不過問連家丁李三州差宋
標等槪不到案伺驗該縣亦不當塲傳訊究竟陳采
因何服毒身死情殊可疑仰按察司卽飭高郵州速
傳屍親陳墅陳灼王金仲家丁李三州差宋標等緊
要人證由甘泉縣會同訊究確情錄供通詳核辦至
各屬凡有未定罪名人犯在監在押病故者押犯應
將該州縣記大過一次由司通飭在案此案陳采係
旗丁陳鎭西控沈金成等匿帳昧吞之被告委差管
押尚未定案該州並不速審速結留心防閑卒至服

毒自盡尤非病故可比自應將該州先記大過一次示懲除咨爵督部堂外並移江藩司註册一體飭遵並行該縣知照仍候爵閣督部堂批示繳格存

加函

聞該牧署中官親家丁有二三十八之多若不在外需索訛詐豈能不食而飽不衣而暖此案門閽有索費五十金即准陳采取保陳采因借錢不到愁急自盡之說恐不爲無因祈即密派妥員改裝易服前往查訪務得實情該牧老將至而耄及之欲以閒閣之性命博門閽之歡心我輩不能不爲力持公道也

由

通飭江北各屬同治三年以前積案免其解省

爲通飭遵照事照得同治三年以前江北各屬漕部
堂未經核辦命盜積案前經本部院
奏准分別變通辦理並開單通飭各州縣將卷宗檢齊
送司核辦在案惟查同治三年以前有未經解府審
定之案不在漕院咨送之內者各屬爲數尚多亦應
上緊清理若概令照例輾轉解勘難期速結應仿照
奏定章程責成該管府州審勘明確由司復核詳請
題咨八犯免其解省其四年以後未結各案仍應招解
勘辦不得援以爲例以示限制所有直隸州廳親轄
命盜案件應解該管巡道審明移司核辦以歸畫一
除通飭飭司移行遵辦外合行札特專札通飭札到該司某立即
移行轉飭遵照將同治三年以前未結積案迅速復訊解

由該管府州審明詳司核辦其四年以後未結各案亦即陸續審擬解勘仍將奉文遵辦緣由並分別查明件數若干開摺申復毋任宕延均毋拖宕切速切速

札臬司
淮徐揚海通海各府州廳縣

加標

積案關係民瘼本部院現因各州縣輾轉解勘既難速結又多花費是以准令格外通融辦理該某等若不認眞查辦自定限期速審速結則明有王法幽有鬼神恐不能爲諸君子寬也仍將如何定限情形禀復本部院察核查考切切

加函

州縣賠辛苦易賠錢銀難現雖裁去解費然輾轉府

省解犯一名總須賠盤川飯食十數兩江北州縣窮至如此尚可使其爲無米之炊乎萬不得已而爲此變通辦法院司既已格外體恤牧令自必振作精神若仍不認眞清理則是大負期望儆處業經大聲疾呼仍求尊處再爲發聾振聵庶幾江北積案方有了結之一日江北百姓始有蘇息之一時也

東撫浴豐魚河道委員勘辦由

爲札飭事同治七年八月初一日准山東撫院丁咨稱准來咨豐縣積水陡漲北鄉全被淹浸咨請轉飭魚臺縣毀堤挑河洩水一案查前據魚臺縣禀因豐境新河未能挑通以致本年漫水下注魚境被淹[illegible]甚該令就舊有邊濠酌加疏濬以東水勢仍留口[illegible]

數處歸入新河嗣豐民持械掘濠魚民爭較致傷等情茲准前因與魚臺李令前稟情節稍殊必須公議合辦務使水有去路乃能彼此無爭除飭濟甯州查勘稟辦外咨覆仍飭豐縣諭飭各砦將議挑河道務令深通並飭會同商辦等因到本部院准此查東撫部院咨內所稱必使水有去路乃能彼此無爭不特爲今日治水要法亦且爲千古治水不易之論合行鈔黏札飭札到該道即便遵照速即就近會督東省委員暨豐縣王令秉公查勘應濬河段如何妥籌挑濬乃使水有去路兩省各無妨礙以消水患而息訟端仰速會商飭辦仍將勘明議辦緣由詳咨毋遲速速

札徐海道

飭議開典

爲札飭事照得揚州府城爲南北衝衢官商雲集克復以來未據報開典當訪聞小押甚多每押錢一百文扣錢五文實給錢九十五文以一百天爲滿本利足串共二百文方准取贖貧苦小民不堪其累自應設法招商開典便民緩急但招商甚難能否於運庫提閒款爲大宗而後集腋仿照蘇省前開公典辦法亟當妥議舉辦以濟民艱合行札飭札到該司立即遵照由司督同該府體察情形妥爲籌議詳覆察奪毋稍違延切切

札淮運司

咨行紅單船經費由捕盜局給發由

爲咨覆事。同治七年八月初三日准貴爵閣部堂咨。蘇省借撥紅單船兩號。所需經費。應如何支給。咨請王政辦理。仍祈見覆等因。到本部院。准此。查此項銀兩。應由捕盜局核明。按月給發。准咨前因。合行札飭。札到該關。卽便轉行上海捕盜局。遵照將此項船租薪糧等銀。核明。按月給發。並將粤省墊給銀兩。籌解歸款。並查明隨船砲位。如蘇省應行留用。亦卽一併籌銀解還。除札蘇藩司江海關辦理詳咨外。相應咨覆。爲此合咨貴爵閣部堂。請煩查照施行。

咨督院

松太道詳復給紅單船官勇薪糧并籌還粤省墊給經費由

已據詳咨會兩廣督院查照矣。此項薪糧銀兩應由捕盜局核明按月給發。即經分札蘇藩司該關遵辦在案。仰即查照另札辦理。至隨船砲位想不如蘇省之得力。將來撤船時。似可歸還粵省。不必扣留。以免糜費。其粵省籌墊銀一千五百兩。應由捕盜局解還歸款。以昭劃一。並即移行遵照繳。

札委全丞赴桃源守提壯役榮標等解省

爲咨會事。八月十四日。據署蘇州府蒯守詳稱。奉臬司札飭轉奉院台暨督憲行司委審桃源縣拿獲盜犯韓得勝等聽從搶刦事主徐庶常行車一案。遵經行據桃源縣人犯卷宗申解到府。隨督同局員核明卷宗。提犯悉心研訊。以免拖累等情。到本部院。據此。

查核現訊供詞。與縣審大相逕庭。案關生死出入。亟應澈查明確。以成信讞。而免枉縱。除札桃源縣查明將韓士録等提釋具報外。相應咨明。爲此合咨貴部堂。請煩查照。希即迅飭鄭遊擊查明韓得勝充當哨官。曾否隨營駐紮歸德。有無差赴清江之事。詳細具復。並乞飭徐都司將原起公文等件交出。暨行桃源縣遵照辦理。仍祈示復。望切施行。

咨漕院

而免枉縱。除咨漕部堂飭查示復。並札桃源縣查明提釋具報外。合行札委。札到該丞。立即遵照。剋日束裝馳赴清江桃源。確訪韓得勝所供是否實情。仍面詢鄭遊擊有無其事。幷將該縣壯捕榮標陳兆徐貫

王得四名並賠錢原卷一併提齊送交淮安府另行派員解省聽候飭發歸案質審詳辦仍將起程日期報查毋遲

札委試用同知全丞

札飭倪道復勘海崇互爭沙地

爲札飭事八月十一日據海門沙洲局印委各員稟復會勘海門廳文生楊贊元等稟控互爭海崇沙地一案查永旺沙之楊樹港係堂地復臯核與報陞原案弓口數目地伍相符擬令由蘇三堂西面界河照原舊子午定向直開至南洪出水嗣後以此河爲界所有河東之地劃於崇明以清界址俾免曲折相錯日後再啟訟衅繪具圖形稟請核示等情前來查此

次清理沙洲必須澈底勘丈清楚以杜爭訟而安民業雖經該印委秉公勘辦應再由該道親詣查勘方爲核實合亟鈔稟札飭札到該道即便遵照刻日前往該沙督同該印委核實勘定隨時釘址以息訟端取具該業戶等輸服切結仍將查勘情形據實稟復察辦勿遲切切

札沙洲總局倪道

蘇司詳崇明縣恩貢生黃文淵孝廉方正請考

驗由

論題汲鄭之鄭係鄭當時非鄭元也作者援引失實惟文氣尚爲充暢仰即另核擬獎繳卷冊結發還

清末民初文獻叢刊

撫吳公牘

（中册）

[清] 丁日昌 撰

朝華出版社
BLOSSOM PRESS

撫吳公牘卷之十九

太倉州稟遵飭請示上忙仍帶徵劉河工費歸補由

興修水利，原爲善舉，而委辦不得其人，多有不實不盡。即如去年鎮洋縣發還溢完條銀一欵，該令原欲傳諭各董，領回散給，而巳革戶書張東淮串同鄉董，請將此欵爲濬河修廟之用，迄今尚未舉行，徒將小民之脂膏，供若輩之中飽。該牧所請，毋乃有類乎此。仰蘇藩司確核妥議，詳覆酌奪。繳。

加函

蘇松太三屬，既須帶徵義倉經費，又須帶徵黃渡河經費，今又議帶徵修濬白茆河經費矣，竭澤而漁，實恐民不堪命矗捐雖供前敵餉需然酌分少許助興水利爲吾民稍甦積困亦予翁之所嘉許也弟擬明日面爲切懇乞公晤面時亦爲剴切祈求遺秉滯穗寡婦之利毛詩所云或可躬逢其盛乎

蘇州營申拏獲槍船船夥張小五等並洋槍等件解縣收審由

爲札飭事據蘇州營崔叅將申稱拏獲槍船船夥張小五等並洋槍等件解縣收審等情到本部院據此查槍船久已嚴禁何以該縣緝捕仍用槍船且票與人不符難保非槍匪等假借舊日差票爲販私之護身符長邑如此他縣可知昨據該營詳周庄汛境內有囚公差遣槍船往來應如何另立記認之處即經

札飭司局會議在案據申前情除札臬司外合行札飭札到該司立卽嚴飭蘇松兩屬弔銷舊給差票所有巡緝之船應如何另設記號俾易查認而杜冒混仍從嚴禁絕槍船無論官民不得雇用並將如何會同浙省拏辦槍船章程亦卽迅速妥議具復以憑咨會辦理案須卽日具

奏速辦毋違

札蘇藩司
臬司

臬司詳覆禁革各屬招解命盜襍案規費一案

核議由

據詳尙屬可行至本衙門遇有解勘案件每提審一次無論案件多寡由本部院自行捐給錢二千文毋

庸各州縣再捐餘如所議辦理仰即分飭遵照繳摺存。

蘇城設立分局收留散勇送下關等局資遣回籍告示

爲曉諭事照得江南江北遣散之勇業經爵閣督部堂頒示曉諭設局收留資送回籍體恤勇丁已屬無微不至該散勇等自應及早還家另圖生業惟自曉諭以後各屬散勇仍舊不少其中游蕩忘返者固多而因下關等局距蘇較遠艱於盤費難以動身亦所不免本部院體念爾等皆係從前有功之人不忍驟其流落異方現經檄飭府縣於蘇城設立分局派委文武員弁二人專駐經理俾散勇可以就近赴局報

名聽候局員查點驗收所帶隨身兵器一概繳局酌給價值不准再行存留該散勇等照章每名日給飯食柴菜錢六十文以赴局報名之日爲始如有攜帶眷屬每日一體按口給錢六十文幼孩五歲以下者減半給錢三十文積至二十名作爲一批派撥礮船委員酌帶兵役護送分赴瓜洲下關兩局投收照章資送回籍以免逗遛異地合行出示曉諭爲此示仰各散勇知悉爾等如若及早回家骨肉可以團聚田園可以耕種無人拘束管轄何等體面何等自在爾若不聽吾言留戀此間日久用空必致流爲匪黨爾時反把性命送在外鄉家中父母妻子望眼欲穿豈料爾在外鄉業已陷於刑戮爾等仔細思量還是決

計早歸爲合算乎抑以逗遛不歸爲合算乎現自出示日起至八月底止准蘇松各處散勇赴局報名聽候給錢護送過了八月爾等仍不回鄉本部院卽當嚴飭地方官凡遇游勇一概拏解來省以憑軍法從事望卽及早回頭免致悔之無及切切特示

一出示

江藩司詳復教職領憑定限由

查教職領憑事件府縣轉行如何定限固屬例所未載本部院前於此案飭議定限原期辦理迅速起見今該司來詳准安府議將此等事件府縣兩處各限五日轉行爲期甚迫可杜捺閣之弊惟其比例叅處究未妥協蓋處分例載

欽部事件逾限半年以上者僅止罰俸自必遲逾一年以
上始降一級留任是此案限期太寬處分亦輕未便
援引且府縣轉行既在例限之外尤不能以外定限
期咨候部議轉多周折所議府縣轉行日期應卽作
爲省章准以詳定五日爲限府州縣如於正限五日
之外遲逾轉行自應分別記過仰卽由司妥議記過
章程詳覆察辦繳

江藩司詳送高郵州珠湖書院六年分報銷冊

由

本部院訪聞該書院董事連年賠墊該州教官葉姓
輒簽鄉中富戶作爲董事可以出費買免而該教官
又簽第二家富戶蟬聯而下名曰滾瓜教官以簽董

爲利藪，紳民視作畏途，殊屬不成事體。現閱來冊，連年墊款共計二萬一百餘千之多，歸補匪易。仰卽行府督同該州熟籌妥商，應如何設法改章之處，卽行核議通詳酌辦。該書院共有管業田三千餘畝，房六十餘間，卽有瘠薄歉收，斷不致每年僅收租息錢六百數十千之數。恐有經手司事積慣侵蝕、結黨朦蔽情弊，並令澈底清理，悉歸實用。仍將田房細額、承佃租額、每年實可收取佃租房租各數，造冊通詳立案。均毋徇隱。切切。繳冊存。

高郵州詳盜犯鄭安邦聽刦王炳元船接贓案解府翻供復訊由

查該犯鄭安邦初供惟以店票爲消贓憑證，今據復訊票係討還借項並非賣贓照票所稱程開教供認票是否實情現在首夥陳六等均未就獲究竟鄭安邦果否此案夥犯亟應徹究明確以成信讞仰按察司卽飭揚州府轉行該州速提鄭安邦及捕役程開再行悉心質訊確切情形按擬詳解一面督飭認眞勒緝逸犯陳六等速獲併究毋稍率延切切仍候爵閣督部堂批示繳

加函鈔案致揚州府

捕盜貴神速尤貴重賞線人遲延則盜皆遠颺無踪可訪贓皆消散無據可憑稍縱卽逝何從求眞盜於冥漠之天線人不予重賞則誰肯與盜爲仇又線人訪盜亦須用錢又誰肯白花費本然所謂神速者非

十日八日之謂也必須卽日卽時四面分緝風聲嚴緊賍自不能出脫有眞賍而後眞盜見矣所謂重賞者非十金八金之謂也多則數百金少則數十金線人得此重賞卽與盜黨爲仇亦可避之他處窮搜冥索之餘眞盜何從逃遁故盜而日緝必須用一番眞精神眞本錢方可謂之緝非僅僅嚴比捕役而已也今高郵此起盜案業已數月該牧不用心不破鈔徒然日比捕役安怪捕役之不敎供認票哉鄭安邦一名以鄙見揣之十有九非本案眞盜何則賍物旣無確據上手情形又與事主所供全不符合以理度之必係程開受比不過因以利啗鄭安邦并誘以自首免罪之例鄭安邦初爲所愚故認供繼知必不能免

故翻供也茲將簽駁此案各條鈔違冰案務祈就近確訪庶免誤斃良民又鉠口門外有水保孫拐子者忘其正名能窩盜亦能捕盜弟在揚州時屢欲辦之而未果未知今尙存否乞致之私室許以重賞或能破此一案事主冤屈既伸該牧功名又可保全鄭安邦亦免瘐斃一舉而三善備幸圖之

咨會蕭縣記過

爲咨會事竊照未定罪名人犯在監在押病故者監犯應將管獄有獄各官分別記過一次押犯應將該州縣記大過一次庶不致視人命如草菅前經批司通飭各屬遵照在案今據蕭縣詳老孫三取保後在歇店病故應將該縣記大過一次以示懲儆除批司

卽移江藩司註册飭遵外相應咨會爲此合咨貴爵
閣部堂請煩查照施行須至咨者
咨督院
札飭王聲金京控案內究出訟棍張本治發府
審辦
爲札飭事照得通州民王聲金京控册書侯廷芝等
浮收逼完單彭年等包攬谿糧索費勒息等情一案
據該署司審擬解候勘咨前來經本部院親提覆審
無異隨訊據王聲金王石舟等供通州漕米每石收
錢十八千或十二千不等該書差等平日浮收勒索
魚肉鄉民無疑來詳僅將册書侯廷芝之議擬杖革季
聯奎劉恩澤劉炳蔡裕均未擬罪頗屬輕縱業將此

案書差季聯奎劉恩澤劉炳蔡裕分別責懲應即一併革役由司另行妥擬罪名詳辦又據供稱沈鴻綸張本治係此案訟棍已將沈鴻綸當堂戒飭應將其附貢生即行斥革一併核入正案聲敘其訟棍張本治據王石舟劉恩澤供其扛幫涉訟已來省窺探數月而且恃刀欠糧即經派委押令王石舟指交該訟棍連寓所竹箱一併解案當堂搜獲詞底狀式領結等件訊據張本治供稱伊因總書劉恩澤浮收復被季聯奎勒索各情赴臬司衙門告狀故此來蘇等供但來省已經數月何以至今始行具控情詞亦屬閃爍當將張本治一名同竹箱一隻先行標單押發蘇州府收管候示並將京控原被犯證仍發蘇州府照

舊分別禁管以備提質所有指明之作詞訟棍張本治訊不承認是否畏罪狡賴亟應徹究以成信讞除將搜獲張本治詞底狀結等件同供單一併發府審辦外合將原供招發還札到該司立卽轉飭遵照迅將張本治提案同京控原被犯證逐一質訊究明此案如何唆訟有無另犯教唆不法別案務得確情錄供詳候察奪一面由司將京控案內書差另行妥擬罪名詳辦再據季聯奎等當堂開出通州慣作詞狀之人有王榮華住西關顧姓住新地又山港沈姓又崔姓住如皋仰再研訊明確卽飭該州密速訪實查拏務獲確訊錄供詳辦均毋任延速速特札

札臬司

加函鈔案致藩司

通州漕價每石收至十餘千。自難怪百姓之京控。乃官吏一聞京控。即視原告若寇仇。輒欲加以越控之罪。安知百姓非逆料我輩不能了此。勾當始不赴院司控告。耶我輩方引咎自愧之不暇。何可再行廻護。爲被控之書差出脫罪名乎。此案書役侯庭芝。僅擬杖革。季聯奎等並未擬罪。均屬輕縱。想承審委員官相爲不免有仇視原告之念。已囑廉訪另擬罪名矣。至江北漕糧收數過重。民不聊生。不能不大加核減。上年弟在蘇藩任內。訪聞蘇屬漕糧。名縣有大小戶之分。大戶或至一文不收。甚有包攬小戶者。小戶則每石十餘千。或七八千。並無在六千以內者。弟爲酌中定價米貴時每石收數不得出四千文以外米賤時每石收數不得入三千文以內平時則以三千四百文爲準大小戶均一律徵收不得稍有軒輊告示一出謡言謗書如蜂起如雷轟如决堤之奔流如乘風之暴雨蓋數百年之積弊欲一朝廓而清之衆何爲而不洶洶但謗者自謗辦者自辦弟若爲弗見弗聞也者爵相關愛甚深貽書規以從漸變法庶免寡不敵衆然其時騎虎難下竟有難以中止之勢今各縣照價兌收業已年餘并令將告示泐碑以垂永久想不至再有變更江北欲攺漕章度必衆謗沸騰我輩惟有持之以靜挾制者自無所施其伎倆矣蘇屬攤捐業已議裁江屬似應仿辦蓋既欲爲民除累

自不能不先爲官除累也茲將蘇屬減漕全案鈔呈
祈回明爵相酌辦是所禱望王聲金控漕案亦一并
鈔呈庶知江北漕糧每石實有收錢十餘千之事也

批吳縣詳候補縣丞被竊勘訊由

此案徐榮標旣係棧主其家眷又同居一處首飾物
件何不自行藏放轉致寄存寓客之處實屬不解究
竟賊從何處出入何以據勘門窻牆垣並無撬損痕
跡棧夥徐錦榮等又供當時都未知覺如果賊自遁
去因何另有衣箱五隻均未損動察核所詳殊滋疑
竇仰按察司飭府密委確查實情稟復察奪一面飭
郎比差會營並移鄰封營縣一體勒緝贓賊務獲究
報屆限無獲照例詳參仍候爵閣督部堂批示繳冊

存

蕭縣詳委驗銅山監犯柳汝昭病故由

案經批府親提訊辦迄今五月有餘尚未審擬招解。致令正犯瘐斃實屬宕延。仰按察司卽將徐州府申飭。並核入正案議擬詳辦。轉行該縣知照。至柳汝昭尚未審定罪名之犯在監病故。案由外結。應將署銅山縣知縣銅山縣典史各記過一次。以示懲儆。除札江藩司詿册飭遵。暨咨爵閣督部堂外。並卽知照。仍候爵閣督部堂批示繳。格存。

淮揚道稟黃水已入皖省阜陽境內由

據稟已悉。仰卽督飭各州縣廳汎查明水勢經流處所。旺弱情形。隨時飛稟查核。並飭各將所屬堤工一

律幫修葺固加意巡防其各壩之未堵者似可暫緩堵塞以資宣洩仍候爵閣督部堂批示繳

加函

各處緊要堤工似宜預爲集夫集料否則水勢一到無料無夫竟致目擊其決裂而無可如何前此清水潭因省費數十千之故遂致後日費至數十萬田廬人命之被傷尚不在內此皆執事與弟所親見者及今未雨綢繆或可有備無患想有心人必不以鄙言爲河漢也

泰州稟拏獲宜荆釐局被刦案內盜犯袁淸祥移解審辦由

仰按察司卽飭宜興縣俟該犯袁淸祥解到速卽提

同前獲各犯隔别研訊果否僅祗在船看守事後分贜並未同行上盜有無另犯竊刦不法别案務得確供詳報一面併解常州府復審明確分别核擬稟請定奪至該州拏獲鄰境盜犯足見緝捕認眞殊屬可嘉弁飭赶緊督役協同將餘犯敬發堂郎靳發堂等一併訪緝務獲報解由司查照例案會詳請獎以示激勸仍候爵閣督部堂批示繳

加函

宜荊釐局被盜贜至八千餘元之多時閱三四月之久若非丹徒獲犯於前泰州獲犯於後該縣直是袖手旁觀一籌莫展眞可謂之毫無心肝矣靳發堂郎飭速拏爲要誠恐稍縱即逝除暴所以安良千祈轉

囑該牧令等。不可以婦人女子之存心爲仁也。

碭山縣詳呂學思戳傷彭學珠身死由

案懸八年之久。亟應趕緊復審擬解以速補遲。惟此外未詳之案。尚有若干。亟應作速詳報。毋再闍延。仰按察司卽飭勒緝逸犯呂鎖務獲。提同研訊。實在因何起衅爭毆。致傷彭學珠身死。是否有心欲殺。有無起衅別故。務得確情。案擬招解。並查明此外如有未詳案件。立卽開摺呈送。如無亦卽具復。仍候漕爵閣督部堂批示。繳。格存。

泰州詳王沂因賴欠誣斥致李松奚自縊身死

驗訊

仰按察司查議詳奪。至此案同另詳史萬朋自縊身死一案驗訊詳結日期距報案均不及一月聽斷勤敏殊屬可嘉應將該州桂牧記功一次以示奬勸惟查該州境內自盡命案比別屬較多是否民風暴戾動輒輕生亟宜設法禁止冀全民命其應如何剴切曉諭務使積習挽回以免不肖屍屬藉端勾串訛詐應由司核飭體察情形妥議辦理具復除札江藩司註册一體飭遵暨咨爵閣督部堂外並即移行遵辦毋遲仍候爵閣督部堂批示繳格存

太倉巡鹽礮勇被鹽匪殺死要犯無獲將沈牧記大過一次由

爲札飭事據該臬司詳太倉州巡鹽礮勇與鄉民爭鬬被鹽匪乘機殺傷身死獲犯姜復源等訊止獨自私

販。及買食私鹽議擬一案等情到院。據此。查此案鹽匪拒捕。致哨官勇丁八死九傷。尚有一名不知下落。亟應赶緊查拏正犯。從重懲辦。批司嚴飭勒緝梁八跎子等。務獲究報。仍即核明照例詳參在案。惟查該州於此等重案。僅以無關緊要之犯。混拏塞責。實屬緝捕無能。應將該署州沈牧記大過一次。以示懲儆。除咨爵閣督部堂外。合行札飭。札到該司。即便註冊飭遵無違。札蘇藩司註冊飭遵外。合併札知。札到該司。即便遵照。嚴飭該州比差會營勒緝梁八跎子等。務獲究報。毋遲。

札蘇藩臬司

札飭查探上游水勢

爲飛札飭查事。照得河南滎澤汎漫口。水向東南而下。昨據該道稟報已於七月中旬。流抵皖省阜陽縣境。數日之間。陡長一丈三尺。來勢甚爲猛驟等情。今已閱一月有餘。會否流入洪湖。水勢緩急若何。高寶一帶湖河。會否見漲。堤壩是否安穩。本部院殊深繫念。合行飛札飭查。札到該道。卽便遵照。迅速派人馳赴上游查探。漫水現已流抵何處。來勢緩急。確實情形。同高寶一帶湖河水勢。刻卽飛報查核。毋稍延誤。火速。切速。

札淮揚道

徐州府詳徐郡向有義學並新設書塾情形由

該府因郡城向設之中義學經費不敷。在王公祠設立書塾。將應行裁革之鹽規充培植人材之經費。並

時往查察勤惰具見留心教化嘉惠寒畯良深欣慰

應將該署府朱守記功一次以示獎勸仰江藩司詳

册飭遵仍令將原設中義學卽於秋租收起後照舊

設立延師開館其餘向設小學八處亦卽督同縣學

一律整頓統將地租典息鹽規等項彙計收支定章

選董核實經理毋任侵廢並由司通飭江淮等屬一

體遵照各將如何設立義塾現在應添應復處所籌

費抵用緣由稟詳察核並候札飭蘇藩司印刷小學

讀本一千部

聖諭廣訓六千本呈送到院以憑分頒江北各府州廳縣認

眞課督俾資講習庶教養相輔而行於人心風俗不

無裨益此繳摺存

加函

頃查該守新設義學一處尚爲認眞勤篤者亦有奬賞爲之喜而不寐此外惟銅山蕭縣均屬留意其餘不惟無師而且無塾殊屬大負期望邳州經費本屬有餘近因駱馬湖灘租爭訟不休以致絃歌斷絕祈爲分別嚴飭徐屬速行整頓清理俾有起色幸勿謂割雞焉用牛刀也

安東縣詳般萬成報有一男屍投水身死認係賊犯徐務屍身畏罪自盡驗明由

此案男屍旣據查係徐務該縣相驗後何以不傳屍妻徐黃氏再行訊取供詞卽其繼子徐萬祥亦未到案果否行竊正賊殊屬可疑至樊彭脩被竊失贓共

有若干。曾否通報。亦未據明晰聲敘。仰按察司飭卽
確查覆訊詳奪。仍候漕爵閣督部堂批示。繳。格存。
常州府稟呈武陽二縣學擬覆丁祭樂舞條款
並示式淸摺由
樂舞典禮。經該府飭據武陽二縣參考釋奠源流。講
求器數儀節。詳明周妥。嘉慰殊深。除禮器樂舞圖本
飭由蘇藩司札發。以資蒐討。並酌定灑掃會章程。另
行通飭遵辦外。仰仍轉飭所屬加意嫻習。一體振興
大雅扶輪。於該府有厚望焉。切切。此繳。摺存。
通飭沛縣詞訟案件漏報王署令記過由
爲通飭事。案據該徐州府屬之沛縣申送五月分詞訟
報册到院。當查豐沛相去不遠。何以豐縣訟案多而

沛縣訟案甚少恐有以多報少情弊卽經批飭徐州該府密查去後茲據署徐州府朱守該府稟稱奉札飭卽密查沛縣詞訟有無以多報少情弊確切稟奪等因飭據差役提到該縣自四月起至六月底止詞批底簿並詞訟月報底册逐加核對尙屬相符其上控案件檢查四月以後在府控告批飭該縣辦理之案控涉命盜等項例應專案詳辦外尙有控告田土錢債等事二案未據列入月報應令於下屆補造合將查明緣由據實稟復等情到本部院據此查詞訟月報原以稽核勤情不容隱匿今沛縣造報詞訟輙敢將上控案件以多報少實屬玩泄應將該署沛縣知縣王令記大過一次以示薄懲合行札飭札到該司卽便

遵照。由司註册飭遵。毋違。

札江藩司

以示薄懲。除行司註册飭遵外。合行札飭。札到該某
相應咨明。爲此合咨
即便轉飭所屬一體遵照。查明如有詞訟案件。漏未
貴爵閣部堂。請煩查照施行。
開報者。即行聲明漏開緣由。據實補造送核。尚可免
予記過。否則一經查出。定不寬貸。切切。

札蘇臬司
蘇松常鎮太五府州司
江淮揚徐海通海門七府州廳

咨督院

飭查桃源曾令奏參案各屬奉文日期

爲札查事。照得桃源縣知縣曾令拘提欠糧花戶。致
丁役詐贓釀命。復自行違例相驗。請
旨先行革職歸案審辦。並飭司委員摘印接署。又署贛榆

縣知縣張令屢催積案輒以飭承查辦等空言塞責
核查未結舊案有七十餘起之多又署碭山縣知縣
郭令延今半載並未將詞訟監押各冊按月造送嚴
催弗應且有餉鞘被竊之案請
旨先行摘去頂戴飭司撤任派員接署二案經本部院會
同爵閣督部堂分案具
奏鈔錄摺片札司通飭各屬遵照在案迄今日久何以
未據各州縣將奉文遵辦日期申復究竟該臬司於何
日轉行除札臬司各府州廳轉飭查復外合行札飭札到該某
丘郎查明具復一面通飭所各屬遵照以曾令等為前
車之鑒毋再蹈其覆轍仍將遵辦緣由及奉文日期
先行專案具報毋遲切切

札臬司蘇松常鎮太江淮揚徐海五府州通州海門廳

撫吳公牘卷之二十

札飭未結自盡命案迅速審結

爲札飭事照得江北各屬自盡命案較多前經通飭限一月內訊結並將未結各案開摺送查遇有辦理迅速者酌給記功在案茲查如皐縣於奉文後將前任移交及本任內具報未結自盡命案七起現據依限一律訊明詳結辦理尚屬迅速洵堪嘉許應將如皐縣知縣記大功一次以示鼓勵除行江藩司註冊飭遵並咨爵閣督部堂查照暨通飭江北各府州廳外合行札飭札到該某立卽轉行所屬遵照如有前任移交及本任未結自盡命案務期赶緊審結具詳毋稍怠玩切切特札

札淮揚徐海通海各道府州廳

各道府加函

自盡命案若不早結勢必蔓引枝牽閭閻無復安枕之日鄙人做窮百姓時曾親見鄰右有一媳婦與其翁姑角口後服藥自盡少頃而外氏數十人麕集少頃而地保書差數十人麕集少頃而轎夫乞丐百數十人又麕集叫囂墮突雞犬無聲次日而其姑又自盡矣其翁乘間脫逃田屋器用衆爲瓜分無少存留甚至波及親戚族黨小康之戶頃刻而家破人亡至今思之猶爲痛心諸公未曾做過窮百姓所以不知此中甘苦也務望轉致所屬此後於自盡命案早審早結在我輩不過多費一番心在百姓已受無量福

馨香祝之禱祀求之乞勿以此言爲迂濶也

批贛榆縣申送閏四月分監押冊由

查前據該縣送到四月分各冊當因冊造舊管某某等若干名此數行殊可不必祇須開列舊管幾名另一行寫犯名案由實在項下應一名一行平寫來冊一直寫下殊不合式卽經批道嚴飭在案茲據送到閏四月分冊內仍不合式且監禁項下漏開王裕鶴一犯案由又監犯李盛成陳起張振松孫同王合春郭永盛六名均係咸豐年間隋令任內之犯迄今尚未訊明擬解其單秉禮王修傑二名係同治元二年之犯已屆七載因何亦不擬解押犯項下有賈有茂王允中卽王三揚王永溪卽王永其三名元年至今

人證尚未提齊究竟何時始齊務即明白禀復再韓得榮控案內差役馮俊等既係在官人役何以延不提解該前縣各令種種糊塗殊堪痛恨仰徐海道轉飭新任贛榆縣查照指飭逐一遵辦并逼飭所屬毋蹈前令故轍致干嚴譴切切此批批冊存

加函

李盛成等在監計已十餘年矣遲延愈久則人證愈缺人證愈缺則訊結愈覺無期必致瘐斃而後已誠不解該縣前後令是何居心且該犯監禁至十餘年之久亦已足蔽厥辜務祈執事選派妥員前往會審但有一線生機可求即爲代覓活路處分弟當獨自任之必不令諸公分過也

丹徒縣稟奉飭訪拏朱小患等一案訊擬由

稟悉查朱小患曾向魚花船索詐平根貴曾幫沈玉成照料魚花船隻恐此外尚有不法别案自應澈底跟究從嚴擬辦未便擬以枷責了事致滋輕縱仰按察司卽飭將該二犯提解來省由司委員審辦至鄭松兒朱昌裕二犯均如稟辦理並飭遵照仍飭勒緝紀茂槐等務獲究辦勿任延縱繳

靖江縣申五月分詞訟監押清冊由

查自理實在項下未據將因何未結緣由逐案開明無從查悉仰卽遵照務於下月逐一查明開造送核至監押冊內四柱項下未據註明總數殊不合式嗣後亦當遵照開報毋再仍前玩泄致干嚴譴此批冊

存

加標

該令初到靖江時審斷尙爲勤奮官聲頗好近日漸形廢弛豈官怠于宦成耶江北各屬覆轍具在該令縱不爲是非計獨不爲得失計乎勉之懍之

批蘇藩司會詳遵議禁絕槍船收繳器械由

所議尙屬可行惟各州縣緝捕船隻只可雇用民船萬不可再用槍船印旗總以少發爲妙萬不得已而發亦須請鈐司印以昭鄭重而免濫給仰卽遵照仍督同首府縣將吳江縣稟復章程查核是否可行妥議一永絕根株之法速日詳復以便咨會浙江撫院飭屬一體遵辦繳

飭拏郭顧氏案內訟棍沈鴻綸等查辦

爲專札飭查事照得本部院前據通州孀婦郭顧氏。呈訴伊叔翁大坤即靜源。並兩子加實東生。起意圖佔田產賄囑書差匿案勒詐。並將房東宋王二及子鴻義即洪慶提去私押等情一案。當經批州集訊究詳茲本部院訪聞郭顧氏延訟多年。皆由訟棍沈鴻綸唆使。想即係此次京控案內。究出慣行唆訟之附貢生沈鴻綸又查通州東門外。有曹介石本籍係如皋人。唆訟尤爲著名本部院現在清理積案。尤當先清訟源合行札飭札到該州立飭遵照。迅速確查唆使郭顧氏纏訟之沈鴻綸是否即係王唆王聲金京控之沈鴻綸。其曹介石一名。該牧如果訪明確是訟

棍即密速設法拏獲到案並查起代作詞訟筆迹底稿以憑嚴辦仍當約束書差不准藉端滋擾并録報臬司查照切切特札

札通州

飭議江北錢漕均平徵收章程

爲札飭事照得通州民王聲金京控冊書侯廷芝等浮收逼完畢彭年等包攬豁糧索費勒息等情一案據署臬司審擬解候勘咨前來經本部院親提復審無異惟訊據王聲金王石舟等供通州漕米紳戶每石收錢二千八百文鄉戶或六千或八千或十二千不等極多至十八千爲止可見該官吏差保等平日浮收勒索魚肉鄉民殊堪痛恨若不亟圖救挽民困

難甦。現值整頓漕務之際。應如何仿照蘇屬章程。俾大小戶一律均平徵收。以示體恤而昭公允。除將該州書差發回臬司從重辦理外。合亟札飭。札到該司立卽遵照。會同糧道。體察情形。通盤籌畫。秉公核議詳復察辦。毋稍瞻徇。切速。切速。特札

札江藩司

加函

此事昨經鈔案剴切函達。想蒙洞見癥結。積習數百年。而欲驟爲更變。怨謗必多。弟故敢用公牘行之。使怨謗全集於藐躬。誠以弟身爲怨府。多數分不見其重。少數分亦不見其輕也。惟必須先裁州縣之捐攤。然後能減百姓之漕價。否則明中爲興一利。暗中又

生一弊也我公以爲何如

批淮揚道詳沭陽縣文生周寶溪上控丁役串

攀押詐等情一案訊議請示由

細閱此案來詳，該牧該令其初皆不能無欲，何以言之？假票憑據係在任可興身上搜出，據供其票得自彭學一之手，彭學一又得自周小一之手，周小一係在周寶溪家私造假票，而任可興則與周寶溪並不認識，是周寶溪之主造假票亦尚係得自傳聞，欲辦周寶溪之主謀，必須先拏彭學一，之見證，然後案情確鑿，乃該令於彭學一不提，於周小一又不提，獨將輾轉牽涉之文生周寶溪詳革，而又管押之意，將何居？該生所控門丁指官詐贓等事，未必羌無故實，殆亦因該州之虎視耽耽，欲茹而又吐耶？向來府縣本

係最親堂屬無不互相容隱直隸州之待知縣尤爲
客氣何以周寶溪甫經上控該州輒郎親提門丁難
保非該令仰體未周該州或因而藉題洩忿乎此案
全卷顛末本部院雖未遍閱然懸揣情理大致想是
如此該道來詳銷納無痕面面圓到可謂善於調停
姑准如詳辦理以省拖累惟任可興鄭方太王堃孫
和陸玉五名均應發交清河縣枷號一個月滿日分
別遞保斥革仰江藩司郎移淮揚道遵照仍録報
督部堂
撫部院　並候批示繳

飭查陸紀等遣犯改發案

爲札飭事照得前於飭查各屬淹禁人犯案内據海
門廳稟復有道阻留禁遣犯陸紀施添寶顧太淦顧

春保陳雙林五名。係發新疆伊犁人犯。應改發何地。
請示等情到院。當經批據該司查復蘇省擬發陝甘
雲貴等省人犯。應否仿照直隸變通改發。核飭蘇州
府議詳請咨。旋據該司酌議軍流人犯改發。詳請咨
部立案。批司飭知在案。現據該廳呈送五月分月報。
冊內陸紀等五犯。列入候示改發詳請解配項下。查
該犯等係屬遣犯。究應如何援案變通改發。應由該
司查議飭遵。合亟札飭。札到該司立飭遵照。迅將遣
犯陸紀等如何援案變通改發由司妥速查議飭遵。
造冊詳司照章請咨起解。毋遲。切速。切速。

札臬司

蘇司詳常黎將未支廉銀應否酌放一案由

查同治三年以前武職各員未領廉銀均應作爲捐輸奬敘並無補放現銀之案惟常參將送女回旗以備

選看川資無措與尋常請款不同應准將該參將未領各年半廉銀兩酌放現銀五六成以應急需他員不得援以爲例仰即遵照酌數放給移營收領分別具報繳

札飭教職不准擅受民詞到任時取結送查

爲札飭事七月十五日據該江藩司會同臬司詳稱准安府章儀林訪聞鹽城縣教諭任性妄爲動借傳課爲由需索諸生民間詞訟不問戶婚田土是非曲直輒即擅受致令門斗恣意需索合學痛恨士論不洽

等情由司委員密查確實並准淮揚道轉揭到司相應會詳請咨部革職開缺另選等情到院據此查教官職司訓廸例不准干預地方事務今鹽城縣教諭陸敏政輒敢擅受詞訟實屬有玷官箴現已據詳咨部斥革開缺另選本部院復查佐貳雜職前已通飭不准擅受民詞於呈報到任文內由本員印官分別加具切結在案所有教職一項因係司鐸之員故未議及今既有鹽城教諭陸敏政在任擅受則此外學官自宜預爲整飭俾知儆戒並照佐貳雜職之例到任時亦出具不敢擅受切結一體仿辦合行札飭札到該司卽便通飭各府州廳縣轉移所屬學官遵照務當循分供職不得違例擅受民詞干預地方事務

致干參咎嗣後教職人員呈報到任者令本員出具不敢擅受切結送由正印官加具切實印結通送備查毋稍玩違先將通飭緣由具復並報明督部爵閣學院堂查考毋違特札

札江蘇藩司

加函

魏叔子曰今之教官雖關官百年要無關於得失蓋極言教官之無益於事也然目前教官不惟無益而且有害生員贄儀厚者待之如賓如友薄者視之如 怨如讐且以曠課詳革俟其打點關說而又爲請開復舉報節孝非有阿堵物不爲轉行甚至勾通訟棍控告諸生俾可擇肥而噬只有錙銖必較之心全失

師生友愛之義。而陸教諭至管及戸婚田土。則又其甚焉者也。除將該教諭咨部斥革外。務祈諭囑所屬嚴加察訪。如仍有專以贄儀之厚薄定諸生之優劣者。隨時淘汰。庶幾頽風稍可轉移萬一耳。

批通州詳民人王球上控王興等昧吞遺産一案申請核示並繳鈔黏由

查核此案情節。王球貪黷而王興鄙吝。王球借地方官之勢。欺壓王興。王興則借鹽分司之勢。欺壓王球。且王球控詞及鈔黏內。並未將運司提審一節敘明。顯係有心隱飾。自應提省審辦。俾昭折服。仰按察司會同常鎮道即飭提集人證解省。由司飭發委員訊辦。毋稍遲延。仍飭該州録批報明運司可也。此繳鈔黏存。

札飭鹽城縣密選幹役嚴拏耿德庭等解府審辦

爲札飭事。七月十六日。據阜寧縣張令申稱奉札飭拏鹽城朱寶菖聽從圖財謀害馬金氏等一家三命案內要犯郭恒汰等查耿德庭任居海境。申復等情到本部院。據此。查此案耿德庭任居潮河地方。旣係海州境內。亟應一體嚴拏解究。除札鹽城縣妥派丁役。前往協同踹緝外。合行札飭。札到該州立卽遵照。密選幹役。懸賞購線踹緝。嚴拏耿德庭等。務獲移解淮安府審辦。毋違。

札海州此札由鹽城縣專派丁役賫投

加標

事關謀財害斃多命。該牧務望認眞密訪。儻能獲到

眞犯。本部院感激不淺矣。

加函致海州

朱寶莒耿恒汰等。以水手謀死事主眷屬三命。親戚

九命之重案。延擱多年。弁不爲之申理。前接鹽城稟

報。甚且欲爲兇犯朱寶莒開脫釋放。經敝處加函告

誡。弁分囑鄰近州縣懸賞密緝。始據張大令訪出端

緒。密報敝處。現託陳大兄專差賫札密投。務求接信

後。密派妥差出其不意。將該犯等全數弋獲。感激不

盡。尊處差役有孫相王雲二人。無惡不作。然頗能辦

事。本擬提省懲辦。若能破獲此案。卽可將功補過。祈

卽傳諭速辦。切勿遲延。誠恐稍縱卽逝也。

金陵釐捐局詳揚城善後捐務停止並免追欠

項由

揚城善後捐款。從前欠繳之項。如詳准免追繳。以示

體卹。仰卽由局核繕告示。發府遍貼曉諭。俾得實惠

普沾。不致司事人等弊混重收。仍將示式並飭取貼

過處所日期報查。仍候爵閣督部堂批示繳。

加函

告示望於奉批後卽日繕發分貼。否則恐各局司事、丁役人等先得此信。減成折收。仍將告示捺閣。俟折收捐款。餘剩無幾。再行張貼。是官長雖有免捐之善心。而百姓並未受免捐之實惠也。務祈密派妥人查

明司事人等。有無私收減成等弊。仍密查告示有無延閣。庶上下之氣。呼吸易通。我輩寬一分。百姓可受一分之賜矣。

徐海道稟碭山陳萬里被封上控督同委員審定具詳由

據稟已悉。此案現因日久未據訊詳。卽經另札飭催在案。仰卽遵照親提趙克文等各犯虛衷研訊確情。錄供詳辦。毋遲。並移臬司知照。繳。

徐海道稟睢甯匪犯張崇先等供多游移應否發回請示由

此案仍應由道確審。並派員會同睢甯縣確訪實在情節。查明報案。分別虛實錄供通詳。釋辦至胡瑞玲提禁病故。現據銅山縣驗詳到院。除另行批示外。仰按察司卽移該道遵照辦理。仍候督爵閣督部堂批示。繳。摺存。

徐海道稟請給還宿遷縣城守營頂戴由

宿遷積案尙多。暫緩開復頂戴。仰卽遵照。勒限三個月內。由該令認眞清理。屆限能清。准其開復。否則仍當參撤。守備吳靄臣。旣已獲犯多名。准將頂戴先行開復。仍候督爵閣督部堂批示。繳。

加函

宿遷不惟不辦案。而且不稟復。可謂老氣橫九秋矣。務乞就近密查該令官聲究竟何如。如眞有一腔眞心愛民之念。如限城何易于之所爲。雖稍迂滯。心尙可原。我輩愛其傲慢。亦尙值得。不惟敬之。且當保之。若一味深居簡出。毫不事事。則又未可錯認顏標作曾公也。希卽密速示覆爲禱。

崑山新陽縣會詳紳董蔣泰咸等稟覆積穀緩至八年隨漕帶徵由

該二縣積穀經費。因七年分徵收錢漕。已有帶收清丈經費。未能同時並捐。尙屬事出有因。姑准緩俟本年冬漕再行帶徵。惟每畝捐收若干文。如何建設倉廒。買穀存儲。選舉何董經理。均未議及。仰蘇藩司轉飭遵照。督同經董。將隨漕如何捐收。買穀存儲。刻日妥議章程。通詳核定。以便於冬間從容開辦。至各該前縣所辦積穀。支給江北灾民。餘存穀石。以及向有義倉田畝。共計若干。歷年徵收租籽。支銷實存各若干。並飭逐一查明。清出造册呈送備核。毋任劣董侵隱。切切。繳。

加函

蘇屬積穀章程。各縣均皆照辦。惟崑新二縣。屢次藉端推諉。卽謂帶捐清丈經費。然清丈業已一年有餘。何以尙毫無頭緒。是淸丈永遠無停辦之日。卽積穀永遠無起辦之日也。積穀爲備荒要務。令在必行。卽祈尊處於嚴札之外。再加手書。囑令妥擬章程。今屆冬漕。無論如何爲難。必須開辦。他郡皆有。平原獨無。該令等問心。當亦難以自安也。

東臺縣稟送飭開出入用賬數目册由

據稟並所開出入用賬是否確實仰江藩司察核飭遵具復至册內列有各上司房上下忙規費撫房計洋六十四元零詢據承辦各經書復稱並未收受未知何所據而云然並卽由司統查各州縣現送撫房規費每縣每年共有若干究是何人經手據實開呈逕復以憑分別查辦繳册存

加函

撫房所得規費堅不肯認必須經手之人親自到案面質庶能水落石出我輩不能禁書吏要州縣之錢豈能禁州縣要百姓之錢乎日言除弊而弊卽在眼前而不知不覺汗流浹背務求密向該縣查明經手之人庶該房無可藉口弟實欲禁其將來並非欲懲

其既往如蒙該令和盤托出弟亦可稍圖補過也至藩糧各房爲數更大并祈認眞釐剔立法自上庶幾風流令行乎

皁甯縣稟吳學詩海船被刦獲犯訊認惟事主並不請勘船亦不知何往與勘報格式不符請示由

該事主吳學詩船隻何以不能駛進口內候勘該縣又何不卽時出口查驗均未據聲明其中恐有差役人等索費朦稟等弊且該事主所居之黴洋鎭是否該縣所轄卽使船隻現已駛往別處亦應查傳事主同往失事處所會營勘明訊供估贓造册通報據稟前情仰按察司核議詳復飭遵并囑該令勿始終受

差役之朦蔽而不覺也。仍候爵閣漕督部堂批示。繳

加函

查阜甯差役劉八。又名劉貞。又綽號飛天蜈蚣。諸事歸其把持。此案聞索費一百千。始准請官查驗。該令乃稟稱該船不知何往。可謂夢夢矣。又該縣總書王孝貞。無惡不作。凡農民肯出費者。便可以熟作荒。無費者。荒亦作熟。百姓恨之入骨。又有土棍朱步揆。尤爲陵雲平民。務望密致章守分別拿辦。該令憒憒如此。將奈之何。

阜甯縣稟委員私押差役稟請查辦並自行檢舉由

據稟。崔委員奉委催提江前令任內差欠。將差役賀

清等十名。擅自收押三日之久。並不移縣知照。殊屬謬妄。應將候補直隸州崔攸記大過三次。該令既據自行檢舉。姑寬記過一次。以示懲儆。已咨明爵閣督部堂查照。並札江藩司分別註册。飭遵暨行蘇藩臬司通飭所屬一體遵照矣。仰卽遵照。仍候爵閣督部漕堂批示。繳。

通州詳督審如皋命犯王川訊認疑姦用斧迭砍胡兔子并伊妻石氏身死一案由

察核現訊供情既與原詳大相逕庭。案關二命。疑竇甚多。若仍由州訊。難成信讞。應由司提省澈究。期無枉縱。仰按察司卽速飭提應訊犯證及原卷到省。遴委幹員。虛衷研審。實在如何起釁。下手致死二命。務

得確情錄取切供通詳察核毋稍率延仍候爵閣督
部堂批示繳
加函
訪查胡兎子本姓瞿名丙仁先爲胡家養子迨胡自
已有子遂以女妻之胡丙仁承種富戶鄭姓之田嗣
因習有搭蓋草屋手藝遂將鄭田讓與素好之王川
耕種兩家往來妻室不避傳聞互有姦淫漸相齟齬
鄭恐貽累及已將田收回王川無田可耕恨胡入骨
給胡入室連用斧砍斃命并斃其妻時王川有九歲
兒在旁目擊也王川以在姦所登時殺死報案差役
需索相驗費百餘千鄭姓因前係田主允出一半商
同攔驗近村訟棍張洒軒又欲訛鄭六十元鄭不允

遂唆瞿胡二家具控訐纏訟一年之久鄭已費及萬金矣縣詳固屬隔膜州訊云在姦所登時致斃亦非實情牽連鄭姓尤屬節外生枝或謂富戶宜稍避嫌疑然則富戶無罪一經株連卽當令其家破人亡而後已耶此案提省後務祈我公親自審問勿墮訟棍羅織術中是爲至禱

豐縣稟遵辦積案情形由

同治三年以前未詳未解各積案自九月起勒限三個月內一律掃數辦竣儻再逾限不清立卽指名奏參當經通飭遵辦在案仰按察司飭卽查照另札辦理仍候爵閣督部堂批示繳

桃源縣稟奉委權理桃邑篆務現辦地方事宜

大畧情形由

據稟已悉至自理詞訟不可輕准准則必應速審速
結以杜書差需索而免小民拖累是爲至要仰按察
司轉飭知照仍候爵漕閣督部堂批示繳

江司會詳鹽城縣教諭陸敏政擅受詞訟參革

由

查例載各省教職貪鄙衰庸不職隨時咨參不拘年
限等語今鹽城縣教諭陸敏政在任擅受詞訟干預
地方事件實屬有玷官箴自應照例咨革毋庸附
奏已於同治七年七月十九日會咨吏部查照斥革開
缺另選並移吏科查照矣仰即飭知仍錄報爵閣督學
部堂院查考並候批示繳

撫吳公牘卷之二十一

札飭將同治三年以前積案內已解府司者補開清摺

爲札飭事。照得同治三年以前。不在漕院咨送單內。未經審辦命盜袱案節飭各屬赶緊清理詳辦。并飭司錄摺呈核。茲據該司彙造清冊申送前來。查核冊開各屬。除睢甯縣事主錢萬成被竊獲犯劉文卓等。訊解翻供經本部院批飭審正詳銷。並桃源縣倪宗順被竊獲犯黄有蘭一案。已據淮揚道審詳核咨外。其甘泉胡老疤子等。謀殺于謂成身死一案。暨岳玉秀毆傷趙廷桂身死一案。現據該印委申報先後訊明解府勘轉其餘已經解府。尚未詳司。或已詳司。尚未詳院者。究竟已有若干起。本部院衙門。並未據各屬一律通報有案。今該司於冊內扣除。仍屬無憑查核。合行札飭。札到該司。立即遵照。飭承將冊內扣除之已經解府。及由府解司各案。補開詳細案由。清摺註明解府解司各日期。刻日呈送查核。一面通飭該州縣等。將冊報各案。能於何時一律清理審解完結。務令自定一準。確限期。通稟備核。以憑按圖索驥。否則各州縣。視同陳債。屢約屢延矣。切切。此札。

札臬司

會銜示諭海島居民耕種安業毋窩留盜賊由

爲剴切曉諭事。照得蘇省南洋各島地面遼濶。山巖錯雜。皆係外來客民耕漁爲業。其中安分者固多。而竊引外匪行刦銷贓者間亦有之至於沿江各洲俗多獷悍亦復情事相同皆由爾等小民僻在海濱既未嘗就近地方官庇護照料而邇來沿海沿江師船又復有名無實巡哨罕至故爾等悶然無所適從不竊賊則無以自安欲竊賊則不惟終身受不美之名而且官兵一至有玉石俱焚之禍此爾等平日進退兩難不得已之苦衷固本部堂院所深爲憫惜者也現在本部堂院體恤爾各島各洲居民皆係

聖朝良善百姓平日抱有冤屈無處可以控訴故特會商李軍門統帶全省水師以及大小輪船兵勇巡行內外洋面此全爲保護江海客商使不被强盜刦奪並保護各島洲居民使不受强盜逼脅起見並非與爾

等爲難也。亦無一草一木擾累爾等也。合行剴切曉諭。爲此諭仰沿海各島沿江各洲一切居民知悉。自示之後。爾百姓安心捕魚耕種。不必絲毫驚惶。其有子姪鄰居。向不安分之徒。不受勸誡者。爾老成人加意勸誡勸誡。不聽者。候師船過境時。送交李軍門代爲教訓。如再教訓不聽。即照例辦罪。以儆其餘。儻有外來強盜或盤踞山中。或停泊澳內。各宜率衆擒捕綑送。一面密稟師船前往掩捕。自當論功行賞。願做官者給以官階。不願做官者賞以財物。以示獎勵。李軍門暨各總鎮等或一月半月或十日八日。總當來爾各島各洲巡查一遍。儻有陽奉陰違。及暗銷賊贓接濟賊中食用者。一經官府查出。大禍立即臨門。爾

等切不可貪一時之便宜貽無窮之後患如有不肖
兵勇訛詐爾一錢一米爾卽據實稟知定卽按照軍
法將該兵勇加等辦罪將來安居樂業盜賊潛蹤本
部院堂仍當爲爾等籌設義學另行
奏明
皇上添設學額使爾世世子孫可以讀書成人本部院堂待
爾等良善百姓譬如待親子弟一般爾等切勿自甘
化外致負期望也切切特示

崇明縣詳徵收錢糧照漕糧改收公費今後大小戶一律均收由

蘇省請減漕額時

奏明禁革大小戶名目。原因從前偏枯太甚。一清積弊起見。今該縣徵收錢糧。已明定隨收公費。自應無分紳民。一例收繳。以昭均平。仰蘇藩司轉飭遵照。秉公徵收。儻有紳戶恃衿抗違。及里排人等欺朦小戶。影射浮勒等情。即由縣詳請分別究懲。勿稍姑息。切切。此繳。

鹽城縣稟亢旱日久沿海灘地明有蝻孽萌生

現巳搜捕淨盡並辦理情形由

前據山陽清河二縣稟報蝻子萌生當因秋禾秀實之際儻搜捕不力一經長翅飛騰滋蔓貽害關係非淺卽經本部院節次批飭移會鄰封四處搜捕並由司道飭毘連各屬一體加意防範毋任怠忽在案茲又據鹽城縣稟報格頭股等處沿海草灘地面間有蝻孽萌生據稱隨時撲捕殆盡果否屬實且鹽城與山陽清河鄰近該三縣所生蝻孽是否實係魚蝦遺子蒸化抑係何處蔓延過境亟應徹底確查殲滅無遺仰江藩司卽速遵照先今批示飛飭各屬會同地方鹽場各員一體實力搜捕設局收買燒埋盡絕事

關民瘼儻敢惰誤惟該府縣是問再查鹽城縣七月初旬田禾情形摺報內稱早稻收割完竣中禾黃熟晚禾吐秀現在淮徐各屬通計已經收割者約有若干並飭一併確查具覆切切仍候爵閣督部堂批示繳

訪聞豐縣典史需索監犯使用飭道查辦

爲特札查辦事照得典史管理監獄事宜在監人犯必應矜恤訪聞豐縣典史到任以來不守官箴每遇收禁罪犯逼勒使用需索至數十千文之多稍不遂慾即與刑禁人等朋比爲奸恣意陵虐如果確鑿實屬玩法亟應由道密查究辦以儆官邪合特專札飭查札到該道立卽遵照遴委妥員馳往查訪該典史

如何勒索監犯使用。有無私刑陵虐重情。刻日據實詳復察奪。毋稍徇延。切切。

札徐海道

批豐縣申送五月分公文月報冊由

豐縣冊造該府札提刑書承辦煙戶門牌盜竊各案。紙工銀兩。並有硃標查此等尋常文件何用硃標大概係出自書辦簽請。非出自該府之意也。實屬小題大做。仰徐州府遵照。此後務當核其事之鉅細。分別硃標。俾資區別。仍轉飭知照可也。至冊尾應將奉到文件及已未辦復件數。一律註明。以憑查核。並飭遵辦。毋違。此批冊存。

加函致道

凡催取工食銀兩上自院司下自道府書辦無不簽請硃標嚴限而官亦即奉令承教如絲牽傀儡欲動則動欲止則止近日情形大槪如此本部院嚴催徐州所屬清理積案撫字民生整頓書差通達文報之件不下百數十起多由該府轉行均未見該守加有硃標獨於札提刑書工食等件硃標嚴切該守所重者若此所輕者若彼無怪所屬之仰體憲意視民生疾苦若秦人視越人之肥瘠也嗣後望即轉致該守振作精神勿再待書差如骨肉待百姓若路人則庶幾乎近之矣

批睢甯縣申送正月起至五月底止公文月報冊由

冊造四月初八日奉院三月三十日發行飭查未辦未結命案雜案一件聲敘業經申復等情查此案前據該縣申復因援引牽混又經飭令明白稟復在案今冊載巳將遵辦緣由聲復字樣同一錯誤至飭查如有似山陽縣監犯徐三珠積年未結之案限一月查辦完結一件前次該縣復文係四月十四日發行今冊敘於十三日申復又飭禁傳呈等項四條一案又飭將管押人證懸牌曉示一案又飭將接到排單硃標公牘月終彙開事由造冊聲明巳未辦復一案又飭將詞訟案內原告久未呈催照例註銷一案又飭將上控自理各案及監押人犯按月呈送清冊一案又催提催解及事關民生軍餉由司酌定限期黏

發排單飛遞依限辦理一案前次該縣申繳排單係四月二十六日出文今冊內均敘二十五日將排單呈繳又飭查如有似海州解林之案犯已病故延閣多年者卽據實具詳請銷一案前次該縣復文係閏四月十六日發遞今冊敘十一日申復均屬兩歧飭造此項月報奉文清冊原欲便於稽核若如該縣所報日期大半舛錯試問從何查核仰徐海道嚴飭下月冊內務須明晰查造如再舛漏定記大過切切此批冊存

加函

前飭該州縣冊造詞訟月報者實欲其據事直書俾可按圖索驥非欲其揑造海市蜃樓以無爲有也今

該縣月報册月日尚多不符銅山縣月報又有漏報趙夢淇控拐一案文牘尚且如此粗疎安望其細鍼密縷爲百姓伸理枉屈哉鄙人前定月報章程慘淡經營寢食俱廢而寅好諸公視同具文甚且從而作僞豈不白費我輩一番心血如掌執事就近督查飭令實事求是則心藏心寫戴德豈有涯哉

銅山縣申五月分詞訟監押清册由

查前因該縣送到閏四月分册式未協當經批飭應照前頒册式明晰登註在案茲核册開監押舊管實在項下各犯姓名均仍不照式書寫其詞訟註銷之案自應隨時牌示方能共見共聞以杜弊混仰卽遵照下月册內務當如式開造不得再有舛錯致干嚴

究再狎犯新收項下張小一名詰係趙夢淇指控拐
伊姪媳之人何以詞訟冊內並無是案並卽查明具
復毋稍延玩切切此批批冊存

太倉州稟添設義塾並撥充費由

該州所設義塾文社是否悉照規條奉行塾師課藝
授讀能否認眞不致有名無實淸糧案內無主之田
共有若干現已成熟可撥義塾充費者實有若干仰
蘇藩司沠委妥員前往密查實在情形據實稟報如
果實有成效卽准銷該署牧記過一次以示獎勸一
面飭州選舉公正紳董經理田租事宜將各則田數
租額佃戶姓名坐落地方開報查核其餘未查實無
主田地尚有若干應令查明的數一律召佃翻墾成

熟。分撥善堂充費。均毋延遲。此繳。

會示沙洲老額概免補課新洲只繳正價章程

爲釐定沙洲章程。再行示諭事。照得江南北各屬沙洲積弊日深。民不安業。本部堂院欲爲定久長之計。杜耗費之源。特派司道大員。設局清理。據擬章程十條。刊示曉諭在案。維時因兵餉浩繁。徵輸莫繼。爰於老額沙田。酌令補課。蓋於清釐積弊之中。畧寓籌餉濟軍之意。現得北路捷報。捻逆蕩平。中原肅清。餉項可以少鬆。民困亟宜厚恤。所有沙洲各局。應即酌改章程。專爲我民。除累。無庸再籌餉需。合再出示曉諭。爲此仰各洲民知悉。爾等須知。沙洲爲無根之產。易開侵吞需索之端。今本部堂院體念沙民受累已久。爲爾

澈底清釐除老額概免補課外其新洲補課繳價亦
只須專繳正款並無絲毫陋規浮費從此應陞科者
領照陞科可免書差訛詐之苦應豁免者勘准豁免
可免子孫無窮之累控案情重者由總局訊斷情輕
者飭印委勘查立限兩月全行完結舉數十年結訟
害民之事悉數掃除俾得共沐
皇仁永圖樂利爾等務各踴躍遵辦毋負本部堂院一片婆
心也如查有員董司事人等從中需索分文即當從
嚴懲辦本部堂院法立如山與者受者均當懍之新定
章程附列於後各宜祇遵特示

計開

一老額洲地科則不一有應轉重者有應減輕者且

有坍沒已久應行豁除。報而未詳及已經詳咨。奏
部駁飭者。均應由各該地方官確查勘丈。照例造
具冊結。繪圖貼說。詳候分別
奏明陞除。凡屬老額。一律免其補課。如有已繳者准
其留抵蘆課錢糧。以示體恤。
一新漲淤漲田灘。民間赴局報買繳價。立時釘交。毋
論墾占久遠。一槪免追花利。仍照咸豐七年各屬
所定之價呈繳。給發司照。即予陞科。其有報買水
影光灘。及望水陞科等事。一槪禁止。以清訟源。
一咸豐七年召買案內。原報泥水草灘。現已圍築成
田。尚未咨部有案。且未完過課銀者。應令每畝呈
繳補課銀四錢。如價未繳清。仍令補足。由各廳州

縣彙冊詳洛。

一咸豐七年召買案內如江陰之常陰沙等處雖未洛部已完過一年課銀者。約計所完不足一錢。應減爲每畝呈繳補課銀三錢。又如武進之福興沙等處。地勢瘠薄原價本輕。應減爲每畝呈繳補課銀二錢。又如通州之劉海沙係已經報部之產。惟本完泥水草灘科則。近已播種米麥花荳。獲利較厚。應令每畝呈繳補課銀一錢。

一咸豐七年召買案內。如原報水影光灘。至今仍未圍築。以及各屬善堂書院旂營各項公產。均免其補課。以恤民情而重善舉。

一江都新舊各洲。當咸豐七年召買之時。府城未復。

並未開辦現查老洲間有坍沒新洲無主居多應令印委澈底清查坍者詳請豁除新十五洲有主者繳價無主者召買

一崇明洲地向歸里排經管坍不請豁漲不報陞此次既免收捐即可毋庸勘辦又寶山各新沙地勢較低咸豐七年定價獨少今有圍築成田者有尚未圍築者有已圍築而復坍沒者有無應行補課給照之處由印委勘驗情形酌量稟辦

一丈量應用弓軰前定章程內所載儀門軰係由丹徒委員開報現查儀門軰並非部定之件應仍照各該處向用部弓以歸畫一

一民間管業洲地如有根底未清不能過割或移坵

換叚借課誤買或原奉撥補原請佃買部駁未准
等事。此次概免追求。准其據實首報。已繳價者。一
體換照。未繳價者。照數補繳。俾各安業。永斷葛藤。
一爭洲互控之案。經年累月。蕩產傾家。現飭各廳州
縣將積案全行造冊送查。情重者提歸總局訊斷。
應治罪者解省審辦。情輕者由印委勘查訊詳。如
傳審不到。即將控案註銷。自此次清理之後。不准
再有欺陵罩佔。以省訟累。

出示

臬司詳贛榆縣民劉光孟劉光義互行京控一

案審擬由

案經本部院親提覆審無異。查武職人員。例不准干

預民事。前在該縣沙河防堵之儘先副將張祖雲帶
兵防勦。擅受民詞。及將劉光平拿獲。又不送縣審辦。
輒由營訊明正法。雖據稱曾奉漕部堂批准有案。劉
光平罪應斬決。亦非妄殺無辜。究屬有違定制。應隨
案附參。請
旨交部照例議處。已於同治七年六月二十二日恭摺會
奏。另行鈔摺札知。並分咨吏兵刑三部都察院查照矣。仰飭知
照。仍候爵閣督部堂批示。繳。甘結鈔案存。

咨行沙洲免繳老額補課會稿告示

爲鈔示札飭事。照得／咨送事。竊照酌定沙洲老額灘地概免補課。
其新洲祇繳正價分別漲坍陞豁一案。現經本部院
會議條款出示曉諭。除將示式札發蘇藩司刊送會

印另行頒發外合先鈔錄條款示稿札飭札到該局立卽通行遵照毋違特札

計鈔黏　　札沙洲總局

云云現經本部院會議條款出示曉諭相應備具會稿並告示一千道咨送爲此合咨貴爵閣部堂請煩查收希將會稿存案所送告示卽請鈐印飭發沙洲總局分發各局張貼曉諭其前次會示一千張現已改章應請發還塗銷仍祈示復施行

計咨送會稿一本告示一千道

咨督院　　五百里排單

附函

敬肅者前次筱舫及倪道所擬告示旣已意在除弊

復又意在籌餉首鼠兩端所以詞多枝葉經尊處層
層指駁損多益少已可一望而知鈞意慮及前後語
氣不符恐小民疑爲無信竊謂前次捻匪未平重在
籌餉現在捻匪既平重在邺民改章本亦有因況卽
使前日辦理錯誤今日官長肯向百姓認罪賠非心
地總算光明磊落故現擬告示從實直說函丈如以
爲然請卽會印發還否則酌改另刻亦不甚費手也
是否如斯伏乞核示

咨行巡防太湖請撥礮船

爲咨會札飭事據署吳縣汪令稟奉諭將太湖設法嚴防
該縣境內太湖居其半沿湖各口處處可通盜賊匪
徒易於闖入巡防不可不急急講求無如湖面遼闊

兩省交界十縣毘連此拏彼竄。欲求湖面肅清。商民安枕。誠非易易。稟請倣照成說酌量變通。派撥礮船十六號。責成太湖營分段梭巡。定期會哨等情到本部院。據此查核所稟。尚屬實情。似可參酌倣辦。以期湖面靖謐。商旅安枕。除札太湖協副將稟商並批臬司會同藩司蘇松太道酌核轉飭外。相應鈔稟咨會。爲此合咨貴軍門。請煩查照酌核商辦。仍乞示復施行。

咨李軍門

計鈔稟

云云商旅安枕。除咨李軍門酌辦。並稟批臬司會同藩司蘇松太道酌核轉飭外。合行鈔稟札飭。札到該將立即遵照稟商李軍門酌辦具復。毋違。

計鈔稟　札太湖協副將

札飭震澤甘令記過飭司註册

爲札飭咨明事。八月十七日據震澤縣詳事主沈友埥行船被搶一案。勘訊緣由通報到院。據此查近日江震境內搶刦之案。層見迭出。雖經隨案批飭嚴拏。而破獲寥寥。今又有事主沈友埥行船被搶之案。日久贓匪一無弋獲。該管營員所司何事。玩視捕務。不問可知。若不設法跟蹤追捕。清理盜源。商民何以安枕。應將該署縣甘令先行記大過一次。以示薄懲。除詳批臬司飭緝並咨　督部堂查考外。合行札飭。札札行蘇藩司註册飭遵外。相應咨明。爲到該司即便註册飭遵。毋違。此合咨貴部堂。請煩查考施行。

鹽城縣稟王濤蘭等被刦辦理情形由

札蘇藩司
咨督院

此案所獲夏期存等據訊供詞游移。且事主認贓不甚確鑿。盜憑贓定。贓既不確。斷不可徒事刑求。致滋冤濫。但郭阿庸究竟是否此案正盜。似可移提到鹽與夏期存等質訊。則眞僞自明。仰按察司核飭遵照。至甘泉縣事主周宦。及東臺縣許姓事主。究竟何名。曾否報案勘詳。未據聲明。並卽移查具復。仍候爵閣督部堂批示。繳。

泰州申六月分詞訟監押及公文月報各清册由

該州於一月內共開訟案一百四十起之多。具見實心實政使各州縣盡能如此囹圄焉有淹斃之人哉本部院魂夢俱安快慰實甚恨酬報之不速耳惟核計自理實在項下漏開訟案查係新收項下周興一起未據開列仰卽遵照下月冊內列入造報再押冊新收項下朱松林一名註係莫辛庵控被何以詞訟冊內並無是案是否遺漏并於下月冊內查明聲復至此外未結之案尚多並卽赶緊悉數次第提訊分別斷結毋稍延累其奉到公文冊尾因何不將總數註明下月務當按照前頒冊式開列送核切切此批

冊存

自足下到任以後而泰州無上控之案焉得謂百姓爲無艮哉又批

札飭安東縣密拏薛舉等究辦

爲密札飭拏事。八月二十六日。據淮安府知府章守附稟請飭拏薛舉等懲辦等情。到本部院。據此。查薛舉薛文田等。武斷鄉曲。仗勢兇横。并藉築墟經費斂捐肥已。實屬不法已極。亟應嚴拏究辦。以靖地方。合行密札飭拏。札到該縣。立即遵照。不動聲色。迅速嚴密設法。查拏薛舉等務獲。提案研訊確情。據實詳辦。亦毋得任聽書差騷擾。切切。

札安東縣

淮安府稟委查安邑監生張秉權上控薛舉一案情形由

據稟及另單均悉。薛舉薛文田等。武斷鄉曲。仗勢兇僨并藉築墟經費斂捐肥已實屬不法已極亟應嚴拏究辦已查照另稟札飭安東縣查拏究辦矣發去密札一件仰查閱後卽密飭該縣勒提案內人證研訊明確據實詳覆察辦毋得稍有疎虞縱擾切切繳發去安東縣札一件閱後封固密發

署太倉州記過撤任緣由行司通飭懍遵

爲札飭事八月二十五日據蘇藩司會同臬司詳稱署太倉州知州沈牧任內業經奏記太過三次照章應行撤回查有卸署蘇州府事補用知府蒯守堪以委署詳候批示等情到院據此除如詳批准並令通飭所屬一體懍遵外合行札飭札到該司卽便遵照將署太倉州沈牧因記大過三次照章撤任緣由通

飭江屬各州廳縣一體懍遵以儆玩愒切切此札

札江藩司

蘇城軍械所會稟現存舊爛帳房號甲可否發
軍需製造局
交善堂以作添補寒衣之用請示由

據稟請將積存舊帳房號甲等件改製寒衣施給貧民化無用爲有用可謂調劑得宜惟蘇州府政事繁多不能兼顧仰蘇藩司卽遴派妥當可靠之員會同該局員專辦此事俾得實惠及民餘如所議辦理仍候爵閣督部堂批示繳

撫吳公牘卷之二十二

豐順丁禹生侍郎原本　　愛棠林達泉校刊

侯官沈幼丹尚書評選

咨商擬辦江北錢漕章程

爲咨明事竊照昨准貴爵閣督部堂咨開江安糧道所屬較之蘇松糧道所屬漕數之多寡迥殊州縣之入款迥異則取之民間者不能盡照蘇松各屬之例宜參照安廬各屬之例本部堂前在安慶督同馬升司等籌定章程量各州縣之出款進款酌定收數立法尚爲簡易似可仿辦鈔案咨送查照祈先查明江北各州縣每歲出欵入款再行酌定丁漕收數開單見示以憑會核飭遵等因准此查甯藩司所屬錢漕

除江甯一府尚未開徵暫緩議辦外合將本部院酌擬本年江北錢漕章程條欵一本徵數一本草創底稿以備采擇惟本部院於江北錢漕情形不甚熟悉誠恐識見未周應請貴爵閣督部堂就近督同司道核正辦理抑仍有請者民戶由多改少順而易紳戶由少改多逆而難儻漕價數目太少致令不能自存必致變本加厲小民更受累無窮若從中調停紳戶酌收本色而民戶盡收折色則包戶從此生根仍與均漕意旨相刺謬此紳戶積弊之難於掃除者一也昨訊通州民人王聲金京控一案據云每漕一石完錢十八千文王石舟則云完錢十二千文詢之冊書則又云書差徵漕擇肥而噬惟力是視並無一定數

目除繳丁幕帳房規費外歸官者不過每石六千八百文而已而漕書除署中規費之外尚有戶書冊書算書清書承差地保等類無不於此河潤瓜分仰食者既繁則除弊亦自不易一處如此他處可知是則牧令必須先有駕馭吏胥之才而後小民得均平錢漕之益此書差積弊之難於革除者二也至於江甘儀徵等縣米價定五千文則太多定四千文則太少若定爲四千餘文又覺數目參差與江南一律三千四百文者過相觸背以上各層尚須躊躕審定總之江北今年試辦新章應否量移司道大員駐紮適中之地俾可通達民隱查察弊端以資彈壓而靈呼應之處尚祈酌核辦理爲此合咨貴爵閣督部堂請煩

查照示復施行須至咨者。

計咨送代擬章程條欵一本 徵數稿底一本

咨督院

酌擬江北錢漕章程

一江北丁漕有完錢者有完銀者章程不一今應一律定爲收錢庶免書差以補水補平爲詞高下其手將來銀價增減過於懸殊再由司道詳請督撫隨時酌定儻相去無幾則無庸更易

一江北丁漕應仿照安徽辦法以二萬以上者爲大額一萬以上者爲中額五千內外者爲小額額多則盈餘較豐故收價畧從減少地丁收價擬定二千四百文起至二千六百文止至江南漕多江北

漕少且田廣糧輕所有收數亦應畧加寬展現擬每石漕價極少者自五千文起極多者至六千文止既經明定章程不准浮收絲毫

一江北漕價向有紳戶民戶之別又有城戶鄉戶之別紳戶每石有全不完者有收二千餘文者有收三千餘文者官吏口恨而心甚德之以紳戶無多而可以作墊欠之明證鄉戶民戶則有收至六七千文者甚有收至十五六千文者低昂懸殊駭人聽聞上司或責其浮收則曰我挹民戶之有餘注紳戶之不足也大概城中民戶尚不十分喫虧鄉中民戶則眞吏胥之食邑戶矣現將漕價酌減則收數自當一律均勻庶免有司賠墊如若紳戶仍

圖估便宜一經州縣通詳定當

奏請嚴辦以示懲儆

一完納漕糧若不酌分期限勢必覬望貽誤然增數過多則又慮書差代納揹串因緣爲奸今統擬倣照江南辦法年外酌增錢五百文庶急公由於趨利輸將較爲踴躍

一值丁漕開徵之期州縣應倣照江南辦法將收銀收漕折價數目並洋價每元折錢若干銀價每兩收錢若干刋刻簡明告示千數百張徧鄉分貼俾愚夫愚婦一目了然書差不能高下其手其串票紙張費書差飯食費概由本官捐給告示中聲明凡示中所不開列而多收者卽係書差需索准百

姓赴署擊鼓鳴冤。以憑嚴辦。其刊刻開徵告示應
逼送兩院司道府查核。隨時派人復查是否城鄉
遍貼。示中價錢數目。與實收數目是否相符。
一漕米有正兌改兌加三四五耗。行糧月糧贈米兵
局恤款以及新贈修倉鋪墊諸名目、此間無案可
稽。難以逐條分晰。惟現辦海運。與辦河運不同。自
可民折官辦。删繁就簡。州縣除每石解蘆敷銀若
干。由糧道分別辦理外。所有盈餘。統歸州縣留充
公用。丁書胥役。均由本官按月給發辛工。以免需
索。
一紳戶向來包攬。以及僅完二三千文者。仍舊貽事
不均平。統照新章折收。必有許多轇轕。地方官苟

非措置裕如。難保不滋生事端。應於開徵一月前。由督撫會銜出示明白曉諭。俾知事在必行。庶免陷人於法。

一漕丁漕總。往往於新官到任之始。以千數百金爲雉媒。州縣一入彀中。則聽其指揮號令。馴致與百姓成讐。卒之竭澤而漁。官不過得十之三。而若輩得十之七矣。擬通飭嚴行禁絕。如州縣再用漕丁漕總。卽行分別參辦。其被人指控需索有據者。卽將漕丁漕總。明正典刑。

一此次州縣所開進出款。大都入者少。而出者多。開。是以各縣均稱賠墊。今入者既從省。嗇則出者亦不宜過於豐奢。擬通飭江北各屬州縣。不准沿緣河工鹽務氣習。惟以勤、儉二字互相勉勵。蓋儉則不貪財。勤則不廢事。皆係循吏根基。不可視爲迂闊。

一道府向來節壽應改爲辦公經費。按月提解。庶上司不致遇事迴護。而屬員亦免希冀挾持。除常鎭道、徐海道因現未收受節壽。未經酌定外。其淮揚道暨淮揚徐各府擬查照現送節壽章程畧加減少。至道府既經提取公費。則一切節壽門包供應、座船、過山禮、到任禮。一概陋規均應澈底裁免。以昭核實。其上司房費不以公文提取者。亦一概裁免。以免州縣藉口賠墊。佐雜既不准擅受。似應由印官於辦公項下每月酌送十兩。俾可自存。

一海州通州本境自有錢漕盈餘所屬節壽應酬并應一概裁免

一各州縣原有當規槽坊等規應否留裁另候酌議

一錢糧與交代相爲表裏交代不清則錢糧終無由按圖索驥現在江北交代陳陳相因卸事之員率皆挪用正款飽其私橐即用公牘嚴催而彼以交代未結盈虧未定爲詞上司固無如之何也宜將同治三年以前之實在虧欠無著者一概歸入兵差挪墊項下
奏明豁免以清葛藤其同治三年以後之交代則勒定限期分別結算逾限不結者叅革法嚴然後令行交代既清則倉庫之或盈或虧自如指上羅紋條

條可數矣。

一水旱偏災。所不能無。各州縣於勘定災緩之後。謄黃未到之時。卽出簡明告示。應減者減。應免者免。務使窮鄉僻壤。咸各聞知。其書差經手人等。如有絲毫勒索荒費。以及以熟作荒。私自徵收等弊。一經查明。或被告發。定卽分別從嚴參辦。

一州縣爲捐攤款所累。易啟侵挪正款之弊。應分別裁免。以紓官困。惟現在各州縣所開捐攤各款。參差浮冒。無憑懸揣。定案應由司道就近查案酌核裁免。庶能確實。

一考試經費。上司到任器物。星使過往舟車供應。皆州縣義所難辭。應由藩司定一限制。飭知該牧令。

於經費盈餘中自行撙節支用。

酌擬江北各州縣廳錢漕徵數

淮安府屬

山陽縣

額徵地驛俸攤漕項倉項等銀三萬六千五百二十兩九錢九分除災緩外應徵銀二萬三千一百九十七兩九錢五釐

額徵漕糧贈月等米麥一萬四百六十石一升一合三勺除災緩外實徵米六千三百六十六石二斗二合三勺每石應解折價上年減提三錢僅解二兩一錢

該縣向來每銀一兩收庫平銀一兩四錢

八分八釐除解計餘三錢二分二釐每

米一石收九九錢六千六百文

原開通年進款計地漕雜稅田房稅等銀項下

共餘銀三千一百兩零又漕米折色項下約

餘錢一萬二千九百千零又本色兵米項下

約餘銀四百三十餘兩又典規銀一百五十

兩零又錢行規錢三百三十千零除用銀四

千九百餘兩錢一萬三千餘串外計不敷錢

二千餘串

今查該縣銀大額酌定每兩收錢二千三百文

米中額酌定每石收錢六千文

山陽係衝繁疲難缺差使絡繹所開出入之帳尚

屬周詳所謂不敷錢二千餘串核其用款內儘可撙節且有坐支之款及田房稅盈餘併計並無不足銀米均可酌減

每月應解本道辦公經費二十兩

每月應解本府辦公經費九十兩

徵冊版串書差飯食均由本官自給不准再取民間分文

皐甯縣

額徵地丁俸損漕項倉項等銀一萬九千五百四十一兩八錢二分四釐除災緩外應徵銀九千七百七十五兩八錢一分九釐

額徵漕贈兵月等米麥八千四百六十石二斗

六升一合九勺除災緩外實徵米麥四千五

百四石六斗六合每石版徵銀二兩四錢

該縣向來每銀一兩收錢二千七百九十

七文每米一石收錢七千三百九十五

文

原開通年共進地漕蘆課灘租牙牛稅各項下

統計餘錢五千串有零又漕米項下約餘錢

四千八百串零此外無別項進款除用錢一

萬五千四百餘串外計不敷錢五千六百餘

串

今查該縣銀中額酌定每兩收錢二千六百文

米小額酌定每石收錢六千文

皁甯係繁疲難缺銀米應照最多者定之再將出

款裁節尚不致累

每月應解本道辦公經費二十兩

每月應解本府辦公經費六十兩

徵冊版串書差飯食均由本官自給不准再取民

間分文

清河縣

額徵地驛俸損漕項倉項等銀一萬六千三百

一十四兩七錢三分一釐除災緩外應徵銀

六千九百一兩八錢八分六釐

額徵㭊色漕糧贈貼等米二千九百三十一石

七斗八升八合四勺𥻿七百八十石四斗二

升三合九勺除災緩外實徵米八百六十二
石一斗二升九合八勺每石版徵銀二兩四
錢麥米二百八石八斗八升九合八勺應解折
價上年減提三錢僅解二兩一錢
該縣向來每銀一兩折收錢二千七百文
除解計餘錢七百二十八文每米一石
收錢七千三百文
原開遞年共進地漕蘆課雜稅各項下共餘錢
一千八百串零又漕米項下約餘錢一千五
百串零又漕院七年分起津貼錢二千四百
串又鹽規七百四十串零又通泰二州津貼
銀一千兩以上各進款除用錢一萬三千五

百串零外約不敷錢五千四百餘串

今查該縣銀中額酌定每兩收錢二千六百文

米小額酌定每石收錢六千文

清河縣係衝繁疲難缺差使極多著名賠累之區

銀米收數均照至多之數開列尚可敷衍

每月應解本道辦公經費十兩

每月應解本府辦公經費二十兩

徵冊版串書差飯食均由本官自給不准再取民

間分文

桃源縣

額徵地驛俸損漕項倉項等銀一萬七千八百

三兩七釐除災緩外應徵銀一萬一千九百

四十四兩八錢八分二釐

額徵漕贈兵糧等米三千三百二十九石三斗六升九合二勺除災緩外實徵米二千二百四十五石七合三勺每石版徵銀二兩四錢

該縣向來每銀一兩折收錢二千五百三十文除解計餘五百五十八文每米一石收錢六千四百文

原開通年共進地漕雜稅各項下共餘錢二千二百餘串又漕米項下共餘錢二千六百餘串又上灘租內津貼錢三千八百串又槽坊規錢三百五十餘串以上各進款除用錢一萬一千二百餘串外不敷錢三千一百餘串

今查該縣銀中額酌定每兩收錢二千五百文
米小額酌定每石收錢六千文
桃源係衝繁難缺差使不少錢價應酌減三十文
米價減二百文
每月應解本道辦公經費十兩
每月應解本府辦公經費三十兩
徵冊版串書差飯食均由本官自給不准再取民
間分文
安東縣
額徵地驛俸撌漕項倉項等銀二萬六千六百
一十一兩四錢三分九釐除災緩外應徵銀
九千三百七十八兩八錢五分九釐

無漕

該縣向來每銀一兩收庫平銀一兩五錢八釐一毫五絲除解計餘銀三錢四分二釐一毫五絲

原開通年共進地漕蘆稅各項下餘銀一千四百餘兩以上各進款除用銀二千一百餘兩錢三千二百餘串外約不敷銀七百餘兩錢三千二百餘串

今查該縣銀大額酌定每兩收錢二千六百文

無漕

安東係繁疲難缺既無漕米又無雜款是以錢糧折收之數照原徵每兩加五錢零約畧酌定免致

不敷
每月應解本道辦公經費十兩
每月應解本府辦公經費三十兩
徵冊版串書差飯食均由本官自給不准再取民
間分文

鹽城縣

額徵地驛俸損漕項倉項等銀二萬七千六百
二十七兩四錢六分七釐除災緩外應徵銀
一萬七千五百兩八錢二分五釐
額徵漕糧贈月等米麥一萬七千二百六十八
石七斗七升六合二勺除災緩外實徵米麥
一萬八百七十九石三斗二升九合每石應

解折價上年減提三錢僅解二兩一錢

該縣向來每銀一兩折收錢二千五百六

十文每米一石收九九六錢六千三百

七十文

原開通年共進地漕雜稅各項下共餘錢一千

九百餘串又田房稅項下餘銀一百八十餘

兩又漕米項下餘錢一萬七千二百餘串又

典行各規三百五十串以上各進款六年分

除用外約餘錢一千餘串

今查該縣銀大額酌定每兩收錢二千四百文

米中額酌定每石收錢六千文

鹽城係繁難之缺並無差使銀米均可酌減

每月應解本道辦公經費三十兩

每月應解本府辦公經費一百二十兩

徵冊版串書差飯食均由本官自給不准再取民

間分文

總計

淮安府每月可得辦公經費銀三百五十兩通

年可得辦公經費銀四千二百兩

揚州府屬

江都縣

額徵地丁等項銀三萬九千三百二十一兩九

錢四分九釐除災緩外應徵銀二萬五千七

百三十兩五錢五分二釐

額徵漕糧等米七千六百一十六石五斗八合
四勺除災緩外應徵米四千七百七十一石
六升六合二勺應解每石折價上年減提三
錢僅解銀二兩一錢
該縣向來每銀一兩收漕關銀一兩一錢
至一兩七錢凡七等計每年收銀四萬
三千六百八十一兩六錢四釐除解計
餘銀七千七百三十一兩七錢零四釐
每米一石下戶收錢三千六百文上戶
收錢六千五百八十二文
原開通年用款銀錢兩款共合錢一萬五千四
百千零計不敷錢五千千零

今查該縣銀大額向不折錢加收銀兩自加一錢起至加七錢爲止似不公允向係包徵本官只得羨餘銀二錢今應另定爲每兩收錢二千四百文

米小額向分三等本色六成之一疲戶六成之三每石折錢三千六百文殷戶六成之二每石折錢六千五百八十二文相沿已久今應另定爲每石收錢五千文

江都係衝繁疲難之缺差務殷繁逼年用款不敷錢五千餘千尚無虛飾惟酬應捐攤各款尚可撙節核删以免賠累

每月應解本道辦公經費十五兩

每月應解本府辦公經費八十兩
徵冊版串書差飯食均由本官自給不准再取民
間分文

甘泉縣

額徵地丁等銀三萬六百九十一兩二錢九分
三釐除災緩外應徵銀二萬一千二十三兩
五錢五分四釐
額徵漕糧贈月等米五千三百二十一石四斗
三升九合九勺除災緩外實徵米三千六百
一十八石八斗八升七合二勺每石應解折
價上年減提三錢僅解銀二兩一錢
該縣向來每銀一兩收庫平銀一兩五錢

二分一釐除解計每銀一兩餘銀三錢
零每米一石收銀三兩七錢五分五釐
原開通年用款銀合錢共二萬千零計不敷錢
六千千零
今查該縣銀大額酌定每兩收錢二千四百文
米小額酌定每石收錢五千文
甘泉係衝繁疲難之缺與江都相同應與江都一
律撙節辦理
每月應解本道辦公經費十五兩
每月應解本府辦公經費八十兩
徵冊版串書差飯食均由本官自給不准再取民
間分文

高郵州

額徵地驛俸損漕倉等項銀三萬五千三百三十三兩三錢五分九釐除災緩外應徵銀一萬九千四百二十九兩七錢一分四釐

額徵漕糧贈月等米六千七百二十七石二斗五升九合六勺除災緩外實徵米四千七十二石六斗二升四合每石應解折價上年減提銀三錢僅解銀二兩一錢

該州向來每銀一兩收錢三千零八十文

除解計餘錢一千零四十文每米一石收錢七千文

原開通年用款銀洋錢三款共合錢一萬四千

五百千零計盈餘錢一千二百千零鹽典各規在內

今查該州銀大額酌定每兩收錢二千六百文

米小額酌定每石收錢五千六百文

高郵州係衝繁缺每年銀米均有盈餘

每月應解本道辦公經費五十兩

每月應解本府辦公經費八十兩

徵册版串書差飯食均由本官自給不准再取民

間分文

泰州

額徵地俸損漕倉項等銀三萬五千二百二兩

二分除災緩外應徵銀二萬六千一十五兩

七錢一分二釐

額徵漕贈等米三萬二千三百三十二石四斗
二升五勺除災緩外實徵米一萬六千七百
三十五石一斗七升八合九勺
該州向來每銀一兩收漕平銀一兩五錢
除解計餘銀二錢八分二釐四毫每米
一石收九六七串錢四千七百五十二
文
原開通年進款銀米連雜稅典規各項共餘錢二
萬二千七百串零除用二萬千串有零外計餘
錢二千串零
今查該州銀大額酌定每兩收錢二千四百文
米大額酌定每石收錢五千文

泰州係繁疲難缺銀價尙屬酌中米價殷疲不一
今酌中每石定爲五千文
每月應解本道辦公經費十兩
每月應解本府辦公經費八十兩
徵冊版串書差飯食均由本官自給不准再取民
間分文

東臺縣

額徵地丁倉漕等項銀一萬九千八百六十兩
三錢七分八釐除災緩外應徵銀一萬八百
八十一兩三錢一分六釐
額徵漕糧等米一萬八千五十四石七斗三升
八合一勺除災緩外應徵米九千九百二十

五石三升七合四勺每石應解折價上年減

提三錢僅解銀二兩一錢

該縣向來每銀一兩收錢二千八百文除

解計餘錢七百八十九文每米一石收

錢六千二百文

原開通年用款錢二萬一千五百千零計盈餘

錢二千千零

今查該縣銀中額酌定每兩收錢二千五百文

米中額酌定每石收錢五千八百文

東臺係繁疲小缺銀價應酌減錢三百文米價應

酌減錢四百文

每月應解本道辦公經費十兩

每月應解本府辦公經費七十兩
徵冊版串書差飯食均由本官自給不准再取民
間分文
儀徵縣
額徵地丁等銀二萬一千四百六十八兩九錢
七釐除災緩外應徵銀九千八百六十四兩
二錢九釐
額徵漕米一千五百五十九石七斗五升九合
三勺除災緩外實徵米九百三十八石九斗
七升四合五勺每石應解折價上年減提三
錢僅解銀二兩一錢
該縣向來每銀一兩收漕平銀一兩四錢

除解計每兩餘銀一錢一分每米一石
收銀三兩六錢
原開通年用款銀錢兩項共合錢一萬三千千
零計不敷錢六千千零
又捐攤款項每年共銀一千八百七十一兩八
錢七分六釐八毫在外此項向係扣廉
今查該縣銀大額酌定每兩照收錢二千四百文
米小額酌定每石照收錢五千文
儀徵係衝繁之缺差使無多
每月應解本道辦公經費十兩
每月應解本府辦公經費二十兩
徵冊版串書差飯食均由本官自給不准再取民

間分文

興化縣

額徵地丁銀三萬六千零四兩六錢一分三釐

除災緩外應徵銀二萬一千九百八十二兩

七錢二分

額徵漕米一萬二千七百四十一石八斗四升

四合三勺除災緩外實徵米七千四百六十

二石七升五合二勺每石應解折價上年減

提三錢僅解銀二兩一錢

該縣向來每銀一兩折收錢二千七百九

十文除解每銀一兩計餘錢一千零四

十文每米一石收錢四千五百文外加

公費錢八百文

原開通年用款錢一萬八千一百千零計不敷錢八千三百餘千文

今查該縣銀大額酌定每兩收錢二千六百文米中額酌定每石收錢五千三百文

興化係疲難中缺每銀一兩原收錢二千七百九十文應減去一百九十文每米一石本據報明收錢四千五百文茲冊報另有公費錢八百文共錢五千三百文爲數無多似可照舊惟所稱開除各項全漕歸官僅錢一千三四百千文係屬虛飾所云每年不敷錢八千餘千不足憑也

每月應解本道辦公經費十兩

每月應解本府辦公經費四十兩

徵册版串書差飯食均由本官自給不准再取民

間分文

寶應縣

額徵地丁銀二萬零五百二兩九錢四分三釐

除災緩外應徵銀一萬一千七百一十七兩

五錢二分一釐

額徵漕糧等米六千四百六十七石九斗二升

八合一勺除災緩外實徵米三千八百六十

七石八斗二升一合每石應解折價上年減

提三錢僅解銀二兩一錢

該縣向來每銀一兩折收實錢二千零四

文七毫半除解計每兩得錢二百二十
文共餘錢四千一百六十三千文每米
一石收錢五千二百一十五文
原開通年用款銀錢兩項共合錢一萬七千七
百千零計不敷錢一萬千零
今查該縣銀大額酌定每兩收錢二千二百文
米小額酌定每石收錢五千文
實應係衝繁中缺銀米二價均有畸零銀應酌增
米應酌減抑或以相沿巳久聽其照舊該縣漕餘
應有錢一萬千文冊報僅六千千文另有驛站坐
支銀四千餘兩落地稅櫃書規錢店槽房規城鄉
津貼兵差費均未開列所稱不敷錢一萬千似屬

虛報
每月應解本道辦公經費三十兩
每月應解本府辦公經費五十兩
徵册版串書差飯食均由本官自給不准再取民
問分文
總計
揚州府每月可得辦公經費銀五百兩通年可
得辦公經費銀六千兩
總計
淮揚道每月可得辦公經費銀二百五十兩通
年可得辦公經費銀三千兩
徐州府屬

銅山縣

額徵地漕等款銀五萬二千七百七十兩零除

災緩外實徵銀三萬一千六百三十兩零

額徵漕糧等米一萬七千五百五十石零除災

緩外實徵米一萬四百七十石零

該縣向來每銀一兩折收錢二千七百文

每米一石折收錢六千文

原開逼年用款銀合錢一萬三千八百千文又

錢二萬千零約計盈餘錢一萬二千三百千

零

今查該縣銀大額酌定每兩收錢二千五百文

米中額酌定每石收錢五千二百文

銅山係衝繁難缺銀米均有盈餘銀數應酌減錢
二百文米價原定六千文按徐州府屬所徵均係
粟米每石只解變價銀一兩四錢折收太多應減
爲五千二百文
本道經費免解
每月應解本府辦公經費銀八十兩
徵冊版串書差飯食均由本官自給不准再取民
間分文
豐縣
額徵地漕等款銀一萬九千三百四十兩零除
災緩外實徵銀一萬二千四百九十兩零
額徵漕糧等款米四千三百二十石零除災緩

外實徵米二千八百十三石零

該縣向來每兩除書差銀匠飯食不計外

折收錢二千三百八十文內除批解正

耗火工各項銀一兩一錢八分照市價

易錢一千七百四十文實歸官錢四百

二十文共計錢五千二百四十千零今

王令只每兩收錢二千一百八十文每

米一石除書差飯食不計外折收錢五

千三百五十文內除批解銀一兩四錢

照市價易錢二千三百三十文實歸官

錢三千零二十文共計錢八千四百九

十千零王令只每石收錢四千三百五

十文

又槽坊鹽店規費錢八千四百千文

原開通年用款共錢二萬四千九百千零約計

不敷錢二千數百千文

今查該縣銀中額酌定每兩收錢二千二百文

米小額酌定每石收錢五千文

豐縣係無字簡缺銀價原定二千三百八十文王

令減爲二千一百八十文以致不能敷用擬減定

爲每兩收錢二千二百文米價原定五千三百五

十文較别屬已減王令又減去一千非經久之計

擬減定爲每石收錢五千文

本道經費免解

每月應解本府辦公經費銀二十兩

徵冊版串書差飯食均由本官自給不准再取民

間分文

沛縣

額徵地驛俸損漕項倉項銀二萬二千四百十

兩五錢一分八釐除災緩外應徵銀一萬一

千四百五十二兩九錢六分七釐

額徵漕贈等米六千五百八十七石三斗三升

七合八勺除災緩外實徵米三千四百九石

一斗八升四合五勺每石折徵銀一兩四錢

該縣向來每銀一兩折收錢二千五百文

每米一石折收錢七千一百文

原開通年用款共錢一萬四千三百千零約計

不敷錢七百千文

今查該縣銀大額酌定每兩收錢二千五百文

米小額酌定每石收錢六千文

沛縣係衝字簡缺銀價應仍其舊米價應酌減錢

六百文

本道經費免解

每月應解本府辦公經費銀七十兩

徵冊版串書差飯食均由本官自給不准再取民

間分文

蕭縣

額徵地丁銀三萬一千九百四十兩零除災緩

外實徵銀一萬一千五百兩零

額徵漕米一萬四千七百石零除災緩外實徵

米五千二百六十石零

該縣向來每銀一兩折收錢二千九百五

十文每米一石折收錢五千六百六十

文

原開通年用欵錢一萬二千餘千文約計盈餘

錢四千二百千文

今查該縣銀大額酌定每兩收錢二千五百文

米中額酌定每石收錢五千二百文

蕭縣係難字簡缺通計尚有盈餘應將銀米折收

之數酌減與銅山縣一律

本道經費免解

每月應解本府辦公經費銀三十兩

徵冊版串書差飯食均由本官自給不准再取民

間分文

碭山縣

額徵地漕等欵銀一萬七千兩零除災緩外實

徵銀五千九百五十兩零

額徵漕糧等米六千九百十六石零除災緩外

實徵米二千三百石零

該縣向來每銀一兩折收錢二千六百五

十文每米一石折收錢五千六百文

原開通年用欵錢一萬一千千零計不敷錢四

千千零

今查該縣銀中額酌定每兩收錢二千五百文

米小額酌定每石收錢五千五百文

碭山係繁疲難缺差使無多而銀米徵數太少據

報通歲總有不敷應酌減銀價一百五十文米價

一百文

本道經費免解

每月應解本府辦公經費銀四十兩

徵冊版串書差飯食均由本官自給不准再取民

間分文

邳州

額徵地漕等款銀三萬一千四百八十兩零除

災緩外實徵銀一萬七千六百五十兩零
額徵漕糧等米二千六百十五石零除災緩外
實徵米一千四百二十石零
該縣向來每銀一兩折收錢二千九百文
每米一石折收錢七千文
原開通年用款錢一萬五千九百千零約計不
敷錢二千八百六十千零
今查該縣銀大額酌定每兩收錢二千六百文
米小額酌定每石收錢五千六百文
邳州係衝難之缺聞甚優裕據報每年不敷錢二
千八百餘千殊未確實銀價原定二千九百文內
家丁差役等項瓜分太多應減去三百文米價應

解僅一兩四錢而每石收至七千文亦屬太鉅應
爲每石收錢五千六百文
本道經費免解
每月應解本府辦公經費銀六十兩
徵册版串書差飯食均由本官自給不准再取民
間分文
宿遷縣
額徵地漕等銀二萬五千一百八十五兩零除
災緩外實徵銀一萬七千一百八十八兩零
額徵漕米五千三百九十九石零除災緩外實
徵米三千五百四十石零
該縣向來每銀一兩折收錢二千九百三

十六文內每米一石折收錢七千一百

七十二文內除批解每石銀二兩四錢

火工補平銀二錢照市價易錢四千六

百九文

原開通年用款銀三千八百五十四兩零每兩

作價一千六百合錢六千一百六十六千零

又用錢一萬七百七十一千零約計不敷錢一

千千文

今查該縣銀大額酌定每兩收錢二千五百文

米小額酌定每石收錢六千文

宿遷係衝繁難缺向皆有餘銀價二千九百三十

六文爲數太多應減去四百三十六文米價係照

大米應解銀二兩一錢原定七千一百七十二文

應定爲六千文

本道經費免解

每月應解本府辦公經費銀五十兩

徵冊版串書差飯食均由本官自給不准再取民

間分文

睢甯縣

額徵地丁銀二萬三千二百三十兩零除災緩

外實徵銀一萬六千四十兩零

額徵漕米一千二百七十石零除災緩外實徵

米八百七十四石零

該縣向來每銀一兩折收錢二千七百文

每米一石折收錢七千八百文

原開通年用款錢九千三百千零約計盈餘錢

一千一百千零

今查該縣銀大額酌定每兩收錢二千六百文

米小額酌定每石收錢六千文

雖甯係無字簡缺所開出入數目畧有盈餘銀價

應酌減錢一百文米價只解一兩四錢不能收至

七千八百文之多應定爲六千文該縣米數無多

所減尚不致過於竭蹷

本道經費免解

每月應解本府辦公經費銀三十兩

徵冊版串書差飯食均由本官自給不准再取民

間分文

總計

徐州府每月可得辦公經費銀三百八十兩通年可得辦公經費銀四千五百六十兩

海州併屬

海州

額徵地俸損漕項倉項等銀一萬一千二百七十四兩四分二釐除災緩外應徵銀四千二百三十二兩四錢八分六釐

額徵漕贈兵糧等米四千七百一石七斗五升四合三勺除災緩外實徵米一千五百石五斗九升三合四勺每石版徵二兩四錢

該州向來每銀一兩折徵漕平銀一兩三錢三分六釐除解計餘一錢二分九釐三毫每米一石徵漕平銀三兩一錢三分

原開逼年用款計不敷銀千兩

今查該州銀中額酌定每兩收錢二千三百文米小額酌定每石收錢五千五百文

海州係繁難要缺該州銀價向係每兩收漕平銀一兩三錢三分六釐今酌改錢數約畧相符其米價向收漕平銀三兩一錢三分聞仍有以錢折繳者殊不畫一今擬酌定每石收錢五千五百文

本道免解公費

徵冊版串書差飯食均由本官自給不准再取民間分文

沐陽縣

額徵地俸損漕項倉項等銀二萬七千九十兩三錢二分五釐除災緩外應徵銀一萬一千四百一十一兩六錢四分八釐

額徵漕贈等米麥九千二百三十三石九升七合七勺除災緩外實徵米麥四千九百六十二石六斗五升五合五勺每石版徵二兩四錢

該縣向來每銀一兩收漕平銀一兩二錢六分五釐除解計餘銀一錢七分五釐

每米一石收銀二兩四錢

原開通年用款計不敷錢三四千串

今查該縣銀大額酌定每兩收錢二千三百文

米小額酌定每石收錢五千五百文

沭陽係難字簡缺銀價每兩向收漕平銀一兩二錢六分五釐以錢折銀並無準數擬酌定收錢二千三百文其米價向照每石二兩四錢與地丁同繳平餘擬酌定每石收錢五千五百文以便交納以免浮收

本道州俱免解經費

徵冊版串書差飯食均由本官自給不准再取民間分文

贛榆縣

額徵地俸損漕項倉項等銀一萬七千五百六十兩三釐除災緩外應徵銀一萬四百一十三兩六錢六分一釐

額徵漕贈等米四千九百六十二石九升七合五勺除災緩外實徵米二千五百九十六石七斗四升一合四勺每石版銀二兩四錢

該縣向來每銀一兩折徵錢二千三百文

除解計餘錢二百六十一文每米一石徵銀二兩四錢每兩收錢二千一百文

原開通年用款計不敷錢二三千串

今查該縣銀中額酌定每兩收錢二千三百文

米小額酌定每石收錢五千文

贛榆係難字簡缺銀價每兩收錢二千三百文尙可照准其米價向係收錢五千零四十文今擬酌定整數五千文

本道州俱免解經費

徵冊版串書差飯食均由本官自給不准再取民間分文

通州併屬

通州

額徵地俸損漕項倉項等銀四萬二千六百六十三兩一錢九分六釐除災緩外應徵銀四萬一千六十七兩七錢二釐

額徵撫月等米一千七百一十八石七斗七升
九合三勺除災緩外實徵米一千六百七十
一石五斗八升六合四勺每石應解折價上
年減提三錢僅解銀二兩一錢
該州向來每銀一兩收漕平銀一兩五錢
五釐漕務盈餘銀共三千六百兩
原開通年用款計餘錢二千餘串
今查該州銀大額酌定每兩收錢二千四百文
米小額酌定每石收錢五千文、
通州係繁難要缺向稱優裕銀價原收銀一兩五
錢五釐約合錢二千四百文米價係就近兌狼山
營兵米摺報並無每石收錢數目現擬酌定每石

五千文

本道經費免解

徵冊版串書差飯食均由本官自給不准再取民

間分文

如皋縣

額徵地倖損漕項倉項等銀二萬四千五百四

十六兩零一蘆無災緩又蘆課銀一萬五百

五十六兩八錢一分

額徵漕糧贈月等米六千一百八十四石五斗

七升七合七勺每石應解折價上年減提三

錢僅解銀二兩一錢

該縣向來徵櫃收銀每兩收九六七五錢

二千九百五十文差報銀每兩收九六

七五錢二千四百六十文每米一石收

九四五錢五千五百五十文

原開通年進款銀米連雜稅典規各項共餘錢

二萬六千七百千零除用二萬五千一百串

零計餘錢一千五百千零

今查該縣銀大額酌定每兩收錢二千五百文

米小額酌定每石收錢五千四百文

如臯係繁難中缺銀價較大今擬仿泰興之數定

爲二千五百文米價每石收錢五千五百五十文

今擬定爲五千四百文

本道本州經費俱免解

徵冊版串書差飯食均由本官自給不准再取民間分文

泰興縣

額徵地倖損漕項倉項銀三萬一千六百四十兩九錢六分八釐除坍緩外應徵銀二萬三千五百二兩三分三釐又蘆課銀一萬三千九百七十餘兩除災緩外實徵銀一萬四百七十兩

額徵漕糧贈月等米四千六百二十石三斗三升九合四勺除災緩外實徵米三千二百八十六石八斗一升二勺每石應解折價上年減提三錢僅解銀二兩一錢

該縣向來每銀一兩折收錢二千五百文
除解計餘錢四百五十四文米係半本
半折每折色米一石收錢五千四百九
十文
原開通年進款銀米連雜稅典規各項共餘錢
一萬七千七十千零除用一萬八千九十串
零計不敷錢一千二十千零
今查該縣銀大額酌定每兩收錢二千五百文
米小額酌定每石收錢五千三百文
泰興係疲難中缺據報每兩收錢二千五百文可
以照准米價每石收錢五千四百九十文今擬酌
定爲五千三百文

本道本州經費俱免解

徵冊版串書差飯食均由本官自給不准再取民

間分文

海門廳

額徵地漕等銀三千七百二十九兩一分四釐

並無災緩又蘆課銀一萬七千一百七十三

兩九錢五分七釐

額徵兵米九十九石二升三合係札發撫港兵米

該廳向分崇通劃每銀一兩收漕平銀一兩六五

錢七二分除解餘銀三錢六分八釐七毫內

開除房費書役各項歸官銀二錢每米一

石折收錢六千四百文歸官錢一千文遍

年連雜稅典棧各規約進錢六千五百串

零

原開逼年除用款約錢七千九百串外不敷錢

一千四百千文

今查該廳銀大額酌定通崇劃每兩收錢二千五百

文

米小額酌定每石收錢六千文

海門係繁難要缺由通州崇明縣分出新設之廳

地方褊小進款無多額徵極少銀價酌照舊章改

爲收錢二千五百文以歸一律米仍其舊

本道經費免解

徵冊版串書差飯食均由本官自給不准再取民

間分文

撫吳公牘卷之二十三

密委查訪各州縣事宜

爲札委事。照得江南北地方書差多索詐之風。生監以唆訟爲事。錢漕浮收。詞訟積壓。囹圄甚多冤滯。盜賊藉故消弭。若不認眞整頓。澈底澄清。閭閻安得有息肩之日。合行札飭。札到該員。卽遵照後開條款。改裝易服。不動聲色。確訪密查。勿得絲毫容隱虛飾。致負委任。切切。

一查該地方官有無持權門上作威作福。以及官親幕友在外招摇訛詐索財等項。書吏差保最爲著名兇惡者何人。卽將一切姓名籍貫住址詳細開明備核。

一查該地方有無不肖紳衿董事出入衙門交結幕友官親門丁書吏並與上司衙門書吏潛通聲氣爲官說合案情從中取利等項卽將一切姓名住址及何項功名詳細開明備核。

一查該地方有無著名訟棍平日包攬京控上控之人卽將姓名住址有無功名詳細開明備核儻能將其唆訟憑據開列數件更爲確實。

一查該地方官居心是否清正辦事是否認眞審斷是否公平民情是否感戴百姓冤屈能否卽時上達每箇告期約有多少呈狀每張要花代書戳式多少錢文是否本官坐堂親收抑係委員代收親收時有無當堂判斷本官出門是否准收攔輿白

稟有無傳呈坐差名目傳呈之費約需若干每月上控詞訟自理詞訟共有若干每月已結若干未結若干本官下鄉相驗地保如何辦差要在鄰佑派錢若干城鄉盜案或多或寡水陸程途是否平靜捕役有無誣良爲盜屈打成招等情均即詳悉訪明開列備核

一查該地方二十年內官員何任最爲廉明何任最爲貪酷廉明者有何實政貪酷者有何劣蹟衆人毀譽是否相同抑係紳毀民譽書差毀而百姓譽該官員卸事後是否在省候補抑已陞調他處

一開列事蹟備核

一查該地方佐雜汎弁等官是否安分每次節壽收

陋規若干有無擅受挾制及收受賭場煙館小押
陋規以及交通土棍欺虐平民等情弊有無以巡
查更夜爲名派收店舖錢文教官是否有品有學
朔望有無宣講
聖諭按月課文以上各官現在之最優最劣及前數年之
最優最劣者均確訪事實詳細開列備核
一該地方地丁每兩一正一耗完錢幾千幾百幾十
文漕米每石完錢幾千幾百文是否半本半折抑
係全收折色稅契每兩收錢若干推收過割須費
若干錢漕正款以外尚有串票紙張費若干書差
飯食費若干每次發給由單須錢幾文有無捆墊
及勒充圩甲等弊錢糧門上以及漕總是何姓名

聲名是否極壞。每年點充丁漕經承。本官可得陋規若干。紳戶衿戶完丁漕極少之價。是何數目。民戶鄉戶完丁漕極多之價。是何數目。本官每年應送武營紳衿佐雜教官漕規計需開銷若干。報災報荒之處。應開銷多少荒費災費。何房書辦經手。係何姓名。每年慣爲鄉民居間說費者。是否紳衿。抑係糧差。有無以熟作荒。業已詳請豁免。而官吏仍舊徵收之處。均即一一確查。逐條明晰開列備核。

一查該地方有無沿江沿海沙洲。現在如何辦理。老額既免補課。員董有無暗中勒收。或託稱向官府求情。籲免。從中收受謝儀。新額起課。是否一律公平蘆課每兩完錢若干雜費若干著名沙棍約有幾人有無功名住址何處坍沒洲地現在如何辦理豁免有無經手人等以部費爲詞向業主暗中需索均即一一查訪確情逐條開列備核

一該衙門監獄是否堅固乾潔典史早晚曾否親巡管監家丁禁卒是何姓名囚糧有無剋扣監內老犯幾名新犯幾名牢頭有無把持犯人疾病有無醫藥外監及看管飯歇是否同在一處抑相去遠近若干地方是否乾潔有無地板看守家丁差役幾名是何姓名有無需索陵虐本官有無賞給飯食押犯一共幾名有無遠年未釋押犯親戚朋友是否准其來往問信有無生監發交典史儒學衙

門看管。監押犯人實在名數。與粉牌上所開犯人名數。是否相符。新收者。牌上是否隨時登列。已釋者。牌上是否隨時開除。粉牌掛在何處。是否隨時懸掛。抑是偶然懸掛。本官審案。是否懸牌編審。抑是差稟請審。審案還是一堂就結。抑是三四堂始結。問一堂案約需幾多。安班鋪堂規費。已結之案。差票是否當堂隨時弔銷。抑係存留書差之手。每月已結已銷之案。及呈詞批語。有無彙總張榜。發貼署前照壁。均卽一一確查密訪。逐條明晰開列備核。

一該地方有無關口釐卡。以及落地稅等項。關卡釐卡收稅收釐。是否公道。銀每兩作錢若干。洋每員作錢若干。有無刁難索詐。及得贇私放等弊。罰款大約幾倍。平常貨物收釐約打幾折。正釐正稅之外有無票錢掛號錢船頭錢等雜費。卡上有無著名包攬之丁書扞子手。前後有無包送偷漏釐稅之土棍。其落地稅是否官親管理。抑係家丁管理。每月約可收錢若干。地方官有無私設釐卡等弊。市鎮有無河保閘夫需索來往船隻。護卡礮船是否安分勤謹。抑有欺陵不法情弊。均即詳細確查。逐條開列備核

一該地方有無槽坊當規。每月送正印官若干。送佐雜汎弁若干。有無船牌掛號陋規。以及充承牙行領貼。此外有無他項出息。其往年捐輸未繳尾數。

官紳有無藉辦善後爲名。仍舊收取。均逐一查訪確實開列備核。

一該地方驛站馬匹。約有若干。跑夫幾名。馬號設在城內抑在城外。有無設立腰站。腰站距正站幾里。鋪兵約有若干名。有無強押百姓充當鋪兵及花錢求免等弊。管驛站之丁書是何姓名。是否安分勤謹。驛夫等類。有無需索魚花水菓船隻。均詳細詢訪。開列備核。

一該地方有無槍船艒船等項。船隻是否以聚賭搶刦爲事。抑係以販私爲事。船中有無槍礮器械。以及地方官給發護照。該船數目約有多寡。是否聽頭目號令。抑係不相統屬。城鄉市鎮有無游勇成羣結黨以及哥老會、子孫會、長齋會、等名目。均卽詳細確訪。開列備核。

一該地方城池

文廟衙署倉庫公所。一切是否一律堅固。城鄉有無書院義學。計共幾處。山長塾師是否認眞教授。生徒計共幾人。膏火有無常款。其餘恤孤恤嫠各善舉董事是否認眞得力。經費是否敷用。保甲曾否舉行。義倉曾否儲積。有無停棺不葬及火化風俗。其地方額設孤貧是否實惠普沾。抑有不實不盡。均卽逐條查訪。開列備核。

一該地方水利是否興修。儻遇水旱能否灌溉。有資宣洩。不誤。土產何物最多。田疇是否宜稻宜麥宜桑宜棉宜豆宜茶。士農工商四者以何者爲最多。游手好閒之人。應令其學習何項業藝。一縣中熟田居十之幾。荒田居十之幾。墾荒最爲切要。應如何籌畫。方能土客相安。盡美盡善。民風是否文弱奢蕩。抑係勤樸武健。均即逐一訪查。開列備核。

一該地方有無才德兼優。著書立說。衆望交推。仕而復隱。或窮而未達之士。次則或長於醫術。或長於算學。或熟於輿地。或熟於洋務。或長於製造。或長於武藝。但有一技可名。不妨悉心采訪。將其姓名住址開列備核。

一該地方有無圩練。圩董何人。寨主何人。聞徐海一帶寨主畫疆分界。事權頗重。有無侵漁窩匪之事。

現在搶黨肅清積匪有無潛匿寨中均卽詳細查訪開列備核

以上所開各條該員均當認眞確訪據事直書不得依稀彷彿徒取影響尤不得稍露風聲反致爲人所愚入其術中而不覺惟望慎密將事庶不負本部院諄諄見託藉資考證之苦心也特札

加標

該員自領札至銷差除札中詢查各事另案條復外其餘途中所歷情形有關於民風吏治者亦望編爲日記不必文理但要句通字順而已儻有本部院詢問之所未及抑該員別有見解均可據實臚陳以資采擇

札委員

批贛榆縣申送閏四月分公文月報冊由

飭查未結命盜雜案一件該縣於五月二十九日申復今冊開四月初十日奉文三月二十九日申復若就冊查閱四月初十接到之文何以三月二十九日能預先辦復乎至冊開徐三珠案內逼飭查復一案來冊聲敘閏四月二十五日申復查核復文係閏四月二十六日發申又逼飭遞解人犯一犯兩解一案冊敘閏四月二十五日申復查核復文係五月十五日發申究竟該縣憑何開造該令現已撤叅仰徐海道逼飭所屬嗣後於監押詞訟必須實心清理毋得言行兩歧致蹈前轍此批冊存

加函

新贛榆令似有可造之才宜囑其官須自做勿再任聽門閽擺布致蹈前轍且書辦送稿領稿何妨親至簽押房面呈面領何必多一門上轉折轉致血脈不通乎豈不設門上卽失州縣體制乎我輩窮措大博得一官只要於

國計民生稍有裨益何暇計及虛文總之州縣信用門上者便是壞官不信用門上者便是好官鄙人居恒以此相士千百不失一二風聞徐海兩屬公事大半皆係門閽作主望執事擇其尤者親提懲創一二人或可發聾振聵吏治庶稍有轉機乎

再徐海二屬積案經敝處分款嚴催之後近似稍有轉機尙求執事就近頻頻提撕俾免稍縱卽逝聞各

屬解勘爲費不貲務望嚴查禁革並諭飭徐府海州一體嚴革俾各縣免瞻前顧後之慮有所推諉借口既嚴禁州縣差役不准要百姓之錢尤當嚴禁上司差役不准要州縣之錢此爲目前第一要務聞沭陽有富戶程立炘每節須送地方官錢數百千某令曾向借過數千串向來地方官皆資以爲生並祈密查示復保富所以濟貧地方官若竭力魚肉之恐富者不能終富矣至敝處批發徐屬審斷各案祈執事隨時諄囑守令速審速結切勿預存成見固不可以上控而存故意摧抑之懷亦不可以原告而存曲爲將就之見諸葛君曰我心如秤不能爲人作輕重我輩皆胸無渣滓可以對天地而質鬼神守令諸公但盡

理之所當然俾

國計民生日有裨益。卽稍有未能按繩切墨。敝處斷不以一眚掩大德。乞以區區鄙忱轉達徐海各同寅爲禱。至前此文行各州縣。令將監獄管押人犯名數懸牌頭門。令衆目共覩。如有人證被押而牌上無名。或已經官釋放而牌上未列開除者。准令家屬控告。江南行之半年。私押之風頓息。宜興等縣匿牌不掛。亦經奏參。未知徐海各屬有無一體懸掛。掛者有無匿漏。並求密派妥人確查。隨時示復。是禱是叩。

既嚴禁州縣差役不准要百姓之錢。尤當嚴禁上司差役不准要州縣之錢。二語極爲一針見血。今之上司一則曰杜絶苞苴。再則曰嚴禁賄賂。而卒

之筐篚未具情悃終不能通安得處處如公之大
聲疾呼免蹈上下交征之弊哉

札飭徐海道親提周傳誠等研訊確供詳辦由

爲札催事案據碭山縣詳陳萬里等被匪截刧藥料等物並被拒傷事主吳京海等身死一案勘驗獲犯詳報到院當查案關匪徒搶奪拒捕二死三傷延閣經年不詳不辦上年十二月經前署院於豐縣稟內批司轉飭該縣將勘驗緣由錄供通詳亦置若罔聞直待事主陳萬里來轅具呈經本部院批道親提始將案由拉雜通報實屬玩延經批司即移徐海該道遵照前批俟周傳誠等解到親提研訊確情於八月半前錄供詳辦嗣據碭山縣將黃瑞勝及被格殺之汪

兌分案驗詳又經批司卽移徐海道該道核入正案議擬詳辦再查黃瑞勝尚未審實定罪於同治六年七月二十八日病故該前縣並不登時將相驗情形通詳實屬視人命如草营應由徐海道查明該前縣有無他項劣蹟於一月內據實詳參現署縣遲至半年始爲通詳亦應記大過一次以示懲儆卽分別移行飭遵各在案迄今未據訊詳實屬遲延合行札催札到該司卽移徐海道道立卽遵照前批親提周傳誠等研訊確情刻日錄供詳辦仍嚴飭比差會營勒拏各犯務獲究報毋再玩延切速切速特札

札臬司 徐海道

催海州孫文蔚控案

爲札催事。本年閏四月二十日。據海州監生孫文蔚。稟控劉甫山姪孫劉廣昌。竊伊佃戸汪永興耕牛。甫山畏累。將廣昌賄脫。誣生主使計圖擾詐等情。當經批飭該道提訊究詳在案。迄今未據訊詳。合行札催。札到該道。立卽遵照前批。親提訊究詳辦。其陳萬里被刦一案。已據碭山縣通報。並稱卽將單開各名按名解交該道衙門。仰並親提確訊。限八月半以前詳辦。毋稍延累。其卸碭山縣馬令。現在是否在徐。該道並卽據實查復。爲要。切切。

札徐海道

安東縣詳訪獲積慣訟棍揖職都司王心如先行詳請斥革遵飭解郡審辦由

如詳將訟棍王心如所捐都司職銜。卽行斥革。仰按察司速飭該府提案嚴訊錄供詳辦。至張署令蒞任未久。卽能獲積慣訟棍。具見辦事認眞。殊屬可嘉。應卽記功一次。以示獎勵。並候札司註册可也。仍候

閣督部堂批示。繳。

加函

聞該縣有武舉孫元根。最慣包訟。又慣爲差役說費。比稍斂迹否。又聞該縣小席魏升甫。係前任所薦。頗爲招搖。宜稍約束。或卽驅逐。以顧聲名。又該縣差役杭斌賀春魚肉鄉民。無惡不作。弁祈轉囑該令嚴加究辦。幷非去其爪牙。實欲養其聲望也。

雲澤縣詳朱文初在押患病該親屬呈請具保

查案請示由

現在嚴禁槍船弁責令全繳器械朱文初從前既係槍船頭目能否責成設法妥議將槍船如何禁絕由江震二縣察酌如果辦理有效不惟釋放而且保奬仰蘇州府速飭江震二縣遵照辦理限十日內稟復察奪耕當問奴織當問婢不可以其一經爲匪遂謂其言無足采錄也仍報明藩臬司查考繳

碭山縣郭令摘頂

爲札飭催事案照各屬奉到本部院衙門公文無論有無硃標排單又上控自理詞訟各案及禁押人犯分別管收除在均經飭令按月造册呈送查核嗣因該碭山縣並未遵照造送當將該郭署令記大過一次飭催

造送各在案。迄今日久。前項詞訟監押奉文月報通省俱經送到。惟該縣獨不造送。實屬有心玩誤。應將該署碭山縣知縣郭令該署縣先行摘項以示懲儆。合行札催飭。札到該司立即遵照詎冊。通飭知照毋違。縣立即遵照。速將本年正月起至六月止奉到本部院繕發公文。不論有無硃標排單。逐件查明。補造清冊送核。嗣後按月一送。並將四月分起至六月分止詞訟監押各冊赶緊造送。以憑查核。毋再遲延。致干嚴參。切速切速。

札　江藩司　臬司
　　碭山縣

加函

訪聞該令近日。又於單士英偽造印信催收工費一案。私罰單士英出錢五百六十千文了事。可謂明目

張牘肆無忌憚矣碭山歷任委靡民不堪命今該令
復屢諭不改似宜速選賢員早爲更調或可使碭民
不致久困水火之中也

蘇藩司詳復荆溪縣清理民山議減單費由

該縣接清民山單費既據司詳一再議減姑准毋敢
實收錢二十文飭令撙節支用此外不准書差圖董
人等需索分文該縣務期振刷精神隨時嚴察仰即
轉飭遵照實力妥辦依限清釐完竣造册通送查核
倘查有額外需索情弊定干嚴咎並飭將如何清釐
方爲妥速刻先籌議章程詳復察辦仍令將收數用
數按月開摺通送毋任隱飾切切繳

海州詳劉段氏因病身死訊擬由

仰按察司核明飭遵。至劉鵬飛之堂弟劉鵬九係屬監生。其戚段懷武亦係捐職。無論如何求乞典當亦當爲伊母買一棺木。乃草草用蘆蓆捲埋。殊無天良。亦應將劉鵬飛杖責。並飭遵照。仍候漕爵閣督部堂檄。格存。

清河縣詳代驗安東張殿英服毒身死驗訊由

此案據屍弟張殿魁等供。張殿英在家畏罪服毒。灌救不愈。何以該差許茂肯將垂死之人抬去。所稱到城再行救治。本屬遁詞。所服煙土從何得來。亦未據究明聲敘。察核情節。殊滋疑竇。仰按察司卽飭安東縣速提差役許茂等研訊。張殿英實在因何服毒身死。是否凌虐嚇逼斃命。究明煙毒來歷。務得確供。通詳察核。一面飭傳屍屬領埋。並核入正案擬辦。暨行該縣知照。仍候爵閣督部堂批示。繳。格存。

加函

查安東境內黃河水套。俗名本套子。中有沈家灘。卽盜首沈魁兄弟窩巢也。沈擒誅後。聞又有駱姓盜魁在彼作窩。乘機搶劫。商旅苦之。祈密函飭令該縣認眞剿捕。勿令漏網。則感激無已時也。

咨商籌辦江浙運京洋銅

爲咨商事。七月初十日。據蘇松太道稟稱本年七月初二日接奉鈞札。同治七年六月二十三日准戶部咨七年六月初五日奉

上諭。紅銅條銅足資鼓鑄。應如何體察華洋商販情形隨

時變通設法采買之處趕緊籌辦等因欽此飛咨欽遵辦理其採買紅銅條銅或有應行酌加價值之處亦趕緊奏辦並准浙江撫院李咨洋銅有商販運先至上海現在江蘇亦須採辦若浙省派員同時收買商販居奇擡價轉於事體有礙咨蘇代爲採辦無論買就銅觔多寡劃分爲二價脚運費等項各半分認該銀若干籌解歸還各等因札道將江浙兩省應辦銅觔迅速分別籌議詳覆辦理等因遵查此案先奉憲札將籌款招商採買洋銅各事宜督同現署海防廳葉丞籌辦當經飭據葉丞稟復近年上海貿易清淡華商殷實者少無力墊資辦銅以致出示招商迄無應募之人惟洋商每有由東洋販運銅板銅條來滬

售賣者價值隨時長落以現在市價而論每百觔合庫平銀十六兩三錢左右若暫爲變通由官自向洋商購買運京事尙易辦仍俟將來得有華商認運再照向章辦理等情職道伏查戶部則例內載江蘇民商採買洋銅每百觔給價銀十五兩三錢等因今向滬上洋商購買洋銅每百觔價銀十六兩三錢左右較例價約增銀一兩似可暫行試辦隨飭葉丞向洋行定購洋銅二十萬觔所需銅價及由滬運津輪船水腳保險經費並由津運京車剝各價與夫押運委員川資等項擬由蘇浙各半分攤仿照籌解制錢成案在部撥京餉項下開支至輪船水腳與保險經費時有高下並無成例可循自當按時給發即由津至

京撥運各費。今昔情形不同。恐難按例支給。應請飭
令委員實用實銷。咨明戶部。免其按例造報。且蘇省
委員由津至京。人地生疎。雇船雇車。撥運事宜。應由
天津道轉飭地方官妥爲代辦。並派兵役沿途照料。
俾免疎虞。此次試運洋銅。係向洋行購買。並無加耗
補色。蘇省委員到京交銅。自應原平原兌。如有加耗
補色一切費用。並請概行裁除。事係一時權宜創辦。
倘此次銅價運腳。由部覆核。尚不過費。自當續辦。如
不合宜。仍當招募華商承運。以符舊例。惟京局既已
籌銅鼓鑄。此後制錢自必日見充裕。所有奉提解津
練餉錢文。現據郭委員寅階稟報。沿途偷漏短缺。盤
交艱難。且天津存錢擁擠。似可暫停續解。是否有當。

理合稟覆祈賜察核示遵並請會同

奏咨一面繕發咨批委員來滬領運赴京交納等情到

本部院據此查該關道既辦洋銅即可不解運津制

錢仍以籌買洋銅之款抵解部庫京餉擬即將免解

制錢抵解京餉緣由會摺

奏明相應鈔咨商稟咨商為此合咨貴爵閣部堂貴部院請煩查照

希即酌核見復以便會辦飭遵施行

咨督浙江撫院院

浙撫咨浙省應解運津制錢此後改為解銅

為咨復事同治七年七月十九日准浙江撫院李咨

本年七月十六日准貴部院咨據蘇松太應道稟運

京洋銅請示一案該關道既辦洋銅即可不解運津

制錢。以買銅之款抵解部庫京餉咨商會摺

奏明等因。到本部院准此查浙省應解運津制錢十萬

串。已委解制錢五萬串。於六月二十九日

奏明在案。此後既解京銅。自可免解津錢。准咨前因咨

覆查照核定挈銜會奏等因。到本部院准此除札蘇淮

運司蘇松太道外。合就鈔黏札行。札到該司道卽便遵

藩司淮運司

照會核詳辦毋違

札蘇藩淮運司蘇松太道

揚州府詳泰州陳滄洲控巫永榆案訊明由

仰按察司飭卽復審確情按擬詳辦並卽由司速行

查案提解陳滄洲來省押歸長康參案質訊辦理毋

遲。仍候爵閣督部堂批示繳。

揚州府稟泰州陳滄洲控案請示由

查陳滄洲慣以不干已事恃符揑控本非安分之徒所有稟訐泰州長康呑捐斂費等款現經御史列奏欽奉

廷寄飭發審辦虛實應歸參案辦理未便先行擬結據稟前情仰按察司查照另詳批示核飭遵照具覆仍候爵閣督部堂批示繳

鹽城縣稟遵札密拏郭恆汰等情形並繳排單由

此案郭恆汰等從前既與朱寶菖同在馬姓海船爲夥何不誘詢朱寶菖或能知其來蹤去蹟案關謀財害命首犯未便任其漏網亟應嚴拏懲辦仰按察司

飭即遵照前札設法購線。嚴密查拏。務將郭恆洣等剋期悉獲。解府審辦。毋稍因循疎縱。至來稟坐日何以漏空未塡。殊屬率忽。並飭知照。繳

蕭縣詳老孫三取保後在歇病故由

仰按察司即飭徐州府核入正案議擬詳辦。並行該縣知照。至未定罪名人犯在監在押病故者。監犯應將管獄有獄各官分別記過一次。押犯應將該州縣記大過一次。前經批司通飭各屬遵照在案。今押犯老孫三在歇店病故。應將該縣記大過一次。以重人命。即移江藩司註册飭遵。仍候爵閣督部堂批示。繳

格存。

如皋縣詳陳學來報陳栢魁自縊身死驗訊由

仰按察司核明飭遵。至該縣於奉文後。將前任移交及本任內具報未結自盡命案七起。依限一律訊明詳結。辦理尚屬認眞。洵堪嘉許。應將該縣記功一次以示鼓勵。候札行江藩司註册飭遵。並咨爵閣督部堂。暨通飭江北各府州廳轉行所屬遵照。仍候爵閣督部堂批示。繳。格存。

撫吳公牘卷之二十四

批東臺縣申送五月分詞訟監押各冊由

查該縣訟案上控自理併計共有一百案今五月分開除僅止二十四起尚係註銷之案多訊結之案少且訊結亦甚含糊威不足以濟恩與古人刑期無刑之意大相剌謬應即記過一次以示薄懲候行司註冊並咨爵閣督部堂查照至押犯項下張一謙一名是否奉局押發未據詳細註明又陸三小一犯註係在坊滋事之人亦未將案由開載均屬含糊仰即遵照於下月冊內明晰登註開造送核一面將未結各案趕緊勒提編審速爲斷結毋再拖延致干重咎切切此批冊存

加函致府

該令書生本色前此月課所作馭書吏論洞見癥結何致印把在手便奉書吏如神明乎古人云水懦則民玩火烈則民畏鄙人謂牧民者水火須並用之若以黃老治百姓以申韓治書差則水火各得其用矣前次該令來函言百姓喜控書差然書差並無錯處此則與該令平日議論大相刺謬書差被控必有致控之由百姓非寃抑萬分斷不敢輕與書差爲難何者懼其他日藉端報復故也今該令但見書差之面而未見百姓之面故只知一面委曲若能兼聽並觀平心靜氣以求之則庶幾物無遁情矣卽所謂切犄致爲禱

批海門廳申送五月分詞訟監押及公文月報各冊由

查冊造開除項下訊結註銷共四十九案亦尚不少細閱該丞訊結之案能辨是非亦有斷制爲之大慰仰卽知照此後天氣漸涼農忙已過應卽將未結之案趕緊編審速爲訊結毋稍延累至前月奉到公文冊內有遺犯陸紀等因路阻改發一案係屬未辦之件何以五月分冊內未據補報自屬遺漏嗣後務將前月未辦未復各件下月仍應分晰開報俾清眉目押犯項下被告祁鳳書一名察核此案原告徐上禮等以不干已之事出頭具控亦非安分之徒且避匿上海屢傳不到其情虛畏質不問可知矣並卽趕緊

催提秉公確訊究結再查文封上寫專差余成何以本部院面詢該差又係劉盛此後總須塡寫的名該廳著名訟棍甚多亦須設法嚴拏爲要此批冊存

加函

另函言俟積案稍清後當親自下鄉課督農桑深爲感慰牧令能清理積案者寡矣況能盡心教養乎以此益見今世未嘗無何易于其人也惟丁役切宜少帶約束切宜加嚴方不致擾累閭閻地方官每遇上司過境一次卽創鉅痛深一次上司之於州縣猶之州縣之於百姓固可類推而知柳子厚云鳴鼓以聚之擊木以召之吾小人輟饔餐以勞吏者且不暇言雖淺近然賢牧令未嘗不可藉以自鏡也

批桃源縣稟前獲稽溷來等三名訊非徐進禐

刦案犯業經分別解訊保釋補請核示由

此案現犯韓得勝等業經爵閣督部堂批府親提質究自應由該府先行就近提訊再行錄供請示辦理昨據該府申報卽經札飭提審限一個月稟復在案茲據聲稱該犯王得勝於會審時僅供同謀事後分贓並未隨同上盜等語顯爲解審翻供地步犯供既不確鑿何以該縣率行稟請就地正法該令於人命重事手滑心狠至於如此殊可寒心罪關死生出入亟應澈究以免枉縱仰按察司速飭淮安府遵照前檄親提各案悉心隔別研審務得詳確供詞依限稟覆察辦不得草率遷就致干嚴咎仍錄報爵閣督部

堂併候漕部堂批示繳

江北州縣稟請將犯就地正法公因案有疑竇派員覆審平反者計四十餘起之多使當時率爾批准死者豈能復生乎歐陽文忠云求其生而不得則我與死者皆無恨此語固不可不深長思也達泉注

批蘇松太道稟遵飭查議蠶桑水利由

白茆河爲蘇松太三屬洩水要津上年已設局委員勘估嗣因估見經費十二萬千有零司關籌墊爲難暫行撤局緩俟本年再議興挑在案今歲農隙亟應乘時挑濬深通俾農田商旅兩有裨益仰卽會商蘇藩司於司關各庫合力籌墊工費並將如何歸款之

處卽速核議興辦至蘇松太各屬支河亦應分別具要次要次第挑深以資灌注候行司轉飭遵辦其太湖洩水之漊港淤塞橋竇坍沒前於同治五年冬間經御史奏奉

上諭飭令派員履勘明確與浙省會籌妥辦等因當經郭前署院飭司委員會同蘇州府江震二縣勘明各橋湖港應行築濬者數十處批司督飭府縣察酌估計議詳在案現應歸入前案會同浙省核議辦理並候鈔錄稟批札飭蘇藩司迅飭該府熟籌定議估計工需詳候咨浙會辦可也繳

加函

蘇省自遭兵燹後水利淤塞故往往有水旱之憂若

不速籌修濬遲延愈久淤塞愈深工費愈大於
國計民生均有關礙白茆河尤爲切身之患昨已札飭釐局先行籌借款項派委沈守總辦卽日興工太湖亦經派員會勘惟工程浩大必須與浙省通力合作庶易集事鄙意現在庫儲支絀必俟籌有鉅款始行舉辦更恐遥遥無期故擬分段爲之疏通一尺得一尺濬深一分得一分愚公移山精衞塡海公得毋笑其笨否

札飭委署正印官一律定限赴任

爲札飭事同治七年七月二十五日據該司呈稱七月二十二日據兼理婁縣事華亭縣張令稟稱七月初二日奉本府札飭以署婁縣趙令因病開缺飭令

卑職暫行兼理等因遵卽於初二日接印申報在案查婁縣書差素稱疲玩趙令已截未繳之串爲數尙多必須按卯嚴比下忙又將啟徵諸事不能遲緩卑職因海塘工程緊要時須往催頗有顧此失彼之虞昨見省鈔婁邑已奉飭委趂令接署更恐書差觀望仰祈札飭趂令卽赴婁縣署任以專責成等情到司據此伏查淮補丹陽縣知縣王令已於本月十七日來司稟辭赴任計期已可到丹陽任事據稟前情除批示並嚴催趂令交卸丹陽署篆後迅速起程星馳前赴婁縣署任限於八月初五日以前接印任事外相應具文呈明伏候查考等情到本部院據此查新舊交接之際新令在省多一番應酬舊任在縣卽多

一番挪移。且書吏得以因緣爲奸。該司勒定限期赴任。最爲妥善。嗣後派委正印官署篆務。當一律照辦。於詳委文內聲敘赴任定限。俾免耽延。合行札飭。札到該司卽便遵照辦理。並卽移會江藩司查照毋違。特札。

札蘇藩司

加函

鄙意此後欲委某員到某縣任事。應先派該員前往該縣鄰近藉端出差。卽於該員稟辭時。密與言知應委某缺。并囑其暗中先行訪訂刑錢幕友。約計該員到差十日八日之久。卽札令就近接印。不必赴省。如此辦理。約有數便。何則。候補人員新得地方署事。先則有外馬之撞騙憲使之道喜席單。繼則有稟辭之明暗門包。巡捕門闔之需索上司憲幕之薦朋友薦乾脩薦家丁。同寅游客之打抽豐。本員一家大小之添製服色器用約計大缺須費千餘金中小缺亦須數百金。該員候補多年何從措此鉅款於是有人以千數百金爲雉媒議明到任後必派爲錢糧稿案俗所謂帶肚門上也。門上既以賄得本官不能不受挾制。遂致太阿倒持官民交受其累蘇省雖經革除門包。然薦人之事恐仍不免今若在途委缺則省中一切酬應均可無須而帶肚門上便可不用幕友亦可自行選擇一便也舊任已得交卸之信呼應不靈往往公私由此貽誤今交接迅速無呼應不靈之患二

便也。新任先爲委員就近采訪，亦可畧知風土人情，
三便也。新官遲延，舊任之官親幕友串通書差，或賄
釋要犯，或私割糧串，或移易冊籍，交代因而轇轕，徵
收因而爲難，若新官奉委即到，則舊任措手不及，無
所用其騰挪之技，四便也。更易此章，在我輩不過稍
爲費心，而
國計民生已大受裨益，望即決計行之，省得將來因倉
庫虧空，糸辦多員，亦無量功德也。爵相處已經作函
切實奏商，想亦當以爲然。
他條精力不能貫注者做之，或有流弊，此條最
爲平易可行。
批淮安府詳桃源縣丁差蓋林等向欠完錢糧

花戶葉成如詐錢毆押致令自縊訊供由
現訊蓋林等所供恐嚇出錢一百千可以了事與原
審罰錢修理衙門之供不符且銅錢參差不齊何能
傷人卽傷痕分寸亦不能一律據供右膀傷用銅錢
向擲所致原驗長寬分寸恐未確實葉明川係說合
要證是否到案何以來詳並未提及案關丁役拷逼
詐贜斃命亟應澈究從嚴懲辦該縣業經
奏參革職另札行知仰按察司飭再研訊實在如何私
拷勒詐致令葉成如情急自縊身死呂文清等果否
先回抑係在場幫同索詐毆打及此外有無串詐之
人究竟傷痕有無不符務得確情按擬招解仍候爵
閣督部堂批示繳

批江震二縣會稟籌議育嬰堂章程由

據稟並章程閱悉所議尚屬盡善殊堪嘉尚惟保嬰要義全在乳婦平日撫養得宜亦賴董事實心實力勤加稽查如有乳婦懶惰不力者隨時撤換其愛惜善養者隨時獎賞所有應需經費尤須捐集充足或生息置產總期該堂董經理裕如以垂永久至民間遺溺男女實堪憫惻應由該二縣隨時明查暗訪從嚴禁革仰蘇藩司即速轉飭遵照會督紳董妥爲辦理如有在官人役向堂需索情事立卽稟請從嚴懲辦仍候爵閣督部堂批示繳摺存

加函

育嬰堂最當留心者有六事老婦無乳而徇情不肯

剔退足令嬰兒不育一弊也一婦兼乳兩嬰嬰食必不能足二弊也紳董徇情可以自存者得入堂不能自存者不得入堂三弊也嬰稍長後輾轉買入娼妓之手四弊也乳婦視嬰若路人寒暑燥溼不得其宜五弊也嬰醫有名無實不能先事保護六弊也欲除此弊必須紳董隨時留心查察視同自己子女官又常爲稽查加以賞罰庶幾乳婦無濫竽之弊羣嬰無夭折之虞然其要必自選擇紳董始

選擇紳董是此章第一要義

吳江縣稟籌議社學經費添設四塾延師開館

由

該縣於各鄉鎮分設四塾延師授讀以便鄉僻童蒙

盡得就學所需經費於收漕辦公經費項下歲撥錢四百千文可期經久無缺辦理甚爲周至深堪嘉獎仰蘇藩司轉飭遵照會學督董實心經理仍由該縣學隨時親往各塾考察勤惰分别獎勵責懲使之觀感奮興咸知嚮上並飭將城中江震會設義塾卽日籌議開設以廣教育仍將塾師姓名開館日期通報查考毋違此繳摺存

鹽城縣申覆並無同治三年以前未解積案及

現應解勘命盜之案並繳排單由

該縣申覆同治三年以前未解積案祇有周大一起乃朱寶菖一案事犯在咸豐年間非積案乎可見該縣之不留心矣所稱積案十餘起於閏四月内次第

解府勘辦究係何案仰按察司轉飭將各起案由敘明犯事月日及何時解府詳細開具清摺申送查核毋稍漏延此批郵封存銷

臬司詳瓜洲司巡檢裁缺改設巡緝委員可否毋須咨部請示由

查州縣所轄地方巡緝事宜不歸典史即歸巡檢縣丞主簿等作爲捕官此一定不易之理若責成差缺委員已屬權宜之計現詳巡緝委員照章記過並不開參咨部是參案內祇有印官而無捕官從來無此辦法所請礙難准行仰再會同江藩司查明究應如何劃分巡典管理責令承緝此外如有似此者一律妥議彙齊詳咨定案如無縣丞巡檢者即一律責成

典史或與差缺委員分派地段俾專責成仍錄報爵
閣督部堂並候批示繳

殷丞解餉在桃源歇店被失一案札飭緝參

爲札飭事七月二十三日據該司申稱淮安府詳安
徽委員殷丞管解餉銀在桃源縣歇店被失請示一
案奉爵閣督部堂以此案所失餉銀雖已由委員殷
丞賠繳糧臺而失事地方官豈能置贓賊於不問批
司飭縣勒緝並將應議職名詳參等情到本部院據
此查是案前據淮安府並詳到院當因細閱案情似
係該委員殷丞家丁舞弊故如詳批准銷案茲旣經
爵閣督部堂批飭緝參合行札飭札到該司卽便轉
飭查明確情據實具覆一面上緊勒緝贓賊務獲究

報毋遲

札臬司

札飭將徐進被搶案內韓得勝等由府親提研訊稟復察辦

爲札飭事。七月十八日。據淮安府申稱該桃源縣事王徐進行車被搶案內獲犯韓得勝等。遵飭行縣將犯解赴臬司衙門審辦等情。到本部院。據此。查此案既經爵閣督部堂批飭淮安府親提質究。自應由淮安府先行就近提訊。再行請示辦理。除札桃源縣提犯解審外。合行札飭。札到該府縣。立卽遵照速提各犯到案。悉心隔別研審。務得確情供詞。限一箇月稟復察交淮安府聽候質審稟辦。毋稍延玩。辦。毋稍遷就率忽。

札淮安府桃源縣

王丞崇明縣會稟崇邑補課請照同治三年沙洲章程辦理由

中原軍務肅清。當與吾民徐圖休息。仰沙洲總局另議章程。詳復核辦。不得仍行竭澤而漁。致傷元氣。此繳。摺存。

札查程滿淪起解文冊曾否詳司由

爲札查事。據邳州申送閏四月分監犯冊內。有擬遣之程滿淪。另案擬流監候。待質年限久逾。例應照擬發遣。聲明前已造冊詳請候發咨牌。卽行起解等情。到本部院。據此。查遣犯程滿淪請咨起解文冊。未據詳到。合行札查。札到該司。立卽查明此案文冊。如已詳司。即速核明轉詳請咨起解。如未詳到。亦即飭查詳辦。毋任遲延。並將辦理緣由具覆。速速。

札臬司

泰州申五月分公文清册由

來册閱悉。存候核對。至節婦王謝氏等一案。何以此時尚未查齊取結詳辦。實屬遲延。仰即遵照趕緊催查取具册結。刻速詳送核辦。毋以風化攸關之事。爲書差中飽之資。切切。此批。

泰興縣稟史正輅聽從史正虎等幫索豆欠將張史氏搭傷咽喉身死一案屢訊犯供翻異請提省或提州審辦由

此案前據史正輅遣抱來轅呈控。當經明晰批飭審解在案。據稟前情。仰按察司即飭原審官徐令唐令即日馳往泰興。會同張令就近提同人證。悉心研訊務得確供。通詳察核。毋庸解省解州。致多輾轉拖累仍候爵閣督部堂批示。繳。摺存。

金山縣稟呈刊刻金山田賦徵信錄由

該縣因徵辦錢糧。民間未能周知底蘊。每滋疑竇。甚有固抗不繳者。現經刊刻徵信錄。廣爲分布。使之一目了然。遵章輸納。所辦似屬認眞。尚堪嘉獎。仰蘇藩司轉飭遵照。並由司將本部院前在藩司任內釐定辦賦章程四條。通飭各州廳縣一體認眞遵辦。並彙輯刊錄頒行。毋違。仍候爵閣督部堂批示。繳。徵信錄存。

加函
聞該縣徵收丁漕科則告示僅貼大堂頭二門四城門別處並未張貼窮鄉僻壤一任書差勒索浮費高下其手眞不解是何居心豈該縣欲以示威耶抑仍意在分肥耶卽祈切囑該令此後將全副精神向着窮百姓身上結實做去勿徒以徵信錄文飾上司之耳目也

咨行贛榆縣知縣張令等摘頂撤任摺片

爲鈔片札知事照得咨送會稿竊照署贛榆縣知縣屢催積案輒以飭承查辦等空言塞責核查未結舊案有七十餘起之多又署碭山縣知縣延令半載並未將詞訟監押各册按月造送嚴催弗應且有餉鞘被竊之案請

旨先行摘去頂戴飭司撤任派員接署一片經本部院於
同治七年七月十六日會同爵閣督
貴爵閣部堂附片具
奏除俟奉到
諭旨另錄咨行並由司確查嚴參外合先鈔片札知札到
該司即便遵照並通飭所屬清理詞訟通達民隱毋
延爲此合咨貴爵閣部堂請煩查照希將會稿存案
蹈張令等故轍致干嚴咎切切相應備具會回稿咨
回稿書　奏鈐印移還備案施行
計鈔片
咨送會回稿二本
札藩臬三司
咨督院

札飭桃源五月分月報舛錯

爲札飭事七月二十五日據桃源令申復奉札查明
前送五月分詞訟舛錯大畧及現在辦理情形到本
部院據此查桃源縣造送月報並不據實稟報一任

吏胥隨意填寫。致多舛錯遺漏。該令業已撤參。姑寬免議。至該經書倉建中雖據嚴責斥革。不足蔽辜。應再枷號一箇月。以示懲儆。合行鈔申札飭。札到該道。立卽遵照。親提該經書倉建中到案。枷號一箇月。滿日釋放。仍由該道通飭所屬。此後月報務當據實稟報。如有舛錯遺漏。除分別記過外。承辦經書定卽提省嚴辦。切切。

計鈔申

札淮揚道

飭查揚郡各善堂局

爲札飭事。七月二十三日。據揚州府申報紳士接辦堂務日期。並議呈章程前來。惟此案章程應行具詳

呈送。以便批辦。不應率用申文塞責。殊屬玩忽。查第
一條章程。該紳等公議。堂內田畝現在查明若干畝。
按照兩縣收糧科則。核算每畝應完若干。共完錢漕
各若干。改爲某鄉善堂花名。並從前歉收年分。應歸
災緩豁免若干。逐一詳更正。以昭核實等情。此事自應
趕速辦理。所有前辦經董積欠堂中錢糧。應卽責令
趕追佃欠租籽。按數完清。並將經手其餘各欠款一
併清出。移交現辦紳董接收經理。又第六條所議立
貞堂堂外義學二處。目前堂款支絀。暫行停止。以節
浮費等情。此項義學。原爲教導貧家子弟而設。按年
所費無幾。該紳董等於籌辦自應照舊奉行。毋得藉
詞廢棄。餘如所議辦理。合行札飭。札到該府。立卽轉

飭遵照毋得徒以空言搪塞有爲善之名無爲善之實也切切

札江藩司揚州府

沙洲總局詳議覆崇明沙洲免予查辦擬具示稿請示由

如詳辦理仰卽移會藩司一體轉行遵照並刻日明白出示曉諭該處沙洲前欠槐免收繳勿任員董書差借名招搖漁利中飽並將前派委員紳董立卽分別撤銷毋遲爲要將來如查有絲毫中飽情形卽惟該總局是問仍候爵閣督部堂批示繳摺存

武進縣會稟擬送現辦沙洲保甲條款由

據擬章程尚稱周密且能捐廉查辦不事歛派具見

該令體貼民艱。殊堪嘉尚。所議義塾。尤須早爲設立。擇士教讀。務使該洲子弟。從此知書向化。民風丕變。更副厚望。仰按察司卽飭遵照。並將義學章程煙戶圖册。分別議呈查核。毋遲。並移蘇藩司沙洲總局一體飭遵。仍候爵閣督部堂批示。繳摺存。

加函

查該縣現辦沙洲保甲。似尚認眞。惟孫裕茂楊成廣互控占築之案。經年累月。尚未爲之訊結。沙董何宏壽先已霸佔洲田。後又屢犯盜案。該令尚不緝拿速辦。不知保全此等歹人。意欲何爲。蝍且甘帶。鴟鴉嗜鼠。眞不解該令用意之所在矣。至該縣福興隆興兩洲。有突漲二千餘畝。并未報陞。紅心鎭坍沒三百餘

畝並不報坍非書差意在索費即該令漫不關心務祈加函切囑該令振作精神一洗從前委靡之氣庶幾差役不致把持良懦得少蘇息也

飭議瓜洲司巡檢裁缺改設差員案請咨由

爲特再札飭事案據該署司詳復瓜洲司巡檢裁缺改設巡緝委員可否毋須咨部並將與化之安豐司巡檢等缺於

疏內一律刪除請示等情當查州縣所轄地方巡緝事宜不歸典史即歸巡檢縣丞主簿等作爲捕官此一定不易之理若責成差缺委員已屬權宜之計現詳巡緝委員照章記過並不開參咨部是參案內祇有印官而無捕官從來無此辦法所請礙難准行批司

會查妥議詳咨在案復查各屬開參職名其在直隸各州間有不列督捕督緝者至於印捕二員則從無偏廢況江都捕官瓜洲司巡檢銜名早經開列

題咨其興化之安豐司巡檢亦恐

題咨有案今議從茲裁删不列捕官職名大部能否不致遇案駁詰且前奉駁查之案即係此款自應將前後不符之處詳晰聲復則與議删之意是否不相矛盾現在興化姚鳴杰朱魁鑾兩案疏本留存未發亟待定議辦理未便再緩合再札飭札到該司立即遵照前批會同江藩司迅速查明將究應如何劃分巡典管理責令承緝此外如有似此者一律妥議彙齊詳咨定案如無縣丞巡檢者即一律責成典史或與

差缺委員分派地段俾專責成之處限九月內查明妥議會詳核辦其姚嗚杰朱魁鑾等案作何辦理並即確查議復并將許萬年殷家惠等案由司分別妥洽聲復詳請核咨濡筆以待毋遲速速

札臬司

蘇州府督同現前署金匱縣詳張三和聽從糾毆華雲洲搯傷身死審正由

查此案現據屍親華朱氏等來轅呈訴已批飭遵照矣據詳前情張三和既非故殺何以死後忍心剝其衣服仰按察司速飭再提各犯悉心研究如何聽從糾毆致將華雲洲搯傷咽喉身死移屍不失究竟有無仇謀及起釁別故並在塲幫毆之人務得各確情

按擬招解。毋稍枉縱率延。仍候爵閣督部堂批示。繳。

附驗存。

通州詳泰興呂葴田報伊父呂國秀身死一案

請示由

此案既據屍子呂葴田呈明呂國秀實因病發難忍。自縊身死。請免復訊。姑准免提。以省拖累。惟黃橋司巡檢究係何人。如何擅受控詞。未據查明聲敘。殊屬含混。仰按察司飭卽查案據實稟復。毋稍飾延。仍候爵閣督部堂批示。繳。

撫吳公牘卷之二十五

咨議訂內外洋水師章程

爲核議事。竊前准貴爵閣部堂咨開以內外洋水師章程會面訂由貴部院親自定稿等因。准此。查內外洋水師。從前雖有定章。而行之已久。未免有名無實。若欲重新整頓。必須大改規模。現經參酌長江水師章程。采酌李軍門原議。并杜署司應道及委員林令所議。訂爲三十條。咨請核正。其現在尚難議辦。而將來必須舉行。乃可以爲未雨綢繆之計者。計有六條。名爲海洋水師章程別議。亦一并鈔錄。咨請貴爵閣部堂采擇。其餘未盡事宜。以及應删應增之處。請由貴爵閣部堂就近會督李軍門及司道等。核訂施行。

須至咨者。

咨　督院

酌議海洋水師事宜

第一條分別內洋外洋

江蘇轄境江海匯歸內洋外洋各有分界。江陰、靖江、常熟、如皋、四邑爲長江尾閭。自江陰之蝦蟇山以東至崇明之十滧口四百餘里爲內洋，自十滧口東去爲外海。八十里至佘山，四面汪洋，此獨崖然高聳，地非險要，而航海者指爲標準。佘山迤北至贛榆縣之鷹遊門，對出洋面約八九百里，與山東洋面毘連，內爲五條沙，外爲黑水洋。佘山迤南至金山衛，對出之洋面，爲羊山、馬蹟、花腦、陳錢等島約一百八九十里與浙江衢山洋面相接內洋北岸之港五十有四南岸之港二十崇明之港五十有五沙路叢出最易藏奸外海則羊山馬蹟花腦陳錢有澳避風皆爲盜賊出沒之所其沙船遇盜則佘山前後尤多佘山以北則黑水大洋盜艘不能停泊矣

第二條海洋提督建衙寶山

江南水陸提督本駐松江兵燹後暫駐蘇州查寶山爲出海入江門戶上與崇明對峙下與吳淞毘連實爲江海扼要之區寶山參將衙門本宋將韓世忠舊府擬將提督衙門改設於此以資控制即改爲海洋提督俾名實相稱仍以崇明鎮之吳淞

營及福山鎮原設各營改隸提標以靈呼應。

第三條福山鎮移駐金山衛改爲金山鎮。

福山一鎮創自道光年間原爲防海而設然地居腹裏不能爲蘇省藩籬且與狼山鎮僅隔一江不免擠雜擬將福山鎮移駐金山衛改爲金山鎮挑選各營陸兵五百人駐紮金山其提督所屬之金山柘林南匯三營蘇松鎮所屬之川沙營均歸統轄查金山衛本有城垣南連浙之乍浦北接浦東西屏松江蘇州東直大洋之羊山馬蹟花腦陳錢等島實爲蘇省東方扞蔽移鎮於此上與蘇松狼山二鎮鼎足而立而提督在寶山得居中控馭之勢且金山去松江不遠亦可補提督舊紮之缺

第四條狼山鎮新議添設之通海二營。仍改隸海洋提督專轄。

狼山全鎮向歸江南提督節制。軍興以後。沿海水師廢弛。故長江章程。議於狼山添設通州海門二營。兼隸長江提督。今內洋外海。既議設立水師。似宜歸并事權。以通州海門二營。距海較近者。改隸海洋提督。其鹽捕揚州三江三營。距江較近者。劃歸長江提督。庶江海界限劃清。兩無掣肘。

第五條水師營制船數

江南提督所轄水師。向以提督所屬之南匯一營。蘇松鎮之中左右三營。及所屬之吳淞川沙二營。福山鎮之左營一營。狼山鎮之右營一營。及所屬之掘港一營爲外海九營。現又擬將長江章程內。新議添設狼山鎭屬之通州海門二營。改隸江南。應共有十一營。今另議僱造師船。招募兵勇。配置軍械。分屬提鎭各標。海洋提標。擬新設水師一營。八團舢板十二號。分防蝦蟇山、白茅港、吳淞口等汛。蘇松鎭標。擬新設水師一營。八團舢板九號。分防協安沙西嘴、崇寶沙上新港以下中洪。以廣艇五號。分防十滧口等汛。狼山鎭擬新設水師一營。八團舢板八號。分防天星港牛洪港等汛金山鎭擬新設水師一營。以八團舢板五號。分防川沙南匯等處。以廣艇五號。分防馬蹟山等汛。其十一營。原額兵制。向屬有名無實。似可分別裁減。

第六條提督添練陸兵

水師十一營原額兵制。業擬裁減所餘之額。零星分防無裨實用。擬由提督挑選精健陸兵一千名駐紮寶山城外。朝夕訓練洋槍洋礮。俾成勁旅。又與水師輪班出海。學習水性。其口糧一切與楚軍營制同。

第七條內洋分巡會哨

海洋提標營八團舢板船十二號。其分防蝦蟇山者。南巡至謝橋港。北巡至紫氣沙。與狼山會哨。分防白茅港者。西巡至福山港。東巡至瀏河。均與本營船會哨。分防吳淞口者。西巡至瀏河。與本營船會哨。東巡至高家嘴。轉北至崇寶沙鴨窩沙。與蘇松鎮船會哨。蘇松鎮標營八團艍板船九號。其分防協安沙西嘴者。東巡至二條豎北巡至小豎河。均與本營船會哨。分巡崇寶沙者。西巡至二條豎。東巡至十滧口。東南巡至鴨窩沙。與提標船會哨。分防上新港以下中洪者。東巡至永興沙糖蘆等港。西巡至解排港。與狼山鎮船會哨。狼山鎮標營八團艍板船八號。其分防天星港者。西巡至張王港。南巡至紫氣沙。與提標營船會哨。分防牛洪港者。西巡至任家港。與本營船會哨。東巡至解排港。與蘇松鎮船會哨。各認本境出巡。每夜駐防汛地。非有狂風巨浪。不准在港內停泊。每五日會哨一次。逢五則與本營會哨。逢十則與別營會哨。周而復始。遇盜則不分畛域。會合追拏。必令盡殲。其金山營八團舢板五號。分防川沙者。專防川沙南匯以南海塘洋面。凡中外船隻。遭風擱淺。即行出力救護。禁止濱海之民乘危搶掠。不與各標會哨。

第八條外海分巡會哨

外海汪洋浩渺。應分南北兩路巡哨。擬以蘇松鎮分巡十激口。廣艇五號。東巡至佘山。南巡至馬蹟山。與金山營會哨。其金山營分防馬蹟山廣艇五號。東巡至花腦陳錢。西巡經大小羊山。抵金山本鎮。北巡至十激口。與崇明鎮會哨。其會哨之期定每月三次。

第九條水師營哨額缺

海洋提標新設水師一營擬設參將一人爲營官都司二人爲左右領哨均自領一船千總三人把總三人外委三人各領其船爲散哨蘇松鎭標新設水師一營擬設參將一人爲營官都司三人爲中左右哨官均自領一船千總四人把總四人外委二人各領其船爲散哨狼山鎭標新設水師一營擬設游擊一人爲營官守備一人爲領哨官均自領一船千總二人把總二人外委二人各領其船爲散哨金山鎭標新設水師一營擬設游擊一人爲營官守備一人爲領哨均自領其船千總二人把總四人外委二人各領其船爲散哨

第十條戰船礮位人數

凡八團舢板配大礮前後左右六位兵二十二名內以二名爲什長卽作舵工班手其二十名有事則爲戰兵無事則爲水手廣艇配大礮前後左右十位兵四十四名內以四名爲什長卽作舵工班手其四十名有事則爲戰兵無事則爲水手其水手能者升班手班手升舵工舵工升外委千把

第十一條挑選兵丁

凡內洋水師以使船爲第一義善放大礮次之須擇沿海沿江嫺習水性善於操舟能駕駛小划渡江者或連放五礮無走火遲速等弊者均准入選至如外洋水師與內洋迴異平時不習海性則一遇風浪暈吐不堪雖負技能一無所用雍正間閩

督高疏云海上水師有三等熟沙綫識島嶼能以日色雲氣占風潮爲第一等次則熟悉數處或本處情形爲第二等再次則在船不吐不暈能上下跳動輪使器械爲第三等此外不甚暈吐能坐而不能動則備數而已此次設立外海水師尤須挨此三等認眞挑選有上等者爲之引導則二等三等之人可期漸次精進其備數者卽可裁汰現在選募宜用楚粵崇明以下濱海之人或如羊山馬蹟花腦陳錢等島舟子漁人均可入選亦宜督令演放大礮務期中的

第十二條設立小舢板防淺賭勝

凡內洋八團舢板每一汛設無蓬之小舢板二號

外海廣艇。每號設小舢板一號如遇出兵小河淺
港。則乘此舢板以期追勦便捷其餘平時則各兵
飛划盪槳。或剪水凌江或逆流直上爭先鬭捷以
賭勝負。營哨各官立標獎賞如遇提督簡閱亦以
此辨各兵之優劣。

第十三條設立書吏

倣長江水師章程。提督用稿書四名書識八名總
兵用稿書二名。書識六名。副參游用稿書二名書
識四名。都司稿書一名。書識二名。守備書識二名
千把各用書識一名

第十四條另設座船

凡各營均以船爲衙署。副參游各給座船二號都

守各給座船一號以抵陸營衙署馬匹之費叅游座船月支價銀十四兩都守座船月支價銀十二兩其千把外委不給座船仍月支船價六兩

第十五條弁兵薪糧

內洋巡緝弁兵薪糧悉照長江水師章程給發其外海弁兵格外辛勞各宜稍從豐厚擬請副將月給薪水銀三十六兩叅將三十二兩游擊二十八兩都司二十四兩守備二十兩千把外委十六兩所募勇丁照長江水師章程口糧每月三兩六錢之外加銀九錢共銀四兩五錢又廣艇舵工班手與水勇不同酌擬廣艇舵工每名月給銀九兩班手月給銀六兩內洋稿書照長江章程外海稿書

每名月給銀四兩五錢。書識每名月給銀三兩六錢。

第十六條嚴定水師禁約

設立水師。必須明定禁約。照長江水師營制。申明定規三條。一不許登岸居住。二不許吸食洋煙。三不許賭博。有登岸居住。吸食洋煙者。官則革職。兵則革糧。有犯賭者。由該管將領察核情節。稟明嚴辦。

第十七條戰船不准夾帶私鹽私貨

凡洋海師船。只宜一意辦公。緝捕盜賊。如有夾帶私鹽私貨。經海關鹽卡查出。該營哨官卽行革職。該管上司不預先查辦。亦分別議處。

第十八條嚴禁收費及騷擾島民

沿海捕魚船隻。規費最優。從前水師以爲利藪。現擬一律嚴禁。凡沿海水師不得包攬漁船規費。以及妄取島中居民一草一木。違者以軍法從事。其島民中之稍有才識。一島推爲尊長者。名曰柱首。亦宜聯絡撫慰。使爲我用。

第十九條嚴定失事處分

海洋失事。本較陸路爲重。應遵長江水師案內兵部新定處分。遇有搶刼之案。四箇月限滿。題參疏防。都守以下五項哨官。俱照專汛兼轄分巡各官例。任俸。副參遊三項營官。俱照統轄總巡各官例罰俸一年。二三四參。各予限八箇月。二參限滿不獲。哨官降一級留任。再限八箇月緝拏。營官降一級留任。賊犯照案緝拏。三叅限滿不獲。哨官降二級留任。再限八箇月緝拏。四叅限滿不獲。降二級調用。不准抵銷。賊犯令接任官照案緝拏。如有一夜連刼。及會勘遲延。隱諱不報。諱刼爲竊等事。專案查叅。至會哨章程。如行船遇盜。託故畏葸不上前者。收隊後查明何哨員弁。重則責軍棍八十。摘去頂戴。輕則責軍棍四十。儻敢妄拏民船。利其貨物。按照軍法斬首號令。

第二十條獲盜從重給賞

各船員弁兵勇在洋拏獲首夥盜犯。按名解交地方官審辦。果能拏獲要首如王小娘劉阿磨等著

名之犯。每名賞給洋銀四百元。破格保奬。如能拏獲十案以上之盜。亦准專案

奏保。其拏獲尋常盜犯行刼三案以上者。每名賞銀五十兩。僅止一二案者。每名賞銀三十兩。如係人贓併獲。有主者給主認領。無主者變價充賞。不准絲毫提取歸公。以上賞項。何船拏獲。卽由何船承領。有協獲者。協獲之船分三成。

第二十一條外海傷亡優卹

外海捕盜。全賴員弁兵丁効命。儻有奮不顧身擊盜傷亡。就近由地方官或臺局大員驗明通報。准照軍營打仗傷亡例。分別議卹。賞養傷銀兩。以示體卹。內洋捕盜傷亡。仍照舊章賞卹。

第二十二條輪流更調

水師累年經月駐巡本汛。不免漸就廢弛。且無以熟悉各汛情形。擬畧照長江水師章程。各汛輪流更調。在客汛一次駐巡一年。准調回本汛駐巡一年。或內洋與外海互調。以均勞逸。均聽提督斟酌。使不致依戀陸居。且得盎資習練。惟遇勒限承緝盜案未獲。則照部議不准更調。

第二十三條出巡會考

海洋提督每月乘輪船巡外海一次。乘小輪船巡內洋一次。狼山金山蘇松三鎮。亦各派巡內外洋海各一次。均由海洋提督酌核咨委。一面咨報督撫備查。凡提鎮出巡時。即就便考驗各汛優劣。其

船新礮備。兵勇精壯。操演熟習者。該哨官酌量保
獎。如船身朽壞器械殘缺兵丁老弱技藝生疏者
該哨官酌量叅撤。海洋提督於秋季調集各營。會
同兩江總督。在吳淞口簡閱一次。閱畢。會摺具奏。
優者酌量保獎。劣者分別叅辦。

第二十四條籌備軍火各項

凡各船除大礮有定數外。洋槍籐牌挑刀單刀等
器械。報明糧臺。由上海製造軍火兩局撥解領用。
其洋藥銅帽鉛珠砲彈。及噴筒火罐火香洋布火
繩皮紙等項。亦隨時報明糧臺。由製造軍火兩局。
覓爲籌撥。惟旗幟號衣礮繩錨木腦索等件。應照
長江舊制。各船量給公費。艇船每年發銀八十兩。

八圖舢板照長龍例。每年發銀六十兩。交哨官自

行採辦修飾。

第二十五條設船廠修造戰船

擬於寶山設立船廠。採辦木植。雇募匠人。由總督委員監修。內洋舢板。應照長江章程。每三年修理一次。十二年即行更換。應排定子丑寅卯年分。其年應修其船。輪流興工。以免廢亂。至外洋船艦。一遇風浪過大。不免鍼損。應隨時由關道會同船廠。

委員查驗。修不必拘定年限。

第二十六條糧臺宜設上海

內外洋所用船隻甚多。薪糧及各項經費甚鉅。擬

於上海分設糧臺。專司師船支應。所需口糧經費。

由糧臺按月赴藩庫關庫具領。其糧臺委員。由兩江總督特委。以專責成。

第二十七條加給養廉

海洋水師提督養廉。應如長江水師之例。每年支銀八千兩。其餘俸薪一切。仍照陸營提督之例支給。三鎮總兵。亦擬於廉俸外。每月給辦公經費銀貳百兩。俾免掣肘。以上子藥船廠廉俸公費等項均彙入正餉案內題銷。

第二十八條餉項由藩關兩庫籌撥

現在新設水師。以及擬添提標陸營。爲費不貲。應將裁減原設之水師十一營口糧經費。以資挹注。仍由蘇州藩司給領。其造船軍火賞卹等項經費。

則由上海關道給領年終由督撫題銷。

第二十九條主政補缺

海洋水師哨官缺出。都守千把委員五項。應全歸海洋提督主政。即就海洋水師中遴員題補。其營官缺出。副叅游三項。擬以七成歸海洋水師中題補。以三成由兵部就各省外洋水師中推補。至總兵缺出。由海洋提督兩江總督各保堪勝人員。平日開單保奏。屆時恭候

特旨簡放。

第三十條添用輪船協巡

八團舢板及廣艇。皆須乘風乘潮。一遇風逆潮阻。均難行駛。惟輪船則風水兩無所礙。擬以海生小

輪船一號再雇小輪船一號共二號專巡內洋以天平鐵皮大輪船兩號專巡外洋以輔八團舢板廣艇之不及其小輪船每船用洋舢板一號大輪船每船用洋舢板四號約可載十二磅行礮者遇輪船追賊至淺水時即可放下洋舢板駛往追赶則賊技窮矣

海洋水師章程別議

第一條專用大兵輪船及招募駕駛之人

外海水師以火輪船爲第一利器尤以大兵輪船爲第一利器現在中國所用天平等輪船皆係遞信之船非兵輪船也兵輪船以鐵爲皮兩旁分列礮位首尾中舷亦列有活臺約計一船可裝前後

門大礮自十餘噸以至七八十噸者十餘位循環疊放無堅不摧又有火箭水雷爲之輔佐一船約可裝兵丁水手二三百人至千餘人兼用風帆行駛如飛此等輪船偶一鼓輪簸蕩則在旁之小舢板等船已將欹覆何況對敵擬先在外國選購此種兵輪船約二三號即以提督所演之陸兵赴船學習由精而粗一面招募中國能駕駛之人優其廪餼蓋甯波漳泉香山新會一帶能駕駛輪船之人甚多惟官府用外國人則惟其所欲用中國人則錙銖計較此中國人之有能者所以皆爲敵用也茲擬重價招募分别等第設法撫馭使全船皆無須資助外人方可指揮如意仍多開學堂選擇

聰慧結實子弟延訂西人之熟習水師者教以分操合操之法其次則購買根鉢輪船以資淺水追勦之用以上二種輪船初則購買繼則由廠自製有此可恃則沿海一切艇船皆可廢棄不用緣併五十號艇船之費可以養給一號大兵輪船併十號闊頭舢板之費可以養給一號根鉢輪船海上爭衡縱有百號之艇船不敵一號之大兵輪船蓋在內港則非礮船不爲功在外海則非輪船不爲功也

第二條沿海擇要修築礮臺

自道光以來海上交兵沿海礮臺悉經燬損故人人皆以礮臺爲不足恃也惟推原中國礮臺之所

以無用非礮臺之無用乃臺之式不合其宜礮之製不得其法演礮不得其準守臺不得其人故礮臺雖設亦與沿海師船同歸無用耳查西人重城池不如其重礮臺凡海口及要隘之地無不礮臺森列嚴爲防禦其礮臺之式下大上椭圓四面安礮迤邐起伏首尾左右互相照顧臺下環池與中國礮臺迥異擬仿照其式沿海仍擇要修築礮臺其礮之製亦如西國演礮必求其準守臺必求其人與沿海水師輪船相爲表裏奇正互用則海濱有長城之勢而寇盜不敢窺伺矣其礮臺式樣另文寄呈

第三條選練陸兵

防海固藉水師然陸路之師亦不可忽戚繼光論水師以爲宜兼習陸戰以備上岸擊賊之用曾於滬上閱西人陸操有能不假繫援徒手上城者有能以篙榰濠中憑以躍過二三丈之濠者有能足緣單繩手放洋槍者其助攻常州時前者死亡後者繼進並不反顧技精法行故能雄視海上其攻印度也兵不滿三千人其攻日本也兵不滿二千人惟其餉足而後令行令行而後能以少制衆竊擬於沿海水師提標各精練陸兵千人鎭標各精練陸兵五百人減額優餉嚴加選擇每人每月約給餉十元如王文成在贛州每縣選送强力奇技之士或數人或十餘人歸入各標勤行教練申明

罣法半年在陸半年在海以備緩急之用合天下約得精兵十萬人其餘一切可以裁汰有此勁旅則如山之有虎水之有龍聲威遠讋豈特盜賊不敢生心哉

第四條沿海地方官宜精擇風力幹練之員而重其賞罰

辦天下事非才不舉竊擬於沿海地方官精擇仁廉之員而又風力幹練者爲之拊循士民以時修築城堡編行保甲教練鄉兵使其事不擾而集如其功效卓著督撫特章優保延令幫辦水師庶儲備邊材可資緩急

第五條北東南三洋聯爲一氣

查直隸至粵東洋面南北五千餘里沿海要害互有關涉宜如常山之蛇擊首尾應擬設北東南三洋提督以山東並直隸而建閫於天津爲北洋提督以浙江並江蘇而建閫於吳淞爲東洋提督以廣東並福建而建閫於台灣爲南洋提督其提督文武兼資畀銜奏事每洋各設大兵輪船六號根鉢輪船十號三洋提督半年會哨一次無事則以運漕有事則以捕盜計省沿海水師舊制各船之糜費以之供給大小四十八號輪船尚覺有盈無絀然非通力合作實事求是則仍歸於無成而已

第六條精設機器局俾體用兼備

水師與製造相爲表裏偏廢則不能精擬三洋各

設一大製造局每一製造局分爲三廠一廠造輪船選通算學熟輿地沙綫能外國語言文字之人董理其事一廠造槍礮火箭火藥及各軍器選諳兵法優武藝有膽略之人董理其事一廠造耕織機器選諳農務通水利之人董理其事是今日督造輪船之人即他日駕駛輪船出使外國之人今日督造槍礮之人即他日辦理軍務之人今日督造耕器之人即他日盡心民事之人儲用於體而後化體爲用窮則變變則通豈不信哉

1107

撫吳公牘卷之二十六

豐順丁禹生侍郎原本　　受業林達泉校刊

候官沈幼丹尚書評選

批常州府詳靖江陳前令誤拏之吳錫珠請遞回管束由

查吳錫珠既據訊係疑賊誤拏。仰即復訊明確遞籍交保管束具報，至該令於前任移交無辜被執之人並不早爲確訊。始則任其年久羈禁。繼亦照案率請正法。實屬草菅人命。可恨已極。姑從寬記大過一次以示薄懲。除洛行註冊外。並仰認眞察看轉飭遵照仍候爵閣督部堂批示繳。

加函

此案若不再三推求，弁派員覆審，吳錫珠豈不身首異處乎。各州縣稟請就地正法之案，所以不能使人無疑也。天道好還，人命至重，豈可揣摩上司之好惡，殺人以媚人哉。近日山陽縣稟請將田星沅就地正法，第因其情節頗多可疑，遂郎飛札往阻，乃札到之前一箇時辰，該令已逕稟漕帥批准正法矣。旋接秋亭稟，覆確查田星沅並非在事犯人，不過該令因供詞內有曾當營勇四字，遂令李代桃僵，不知若輩曾為

國家出力，豈可以其一稱勇丁，遂草薙而禽獮之哉。飛阻之札，若使早到一時，尚可保全一命，念之痛心。不准就地正法之案，雖已通行，仍恐尚有效尤，務祈飭尊

處遇有似此之件。嚴加批駁。若文件先到敝處。弟亦必飛札駁飭。總之驛站必能如期。公事方免延誤。此弟之所以亟亟整頓驛務也。

札飭重甯慧因兩寺田地撥作養濟院經費

爲札飭事。照得揚城北關外有重甯寺。慧因寺。於雍正乾隆年間、經淮商黃仁德等捐資創建、招僧任持。兩寺共佈施田地一萬餘畝。迨兵燹之後。殿宇傾頹。重甯寺僧海雲現僅師徒三五人。慧因寺亦僅師徒二人。坐擁多田。殊失昔日佈施善意。況前經御史陳奏各處寺院。自遭兵燹。毋庸重建。欽奉諭旨飭遵在案。該寺僧廟既不修。人口又少。無須如此多田。查揚城克復至今。只有立貞堂照舊。此外保赤堂。

集英堂暫棲所皆已廢墜因之貧民漸多必須選派公正董事設立養濟院將鰥寡孤獨一概收養冬則施送棉衣夏則施茶送藥兼捨棺木以免暴露屍骸其鰥寡中有子可以讀書者亦必爲之建設義學所需費用爲數較多應將重甯慧因兩寺院田地撥作養濟院經費仍每寺留田若干畝給該僧衣食之需所收租籽按月開銷若干呈報地方官存案如果董事認眞經理毫無侵蝕年終即由該地方官轉報查考以憑酌獎合行札飭札到該府立即遵照分別查明辦理務期事歸實濟仍將遵辦緣由妥議章程具報查考切切特札

札揚州府

加函、

韓歐二公立意闢佛我輩固無此力量然目覩僧徒坐擁厚貲逸居無教不爲認眞淘汰問心亦難自安梅花安定兩書院田租不及千畝一切經費尚是弟在運司時由鹽釐二處設法挹注乃可勉强敷衍今重寧慧因等寺田多如此此書院善堂田少如彼如來太富洙泗太窮未免苦樂不均況自兵燹之後僧徒大半還俗今仍有如許良田動人覬覦無賴之徒勢必廣邀不耕不織之民多入無父無君之教亦未嘗非人心風俗之憂也除該二寺有餘田畝業已另牘請充善舉外此外倘有似此田多僧少之寺亦可一律撥充書院及各善堂經費但董事務須選擇得人

方免仍歸中飽否則供董事之揮霍與供僧徒之揮霍厥咎等耳我輩又何必厚彼薄此多一番經營哉養濟院義學各章程務望核定見示義倉所以防水旱備不虞倘有餘貲亦望留意及之尤所切禱

海門廳稟訟棍陳錫光避匿訪拏由

據稟已悉陳錫光爲該處著名訟棍恐與差役聲息相通現已確查先行避匿仰即不動聲色赶緊購線緝拏以憑嚴辦毋任縱延切切繳

飭禁背娘舅弁挖取堤岸石塊

爲札飭查禁事照得蘇常一帶近多外來遊民皆清淮山東安徽人氏或搭蓬居住或艄船棲身良善者小本營生玩法者每於冬令遇有孤客獨行曠野或

打圍提或用索套頭倒拖名曰背娘舅待其昏悶剝取衣物偶有氣絕拋之斷港或以浮土掩埋死者之家無所控訴有司亦難周緝此等匪徒寔屬愍不畏法又有貪利者挖取塘岸堤腳石塊石板並於僻靜處搬取坍屋敗牆磚塊石腳裝運上海變賣得價甚厚日積月累胡所底止巡使地保視爲無關緊要不免受財故縱恐日久岸腳挖鬆散石滚入河內始則撞破船隻繼則淤塞河道終則有碍圩田攸關

國課亟應分別嚴行查禁以儆將來合行札飭札到該府立即通飭所屬一體遵照分別出示嚴行禁止仍即明查暗訪設法拏辦以期懲一儆百并將遵辦緣由具覆察奪毋稍玩違此札

批沙洲總局稟請將沙洲辦有成效之江陰常 札蘇州府 常州府
熟印委記功獎勵由

此次辦理沙洲繳價補課全在各印委黽勉趨公上籌
國計下恤民生始終耐勞於公有裨者方准給獎今據稟請將江陰常熟印委各員先行分別記功惟現在辦理尚無成效未便遽准仰俟一律竣事察其實心眞能爲民除害兼裕
國計者自當破格從優獎勵不僅記功已也仍飭赶緊妥爲辦理剋期蕆事切勿違延並即錄批補稟爵閣督部堂查核繳

批蘇藩司詳楊周二令領解京餉無誤請給外獎由

查現據該司詳定新章委解銀兩赴別省回銷無誤者應分別程途在二千里以外至三千里者准給勞績本班挨委一次今據該司詳請將領解京餉之楊周二員各給予勞績前先班拔署一次核計蘇省至京程途二千六百七十里雖與現章不符惟京餉與外省協餉不同姑准註冊飭遵此後凡解京餉無誤者俱以此爲例仍候爵閣督部堂批示繳

韓振鉞控案未列月報銅山詞過由

爲札飭事案據銅山監生韓振鉞攔輿稟控黃士宣率衆耕毀伊伯韓孝治田禾等情前來當查此案銅

山沛縣均有控案何以該縣等詞訟月報冊內均未
開列即經札行徐州府飭查該二縣此案因何未經
造入月報是否疏漏抑或有意隱匿飭令據實聲覆
去後茲於八月初七日據銅山令申稱遵查此案於
同治四年閏五月十一日據監生韓孝治在縣呈控
生祖買韓姓宅基地畝黃士宣叫劉貴樸向說伊地
短少要耕生地作抵未允觸怒硬將生種秫禾耕毀
等情當經高前令飭提堂訊未結諭候覆訊察斷六
年四月初三日據監生韓振鉞赴府具呈奉批速提
訊詳又經高前令催提未到卑職抵任後並未據原
被呈催復經查案催提迄無一名到案因即歸入上
控積案彙詳請銷是以月報冊內未經列入合先查

案中覆鑒核等情到本部院據此查此案既經韓孝治韓振鉞等前在府縣呈控有案因久未呈催由該令任內歸入積案詳銷亦應彙入月報聲明註銷緣由以憑查核何以匿不開列殊屬玩違應將署銅山令記過一次以示懲儆合行札飭札到該司立即遵照註册飭遵並即通飭各屬一體知照毋違

札江藩司

加函

目前各州縣詞訟均已飭令列入月報凡已結未結註銷息銷之案一目了然其訊銷息銷不及成數者各定處分該牧令等無所施其泄沓之技是以商囑幕友書吏每日揑造錢債口角鬬毆細故無關痛癢

之案數十起作爲訊銷息銷以圖記功其實在之疑難案件必須勞心費神然後能結者輒皆隱匿不報以圖免過該牧令等又恐隱匿不報之案或被百姓上控露出破綻因而賄囑院司代書凡縣中有案而未列入月報者開單知會令勿代遞所謂一法立一弊生我輩愛民之初念竟成作僞之具文良堪浩歎卽如韓振鉞此案當攔輿遞呈時曾經面詢何以不遞期呈據該監生供稱屢次逢期具控代書輒以不合狀式爲詞不肯蓋戳又詢以曾在地方官控過幾次據供曾在銅山控過四次沛縣控過三次徐州府控過二次幷將呈批送閱而查該府縣月報並無此案衡以匿案不報之咎立卽叅撤該令亦復何辭惟

查該令等操守均屬可靠。亦復有志向前。且到任不及數月。因二卵而棄干城。未免可惜。是以敝處公牘中。未將隱匿全情和盤托出。又恐各縣似此作僞者尚多。故不得不據稟記過。仍祈尊處據文通飭。庶各牧令咸曉然於作僞之不能持久也。然此案非靠攔輿不能破發。是則攔輿收呈一事。或亦求通民情之一助也。是否有當。敬以奉商。

批銅山縣詳委驗范寶華在押病故由

仰按察司即移徐海道核入正案議擬詳辦。並行該縣知照。關傳屍屬領埋。查范寶華係前經批道親提未經審定之犯。交該典史衙門看管。病故雖據驗明訊無看役淩虐情弊。而疏忽之咎。究屬難辭。應比照

監犯例將署銅山縣知縣銅山縣典史各記過一次以示懲儆除札江藩司註冊飭遵暨咨爵閣督部堂外並即知照

批桃源縣詳獲匪尹開太訊認圖財謀殺丁學保身死一案正法由

該犯尹開太尚係上年就獲該縣當時並不訊供通詳卽行稟請正法已屬草菅人命卽就現詳供詞而論尹開太揪住丁學保胸前將其撳倒是死者仰面在地王三虎與該犯用刀向砍何能傷及合面右後肋髮際等處據供下手情節旣屬支離果否圖財害命亦未可知所稱夥搶劉廷俊等家計共幾案曾否勘驗通詳錄取切供另行詳報均未敘明該犯究於

何時處決前此既未經通報現詳亦匿不聲敘種種很必辣手實堪痛恨該令已因另案

奏參仰按察司即飭現署令密查尹開太是否致死丁學保之正兇果否圖財謀命有無聽糾夥搶劉廷俊等家之案曾否勘報究於何月日將該犯正法據實通禀察奪一面勒緝逸犯王三虎務獲究報仍候

爵閣督部堂批示繳

批震澤縣禀平望嚴墓二鎮設塾開課由

該縣平望嚴墓二鎮所設義塾應需經費除由該令首倡捐廉外其餘或由董事墊濟或向善堂借補只可暫濟目前恐難行之久遠他日欠項纍纍勢必中輟應令各籌定款俾資經久仰蘇藩司轉飭遵照查

明地方向有公款或賊毀不列祀典庵廟廢產一律清出分撥各塾充費妥議收支章程課讀規條同前次批查之震澤鎮頔塘書院暨社學經費如何籌撥一併查明具覆稟詳立案並飭催湖濱董事赶緊一體舉辦毋遲此繳

札飭巡查章程

爲札飭事照得蘇城地方人煙稠密商旅駢闐歷年舉辦冬防卽經添設委員分段協巡在案現在西北軍務一律肅清大營凱撤遣散勇丁不下數萬人雖經資遣回籍而從中游兵散勇無所歸束者亦復不少地方無業游民因而互相勾結連爲匪徒肆行竊刦現在時屆深秋訪聞城內外居民已有被竊之事

省城尚且如此。外縣可想而知。若不嚴密梭巡。恐將來不免釀成刦案。自應較上年早派段巡。並通飭外府州縣無論城鄉。一體設法巡緝。本部院現經酌定蘇省巡查章程五條。應飭所屬參仿酌辦。合亟鈔章札飭。札到該司。卽便轉飭各屬。實力舉行。其有應行變通辦理之處。因地制宜。或未便以蘇省章程一律相繩。除省城照章飭遵外。所有外府州縣。卽由司飭令互爲增損。確擬妥章。彙報查考。總期宵小無可潛藏。閭閻得以安堵。是爲至要。

合札蘇藩司
臬司

酌擬巡查章程

一城內外巡查宜多派段員也。長元吳三縣界內煙戶稠密五方雜處固易藏奸而冷僻小巷尤易窩頓匪類是當分設段落長巷以一巷爲一段短巷以兩處爲一段每段各派一員由本部院於九月初一日起分派親兵協同城守兵役隨同巡查委員各按段落細心巡察何處犯事先將該管印委文武各員分別議處仍勒限緝捕逾限不獲一併嚴叅如果始終勤奮地方一律平安亦分別從優獎敘

一大小街巷木栅坍牆宜分段葺修堵築也查舊時木栅今已坍廢卽間有數處存留木料亦多朽腐其空廢基地更屬四通八達盜匪乘機竊發一無攔阻可以來往自如今議按段設立栅欄應修者

赶修完固未設者赶緊建立所有廢地坍牆若不截堵雖有柵欄亦復無益應就地拾取磚瓦堵築短牆高以一丈爲率其應設應堵處所於派定段員之後飭令先將本段內何處應設柵欄何處應堵坍牆約計工料若干開摺呈由臬司核定咨由藩庫籌款給發興工工竣之後委員驗收柵欄自二更以後即行上鎖非緊要公務及延醫接穩等事不准擅開仍由各段委員不時巡察儻夜深猶未鎖柵或地保更夫擅離柵守以及無故放行均即嚴究

一各段舖戶居民宜抽派協巡也大小街巷多至千百家少亦百十戶十戶一甲十甲添雇更夫兩人

一甲派出值夜一人十家共設一牌燈寫列堂名店號姓氏輪值某家則將牌燈移至某家門外每夜聯絡鄰甲所派值夜之人督飭更夫巡行柵內十日一週在守夜之人守一夜而九夜得以安寢一月不過三夜似亦不覺其勞設遇有警即將更鑼亂鳴他處輪夜之人一聞鑼聲隨同段巡委員往該處兜拏其未輪值各戶仍各出一人隨便持取器械守立自己門首門懸一燈層層排列不得亂步以免黑夜中自相鬬擊並免盜賊聲東擊西之弊能獲賊者酌賞至油燭等費及添雇更夫工食爲費無多應由各居民鋪戶自行出資辦理官不與聞如抗不遵辦由甲首報明段員分別查究

所有城內外公館紳戶一律編入以昭公允惟營弁公館則另行抽出將舊在何營當差現在有無事業是何籍貫開具清摺由總巡委員彙送本部院查考

一城內外客寓煙館及空屋破廟宜嚴密稽查也盜賊藏身自必有所寄頓各處客棧應由縣分給循環印簿令將所住之客是何姓名籍貫逐一註明每日傍晚將印簿各分各路循去環來送總巡委員稽考晚飯後由段員親至客寓按名查點錄出歇客名單送交總巡查驗單簿不符立將該店封閉第須委員親查不得諉諸差保致滋弊混煙館起更時即須押閉並不准留客歇宿空屋破廟無

人居住一律堵塞仍隨時督飭甲長悉心訪查遇有形跡可疑之人立卽查究如有埀保家丁需索滋擾惟該委員是問

一巡段各員無論晴雨必須徹夜在段也向來段員往往於起更時卽行上段不過於所派地方週歷一次旋卽回寓及至宵小肆出委員早已安寢以故歷年無不派員巡段而竊案仍復不免今本部院擬將某段派委某員登立一簿蓋用關防每夜另派妥員二人執持印簿分上下半夜輪班查驗每到一段令該段員於銜名之下親自畫押一夜兩次於次日開轅門後呈送本部院查閱如印簿上無委員花押卽係並不在段巡查行司撤委該

員設有感冒不能赴段許卽覓人代巡但須稟明總巡其有病至十日者由總巡查明代巡之員如果認眞卽委所代之員接辦否則詳請改委

韓振鉞控案未列月報沛縣記過由

爲咨會事八月初七日據署沛縣知縣申稱轉奉札據銅山縣監生韓振鉞稟控黃士宣率衆耕毀伊伯韓孝治田禾等情查此案銅山沛縣均有控案何以該縣等詞訟月報冊內均未開列似此遺漏者尚不知若干札飭查明具覆等因轉行到縣遵查並無韓振鉞控案惟前縣任內先後據王忠沿等以韓孝純等侵佔伊田兩次具呈前縣因無契據黏呈均經批飭檢契明白另呈嗣後絕未據來縣具呈是以本年

詞訟月報，未經開列，委無隱匿情事，申復到本部院。據此，查王忠沿等控案，既無復呈，何以不即照例將案註銷？實屬錯謬，應將該縣記過一次，以示薄懲。除行江藩司註册飭遵外，相應咨會。爲此合咨貴爵閣部堂，請煩查核施行。

松江府知府楊守患病難痊，請委員接署開缺調理由

松郡政務殷繁，清訟正當吃緊，現在修築華亭海塘，又值緊要之時，在工人員尤須該守隨時赴工督率。據稟患病難支，自當力疾從公，一面赶緊醫調，未可中道自餒也。仰蘇藩司轉飭遵照，仍候爵閣督部堂批示。錄報繳，另單存。

加函

上年年終考語爵相於高章楊三君皆有微辭故奉

密查雲甫爲守卓卓固宜保全郎章楊二人近來隨辦清理詞訟正在得力豈可遽換生手以前操守如何弟可不問只要現下不要錢肯辦事便算是第一等好官比以此意商之爵相回信謂高考係客氣未除尚易聲說楊章則關心術操守頗難措辭如果眞是清訟得力則由敝處爲之轉圜躊躕再四人才難得已王稿具疏力爲剖白爵相亦已畫諾矣楊守近日屢請開缺想知前事而不知後事也務祈面囑從此立志做好官好人將所屬積案幫同清理完竣不必遽存退志庶不負鄙人區區期望之苦心做好官難做

好人尤不易也。千萬切懇轉致爲禱。

江震二縣會稟酌擬巡緝事宜由

查蘇松等屬查禁槍船匪徒前經飭據藩臬司札委邵牧朱令二員會辦。該縣編查保甲。卽可會同酌議。惟陸路固宜編查。漁船亦應編號。應卽赶緊認眞妥辦。不得徒託空言。虛應故事。至第二第五兩條所議巡防太湖。業據吳縣具稟。咨請李軍門酌辦。旋准咨復派船分段梭巡。請飭濵湖各縣各派快船二三隻幫同巡緝。亦經行司飭遵。應卽會商各縣一律照行。庶免此緊彼鬆。第四條軍民人等拏獲盜賊。奬賞一層。應酌定賞給若干。民方信其不欺。所有原摺隨稟飭發。仰按察司會同蘇藩司一併確核妥議飭遵具復原摺仍繳。

徐海道稟復密查豐縣黃典史在任情形由

豐縣黃典史雖無陵虐監犯收受監費情事惟縱捕廢弛違例擅受實屬有乖職守未便稍事姑容應先撤任咨部斥革以爲玩弛者戒仰候查叙履歷咨達吏部斥革開缺并飭江藩司另選幹員往署飭令黃純熙交卸具報可也此繳。

豐縣典史黃純熙違例擅受咨部斥革

爲咨請斥革咨明事竊照豐縣典史黃純熙先經本部院訪聞該員每遇收禁罪犯勒逼使用與刑禁人等恣意陵虐即經札飭徐海道委員密查究辦去後茲於同治七年九月十一日據徐海道稟稱委據候補知

縣陳令馳往查訪據稱豐縣典史向有進監費名目
視收禁人犯之力量定監費之多寡現署豐縣王令
自抵任後聞有此弊嚴禁不准勒索所有進監費名
目業經革除亦無陵虐監犯情事惟該典史性浮氣
惰緝捕廢弛等語且前據徐州府朱守面禀該員擅
受民詞理合據實禀復察辦等情前來本部院復查
豐縣典史黄純熙係河南濟源縣監生遵籌餉事例
報捐典史儘數選用同治五年正月選授雲南羅次
縣典史親老告近改選今職六年五月領憑到省六
月二十七日任事既據查明緝捕廢弛違例擅受雖
無收受監費陵虐罪犯情事未便姑容自應斥革以
示懲儆除行司撤任外相應查敘履歷咨達爲此合

咨貴部請煩查照斥革開缺施行。再所遺豐縣典史員缺。雖應歸部選。江蘇省現有應補人員應請留外。俟奉准截缺後。另行遴員請補。合併聲明。

咨吏部

任事云云。除咨達吏部斥革開缺外。相應移咨。明爲此合移咨貴部科院請煩爲查照施行。

移咨吏科河南撫院

揚州關詳請仍准填給執照免其復用紅單由

查前准大部議奏。行令體察情形。照舊填用紅單。係通行各省關口之件。今該關詳請仍用執照。未便遽咨。自應查明本省各關辦理情形。再行酌定。仰候將戶部原行一併鈔發蘇藩司會同上海道確核妥議並移詢淮宿關查復如何辦理情形。由司詳復察辦。

另行飭遵繳。

札發江北錢糧章程

爲札飭咨復事。同治七年九月初一日。准爵閣督部堂曾貴爵閣部堂咨復本部院酌擬江北各州縣廳錢漕徵數章程條款。飭據該司詳加參酌。逐一加簽登說。並由司分別開造銀米各册。併擬規條數則。以備采擇。詳復核商等情。咨商酌核見復。俟新任馬督部堂到任。再行會核定案。通飭遵照等因。到本部院。准此。查江北情形。本部院本不熟悉。復核該司加簽各條。甚爲妥洽。合將原擬條款章程司册鈔咨札飭。札到該司立即酌定成章。就近稟商貴爵閣督部堂暨馬督部堂裁奪。

辦理仍即具復現距開漕較近似宜及早定章通飭遵照俾百姓知所適從也

計鈔咨併發條款章程司册五本

札江藩司

咨督院

通飭註銷詞訟各案未便假手差役由

爲通飭事照得各屬詞訟各案如有原告兩月並不投審察核案情細微自應照例註銷當經通飭各屬遵辦在案第註銷各案應由各州縣自行隨時酌核辦理未便據原差以某某外出等語即行查註茲查江都縣月報册内開除項下註銷各案有由原差具禀請示者是係權歸差手辦理殊欠認眞誠恐各州

縣亦有此弊合行通飭札到該某立即遵照嗣後詿銷訟案務當自行酌量案之輕重應銷者銷應審者審切勿寄耳目於書差使藉此爲訛錢之具也仍將奉文日期及遵辦緣由申報查考毋違

札江蘇兩屬各府州廳縣

撫吳公牘卷之二十七

批蘇藩司會詳核議禁絶槍船收繳器械一案章程由

查核所議章程尚屬周妥。惟第五條責令紳士公舉村董。專司稽察一節。紳董最難得人。總須官爲督飭。免滋流弊。第六條內許各紳董密行舉訐一層。亦可不必。其兵燹以前之槍匪。如能改過者。應卽一槪免究。予以自新之路。現經本部院另擬章程六條。咨會浙江撫院飭屬一體遵辦。並將現辦情形具奏。鈔摺另札行知。仰卽查照另札遵行。繳。摺存。

事事許人自新。便不絶人嚮善之路

咨行查禁槍匪槍船器械勒令改造銷燬章程

爲咨行事。照得本部院訪聞江浙一帶槍船，近日民間不敢藏匿，多經改造，或拆卸上裝，或改易頭尾，作爲農船，計已十去其九，祗有一等槍船，夥裝販私鹽，自卜小二拏辦之後，亦經歛戢解散，其未改者投充縣中鹽捕，如江震嘉桐諸縣皆有之，託名官船，張立旗號，每藉緝私名目滋事，竊私販私，無所不爲，充捕者若干船，從而依附者又不知若干船，昨經鹽局拏獲船械，送府訊辦，而鹽局巡船不敷，亦往往參用槍船，未能屏絶。另有大槍船一種，名曰踏白雙艕，加槳礮械，較備，現在改作客船裝用，其未改者，併充鹽捕鹽巡，槍械雖由地方官出示銷繳，既未定章給價，亦未嚴立限期，民間愚懦者懷疑，刁玩者抗匿，未繳之處尙多或沈水中或藏僻處亦有居然留放在家者烏鎭爲兩省三府七縣交界之所其西北爛溪塘一路亦未盡遵繳近如盛澤鄉間東俞家蕩等處尙有持械爭鬭之事且尙有槍匪頭目在逃未獲如海鹽陳世德及其弟陳全蝠陳敘慶逃匿近海方陳埭一帶濮院沈大林新塍姚盛期當中阿二逃匿近地鄉間僅祗陳世德之夥惲寶甫經獲解此外賭博之所如新塍近鎭之九里匯濮院近鎭之廟白平湖北鄉之趙家廟嘉興東鄉之中埭桐鄉之莫陵村海鹽之硤石鎭等處時或有之亟應分別嚴禁拏辦務將槍船器械勒令改造銷毀以期盡絕根株而杜後患除咨浙江撫院一體飭屬遵辦外合行擬定章程六條札

飭札到該司卽妥派明幹委員會同蘇松等屬及浙省地方官查照章程協力嚴密查拏辦理毋稍玩縱切切

札蘇藩司
札臬司

而杜後患除札蘇藩臬司飭屬派委會同貴省地方官協力查辦外合將所擬章程咨請貴部院請煩查核是否可資采擇希卽一體飭委查辦施行

咨浙江撫院

計黏鈔章程

一查禁槍船必須先收器械宜勒限給値挨衆收繳也查兵燹之後蘇松嘉湖各屬鄉民無不製備軍器以自衛槍船卽借此名目以爲刼掠勒贖之具

保衛之法遂成流弊現在東南一律肅清民間各項軍器無所用之應飭屬一體示諭寬限兩月無論水陸居民將軍器悉數全繳但期收繳之無遺不問原物之來歷應給價值酌定鳥槍每桿給錢八百文擡槍每桿給錢一千四百文刀矛等器每件給錢三百文銅礮每觔給錢八十文鐵礮每觔給錢三十文其價隨時由縣籌墊稟由藩庫給發所收軍器於限滿日彙齊編號解省可用者交營配用已廢者分別銷燬變價歸款至收繳日期由縣按圖曉諭先令交存各本圖公正董事暫爲收儲給與收條令其遵照縣示日期持條領價屆期該縣親赴各鄉挨次點收當面照數給值不涉差

保之手。每收一村完竣。卽取村董圩保切結。如再有私藏私鑄情弊。定卽照例嚴行治罪。知情不首之地鄰。一體連坐。

一舊存槍船宜立限改造也。查槍船形製。頭梢俱尖。受水最淺。行駛便捷。與漁船農船迥異。應以出示之日爲始。勒令一月內自行改造。如逾限不改。一經查獲。卽無爲匪情事。亦將船隻鋸截。船戶加責示儆。並諭船廠工匠。不得再造槍船式樣。違者以私造軍器論。其有從前賊擾時。以農船裝作槍船者。此次旣令呈繳器械。自應飭令拆去蘆蓆艙板。照舊還作農船。不准再有槍船式樣。致滋混雜。

一舊時官用槍船。宜先禁絕也。查軍興以來。各處隨釐局卡。每用槍船巡緝偷漏。因而各衙門及馬號。亦均用之。以圖遞送追躡之便。然在官在民。頗難分別。即使編列旗號。亦復易滋影射。應飭一律撤改雙槳兩櫓快船。或兼用腳划船。以利行駛。其捕快等役。向遇巡鹽緝盜等事。亦間有乘駕槍船奉票巡緝者。此時既經嚴禁。應由地方官查明飭合該役於一月內呈報。倘匿不報明。任意駕駛。係屬知法犯法。即照槍匪治罪。仍由縣將舊時發給槍船緝票。全數弔回。以杜弊端。

一查禁槍船。收繳軍械。宜江浙兩省同時舉辦也。查江浙接壤之區。如嘉屬之秀水等七縣。湖屬之程安二縣。蘇屬之江震。松屬之青浦等縣。向爲槍船

盤踞他處間亦有之此拏彼竄每恃隔省爲逋逃藪應兩省會委勤幹之員幫同印官無分畛域督飭城鄉各董實力稽查限內照章收繳限外嚴禁查拏

一船械改收之後匪類未必盡除宜水陸編查保甲以清其源也查此次清理槍船著名匪類固已獲辦其餘附從各匪如能改過自新一概免究惟地方遼闊散漫難稽應逐村編辦保甲責成印官督率紳董於各鄉都圖按戶編造牌冊如各戶中置有農船漁船者卽於戶下註明船數以免槍船影避仍塡明人丁戶口每十家爲一甲派一甲長取具互結一家爲匪九家連坐再將漁船並無陸居

家口者另編牌冊每船編寫粉牌塡給戶口船單以十船爲一甲辦法悉照陸路但須嚴禁差保滋擾訛索之弊如此水陸戶口船隻互有查考庶槍船無可潛藏而匪類亦無從託足正本清源之道莫切於此

一船械改收之後立法務期永久宜嚴禁賭博以絕其流也查槍匪以槍船爲巢穴聚泊村鎭演唱花鼓戲招集游手開場誘賭良民因之破家盜賊藉以窩匿其害不可勝言現在甫經懲辦餘匪咸知斂跡然此輩素性侈蕩一時未必歸農旣無恒心又無恒產入於邪僻理有固然卽如嘉屬新塍近鎭之九里匯濮院近鎭之廟白平湖北鄉之趙家

廟嘉興東鄉之中埭桐鄉之莫陵村海鹽之硤石鎮湖屬之太湖鄉等處訪聞已有聚賭之事雖不至如從前之盛第不預先嚴禁則揚波扇焰法久玩生勢必仍蹈故轍而地方文武各衙門書差兵役又無不得規包庇應飭地方官隨時嚴禁務須親歷各鄉密爲查察不得假手書差尤不得由分防衙門就近稽查致滋擾累

批泰州禀地方情形由

信而後勞其民該牧到任未久民情未孚現難勸興大工自係實在情形應俟與民稍習卽將此項堤工認眞舉辦俾水利漸興農民永受其益仰卽遵照仍候爵閣督部堂批示繳

加函

信而後勞信字兼有教養二字在內今之牧令多係任用門丁書差事事與民必相拂百姓或以爲虎狼或以爲蛇蝎試問虎狼蛇蝎百姓肯親而信之乎惟有清理詞訟速審速結巡行阡陌勸農勸桑有益於民者興之有害於民者除之必使官之於民時刻痛癢相關視同骨肉有纏綿不可解之誼然後民之於官視同父兄師長有固結不能捨之情參一分權術不得參一分虛僞尤不得上下既已相孚豈有不合如流水者乎來牘云欲勸設義學雖是善舉然官民未能相信差役分送諭單轉恐有需索飯食之事不如俟官民可以時常見面官不厭民民不怕官之時

然後當面開導庶幾不致枘鑿來牘又言勸立恤孤似亦可俟稍遲再議蓋令煩則百姓應接不暇郷子厚郭槖駝傳不可不讀也

信字兼有教養在內精卓不磨公之勸誡屬吏往復懇切雖父母之於子弟有所不如旁人謂嚴厲難近今始知傳之非其眞也

通飭江北積案勒限三箇月審結辦竣由

爲通飭遵辦事據該臬司會詳奉飭議徐州府稟督屬趕辦同治三年以前未結積案並另單稟請寬免各牧令遲延處分一併速議速復等因奉此查徐屬各州縣命盜雜案自咸豐三年髮捻奔竄各牧令辦理防剿無暇審訊因之正署迭更遞相壓閣現在軍務

已竣。應請勒限三月內。責成該府州督屬將未詳未
解各案。依限掃數辦竣。儻再逾限不辦。卽由府指名
詳參。至江北積案、續經咨展。無須
奏請寬免遲延處分等情。議詳到本部院。據此。除通飭
札臬
司一體通飭遵辦外。合行札飭。札到該某立卽遵照
江北尚有積案各府縣遵照辦理外。合併札知。札到
該司卽便一體通飭遵辦毋違此札
自九月起。勒限三箇月內。將同治三年以前未詳未
解命盜各積案。一律掃數辦竣。儻再逾限不清。立由
該管府州指名詳稟。以憑專案
奏參。決不寬貸。其四年以後各案。亦卽迅速審擬解勘。
如有閣延。亦卽一并參撤。切速。切速。

札臬司
淮安徐州二府

札銅山 豐縣 碭山 宿遷 睢寧 沭陽
贛榆 鹽城 安東 桃源 泰興

飭撥洒掃會息本札

爲札飭事。照得倫紀攸敘。視學校之盛衰。文教振興。
見宮牆之美富。蘇省府縣各學。現在重復釋奠之禮。
樂章初備。舞羽聿修。嗣響前徽。昭茲來許。此固數年
來所未追肄習者。威儀重覩。抃慰殊深。惟是各士子
將事頖宮。歲止春秋二祭。平時則櫺星門內。荆棘叢
滋。殿廡楹間。塵蕪疊積。即逢朔望行禮。亦屬視爲具
文。歷觀神佛寺庵。無不莊嚴潔淨。獨至
文廟。則學官全不管理。任聽荒蕪。是
至聖之妥靈。反不如釋老之用享矣。推原其故。固由修葺
乏之費。亦因經理無人。本部院前曾議立洒掃會。爲常
年修理之資。該司即會商釐捐總局。酌提閒欵六百

千文照會紳董交令存典生息所得息金於每月朔望前雇夫薙草一次此外仍隨時洒掃務使潔淨以昭肅穆所銷各欵於年終由董事分造四柱冊報學移縣詳送備查其洒掃章程及會中人數并卽先行報查似此逐漸經營奉行勿替庶宮牆足資保衛而典禮亦可常新合行札飭札到該司卽便轉飭首府縣會商紳董遵照辦理其外府縣如何辦理亦卽轉飭妥議定章彙核具覆毋違此札

札蘇藩司

義塾巳未辦各處開單查核飭催札

爲札飭事照得本部院於五月三十日札司轉飭蘇屬各州廳縣酌捐廉俸各先設立義塾四處以資蒙

養限兩月內起辦業據各州廳縣陸續稟復遵辦現
未復到者尚有元和等縣七處今將辦理認眞與已
未報辦各州廳縣分別等第彙列清單以較勤惰合
行鈔單札飭札到該司卽便遵照查核並再由司派
員查訪已報設塾開辦各州縣如果辦有成效據實
詳請
奏明獎勵僅報遵辦及現已設立者未免空言搪塞務
令速卽籌措經費指明設塾處所舉董切實經理議
章報辦毋得再事因循其迄未遵辦而查無一復者
想已遺忘所以不卽記過尚冀其因愧生奮該司立
卽催令刻速捐廉籌費先行開設具報一面徐議常
年用款經久規模條列章程逼稟核辦儻再泄沓延

誤。則未免有負期望矣。切切。

札蘇藩司

通飭查禁火葬

爲通飭禁革事。照得各屬暴露屍棺。前經本部院於蘇藩司任內。札飭蘇屬各州縣勸諭居民善堂。分別有主無主。一體收埋。並申明例禁。已據各屬稟報辦理埋葬在案。今本部院訪聞有無知愚民。於父母屍棺無力安葬。每歲清明前後。相率焚燒。名爲火葬。此俗各屬皆有。蘇松太三府爲最盛。又有旣葬之後。將其父母棺木揭開。洗骸諦視。易木棺以土罐。亦屬忍心害理。合行飭禁。札到該某。立卽轉行各屬一體遵照。出示嚴禁。示內先以至情至理之言。剴切開導。繼將子孫毀棄祖父母父母死屍者應斬及發掘祖父母父母墳塚分別見棺見屍應行凌遲斬決各律例明白聲敘庶有人心者或可感而生悟畏法律者亦可憚而不爲儻示禁之後仍有此等惡俗許該圖地保及鄰佑人等出首報官嚴拏盡法懲治地保鄰佑人等知情匿報另行發覺一體治罪並由地方官會同善堂紳董設法籌欵多置義塚以免暴露仍通飭各屬確查未葬棺柩尚有若干勒定限期務令於本年冬至以後大寒以前一律埋葬淨盡儻逾限仍查有停棺不葬之風定惟該府廳州縣是問仍飭將示式送查毋違切切

札　江蘇藩司　蘇藩司　臬司
江巡　淮揚　徐海　蘇松太　常鎮五道

江淮徐揚海通海蘇松常鎮太十二府州廳

會銜札發江陰等縣免繳沙洲積欠價銀兩示

式由

爲出示曉諭事。照得此次設局清釐各處沙洲。勘辦升谿審理詞訟。專爲安民除累。節經示諭在案。茲查咸豐七年。改佃爲買案內。江南之江陰、武進、常熟、寶山、丹徒、丹陽等六處。均有承買之案。價銀本係按限呈繳。後因被賊竄擾。小民蕩析離居。致有尾欠。而現在各縣之底冊。業戶之單照。均已遺失無存。究竟某戶欠銀若干。無憑懸擬。且目前執業之戶。並非當日承買欠價之人。若責成現業補完。未免桃僵李代。若查提原主催繳。又多物故遷移。徒事吹求。毫無實濟。

更恐書差人等從中需索吾民流離轉徙之餘何忍再令受此呌囂追呼之苦本部堂院用是惻然因思失守以前歷年錢漕及攤徵借欵俱已蒙

恩豁免此項情事相同自應仰體

皇仁普律蠲除以蘇民困合行出示曉諭爲此示仰江陰武進常熟寶山丹徒丹陽六處沙民知悉凡咸豐七年承買灘地所欠價銀概予免繳一俟照章交清補課銀兩即行造冊咨部升科並無分文浮費其克復以後新買之案如有價未繳清者仍照案趕緊呈繳以示區別儻有員董書役洲頭圩長人等藉端索費一經控告或查訪得實定即從嚴究辦決不稍寬本部堂院爲爾民計者至周至悉總期迅速蕆事樂利均

沾實有厚望焉凛遵特示

爲札發事照得此次設局清釐沙洲江陰等六縣積欠價銀概予免繳一案現經本部院會擬示式合行鈔黏札發札到該司立卽轉發理問傳匠作速繕寫宋體由該理問校對清楚加以圈點務期無錯無遺漏夜照樣刊刻用潔白厚紙刷印告示五百道備齊油紙粗麻線等項限於文到五日內呈送來院以憑用印頒發毋任片刻躭延火速切速

札蘇藩司

計鈔示式

爲咨送事切照 云云 現經本部院會擬示式出示曉諭相應備具會稿咨送爲此合咨貴爵閣部堂請煩

查收希將會稿存案施行。

計咨送會稿一本 咨督院

咨覆漕院浚河利運

爲咨復事。同治七年十一月初八日准貴部堂咨奉

上諭侍郎胡家玉奏請濬黃河故道以利漕運一摺著曾

國藩等悉心體察彼此會商奏明興辦另片奏請製造

軍船擬令江西等省先行試辦酌徵本色規復全漕等

語著通盤籌畫一併妥議具奏等因欽此恭錄咨會欽

遵示復等因到本部院。准此查此案昨准直隸爵閣

部堂曾咨會內開。查導河南趨自滎澤以下。如賈魯

河沙河淮河皆淺窄無隄。不能容黃河之大。勢將泛

濫於歸陳許潁鳳泗等屬。自淸江而下。去年議修復

淮河故道派員測量因河身高仰難於施工又聞滎
澤口門雖寬而大溜并未南行張部堂曾任東河總
督熟於滎澤上下形勢現在兼管南河於修濬黃河
故道講求有素應請主稿挈列㘅銜復奏除咨漕督
張部堂外咨明欽遵等因即經轉行江蘇兩藩司移
會糧道一體查照在案准咨前因相應咨復爲此合
咨貴部堂請煩查照施行

咨復漕院

上海縣稟紳董議呈義倉積穀章程錄送請示

由

義倉積穀原爲儲備救荒而設該縣地不產米自應
以所收捐錢買穀存儲爲主該紳董議請全數發典

生息。誠難照行。該縣議請本折各半存儲。是否妥協。且所議由堂董收繳捐項。是否確有把握。不致抗欠。又如二十五保專辦房捐兼辦鋪捐商捐其中誠恐利少害多。仰應道體察情形。復核妥議。另行通詳察奪。毋遲。繳摺存。

營

咨行現派許提督爲撫轅總營務處並統帶中營

爲咨會事。竊照本部院現將親兵營勇丁及撫標中軍蘇州城守兩營兵丁。仿照楚軍營制。變散爲整。幷將親兵營改爲中營。認眞整頓。惟該營代理營官徐令。業經因病請假。撫標城守兩營雖有營官。而相距稍遠。鳳凰山各營則相距更遠。本部院公事繁多。礙難朝夕親自訓練。查許提督約束嚴明。素爲李爵中堂所器重。應派爲撫轅總營務處。所有本部院所屬各營。均歸稽查。督率朝夕操演。認眞約束。不令絲毫騷擾百姓。如有老弱充數。立卽裁汰。營規不嚴。立卽稟參。切勿稍徇情面。期成精銳節制之師。其中營現缺營官。幷由許提督統帶。除俟章程議定另行具奏外。相應咨會。爲此合咨貴部堂。請煩查照施行。

咨督部堂

催查崇明王令挪用江甯善後捐款曾否解淸

爲札查事。案於同治七年八月二十七日。據崇明縣曹令詳江甯善後捐款未繳尾欠應否一律免追。請示到院。當查該縣勸捐未繳江甯善後捐款。與已准免繳之楊逌等屬尾欠捐項情事相同自應一律免尋再繳以示體恤至詳敘王令任內收存未解錢三千千有零之多當時旣已集成鉅數何以延未批解又歷任收存未解錢一百八十餘千究係何人經收均未聲敘明晰顯係虧挪應卽查明追繳按數解清未便含混懸宕卽經批司轉飭將旣繳之款卽日照數清出批解未繳之款一律准其豁免嗣據該縣申報已將繳存一百八十餘千扣支解費等項外合數解司清款並聲明王令任內挪用錢文已移請徑解藩庫等情在案迄今日久曾否據王令清出挪用之款按數解司未據具報合行札查札到該司卽便遵照查明具復如尙未解司卽由司勒限嚴催王令限

一月內按數繳解清楚如再延宕定干未便切切

札蘇藩司

松江府詳復修築華亭海塘經費擬請分忙按畝攤捐並呈估册由

據詳此項工程通計需錢三十八萬餘串尚有添修攔水玲瓏壩工等項不能不預爲籌備除太湖崇明不議外就蘇松太三府州屬成熟田每畝派捐錢四十八文從同治八年上忙爲始分作六忙攤捐歸款等情是否允洽仰蘇藩司覆加確核並將應否遵照報銷一併妥議刻日具詳以便於開篆前復奏毋稍遲延切切仍候督部堂批示繳册摺存

加函

前此查閱海塘。似北岸受潮直撞。尤爲吃力。曾與卓庵面商。先於北岸加築遥堤及攔水壩。庶正堤互脚更穩。惟人夫分任太散。到工已在長正。僅錢令一人照料。實恐鞭長莫及。仍祈尊處轉致卓庵。即日移住工所。呼應更靈。此次一切修費。全係出自閭閻民脂民膏。取之如珠玉。固不可用之如泥沙也。

奉賢嚴禁索費等弊

爲札飭事。照得本部院訪聞奉賢縣代書起稿。須錢八百四十文。或一千餘文。差役傳喚被告。仍按事之大小。人之肥瘠强懦。多竟有花至數十千文者。少亦三四十千文不等。毎案鋪堂費。四五千至八千十千爲止。擾累閭閻。殊堪痛恨。亟應嚴密查懲。以清蠹弊。

又候選教諭李林書包攬詞訟。同善堂董事林皋侵呑堂田。假公濟私。是否屬實。均應密行查復。又聞該縣搶醮逼醮。惡習未除。並應嚴禁。合行札飭。札到該司。即便轉飭密查。分別辦理。逐條稟復。有則改之。切切。此札。

札蘇藩司

咨行江守報遵委接辦提調並留蒯道

爲札飭咨會事。同治八年二月十三日。據提調松滬捐釐總局江守申稱。遵奉札委。於二月初九日。將總局提調事宜。會同徐丞妥爲接辦。實力經理。具文呈報等情前來。本部院現擬即日入都。蒯道無論如何急欲回籍。猶當勉强屈留在局主持一切。庶淮軍月餉不致貽悞。候本部院回省後。蒯道再行回籍。是爲至要。除咨行外。合行札飭。札到該總局卽便遵照毋違。

相應咨會。爲此合咨貴爵閣督部堂。請煩查照施行。

札松滬捐釐總局

咨督院

李中堂

丹陽縣申送七年十一月分宣講清摺由

該縣塾多徒少。有名無實。奉飭後。並不會學悉心辦理。但以等因奉此。遵卽查照憲批指飭移請開送等語搪塞了事。其於興學一事。仍然漠不關心。殊堪憤懣。現居開春。正入學釋菜之時。該令速宜愼選塾師。庶孤寒子弟得受栽植。其稽查功課。卽由學認眞督察。毋僅以空文塞責。是爲至要。切切。此札。

宜興縣申送義塾子弟功課清摺由

查功課清冊。僅學徒四人。實屬寥寥。究竟該令於興學一事。曾否略一留心。現居歲首開學。該令務宜愼擇明師。廣爲栽培。毋但以具文搪塞也。切切。此札。

丹徒縣詳送七年十一月分宣講清摺由

據送清摺四件均悉。惟各學自通飭以後。宣講清摺。均從九月分起送。何以徐教諭之摺。獨遲至十一月始送。竟少兩月。且又遲至正月初六日始行到院。實屬怠玩之至。已於十二月二十封印之日。止彙校各學九十十一月清摺詳分等第。內將該縣徐教諭記大過一次。註冊飭遵矣。至各處府學。均不宣講。惟該府學汪訓導獨送十月十一月清摺。又每次親講小學。任事勤奮。實屬可嘉。至於該縣辦理此事。殊無頭緒。督講之人雖多。而實心舉行者究少。嗣後惟專責該縣學教諭訓導二人。督率講生下鄉宣講。以免互相推諉。是爲至要。切切。此繳。

撫吳公牘卷之二十八

銅山縣記過行司註冊由

爲札飭事照得未定罪名人犯在監在押病故監犯應將管獄有獄各官記過一次押犯應將該州縣記大過一次前經批司通飭遵照在案茲據蕭縣詳委銅山監犯柳汶昭病故一案查柳汶昭係前經批府親提尚未成招定罪之犯在監病故案由外結應照章將署銅山縣知縣銅山縣典史各記過一次以示懲儆除咨爵閣督部堂外合行札飭札到該司卽便註冊飭遵毋違

札江藩司

批桃源縣稟嗣後接奉憲文遵照歸入奉文之

月造報並整頓監獄書差情形由

據稟已悉所稱在押人證可釋者訊明省釋究竟已釋何人共有若干名應即查明稟報至該縣書差最爲玩法該署令務當大加整頓興利剔弊以挽頽風幸勿始勤終怠爲要此繳

加標

該令向能耐苦操守亦好桃源承歷任委靡之後紀綱蕩然該令必先約束門丁整頓書差使能守法奉公然後教化可由近及遠果能痛洗官場積習未有感而不應之理況斯民飢渴之餘尤易爲飲食乎自該令到任之後本部院無日不引領北望冀桃民之[illegible]而登衙席該令若能以地保自待不以官府

自待則上下相親桃之民其有豸乎仍錄報該道府及徐海高道查照繳

批沭陽縣稟到任後正値勘辦秋災並逐漸整頓詞訟由

據稟已悉至未結詞訟案件如有事屬細微及逾兩月之期者自應照例詿銷何必一律轉票徒滋擾累所擬飭提各案分別道路遠近勒定限期設簿登記逾限卽提原差嚴比一節所見甚是沭陽地方極苦民情刁該令當先以勤儉爲本高道認眞振作該令於疑難之事卽隨時就近稟商高道可也仰卽遵照繳

加標

楊令亦甚振作可惜爲時不久使沭民不得久蒙具福是吾之憾也該縣有監生周紹虞生員王汝楝向來慣爲訟棍與縣役通同一氣該令密加訪察如果仍蹈前轍卽從嚴拏辦又有頭役蔣容沈淇向來勾通土匪無惡不作該令再加詳察如罪無可貸亦卽儘法懲處以儆其餘沭陽積疲之後須威以濟恩如子產之治鄭孔明之治蜀乃能有濟若一味寬柔恐囿於書差之術中日積月累便不能自圖振拔矣縣令下車如客商新開店鋪貨物新鮮價錢便宜則貿易者必多若貨低價昂則市人望而却退豈能期生意興旺哉總之該令須振起精神呵出來幹古今循吏皆是我輩窮措大做成豈天另生一種兩口三目

人來做循吏哉勉之勉之勿負吾之厚望一月後仍錄報李藩司高道查照繳

批吳江縣稟淸釐詞訟杜弊安良由

據稟及另單均悉該署令於詞訟一層辦理甚妥殊爲可嘉近來江震搶案甚多現值冬令尤慮宵小竊發必應認眞緝捕至江震書差勒索圩甲其弊甚深蘇子瞻所謂欠戶者乃吏胥之食邑戶可爲痛心該令若能於詞訟緝捕催科三者實心整頓則牧令之道得矣該前縣辦事亦有條理其弊中在僞字該令能學其勤而去其僞乎仍候爵閣督部堂批示繳摺存

加標

該令才足任事但恐無一腔眞切愛民之意耳閱該令辦理詞訟章程知能正本清源使官民毫不隔膜下車之始卽能提綱挈領爲之喜而不寐凡牧令之於百姓猶父母之於子弟子弟之賢者固當護惜其不肖者亦當訓廸牧令教養之職既盡而謂百姓不愛戴之如父母者無是理也初視事宜先除盜賊清詞訟不宜先追錢糧所謂信而後勞其民也官聲既好民信既孚使撫字與催科相爲表裏自然令如流水該令如若言行無間初終一轍將來名在循吏傳中何等榮寵若內外不符貽本部院暨藩司以不知人之誚則該令上負神明下負知己白簡之登且不必論清夜問心安乎否乎仍錄報藩臬二司暨首府

知照繳

批蘇藩司詳余維士等上控史懿初等藉捐索費續飭查復請示由

此項畝田該二縣前令既經詳復萬難收捐迫後並不詳稟請示率行倡議私收誠如來詳實係希圖入已其撥歸地方善後公用自因奉訪及余維士上控始行先侵後吐該二令業經

奏參奉

旨革職應毋庸議至史懿初等原供每畝收錢二文如果事出因公其初何必狡賴情殊可惡應將史懿初等四名照律杖八十各加枷號兩箇月游街示眾滿日折責發落余大來一併革役以昭烱戒其餘原告余

維士及紳董潘承基等。姑照所擬。均毋庸議。無干卽
行省釋。未到人證。概免傳質。以省拖累。仰卽轉飭遵
照。並飭該前革令將宜興縣存錢六百二十七千零
勒限一箇月按數呈繳。歸款具報。其荆溪縣存錢三
百餘千。飭縣迅卽解司。毋任侵虧。切切。仍將訊結緣
由。録批報明爵閣督部堂查考。繳。

札飭碭山縣積案究有若干起開摺送查由

爲專札嚴催事。照得同治三年以前未結積案。前經
飭令迅速覆訊。解由該管府州審明。詳司核辦。人犯
免其解省。其四年以後未結各案。亦卽陸續審擬解
勘。並分別查明件數若干。開摺申復。嗣據該縣申報。
飭承查明開摺另呈等情。復於八月二十二日專札

通飭將同治三年以前未詳未解各積案自九月起勒限三箇月內一律掃數辦竣儻再逾限不清立即指名

奏參各在案惟該縣同治三年前後未詳未結積案迄今未據開呈合行專札嚴催札到該縣立即遵照將同治三年以前及四年以後未結各案並將未詳案件究有若干限九月十五日以前一併分別開摺呈送立等彙核毋再刻延切速切速

札碭山縣

加標

該令辦事向來認眞爲本部院所深知清理詞訟爲地方官入手第一要義望即認眞研求俾獄無寃滯

該令之心安卽本部院之心亦安矣

批揚州府詳奉行設立養濟院舉行各善舉將重甯慧因寺田撥作經費一案遵辦情形由

據詳已悉至重甯慧因兩寺田畝據稱傳詢該寺僧人究問共有若干云云分僧田爲義學經費而與僧人謀之何異與狐謀皮乎此事必應派妥實紳董密查方能得其底裏仰卽遵照迅卽選派紳董密速確切查明由府妥議章程詳復察奪毋得含混了事切切繳

批沙洲總局詳訊明童恩霆等稟控王德懷等一案大概情形現在解赴臬司衙門審辦由

據詳已悉王德懷等藉辦沙洲升課事宜私自斂費

既經訊明按畝苛派尚復堅稱並未經收殊屬恃符

逞刁李賢才供認經收費錢數百千文爲料理各衙

門費用究竟解歸何衙門收受亦應澈究明確至原

告童恩霆等受經書董事科斂理應控告事隔數年

府縣並不爲之申理豈能責以越訴之咎仰按察司

速即遵照俟王德懷等解到由司委員秉公研訊明

確議擬詳奪並飭將已解各衙門費用一節一併查

開細數據實復請核奪毋任違延並移該總局知照

繳

加函

比來百姓或京控或上控無論有理無理發審委員

即擬加越訴之罪鄙意深不謂然府縣不能爲百姓

伸枉屈而後始控院司或至京控且百姓赴上司控告代書有費門號有費把衙有費遞狀之後候批無期候審尤無期夥頤沉沉如控之於天如控之於鬼神含冤負屈之民安得不爲京控之計哉歐陽文忠稱穀城令狄栗嘗爲部民所訴被劾旣而部民隱丁規避旁人謂可藉此報復狄栗笑曰是嘗訴我者彼冤民能自伸令之所欲也吾豈挾此而報以罪耶然則我輩必辦百姓越訴是固狄栗之所竊笑者矣塞口止啼殊非淸訟長策祈爲切囑發審委員此後只論有理與無理不論越控不越控我公以爲何如

批崇明縣詳江甯䆁後捐款現在尾欠應否一律免追請示由

該縣勸捐未繳江甯善後捐款與已准免繳之揚通等屬尾欠捐項情事相同自應一律免予再繳以示體恤至詳敘前令任內收存未解錢三千千有零之多當時既巳集成鉅數何以延未批解又歷任收存未解錢一百八十餘千究係何人經收均未聲敘明晰顯係虧挪應卽查明追繳按數解淸未便含混懸宕仰蘇藩司卽行轉飭將既繳之款卽日照數淸出批解未繳之款一律准其豁免卽將前發告示遍貼曉諭以期實惠及民儻書差劣董稍有需索卽惟該令是問仍將貼示日期處所報查並令録批補詳爵閣督部堂並候批示繳

批蘇藩司詳復奉賢不在丁田另徵雜辦漁課

一案由

如詳辦理。仰卽轉飭遵照。將由縣暫行捐辦緣由。出示曉諭。庶幾窮黎得沾實惠。不致漁總差保朦混私收。一俟纂訂全書。卽歸入荒缺項下彙請豁除。以期永免科斂。仍候爵閣督部堂批示繳

批吳縣稟各圖地保諭飭十甲里耆舉充毋庸再由佐雜衙門撥充由

據請將各圖地保諭飭十甲里耆舉保由縣驗充。毋庸再由佐雜衙門撥充以歸簡易而專責成所見甚是。且一切公事。多經一道衙門。卽多一層轉折。更多一番需索。自應如稟立案。仰蘇藩司轉飭遵照。並行各屬一體照辦。此繳稟鈔發。

加函

立地保以約束游民。又設佐雜以約束地保。層層箝制。初意未嘗不善。近則層層剝削。無非百姓受累。所謂廒長立而馬益瘦也。此後地保改由州縣驗充。自是正辦。然門閽書差亦可勒索地保。務祈通飭所屬。必須官與百姓時常見面。時常詢問疾苦。則上下之氣通。門閽書差。自不能從中作梗矣。蘇屬害民之弊。尤在漕總。能將此弊拔去根株。勝於去百姓附骨疽也。此事非下辣手不可。幸共圖之。

批武進縣稟會獲事主費伯雄家刦案首夥各犯訊供請示由

此案失事已久。亟應贓盜併獲。儘法懲辦。惟既稱窩訂靖江縣會往起贓訪查逸犯、何以又將日期預行宣露。該令如此疎漏、豈能望拏獲眞贓正盜哉、據稟將現犯解省、仰按察司速卽核明、分飭遵照妥速辦理通報查考。毋稍疎悞、至現犯巢玉林等於何時獲案、未據聲明、其楊玉成一犯、查核該縣月報、尙係五年十一月緝獲、聲敘訊認夥同龍老小等行竊二次、並未認刦此案、前據府稟批飭提訊、亦無申復、果係此案正犯、何不早爲訊究詳報、直待本部院批檄頻催之後、始將其揷入、所訊犯供、亦覺浮泛不實、又無贓證、究難憑信、有無差役串揑借盜銷案情弊、一俟解犯到省、由司委員提集各犯、隔別研訊、務得實在確情、錄供通詳、一面按擬招解、切勿稍任枉縱、仍飭

補稟爵閣督部堂批示繳供摺存

批蘇藩司附詳震澤勸辦義倉積穀應飭另行

詳辦由

祓兵之後。富戶殷商均已消乏。若勸令量捐積穀。難望踴躍樂輸。徒有勸捐之名。而無集事之期。惟業田之家連年有收。尚堪自給。今籌備義倉積穀之法。除按畝派捐之外。亦別無他術。其應如何秉公從輕捐收。俾免偏苛之弊。仰卽另議妥洽辦法。詳復飭遵。毋遲。繳。

加函

鄙意積穀於城。不如分積於鄉。何則。凶歲在城賑濟。不過恩及游惰。而窮鄉僻壤之眞正農民。不能分及抔勺且出穀則按田抽派專取於鄉分賑則計口授食專及於城此鄉民之所以情有未洽也此後擬城內並附郭般戶所捐之穀全儲於城各鄉所捐之穀全儲於鄉而於適中都圖置倉存積擇公正紳士分年管理官吏只能稽核不能動用庶幾可免中飽朱子社倉法每石收息二斗取息過重似近青苗又恐窮民領米難以一一清還不能不煩官司催取轉致騷擾若如陶文毅豐備倉之法全不取息又恐日久耗蝕終歸烏有鄙意每年遇青黃不接時穀價必昂則出穀平糶畧取一分之息以爲盈餘俟秋收穀賤時再行買補歸倉如此辦理則繼長增高年年必有裨益凶歲使可無虞但非得人經理則流弊亦大總

之天下無無弊之事。朱子在崇安。非得劉如愚劉得輿諸君相助爲理。則亦未必有成效可覩也。所與各屬商之。務以必行爲要。

吳縣申送七年十一月十二月分宣講淸摺由

淸摺閱悉。監生金蘭汪正。布衣沈淵。孝義可風。吳女貞烈不屈。李氏周氏守節有年。均宜表彰。以維風化。仰由該縣覆查。應給匾者給匾。奬勵。應請

旌者。詳請彙

題。至高年男婦。除沈蔡氏已具

題請

旌。並行司量給錢米外。其二品

封員鄭錦宗等應給匾賞卹之處。均由該縣分別辦理具

報可也。切切。此批。

三首縣會稟請委員備辦丁祭祭品由

仰蘇藩司照給。并派委妥員會同府縣及教官紳董認眞辦理。事關大典。不得潦草塞責。此次具稟爲時已遲。嗣後執事人等。應於前一月演習禮儀。方免敷衍了事。至賓興本款本已不敷。能否另籌一有着之款。庶能永遠奉行。並由該司酌議章程具復。繳。

飭議弁勇請假章程

爲札飭事。正月二十二日。據中營徐令申稱。據右哨哨長張寶泰稟親老在籍。無人侍奉。請另派員接辦。除札委藍翎千總什長胡天喜原名祥麟調升哨長外。申報到院。據此。查哨官哨長什長勇丁因事請假。

必須核無規避情事。方准銷差。否則營官勤苦教練。弁勇等一經習熟技藝。即告假他去。豈不白費本部院及將領一番苦心。合行札飭。札到該總營務處。立即邀同中軍城守面商。應如何不令該弁勇任意去留之處。議一妥當章程。稟復察奪。切切。特札。

札總營務處

加標

哨弁練習洋槍洋礮。操法甫經純熟。即行告假。安知非他處誘以重利。延往教習。此端一開。所有熟手。皆爲他人所用。營中所存。皆係生手。我輩終日爲人作嫁。究竟有何裨益。且萬一奸民謀爲不軌。邀集此等技藝純熟之人。爲之羽翼。豈不釀成大患。前定入營

十年然後准假者亦係慮及此事卽希擬一妥章立刻稟復以憑酌采爲要

飭查興化門丁張姓

爲札飭事據訪查委員稟稱該縣差務門丁張姓藉差誅求卽就船埠而論每年索費亦頗不少又差役如呂淦鄭芳亦屬著名婪索等情合行札飭札到該縣卽便認眞查辦據實稟復毋以赤子爲可欺爪牙爲可惜也切切

淮安府請借款挑河咨商督院

爲咨商札飭事據淮安府章守稟請淸安二縣開挑包家民便等河請

奏借庫款興挑共銀二萬七千七百五十四兩零分作

十年攤徵還款。并應需員董薪水等項經費。及將來續挑安邑張家河。請以此次申出方價抵用等情。到本部院。據此查所請興修水利。有關民瘼。事屬可行。現擬會摺
奏明於藩運二庫借款挑辦。俾得如期集事。但未諗各庫有無存款可借。如何分派借給。至攤徵期至十年。亦恐爲時太久。日久弊生。除行江藩淮運二司查明詳復核辦外。相應咨商。爲此合咨貴部堂。請煩查照。希卽察酌定奪示復。以便會
奏施行。

咨督院
札江藩司
淮運司

儀徵差役索擾飭禁

爲札飭事照得本部院委員於去年十月初九日在該縣柯姓差寓查有蕭堃一名詢於九月二十一日交差看管現已訊結釋歸牌上已無其名不知該差爲何仍留蕭堃在寓恐有勒索又是日有鄉民趙姓等三人與書差講費據云欠租追繳事已訊結差費及房飯共花去錢八九千文堂費則先索三千文因該民實在無錢被站堂差役人等攢打一頓小民欠租致訟已屬可憫何該書差等反敢詐贓至八九千文之多亟應查明懲治又聞該縣傳呈費一千餘文堂訊索費少則一二千多者無一定又相驗費亦無定帶訊者均派費又串票錢每張二十餘文至四五

十丈不等。均應嚴行查禁。又訪查外監對面女管監處。有木柵無地板。不甚乾潔。亦應即行整理。合行札飭。札到該縣。即遵照辦理。並查明各節。據實稟復。有則改之。毋得飾混干咎。切切。此札。

飭查通州滋事之人並禁堂費停棺等由

爲札飭事。照得本部院訪聞該處有不安本分之人。與營兵武生勾結成羣。專在賭場煙館中生事。有上二十八宿中二十八宿小二十八宿名目。只露別號。不露本名。土人恐攖其鋒。敢怒而不敢言。此等棍徒。誠恐惡跡不少。亟應確查分別懲辦。又該州堂費上堂須取錢十挂十餘挂不等。亦應嚴行查禁。又該州有停棺不葬風俗。並應查照屢次通飭設法瘞埋禁

止。合行札飭。札到該州卽便密查辦理稟復。切切。此
札。

札通州

飭查婁縣三里橋等處分卡弊竇

爲札飭事。照得本部院訪聞婁縣西門外三里橋地
方有五厘分卡。司事方姓一人。並砲船一隻。所有釐
捐每日私收一二千。及三四千文不等。七年九月初
二日有草柴船過卡。礮船勇丁攔阻。强買五十捆。每
捆給錢三文。查柴價每捆本七八文。柴主不肯。卽行
毆打。該處鄉民甚受其累。又奉賢縣之閔行分卡司
事石姓。此人向在軍營。亦有礮船一隻。每至夜深。帶
礮船勇丁。乘坐杉板船。赴南橋鎭騷擾。客船時常生

事如果屬實亟應將磯船滋事人等嚴行懲治合行札飭札到該局即便密查稟復以憑核辦切切此札

札松滬捐釐總局

札查釐卡沈委員苛求罰款等事

爲札飭事照得本部院訪聞徐州糧臺管下釐卡委員苛求罰款甚重民間嘖有煩言又宿邑地方有訟棍趙玉成住居北鄉鄭宿交界之間平日包攬訟詞又邳州新城設有東徐書院舊城設有嶧陽書院近因原撥騶馬湖灘地爭訟未休及董事經理不善以致經費無出停課多時均應密行查復合行札飭札到該道即便遵照分別妥爲辦理仍即據實稟覆切切此札

札徐海道

海州書差索費飭查

爲札飭事據訪查委員禀稱海州傳呈雖已禁絕而驗傷及緊要事件每張呈詞須費錢二千四百文內監外監均有地板尚屬乾潔惟女監壯班捕班鹽班四處均泥地不甚乾潔又州境東南栗子口一名喬河口與安東交界地方查有盜船八隻攔路貨船不敢出入板浦州同逢姓官聲平常汎官如西鄉之石榴樹大埠阿湖三弁素不安分間有勾連圩董欺壓平民者不但尋常擅受及收受陋規而已又西鄉積年窩匪專以搶刦爲慣技近來澆風惡黨仍未盡除如房山之尹晉權平陵之唐四瞎子一流皆有藏奸

行刦之事。又各鎭集多開塲聚賭。抽頭者皆屬無賴之徒。尤以西鄕爲最甚等語。合行札飭。札到該州。卽便確查分別嚴辦。切勿任其自然。星星之火。亦可燎原。蟻穴潰隄。端不在大。該牧接札後。若腹誹本部院好管閒事。將各件存而不論。則本部院當自悔失言也。此札。

札海州

飭查泰州船戶需索

爲札飭事。據訪查委員稟稱。去年十二月二十九日。傍晚抵泰州北門外。卽有船戶吳艮儀上船需索。詢其同夥八人。每遇船隻到岸。大船需錢五六百文。極小之船。亦需錢七八十文。當給錢二百文等情。查該

州僻處東隅。並非衝途。乃該船戶吳良儀膽敢肆行
詐索。實屬愍不畏法。合行札飭。札到該州即便確查
嚴辦稟復。我輩之小事。即百姓之大事。勿謂詐錢事
不緊要。遂以此札發房爲了事也。切切。

藩臬司詳擬清理交代章程請示由

所議章程甚是。應准照辦。至第二條內已經交卸之
員。逾限三月。延不結報清楚。停委一年一層。應改爲
永不准其委署。以杜誘延。仰即通飭各府州屬一體
遵照辦理毋遲。仍候督部堂批示。繳。摺存。

撫吳公牘卷之二十九

批碭山縣詳鋪釐停止並將所雇之勇裁撤由

該縣勇丁既已裁撤所收店鋪釐捐不論數之多寡應即一概免繳以甦民困仰江藩司即飭遵照仍嚴查差保人等不准朦混私收仍通飭各屬有無由地方官抽釐養勇之事亦即一併飭令裁撤停止儻敢陽奉陰違即由司詳參嚴辦並候爵閣督部堂批示繳

加函

地方官藉養勇爲名私自抽收釐捐最爲弊政蓋公捐則某貨應抽若干尚有一定章程不致高下其手私捐則由門閽書差劣董經手肆意訛索以得賄之

厚薄。定捐數之多寡中飽之中。又有中飽。本官之慾壑未盈。而百姓僅存皮與骨矣。而且所養勇丁。無非游惰流氓。以之禦侮則不足。以之擾民則有餘。斷無實濟。現在蘇滬舖捐。業已全裁。崇明如皋江甘等處藉善後局爲名。仍行私抽。亦復分別裁撤嚴辦。惟徐海等處。爲耳目所不及。儻公有委員赴徐海時。祈囑其便中密查。弟亦諳懇雲圃就近確訪。三吳遭亂之後。猶如人經大病。元氣已傷。非用參苓桂附。緩緩調補。難期肌體充實。若仍用大黃芒硝攻下之藥。斷無起色。江北州縣私捐。尤甚於大黃芒硝。總當裁撤淨盡。庶可爲橫目稍留一線生機耳。

藹然仁者之言

淮揚築隄一事行道府察酌議辦

爲札飭事據淮安府章守該府稟淮揚各州縣田地濱臨湖河地勢卑窪全賴堤圩鞏固以資捍禦設或平時防範稍疎堤圩殘缺不修一經湖運水漲即成澤國即如同治五年清水潭漫溢山鹽阜各鄉堤圩陸續潰決獨鹽城之岡溝千秋青龍三圩修築堅固尚未全潰得以微獲秋收此其明效當此滎澤漫口尚未堵合水注洪湖高寶運堤喫重勢必啟壩宣洩下河水患奚堪設想亟應乘此滎水未至預爲防範將各鄉堤圩民捐民辦一律加修堅固稟請通飭淮揚各州縣認眞勸修民圩以保田疇等情到本部院據此當查本年滎工漫口散流由東南而下來勢尚覺遲

緩。現在水勢若何。即經札飭淮揚該道派員查探。茲據

禀稱漫水從淮河徐徐流入洪澤湖。近日水勢並未

見漲等情。刻下已交霜清安瀾之候。源枯水弱。本年

諒不致變幻。受淹昨准東河督院蘇咨會鈔奏。內稱

滎工漫口。搶廂兩壩裹頭現俱一律完工。整齊穩固。

壩基亦在分别堅築。擬俟長水再落數尺。即於外口

估築攔溝大壩。以閉其氣。一面趕緊集料。俟壩基增

培完竣。即於兩壩先行進占。已請撥部庫銀四十萬

兩。外省銀五十萬兩。即籌興堵等因。是滎澤漫口未

致全行奪溜。堵閉尚易措手。明歲淮揚一帶似可無

意外之虞。若遽令民捐民辦修培堤圩。辦理稍不得

法。恐百姓未受黃水之害。先受董事之害矣。惟現在

水勢究竟若何未便遥爲懸揣漕河部堂念切民依新督院計此時可行抵清江兩帥熟商必有未雨綢繆之術合行札飭札到該道卽便遵照督同淮揚二府斟酌情形察核究竟應否舉辦俾有實濟而免擾累刻日通稟請示察奪毋違

札淮揚道 淮安府 揚州府

批睢甯縣申歷年未詳盜案開摺申送由

查核摺開各案雖無同治三年以前積案而自五年起至本年止未詳案件共十三起之多應作速分案通詳至事主王張貴等報被搶一案前據宿遷縣稟獲犯馬明先范景賢解歸該縣審辦卽經批司轉飭研訊確供同勘驗緣由通詳究辦在案迄今月餘仍未

據訊詳實屬玩延仰徐海道即飭遵照迅將獲犯各案趕緊覆訊明確同勘驗緣由分案通詳其未獲犯各案亦即陸續詳報均毋再延致干參咎切切此批

摺存

加函

該令有守有爲志趣向上雖甯雖是小邑而經各前任疲玩之餘綱紀蕩然書差尤爲骫法務望該令振刷精神極力整頓饑者易爲食渴者易爲飲較之他邑尤易見功效也昔于清端令羅城時其光景風俗尤不如雎甯清端百折不回盡心教養卒之頑民感格剡牘屢登不數年間致位通顯該令目下境遇雖困而志氣切不可餒總宜將官場習氣掃除淨盡一

意以愛民爲主以之必有效驗本部院所期於該令者至遠且大幸勿作自了漢也仰徐海道轉飭遵照繳

札飭查議海門廳徵收地漕銀數由

爲札飭事照得海門廳職員徐少卿郎大鑫京控徐禹亭等霸佔灘地賄承謄詳書差徇庇擱案等情一案據署臬司審擬解候勘咨前來經本部院親提審訊據原被人等供稱海門廳徵收地漕每銀一兩收錢二千六百文此外又有糧差串票每張三十文該糧差之任意需索亦可概見必應革除積弊以甦民困合亟札飭札到該司道立即遵照會同藩司糧道體察情形詳加核議章程並嚴禁浮收串票錢文一併詳覆

察辦毋稍徊延切速切速特札

札　江藩司　江糧道

加函

昨據徐少卿供稱海門地丁每兩官收錢二千六百文串票錢三十文此係彰明顯著者此外小戶尚有浮費錢二三百文不等總視其人之强弱以爲去取良懦之脂膏有限奚堪若輩尋取尋求做處昨擬明定江北丁漕章程俟相囘信似尚謂然但未諗轂帥以爲何如儻商榷已定務望迅發簡明告示必使愚夫愚婦人人共見共聞方免書差暗中需索總之甯可使百姓吃明虧不可使百姓吃暗虧蓋明虧尚有定額暗虧則無可稽核也轉瞬間卽要開漕我輩早

一日、定章程、百姓卽早一日、出水火也。

批蘇司詳各屬造送閏四五六三個月詞訟清

冊核明結案較多各縣請記功一案由

各屬造送月報、開除訟案、有訊結息銷註銷之分、先須核明該牧令訊結者幾成、息銷者幾成、註銷者幾成、然後酌予賞罰、凡一州一縣詞訟多者、方能以成數計、若一縣僅有詞訟十數起、卽全數結清、亦未便記功、各州縣果能將詞訟月清月減、開除日多、實在日少、由聽訟馴至於無訟者、方不愧爲循良、若此月清結、而下月仍舊興訟、則服其口、並未服其心、絕其流、仍未清其源、雖有結案之名、仍無結案之實、似又未可專視其多寡、爲優劣也、據詳前署吳縣等各予

記功之處仰即查照批示另行詳審酌議考核章程一併詳覆察奪仍報明爵閣督部堂查考並候批示繳

加函

自詞訟月報之令行州縣每多作僞捏造口角鬭毆之案作爲訊結其實皆係子虛烏有試觀州縣所結者皆係每月新收小案以前存下疑難舊案並無一結便可知其作僞矣若僅從成數核算仍是有名無實鄙意以爲州縣訟案能按月遞減者便是實心任事務望此後將各屬月報親自核閱不假幕友書吏之手庶能窺其底裡幸毋謂刻核太過遂有不肖之心應之也

批淮安府詳清河士民呈請撥除金吳二鄉代攤沉糧

逼境丈量。祇能得其畝分。無從悉其科則。該縣金吳等鄉。向科熟荒水三則。田各若干。據該士民呈稱荒水居多。係屬臆度之詞。究竟從前攤派湖糧。舊係何則。此時如已無可考證。卽丈量之後。亦無從查其有無浮糧。事關闔境統丈。工費較鉅。弊竇易滋。必應慎始圖終。斟酌詳盡。仰江藩司訪查原委。體察確情。核議詳覆。飭遵。仍候漕爵閣督部堂批示。繳

批徐海道稟碭山縣知縣雖無別劣蹟諸務廢弛請改教職由

據稟該令諸務廢弛。難期振作。堪以教職改用。惟定

例進士舉人出身之員到任半年内因才力不及者
准改教已逾半年者原品休致候補人員已補實缺
者照辦等語該令究係何年任事仰江藩司查核敘
詳請
奏並移該道知照暨報明爵閣督部堂查考此繳稟鈔
發
批徐海道稟徐屬各牧令詳報遲延處分寬免
由
江北各州縣未詳未結各積案請寬免各牧令遲延
處分前據徐州府具稟即經批飭該司道會議詳覆
辦司治三年以前未詳未解各積案自九月起勒限
三箇月内一律掃數辦竣儻再逾限不清立即指名

奏叅至江北積案雖續經咨展本部院仍擬將查辦情形附片

奏明該道卽轉飭所屬赶緊依限辦理以前遲延之處分可無庸顧慮矣仰徐海道查照轉飭仍候爵閣督部堂批示繳

加函

前接來函以牧令顧慮處分是以不敢放手做去此乃意中事但該牧令等果能從此認眞振作不惟以前無心之處分准其寬免卽以前有心之處分亦當代爲設法祈爲切實轉告所有大小處分敵處當獨自任之與諸公無干但一切積案務須依限清結勿再視同陳債屢約屢延撫字與催科相爲表裏清訟

固撫字中一大端。今欲牧令清訟。則多方推諉。若直斥其不能撫字。則又咈然怒然。則地方官僅鳴鑼喝道。卽可謂之撫字耶。弟已因公言而寬牧令處分。公若不因弟言而催牧令清訟。投桃報李之謂何。

酌擬候補府廳州縣銜叅章程

爲諭知事。照得行政首重得人。而考言必兼詢事。本部院知識迂疎。見聞淺陋。願和衷而共濟。惟主善以爲師。蘇省需次人員。爲數濟濟。其中不乏才具出衆深明治理之人。惟僅於每月銜叅分班接見。坐譚一二刻。時甚匆匆。進退數十人。言多泛泛。問答均難詳盡。彼此徒費周旋。殊非集思廣益、相與有成之義。現經本部院酌擬銜叅章程七條。開列于左。所期諸君子同寅協恭各抒心得願聞已過相期諤諤之風數求哲言勿襲陳陳之語敢云伯樂相馬良馬遂空或者葉公好龍眞龍可至幸諸公諒此愚誠望不吝錫以教誨除佐貳各職飭由首府招考外爲此牌仰候補府廳州縣遵照毋違

計開

一自十月初一日起除現任及有差使委員自爲一班外所有候補人員每期接見一班每班十位大約以通省候補計約須兩月方可見完以後照序循環有差委出省者則以新到人員隨時補之其各局所及發審委員亦將辦理情形各開清摺於接見時呈送備核

一每人進見時各呈清摺一扣凡地方利弊時政得失及兵刑錢穀中外交涉各事宜均就識見所及開列於內但有益

國計民生均望直言無隱其不願者聽

一清摺內所開或一二條或三四條每條但取辭達而止不在誇多鬬靡接見時本部院再將條陳中意義往復討論在問者可以藉窺底蘊在答者仍可隨義引伸

一所遞三四條之外如尚有未盡事宜留俟下屆班期續遞

一所遞各條內儻有關大利大害事屬機密者本部院即將清摺閲後收存候次日單見面詢倬

免洩漏。

一所擬條陳。務期各抒已見。如有才識超卓文理優長者。再行定期面試。即、或所論未當、亦不吹求。

一摺末寫明官階姓名別號排行。以免遺忘。

札飭江蘇兩屬呈送月報改申爲詳

爲通飭遵辦事。九月十六日。據江甯府稟稱嗣後呈送月報。可否改申爲詳。俾便批回。庶昭愼重等情到本部院。據此查各州縣呈送詞訟監押月報各冊。惟山陽一縣。新陽溧陽二縣。向係詳送。其餘各屬僅用申文。該府屬既已改申爲詳。自應一體遵辦。以歸畫一。除批准外。合行通飭。札到該某。即便遵照辦理。仍

將奉文遵辦緣由報查毋違此札

札江蘇兩屬各府州廳縣 扣新陽溧陽山陽

札司飭屬嚴密查禁差役需索

爲札飭事照得各屬徵收錢漕所有一切浮費均經本部院前在藩司任內通飭一律禁革在案茲訪聞各圖經造散給由單城戶尚屬無幾鄉戶則每畝需錢百餘文少亦數十文名爲役費又縣差下鄉催繳錢糧往往任意需索常有花戶所欠無多而應給之差費反浮於應納之正供小民終歲經營何堪受此剥削合行札飭嚴禁札到該司立卽通飭各屬嚴密確查如有前項情弊卽將該差從嚴究辦毋得視爲具文切切特札

札蘇藩司

加函

嚴禁差役需索我輩一言再言不啻舌敝唇焦而牧令漠然曾無所動于中豈蚩蚩者獨非彼之赤子乎百姓稱牧令曰父臺稱我輩曰公祖試問子與父親乎抑孫與祖親乎譬如子或受人欺陵父必爲之出身豈待祖命而後痛癢相關乎該牧令如此存心殊令人索解不得徵收錢糧非牧令處處留心尤易開索詐之風弟屢次嚴札勸誡而不肯遽登白簡者一因諸公得一功名頗不容易一因後人未必遽勝前人今若輩看破全是空雷所以毫不措意然弟縱不肯以空言劾人而如縱差需索役費等事豈非貪劣

實蹟乎。仍求公再爲詛切轉致。如復聽之藐藐。則圖窮而匕首見。亦勢之所無可如何者矣。

鄉約等事行司飭學按月開報出

爲札飭事。照得蘇省各府州縣前經本部院酌議章程。通飭所屬教職分期周歷各鄉。督率講生宣講聖諭小學各書。惟是講學所以明倫。而觀風必由問俗。歷觀長元吳三學每月摺報所講書目。所至地址。以及宣講諸生姓名。下至田禾豐歉。亦或開呈大概。要皆畧而弗詳。本部院以爲官師相規。固所以勸導愚蒙。亦所以整齊風俗。該教職等既經親歷其地。凡該處地方有無孝友節義。義學文社善堂是否俱已興復。學宮是否俱已竣工。其義學章程。是否可垂之永久。論桑以何者爲最宜未懇以何鄉爲最多風俗是否勤儉抑係奢怠有無潛心理學不求聞達抱負經濟著書立說或有奇技異能諳通天文算學醫理之人城鄉正人君子有無舉行鄉約停棺不葬之風是否稍爲歛戢以上各條俱一一據實呈明以資勘核至於每期宣講之處講生以何人最爲曉暢聽講者約有若干人有無領悟之處每期所到何鄉據實詳開惟不得闌涉民間詞訟錢漕致開干預地方之漸合行札飭札到該司卽便通飭各州縣及所屬教職自九月起每屆月終將前項事宜逐一臚開清摺二分送交該縣轉報本部院暨該司二處以歸簡易此係爲地方風俗民情起見將來年終彙計之期本部院郎

以此事之能否認眞定各教職之黜陟在事講生亦即以勤惰分其優絀愼毋以迂闊而忽之切切毋違此檄

札蘇藩司

輿圖局詳江北輿圖請飭在甯開局辦理由

查繪刊江屬輿圖前次屢經曾爵閣部堂與馬部堂咨行由蘇設局辦理自應即在蘇省設局毋庸再請移設惟所需經費浩繁如何籌撥濟用應由司咨商甯藩司籌畫定奪仰即移行遵辦可也此檄

加函

上年冬侯相臨行時函稱蘇屬輿圖以勾股按地實測四至八到一目犂然爲近來輿圖之最善者將來

不惟江屬輿圖。當託此間代辦。即安徽江西兩省輿
圖。亦須託此間代辦。言甚諳切。鄙人但答應江屬歸
此間設局辦理而已今觳帥又屢屢見託。似難再辭。
昨已面屬李金二君令其馳赴江北開辦。祈於晤面
時再爲轉催。幷代備川資爲懇。

飭府按月造送詞訟各冊

爲札飭事。照得各屬詞訟案件經本部院於上年通
飭遵照按月分別上控自理。已結若干。未結若干。詳
開四柱簡明清冊。呈送察核在案。惟蘇松常鎮四府。
回不造送。此項月報攸關稽核功過自應一律造報
以憑查考。除分札飭遵外。合行札飭札到該府立即
遵照。迅將詞訟各案。自本年五月分起。分別上控自

理。按月查造四柱清册。連同監押人犯各册。一併備文詳送。毋稍漏延。切切。

札蘇松常鎮四府

札催京控各案迅速訊結並取遲延職名

爲行催事。案查歷准咨送京控七起。前經本部院因未據依限提解審結。節次札催。旋據前署司將蘇州府分別辦理情形開摺轉送到院。又於二月二十一日札司將人證已到者速即訊詳。未到者嚴行催提。一面遵照前札彙案詳參。再查鹽城縣民楊西元京控一案。於二月三十日據前署司申報飭據查訊供情甚屬細微。應先飭提卷宗解省核明。再行提證訊辦等情。又經前護院於三月初十日札催。嗣據前署司以各州縣因循不解以致案延莫結酌議提解遲延分別記過章程詳請通飭前來當卽批准復於四月初五及五月十三等日先後札催現在僅據該署司將七起內之碭山縣監生曹大儒一案擬解經前護院訊結續於三月十八日准咨鹽城縣監生蔡如松等遣抱京控一案札據前署司行提人卷由縣申報給文批解投審又於四月二十二日准咨碭山縣民周祥吉京控又於五月十六日准咨宿遷縣民趙家祥等京控又於五月二十三日准咨崇明縣民陳龍生京控計三案均經札司飭府訊供行提人卷解省審辦各在案迄今仍未據分別審解詳辦合再札催札到該司立卽遵照前次批札飭將人證已到者

速即訊詳。未到者。嚴行催提。仍查明遲延各員職名彙案詳辦。一面催取楊西元卷宗解省核明提證訊辦。其餘新到各起。亦即飭府訊供。稟司飭提人卷審辦。總之案關京控。在省拖累者。奚止數十人。在家懸望者。又奚止數百人。試一設身處地。自覺寢饋難安。該司係實缺人員。呼應較靈。諒該州縣及承審人員必不致如前泄沓矣。切切。此札。

札臬司

簽駁甘泉胡老疤仔起意糾約毆鐵褲仔等謀殺于謂成身死案由

簽。按察司知悉。查接管卷內。據該司詳。甘泉縣民胡老疤仔。起意糾約毆鐵褲仔小馬等。謀殺于謂成。毆

鐵褲仔取供後在監病故。核擬請

題。一案查此案從犯歐鐵褲仔小馬。縱姦本夫吳德周。姦婦吳周氏。均已病故。現犯胡老疤仔。按律擬斬。徐二徐缺嘴逢

赦援免。案懸年久。該府縣本應早爲清理。令細核案情。其中尚有疑竇。如所稱咸豐九年十月二十八日。歐鐵褲仔令小馬約于謂成晚間說話一節。查胡老疤仔因于謂成屢次詐鬧。起意將其致死除害。歐鐵褲仔亦因與于謂成口角爭鬧。挾有夙仇。小馬如何將于謂成騙至小坟灘。攜燈照行。于謂成何遽貿貿然來。致被謀害。其可疑者一也。又歐鐵褲仔俟于謂成走過。卽在背後將其掌跌倒地。順搭其頸。于謂成聲喊。

歐鐵褲仔又趁勢騎壓于謂成身上。將其腎囊用力一抓。于謂成卽不言語一節。查于謂成年方强壯。歐鐵褲仔僅爾背後一掌。何能令其傾跌倒地。其可疑者二也。小坟灘旣四無人居。又無樹木。于謂成有燈可照。若謂未見歐鐵褲仔。試問歐鐵褲仔隱身何處若謂旣見歐鐵褲仔。則于謂成豈有見仇人而不隄防之理。其可疑者三也。歐鐵褲仔從背後掌擊。則于謂成應該身覆在地。何以歐鐵褲仔旣騎其身。弁搭其頸。又似于謂成在地仰面者。其可疑者四也。歐鐵褲仔旣搭于謂成之頸矣。何以能回身抓傷其腎囊。蹬鞭之長。不及馬腹。其可疑者五也。歐鐵褲子身上旣無兇器。是以一人敵一人。何以于謂成任聽騎壓抓搭並不回手毆鐵褲仔身上亦並無一傷其可疑者六也以理推之小馬定必在塲幫同撳按現將小馬照從而不加功律擬流似覺情重法輕又毆鐵褲仔令小馬吽胡老疤仔前往查看胡老疤仔攜刀偕至因于謂成氣尚未絕慮其醒轉又恐有人認識將刀砍下于謂成頭顱一節查毆鐵褲仔既將于謂成臂囊用力一抓于謂成即不能言語令小馬向胡老疤仔告知何以胡老疤仔仍須帶刀前往且于謂成如果喘息僅存不難立時使之氣絕所稱慮其醒轉亦屬扭揑是否刀係毆鐵褲仔攜帶抑係胡老疤仔本屬在塲案關謀命重情犯供種種支離設奉部詰恐費周章合行簽飭簽到該司即便飭府遵照指飭

各屬再提現犯胡老疤仔等訊取確供按擬具詳由司復核另詳察辦此簽仍繳

簽臬司

簽崑山王劉氏故殺親夫王振庸身死又湯二等同謀共毆朱瀛翔身死二案審擬簽飭研訊妥擬解勘

簽按察司知悉查接管卷內據該司詳崑山縣民婦王劉氏故殺親夫王振庸身死一案又湯二等同謀共毆朱瀛翔身死一案審擬緣由各到院經前護院提訊供詞均屬拉雜移交本部院核奪等因查王劉氏原招該氏與同村金好通姦已拒絕二十餘年何以金好不先不後於該氏致斃其夫王振庸之次日

適往看視該氏揑稱王振庸發痧身死金好何以全
不查問卽自走回湯二案內據原謀金好供稱該犯
先與王劉氏姦好拒絕多年朱澠翔亦與王劉氏有
姦王劉氏之夫死後朱澠翔常去姦宿該犯有時亦
到王劉氏家閒走常被朱澠翔斥駡心裏氣忿起意
捉姦毆打等語是衅起妒姦已屬情見乎詞究竟湯
二一案是否謀毆抑係謀殺應再確訊至王劉氏將
本夫王振庸勒斃據供被王振庸常說不端打駡想
是有所風聞後因牛未牽進被駡該氏一時起意獨
自揪住繞項髮辮逅勒致斃若無在場幫同之人該
氏縱有此毒心無此辣手且王振庸旣非醉後不慮
力之不敵乎供情亦屬扭揑似此情重命案若不澈

究明確按律擬辦何以伸
國法而懲淫慝合行箚飭箚到該司即飭蘇州府遵照提
集王劉氏湯二兩案犯證悉心研訊務得各確情分
別妥擬解候勘辦毋稍枉縱率延切切此箚仍繳

計發兩案長詳書冊小看五件

箚臬司

申禁需索串票遞呈相驗各項雜費由

爲通飭事照得本部院蒞蘇以來所有本衙門暨司
道衙門陋規爲各州縣之累者均經革除淨盡去年
重定地丁錢糧章程復
奏加每兩二百文以資各州縣津貼辦公之用其所以
委曲體卹者亦既無微不至各州縣俯仰有餘亦當

體本部院之心。以體卹百姓。斯無愧父毋斯民之職。乃密查各牧令求所謂實心實力為百姓興利除弊者。殊未易見即如錢糧一項櫃收洋銀原按市價長落。不許短作洋價高抬銀價今訪查各屬去年徵收情形。其櫃收與市價並無低昂者不過數處其餘洋價均有短作。自五文十文以至二三十文不等。其尤短者。則崑山於本洋短至五十文而新陽乃短至六十文。且崑新於英洋均短作錢六十文。尤堪詫異。又如串票錢原定官給五文之外。不准絲毫浮取。今訪查各屬每票一張。書差有索至數文至十餘文以至數十文不等。且有小民自封投櫃而書差故意刁難勒措如崑山新陽太倉寶山等櫃者。更有寶山劉家灣一帶書差於每銀一錢收錢二百二十文之外浮收脚費至一百二三十文之多仍須索取串票錢二十文者又如詞訟一項前經嚴禁傳呈坐差鋪堂等費不准絲毫訛索今訪查各屬惟吳江縣牌審案每案給書差飯食錢一二千前嘉定令簽差下鄉按日給錢一百四十文鎮洋令按日給錢一百二十文稍免擾累外其餘各屬遞呈簽差鋪堂仍不免暗中訛索甚則如寶山之傳呈費有全號半號內千三外千三各名目又奉賢縣差傳喚被告有花至數十千其堂費亦自四五千以至八九千不等更有各縣相驗費仍行取給地保尤爲蘇屬所僅見總由各州縣視百姓之疾苦如秦越人之視肥瘠故於官橐則計較

錙銖於書差則任聽朘削殊大負本部院體卹各州縣之意本應擇尤記過以示薄懲惟念各州縣平日讀書未嘗不志在循良儻再三提撕或者冀其能由悟而悔由悔而改今再與寅僚約此後徵收錢漕於定章之外如有短作洋價及任聽書差索取串錢並刁難勒措者一經訪實即當照例嚴參至於詞訟惟代書戳費量立限制聽取一二百文外其傳呈費即當嚴密查禁至簽差鋪堂等費應仿照吳江鎮洋章程捐廉酌給庶書差無所藉口而小民得免擾累其書差之勤慎辦公者尤應捐廉酌賞以昭激勸如有借端需索者重懲一二以儆其餘總在各州縣潔已以清其源明察以釐其弊信賞以服其心必罰以破

其黠斯錢漕詞訟不致爲小民身家之累而教養實政可以次第兼施願各懷遠大之志毋但存計較之私本部院有厚望焉儻仍不知愧奮則蘇省候補人員項背相望諒不至無翹然特出之良司牧也勉之懔之

札到該司即便通行知照切切

札蘇藩司

撫吳公牘卷之三十

飭令封閉錫金太湖等處尼庵

爲札飭事照得佛門原清淨之區豈可納污藏垢女僧以修行爲顧乃容賣俏誨淫乃訪聞錫金太湖等處尼庵有所謂師姑者妄托香火因緣居然青樓面目招引少年子弟盡入迷途頓教禪院莊嚴化爲穢地傷敗風俗端人咸切痛心褻瀆神靈菩薩亦當怒目甚而釀成命案尤應嚴速驅除合行札飭札到該司即便妥派廉潔幹員會同廳縣照後開錫金有名各庵并太湖等庵清查封閉妥令該尼還俗從良庶幾慧劍一揮情魔永斷不獨眾生免沈孽海即舍利亦放光明所有屋宇租石一概歸入義學如有劣幕

劣衿從中庇阻。弁即一體嚴辦。其書差人等。尤不准藉端滋擾。致干嚴咎。仍飭印委將查辦情形。隨時禀覆察奪。切切。此札。

札蘇藩司

計開

上映山庵　下映山庵　寶珠庵並在惠泉山

清甯庵　永凝庵　玉泉庵並在城內

以上六庵均在無錫境

青林庵在城　青蓮庵在北門外亮壩後

圓通庵在裏黃泥橋東堍與和尚庵名圓通者別

以上三庵均在金匱境

再查洞庭東山尼庵多至二十餘處。均與錫金尼庵

情形相同均應查禁封閉

咨行飭議印官相驗差保需索章程並沛縣記

過由

爲札飭事案據沛縣稟訪聞差保趙振等藉案詐贓稟明另行詳辦一案查此案尚有該處鄉民陳占升被派錢九千文余成貴被派錢五千文陳田被派錢七千文其鄰右之被派者尚有數十千文該令並不詳悉查明檢舉殊屬憒憒姑從寬記大過一次以示薄懲除咨督部堂札江藩司註冊飭遵外至江蘇各屬印官下鄉相驗踏勘地保差役往往藉端需索甚至數十里之外尚有被其指派者應如何明定章程嚴行禁革此弊庶可永遠革絕合行飭議札到該司即便遵照

會同藩臬司刻日妥議章程詳覆察辦一面將該縣記大過一次註冊飭遵毋違此札

加函

州縣下鄉相驗無不取之於民以致輾轉株連良懦受累訪聞江北有數處州縣凡遇百姓報命到官他班書差即向值日書差道喜弁送酒席花礮值日書差倈得利後即十倍其值以謝之明目張膽以人命爲利藪殊堪痛恨即如沭縣此案經傲處訪聞差保藉地方官下鄉相驗索詐錢至百數十千之多近自數里遠至數十里無不被其擾累嚴切札查該令始自行檢舉猶復漏匿不肯盡陳一縣如此他縣可知我輩與百姓相隔太遠百姓即受些委曲亦惟有忍

氣呑聲又何從向我輩而呼籲耶鄙意惟有明定章程一切屍場使費由官自給勒石示衆庶幾不致累及無辜附呈屍場使費一單祈爲酌定如果可行即當通飭遵照總之州縣遇此等案件一在速審蓋釀事之初訟棍主意未定屍親天良未漓平心靜氣以求之易得癥結所在一在速行即報即驗屍身不致發變兇器容易勘合證人均未遠離可免憑虛搜索一在少提人屍親控告多半擇肥而噬除爲首一二人外餘皆不必牽連以免拖累一在少帶人下鄉相驗左右必聳恿以鄉民蠻悍宜多帶護衛虎狼之勢頃刻生風隨從多則需索亦多於是民始不堪命一在忍臭穢無論屍身如何變壞必須按照洗冤錄親

自推求然後胸中確有把握地方官儻能如此認真獄必得情案必易結既不致牽累無辜又不致波及鄰右可否照此通飭之處即請核奪示知幸甚

差保勒派屍場使費某某出錢幾千某某出錢幾百縣令尚且不知公於千餘里外何獨知其詳晰乃爾勒少仲方伯曾爲余言禹帥撫吳時各屬州縣合眼開眼總若見一撫臺在前又補帆中丞言請假旋鄉時曾見一地棍以紅糖水碰人傾潑訛索鄉愚旁一老人嘆曰若丁撫臺在此爾何敢如此即此編觀之蓋所以使吏畏民懷者非偶然也

批碭山縣申兩次奉札及到任後擬將地方公

事逐漸整頓清釐由

據申巳悉碭山公事廢弛皆由各前令任聽劣幕蠹書朋比爲奸以致如此該令心精力果自揣能於兩月內辦有端倪諒非虛語務期實心實力逐事整頓清釐庶地方公事得以漸有起色至所有積案務望遵照限期赶緊辦理以免貽誤刻下降人散勇紛紛回籍該縣地連數省風俗强悍並宜加意防範以消亂萌慮升卿云盤根錯節以別利器本部院當拭目以覯新硎之發也勉之望之至該縣寨主闞大邦邵楷等素好出入衙門包攬詞訟現在能否稍爲斂迹該令並卽確查密覆繳

通飭各州廳縣將嚴禁自盡命案圖賴告示捐

廉勒石

爲札飭事照得江蘇地方每有自盡圖賴之案江北尤甚大爲民累業經本部院會同爵閣督部堂頒發告示嚴禁在案近月以來此風稍息是文告之用尚可藉以啟廸愚頑保全良善惟是惡習相沿已非一日欲使痛爲湔滌尤應垂示久遠合行札飭札到該某卽將舊發嚴禁自盡圖賴告示捐廉勒石其現有城隍廟者立石廟門外或立石城門外務使萬目共覩百年不刊諸君現宰官身具菩提願他日去思有碣遺愛有碑諒不惜分一勺之廉泉爲地方省無窮之人命也其示文勒石後仍卽搨送備查此札

札江蘇各州廳縣

咨行山陽縣等分別記功記過

為札飭咨會事九月二十九日據淮安府詳稱各縣詞訟月報核其勤惰照章分別請記功過等情到本部院據此查山陽縣核計三箇月除註銷外結案已在六成以上而且截至七月底止現存只有四案應記大功一次清河縣除註銷外結案不及二成阜甯縣除註銷外結案不及三成均應記大過一次以示薄懲除咨會督部堂查核外合行札飭札到該司卽便遵照由司分別註冊飭遵毋違

札江藩司

批崇明縣詳典商月捐一欵可否援照鋪布等捐一律停免由

典商月捐固應停免該典送縣中節壽月費亦應一律停免庶不偏枯仰蘇藩司核飭該縣擬具示式呈送查核勿遲繳

批蘇藩司詳屬報詞訟核計功過一案遵飭酌議請示由

據詳已悉各屬詞訟凡三個月內原報二十起以外雖全數訊結似可不必記功四十起以外訊結十成五十起以外訊結至九成以上及一百起以外訊結至六成以上月少一月者均准予各記大功一次餘如所議辦理仰即遵照仍報明督部堂並候撫示繳

批江陰縣詳議按田捐辦積穀由佃扣留代繳錢文由

該縣捐辦積穀所議由保甲按戶收繳及畬佃扣留代繳二層均迹涉繁瑣且易滋弊竇碍難照行仰蘇藩司刻日查照本部院前定各縣舊案核議簡妥章程詳覆飭遵毋遲繳

批山陽縣詳委驗清邑監犯葛恆磬病故驗訊由

案據淸河縣驗訊通詳當查情節支離恐有不實不盡於六月十八日明晰批司飭再研訊擬解在案迄今三月有餘未據訊擬詳解茲據詳該犯葛恆磬在監病故該縣於本部院批飭研訊要案置若罔聞必待人犯瘐斃無可推求試問是何辦法前據銅山等縣會稟酌擬將管獄官請記功過業經批司核議此

案有獄管獄各官應如何分別記過之處仰按察司一并議復核奪一面飭速比差勒拏逸犯夏鑾等務獲研究確情按擬詳辦並將葛恆磬病故緣由核入辦理暨行山陽縣知照仍候漕部堂批示繳格存

僉飭鹽城周大圖船謀害劉文壇等一案審擬

由司覆審

僉按察司知悉據該署司詳鹽城縣客民周大先後圖船謀害劉文壇等非一家三命一案審解到院據此查該犯周大謀害劉文壇等非一家三命意在得船賣錢乃起意將陳小墜子一併致死之時已預備將船賤價賣給周玉堂塞口周玉堂船價該犯又迄未討回案情已屬支離至周玉堂一犯據稱因見周

大等將陳小墜子像要致死上船跪求供詞扭捏既已貪利買船謂無同謀加功豈能遽信乃輒將周玉堂遞籍取保於同治五年春殞命並無身死月日該縣又未將掩埋處所勘明亦屬疏漏至劉文壇陳小墜子先後被撩入河一係緬手一係縛腳夏志祥被該犯用煙土和在茶內灌下毒發推落塘河似均斷無生理但劉文壇等落河之時究未氣絕身死設或其中竟有遇救得生將來辦理不無周折各屍既無撈驗陳克清又無獲案現犯罪干斬決案關請

旨定奪似亦不能不畧費推求也此外含糊閃爍之處指不勝屈本部院綜核全案該犯之凶很殘忍斷難貸其一死但供情既甚屬離奇引斷即恐有遷就合將

原詳冊解批發發到該司立即遵照督同委員再
行提犯虛衷研鞫務得確情錄取切供並飭查周玉
堂身死月日勘明埋屍處所暨查核該前縣詳送勘
圖由司妥敘詳解以憑提勘
奏咨勿稍率延切切此發仍繳
計發詳冊解批五件
發臬司
批沭陽縣稟風俗民情及到任後一切整頓緣
由
據稟均悉該縣清理詞訟兩月內訊結及息銷者百
餘起尚屬勤奮監生周紹虞頭役蔣容既經先後分
別訪辦斥革生員黃汝棟頭役沈淇近雖稍知斂迹

仍應隨時留心稽察。勿稍疎縱。如查有劣迹。卽行嚴辦。來稟所稱臨民以寬。馭書役以嚴。已得從政綱領。昔人謂衙門外寬一分。百姓受一分之福。衙門內嚴一分。百姓受十分之福。眞屬要言不煩。至嚴辦盜賊固不待言。訟棍刀筆生涯。變亂黑白。其居心較盜賊爲尤險。其流毒亦較盜賊爲倍酷。若容此等莠民。聽其在境內蠹食百姓。又安用地方官爲耶。賞原差一節。甚善。馭差役必先重賞。而後可加以重刑。賞當其功。罰當其罪。心旣帖服。自不致激成他變。教養非眞循吏不辦。先養後教。卽養卽教。該縣其勉圖之。一邑中有可矜式者。獎一勸百。轉移最速。蠶桑有宜有不宜。紡織似到處可行。女紅能勤。亦足佐生計而免凍

餒因利而利則令如流水視乎良有司之心力所到不必盡有成法也依仿不善適爲厲階仰卽知照仍將辦理各情形隨時縷稟察核繳

飭禁上海船埠名目

爲飭查事照得上海船埠積弊已甚行旅商民同深憤恨現經革除之後訪聞該處有一等埠役船夫串同把持高擡船價每遇官塲喚雇特肆刁難以示埠不可革弊將益甚希冀羣言聳聽重復舊規其實生意塲中雇用船隻並不昂貴舊時埠夥仍復擺設私攤繕給小票惟行用扣錢較前畧減此其蹤跡之詭另居心之惡尤堪痛恨本部院爲便民起見豈容此等刁徒肆行把持合亟札查札到該道立卽督縣查明

現在擡價把持是何船戶出頭埠役何人暗中主使密訪嚴拏盡法懲辦一面將船價等差酌議定章各種大小船隻皆以船夫之多少定船值之高下每夫一名應給價若干務從平允不得苛刻亦不准該船戶任意高擡如果船戶與雇客賓有不能自相裝攬之處准該地方官察看情形另招殷實老成之經紀由縣驗充代客承雇其抽提用錢每千不得過七十文明立限制不准再有船埠名目亦不准從前埠夥丁役更名復充並永禁拿差貼差名目以絕弊端該道務即督縣妥議具詳以憑核奪飭遵切切毋違

札蘇松太道

札飭裁革清江小車行頭名目

爲飭禁事照得清江腳夫小車向設行頭訪聞專以剝削車夫剋扣錢文爲事王營至清江七里如店家綢緞等貨每車四百二十文別貨每車二百四十文其實歸車夫者不過四五十文餘皆歸之車行過客行李每車亦約扣數十文試一計算其利何可勝言車夫之困苦已甚若輩之慾壑無窮究其由來則以該地方官衙門丁役及佐雜衙門各有規費差費爲數甚鉅無不取之車行以致該行藉詞科索積弊相沿實堪痛恨查王營距清江不遠鄉民推車絡繹道旁來往商旅不難自行裝雇又非大車遠道及水路雇船須由車行船埠承攬情形可比本無庸設立小車專行徒滋騷擾合行札飭札到該府立即督縣將縣即

腳夫小車行頭。並行裁革。一面出示曉諭。其王營至清江裝載貨物行李。聽車夫與過往行商自相雇載。務從平允。不准苛刻。如有行夥人等從中阻撓及丁胥差役需索規費差費等項。並即嚴提究辦。自後遇有差使。一并照給車價。不准再有拏差貼差名目。以絕弊端。而示體恤。仍將遵辦緣由具復。毋違。切切。特札。

札淮安府
清河縣

常昭二縣會稟境內得雨過多請開白茆大壩以消積水由

現在蘇常石閘尚未建築。若將海口大壩啟放洩水。不特有誤興建。且恐渾潮內灌。自當可守則守。仰蘇

藩司遴委妥員刻速前往會同常昭二縣赴鄉察看被淹情形酌量辦理如非萬不得已自毋庸輕易啟垻仍飭將商辦緣由馳報察核毋遲此繳

札蘇藩司

加函

前日弟親往查勘時兩岸尚是一片汪洋然水有去路疏消尚速迨至大垻前後兩堤左右已露禾苗經面囑該令等可守則守矣今早雖有陣雨水漲亦復無幾尊處接文後望即由內起稿繕寫一面先傳委員諭令本日即起程會勘計委員傳到文件亦必辦就千萬不可發房擬稿緣文件一經發房便有官氣駁詩幕友門上之手非二三日不能了此勾當矣

松滬捐釐總局蒯道稟遵批交卸回籍一切局
務就近交杜道接收由提調稟商辦理由

如稟辦理。該道公爾忘私。離鄉多年。此時不能不暫行回籍。一俟葬事料理淸楚。望卽及早出山。匪惟本部院借重長才。卽江南北士民亦共望隨車甘雨也。繳。

松江府稟刊印臥碑文分給諸生並飭屬將稟
貢生監詞訟按季造册詳送由

該府刊刻臥碑文。分頒諸生觀習。使之各守本分。並令於書院月課卷尾默寫碑文一條。以覘其平日曾否省覽。洵爲整飭士林良法。應卽照行。至稟貢生監干預詞訟。最爲惡習。應照章飭屬將被控控人及他

人詞訟作證者分爲三項。按季開册通詳存案。並詳
請學院於歲科考試及錄遺時。兼查此册以定去取。
俾知品學并重。爭自檢束。以端士習。仰蘇藩司移會
江藩司一體通飭遵辦。並由司將前刋臥碑文板片
發交省城書局。多爲刷印。送司通頒各屬轉給誦覽。
該府另單所請
聖諭廣訓等書。已札飭書局刷印遞送矣。并飭知照。仍候
督部堂
學院批示。繳。鈔碑存。
青浦縣稟重建陳忠裕公祠堂並請列入祀典
春秋致祭由
青山不腐。傾懷向日之葵。碧血如新。回溯疾風之草。
非獨流傳竹帛。亦且儀式邦閭。明故兵部侍郎陳忠

裕公。二陸才華。三吳壇坫。字題衣帶。在聖賢命志之

初。身託露車。臨滄海橫流之地。旣恥生爲庾信。遂能

死從彭咸。

賜謚

皇朝。宣名史館。鄉大夫沒而可祭。微斯人其誰與歸。若故

考功司夏忠節公父子。抗聲白社。接武黃門。憤氣虹

噓。高宋之悲歌易水。危塗玉立。南雷之併命睢陽。卞

壼一家。田橫二客。誓俱焚於芝蕙。起同敬於梓桑。功

在人倫。誼先國故。過夷門之道。尙想衣冠。留伍相之

祠。特延俎豆。攸關忠烈。宜播芳風。仰蘇藩司檢查志

乘所書各事實。應否列入春秋祀典。並如何祔祀之

處。察核例案。妥議詳覆。繳。

札委徐令炳奎帶同眼綫馳赴常熟江陰密拏

逸盜窩家及豢盜捕保追起原贓稟解查封

窩主房屋聽候飭燬由

爲札委事。照得弭盜所以安良。而弭盜之方。首須拏辦主謀窩家豢盜捕保。本部院披閱各屬近來報盜被刦之案。層見疊出。而破獲者甚屬寥寥。即如震澤縣徐姓。元和縣金姓。兩案。贓以千計。時及半年。始經各該縣並委員獲到積盜張二老老塘裏阿方等嚴訊究辦。惟該盜犯四處刦掠。黨夥衆多。窩盜之家。聞在常熟縣境徐市鹿苑合興江陰縣境竹堂等鎭。而徐市爲逸盜韭菜阿二存頓之區。尤爲盜藪。並聞常熟縣捕唐忠章兆。徐市地保徐和尙。合興地保聶謹愼等。平日夥盜分肥。臨時通風縱逸。若不嚴拏速獲。
幷究嚴懲。將何以戢盜風而安艮善。除飭元和縣將
已獲各盜犯訊取確供究報外。合亟委飭。札到該員
立卽束裝。帶同發交的確眼綫二名馳赴常熟江陰。
會同各該縣選派幹練丁役。密往各該處。不動聲色。
蹈緝根拏。務將逸盜窩家。及夥盜捕保。悉數擒獲。追
起原贓。稟解究辦。窩主房屋一幷查封。聽候飭燬。如
有土匪地棍。庇匪阻撓。亦卽知會所在知縣汛官營
弁。添派兵役隨同拏解。該員平日辦事勤奮。不辭勞
瘁。是以特委捕拏重案。務宜愼速破獲。馳報以聞。勿
稍泄延。是爲至要。切切。特札。

札管帶親兵營候補知縣徐令

加函

昨日面詢眼綫徐順邱阿七等。據稱盜窩雖在常熟江陰。而犯案則全在浙省嘉湖二郡。江震等處。亦偶有之。至本縣境內。不惟無刦案。而且無竊案。所以土人心皆德之。遇官府訪緝。無不代爲隱瞞。各盜以韭菜阿二朱和尚爲聲氣最通。本事最强。做案亦最多。欲破此案。必須神速。否則彼必得信先逃等語。其言似無虛飾。經敝處每人各先賞洋銀百元。許以破案再加重賞。茲將該眼綫二名。派親信弋什送交尊處。另二百元即爲足下盤川。以免赴司具領。致多轉折。又附致常昭釐局錢太守一信。儻尊處賞號以及捕費綫費。萬一不敷。即可就近取用。外常熟昭文江陰武營各件文函。并祈斟酌遂投。誠恐該盜邀同土人臨時拒捕。不能不預備不虞也。足下接信後。卽由親兵營挑選精勇數人。卽刻起行。不必到敝處稟辭。亦不必到各衙門稟辭。以致走漏風聲。眼綫祈善待之。敝處覓此數人。甚不容易也。

嘉定縣詳四月分詞訟監押並藩司公文各册由

該縣册報。逼醮藏妻之案頗多。雖案情虛實不同。而風俗之不純。已可概見。應須設法善爲勸導。以端風化。至四月分。曾否奉到本部院衙門公文。來詳未據聲明。仰卽查明具覆。仍候督部堂批示。繳册存。

金壇縣詳四月分詞訟監押册由

據詳已悉。該縣訟案不多。自應隨到隨結。何以二月初間。姚開南控唐益貴誘逃一案。兩造均已到案。而被告復又逃避。是否原差張新賄縱。以致各證反受羈延之累。仰該府飭即分別嚴比勒交。同未結各案一併迅速斷結。毋稍拖延。仍飭將辦理此案情形先行禀復察奪。併候督部堂批示。繳。册存。

駁金匱張三禾等聽從華銀觀謀毆致傷華雲洲身死案由

簽按察司知悉。據前署司詳金匱縣民張三禾等。聽從華銀觀謀毆致傷華雲洲身死移屍不失一案。訊擬緣由。經前護院提犯勘訊。未及具

題。移交到本部院。准此。查此案既由前護院親提勘審

供與司審尙屬相符。自應據供定讞。惟查該犯張三禾。已於同治五年。在縣供明父張華喜年五十六歲。母張華氏年五十八歲。弟杏春年十七歲。現供父故母年七十二歲。並沒兄弟。是否現在父弟俱故。何以核計母年不符。顯有捏混。應卽由司訊明更正。毋庸俟秋審時查辦。至屍弟華廷楨。據供華銀觀如何商允張三禾並汪金淮要把哥子毆打出氣。又如何遇見張三禾等斥罵揪扭跌倒撲壓。搭傷哥子咽喉身死。都沒曉得求究抵等語。是張三禾如何聽從華銀觀將華雲洲毆打。及如何下手致傷華雲洲身死。屍親均不知情。屍妻華朱氏等。前經屢次來轅控告。現在犯既訊明擬辦。查核屍弟華廷楨供詞。是否不致

事後翻控。亦應訊取切實供結申送。以憑核明具
題。倘其中尚有參差。不妨申請更正。合行簽飭。簽到該
司。卽速遵照辦理。具覆。濡筆以待。毋稍稽延。此簽。仍
繳。

簽臬司

撫吳公牘卷之三十一

豐順丁禹生侍郎原本　受業林達泉校刊

侯官沈幼丹尚書評選

札飭詞訟人證分別取保管押不准與盜賊同押由

爲剴切飭行事照得各州縣監押人犯業經定章通飭按月造報其在押犯名開列粉牌常川懸掛隨時登釋在案茲查各屬地方官於現辦冊報牌示章程固多實力奉行然如本部院訪聞所及有將管押人犯交與原差帶押並無一定地方以致現押之犯與牌開之犯多少不符無從查考者有詞訟人證與收捕盜賊各犯同押一處畧無分別者有牌示所開眞

從四月至今，某日收押，某日開除，歷時太久，未曾截清月日，未免一覽糢糊者，亟應分別定章，以昭詳愼。自後各州縣詞訟案內情節較輕人證，應即酌量取保，不准濫行管押。遇有必須管押之犯，應專設官飯歇兩三家承充發押，不准原差任意帶押，並不准官飯歇之外另有押犯處所，庶幾便於稽查，可無賄縱私押之弊。儻本有專設押所，不交原差，亦不發外間飯歇，此爲愼重公事起見，自可仍舊辦理。惟詞訟人證，斷不准與收捕盜賊同押一房，用示區別。其粉牌登釋犯名，每屆一旬，重加清繕，上旬開釋之犯，無庸再列開除項下，俾清眉目。至各屬監獄，尙多寬潔，而管押處所，往往穢濁不堪，其慘苦實倍於監獄，各該地方官更當察看清理毋滋法外之冤重貽小民之累並嚴查家丁看役人等無許陵虐需索其已經訊釋之犯往往因差役丁胥慾壑未飽措留不遣此中弊竇覺察尤難應於結案時當堂遣歸仍隨時查訪防其措押不得稍存大意合行札飭札到該某即轉飭將以上各條逐一遵照辦理仍將核實遵辦緣由於半月內專案詳復毋違切切特札

札各道府 江蘇各州縣廳

飭議錢庄局賭局騙禁絕章程

爲札飭議禁以杜奸商而免民害事照得錢庄一業所以通有無濟緩急原市廛所不可少近來有等奸猾之徒藉爲騙局或賭賽市價買空賣空或引誘存

放串逃串閉以千萬虛無之數立定限期有意使銀洋長落到限即將前買之票過割從中取長落之利民間惟利是圖以爲無須現銀故敢以千萬之數買賣不知一經長落所輸之利亦復不少因之有破家者並有無家可破而自盡者此與局賭何異且兵燹之後多係糾集三四人湊本數百千或千餘串合開一店外則裝潢體面內實資本空虛小民稍積錙銖貪圖利息紛紛存放該錢業始以所存錢洋作爲店中資本迨至存款一多假稱虧本閉歇勒折歸還弃有實在稍爲虧本即將本店銀錢運寄一空閉店潛逃並無著落及至控案提追亦無從飭提此與局騙相同若不定章示禁則商民受累伊於胡底查例載

京城錢鋪無論新開舊設均令五家聯名互保報縣存案如有藏匿現銀逃閉者立將鋪戶拘拏押追勒限兩月開發逾限不完照誆騙財物律准竊盜論計贓科罪所欠銀錢先令聯保四家代爲開發一面洛追給還法甚嚴密現在蘇省既有此風似可仿照辦理惟應如何聯保互相稽查使局賭局騙不致復萌之處合行札飭札到該縣立即遵照將前項局賭局騙之風應如何嚴行禁絶不涉差保之手以杜流弊剋日妥議章程復候核奪毋違特札

札長洲元和吳縣

札飭革除鎮江府揚州江甘二縣清河縣船埠

爲飭禁事照得各處馬頭設立船埠本以便商而其

流弊乃卒至於病商近時訪聞各該船埠扣取用錢漫無限制甚有至三四成以外者而又多立名目如划船板船搖船江船有一種之船即有一種之埠每埠夥役各數十人分踞地段巡邏婪索船戶恣其魚肉雇客聽其把持遇有差事藉差滋擾拏一船而無船不拏弊更不可勝言合行嚴札飭禁札到該縣府立即督縣遵照將該船埠現扣用錢明立限制每千不得過七十文其划船板船搖船江船各種槪行歸併一埠其埠役由縣驗充埠夥祇准數人如有多添埠夥到處索詐以及多扣用錢不遵限制者准各船戶指名稟究其各種船價皆以船夫之多少定雇值之高下每夫一名給價若干由縣妥議詳核飭遵務從

平允不得苛刻亦不准各船戶任意高擡遇有來往差使悉照定價給發永不准有拏差貼差名目該地方官衙門丁役向時索取船埠規費差費各款爲數甚鉅應即一併裁革不准再蹈積習需索分文致干查究仍卽將核實辦理情形專案詳復切切毋違特札

札鎮江揚州淮安府江都甘泉清河丹徒縣

勸修海屬水利札

爲飭行事照得海屬地方積年旱澇無歲不歉沭陽地處上游東省諸山暨駱馬湖水來源盛漲六塘河洩瀉不及沭河去路更微往往浸灌民田州境爲瀕海尾閭湖河所注漫溢時虞惟贛稍高阜然每遇霖

雨亦遭衝淹統計該屬情形沮洳苦澇高原又苦旱究之水災實更甚於旱災查乾隆年間海州東南鄉莞瀆等二十四鎮沭陽二十字橋錢家集苗家寨等鎮贛榆之南鄉等鎮皆經勘議仿江南圩田之法築堤建圩現今年久恐故址已湮工資浩大修築爲難然即不能興水之利亦當去水之害但使水有去路由內河達之海口處處暢洩則少一分之水患即多一分之農利現如沭境南北兩六塘河之中向有侯家口一河分洩水勢旋以軍興建築長圩該口遂至塡塞又如海贛境內各處海口支流以及支河曲港舊有河形之地應即由該地方官詳加採訪趁此農隙周歷察勘或疏濬故道或別開溝渠使水勢得以

分殺而霖潦不至爲災總期工不甚費事在可行俾辦有成效再議仿照圩田徐輿大利本部院爲民生利賴起見合行札飭札到該道州立即遵照轉飭該州督同贛沭二縣一體妥爲辦理仍將遵辦緣由先行具覆無負本部院諄諄勸辦之苦心也切切特札

札徐海道海州

加函致道

海屬地方廣闊幾與蘇松常鎮四府相等而物產不豐野多曠土則以水利不修膏腴悉成磽确故也鄙意海屬地廣人稀官民俱困若僅僅稍爲疏鑿補苴目前則旋濬旋淤終非持久之道海屬農務與鹽務相爲表裏現在淮北鹽務大有起色籌款亦尚不難

若海屬水利不興民生日絀則私煮與私梟勢必充斥鹽務亦必暗受其害現擬函商督院於北鹽籌一鉅款爲海屬大舉開河之計未知能否如願祈尊處上書時亦望剴切陳明所慮者無一實心督工之人執事幫同儆處淸理詞訟又不能分身兼顧籌款難籌人尤不易四顧躊躕不能不憮然三歎也

海州水利關係大局榛楨頊撥鹽款大舉興脩亦所以成公志也

飭查沭陽縣差役私押是否相符

爲札飭事照得管押人證飭縣懸掛粉牌令將管收除在每日明白牌示原以杜差役私押之弊今本部院訪聞沭陽縣差役徐殿家押有二人一名張季長

一名華久慶經去人詢據張季長稱伊子與屠永輝因賣魚涉訟伊子逃走押伊跟交華久慶稱因娶再醮婦被控均係九月二十一日進押又於胡大家查有徐玉堂一人詢係八月十八日管押又張龍家查有時文賢時紹德二人詢係九月十八日管押以上五人縣牌均無其名本部院復查該縣八九兩月押冊亦未開載惟究因何事私押收押月日是否與本部院訪聞相符合行札飭確查札到該道立即派委妥員確密查明該差等如何私押民人緣由據實稟候察辦并查所屬各州縣差役有無前項玩法情事一併詳復該道向來視民如子疾惡如仇想必能認眞確訪不受若輩欺朦也切切

札徐海道排釘

加函

押犯懸牌原所以杜私押之弊今沭陽一面懸牌差役一面私押該令如若不見不聞何異木偶如若知而不報則當此法令森嚴之際仍敢存苟且嘗試之心尤堪詫異務望密派妥人認眞查復以便分別嚴懲以儆其餘該令每次稟牘輒日百姓無良今任聽差役私押試問有司果良否耶嗚乎去者如此來者又復爾爾陳陳相因吾寶末如之何也巳

札飭各屬不許黠充總書由

爲通飭革除事照得江蘇州縣徵收錢漕向有總書一役各房書吏每於本官到任之時及地漕啟徵之

前以千數百金爲雉媒鑽謀點充甚或數人湊集成數大都由辦漕門丁代爲說合在廉潔牧令未必貪其賄賂不過受人欺蒙而不肖之輩欲圖點費以飽私槖遂不問其辦公是否勤愼身家果否殷實遽允所請一經准點若輩有恃無恐恣意妄爲或以完揑欠或以熟作荒內則交結門丁朋比爲奸外則勾串糧差浮收肥巳地保既任其指揮小民暗受其朘削甚且挾制本官以致太阿倒持稍不遂慾公事每致遲誤爲害實非淺鮮至於包攬代納撞騙招搖猶其事之小焉者也現在錢漕收數均巳明定限制豈容此等蠹書盤踞衙門把持公事合特專札飭遵札到該某立即通飭所屬州縣遵照將現有總書立即革

除嗣後不准再用漕總亦毋許變易名目仍令暗中把持儻該州縣陽奉陰違一經察出立予嚴參決不寬貸該某仍將奉文通飭日期並飭所屬將遵辦緣由專案詳復特札

札江蘇藩司　十二府州廳

加函

江陰金匱兩處漕總業已嚴辦而且累及本官各牧令何必蹈其覆轍害民適以自害哉惟各處漕總根深蒂固非用草薙禽獮之法不能拔本塞源而爲大聲疾呼弟必再接再厲也

蘇屬漕總爲害最烈經此次草薙禽獮之後至今猾爲斂迹在公雖稍受怨謗而百姓已沾澤無窮

癸

淮安府詳山鹽清安四縣本年六七八三個月詞訟月報考核功過照章詳請核示由

據詳山陽縣姚令六七八三個月詞訟結案九成以上請記功二次鹽清安三縣均因正值考試之際未能兼顧審斷結案無多請免記過等情查山陽縣三個月冊造訟案除註銷外訊息僅止八成以上安東縣結案不及三成清河鹽城兩縣不及四成應將山陽縣記功一次清河縣鹽城縣安東縣姑念時值考試事出有因各予記過一次以示薄懲除咨督部堂查照並行江藩司註冊飭遵外仍即分飭遵照并候督部堂批示繳冊存

飭禁小押並議招商開典

爲札飭事照得本部院訪聞揚州府江甘兩屬有等罔利之徒於各鄉鎮開設小押分官私兩種私押以百日爲滿每日一分起息出錢九五串入錢足底如押物得錢九百五十文一月往贖卽須一千三百文官押則各衙門皆有陋規爲費旣多扣利更重查律載典當財物每月取息不得過三分如當錢一千文每月只准取息錢三十文違者治罪

功令煌煌原以通小民緩急之需而杜重利盤剝之漸今小押每月取息較例定逭增至十餘倍之多其名爲官押者於衙門多出一分之費較私押必更增一分之息罔利病民莫此爲甚江甘如此各屬諒亦不

免合亟札飭札到該司立卽轉飭各屬查明該管境內如有開設小押卽行出示嚴禁概令閉歇其貲本較充者或勸令仿照蘇常辦法改設公典不准再有小押名目並嚴禁書差人等藉端需索仍一面赶招殷實妥商開設典舖多多益善俾貧民得通有無不致受盤剝之累揚州爲南北通衢尤不能不開設典當以通緩急應否由運庫借撥本錢俾成義舉之處弁由該司咨商酌奪辦理具復切切

札江藩司蘇藩司淮運司

加函致運司

揚州開設公典自應妥擇殷商弁許於不敷時由運庫借給資本方可成事蓋淮南北數百里無一公典

誠恐此典一開，百姓蜂湧而來，本錢不敷周轉故也。蘇州公典取息三分，似覺太重，鄙意約在二分左右，既不病民，亦不病商，目前救濟窮民，無有急於此者。乞速圖之。我輩之口角春風，即百姓之楊枝甘露也。

詞訟核記功過飭擬章程

爲札飭事。照得本部院設立詞訟月報，原以稽核各廳州縣是否留心民瘼，勤於審理。應按三個月訟案多寡，分別勤惰，核記功過。現在蘇屬各州縣行據藩司參酌舊章，詳經本部院核定，凡三個月內原報二十起以外，雖全數訊結，毋庸記功；四十起以外訊結十成，五十起以外訊結九成以上，一百起以外訊結六成以上，民間詞訟月少一月者，均予記大功一次，連息銷結案不及三成無論起數多寡應記大過一次儻有上月結案雖多而下月新收浮於所結之數訟風仍熾應仍不准記功或有因案難速結漏報掩飾或並無呈稟案據捏報案由率稱訊結希圖湊數邀功者一經查出或被上控隨時察辦如本係地廣訟煩之處經該牧令等隨審隨結案無留牘由聽訟馴至無訟則是化導有方民心悅服應由司專案詳請優獎甯屬各州縣訟案多寡與蘇屬不同宜如何變通辦理應由各該管府州該府州各就地方情形參以蘇屬章程先行詳候核定嗣後卽按三個月彙詳一次其通州海州海門廳三處該州自理訟案卽由該管巡道詳辦如此核計功過庶勤奮者益加勉勵而怠緩者亦咸知警

傷矣合行通飭札到該某立即飭遵照各就所屬地方情形妥擬章程詳候核飭遵辦毋違

札淮揚徐海道　揚州　徐州　通州　江甯常鎮道　江甯府　海州

臬司詳沭陽賊犯孫老等聽從夥竊被追拒捕並未幫毆並萬二等於取供後在監病故一案核擬由

此案賍錢二百千該犯等首夥十二人且帶有刀鎗謂非行刦本難遽信矧事主鄰佑人等被拒受傷因事主船小傾側致吳五丁三王大溺斃案情不爲不重經前漕部堂

題參疎防聲明撞門行刦字樣既未便率請更正若俟奉部行查聲復現在含糊咨達斷非正辦況當時該

管官遞開職名前漕部堂何致誤敘部中亦未必能遽允更正查核原詳現犯孫老係持械入室之犯現詳內未將該犯有無持械之處敘明當各犯拒捕之時該犯並不畏懼先逃乃謂僅止在場並無幫毆供情扭捏本部院詳加披閱此案壓閣已十餘年該犯監禁亦已十餘年張大徐大麻萬二張三均已監斃如現犯訊無確供旁無指證俟緝獲逸犯質明辦理亦必至監斃而後已應由司移道查明此案實在是剳是竊研究該犯果否並無幫毆何以並不先行逃避如果其情尚有可原本部院斷不苛求儻求其生而不得則死於法非死於吏亦不必曲爲開脫也仰即遵照辦理具報繳

札飭嗣後非關命盜重案即於訊結後次日詳

復

爲札飭事。十一月二十六日據該府申稱長洲縣民戴毛山上控陳同昌卽金生勒索私押等情並究出徐德幅頂名代控一案接奉批示遵經照擬辦理申復到院據此查此案前據委員面禀業已審結乃候至半月有餘該府始行詳到當此天氣嚴寒儻候訊人等因飢寒而斃命問心何以自安嗣後凡非關命盜重案卽於訊結後次日詳復并於詳內聲明何日訊結委員何人所訊緣由明晰開載以憑稽核合行札飭札到該府卽便遵照辦理毋違

札蘇州府

撫吳公牘卷之三十二

通飭刊貼科則告示

爲札飭事。照得本部院節經通飭各屬於丁漕開徵時將田地山蕩分別上中下科則註明每畝應完銀米數目。銀洋合錢若干。逐一條列。刊刻簡明告示。徧貼城鄉。務使家喻戶曉。以杜書差高下朦混之弊。仍將示式呈送察核。茲查各屬下忙錢糧啟徵已久。現在又值收漕之際。所有告示尚未據呈送齊全。即已經呈送之處。仍恐有柜書差保人等匿示不張。抑勒浮收諸弊。合行札飭。札到該某。即便轉飭各屬一體遵照。將應徵本年下忙錢糧同漕米分別科則。核明應完銀米數目。及銀洋折價若干。明晰刊刷告示。分發城鄉徧貼曉諭照刷示式同貼過處所開摺通送本部院現在派員分赴各鄉明查暗訪如有一鄉一圖不貼告示以及加收浮費情事一經訪確卽當將該州廳縣從嚴撤參決不寬貸懍之切切

札淮揚徐海通蘇松常鎭太各府州廳縣海門廳

札飭溧陽稟舉辦保甲章程飭司核議

爲札飭事十一月二十八日據署溧陽縣稟稱舉辦保甲參酌成例議立章程開摺呈送示遵聲明編查保甲兵燹之後各州縣多未舉辦可否通飭各屬一體辦理等情到本部院據此查該令志在弭盜安良究心民事甚屬可嘉所議各條如第一條十家爲牌毋家派壯丁一人孤寡婦稚之家免派寺觀客寓編

入牌內第三條每牌公議輪流支更第四條不時下鄉親察第六條城鄉要道添設柵闌第七條責令埠頭稽查河道船隻均屬妥協惟第二條以十家爲牌即當以十牌爲甲少一甲長即少一作弊之人或村鎮之中有過百家有不及百家者分牌分甲隨地制宜不必泥定十牌之數至第五條煙館賭局最爲藏盜之藪而禁之頗難封房入官易滋弊竇事亦終歸不行不如明示科條查出聚賭開賭者分別枷責懲辦責令甲長將煙館一一開報立簿登記定更以後核對門牌人數是否相符三四更時開出抽查乃無遁情惟茲事首重選擇甲長甲長得人則誠有益地方否則毫無實濟且諸弊從此出矣該令所擬大致

不差尚未盡善除稟批示外合行札飭札到該司立
即遵照妥議簡明章程通飭遵辦具覆並移藩司查
照毋違

札臬司

飭催發審未結各案

爲札飭事照得詞訟拖延最足爲小民身家之累現
在清理積案凡京控上控人證發委讞局訊鞫者往
往未能速爲審結當此隆冬歲暮一人在押舉家懸
盼本部院每一念及寢饋難安凡我寅僚定亦同兹
惻隱合行札飭札到該府即便督率在局委員迅將
發審未結各案逐起提訊能審結者即爲審結其案
內無關緊要人證務即開單稟明量行取保摘釋以

省拖累仍將年內約可審結幾起實在未能審結者
共若干起何案內干證堪以分別保釋係何姓名限
本月初十內先行一律開摺報查速速

札蘇州府

銅山縣稟應行註銷詞訟各案分別造呈稾銷

清冊可否免人月報請示由

查核送到註銷同治元年起至六年底止上控各案
清冊內聲叙總數一百三十八起而查點案由共有
一百四十五起又註銷三年分自理各案清冊內聲
明一百三十五起而案由共有一百四十五起係屬
不符且冊造註銷各案據稱差票均已弔銷究於何
年月日弔銷原差係屬何人均未明晰開送殊屬含

混姑念年分既久控案又多免其查開並免列入月報以歸簡易惟註銷之案若僅榜示署前恐鄉僻小民未克周知應照繕多張徧爲張貼並須叙明如有差役執持舊票仍向原被需索錢文許將差票截留稟縣究辦至同治元年以前究竟有無未結各案仰再明白具覆毋稍含混冊存

如此方可謂視民事如已事

飭禁大籤名目

爲札飭禁革事照得本部院訪聞該縣有一弊政每過歲底籤派差役分赴各鎭彈壓名曰大籤該差等奉籤到手卽在鎭勾串棍徒魚肉鄉懦凡小民前此偶有過犯均於此時發覺甚或平空索擾恐嚇詐騙

必遂其欲而後止。小民含忍飲泣，莫敢誰何，實爲閭閻大害。此而不嚴行禁革，何以除積蠹而安善良？除密訪拏辦外，合行札飭。札到，該縣立卽轉飭遵照，出示諭禁，勒石永遠革除。嗣後不得再有大籤名目。如有不法差役膽敢再請籤派，立卽禀候嚴辦；該縣徇情濫派，一經訪聞，定卽撤參不貸。懍之。仍將遵辦緣由并將碑式於年内搨摹呈送查核，毋遲。

札大倉州寳山縣

札催裁減丹陽科書章程由

爲專札飭催事。案據丹陽印委各員節次具禀：陽邑離城窵遠及零星小戶赴城完納錢糧所費不貲，往往就近託里運科書代爲完納。該縣闔境科書共有一百八九十八聯同一氣藉圖侵用歷爲常經皆緣田額推收細冊均在伊等之手傳爲世業秘而不宣雖經由縣斥革而積習相沿一時勢難挽回等情一案飭經批司飭令該縣嚴查各科書經收兩年田捐統共已完若干欠繳若干並擬整頓徵收錢糧章程科書應如何裁減以期催科得力不致弊混妥議詳辦在案迄今未據議詳現當辦理抵徵之際總書已飭永遠禁革科書亦當酌加裁減嚴行約束以免串同弊混合行專札飭催札到該司立即轉催該縣遵照先令批札限年底確查妥辦並議徵收章程詳覆察奪毋再遲延切速切速

札蘇藩司

吳江縣稟請毋庸設立社學由

興建義塾。原以振拔單寒。凡有鄉塾之處。自不必重疊增設。惟查前任沈令既籌欵創辦四塾。該令如果盡心教養。儘可隨時變通。將原議黎里莘塔二塾移設於無鄉塾之處。乃徒以一稟塞責。是甘讓美前人也。殊可慨嘆。該令自行酌量。如實有視民子弟如已子弟之心。則原議之塾。不妨移設。如果淡然漠然視興學之事。非地方官應辦之事。本部院亦末如之何也。仰蘇藩司轉行繳。

上海縣詳盛義庭上控朱忠全等串捉擄物一案查案詳覆由

查此案雖據該縣查明盛玉庭等。係屬追拏盜犯訊無爲匪。移解華亭縣保釋。是以月報未經開列。惟詳敘盛義庭前在司府呈控。既經批縣有案。則詞訟月報冊內自應開列。何得藉詞諉卸。應將該署縣記過一次。以示薄懲。已行司註冊。通飭知照。並咨明督部堂查照矣。仰即遵照。此後造送月報。務須逐一開列。毋再遺漏。切切。一面仍移催南匯縣速提朱忠全等解府訊辦繳。

蘇州營詳請酌留兵丁專令分處差防由

本部院酌核現派差兵項下。東城等汎九處內距營較近者。逐日輪班調操。距營二十里以上者。每處酌留差兵四人。閶胥盤三門門兵。亦可逐日輪班調換。其護送過境龍袍銀兩人犯等項差兵。應行裁去。由

營隨時派撥。又本轅聽差。提轅戈什。均可裁汰。所有
司獄監汛防兵。應歸由王廢基營盤就近調撥。餘候
核議定章。遵照辦理。仰卽移會標中軍知照。繳摺存。

清河縣稟裁併船埠革除規費由

據稟已悉該縣船埠積弊經本部院明晰指飭今該縣稟覆雖已據實直陳而所議章程不免有徇護之處除酌定船價應按各種船之大小不論用夫之多寡及所取用錢每千文只准扣錢五十文均應如所稟辦理外該縣稱差使需用船隻請定差價照民雇酌減四成查首站封備船隻向只填發溜單並不發價偶有應發者數亦無幾在各船戶只求多開水腳以便下站需索決不敢於發溜之邑計較錢文是以山陽寶應常有船戶爭論水腳之事該縣並不爲難雖有差繁之名並無賠累之實應如何另行妥議由該府詳愼查察覆奪又所稱擬於清江設兩埠王營

楊庄各設一埠由官諭充不許多設係爲便稽查而免需索起見查近時之弊由於有一種之船即有一種之埠各有專業易於把持不僅因船埠太多之故若王營楊庄只准一埠客商無別行可投正遂其把持之計例禁霸開總行具有深意應否於王營楊庄各設二三埠與清江相同俾無壟斷獨登之病該守一併確核議覆仍將酌定船價裁革規費之處通行諭知並將印示飭仿典商之例用木榜懸之埠門俾商民共見共聞始不致再受欺詐至該縣所開各項船價均有浮多即如頭號太平此時北河並無新船民雇每站約在三四千文上下該縣摺開九兩六錢即照七折發錢尚須六千七百餘文斷無此價又蒲

鞋頭船民雇每站約千餘文多至二千文攢開四兩二錢殊覺不實不盡他船並可類推該縣輕聽門閽胥役之詞希冀朦禀定章永遂差役壟斷把持之計此等顢頇眞堪切齒仰淮安府查照所批各節詳細體訪民情另定簡明辦法通詳立案總期行之久遠永杜弊端該守在清江多年熟悉利弊諒必不致如該令之容易受欺也並飭該縣遵照仍錄批報明藩司查考繳船價清摺鈔發

清河縣禀裁革夫車行頭禁絶規費請示由

從來興一利必生一弊即除一弊仍未始不伏一弊蓋除弊之難也今該縣於裁革夫車行頭不憚往復經營細心推勘力除數十年積弊與他人鹵莽從事

苟且塞責者實有上下牀之別深堪嘉慰應將該署縣記大功一次以爲善於除弊者勸已咨明督部堂查照並札臬司通飭衝途各州縣一體遵照訪查禁革矣仰江藩司註冊飭遵並飭該令隨時親查必使無弊而後已仍由司轉飭所屬一體遵照辦理以期除弊務盡切切繳

淮安府禀覆山阜清桃四縣徵漕並無匿示浮收并送貼過處所摺由

查核摺開阜清桃三縣徵收本年冬漕折價告示所貼僅數十處或祗十餘處並不按圖按里遍行張貼鄉僻愚民未能周知易啟書差人等朦混浮收之弊實於杜弊便民良法毫不關心殊堪痛恨應將署阜

甯縣署清河縣署桃源縣各弓記過一次以爲疎略玩忽者戒仰江藩司詿冊飭遵並由司通飭各屬一體遵照仍令各該縣另行多印告示分發各鄉集鎮遍貼曉諭照刷示式同補貼處所開摺通送並催鹽城縣將刊印漕價告示貼過處所通報查核切切繳摺存

加函致府

訪聞山陽等處仍有大小戶名目此各牧令之所以不肯將告示多貼之實在情形也江北均漕我輩不知費如許苦心始將章程擬定今開辦之始牧令即多方阻撓若遲之又久良法美意尚能望其保全一二乎務使擇其尤者密稟撤處即由撤處嚴加懲創

庶幾事可必行來書謂謗書蜂起此亦早已料及然欲爲百姓寬一分之誅求卽不能爲一己顧紛來之怨毒際此時勢惟有耐心受謗忍氣做事或能多救幾箇窮百姓性命也率筆寫此不覺淚零

牙釐局稟嗣後各營增領額外之款應請由營稟准行知照發由

查營中請領餉項以及軍火器械各件向章本應由院批准方能給發領用茲據稟稱此次添製馬甲及藤盔等項以及崔參將請領皮鎗頭等款均係由營咨司逕領核與定章不符嗣後各該營除奉定月餉應由司局循案動放外其有增領額外之款以及軍火等款應由營稟明本部院批准核給將來報銷庶

有根據。仰即轉移該營一體遵辦。並移蘇藩司軍裝局查照。繳。

阜甯縣詳孫秀章上控陳正猷等一案請銷由

仰按察司核明飭遵具覆。至此案該縣應於詞訟月報册內開載。據稱未奉飭造月報之先。詳府註銷。是以未經開載。查月報各册。係七年四月分起造。此案該縣於六月詳銷。何以四月分册內並不列入。其爲隱匿已無疑義。應將該縣記大過一次。以示薄懲。已札行江藩司註册飭遵。並咨明督部堂查照矣。仍由該司嚴飭遵照。此後月報。務當逐一詳細開造送核。如再漏匿。恐不僅記過已也。此繳。

加函

上年敝處因各州縣積壓案件太多。是以設立詞訟月報。冀可窮其所往。嗣因相率漏匿。不得已參劾數人。牧令等辦理此事。始稍稍認眞。今皋甯又有匿漏詞訟之事。南山可移。積習必不可破。眞堪痛恨。除記過外。仍求尊處嚴加申飭。爲荷。鄙人收詞狀及攔輿呈時。必親問該民有無在府縣遞呈。遞過幾次。是何月日。如何批示。並弔府縣月報核對。則有無漏匿。不難一望而知。但此事必須親問、親核。若經委員代辦、便有許多隔瘼之處。可否尊處亦倣照爲之。求通民情。並非發私揭覆可比也。

丹陽縣稟眭洪亮被刦二案奉查匪等如何進城出城及守城兵丁姓名移營查復由

此案前據勘訊詳報。經前護院批飭勒限嚴緝。嗣因日久犯無破獲。又經札催在案。迄今仍未據報獲一犯。捕務殊屬泄玩。乃何把總輒稱兵力單薄。該縣代爲鋪敘滿紙。而煙館客寓最易藏奸。竟稱並無窩藏匪類。殊不可靠。仰按察司嚴飭比差會營上緊購線勒緝。務將此案贓盜悉獲究報。並將煙館客寓實力稽查。務期奸宄無從匿跡爲要。仍候督部堂批示。繳。摺存。

催各屬同治四年後未辦未結命盜各案開摺

送核

爲札催事。案於本年六月初六日。據邳州將同治四年以後至七年十二月止未辦未結命盜各案。開摺稟送到院。查核摺開案由共有二十三起之多。內僅止事主閆維高之子閆仁念等被槍拒傷。閆仁念身死。並申芳報伊子申居正被族姪申毛戳傷身死二案解府勘轉。餘均未據審明擬解。殊屬遲延。合行勒限嚴催。札到該司府立即轉飭遵照。限於八月內將摺開各案。迅速提訊明確。分別通詳按擬招解。一面勒緝各案逸犯。務獲併究。倘再玩違。即行查參。仍將奉文遵辦緣由即日具復。切速。特札。

札臬司 徐州府 邳州

示禁迎神賽會由

爲再行剴切曉諭。以惜民財而安閭里事。照得律載軍民裝扮神像。鳴鑼擊鼓。迎神賽會者杖一百。罪坐爲首之人等語。例禁綦嚴。前因承平日久。地方富饒。城鄉百姓。亦復各安耕鑿。每遇迎神賽會之時。尚無奸匪竊發之事。地方官曲順輿情。遂亦稍寬禁令。兵燹之後。財盡民窮。兼之米糧食物。無不昂貴。諸從節省。尚恐終歲辛勤。不敷一年日用。何堪以意外之縻費。再奪其正用之資財。且散勇游兵。往往藉端生事。尤不可不預爲防範。茲本部院訪聞各屬鄉鎮。漸有迎神賽會情事。其故由於鄉民愚蠢無知。以爲迎神賽會。可以得福。殊不知此皆爲首之人。冀圖歛錢肥已。倡此禍福之說。以惑愚民。究之所謂福者。茫杳無憑。而附近村莊。重則被刦。輕則被竊。其禍立見。且出會之處。間以演戲。游手光棍。復藉此開設賭塲。小民誤入局中一擲卽成空手及至反本不勝任憑剝衣抵償賭博之禍又如此在會之人或因分錢不均激成毆打不逞之徒或因酗酒猖狂自開仇釁鬬毆之禍又如此並有年輕婦女因而被人引誘拖恥牆茨甚有相約潛逃永羅陷阱姦拐之禍又如此吾民須知福在自求如果孝弟力田卽不迎神賽會神必錫之以福若其作奸犯科卽使終日迎神賽會神亦必降之禍況正直之神明斷不樂此無禮之祈禱名爲敬神實則侮之吾民又何苦以有益之錢財作此無益之舉動乎除飭縣隨時訪查嗣後如有首倡迎神賽會者不論紳董民人准其照例嚴辦毋許姑容外合行重申例禁剴切示諭爲此示仰各屬諸色人等

一體遵照。毋再狃於積習。致蹈刑章。該地方文武官弁。如不嚴行禁止。亦即隨時參辦。切切。特示

一出示

爲逼飭事。照得民間迎神賽會。本干例禁。兵燹以後。財盡民窮。散勇游兵。藉端滋事。尤應嚴行查禁。以惜民財而安閭里。合行頒示逼飭。札到該某。立將發去告示徧貼城鄉。仍由該某隨時訪查。如有不遵。許將爲首之人照例嚴辦。並將貼示處所。開摺申報。仍將如何禁止。如何嚴辦。如何切勸百姓。曾否遵照。不遵者究係何鄉何人。明晰聲覆。毋得徒以業經貼示一空稟了事也。切切。特札。

計發告示二十張

札蘇松等五屬各廳州縣

查催露柩曾否收埋淨盡一案

爲嚴札查催事。照得各屬暴露屍棺。先經本部院於上年八月二十六日。札飭各司道府州廳遵照通飭各屬確查未葬棺柩尙有若干。勒限冬至以後大寒以前一律埋葬。又於上年十二月二十三日。頒發簡明告示。通飭江蘇各州廳縣遵照限於本年清明以前一律埋葬淨盡。旋據江甯府具詳委員將所屬七縣屍棺收埋完竣。又據江都豐縣常熟昭文太湖宜興荊溪寶山八廳縣先後申復。均已收埋淨盡。並據吳江震澤華亭婁縣靑浦江陰六縣申送埋葬棺柩數目清冊。聲明尙有未葬棺柩隨時收埋各在案。其餘各州廳縣。均未據詳復。實屬玩視。究竟曾否遵札確查是否一律埋葬淨盡。合行嚴札查催。札到該某司立即轉飭遵照。迅速確查。如有未葬屍棺。務期赶緊一律埋葬淨盡具覆查考。勿任再延切切再任意遲延。致干重咎切切。

札兩藩司

長洲元和吳縣崑山新陽五縣奉賢上海金山南匯川沙五廳縣無錫陽湖武進金匱靖江五縣丹徒丹陽金壇溧陽四縣太倉鎮洋崇明嘉定四州縣甘泉儀徵泰州高郵寶應東臺興化七州縣山陽阜甯鹽城清河安東桃源六縣銅山沛縣蕭縣碭山邳州宿遷睢甯七州縣海州沭陽贛榆通州如皋泰興海門七州廳縣

加函致江藩司

蘇屬三年以來報已葬者計三萬三千餘棺派員查勘亦復相同存者皆富貴家或以覓地未得選日未就爲辭然未葬者亦寥寥矣江屬除江甯已報埋葬淨盡外餘則屢檄不應即祈尊處幫同嚴催必得確實回信爲準淮徐連年水旱或亦露柩太多所致該處民窮已極擬於釐局酌提閒款設立義塚無力者由官爲之代葬力能自葬者聽如尊意以爲可行望即派員分往勸辦此事果諧或可感召天和乎

蘇郡紳士潘編修等呈請籌還義倉存款由

積穀爲救荒善政近年省城義倉經理得人儲備充裕著有成效據請將存司借動善後之三四兩年租錢籌款撥給添建倉廒惟司庫現在有無閒款可以

籌還。仰蘇藩司即速通盤籌畫。分限歸楚詳復飭遵。

此批。

牌示

江西撫院咨商籌辦海運事宜由

爲咨商事。同治八年六月二十三日。准江西撫院劉咨江西漕糧。迭准部催籌運本色。因造船剝運。巨款難籌。是以未經定議。茲閱邸鈔。貴部院敬陳妥籌漕運一條。聲敘招徠船隻情形。將來江西米石辦就。東衞等船。能否即時應手。夾板輪船。能否隨時租賃。應請詳爲指示等因。到本部院。准此。查東衞等船。日就衰微。勢難振之使起。爲將來長久之計。舍設立輪船公司一層。此外別無辦法。合行鈔咨札飭。札到該道卽便遵照。會同松滬捐釐總局劉道製造局馮道。督同徐丞翁丞陳丞妥密確議詳復核辦。該道等向來用心周密。必能通盤籌畫。使可見諸實事。不徒以空言塞責也。切切。

札署蘇松太道

撫吳公牘卷之三十三

婁縣稟到任辦理漕務情形由

稟摺均悉。該令於下車之初，尚能竪起脊梁，認眞幹事。所言地方情形，亦各有條理。本部院即將因言而觀行，由始而察終。尚其勉力爲之，實心任之，以副厚望。繳。

飭屬修理橋梁

爲札飭事。照得徒杠輿梁，爲王政所自始，而修廢舉墜，尤善後之要圖。蘇省兵燹之餘，各州縣境內所有大小橋梁，類多傾圮，以致衝要之區，往來阻滯，行旅維艱。其設有渡船之處，往往人多爭濟，傾覆堪虞。而無賴之徒，又復勒索客錢，緣以爲利，是以瀦河私渡李裕以爲病民橋梁不修王周引爲已過賢有司抗懷往哲目擊民艱欲爲利涉之占宜切鳩工之計合亟札飭札到該司立卽通飭各屬詳細確查該管境內有橋被拆毀未經興修處所共計若干道分別開明地址凡通衢大道固繕葺之宜先卽僻壤窮鄉亦經營所當及勒限於札到一月內開摺稟報一面邀集公正紳董核實估計工料其應如何籌款之處並飭妥議章程稟候核奪毋任視爲具文切切特札

札蘇藩司

臬司詳吳江王導烇等共毆王萬坍身死一案

審擬由

簽按察司知悉據該署司詳解吳江縣民王導烇等

共毆王萬邦身死一案審招到院據此查此案該犯
王導烇與楊徐氏如無通姦何遽聽勸服禮王萬邦
既勸令王導烇服禮完事次日如何向王導烇用言
嘲笑以致口角爭毆起衅根由本屬閃爍迨王萬邦
扭住該犯胷衣欲毆該犯既經掙脫並不回毆亦不
脫逃直待楊矮五潘諗得毆傷王萬邦右乳左脇右
脇潘得明毆傷朱見山左額角左肋該犯始稱欲逃
嗣被王萬邦毆傷左臂該犯奪過扁擔將王萬邦毆
傷左眉倒地爭毆下手情形亦恐尚未確切檢閱該
犯初供業經訊認與楊徐氏調戲成姦楊徐氏亦供
認不諱如果姦匪逞兇將王萬邦毆傷致斃情節較
重現既供情未確將來辦理秋讞亦覺稍費躊躇儻

實係楊繼生疑姦肇釁致釀人命似亦未便置之不論合行簽飭簽到該司即便遵照轉飭蘇州府督同局員再行提集研訊王導烇果否並無與楊徐氏通姦王萬坤如何用言嘲笑口角爭毆該犯果否身先受傷奪過扁擔回毆適傷王萬坤左眉倒地楊繼生應否免其置議由司復審妥議解辦毋延此簽仍繳

計發長詳招冊解批小看四件

簽臬司

淮安府稟覆清安二縣便民等河興挑一案由

稟悉河工耗費爲向來官帑一大漏巵一則估勘浮多易滋員董人等中飽之弊一則工程不實虛縻尤在無蹟之中故此次挑挖安清兩邑便民等河不能

不於興辦之初愼之又愼且事關
國帑予限攤徵在民間雖以大利歸農輿情允協而分
年歸款事更多手弊竇卽由此生應飭清安兩縣將
河道估册逐細覆核勿使稍有浮冒並將該兩縣熟
田畝數查明若干每畝應攤錢若干立限幾年徵完
二一扣定開摺一併詳辦方可施工至張家河本爲
清邑東境便民戴范兩河洩水之區乾隆年間曾經
挑挖有案可據宜將淮安府清河縣志各條鈔錄出
示曉諭庶足以關其口而奪其詞若係該處人民多
方阻撓卽應指名稟辦兩邑水利關係非輕不可惜
小費而失大利務卽催督該令等趕將圖册造呈核
定以便於雨水未降之前刻日動工斯爲有益新漕

折價不准浮收業已三令五申何以淸邑尙有驢錢
川錢飯食等名目該縣差役實屬藐玩已極該令何
以知而不究若必待有人指控則書差需索之弊已
不可勝言矣應飭該令查明稟辦一二以儆將來淸
邑如此他縣諒亦難免并即認眞一體查訪隨時稟
明究辦蟻穴潰堤端不在大不能不思患預防也鬪
鹽城收漕最無弊實本部院喜不可言感不可言該
守能勸諭各屬統如鹽城之弊絶風淸乎繳

加函

江南年歲多豐由於水利全脩也江北年歲多歉由
於水利失修也弟前此屢懇執事將所屬水利設法
興修誠以天下大利必歸農若水利不修則旱無可

灌水無所洩農事敝而大局不可爲矣抑猶有進者聞徐沂二郡之間百姓業已播種罌粟誠恐傳染至淮則民風不可救藥蓋罌粟種於旱地尤易發舒而又獲利較豐清安二縣連年因旱歉收萬一百姓計無復之效種罌粟流毒閭閻何所底止然我輩既不能爲百姓興修水利代籌生計俟其鋌而走險始悔防範未周抑亦晚矣務祈文到後卽日督同清安二縣將張家便民戴范三河速日興工經費不足敝處當設法源源接濟勿以爲慮天下事與其挽之於既然窒礙多而圖終鮮獲不若防之於未然枝節少而成效可期趁此時百姓尚未深諳種煙之利思患預防尚易爲力然切勿將此意明宣於衆所謂民可使

由之不可使知之也雲圃兄處已切函懇其嚴禁然已落第二乘文字矣書差私勒事昨已附函奉達茲不贅

疏通海屬水利

爲札飭事照得海州所屬地方積被水潦無歲不歉本部院於上年十一月札飭該州察勘辦理在案茲查該處河道情形有應開通者二有應堵閉者一有應建閘者一有應挑挖者一沭邑侯家河與錢家集之分土城兩處上年官兵修築長圩堵南六塘之水並入北塘河原係一時權宜禦賊之舉然平墩淮等處去年夏秋受害已屬不淺亟應早爲疏通以分水勢乃安東縣文生丁攀衢等輒行控阻開放意欲以

鄰爲壑是誠何心此應行開通者一也。該州大伊山以南之河。由灌河口入海。大伊山以北之河。由車軸等河入海。而以車軸爲最暢。近年葦蕩營於車軸河之大柴市。初築草堰。後遂移爲底堰。以致水不暢消敵放之時。民多不便。藉口養青貽害田畝舍禾苗之貴。愛蘆葦之賤。便一營之私。爲全州之病。此應行開通者一也。自湯澗河之周家口決後。連年平墩窪等處。無可消納。盡成澤國。爲害實深。此應行堵閉者一也。該州城東之水。由新浦臨洪口入海。每逢新浦運鹽之時。設壩蓄水。以資浮送。惟設壩究竟開放不時不如改壩爲閘。水大則開。水小則閉。一勞永逸。商民俱便。此應行建閘者一也。又從前州南之水。由薔薇河漣河兩道會於新浦以下今漣河淤墊薔薇河之支港亦不能宣洩查漣河之上流有丁當河舊又分洩於小伊河爲道較捷淤墊亦淺施工稍易若將此河修復分殺水勢亦治水之一端又板浦河東向有滷河一道俗名善後河水不暢行亦宜疏濬此應行挑挖者又一也以上數端自應分別緩急辦理以除民害合行札飭札到該牧令等卽便遵照先將侯家河分土城兩處上年禦賊築圩堵閉之處剋日督飭地方開通復舊具報查考如有刁生再行阻撓卽指名稟辦其餘亦卽次第籌款興修不可視爲具文切切

札海州沭陽縣

高湻縣禀匪徒繫帶石墩鐵桿擬式請示由

此案前據該縣具禀業經批司核詳在案。茲據禀前情。查刑具均有定式。儻不遵斤兩尺寸。違例造用。應照擅用非刑例議處。又江蘇徐淮海三府州所屬匪徒。如有佩帶凶器刀械挾詐逞凶。罪止枷杖者。拏獲到案後。各於枷杖後鎖繫鐵桿一枝。一年改悔者。釋放。若不悛改。再繫一年。儻始終怙惡。按其情節。照棍徒屢次行凶擾害例分別嚴辦。例有專條。該府州屬自應循照辦理。茲該縣既擬將王長坤一犯鎖繫鐵桿。應毋庸兼帶石墩。其現擬鐵桿斤兩尺寸。是否與定式相符。亦應由司分別移行徐海道淮安府確查具復。轉飭遵照。未便擅造。至王長坤係江寧府屬匪

徒並非淮徐海三府州所屬現旣爲懲創凶徒起見
淮寻推廣仿辦似仍不能不將某府州屬仿辦緣由
奏明立案抑應如何分別示懲及明立限期俟此風稍
息仍照舊例辦理之處仰按察司遵照批指再行悉
心查議限正月內逼詳核奪毋延並行該縣知照仍
候督部堂批示繳摺存

飭司核議蘇屬簡缺州縣應否仍歸輪委

爲札飭核議事照得甯蘇兩屬委署州縣各缺曾據
詳議章程以要缺仍歸酌委部選之缺分班輪委在
案本部院現查甯屬州縣尚有輪委一班惟蘇屬自
詳定後循行未久辦理不無歧異除繁要缺分應循
舊酌委毋庸更張外所有蘇屬簡缺州縣應否照章

釐定仍一律改爲輪委以昭平允之處合行專札飭
議札到該司立即遵照參酌舊章妥協核議詳奪毋
遲切切

札蘇藩司

飭查同治七年下忙告示有無浮勒

爲特札飭查事照得蘇松常鎮太五府州屬各廳縣
所送同治七年下忙啟徵錢糧斗則簡明告示本部
院詳細校核吳江震澤銀米併入一示尙屬簡淨上
海婁縣青浦金山寶山武進陽湖荆溪未列詳價雖
據聲明另有條示惟告示內究屬遺漏太湖因錢漕
數少未經刊示亦屬參差常熟昭文無錫未列洋價
亦無隨時條示之語均屬率畧崑山新陽遵淸丈更

正經費一併列入倘屬細緻其餘各處均尙妥適以上各州廳縣其中有無言行不符書差是否仍有浮勒以及低作洋價高抬銀價陽奉陰違情弊所有從前積習曾否全行禁革合行飭查札到該司立照指飭各情由司復加考校嚴密確查具復如有情弊或再於本年啟徵上忙含糊出示者卽行據實詳請分別撤叅懲辦毋稍瞻徇切切特札。

札蘇藩司

蘇屬漕糧告示分等行司

爲札飭事照得各屬徵收錢糧漕米節經飭令將田地山蕩上中下科則每畝應徵銀米各數照定價合錢若干銀洋照市作價收繳各層逐一條列明白出

示曉諭。使花戶一目了然。以免書差人等。朦混多收。
茲查同治七年分收漕示式除嘉定寶山二縣已據
呈明。應俟今春啟徵時。刋刻曉諭另送外。其餘蘇松
等五府州屬各廳。縣。已據陸續送齊本部院詳細校
核。吳縣尙爲詳明。崑山新陽連淸丈經費一并列入。
靑浦連帶捐義倉錢數一并列入。均尙細緻。華亭婁
縣奉賢宜興四縣。將洋價一并開列。亦屬詳細。太倉
告示分別十二月初十日前後鎭洋告示分別十二
月十五日前後。將應完錢數。逐細開列。洵爲詳備。長
洲武進金匱荆溪四縣。每畝科則之下。祇列米數。未
將完納折價錢數逐一登註。元和扣徵總數。另行出
示。並未將每畝應折細數。刋列於斗則示內。均欠周

妥南匯金壇二縣僅據鈔呈示式未將告示刊送俱屬含混其餘各廳縣均尚明順無疵合行札飭札到該司即便轉飭各屬一體遵照並令嚴查柜書差保人等有無浮勒病民低作洋價等弊儻有違犯立提懲治如該牧令徇隱不究定干叅辦其此次示內未能詳備之處並令於下次開時逐一條列明晰刊刻刷印毋再舛漏切切

加函

現在各牧令均尚自愛未必敢公然浮勒所可慮者書差暗中需索耳祈於公牘外加函切懇諸君子時常巡行阡陌勤爲察訪則丁漕之有無浮費不難必

目了然。凡事只怕自己要錢。此則無可如何。若自己既不要錢。而肯任書差享其利。本官受其害。想世間亦無此種愚人。公愛民有素。耳目又逼。乞以禿管焦脣。釀爲和風甘雨。可乎。

江屬漕糧告示分等行司

爲札飭事。照得淮揚各屬徵收錢糧漕米。前經飭令照蘇屬辦法。將上中下田地山蕩科則。每畝應徵銀米各數。按照奉定價值合錢若干。銀洋照市作價若干。逐一條列明白。刊示曉諭。使糧戶一目了然。以杜柜書差保朦混多收在案。兹查同治七年徵漕告示。除海門廳因徵米無幾。飭辦時已徵有成數。詳准展緩刊辦。又安東縣並無應徵漕米外。其餘各州縣已

據陸續刊示呈送本部院詳細校核內山陽各式告
示均極簡明業經批司通行清河未將銀洋價值列
入僅據聲明隨時牌示鹽城旣係一則科徵告示後
尾又列有完米一斗至一升各數目自係指花戶彙
總應完數目而言惟聲敘殊不明晰泰州未將洋價
列入僅據聲明懸示柜前江都甘泉二縣將科則細
數另行黏單雖似簡淨究與示式不符仍恐將來易
滋弊混且洋價亦未列入儀徵告示並無科則據稱
向來均憑徵冊造串徵收未經分晰科則且各業執
田糧數以科則核算均多不符等情究竟有無別項
情弊又每米一石折銀三兩六錢其以錢洋完納者
如何作算亦未聲敘興化告示除弊之語似詳實應

未將科則折錢細數開列。洋價亦未列入。豐縣並無科則細數。沛縣尚爲簡明。宿遷不遵刊刻刷印。前已申飭。海州首先詳明刊示。前已札獎。贛榆杜弊之語尚屬詳晰。惟科則細數並未條列。邇州疊次告示。均尚詳明。此外各處俱稱適中。合行札飭。札到該司。即便轉飭各屬遵照。並令嚴查柜書差保人等。如有浮勒病民。低作銀洋二價等弊。立卽懲治。其此次刊示未能詳備之處。並令於下次務遵定式。逐一詳細刊列。毋再舛錯遺漏。切切。

札江藩司

加函

江北牧令刊刻錢漕告示。深慮其不中繩墨。乃竟能按部就班實爲喜出望外此皆我公教督有素故成效可覩耳宿遷爲平原獨無之地本擬嚴劾姑念立法之初只好暑打空雷天下事創法難守法易此章只要辦下兩三年以後便可源源遵照爵相初慮此事未必能諧今聞之喜可知也聞已出都確否

遍飭遍貼銀米斗則告示並於串票內加蓋折

收錢數紅戳

爲札飭事照得本部院節飭江南江北各屬於丁漕開徵時將田地山蕩分別上中下科則註明每畝應完銀米數目合錢若干銀洋照市作價收繳逐一條列刊刻簡明告示遍貼城鄉俾家喻戶曉書差無從高下朦混各州縣均已遵辦民皆稱便但各該州縣

刷貼告示恐僅於各集鎮人烟稠密之所畧貼數張僻壤窮鄉未能周遍鄉民或未盡知仍受書差之欺朦索擾應令各屬將田地斗則每畝應完銀米合錢數目刊刻明晰告示無論城鄉市鎮俱須遍貼大縣以貼滿一千張爲度小縣以貼滿六百張爲度如有鄉鎮未經遍貼一經查出定將該地方官記大過二次並飭於串票上加蓋紅戳註明每兩地丁實收錢若干文每石漕米實收錢若干文正款之外絲毫不取等字庶鄉民一目了然比戶皆知細數書差地保亦無從再施伎倆合行札飭札到該司府州廳縣即便併飭所屬一體自本年上忙爲始遵照辦理限一月內各將告示加戳串票式樣通送查核毋違

札兩藩司各府廳州縣

徐海道稟委員查勘沭邑侯家河似應照舊啟

放由

據稟已悉。上年官軍勦辦捻逆。於侯家河修築長圩。堵水並入北六塘河。原係一時權宜禦賊之計。事平之後。亟應及早開挖。以利水道。乃安東縣文生丁攀儱等。輒復控阻。以鄰為壑。是誠何心。頃於海州陳牧稟陳水利情形案內。業經分飭沭陽安東兩縣一面將該處水口挖通。一面將丁攀儱等詞切實批駁。如再阻撓。即將該文生提究。仰該道會同淮揚道督飭安沭兩令。妥商啟放。總以復舊為止。仍一面將侯家河兩岸堤工。設法修築完固。庶六塘河之水。得以源源下注。不致旁溢。既免海沭昏墊之災。亦消謝家莊

人民紛爭之釁仍候督部堂批示繳
加函
訪聞徐屬近山東境有種植罌粟之事未諗究竟種
有若干前以公牘行令徐海二屬查復如石投海至
今並無復音殊深盼望務求嚴爲查禁牧令能禁令
淨絕者爲之專摺
奏保任聽蔓延者分別嚴叅檄處擬商之制軍不日即
當會文通飭此物如大麻瘋能頃刻傳染如蝗蟲遺
孽除不乾淨隨後必致在阬滿阬在谷滿谷非草薙
而禽獮之不能絕其根株我兄平素痛恨此物何不
趁此事權在手爲之斷盡葛藤海屬水利湮塞旱無
可灌水無可消故致庚癸頻呼罌粟不怕水旱獲利

又豐豈豈者惟利是圖安得不舍本逐末將來煙田日多農田日少十年以後必有室如懸磬野無青草之一日故望公大聲疾呼嚴切示禁尤祈公以興修水利爲拔本塞源計也

各學月送宣講清摺彙別等第分記功過

爲札飭事照得本部院前通飭各州縣及所屬教職按月督率講生宣講
聖諭並觀風問俗各事宜自戊辰年九月起每月終逐一臚開清摺二分送交該州縣轉報將來年終彙計之期即以此事之能否認眞定各教職之功過在事講生亦即以勤惰分其優絀等因在案茲截至本年十二月二十封印之日止本部院彙閱各州縣送到教

職九月十月十一月宣講清摺。酌別等第。以課優劣。
分爲一等二等三等。及不列等。共四等。前三等因所
送清摺。別其能否認眞。其不列等。則並清摺而無之
者也。合行開單札飭。札到該司卽便查照單開等第。
分別行知。除溧陽宜興昭文靑浦各該縣教諭訓導
業經記功記過。註冊飭遵外。其新陽縣訓導殷元善。
奉賢縣訓導黃振均。三次一等。應各記大功一次。南
匯縣訓導楊驤。川沙廳汪祖綬。二次一等。應各記功
一次。武進縣教諭范培。二次一等。原應記功。惟九月
摺未送。至丹徒縣教諭徐斗文。九月十月十一月摺
未送。三月不列等。應記大過一次。上海縣教諭胡景
星。十月十一月摺未送。丹徒縣訓導夏均轍。九月十

一月摺未送。金山縣訓導吳炳宸十月十一月摺未
送。吳江縣教諭吳世泰九月十一月摺未送。均二月
不列等應各記過一次均卽由司分別註冊飭遵以
示勸懲。其各講生之勤惰卽飭由各該廳州縣學分
別獎勸留去。以分優絀並飭各學淸摺務於每下月
十五以前卽行送到。毋有稽延仍飭認眞舉辦毋或
怠玩切切此札。

計開單

札蘇藩司

加函

學官安坐衙齋。毫無一事且恐因閒得病負此盤中。
今令該學官攜同講生赴鄉宣講旣可啟牖愚蒙又
可諳習民間疾苦備他日製錦之用乃各學官始則

多方推誘繼且敷衍塞責若以非分內事也者然則逼勒諸生贄敬需索新進謝儀始爲分內事乎既稱曰教諭試問所教所諭者何事又名曰訓導試問所訓所導者何人循名責實該學官當亦啞然無以自解推宕之員既經記過奮發之員如黃振均等似宜爲請優獎庶足使聞風興起小學爲立身根本不惟鄉塾宜按人分領且宜使學官逐條爲之解說領悟者報名請獎牧令以時抽查志趣既能端於初學趨向庶不惑於中途羅忠節小學韻語尤爲蒙童必讀之書惜有內編而無外編尙是缺典擬囑局員補緝廣爲傳佈勝孩童讀三字經也

撫吳公牘卷之三十四

溧陽縣稟幕友品行端方並不常赴賭場由

溧陽幕友喜賭係據該縣紳士宋守面稱並非無稽之談且幕友苟且則無人不知若不苟且則關防嚴密紳民何自知其名姓該令所稱該幕毫無苟且溧陽紳董百姓無不知之是何異以市人而宣傳處女之貞潔乎況民但知有幕而不知有官該令尚自居何等乎又稱並不常赴賭場然則賭場豈可偶然一赴乎本部院爲愛惜該令聲名起見該令有則改之無則加勉愼勿始終受人之愚而不覺也仰蘇藩司速飭鎮江府確查稟復繳稟鈔發

飭查東臺縣監押人犯與牌不符

爲札飭事。據委員稟稱上年十二月十八日。至東臺縣查閱監押人犯。與牌示不符者。共有二處。一於大與樓下。查得蔣席儒一名。牌示無名。詢係十二月十五日管押。一於官媒潘張氏家。查有女犯張蕭氏葉夏氏二名。牌示均無名。又據摺開鹽班房內陸三壽小一名。詢係同治三年進押各等情。核之該縣冊報陸三壽小詿係六年三月初六日收押。因何日期不符。合行一併飭查。札到該道。卽便派委妥當可靠之員。改裝易服。前往密查。刻日稟復核辦。若該道任聽委員訛詐。程儀以一空稟了事。則大負本部院諄諄見托之苦心矣。

札淮揚道

加函
懸牌而仍私押豈不空費我輩一番除弊苦心既自愧教督无素又重念孑遺黎民何日得出苦海也委查之員宜直告以儆處業已確訪在前隱瞞只是代人受過或冀可以和盤托出凡法不立則已立則勢在必行否則徒滋弊竇故有望於執事之認眞覆查俾可懲一儆百清安挑河已開工否執事素以饑溺爲懷乞與秋亭速圖之再蔣席儒係因不聽經書將熟報荒觸怒受押該令任人發縱眞可謂之活菩薩矣一歎

札飭密查如皋縣監押各犯與牌示不符

爲札飭事據訪查委員禀稱去年十二月二十四日

訪查如皋縣監押各犯與牌示不符者共有四處一壯班房在縣大堂西偏押犯十四名內左語福湯廣太陸扣三名係差保收押牌示無名馮錦剛十月十六日到押牌亦無名一皂班房在縣署東首押犯八名內陳長林沈二常葛接兒三名牌示無名一縣南首慶和堂客寓內押監生邵廷宣一名係十二月十九日進押牌示無名一南盛樓官飯店押犯六名浦大和浦二和孫守成施萬源張子牧張鴻翔牌示均未開列而該店粉牌登列各人名下均有原差姓名詢據浦大和浦二和稱係十月二十六日到押孫守成十二月十七日到押施萬源十二月初五日到押張子牧十二月十八日到押張鴻翔十二月二十二

日到押又於正月十八日到通州訪查該州州周姓飯
歘內有郭王春一名牌示無名各等情前來查該縣
任聽差役私押至十四名之多憒憒如此眞堪詫異
若不認眞振頓何以出斯民於水火之中合行飭查
札到該道立卽密派妥當可靠之員改裝易服前往
密查迅速稟復核辦此事係爲杜絕私押計並非爲
調劑委員計務祈面囑委員勿看錯題目也此札

札常鎭道釘排

通飭各屬凡遇命案相驗嚴禁書差需索使費

勒石永禁

爲通飭事照得地方官相驗命案例止許隨帶仵作
一名刑書一名皁隸二名一切夫馬飯食俱自行備

用不許書役人等需索分文乃訪聞蘇省遇有命案
相驗隨帶書差跟丁人夫往往多至二三十人輒向
屍親犯屬地鄰索取屍場使費甚且有望鄰飛鄰名
目株連蔓引比戶驚惶殊堪痛恨夫以屍親含冤兇
犯議抵爲小民至哀至慘之事乃書差等反因以爲
利竟欲雪上加霜以居近里鄰誼關族戚實案外並
無干涉之人而若輩偏藉此誅求大煽城門之火在
受者既吞聲而飲恨在聞者亦扼腕而咨嗟爲民父
母之謂何本部院參稽羣議搜剔弊源僉以爲欲禁
書差之需索必先優給書差之公用尤應減省書差
之人數爰將下鄉相驗各項逐條逐欵參酌定章通
飭各廳州縣一律辦理合行札飭札到該某卽便轉

勸遵照後開章程凡遇一應命案下鄉相驗務須輕輿減從一切費用照例自行捐給詳明立案此後如有書差人等藉端滋擾索取屍場規費分文者嚴行懲治以甦民累儻地方官不卽嚴行禁止准受害之家赴該管上司喊控以憑分別叅辦仍一面全鈔札文並後開各條出示曉諭立碑城隍廟前以期永杜弊端限本年三月內摹搨示式呈送此係各州縣造福無疆之事減一時之官樣便省書差數十人之騷擾分一勺之廉泉便除小民數十家之拖累各宜實心遵辦以副厚望切切特札

計黏鈔章程

札臬司江蘇各廳州縣

今將相驗各欵明定章程詳列如左

計開

相驗項下

承行一名　每日飯食錢二百四十文

招房一名　每日飯食錢二百四十文

仵作一名　每日飯食錢四百文

皁快二名　每名飯食錢一百八十文

行杖二名　每名飯食錢一百四十文

以上隨帶書差。已照例定額數。量爲增加。不准於現定名數外。再有多帶。能減者更善。

跟班二名　每名飯食錢一百四十文

厨役一名　每日飯食錢一百四十文

轎夫四名　每晷飯食錢一百二十文

繖夫一名　每日飯食錢一百二十文

以上隨帶夫役書差人等。總共不得過十五名。

地保伺候　每案給飯食錢五百文

土工　每案飯食錢四百文

搭屍廠　給錢壹千文

本官船一隻　每日錢壹千文

書差轎繖船二隻　每艘錢八百文如無船者

雇小車每輛錢四百文

蘆蓆　給錢二百二十四文

燒酒　給錢三百文

蒼朮白芷　給錢一百文

紅白布　給錢一百四十文

銀硃筆墨　給錢六十文

屍格　給錢二百文

刑書招詳紙張錢八百文招解案加二百文

招書辦稿一切紙張錢三百文如不招解減半

代書紙張錢二百文

以上隨帶書差人等。一切飯食及各項費用。

均由該廳州縣自行捐廉給發。不許向民

間分派絲毫。

教官講生月領薪水飭令印官加結報明

爲通飭事。照得本部院訪聞各屬教官講生。往往有但領薪水。而未能按期宣講者。玩忽欺蔽。殊堪詫異。亟應嚴行考察。免滋糜濫。合行札飭。札到該司。卽便轉飭各廳州縣。嗣後各該教官講生。月領薪水。應由印官確查是否不致有名無實。加具印結。並無虛領字樣。附詳報明。以昭核實爲要。此札。

札蘇藩司

溧陽縣申送七年十一月十二月分宣講清摺

由

清摺閱悉。據稱請飭令各縣將教官講生所領薪水。於月報摺內。據實附行開列。以免浮領之弊等情。尙爲切中情弊。已另札行司。通飭各該縣將教官講生所領薪水應由印官加結並無虛領字樣以昭核實矣。講生楊汝霖捐洋助設學具。數雖不多。足見該生好義樂善。不獨以言勸人。仰由該縣給匾獎勵。至朱栢廬家訓及二十四孝圖說。已札蘇藩司分發各縣轉給矣。餘均如所稟辦理。切切此札。

華亭縣申送郭友松詩文稿由

據申送貢生郭福衡所著詩文各稿。本部院細加衡閱。經說一卷。猶沿乾嘉以來講經家之遺緒。采集甚博。而斷制未精。文則守桐城宗派。而取法乎歸震川。頗有閒雅之筆。詩亦具有法律。合觀諸稿。雖不能卓然名家。實不爲俗學所囿。讀書淹貫。誠未易才。仰該

令傳諭嘉勉該生家道何如應否酌量資助該令以時存問可也原稿三件發還此札

札查如東泰通各卡索費重罰

爲札查事照得本部院訪聞如皋縣東南兩門外各有釐卡其沿河一路力乏橋丁堰鎮亦有釐卡又有分卡各卡收捐錢則每千索盤費十文銀則每兩短作兩色洋價每元短作三十文扦手使費照捐加二此外尚有捐票錢二十四文照票錢六十四文其聲名之壞以力乏橋一卡爲甚扦手費亦較多照票捐票之錢均比各卡加倍罰欵開口十倍究竟三四五倍不等又訪聞東臺縣新壩之西有捐釐局一處扦手人等種種刁難貨多而價昂者每船須洋兩三元

尋常貨船。自三四百文。至七八百文不等。另有票錢二十四文。挂號錢十四文。罰欵兩倍。亦有至三四倍者。又訪聞泰州東南北三門外釐卡。三處司事扦手。從中漁利。每洋一元。照市價短作三四十文。罰欵開口十倍。約以二三四倍了結。貨物報捐。必須小費。照捐加一。從前尚有挂號費百文。照票費百二十百六十文。過檔費二三十文。現雖稍減。然積習尚未盡除。又訪聞通州東門西門三十里鎮。各有釐卡。西門外之三里岸橋東門外之龍王橋。又各有照票卡。其西門卡貨物約打七折。扦手使費。貨多而價昂者。約索費兩元。粗重之物。自數百文至千文不等。洋價每元短作三十文。罰欵約自二倍至五倍。東門之卡。扦手得費遞多正釐卽可遞減罰欵洋價與西卡彷彿兩處照票卡各須驗費數十文如果屬實均足擾累商賈合行札飭札到該司卽便密派妥員改裝易服前往確查據實稟復以憑嚴辦切切此札

加函

抽釐原因軍餉緊迫萬不得已而設之舉乃各卡委員藉此需索訛詐必使膏脂盡竭而後已商人偶然漏報事之恒情稍罰亦足示儆乃委員司事人等視同叛逆大罪旣已非刑弔打而又勒罰十倍五倍公罰之外又有私罰商人飮泣呑聲惟有聽客之所爲而已其商之奸黠者則勾通巡攔司事議定三折四折報公欵而以三成四成供私求該司事等或三年

一充或一年一充每充一次多則千金少則數百金以卡之大小爲等差若輩又何樂以重貲鑽緣一賤役以自汚哉不過以十之一歸諸委員而以十之九取諸商賈耳治身之道必使血脈流通而後身無積滯之疾治國亦猶是爾今卡員勒索商賈怨咨將來貨物屯滯猶之血脈不能流通若不認眞查辦定致元氣有傷鄙意散卡太多收數少而耗費大不如酌裁歸併米麥等物爲百姓日用所需似可酌免此次浮收各員尤宜擇尤嚴懲或冀他卡引以爲戒詩曰民亦勞止汔可小康現在軍務大定餉事稍鬆尚乞爲牽車服賈之徒稍留一線生機其可乎

泰州興化監押各犯牌示無名飭查

爲札查事。訪聞上年十二月初間，泰州監押各犯與懸牌不符者二處：一於馬快班房內查有沈麻子、顧草亭二名，詢係均於十一月二十六日進押，牌示無名；一於州照牆後朝西門面官飯歇內查有陳芝燦、鄭遐、趙愷三名，牌示亦無名。又上年十二月初七日，興化縣飯歇內有葛成之、葛宗之二名，詢據葛成之云係因錢債追繳，六月十七日到押；葛宗之十一月初九日到押，與成之同案，牌示均無名。各等情。據此，查泰州十二月分冊報捕役管押項下，有顧朝亭、沈髻小二名，均註明十一月三十日收押。沈麻子是否即係沈髻小，顧草亭是否即係顧朝亭，何以收押日期既不相符，而牌示又未開列。興化縣押犯葛宗之

葛成之二名前送月報冊內亦無其名現並未見開列牌示均應澈查合行一併札飭札到該道即便密派妥員改裝易服前往確查稟復核辦切切此札

札淮揚道釘排

加函

私押一事屢經嚴飭乃各州縣仍蹈故轍豈以一行作吏蚩蚩者遂應任我魚肉耶該牧令屢次玩法所以遲遲不忍遽登白簡者念其得此功名甚不容易徐欲觀其後效耳仍求執事就近再爲勸誡如該牧令仍任書差私押良民視若罔聞只有舍玉帛而干戈斷不僅以空言啊喝已也乞切實轉致諸君子爲

禱

淮揚道會稟漕范兩隄閘埧涵洞各情形謹陳管見由

據稟民辦漕隄閘洞。全爲民田灌溉而設。非爲漕河減漲之用。其范隄閘又須挑濬海灘。工程浩大。興舉不易等語。自是實在情形。該令前稟。應毋庸議。惟興化乃極低之區。水到先淹。實屬可憫。該道有漕河之責。修漕隄而守鄭埧。均宜認眞督飭員役。在在保護。毋令下河百姓。長受昏墊之害。一俟庫欵稍裕。再議濬河。以分沂泗之水。則洪湖多一去路。即下河僉慶安全矣。仰即轉飭知照。仍候漕部堂批示。繳

洛行江屬詞訟月報功過章程

爲札飭事。照得本部院設立詞訟月報。原以稽核各

廳州縣是否留心民瘼勤於審理應按三箇月訟案多寡分別勤惰核記功過前經蘇藩司參酌舊章詳經本部院核定凡三箇月內原報二十起以外雖全數訊結毋庸記功四十起以外訊結十成五十起以外訊結九成以上一百起以外訊結六成以上民間詞訟月少一月者均予記大功一次連息銷結案不及三成無論起數多寡應記大過一次儻有上月結案雖多而下月新收浮於所結之數訟風仍熾應仍不准記功或有因案難速結漏報掩飾或並無呈稟案據捏報案由率稱訊結希圖湊數邀功者隨時察辦如本係地廣訟煩之處經該牧令等隨審隨結案無留牘由聽訟馴至無訟是則化導有方民心悅服。

應由司專案詳請優獎業經飭行蘇屬各州縣遵照辦理甯屬各州縣訟案多寡情形不同宜如何變通辦理應由各該管道府州參酌蘇屬章程先行詳候核定嗣後卽按三箇月彙詳一次各在案茲據江甯常鎭二道及江淮揚徐海四府一州參酌章程詳復到院本部院細加核奪如江甯滁守詳稱該屬詞訟三月彙記一次斷不能至百起以外二十起以外全數訊結毋庸記功至連息銷不及三成記過各條槩可仿照辦理惟詞訟月少一月記功並上月結案雖多而下月新收浮於所結不准記功兩條恐啟諱飾壅蔽之漸蓋官能迅速審斷無勾攝之煩需索之苦則輿情愛戴遠邇傳聞鄉曲是非非官不決因而紛

紛趨訴此由吏勤而得民情似非訟風日熾可比儻必責令詞訟月少一月方謂有功並以下月新收之案浮於上月所結之數不准記功既無以表良吏之勤且恐不肖之員意存規避設法消弭使民隱無伸吏治不振等語持論尙屬平允此兩條甯屬各州縣卽照該守所議飭行又淮安章守詳稱有在一百五十起以外至二百起者案牘較煩審理非易訊結五成以上予記大功一次此層亦可照行又徐州朱守稱該屬民情素稱健訟往往批准差提原告避匿不面無從質訊其故由於傳提之難非盡聽斷之懈擬酌量變通四十起以外能訊結九成五十起以外能訊結八成一百起以外能訊結五成以上者記功一

次如在四十五十起並百起以外三箇月內能全數訊結記大功一次自係因地制宜應專飭徐海兩屬案多之地照此辦理餘屬仍照蘇屬舊章至稱三箇月原報二十起以外係屬控案本少並非審斷不勤如於期內全數訊結應予記功連息銷不及三成不計起數多寡記過一次不及二成者記大過一次此三條未免過寬原章應無庸更改除分批外合行札飭札到該司道守牧即便轉飭各州縣遵照辦理毋違切切此札

札江藩司、常鎮巡道、江寧府、淮安府、揚州府、徐州府、海州

寶山縣詳義倉積穀隨漕收繳籌議章程請示

由

據詳並摺均悉該令捐廉倡建義倉具見實心任事甚屬可嘉該邑不產稻穀按畝捐錢二十文采買隨漕收繳卽於串尾加戳尚覺簡便易行應卽照辦所議各條亦均妥協惟發典生息一層易滋流弊凡官家之錢呆存則弊端絕少倉儲積穀地方民命攸關但使年復一年繼長增高暫計之則不足久計之則有餘不宜爭此區區之利也發典一條應毋庸議至經書毋捐錢千文准給錢三文仍於正項內支銷可也並候督部堂批示繳摺存查

加函

陶文毅林文忠謂推陳出新利小害大蓋亦有所鑒而云然朱子在崇安時起基只有米六百石若不推陳出新又何從擴充至一萬餘石之多哉寶山旣可按年捐儲自以不動原欵爲妙仍祈日積月累俾有成效可覩則崇安社倉之法不得專美於前矣予日望之

札委朱丞勘丈丹徒袁振金控案灘地由

爲札委事據蘇州府詳復丹徒縣議敘從九品袁振金稟控沙董張寶夫等串同書差藉端斂費一案卽經由府提集原被訊明分別議擬詳辦所有該職員名下廣元御隆兩洲田灘除已坍准其豁除外其餘坍剩之地仍令照數完課執業其單佔之三墩子灘

墈。現在究有若干畝。分應請委員會同該員逐一勘丈明確。詳請照例着令繳價承買。並追歷年所收蘆柴價值。如數呈繳。以杜隱佔而清課賦。至張寶夫所佔袁晴軒蘆泥灘地五十畝。並請委員一併勘明。飭令繳價承買。設或日後另有張少蘭其人出而爭執。惟袁振金是問等情。到本部院。據此查蘆洲灘地坍則報豁。漲則報陞。如有坍漲。應行委員會同地方官秉公勘丈明確。例不准業戶單佔影射。爭執弊混。據詳前情。合行鈔詳札委。札到該員。立即遵照。前往丹徒會縣督同該職員確切查勘廣元御隆兩洲實有坍剩地畝若干。其單佔之三墩子灘地共計若干。並將張寶夫所佔袁晴軒蘆泥灘地五十畝。一併勘明分別繪圖貼說造具段落畝分四至清册。聯銜據實通詳察辦。至歷年所收蘆柴價值若干。亦卽查明附復。均毋稍任隱混。爲要。切速切速。

札試用同知朱丞

川沙廳詳准法國胡總鐸函致姚和尚强娶楊珠姐一案訊供由

據詳楊珠姐自幼許字陸姓。尚未過門。嗣陸姓因匪擾被擄。杳無信息。憑原媒陸惠榮轉還庚帖。楊包氏將女珠姐許配姚和尚爲妻。例內本有夫逃亡三年不還。聽告官給照別行改稼之文。又查條約中國人願信崇天主教。而循規蹈矩者。皆免懲治。是中國之教民。亦仍應遵中國之律例。並非教民另有律例也。

此案既經南匯縣訊明定斷。諭令擇期迎娶。已與告官給照無異。乃又以陸姓存亡莫卜。不准卽行另許他人。辦理殊少把握。現在楊珠姐已與姚和尚成婚半年之久。該廳亦以關涉教務。未敢擅專。應否斷令珠姐仍至陸姓守待。依違請示。尤屬非是。陸氏子被擄不歸。存亡莫卜。已閱九年。楊女與姚和尚夫婦和睦。既非嫁娶違律。豈能强令離異。以待被擄杳無信息之人。仰蘇松太道核明分別轉飭照例詳辦。再該地方官於辦理民教一事。往往不能兩得其平。不是矯枉過正。寃屈從教之人。致失一視同仁之意。便是畏首畏尾。有意寃抑無辜之百姓。致窮簷孤寡。失所流離。此皆由該州縣平日於律例條約不肯認眞推求故臨事茫無所措倀倀然如盲夫之夜行何由使中外相安民教各得其所哉此後各州縣辦理民教事宜總當存一公字此必一公則聽斷自無偏倚聽斷一公則中外自然輸服須知外國眞正傳教士無有不講理法無有不遵規矩之人其有誤聽不安本分之華民慫恿以非禮之事來相爭執者必係外國流氓斷非眞正教士該牧令亦當正言爭論據理開導不可一味遷就陷人於罪如若彼此相持不下亦可稟明本道照會領事衡理定斷不宜一見教士如同見鬼見神毫無把握也至於無知愚民揑造毫無影響之謡言尤當隨時嚴禁以杜枉誣該道並移常鎮一體遵飭仍錄報通商大臣衙門並候批示繳

徐海道稟復勘豐境不能另開支河并請另委
會勘由

該道勘報各河形勢。并揆度起衅爭競之由。均已探本窮源。切中肯綮。豐魚兩縣。現開支河。苟能彼此歲修不廢。可期暫息爭端。所請另行委勘一層。似可毋庸置議。惟疏浚南陽昭陽二湖。既恐工鉅費絀。難以舉動勤修。目前所開支河。亦恐各懷意見。久而懈怠。究應如何辦理。方昭允愜。已咨商督部堂察酌辦法。移知東省會核辦理。并請咨復飭遵矣。仰即知照。仍候督部堂 東撫部院 批示。繳。單稟并悉。圖存。

浙江撫院咨匪犯徐瀰漳等犯案地方無論何
縣所屬總宜執法嚴辦咨煩核飭示復由

爲咨商事。同治八年六月二十四日。准浙江撫院李
咨匪犯徐濶漳等犯案地方。無論何縣所屬。總宜執
法嚴辦。咨煩核飭示復等因。到本部院。准此。查此案
前准浙江撫院咨會。卽經行司飭查訊詳。嗣據縣稟
犯供搶刦處所。並非該縣境內。又經批司查核在案。
茲准前因。此案旣經該縣訊問與烏程縣訊供大不
相符。究竟如何不符。未據稟明。卽此一端。足見該令
模稜麻木矣。合就札行。札到該司速飭吳江縣遵照
提犯訊錄確供具詳。勿得彼此推諉。一面札飭蘇州
府查明犯供行刦處所。是否吳江縣管轄。抑係震澤
吳縣所管。剋日據實稟復。此札。

札臬司

常鎮道稟如皋上年十二月分監押人犯漏列

粉牌飭據明白稟復由

據稟該縣因押犯較多，粉牌登滿，另列小牌，月報冊內亦經詳細登載等情。惟查他縣押犯有五六十名之多者，尚且併列一牌，該縣是月押犯僅有三十餘人，而謂高二尺、廣五尺之牌，不能登列，萬萬無此情理。即云該令月報冊內並未漏列，但本部院通飭各牧令將押犯名姓登列牌示之初心，原欲使官押一犯，雖愚夫愚婦皆得以共見共聞，免致書差復有私押之弊。該令不漏列月報而漏列粉牌，彼窮簷蔀屋又何從得月報而窺之乎？且該令又何不將小牌接寫之緣由於月報上註明乎？該令只知於上司面上

極力周旋曾不念黎庶之顛連雖提攜而仍無告書
差之技倆雖稽察而有所難周本應撤參姑念該令
平日居心尚屬忠厚且册報有名從寬將該縣摘去
頂戴以示薄懲已札司詳册飭遵並咨明督部堂暨
通飭甯蘇兩屬各府州廳轉行知照矣仰即嚴飭該
縣此後懸挂粉牌勿再稍有疏漏致干嚴參切切繳

清末民初文獻叢刊

撫吴公牘

（下册）

［清］丁日昌 撰

朝華出版社
BLOSSOM PRESS

撫吳公牘卷之三十五

外來遊民挖取塘岸石脚飭禁

爲再行札飭查禁事照得蘇常一帶沿河地方前因外來遊民挖取塘岸堤脚石塊石板並於僻靜處撤取坍屋敗牆磚塊石脚裝運上海變賣得價甚厚巡快地保視爲無關緊要不免受財故縱恐日久岸脚挖鬆碎石滚入河內始則撞破船隻繼則淤塞河道終則有礙圩田攸關

國課當經分札蘇常二府通飭示禁在案現查長元吳三縣仍有江北小船通同地保於沿河一帶折賣石塘舊基實屬愍不畏法貽害匪輕合再札飭查禁札到該縣立即遵照會商迅速設一良法認眞嚴禁仍

隨時實力查拏並懸挂賞格從重究懲毋得徒以一示一復了事也切切

合札長元吳三縣

嘉定寶山漕折告示行司

爲札飭事照得本部院前將蘇松等五府州屬呈送徵收七年分冬漕斗則折價各數示式核分詳畧評定優絀行司轉飭遵照並因嘉定寶山二縣向係墊辦起運開徵較遲提出另辦在案茲已據嘉定寶山二縣先後呈送徵收七年分冬漕折價示式到院本部院詳加校核嘉定將費腳錢文即在四千三百文之內一節詳細敘入又將串式同送甚屬周備寶山告示雖不及嘉定之詳尚稱簡淨無疵合行札飭札

到該司即便轉飭遵照並令嚴查柜書差保人等如有浮勒病民低作洋價情弊立即從重懲治如該縣徇隱不究定干嚴參懍之切切

札蘇藩司

札查寶山等縣沙洲並積案情形

爲札飭事訪聞朱委員於七年五月至寶山城但憑各沙主繪各沙地圖呈驗印委並未到沙一勘其中難免弊隱詢據嚴姓隱漏二三十頃鮑姓亦有隱漏又靖江沙洲自嘉慶年間起至今有漲無坍咸豐七年承買案內現經丈出溢田約一萬二千畝僅收繳補課約二千畝不及銀千兩召買升科均未辦及委員現已撤局移交印官尚未舉辦沙洲積案清結亦

少。又江陰沙洲咸豐七年承買案內丈出溢田每畝

補課。有三錢四錢六錢不等新漲召買南灘共報五

千餘畝繳銀八錢共止繳過一千餘畝北灘報漲報

坍之案。尚未淸查聞新漲甚多。卽如壽星沙約漲三

萬餘畝坍沒豁免及南灘報漲之五千餘畝皆憑水

利房經書黃守臣轉據圩長開報委員均未勘丈聞

水利房弊竇甚多。新漲之田率向該房買補坍田之

糧。充爲老額影射免課名爲移坵換段此弊各處皆

有。尤以江陰爲最黃守臣聲名最爲惡劣又常熟之

何委員在沙設局。其隨人時到賭塲烟館收費圩長

亦有饋獻又武進積案亦多未結其報沙洲坍沒豁

免縣書每畝索造冊費十餘文丹陽縣書則每畝索

費十文並每年田捐每畝亦索費十餘文人數甚多其可指數者中沁洲書周徽吉黑河蔣家沙洲錢錫秀二人又常熟沙董于沙民詞訟頗多隱爲把持和尙港以東有黃亮合興街以西有朱老虎新街以北及帶子沙有曹龍者皆未斂戢各等情前來均應確切查勘以憑分別嚴究合行札飭札到該局即便認眞派委妥員將以上各情認眞查復核辦毋許印委顢頇了事切切特札

札蘇藩司 沙洲總局

加函致局

沙洲弊竇如牛毛繭絲紛不可理上年爵相商除沙洲積弊手書幾數千言乃會銜出示曾幾何時而弊

端百出又復陳陳相因我輩何面目復見爵相乎從

前三年小丈五年大丈做處

奏改爲十年一丈業蒙

特旨允准

聖恩尚且體恤沙民無微不至乃書差竟敢肆行剝削任

意侵漁我輩猶復形同木偶若閭閻知是則沙民受

書差之害實則沙民受我輩之害也務祈貴局派委

妥員將牘中所訪各情和盤托出以便盡法嚴辦庶

可一勞永逸立法時留一二分之弊奉法時即釀八

九分之弊優游乃爲禍本姑息即是奸媒欲舉沙洲

數百年之積弊廓而清之固非下辣手用重劑斷難

望有轉機也

飭查武進縣驛丁尚萬春等剋扣索詐

爲札飭事訪聞武進縣驛丁尚萬春驛書周慶隆沈鳳泰表裏爲奸剋扣跑夫飯食馬匹草料每遇貨船索錢一二百文空船索錢二十八文水果船索錢三五百文等情合行札查札到該府即便查明訊責並出示嚴行禁革以杜擾累切切此札

札常州府

加函

該丁書等前此以魚花船爲利藪今因嚴禁又以勒索貨船爲利藪并聞該書遇要件包封過境竟有私折閱看之事殊堪痛恨望接牘後分別嚴查如果得實即將該丁書一并斥革驅逐出境庶不致仍留禍

根也費伯雄刦案業已數年尚未獲一眞犯弟實愧對之也前此鹿大兄云眞盜逃在靖江地面但靖江亦係蘇省地界非歐羅巴米利堅可比未嘗不可設法踹緝乞再面懇之何如

飭查東臺縣糧書私押花戶

爲札飭事訪聞東臺縣冊書許嘉謨承管十二都五圖有花戶蔣席儒應完漕米一石六斗零向由該書經收上年冬閒該書向蔣姓聲稱本屆漕米折價如每石給費六千文可以混入災區不必領掣糧串蔣席儒允以每石給錢三千當付錢二千六百文迨見本屆漕折減價告示有限一月內令花戶自完過期差收之語蔣席儒即於限內赴糧房開具糧數草條

上柜完納掣有印串該書根不令伊經手乃以上歲欠糧稟縣縣中即將蔣席儒發押大輿樓飯歇而該縣粉牌却無蔣席儒姓名等情查蔣席儒本屆漕折已經清完掣有印串而該書仍稟抗糧究竟是何情弊且查蔣席儒一名該縣粉牌並無其人是否該書私押除前經札查外合再札飭札到該道即便認眞確查稟復核辦切切此札

札淮揚道

加函

該冊書引誘愚民以熟作荒私圖得賫不遂所欲輒又稟官發押以爲洩忿詐錢之計此等冊書上虧國課下擾閭閻若不查實嚴辦良懦何以爲生儆處公

牘上。且淡淡着筆。誠恐措詞過峻。則若輩必聞風而逃。東臺君忠厚長者。未必甘心魚肉鄉民。然非有官親門上與該書朋比爲奸。則該書亦斷斷不敢如此恣肆。統祈就近確查。和盤托出。該縣又有浮收漕價之事。此公眞憒憒矣。

行查東臺縣浮收漕價

爲札飭事。訪聞東臺縣告示漕價每石五千八百文。惟據陳中莊米舖李姓云。每石正價五千八百連串票脚力及經書川飯。須添出數百文。又據西塗鎭碾坊曹姓云。現完漕價合加一費。每石六千三百文。又云該處大槪情形。連漕價串票統算約在六千三四百文。鄉閒未見告示各等情。查現定江北漕章不准於核定正額之外絲毫浮收涵該縣書差仍敢每石浮收錢數百文亂法朘民殊堪痛恨合行札飭札到該司道卽便轉飭該縣確查浮收書差是何姓名明白稟復核辦並飭該令勿得飾疾懼醫切切此札

札司道

加函

僦處前此通飭各州縣每次開徵丁漕必須刊刻收價簡明告示發貼城鄉都鎮市集村庄大縣以發貼千張小縣六百張爲度原欲使窮鄉僻壤愚夫愚婦皆能一目了然方免書差高下其手今東臺泰州興化等處鄉民全未看見告示官有減價之恩民受浮收之害此書差匿示不貼所以不能不認眞整頓也

鄙意欲俟該縣稟復後擬將匿示浮收尤爲玩法之書差置之重典庶幾各處書差聞風儆懼不致復蹈前轍公若以爲可行乞卽飛速示知蔣席儒欲完漕折茫茫無所適從正款全淸卒致身入囹圄而後已愚民之情狀如此書吏之威福如彼詩云宜民宜人受祿于天弟欲易爲宜官宜吏流毒于民公以爲何如

行查泰州浮收漕價

爲札飭事訪聞泰州城內漕價至長之戸每石價錢五千五百文惟據沈家渡小雜貨店陶姓云該莊在泰州西南隅一律完漕五千五百文連各項使費共合錢六千五百文另加串票每張四十文向歸差催

未見告示又據九里溝後莊徐姓云該莊折漕一律交錢完竣每石正價五千五百文串票每張四十文量戶大小酌加錢費千文數百文不等聞有告示鄉間未貼各等情查現定江北漕章不准於核定正額之外絲毫浮收廼該州書錢每串票一張浮收錢四十文又浮收錢費至千文數百文不等亂法朘民殊堪痛恨合行札飭札到該司即便轉飭該州確查浮收書錢是何姓名務設一永遠杜弊之方勿得再蹈前轍致干嚴參仍飭明白稟復以憑核辦切切此札

札江藩司

加函

此次訪查江北浮收者不止一縣但甫經立法若痛

以法繩之又恐操之過急無一救令可以自全且積弊至數百年欲一旦廓而清之固非旦夕所能程效故先檄該牧令自行查復或冀可以內愧若後次仍復效尤則我輩當易低眉爲怒目矣公以爲何如

查究興化龔如林浮收漕價

爲札飭事訪聞興化縣距城五十里之許家堡伏海庵有王盧二姓並糧戶多人據云該莊在興化東鄉竈四上圖共有八十餘戶約計共完漕米二十餘石向歸經書龔必昌催徵今年是伊子龔如林來催大衆許至六千餘文一石尚不答應每石索價八千方肯代完是以均未說妥一二日仍要來此催索又湖西口經造沈四聾子經收楊永昌一戶每斗仍收八

百文其餘民戶糧少者亦多類是等情查本年核定江北漕價興化每石五千三百文此外不准絲毫浮收麵經書龔必昌之子龔如林及經造沈四聾子竟敢抗違定章額外浮收亂法朘民殊堪痛恨合行札飭札到該道即便嚴提興化縣經書龔必昌之子龔如林經造沈四聾子確訊浮收數目若干按律嚴辦以肅漕政並確查書差浮收及匿示不貼情形據實詳復以憑核辦切切此札

札淮揚道

加函

百姓不知漕價然後書差可以浮收然百姓所以不知漕價皆因書差匿示不貼之故此事一由本官有

欲希冀事不發則已可分肥事發則歸其咎於書差一由本官心地不甚明白任聽門丁勾串書差作弊朋分陋規興化令君或有欲或不明弟尚未能逆揣但任聽經書勒索浮收至於如此則彼平日之所謂爲催科撫字者亦可窺見一二矣安得純灰十斛將諸君子重役輕民一副腸胃爲之蕩滌淨盡哉入都在即望速查速復爲禱

飭查靖江八圩港等河道如何興挑

爲札飭事據委員稟稱靖江城低河淤聞有保衛局用存公款五百餘千存董事陳揚之之手前令任內即議作爲挑河之用因被該董虧用至今未辦以致每年九十月起至清明止於南之渡船口北之曹

家橋築壩蓄水南壩專派壩夫常松高看守。北壩專派地保劉勝全看守。遇有船隻來往肆行索詐如極小舢船每日約過四五百號每船南壩索錢三四十文。北壩索錢七八文。不與則强取蘆片什物稍大之船北壩勒揹添雇多人拉壩須加索錢數百文南壩索洋一兩元不等。實爲客商之累。查八圩橋起至廣陵鎮共長二十七里。如能一律挑深商民受益不淺聞該處居民亦願按田分段認挑但衙門內外每年均藉築壩爲斂費之計。多不願辦等情。合行札飭札到該府卽便查勘該河應如河迅速籌議興挑前此公款是否侵蝕衙門內外是誰撓阻確查禀復以憑核辦其壩夫常松高地保劉勝全如何藉端斂費並

行查究此札

札常州府

加函

據委員面稱此河不挑近河農田水則苦潦旱則苦乾且挑費不過千金即可竣事該縣每年僅以一二百串築壩船費每年可抽至二三千串等語查該縣設法生財可謂想入非非務望嚴檄申斥並勒限將全河赶緊濬深以功補過儻踰限仍不興挑則按船私抽之咎不但問諸水濱已也

飭將海州差役徐相等嚴行提究

爲札飭事訪聞海州差役皁捕兩班不與詞訟勾攝之役惟頭班十五總最爲著名兇惡每一總差名下

有二班兩名三班六名或四名小夥十餘名凡有案件必歸十五總承行把持婪索無所不至每一總差點充到手須花衙門費二三百千親友開賀子弟一樣考試地方紳衿仰其鼻息鄉閭小民吞聲畏服無訟者搆之使訟有訟者差稟即銷遇有平素憎嫌之人串通門丁出具門條任情私押播弄事權顛倒白黑錢漕亦歸十五總承催往往有先爲墊完再行掣串下鄉任意浮收者即如串票一張須錢五十文合上下忙漕價三張須錢一百五十文故若輩無家不富現聞陳牧稍加裁減每一總差名下不過十人不准私押其權稍減然稔惡既久積重難返其中能辦事而聲名壞者徐相葉向王雲孫松四人爲尤甚至

於經承書吏向無大權等情似此差役肆惡朘削閭閻亟應破除積習以甦民困合行札飭札到該道卽便確查該差役平日實在惡蹟如果與所訪相符立卽嚴行提究至徐相現在被人控告已發交該道復查並一面妥議如何抑其事權淸其流品爲將來永遠除弊之法稟復核辦切切此札

札徐海道

加函

胡文忠言書差害民引詩交交桑扈率場啄粟二語以之移贈海州總差當可無愧徐葉王孫四差似須提案澂懲否則無以掃除結習書差並非不可用但須以官用書差勿以書差用官方不致太阿倒持昨

有紳士言及江北書差處處皆爲本官供奉長生祿位有人心入心脾必有人恨入骨髓矣良可太息執事素有攬轡澄清之志何以經權並用方能使此輩不致流毒閭閻大概今之牧令平日不甚涉歷時務故至事權在手茫無把握一任門丁書差絲牽傀儡言笑行動皆不自由魏叔子言儒生俗吏不識時務八字可與虞廷十六字並傳千古誠爲心得之言儆處新編牧令書業已刊竣茲寄上三十部乞分贈同寅諸君子餘者留以自享但恐諸公自命雅人不肯看此俗書耳昔歐陽文忠爲夷陵令無書可讀將署中所有積牘遍閱之而後學問大進然則案牘文字不獨於時務有益亦於學問有益乞試與諸君子詣

切言之何如

嚴禁高郵傳呈等費

爲札飭事照得本部院訪聞該高郵州詞訟案內管押人犯可以任憑原差帶押莫知其處殊堪詫異傳呈喊稟每張錢一千七百五十文下鄉相驗費無定數多者百數十千均宜遵章禁絕該州生員宋錦章原籍興化不甚安分有無實在劣跡押犯朱得才該州牌示註明係王炳元案內船夥而該州去年六月報冊於朱得才名下註明訊是游匪緣何牌冊不符現下錢漕已定新章而該州差收串票錢至七十文之多亟應一律革除又南門內興和窰貨店經門丁出條取貨措不給價詢稱每年時節及差使照例供應

之外尚須隨時强取不特窩貨爲然何物門丁竟敢如此平空訛索並應從嚴究辦育嬰堂上年殤故一百餘名經理董事殊不得人界首司訟費聞亦不輕是否仍蹈擅受故轍合行札飭札到該道即便轉飭遵照分別查辦勿得空言稟復切切此札

札淮揚道高郵州

加函

該牧前任各缺似尙有爲何以一至高郵風采不如曩時豈州境有貪泉耶思之殊不得解頃發相驗章程口血未乾何竟背道而馳聞前此下鄉相驗沈姓一案地保派費至一百七八十千之多犯事十里內外雞犬皆驚爲民父母竟使百姓如防寇敵清夜問

心。安乎否耶此事如或鄙人誤聽。自當甘伏采訪不實之咎。抑或形迹之間。難免疑似。亦望趕緊放下屠刀。滿目瘡痍。誠不暇先言丈人而後救火。伏乞大君子諒其苦心。死罪死罪。

查禁興化書差相驗各費並張二等唆訟包攬

爲札飭事。照得本部院訪聞該縣下鄉相驗各費跟班錢三千三百文。值堂二千二百文。書差十餘千。另加船錢等費。本家有力歸本家承認。否則波及隣佑。又堂費二千文。至五六千文不等。亟應嚴密查禁。城內有業屠之張二張三。唆訟爲事。因此起家。竹橫港僧高祥慣做訟師。小民受累不少。又有舉人王學易陸殿鵬成占春黃景等。出入衙門包攬詞訟。有無實在劣迹應一併密行查復又聞該縣初到任時審案動議罰款云係充公修葺之用近來曾否停止亦即明白稟復合行札飭札到該縣即便遵照辦理毋得諱疾懼醫此札

札興化縣

吳縣地總陳松亭等飭辦

爲札飭事照得本部院訪聞吳縣審案每堂差費仍有五千六百文之說殊屬擾累亟宜嚴行稽察約束毋致縱蠹害民又光福寺十九圖地總陳松亭每畝以內按分收取陳滕各姓票錢每分六十二文膽大妄爲亦應查明懲治並即枷示圖內示衆又聞鄉徵局收錢不即截串百姓須奔走數次始行給串又每

日開局甚遲收局過早且經造往往匿不發單及持舊單向局查完局中又置之不理更有漕總更換而舊漕總收錢小票不能換串以致小民重複完納者種種累民殊堪痛恨該縣務須查明舊漕總郭友梅杜爾梅所給完戶小票勒令郭友梅杜爾梅到局與完戶面質一一認繳並一面出示貼鄉徵局門首令各完戶持小票赴局換串以昭平允其鄉徵局辦事之人亟應慎選誠樸勤謹無衙門惡習者赴鄉徵收並給發串票隨收隨截局門亦飭令早開緩閉庶小民得免守候即輸將可期踴躍又聞郭友梅於去年七八月間到光福左右收取同治五年清查冊內之民欠計收四五十元並未給發憑據又訪聞木瀆鎮

賭棍袁滄海夏間在鎮開賭毆辱武弁迄未拏獲均應分別查辦懲一儆百合行札飭札到該司即便轉飭遵照剋日按照所訪各條認眞革改據實稟復切切此札

札蘇藩司

加函

漕總郭友梅上年業飭斥革何以該縣又復用之豈無郭友梅該縣即不能辦事耶萬一郭友梅竟一病而亡該縣又將何所恃而不恐耶漕總名目早經通飭禁革乃該縣除其名而用其人是何異戒洋煙而吸鴉片乎務祈轉囑該縣立刻將郭友梅驅逐出境爲吾民除一敲脂吸髓之禍根其餘各條並囑該令

認眞整頓勿再因循附省首邑尚爾百弊叢生難怪千里外百里外攸令之視法令如弁髦也天時久旱擬於數日內設壇祈雨請公選定一日示知爲禱

飭沛縣嚴禁差役相驗需索

爲札飭事照得本部院訪查該縣差役倚恃衙門貪橫不法平日遇有訟事多方詐索固不待言若地方一報命案本官相驗下鄉卽爲該差役等大作威福之時非但擇肥而噬而且遠近居民挨戶搜索卽如劉瞪致死伊毋舅孟玉文一案該縣前往相驗原差趙振强拉李太和作爲干證令地保郭喜科派鄰佑至九家之衆詐索至六十七千之多似此縱容婪索貽害地方伊於胡底趙振在押病故已據驗詳此案

原差尚有何人。合亟札飭。札到該縣。立即查明。提同地保郭喜研究明確。迅將勒派錢文。如數追出。一面稟候本部院將被派鄰佑姓名錢數清單札發。以便傳集鄰佑人等當堂按名給還。並將該差地保嚴行責懲。及以後下鄉相驗。作何禁止科派之處。剋日詳細稟復。切切。特札。

札沛縣

加函鈔案致道

鄙人之於沛令。諄諄告誡者。不下數千言矣。私心竊冀其翻然振作。乃口血未乾。而地保原差。復有強派驗費之事。附呈鈔案并科派名單。幸且存內。勿發。俟該令能否據實檢舉。再作道理。差保等所爲確切查

明。儻得需索實據。卽當先以三尺從事。且不必意在

沛公也。

撫吳公牘卷之三十六

飭銅山縣清理監獄班房

爲札飭事照得本部院訪聞銅山縣監獄牆垣尚稱完固而監內地方不能潔淨致多疫癘至管押人犯看役七班內惟孫太滕標二班所押人數既多穢氣薰蒸尤甚此外如養濟院房屋任其坍塌所有現存之二十一間亦俱滲漏不能居住殊非體卹罪犯保全孤貧之道合亟札飭札到該道立卽轉飭該縣督同典史嚴飭禁卒人等將內監外監一律打掃乾潔其班房亦速飭看役收拾淸淨並看役作何給予飯食勿致需索押犯之處迅速酌量籌給所有養濟院房屋務卽設法興修使孤貧得所栖止切勿仍前怠

廢。致干復查獲咎。仍將辦過緣由。據實稟復。切切。特札。

札徐海道

飭睢甯嚴拿盜賊

爲札飭事照得除暴安良。先在有備無患。而其源則係乎平日居官。能使民心信服。遇有緩急。方能如身之使臂。臂之使指。官民聯爲一體。民間遇有失事。官必自被其害。速爲設法緝捕。重賞嚴辦。使小民共信官長眞能爲吾儕除暴安良。自必激勵奮興。感通聯絡。令行禁止。盜賊尚從何處容身哉。本部院訪聞該縣捕務廢弛。於通衢大道商賈輻輳之地。盜賊往來竊刦。如入無人之境。卽如離縣最近之朱家集龍家集最遠之張家營姚家集等處染坊。去年八九月間迭被搶刦。此外被竊被搶。尚不一而足。在民間或以控告無益。未盡報案。而該縣安坐衙齋。亦若不聞不睹既不訪查又不往勘閭閻徒切驚惶商旅不能安枕安能使民心信服呼爲父母奉作神君乎合亟札飭札到該縣速宜振刷精神勤求民瘼於地方盜賊出沒之處巡警團防互相保衛購覓眼線迅速跟拏如再仍前玩泄以致復有失事重案卽當嚴行叅撤決不稍寬愼無自誤切切特札

札睢甯縣

飭宿遷等縣嚴禁栽種罌粟

爲札飭事照得栽種罌粟有干例禁必須地方官隨時禁止照例結報本部院訪聞該縣種植之區已十居其一小民貪利相率效尤勢必愈種愈廣大爲農畝之害亟應嚴行禁絕合行札飭札到該縣立卽遵

照、剴切曉諭。一面周歷親查。遇有種植罌粟之處。即
刻傳集佃戶地保人等。諭令作速改種糧食。酌予限
期。取結復查。務使盡絕根株。勿致有妨農畝。仍將查
禁辦理緣由。詳細具報。此事令在必行。切勿空言搪
塞。切切。特札。

札宿遷 豐縣 蕭縣

加函

此乃認眞查辦之件。非奉行故事之文也。諸公果能
設法禁絕。鄙人必當兄事灌夫。弟畜籍福。不僅以僚
友待之。種者多、則吸者必多。多種、則農事廢。多吸、則
氣力弱。十年後。不惟不能足食。而且不能足兵。務望
奉文後。親自下鄉切勸。使小民皆曉然於不可貪眼

前之小利釀無窮之大害庶幾令如流水不致有所扞格其眞不率教者亦當嚴懲一二則百姓自能知勸知戒種煙多在旱田諸君子能否於興修水利加之意乎并祈將此函鈔送二縣爲荷

飭碭山嚴禁栽種罌粟

爲札飭事照得內地種植罌粟有害農功久干例禁本部院訪聞該縣種植之區業已十居其一小民貪利效尤勢必蔓延日廣大爲地方之害又前任河營游擊充當寨主之闞大邦倚恃營員出入衙門仗勢行事恐非安分之徒以上二事必須嚴禁確查合行札飭札到該縣遵照卽於栽種罌粟之區出示禁止並於下鄉時留心察看傳集佃戶地保人等剴切面

諭令其改種糧食酌寻限期使之遷業仍取各地保
切結存案禀復至闔大邦雖據該縣禀稱尚無劣蹟
仍當隨時訪察俾不致復萌故智擾累平民此係特
飭之件務必認眞辦理切勿因循瞻顧致干未便切
切特札

札碭山縣

江甘埠頭需索船隻飭辦

爲札飭事訪聞揚州江甘兩縣夫皁埠頭人等著名
兇惡而吳三吳四兩人爲尤甚每於徐凝缺口便益
東關四門之間串通夫皁遇有雜貨船隻由一次二
次以至四五次更番持票封船每船索錢至二三千
文之多若遇裡下河船甚至有每船索錢五六千文

者。至府縣營汎各衙門。俱有挂名優免船名目。每於
新官到任。換領護照一次。須費錢三千餘文。尋常年
例衙門內外。每年須費八千餘文。遇有差使。仍須按
照貼費。謂之免差不免費。其錢均歸夫阜埠頭均分
似此擾害平民。殊堪痛恨。又訪聞上年十二月二十
日。邵伯鎮貨船起貨上岸。有甘泉縣馬號棚頭號隸。
及邵伯司巡檢衙門大小班司隸埠頭各行。每船索
詐錢八百文。由邵伯司差頭王豐。又名王丫頭。經手
分派等情。尤堪詫異。合行札飭。札到該府縣等。卽便將
著名兇惡之吳三吳四。及邵伯巡檢之差頭王豐。卽
王丫頭。由該縣等分別訊明。責革枷號河干。示衆半
年釋放。以示懲儆。仍一面出示嚴禁藉差訛索及優

免貼費名目並卽遵照單開淸河稟批船埠章程參酌妥議稟復核辦以期永除民累毋稍違延切切

計鈔淸河禁革船埠各稟批

札揚州府合札江都甘泉二縣

加函致府

江甘等處夫皁埠頭索詐船戶之案不一而足該令等竟一任自然無所聞見豈古稱小事糊塗大事不糊塗者耶官場之小事卽百姓之大事長年三老終日邪許所得幾何乃縱令夫皁埠頭更番剝削托庇宇下之謂何各衙門若能嚴行禁絕不收夫皁埠頭之費則夫皁埠頭自不敢收大小船戶之費蓋源淸則流自不濁也尙祈就近嚴督兩縣實心實力妥籌

善法。務求盡除一切弊端而後已。政如農功。日夜思之。或者不能自伸寃枉之小民。庶可稍沾實惠乎。聞初旬缺口門外商船。有刦財致命之案。何以至今不報不緝。然則刦案命案。亦可謂之小事。亦可裝作糊塗耶。噫。

查沭陽門丁差役需索

爲札飭事照得本部院訪聞該縣稿案門丁姜姓錢漕孫姓。用印兼值堂郭姓。需索差役格外使費。並肆意嫖蕩。如果屬實。亟宜嚴爲責逐。捕班頭有陳錦者。著名兇惡。又善逢迎。聞五六年前。十子橋地方耿如保家計頗豐。陳錦教唆該處素不安分之耿學曾。耿學曾另有殺死耿如秀一案。誣控耿如保搶毀雜物。

隨卽下鄉捉拏。耿如保被逼自縊。其子耿錫賢赴海州呈控。該州屢提陳錦不到。後有耿景陽樹料被竊。陳錦又唆地保史佩徐揑報耿錫賢所偷。藉案箝制。使其不敢再申前冤。衆情忿恨。耿錫賢尚因此案被押。縣差杜大家。似此兇惡差役。致良民冤上加冤。亟應查明案由。從重懲治。以快人心。又聞民班頭李勝遇案訛索。極爲鄉民之害。亦應一併懲革。該縣下鄉相驗。向係犯事家出錢。或多或少。視其家之肥瘠。同莊如有殷實。無不牽做干證。鄉曲小康之戶。頗不聊生。去年耿姓地上被劫。殺死兩屍。因耿姓家資尚裕。衙役卽多方苛索。地主耗費幾二百千。此等惡習。亟宜嚴行禁絕。以省擾累。該縣外監雖有木柵地板。惟穢濁不堪。且墻低臨街。甚不謹慎。亦宜量行葺治打埽。合行札飭。札到該縣立即遵照查明辦理稟復。均不可以爲前任之事而忽之。聞該縣馭差尚嚴。訊斷亦勤。又不徇私。富紳如程氏亦未往來。足徵胸有定見。仍須實力虛心。不恥下問。庶可以耳目之有餘。補心思之不足。否則書差擾民。與本官擾民何以異哉。勉之愼之。切切。此札。

札沭陽縣

訪聞泰州吏目等需索包攬各弊飭查

爲札飭事。照得本部院訪聞該州張吏目需索壩費，於尋常費外加收鹹貨每石八文，尋常貨船每石五文。又州差宋五遇事生風，橫行無忌。又州署家人張姓外人號爲張松泉者，亦有招搖之名，時復包攬客貨。又聞該州文生宋桂生、董事夏嘉穀、武生王二巴孜，向以包攬詞訟爲生涯。又土棍曹仁和在南關外開設雜糧行，素不安分，均應密行查復。又聞該州問案堂費一二千至五六千不等，下鄉相驗地保當差鄰佑仍須暗貼錢文，多寡不等，亦應痛行禁革。安定書院經費本可敷用，惟董事發給膏火祇有七折，士林多有怨之者，並應分別整頓。合行札飭。札到該州

卽便遵照次第辦理並查明禀復毋謂該州所行盡是而本部院所聞盡非也切切此札

札泰州

海門書吏疲庸玩誤飭加整頓

爲札飭事照得本部院訪聞海門書吏多係無用之人類皆日晏方起書吏向有買缺名目此缺到手卽其終身衣食之源本人不能辦事全仗副手代辦案卷往往遺失不全訪聞皆該書吏藏匿不出或竟拋棄潮溼處所任其霉爛似此疲庸玩誤亟應嚴行整頓又該廳代書每張呈詞有至千餘文者堂費若遇殷戸仍須十千十五千不等相驗由地保辦差每次一二十千文事主無力鄰佑分任又錢漕書辦有按

每兩收二十文。爲紙張費者。並宜嚴密查禁。又該處多停棺不葬。風俗數年之後。開棺檢骨。盛以瓦罎。置之屋脊。云可預避水災。棺木則置爲門扇。謂之財門。尤屬陋俗。並應嚴禁。合行札飭。札到該廳。即便遵照查明。分別嚴辦。仍即據實稟復。切切。此札。

札海門廳

訪聞宜興溧陽賽神聚賭飭禁

爲札飭嚴禁事。照得宜興溧陽兩處。地僻民澆。俗尤嗜賭。本部院訪聞宜興境內臨津地方。向有孤祠一所。鄉民以爲臨津城隍廟。每年二月三十日係廟神誕期。四方博徒藉賽神爲名。演戲賭博。露棚百餘座。號稱節場。游手好閒之徒。因而麕聚。雜處奸盜詐僞。

事故叢生。又宜屬溧東之祠生廟。溧屬山前之太師廟各處。於三月初八十五等日。亦復有此積習。查宜溧兩邑。自遭兵燹。蹂躪較深。值此大難初平。正宜盡力耕桑。培元務本。豈容藉口節塲。露棚豪賭。況地方竊盜等案。半由賭博而起。若不從嚴禁革。其爲人心風俗之害。何可勝言。合行札飭。札到該府。立卽轉飭該縣。先期出示嚴禁。不得再有節場聚賭等事。屆期仍飭親往該處密訪確查。毋任差保人等需索徇庇。是爲至要。切切。特札

札常州鎮江府

寶山挂號等費名目飭禁

爲札飭事。照得本部院訪聞寶山縣任信家人每遞呈詞。尚有挂號等費。如全號半號內千三外千三各名目。凡大事須挂全號。計錢八百四十文。小事半號計錢四百二十文。內費一千三百文。外費亦一千三百文。種種需索。殊堪痛恨。亟應嚴行查禁。又署內家丁時常二三邀結。前赴吳淞。所有來往車錢。及一切食用。均係地保與船行供應。每於回城時。尚須向船行劉錫借錢。多寡不等。亦應嚴行約束。又聞縣屬西南五十里之眞如鎭。有土棍張德明。年四十餘歲。結拜兄弟多人。與地保綽號雷祖者。聯爲一氣。每每倚恃人衆。酗酒滋擾。一方人俱畏之。有無實在劣蹟。合

行札飭札到該司卽便轉行認眞整頓並據實查復切切此札

札蘇藩司

飭裁如臯陋規減復典當利息

爲札飭事照得本部院訪聞該縣每逢告期代書戳費五六百文至千餘文不等傳呈約費十千內外其不在告期傳呈須三十千內外均由接呈之差包攬或由訟棍包攬實屬大爲民累亟應嚴密查禁又聞城中育嬰堂現收嬰一千五十餘名該縣地方尙屬殷實何以棄嬰者如此之多亦應查明設法勸懲又該縣有兩典當因印官索規五六百千佐雜數十千是以向例二分者今加一分百姓敢怒而不敢言該

縣諒不忍爲一己之囊橐令百姓受此朘削並應裁去陋規令該典仍復舊例二分取息以惠貧民合行札飭。札到該縣卽便遵照分別辦理禀復毋得掉以輕心。切切。此札。

札如皋縣

飭查吳江震澤二縣訟棍王穉亭等實在劣蹟

爲札飭事。照得本部院訪聞吳江震澤二縣訟棍除文生袁愛廬外。尚有待詔王穉亭。監生項稻香。及鄉棍張正祿。戴阿孝。馬興祥等。均係著名唆訟。不能安分之人。有無實在劣蹟。又聞該二縣。停棺不葬者尚多。亦應設法瘞埋禁止以挽頹風。又聞該處巡鹽快船。間有槍匪充當者。到處皆不安分。去年八月十六

日。金味耕由上海販魚回家。路經吳江界內。有巡鹽
船查艙。持有印票。並有火器。去後又來。將錢物盡行
刦去。迨破案後。乃知爲舊時鎗船。現充鹽快者。經該
縣甘令勸令金姓具領原贓。止領皮馬褂。而魚錢十
八千。該縣並不追給。又不懲辦。殊屬庇縱。亟應認眞
選充。嚴行約束。合行札飭。札到該司。卽便轉飭遵照。
密查辦理。據實禀復。切切。此札。

札蘇藩司

飭查贛榆紳董仲統倫等有無劣蹟並革除堂費串票費

爲札飭事照得本部院訪聞該縣勤政愛民苞苴謝絕蒞任未久輿論翕然何感民之深也紳董出入衙門向來著名者城內有仲統倫靑口有周曰森泉論皆有不滿而把持交結周爲尤甚有顯然劣迹否近來仍蹈故轍否標差向來五六名該令較少然每案二三名仍覺太多堂費三千文票費十五文亦宜革除大門內班房東首屋三間泥地不甚乾潔押犯難免疾病選靑書院如能認眞整頓常年膏火亦可敷用該縣均悉心料理之又聞該縣有搶孀逼醮風俗並應嚴行查禁凡屬教養有益百姓之事均賴良有

司實心實力次第振興以期益臻上理勉之望之合行札飭札到該縣卽行遵照辦理並密查禀復切切此札

札贛榆縣

查禁寶應書差陳時修等婪索使費

爲札飭事照得本部院訪聞該縣有著名兵房陳時修綽號虎七老爺差頭賈逵李和綽號牛頭馬面聞該書差等串通一氣賄囑門丁欺瞞本官勾連訟棍力能把持顚倒而賈李尤甚每遇訟事需索差費少須一二百千多至數百千收漕之時先代鄉戸折完下鄉加倍征收歷年惡蹟久著賈李之外其餘衙蠧爲尙不少卽如店鋪開張衙門雜役皆有使費尋常

中等之店亦須費錢數十千文每逢年節另有雜費風氣之壞至寶應而極現在該令馭差甚嚴若輩稍知畏懼然聞積習尚未埽除務須痛爲釐頓以清蠹弊其賈逵李和陳時修三名查有實在劣蹟尤應嚴行懲創以快人心城內生員祁炳文潘淦喬楨以刀筆害閭閻有無實在確據氾水司向時訟費差費有至百十千者近來仍蹈故轍否又聞該縣鋪堂費有至八千十千者相驗費亦未盡除又該縣捕役誣良俗名牽猴子均應嚴查合行札飭札到該令即便遵照辦理並密行查復該令官聲尚優務期實心實力除暴安良本部院有厚望焉此札

札寶應縣

南匯稿門袁姓等需索訟費飭查

爲札飭事照得本部院訪聞南匯縣稿門袁姓揚州人每收呈一張需洋一元漕門殷姓楊姓兩人於比追糧差代求展限每次需錢四百文又值堂簽押兩人每過堂一次亦需洋一元該縣書差遇事仍多訛索亟應嚴密查懲以清蠹弊又訪聞該縣有惡棍李阿狗魯家匯人掠拐婦女無惡不作黃沙塘民劉玉春爲沙民中之最兇悍者土人撈洋不出往往坐地分贓如果屬實亦應查拏又聞港義學周塾師吸食鴉片常不在館生徒散去殊屬惰誤又該縣搶醮逼醮惡習亦屬可恨並應嚴禁合行札飭札到該司卽轉飭密查稟復分別核辦切切此札

札蘇藩司

飭查武進江陰靖江宜興書差需索

爲札飭事。據訪查委員禀稱武進縣差役裴洪。素極兇惡。肆行索詐。上年因需索沙洲門牌票費。每戶錢十文。經董事書識禀知委員。輒敢因其不爲廻護糾衆毆打。靖江漕書姚步青經辦各捐。侵吞不少。總差朱萬林因爲葉介信任。索詐尤甚。江陰工書蔣煥章每節收取各行店名曰門攤使費。宜興巳革漕書徐二了。現仍暗中辦事。教介現充漕書漁利作弊。差頭周錦魏文大均索詐橫行。荆溪總差邵金並縣差兼充地保李姓。下鄉需索。著名兇惡。各等情。合行札飭。札到該府。卽便分別確查。據實禀復。以憑盡法嚴辦

切切

札常州府

撫吳公牘卷之三十七

豐順丁禹生侍郎原本

侯官沈幼丹尚書評選

受業林達泉校刊

批荆溪縣詳葉健芳茶葉行先後被刦獲犯由

查湖㳇鎮係人煙稠密之區。該茶葉行於旬日內被刦兩次拒傷店夥。似此迭刦重案。地方文武平日毫無防範。失事後又不卽時通報。泄玩已極。所獲蔡音桃吳阿四二犯。究竟蔡音桃如何上盜行刦。有無分得贓物。吳阿四並不承認。仰按察司卽將該署縣摘去頂戴。嚴飭比差會營並移鄰封營縣。一體協拏勒限一月內。務將各逸盜按名悉獲。提同現犯研訊確供。通詳察奪。逾限無獲。或妄拏誣認。卽行嚴揭請參。

並移蘇藩司註册通飭遵照繳各册圖存。

加函致府

此事該縣想必並稟尊處矣。一旬之間。一店而被刦兩次。我輩尚可靦然面目居人上哉。蔡音桃於十數日後。始行拏獲。又無確贜。且係丹徒人氏。以理揣之。必非眞盜。何則刦至兩次。贜數甚多。該犯又非家屬在鎭。有所繫戀。豈有不逃回原籍及避往他處之理。豈有徘徊十數日。恭候捕役緝獲之理。又云身有茶葉一小包。認係該店之物。但該店所失銀錢衣服等贜。毫無一獲。該犯獨留無足重輕確可指證之物藏諸身上。自露爲盜實據。斷斷無此事理。又稱該犯業已供認接贜。并供指吳阿四不肯放鬆。安知蔡音桃非因受刑不過捕役誘以自首免罪之例不得已而出此哉吳阿四既向係在鎮開小客寓販賣雞鴨熟肉何以驟然改行爲盜必係捕役任宿不還店租飲食不還物價吳阿四向取觸恨因教蔡音桃指攀洩忿不然吳阿四既係首盜何以蔡音桃落膝初供並未聲明吳阿四在塢哉該令因欲消弭處分遂致全無心肝地獄之設正爲是人矣務祈尊處速派妥當可靠之人親往該處密訪究竟此起盜匪係是土人抑是游勇盜竊必在近處方能深知刦後尚有餘貲又該令密稟言該茶葉店向來買賣錙銖必較遠近恨之被盜乃由自取此言尤屬荒謬然則該令徵收丁漕公費分文不肯減讓百姓亦將行刦報復耶再

以上所揣情形係是臆度之詞祈暫勿入牘緣萬一蔡音桃等果係眞盜恐該令一見痛駁文書轉惶惑無以自主一俟訪人確探實係此種情節再以公牘行之弟只恐該令誣良爲盜荼毒生靈耳並非欲與該令爲難也此案似與上年宜興釐局封案相類用意亦復爾爾可謂魯衛之政矣

分飭認眞遞送文報

爲札飭事照得自蘇至滬計程僅及三百里前年來往限行排單文件七八箇時辰卽可遞到去年則須十一二時今年則竟須十五六時始行遞到經遞之上海嘉定鎭洋崑山元和等縣驛任意疲玩日甚一日殊堪痛限茲於六月初十日卯刻接到蘇松大道

初八日戌時末刻發遞。限行五百里排單公文一件。核計途中行至十六箇時辰。實屬遲延已極。洋務軍餉。在在均關緊要。各該縣驛毋得遲延貽悞。而上海一縣爲尤甚。若不嚴加整飭。何以懲疲玩而肅郵政。除分札飭遵外。合行札飭。札到該縣。卽便遵照。嚴督管驛丁書。此後凡遇蘇滬金陵往來限行文件。務遵標限。立卽加緊馳遞。尋常文報。亦卽隨到隨遞。如再壓前等後。任意遲延拆損。定將各該縣管驛丁書提省從重責處。并將各縣令記過示懲。决不寛貸。懔之切切。

札元和 崑山 鎮洋 嘉定 上海五縣

奉賢浮銷倉穀經費欠解漕項行司查辦

爲札飭事照得奉賢縣辦理積穀捐款前據於章程內議請支銷常年經費以一成爲率當經批令撙節開支實用實銷在案乃昨據松江府冊報該縣同治八年分經收穀捐用過經費仍開支一成錢一千一百餘千之多較之其餘各廳縣浮增數倍又不造冊報銷斷斷不能照准即經批司飭令核實造冊報銷將浮支之款按數追繳發典一并生息迄今兩旬有餘並不遵批核數繳回亦無隻字禀復顯係意圖朦混實屬不合又該令經徵同治七年分蘇道漕項尚欠正耗銀二千四百餘兩八年分漕項已據報解正耗銀一萬二千六百兩所解不及七年分之數約計未解之款爲數尚鉅若非該令徵存挪用即係情懈

催科。現應如何澈底查辦。以儆疲玩。合行札飭。札到該司卽便遵照查明七年分漕項實欠銀數。刻日一并核議詳覆察辦。一面先行勒限嚴催將應解各款。赶速分別如數繳解。毋遲。切速切速。

札蘇藩司

加函

百姓一遇凶年。欲吃草根樹皮而不可得。今該令浮開經費。至一千一百餘千之多。若盡以歸公。此時卽可多儲一千一百餘石之穀。將來卽可多活一千一百餘人之命。乃該令只顧舐糠及米。並不未雨綢繆。豈於閭閻疾苦各事。全不留心耶。豈於古人荒政各書。全不寓目耶。弟前年裁漕費辦捐穀之初。衆皆目

爲加賦詆訶沓集唾駡盈城弟堅忍力持善詞切勸
不啻管禿脣焦其時適值因公赴滬途中耆老紳衿
紛紛具控稼穡艱難乞免穀捐當詢以從前漕價每
石應完錢若干曰十餘千或七八千不等然則今完
若干曰今每石只完錢三千四百文因告以百姓漕
價已得如許便宜穀捐不過等以前漕費五十分之
一況仍留爲爾等備荒之用豈可阻撓紳耆等始諾
諾而去然則江南現在有此數十萬積穀囷鄙人唾
罵中之精英農夫血汗中之寶氣也應如何珍儲力
護方不負我輩一番苦心乃該令浮支竟比各縣多
增數倍若不認眞追繳將來必致紛紛效尤取之如
球玉用之如泥沙不十數年所有存倉穀石皆擲化

爲州縣交代一紙具文矣務祈明日卽傳該令囑速補還原額否則必干吏議蓋事關大局一家哭何如一路哭耶千萬轉致爲禱

海門廳稟各港口商漁等船仿照陸地煙戶編查請示由

前據詳編查煙戶保甲一案卽經批司飭遵玆據稟商漁船隻仿照陸地煙戶編查所需辛工油燭等費向各就地花布行抽釐一層必有藉端索擾侵蝕肥己斷難准行究應如何籌給之處仰按察司會同江藩司飭卽妥議稟復察奪毋遲仍候督部堂批示繳

奉賢縣稟送穀捐支用經費摺由

該縣原報支銷一成經費並未聲明用有餘剩發典

生息以抵此後常年經費之用且以穀捐本款二千七百串發典存儲倘稱作爲寄存不議取息抵費而欲藉此細微餘款生息以濟日後經費殊屬錯謬顯係本圖浮支侵蝕一經本部院批駁乃以前情掩飾實堪痛恨即摺內已支各欵俱係籠統開列並未分款逐細註明究竟有無浮冒亦未能詳晰考核仰蘇藩司轉飭該前令督同經董將所支各欵詳開細數清摺遞送核奪所有應存穀捐現錢及存典領狀全數點交後任接收專案具報並將民欠穀捐造冊移交後任催追仍催松江府查明各廳縣民欠穀捐是否確有串票可憑刻日開明欠戶錢數清摺具覆察奪一面榜示遍衢勒限追完清楚儻查有官役侵挪

担欠亦卽分別究追嚴辦均毋寬懈懸宕切切此繳

摺存

金壇縣稟到任情形並請免減津貼公費

據稟。該令到任。沿途察看壇邑情形。凋敝農民稀少。以致田地荒蕪。該令務須振刷精神。勤求治理。凡地方應興應革事宜。固當實力整頓。招徠墾荒。尤爲當務之急。田畝果能逐漸開闢。元氣即可紓復。休養生息。正在此時。該令勉之。據稱所領常年津貼。抵支一切公用。爲數不敷。與錫金宜荊之錢漕業已啟徵者。不可同年而語。本部院察核所稟。尙係實情。昨據溧陽令面稟本年溧陽錢漕可以開徵。則該縣辦公經費。不虞缺乏。今金壇公用竭蹶。丹陽亦據稟請免減津貼錢文。値此釐捐減色之際。餉需浩繁。不得不力圖撙節。各縣津貼斷難免減。本部院通盤籌畫。惟有挹彼注茲。將牙釐總局每月津貼溧陽縣錢一百五十千之欵。一俟該縣開徵後。即行分貼丹壇二縣。以資補苴。仰蘇藩司移會牙釐局。一體飭遵。一面由司飛催溧陽縣。迅速辦理啟徵。以裕課賦。俟議稟定案後。即遵定章。確核應徵區圖頃畝。徵收科則銀錢細數。及嚴禁書差滋弊各情。妥敘簡明告示。預行刷印。遍貼城鄉。俾得家喻戶曉。以杜浮收勒措。並將示串各式。實貼處所。啟徵日期。分別開摺通送察核。毋任違延。仍由司局將遵辦緣由。刻日具覆。切切。繳。

加函

畝捐抵徵。原屬一時權宜之計。其中冊書需索。紳董侵吞。非賴糧戶告發。弊竇直無可查。溧邑既可啟徵則附近各縣亦可次第辦理官吏皆言民願辦捐不願辦徵當係掩飾之詞蓋辦捐則數目參差混淆可以高下其手而又可免糧道浮費辦徵則須涓滴歸源無從染指故也至於丹壇等邑蹂躪太深元氣太傷官斯土者必須如衞文公布衣帛冠勤求民隱十年生聚十年教訓時時以地保自待方能望有轉機若絲毫帶有官氣則百姓沾不到實惠矣前定墾荒章程尚嫌太嚴蓋趨利避害人之常情非疏節闊目使有餘利可圖安望趨之若鶩茲有應商數條祈爲酌加采擇一曰興修水利賊擾之後斷瓦頹垣沿河阻塞遂至水道不通田畝旱無可灌水無可洩土人名之曰靠天田言天若不旱不水則此田有收也夫

墾民籌經費竭筋力以開闢此土原希冀稍得膏腴爲子孫世世衣食之計今得此易旱易水之田不惟目前無利尚恐貽他日空賠糧賦之害此客民之所以觀望躊躇墾務之所以毫無起色也或謂可責成墾民合力同修庶幾衆擎易舉是又不然墾民資本無多以之籌購牛隻耔種尚恐力有不敷安肯舍私圖公爲未雨綢繆之計且墾戶皆係零星散住非有累萬盈千可供指臂借資民力之說不過徒託空言鄙意江北勇營尚多無所事事似可酌移數營於金壇等處且屯且練一面責成將縣屬淤塞河道次第興修修有成效者營官記功惟須嚴禁不得騷擾百姓違者以軍法從事水利已修從此灌溉有資墾一

畝即得一畝之用墾民將不招而自至而且貨物從此流通客商從此聚集數年之後人煙即可稠密此事須函請伯相與制府會商方能有濟吳民皆由伯相起死而肉骨之豈有生之於始而不爲成之於終者乎一日代籌糞料荒田久失耕鋤雖膏腴亦成磽确就近既無人販賣遠購又乏川資鄙意欲於常州釐局每月撥借錢二三千串選派委員采買糞田之物運至荒田最多之處會縣擇董承領發買只取本錢源源周轉現上海新到一種秘魯國鳥糞價值不高運費又輕以之糞田最易發舒似可飭令試用如此辦理釐局本錢仍可歸回而閭閻已得無限享用田之肥瘠全在糞田之具厚與不厚人力之耕勤與

不勤。故一、畝精田、勝於十畝薄田。今既有其具、自不患墾民之不勤矣。一曰、嚴杜冒認。各處荒田、往往墾民甫經辦有眉目。即有自稱原主、串同局董書差、具結領回。墾民空費經營、轉致爲人作嫁。鄙意原主棄田不耕。已十餘年。業已與田義絕、無論是眞是假、均不准領。且此外荒田尚多、何必刻舟求劍。冒領之禁一嚴、則墾民得尺則尺、不復存觀望游移之念矣。一曰、刪減文牘。從前每墾一畝荒田。即有一件申詳。縣以申府。府以申司。司以申院。文則充棟汗牛、案則剗蕉抽繭。院司多駁一回、文牧令即多出一次費。現擬暫寬羈勒。無論新墾若干。但須按季一報。由司頒行格式。只須照式加塡有地址姓名可考。不必官樣文

章亦不必遇事挑斥一年之後派委妥員按圖索驥
以定賞罰功効尤多者爲之專摺
奏請破格優獎欺玩者罰庶敉令能騰出幾分事上工
夫移以恤下一曰推廣育嬰兵燹之後率皆男多女
少何則男被擄尚可生還女被擄則難言旋故土矣
況被難亦女多而男少現在遭賊最深之處婦女尤
屬寥寥將來有死無生無人何能有土鄙意江北育
嬰堂嬰孩多有養至千餘人者少亦數百人男丁不
過十分之一餘皆女口堂董不甚可靠往往販爲娼
妓擬將此起嬰孩不准發賣籌款養育教以女紅俟
至八九歲時一律運至災區聽墾民領爲養女或養
媳稍長再許配對如此辦理生聚二字方不是空說

空寫。但須多擇可靠之員。經理此事。方免枝節叢生。一日。酌展限期。前定納賦限期。弟猶嫌其過逼。擬再酌展二年。有利可貪而田關與無利可貪而田不關。孰得孰失。當有能辨之者。以上數條。皆前定章程所未及。祈公即邀數輩明於農事之員紳。再加參考。如若可行。乞即由司赶緊詳辦。目前急務。無有過於此者。做得一步。是一步。墾得一分。是一分。弟病雖小愈。然尚怕風。此數日內未能見客。故亟亟祈公代爲邀人商定此事也。

管帶親兵副營補用副將袁九皋稟請批發月需軍火由

前據參將王金元。副將鄭崇義。先後稟請撥給大火等物。當查蘇局所存軍火。已經李爵中堂提至大營。該營所需軍火。均經批道就近核明准數。撙節給發。以備操演。各在案。茲據稟前情。仰蘇松太道一併遵照前批。分別撙節給發。具報。並移營知照。繳稟鈔發。

安東縣稟奉拿朱東啟到案訊明鈔詳請示由

據稟。朱東啟前曾領勘張家河形勢。解勸鄉農滋鬧。並未出頭阻撓等情。是否屬實。仰查辦清安田賦水利章道查訪明確。稟覆察核。飭遵。仍遵前批。轉飭該印委勘量張家河東道。應挑寬深丈尺。估計土方夫工。查明應貼地價等項。繪造圖冊。逼詳核奪。一俟秋後。卽行開工挑辦。毋任延宕。現距秋後開挑之期爲

時尚寬該道卽再細加諮訪究竟應從何路挑挖乃爲有利無害據實稟覆察酌切勿預存成見仍候灊部堂批示繳鈔詳繪圖存

通州詳施壽山因貧自縊身死驗訊由

仰按察司核明飭遵前年曾經出示嚴禁自盡圖賴以重人命儻有聳令自盡誣告詐賴等情卽嚴究主使棍徒江北自盡之風遂爾十少八九緣此時無論鄉曲愚民三文白稟卽可直達院司有何冤不能伸而必須自盡乎嗣後州縣遇有呈報命案如果驗係自盡務須依限審結不得任聽屍親刁告輾轉牽扯致滋拖累如已審明擬結該管上司衙門亦毋須挑剔細故以致案難速結儻州縣驗訊不實一經發覺

仍惟該州縣是問並卽由司遍飭遵照具復仍候督部堂批示繳格存

蘇藩司詳覆松江府詳奉訪南匯縣門丁需索各情由

該令遇事顢頇讞獄無能去年收呈審案書差確有索費情事乃始終掩飾其不能奮發改過已可概見姑從寬將該縣王署令記大過一次以觀後效已洛明督部堂查照矣仰卽詳冊轉飭該縣遵照此後務當隨時認眞查禁如再徇隱則非記過所能蔽辜矣並飭將劉玉春一名赶緊查提獲解到案確訊究辦一面由司移會江藩司一體通飭所屬各州廳縣遵照嚴行查禁勿蹈該令之故轍爲要繳

徐海道稟查明洋河躉捐撥充淮揚右營馬勇口糧並無重抽短報情弊由

據稟已悉。去年曾經會同曾爵中堂出示同治六年以前江北各項捐輸。概行停止。洋河躉捐。雖爲數無幾。亦在停止之列。姑念現值高梁茂盛。宵小竊發。巡緝正在喫緊之時。且一經劣生控告。即行議裁。亦恐易長刁風。候至九十月間。即由該道酌度情形。稟請裁撤。以甦民困。卓德馨如再來轅控告。即行押發可也。仰即遵照。繳。供結存。

金山縣詳送坍毀未修橋梁地址摺由

該縣毀損橋梁共有二十八道。何處地當衝要。必須趕籌修建。何處地尚偏僻。可以徐議興辦。其應修建者如何籌款。均未遵飭查議。奉札日久。現始詳覆。可見該令不以利濟爲懷。殊負所望。仰蘇藩司即飭現任汪令覆查明確。酌分緩急。先將往來要道橋梁督董估計工料。籌款興工。開摺通詳察核。其餘各橋如何次第辦理。並即查議具覆。均毋遲延。切切此繳摺存。

札飭崔參將等濫行開革兵丁記過

爲特札飭遵照事。六月三十日。據該本標右營營官蘇州營參將崔萬淸呈。據中左二軍守備帥國選鄔定魁呈報六月分洋槍兵丁吳慶南等十名操練不精。開革名糧。驗得餘丁顧得標等。均堪抵補。開摺報候鑒核等情到本部院。據此查兩營酌改舊制淸單內開兵丁入營後。必須十年爲期。方准乞退。俾免習熟技藝逗留他處。醸成隱患。其犯事責革者。遞回原籍管束等因在案。今該營官並不詳覽

奏定章程。以致一月內開革兵丁十名之多。亦不將該兵丁犯何事故。及開革日期。分別註明。殊屬漫不經心。應將謝懽參將崔萬淸記過一次。守備帥國選鄔定魁各記大過一次。以示懲儆。此後各該兵丁無大過犯。自當隨時教訓練習。分別懲責。如若滋事犯法。亦當按律嚴辦。或遞籍管束。不得濫行開革。免致技藝日生一日。游勇日多一日。以期整飭營務。合行特札飭遵。札到該將卽便轉飭兩守備一體懔遵。毋違。特札。

明辭銷由

札中軍營參將　蘇州營崔參將

以期整飭營務。除飭遵外。相應照會。爲此照會貴提督請順查照施行。

照會統領蘇防各營提督軍門許

中軍營參將呈兵丁尤得勝王龍標方文翰等

三名開除名糧由

查兩營酌改舊制清單內開。兵丁入營後。必須十年爲期。方准乞退。俾免習熟技藝。逗留他處。釀成隱患。等因在案。今方文翰乞退回里。核與定章不符。嗣後兵丁若無剩故。不准乞退。致干重咎。仍即遵照。此批。

淮安府詳鹽城縣民鄭九山上控鄭瑞一案訊

查鄭九山如此刁狡。該府僅擬照不應重律杖八十。未免過輕。不足蔽辜。應再加枷號一箇月。俾示懲儆。餘均如所議完案。仰按察司轉飭遵照。分別辦理。至此案該守能於限內訊結。具見辦理迅速。應將該署府存守記大功一次。以昭激勸。除札江藩司註册飭遵。並咨明督部堂查照外。仍由該司通飭各屬遵照。併候督部堂學院批示。繳

札飭施保如控案覆訊妥擬詳辦一案由

爲札飭事。案據通州具詳施保如上控武生施光斗强搶張三姐未遂串詐圖詐訊明議結一案到院。當查此案既經訊明詳結。應准如詳銷案。至章州同擅受民詞。既在通飭之前。姑寬免其置議。批司飭遵在

案。茲於六月二十九日據該司申稱此案前據該州訊詳。經前署司以控闞佔賣婦女要件並非口角滋事可比。該州同章鏡謙率行提究。濫行管押尚言並未擅受尤屬徇護批飭復訊妥擬詳辦仍查取應議職名詳參等情。所議甚是。合行札飭。札到該司卽飭通州提案復訊明確。妥擬詳辦。仍將該州同應議職名詳參。毋得徇延。切切。

札臬司

飭查未葬屍棺是否掩埋淨盡一案由

爲特札飭查事。七月初一日據該上海縣朱署令詳查埋暴露屍棺。奉文日期。及辦理情形。詳復到本部院。據此查該縣地方未葬屍棺。是否業已淨盡無遺。抑仍有遺漏未葬應再確查除批司飭遵外合行特札飭查札到該道縣立即轉飭遵照再行飭令員董分投確查共計已葬若干具未葬若干具未葬者即勒限半月內速葬否則官爲掩埋仍將確查情形於七月内底稟復查攷毋稍遲延切速切速

札上海道縣

川沙廳申覆遵飭收埋暴露屍棺業已淨盡並呈清摺由

該廳地方暴露屍棺共有八百五十三具之多該署丞捐廉於本年清明以前一律埋葬淨盡辦理實屬妥速惟川沙不葬之習錮蔽最深去年尚查有二三千具何以現在僅葬八百餘具即稱一律淨盡乎殊

不可解仰蘇藩司轉飭新任顏署牧督同董保確查稟復此後如仍有暴露棺柩務即妥爲收埋儻有主者該家屬情愿自行安葬亦當催令赶緊掩埋毋任日久懈忽切切此批摺存

通飭各屬牧令到任應將前任移交本部院公文專案具報一案由

爲專札飭遵事照得各屬牧令到任應由前任將奉到本部院公文幾件何件已辦何件未辦專案移交後任由後任接辦并於接印一月內專案具報前經本部院於通飭一切公文定限辦理札內飭遵在案現在各屬未據一律遵辦實屬玩違合行專札飭遵札到該某即便通飭遵照此後牧令到任務由前任

照章將本部院任內札飭各件專案移交後任覆核明確聲明何件已辦何件未辦於接印一月內造册送院備核不准遲逾仍飭將遵辦緣由先行稟復查攷其未經造報者亦卽分別補送毋視爲陳言而忽之切切

札 江淮揚徐海通海七府州廳
蘇松常鎮太五府州

婁縣會稟會辦清丈大畧情形

稟摺均悉該縣所議清理田糧更正戶名辦法尙爲周妥將來清糧竣事之後應將所造坵領戶一册交戶書存房備檔戶領坵一册存於內署爲造串徵糧核對根據庶不致再有欺朦詭寄等弊總之造册推收立戶徵糧緊要綱領已經本部院前在藩司任內

詳晰議定章程四條通飭各屬勒石遵守該令等推而行之思過半矣仰全書總局轉飭該印委等遵照參酌辦理一面督同董保將未辦各圖上緊踏查清楚核實造册查辦早日蕆事毋得虛延歲月徒糜經費切切此繳摺存

由

上海縣申覆按月抽查義學可否由教諭抽查該縣公事殷繁未能隨時赴鄉抽查義塾係屬實在情形應准責成教諭按月周歷抽查該令亦宜於每季前往查察一次以期課督認眞易收實效仰蘇松太道飭即移學遵照辦理按月將稽察各塾功課勤惰分別獎黜情形於宣講清摺內詳細開列毋稍怠

慫慂捏仍將閔行鎭及同善堂兩塾。卽日另延塾師開館。其復善堂小蓬萊二處學徒。如何就近勻撥。或延師分課。亦卽赶緊議辦。將辦理緣由。延訂塾師姓名。開館日期。逐一報查。至來文係請示之件。自應用紅白禀。候批。該令輒具申文。可謂不學無術。應卽由道申飭。嗣後勿再如此。率畧爲要。此批。

發監臨封條

爲札發事。據外提調江藩司。詳稱案照江南省文闈鄉試。例應由司先期詳請監臨撫院頒行封條。轉發銅山縣迎探。詎至試入境。卽將轎帘敬謹加封。嚴密防範。歷經循照辦理。茲屆同治九年庚午正科。補帶同治元年壬戌

恩科文闈鄉試。係下江值科。應請標發監臨江蘇巡撫部院封條。頒發銅山縣照例辦理。除札該縣遵循向章。愼密關防。仍俟屆期另移內提調道委員駐守江口。迎探飛報。照章妥辦外。相應詳請標發封條。逕札銅山縣遵照祗領。一俟欽奉

簡放江南正主考入境即將奉頒封條照例迎於界口敬
謹封貼轎帘愼密關防俾昭妥速等情到本部院據
此合行札發札到該縣即便查收俟江南主試入境
即迎於界口封貼轎帘沿途妥愼關防護送仍將入
境日期馳報查核毋違

計發封條四紙

札銅山縣

崇明縣申送五月分宣講摺

各摺閱悉存查仰仍移學督率講生按期認眞講勸
同采訪各事一併詳晰開報勿稍怠忽并稽察義塾
課程附摺送查至崇禮塾師唐姓與何人挾嫌致肆
浮言來摺聲叙未明並即由學查明申復其該縣吵

醮溺女之風尙熾。殊屬忍心害理。亟應由縣設法嚴禁。以除惡俗。一面會商紳董清出向有公田公款議建清節堂。以贍貧苦嫠婦。並籌款增撥育嬰經費。出示曉諭。廣爲收育嬰孩。督飭該二堂經董司事妥爲料理。勿任朦視塞責。庶幾幼孩可免拋棄之虞。節婦得遂冰霜之志。頹風力挽。以期感召

天和。仍先將遵辦緣由刻日專案通稟察奪。毋稍違延。切切。此批。結存。

丹陽縣稟請免減津貼公費

查上年該縣辦理抵徵所提成三經費不下萬串之多。大可敷衍辦公。何致竭蹶至此。現在牙釐總局因捐數短絀。籌餉萬分艱難。不得已請將津貼等款酌量裁減。稍資補苴。且非止該縣一處。何獨該縣藉詞稟請免減。致啟他縣效尤之漸。姑仰蘇藩司即移會牙釐總局。體察情形。刻日核議詳復察辦。至陽壇溧三縣上年所辦抵徵三限。久經屆滿。未據該司核明詳辦。應將三限期內報解分數。迅速照章詳記功過。斷不許絲毫蒂欠。其七年分曾否掃數解清。有無欠解若干。亦應開報。一併提解清楚。所有丹陽前二任交代。當此清理之際。何以至今尚未清結。並即由司

分別查明具復一面嚴催趕緊盤清造冊呈送如有欠解銀兩即委員前往守提毋任宕延切切繳

丹徒縣稟城內有匪徒圖刦追捕潛逃由

盜匪正在用石撞門被拏逃逸該縣旣稱督率各兵役馳往營兵又已當先赴至何以當場竟無一犯拏獲如謂恐傷良民鎗中未加鉛子至被潛逃不識未有火鎗以前古人憑何緝捕姑念該錢店尚未刦失贓物暫免置議仰按察司轉行遵照仍飭嚴緝各逸盜務獲究報至强盜未得財似應按例分別首從問擬遣流且到案後亦須究明有無另犯搶刦不法別案此案盜匪旣至該店用石撞門尚未進店搜贓被捕脫逃是刦已行而未得財不得僅稱圖刦乃輒謂

將來獲犯案歸外結邀免詳報亦恐不無誤會仍飭
將勘明撞損店門痕迹繪具勘圖並將訊取地保事
主等供詞確查該盜匪果否由北門水關出入派管
城門弁兵係屬何人逼詳察核以憑究辦仍候督部
堂批示繳

震澤縣會稟清糧六月內造齊田數按墟抽丈

章程由

該縣續辦清丈缺額田蕩一再藉詞請緩施丈延今
二年之久尚未辦有頭緒今據議請按墟抽丈乃云
果能實心經理或不致有誤要公仍係模棱之辭不
能確有把握該委員在震三年之久所司何事似此
年復一年何日始能丈辦清楚實屬荒謬已極本應

特叅。姑仰全書總局嚴行申飭。並將所議章程單式。逐一覆核。飭遵具覆。即辦抽丈。亦須合將一墟全丈。以核數之盈絀。不得畧丈數坵。致滋隱漏。并即勒限該印委赶將未經清出田蕩。上緊督董查丈清楚。剋期竣事。合符通縣田糧則額。本年已屆纂造全書限滿之期。該印委等儻敢再事因循。甚或辦理草率。定即從嚴叅辦。決不寬貸。懍之切切。並先勒催該印委等。將已經清出荒熟田各若干。尚缺若干。坍廢約有若干。開摺通送。並補録前稟全書局之案。同送查核。毋遲。此繳。摺單式存。

常州府稟陳金桃案弔卷訊辦由

據稟陳金桃負罪潛逃。復敢揑情上控。實屬刁玩。若

所犯情罪尚非重大。輒提其父陳奇章等跟究。已非
正辦。差保人等因而私押搶詐。尤應澈究。仰即核案
摘提緊要人証研究明確。錄供詳奪。並報明臬司查
照。繳。

崇明縣稟勘明新漲各沙繪圖呈送由

該縣兩沙相連之處向以流水分疆最爲明晰照此定案原可以昭公允果由該令親詣確切勘明秉公均撥何致仍有上控之案今稟敘所勘各沙內或稱爲圈內洩水之道被潮冲寬或指爲分界流洪以居民僉稱潮落時亦有綫水爲證隨意遷就辦理並不畫一乃先發此稟希圖自佔地步難保無里排人等欺朦舞弊情事亟應復加查勘仰蘇藩司即飭州委員帶同案卷圖說前赴各沙查訪該四案沙地該縣辦理是否允協輿論如何逐細復勘確切情形據實繪圖通稟核奪毋稍扶混仍令將委員銜名報查至蔡蓋菴等請示越築之案該令率即核稿判發實屬

疎忽並即申飭繳圖存

札飭委勘言子祠墓廟宇

爲札飭事案於五月初九日據常熟言子裔孫言家駒稟始祖言子祠墓廟宇均已坍毀請俟有款可籌隨時勘估擇要修葺等情到院當查言子祠墓廟宇因遭兵燹坍毀自應修葺復舊以昭嚴肅即經批飭該局一俟有款可籌即行派員分投勘估擇要興修在案查前項各工內如現須修葺之處需費無多應即先行籌辦合行札飭札到該局即便遵照派委可靠員董前往勘估稟復如果經費在數百千之內即行籌款修葺具文報查毋違此札

札善後總局

淮揚道詳山陽唐得勝糾同行刦葉昇泰錢店

一案審擬由

查同治九年准部咨。強盜未得財又未傷人首犯。原定章程發新疆給官兵爲奴。擬改發極邊烟瘴充軍。仍以足四千里爲限。到配後。鎖帶鐵桿石墩二年。此案唐得勝係未得財又未傷人首犯。自應遵照新章辦理。詳內擬請照章改發各省駐防給官兵爲奴。係屬錯悞。業經由院代爲更正。於同治九年六月二十日咨達刑部查照核復矣。仰卽知照。仍飭勒緝逸犯吳二等。務獲究報。並候漕督部堂批示。繳。

發駁臬司招解無錫縣匪犯章大幅等搶奪衞

隴泉等行船案由

簽按察司知悉案據司詳無錫縣匪犯章大幅等搶奪事主僱隴泉等行船錢物被追拒毆致王阿五落河身死一案解勘到院據此查例載搶奪殺人之案其不知拒捕情事者仍照本律首從論又搶奪結夥已至三人幫同拒殺事主之案部文以較之僅止拒傷情節尤重應改依强盜殺人例問擬斬梟轉行在案今此案夥衆搶奪已在三人以上章大幅喝令劉阿五用竹篙喝毆王阿五王大林驚跌落河王阿五被溺身死係由拒毆殞命劉阿五在逃未獲現擬斬決之章大幅是否應照强盜殺人例問擬斬梟至章大幅喝令劉阿五用篙拒毆竹篙即屬器械姚阿椿謝富應謝阿三等雖稱行搶之時均屬徒手並無幫

拒。惟既係同在一船。在場目擊。難保無助勢威嚇。同惡相濟。似亦難以不知拒捕情事。仍按徒手搶奪本例科斷。罪名出入甚鉅。犯供尚未確鑿。礙難率

題。合行發飭。發到該司。遵照。即飭發審局再行提犯詳細研鞫。務得確供。妥洽議擬。由司復審擬解。勘辦。毋遲。此發。仍繳。摺存。

計發疋附書冊長詳解批各一件

發臬司

機器製造局稟續造第五號輪船現已飭匠改作兵船並現辦輪船情形請示由

該局製造輪船槍炮、任重道遠、無止境、亦無盡境。凡有西人長技、自宜急為倣效。凡有華人才雋、尤宜加

意、裁成。若畏憚煩難。不肯學習。則輪船槍炮。儘可購自西人。不必設局靡費。致滋局外之口實矣。據稟求福砲須亟籌仿造。並創辦鐵船。以爲他日製造鐵甲船張本。自是該局急務。而繪畫船圖。必須華人自能出樣。尤爲該局切要之圖。閱之欣慰。亟宜督率學習。與行船司機相爲表裏。庶由拙入巧。由淺入深。自有豁然貫通之一日。該局奉撥洋稅二成。經費優。則責備深。務宜耐煩吃苦。凡有益于局務者。鼓舞羣材。實心研究。以期蒸蒸日上。勉之勉之。勿貽買櫝還珠之誚也。繳。

臬司會詳議復保甲章程請示由

保甲法良意美。得公正紳士贊襄擘畫。定可相與有成。不致有名無實。良深嘉慰。細閱清摺。首云官署大紳。一體編查。城中宜細緻密縷。示之以嚴。四鄉邨落。宜疎節闊目。示之以寬。似已深得窾竅。其官署即先從本部院衙門編查。以爲之率。仍望各官紳同矢實心。辦有條理。一洗往年編查烟戶煩擾不實之錮疾。地方幸甚。除出示曉諭外。仰按察司即會商蘇藩司將應需經費。剋日籌款給領。舉辦。務於本年辦理冬防以前。將城鄉戶口細數清冊。一律查造完竣。申送察核。仍候督部堂批示。繳。摺存。

會銜出示招商買米免釐

爲出示曉諭事照得前因夏雨過多米糧漸貴當經出示自六月初十日起至九月初十日止准其免捐米釐三月藉以招商販運惟是交秋以來暘雨仍然失調秋收難期大稔深慮市肆存米無多米價必致踊貴民食維艱亟應先事籌備即經札飭蘇松太道招商購買洋米數十萬石以濟民食誠恐販運到時沿途釐卡抽捐阻滯不能濟民之急應將米釐再展至十二月初十日爲止仍准免捐三月俾貧民無食貴之虞各商有獲利之實仍俟三箇月後另候察酌抽收合行出示曉諭爲此示仰商販人等知悉自示之後凡有各路販運米石者一律再准免捐三箇月務各踴躍販運共沾樂利切切特示

一出示

臬司詳長元吳三縣寄禁寄押人犯病故記過由

據詳已悉。應將各屬首縣遇有寄禁之犯一月內在監病故至二名者。將管獄有獄官。各記過一次。寄押之犯。一月內病故至二名者。將州縣記大過一次以示區別。仰卽通飭遵照。繳。

寶山縣知縣稟請開缺回籍養親由

該令在寶山二年。雖無赫赫政聲。然亦不致庸庸貽誤。據稟因老母年已八旬。家無次丁。請開缺回籍養親。有無揑飾規避情事。仰蘇藩司確查詳覆察辦。仍候督部堂批示。繳。稟鈔發。

江甯府詳句容朱郃氏因姦謀殺朱兆貴身死案調縣督審由

此案前據該府具詳請示。卽經批司核明飭遵在案。茲據稱姦夫戴惧淋欲將本夫朱兆貴謀害。朱郃氏曾向勸阻。本未同謀。如果該氏尚有不忍致死其夫之心。何以並不將戴惧淋謀情向本夫朱兆貴告知。又稱戴惧淋令其按脚之時。卽被踢跌門外。試問朱郃氏若不緊靠朱兆貴身邊。何致被踢。又何致一踢卽跌至門外乎。揆其被踢情形。其爲聽從按脚似無疑義。此等淫凶之婦。斷難任聽狡展。仰按察司飭速督同句容縣研訊確供。按律擬解。仍飭縣勒拏姦夫戴惧淋。刻期務獲究報。毋再玩縱。致干嚴譴。並候督部堂批示。繳。

甘泉縣詳王萬德自縊身死驗訊由

查此案自報驗後。遲至半年。始行詳報。既經屍父王永寬到案訊供。據稱屍毋王陳氏患病甫痊。以致詳報稍稽。殊不足信。檢查該縣上年十一月分冊報。邱萬堂控佃王永寬霸田一案。作爲開除。現詳王萬德自縊身死。訊據因病難過。保無捏飾。仰按察司速飭揚州府督同該縣提訊明確。限半月內詳復察辦。仍飭將邱萬堂控案。一併訊明詳結。至各屬詳報自盡命案。經本部院酌定功過章程。咨行在案。此案應俟該府詳復到日。另行批飭知照。仍候督部堂批示。繳。格存。

崇明縣詳五月分詞訟監押公文各册由

查內監項下。徐夢淋季應淞徐紹川曹富陸順佺五名。册註業已詳請文牌。惟本部院衙門尚未據司具詳。仰按察司卽速查明詳辦再册報上控項下。一無開除。而自理項下。訊結亦少。辦理實屬顢頇可恨之至。卽由司轉飭遵照。將未結各案。迅速催提。分別訊結詳銷。勿再遲延致干重咎。至自理開除項下。施鳳崗一起。僅因同室不睦。藉端涉訟。事屬細微。何、致、飭、差、三、名之多。未、免、小、題、大、做。又看管項下。張浩郎一名。如果向無劣蹟。卽應赶緊取保。並飭遵照辦理。仍候督部堂批示。繳。册存。

如皋令記過一案

爲咨明事。七月初一日。據通州具詳如臯縣正二三月訟案共一百五十九起。訊結連息銷共四十三起。不及三成。請記過等情。到本部院。據此。查定章三箇月統計訊結連息銷不及三成。無論起數多寡。應記大過一次。據詳前情。核與章程相符。應將該縣令記大過一次。以示薄懲。除批司註册外。相應咨明。爲此合咨貴部堂請煩查照施行。

咨督院

常昭內河釐局稟夏季新換司事及原辦未調

摺由

據送本年夏季該局各分卡司事姓名人數淸摺存候查核。惟摺內調派及原辦未調各司事。未據註明考語。及何人所薦。應於下季遵飭查開。毋得遺漏。此外惟錫金釐局曾據開送。僅敘各司事姓名年籍。亦不合式。其餘各局卡。均未開摺申報。殊違定章。仰蘇省牙釐總局分飭遵照。將各局卡派定司事姓名。註明年籍考語。及何人所薦。從本年秋季起。照章按季開摺呈送。以憑察核。並移松滬捐釐總局一體飭遵。繳。

札飭將斝舉之逋案人證提集訊辦由

爲札飭事。照得安東縣人都司斝舉遣抱京控李標等挾嫌誣控抄搶等情一案。准咨遞回到院。當經查案分別札行提省審辦。旋據淮安府飭據張令稟稱斝舉與其第三子斝建霞。並隨從五六人。自言赴蘇投案。且有訟師殷尚渤主持等情。又經發卷札飭蘇州府查明提案訊詳各在案。茲於七月初四日。據該府申稱遵即密委府照磨于健查得辯舉及其子辯建霞卽文蔚更名辯德辯文。隱匿在三星客棧居住。當經提傳到案。除辯舉押發吳縣看管。辯建霞發交官飯歇朱錫圭收管候訊。並查明殷尚渤等曾否在省。密提訊究。一面移行淮安府安東縣將辯文田辯輔清查提務獲。傳同京控案內應訊人證。一併解省審辦外。合先申復等情。到本部院。據此。查此案前據該司將原被人證。分別最要次要。飭提解省審辦。開摺申送到院。茲查辯舉及其子辯建霞。業已提案。其通案最要次要人證。亦應由司飭催速提解省質訊。

以免延累合亟札飭札到該司立即遵照速飭該縣迅將遏案奉提最要次要人證剋日一併解省質訊毋延切切

札臬司

江甯縣稟呈七言律文由

查閱七言律文大致明白惜其中滲漏處太多試畧舉數條言之如戶役條云賦役不均爲民累放富差貧名作弊官吏俱該杖一百滿贓軍例眞堪畏按本條律載受財者計贓以枉法從重論例載豪滑規利之徒買囑吏書妄稟編派下屬承攬害民者發附近地方充軍今云滿贓軍例殊不明晰又錢債條云費用受寄財物人坐贓徒罪律有刑若係親屬費用者

俱與犯人一體論。按本條律內無親屬費用與犯人
一體論之文例則得相容隱之親屬不坐罪。小功減
三等。緦麻減二等。無服之親減一等。又祭祀條云。鳴
鑼賽會問不應。按律不應重杖八十。輕笞四十。本條
律載軍民裝扮神像。鳴鑼擊鼓。迎神賽會者杖一百
罪坐爲首之人。非問不應也。又軍政條云。私藏私造
皆杖百。按律私有應禁軍器者。一件杖八十。每一件
加一等。私造者加私有罪一等。各罪止杖一百流三
千里。今云私藏私造皆杖百。於義何居。又廄牧條云。
宰殺牛馬杖八十。按律私宰自己馬牛者杖一百。駝
騾驢杖八十。故殺他人馬牛杖七十。徒一年半。駝騾
驢杖一百。今云宰殺牛馬杖八十。若偏舉一端。於體

例可逼無害也奈何信筆點竄又郵驛條云擦損沈匿笞四十按律磨擦及破壞封皮不動原封者一角笞二十損壞公文一角笞四十沈匿公文及拆動原封者一角杖六十是磨擦損壞沈匿三項罪有差等今比而同之毋乃不可乎此外譌誤處尚復不少總之定律謹嚴不可增減一字閒有辭義深奧甯可闕疑不可臆決今每句限以七言强諧聲韻務便記誦割製破碎生呑活剝欲其文從字順於義無舛難矣所請校刊逼須之處應毋庸議如牧令果肯留心律例苦於卷帙繁多莫若專就

欽定律條照錄成帙只附錄本條內註語置之案頭以時省覽細心講貫遇有審辦案牘再行參攷條例折衷

至當。自不致蹈粗疏孟浪。畸重畸輕之弊。較之圖簡便而冀襲取者。功效自有不同。一切私家箋註坊本流傳。概可毋庸寓目。徒致淆惑。該令素嘗游幕。敢還質之。以爲何如。至據請於宣講

聖諭廣訓及小學義疏外。附講七言律文。及偏頗鄉塾。俾童年知儆一節。懸書讀法。要在各州縣視民如傷。於律例中擇其易犯各條。愷切講解。或榜示通衢。未嘗不可稍資儆惕。若愛民初無實心。則良法僅成具文。不誠無物。其何感之能通。聖人云。民可使由之。不可使知之。此中固有深意存焉。爾至童年天性未漓。尤在培養德器。束以禮教。自足以美人才而厚風俗。律例一書。善讀者以爲仁之至義之盡。至平至正。允協

於中。不善讀者鑿破渾沌。便生機械。老莊齊物之旨。其弊尙流爲申韓。申韓刻薄之餘。其弊將安所底止。童蒙不讀書而讀律。亦非當務之急也。倘該縣已將律文頒發鄉塾。亦望卽時收回。仰江甯府轉飭遵照。仍錄報督部堂藩臬司並候批示。繳。律文存。

請飭東衞各船於歲底來滬兌漕

爲咨請事。竊照江蘇辦理海運。前因沙船不敷。兼雇東衞等船裝載。近年糧額漸增。船隻時形短絀。東衞等船。來路較遠。勢難剋期齊集。其後至者。又因配載已齊。空勞往返。不得不預先查明。通籌應用。現在飭據松海防同知稟稱遵查本屆蘇甯各屬起運同治七年分漕白正耗米石。連同協濟浙省運糧之船。統計雇用沙衛東各船五百四十一隻。緣東衛等船。皆知水腳加增。且一律裝派。不分畛域。無不樂從。除受兌各船外。尚餘衛船七十餘隻。東船八十隻。即沙船自關東回南。亦有四十隻。未經派兌。以所餘之船。大小扯算。每船以一千四百石計之。約可兌米二十七八萬石。下屆新漕。該船等果能乘時南下。即江西漕糧。同由海運。亦可無缺乏之虞。惟東衛等船。當時既無漕米承運。又無商貨攬裝。大半空船出口。往返賠累。後將觀望不前。經卑職等剴切曉諭。該船下屆南來。務當早日抵滬。俾得隨時派兌。若能歲底來滬守凍。必可儘數雇用。猶恐該船中懷疑沮。仰祈咨請直隸山東分飭沿海各屬。廣示招徠。多多益善。滬局隨到隨派。斷不令其向隅等情前來。查東衛各埠船號。
若能年內先到。自可儘數裝運漕糧。合行咨請。爲此
合咨貴爵閣部堂院請煩查照。轉飭沿海地方官傳諭
該船等。務於本年歲底駛至上海守凍。聽候配撥。以
資裝運而免遲悞。足紉舟誼。望切施行。
咨直隸督山東撫院

撫吳公牘卷之三十九

咨行吳江令記過註冊由

爲札飭咨明事照得竊照各屬遇有未定罪名人犯在押病故前經本部院酌定將州縣記過批飭遵照在案茲據震澤縣詳報委驗吳江縣盜犯談泳發在歇病故驗訊緣由到院據此查前據該縣具稟請示當查該犯等所供行刦之處既非該縣地方究竟該地方係何縣管轄現在談泳發患病如果該犯訊係行刦眞盜罪名較重即不應取保批司飭將訊過供詞先行通稟察核並飭將犯病醫痊具報仍由司飭府查明犯供行刦處所是否該縣管轄抑係震澤吳縣所管據實稟復在案茲據詳前情該前署縣於奉飭審辦之

案。既據訊認行刦並不照例收禁錄供通詳。又不將行刦處所。歸何縣管轄。據實禀明。任聽在猷痪斃。實屬泄玩。談涿發係未定罪名人犯。應將該前署縣記大過一次。以示懲儆。除咨督部堂查照。札蘇藩司註冊飭遵。並詳批臬司分飭遵照外。合行札飭。札到該司卽便註册飭遵。並通飭各屬知照毋違。

札蘇藩司

咨督院

相應咨會。爲此合咨貴部堂。請煩查照施行。

臬司詳籌議清釐京控案件章程遵批議詳由

據詳已悉查

奏交之案既係奉

旨交審無論如何情節概行提省親審咨交各案其有關命盜及各項重情亦均提省審辦仍解院親勘若控情輕微並未先在本省上司衙門控告分別發委該管道府州審理由該司隨案酌核具詳請示其不候州縣審斷輒赴京申訴者委員會同州縣提審已經州縣審斷之案原問官應行迴避或委該管知府親提或委鄰近州縣審辦均由司詳明立案至提解人證最關緊要向來遇有京控原告遞回連同原呈發交首府先提原告訊供核明應提人證分別最要次

要開單詳司飭提惟案情百出究竟何人必應提訊何人可以不提仍無從核實是以往往有原單開列最要迨提到訊供並非要證亦有開列次要而訊屬無干及原單並未開列迨補提實係緊要者此由該府提訊原告時僅能就一面之詞分別最次故也應於原告遞回時先用排單查提該管府縣卷宗詳細核明再分最要次要府縣奉文提卷應於文到後即日備文排單申送以便核算時日遲延至三日者記大過一次六日者記大過二次九日者記大過三次撤委其徐海各屬距省較遠則必須委員前往會核提解較爲詳慎委員提解得力照議給奬遲延者亦照議分別記過積至三次者撤差停委兩年州縣奉

提人證。不能依限解到。據請查照前司詳定章程。分別減罰。合算依限傳解者。亦予以記功。均尚可行。惟係外辦章程。曾據前署司具詳。經護院批明。於審結時。仍聲扣例限矣。至所議道府大員結案多者。或登薦牘。或調繁區。其遲延者。毋論道府州。或首府。或委員。或州縣。兩月以上。記大過二次。三月以上。記大過三次。州縣撤任。局員撤退。停委。道府存記。現既將京控咨交未結之案。統限四個月完結。如道府州縣委員於審限兩月之外。遲延兩月以上。應記大過三次。道府存記。州縣撤任。局員撤差。停委三年。其摺開碭山周詳吉宿遷趙家祥京控兩案。應委徐海道審辦。興化榮燿祥控縣捕措贓勒結等情一案。應提省審

辦。此外應行委道委府各案。亚即由司逐一核酌彙

詳。以憑批飭遵辦。仰即知照。仍補詳督部堂。並候批

示。繳。摺存。

華亭縣稟徵收錢糧自封投櫃由

據稟。該縣徵收下忙錢糧。仍在大堂設櫃徵收。令各花戶自封投納。並於一月限內。將定價每兩減收五十文。如限內不完者。仍令照定價完納。其南北各鄉。分設鄉徵局。以資便捷。辦理均尚妥善。應准照行。仰蘇藩司核飭遵照。先行曉諭周知。務令城鄉各戶。應完錢糧。概行自封赴櫃。不准再行假手差保。致滋弊竇。仍將完糧定價。及每日銀洋時價。分別明晰懸示櫃前。一俟徵有成數。即當隨時報解。仍由司察其勤惰。照章分別記功記過。彙核詳辦。均毋稍任玩忽。切切。繳。

阜甯縣詳設立保赤堂收養嬰孩鈔錄章程請

通飭各屬照辦由

該縣送到保赤章程詳請通飭各州縣仿照辦理本部院簡牘初披不勝驚喜以爲該令竟能奏古循良之實效爲慈父母之誠求乃尋繹終篇毫無實際不過以育嬰名目改爲保赤遽請通飭州縣殊覺想入非非夫經理善舉全在長官有實心董事有經費今該令既非實心願辦該縣又無經費可籌即無論錫何嘉名亦屬無裨實事豈易育嬰爲保赤遂能使赤子不衣而煖不哺而活耶詳內又稱該令率同在堂諸人盟之神明以昭心蹟堂中既經費毫無憑何侵蝕即使該官紳等有貪得之心而堂中並無致貪之具又何須此空盟爲耶細閱附鈔章程亦屬老生常

談陳陳相因。嬰孩領回收養。易滋弊竇。養嬰必於公
所。原以濟極貧無告之人。若可領養。家中則力堪自
贍之家。與董事稍有情面。皆將濫竽充數。且領而不
養。誰詰從稽之。養而不育。而抱已孩赴堂呈驗。又誰從
辨之。罰及鄰佑鄉保。一層尤屬事同瓜蔓。貽害民生
所關匪淺。本部院於育嬰一事。曾經黏鈔章程。通飭
各屬次第舉辦。屢據各牧令詳覆。捐廉有千餘串。數
百串不等。養嬰有百數名。十數名不等。皆有成效可
覩。今該令捐則竟無。故實堂則闃乎無人。若照此通
飭。設各州縣聞風效尤。舍安懷之實效。爲敷衍之具
文。爲州縣惜費計則得矣。其如已收之嬰孩何。阜甯
地瘠民貧。如果一時無款可籌。本部院亦何敢操之

過急。獨怪該令行將交卸。爲此茫杳無稽之論。誠不知其命意何居。仰江藩司嚴加申飭。并通飭各屬。毋得聞風效尤。爲要。仍錄報督部堂。并候批示。繳。摺存。

臬司詳鹽城縣民楊西元京控成德昌等欠錢誣姦一案請銷由

查楊西元控成德昌欠錢不還。並揑說與其姪婦馮氏通姦。將伊細縛送縣枷責等情。如所控得實。是楊西元實有屈抑。原應准其申訴。未便因其一經京控。遂謂案情輕微。不爲徹究。今經該府提核縣卷。據稱楊西元原與成馮氏有姦。迨拒絕後。復往圖姦。經成有時撞獲。細縛送縣。並非誣揑。且有生耆夏衡等公呈請究。乃楊西元在縣具禀。稱成有時欠錢無多。故

未索據京詞又控成德昌欠錢十三千零現訊復供
有欠據見證前後供情互異未便傳提人證質訊擬
將楊西元遞籍枷責管東由司詳請咨銷係爲懲刁
控而杜拖累起見惟楊西元與馮氏通姦輒揑情混
控節次研訊又不據實供明情殊刁狡細核來詳楊
西元與成馮氏有姦縣訊時本不供認而該縣當時
有無提姦婦成馮氏質訊詳內亦未據聲明現稱楊
西元堅執如前又稱無可置辯究竟有無俯首認非
獄貴得情未便模棱從事楊西元現據供有欠據未
據訊追亦不究明誣控情由若率爾咨結尚不足以
資折服應否卽飭鹽城縣就近提訊姦婦成馮氏及
楊東元供詞錄送核辦或由該司親提楊西元詰訊

明確再行詳請咨銷似較詳慎仰即遵照辦理仍一
面將此案唆訟之人嚴密訪拏懲辦以清訟源繳

臬司會詳蕭縣提解京控人證遲延請記大過

三次撤任由

提解京控人證逾限至三月以上實屬玩視民瘼若
僅予以撤委轉令置身事外應由司將蕭縣知縣先
行摘頂仍勒限一月將人證解省儻仍遲延逾限即
行專案詳請

奏參并即由司通飭各屬知照仍候督部堂批示繳

臬司詳蘇州府會審桃源縣家丁蓋淋起意串
同糧差曹幗拘提花戶葉成如私押嚇逼致
令愁急自縊身死一案訊擬由

查咸豐五年部行書差索詐得贓之案但經致斃人命不論贓數多寡於絞候例上從重加擬絞決等語此案蓋淋身充長隨因花戶葉成如欠糧未完擅自帶至局內私押串同曹幗向葉成如嚇詐錢文致令愁急自盡該司以詐贓之案重在人命未便因其錢未入手稍從輕減仍請照不論贓數多寡於絞候例上加擬絞決部行本已從重現辦又復加嚴既爲懲創丁蠹起見自不能不如此辦理且葉成如雖據訊明死由自縊蓋淋先後毆傷葉成如左肩甲右膀較之僅止索詐致斃人命之案情節尤重本屬無可輕減至前據屍子葉金生以伊父被蓋淋等毆戳身死傷痕七處致命三處屍傷經葉金生目擊何得輒稱

懷疑誤控。查該革員原驗葉成如咽喉下鐵練縊痕兩道。上一道灣長一尺零五分。寬六分。深三分。青紫色。腦後八字不交。下一道圍長一尺二寸。寬六分。深不及分。淡紅色。似上一道傷痕較重。顏色青紫。下一道深不及分。故色僅淡紅。歷來驗塡屍傷。如非皮破血污。應於塡明顏色之下。弁將有無血瘀塡明。原以生前受傷。既未皮破。應有血瘀。與死後傷無血暈者不同。今僅塡分寸顏色。而未塡血瘀。已屬疎漏。且該革員詣驗時。葉成如屍身已經蓋淋等解放地上。究竟葉成如是否實係用練自縊。並非墜練。如何將練繞匝咽喉項頸。及橫木上如何搭扣。弁有無鎖扣鞭打時拖拉致傷。及死後裝弔情弊。均未據切實訊明。

不無含混該革員所稱屍子葉金生堅執央求情辭迫切是以從權往驗迨委員抵境葉金生不願開檢核與葉金生所控情節頗有不同若非由司親提葉金生研訊明確恐尚不足昭核實而杜翻控查核該革員原詳據稱葉成如所受鐵器傷關係與葉明川口角爭毆致傷並稱葉成如慮恐到官受比偷取鐵練自縊並未提及家丁蓋淋帶差同往案中緊要情節概置不敘經本部院嚴加駁詰行府親提並據該府稟報亦稱得自訪查並無由縣密稟之語隨後該革員知事難隱瞞始行具稟檢舉案牘具在今謂該革員當郎密稟本府提審並無事後消弭知情徇庇之事亦與案中情節不符至葉成如欠完糧銀與汛

弁呂文清有何干涉前經章守提訊丁役人等供明呂文清係蓋淋等邀同將葉成如提至公局是呂文清明係一仝在場劣弁蠱丁倚勢嚇詐狠狽爲奸魚肉鄉民其情極爲可恨現訊呂文清供因葉成如不肯行走兩相爭鬬蓋淋要該弁出往理諭該弁恐防滋事出去喝阻隨科呂文清以違

制之罪未經究明實情轉覺情輕法重此等劣弁何可姑息僅予斥革不足蔽辜此外支離閃爍之處尚多案關

人

告未便稍事率忽仰即遵照批指提集現犯及應訊人等再行悉心研鞫務得確情錄取切供分別議擬詳解勘辦濡筆以待勿稍緩延至葉成如欠繳銀米詳

丙聲明飭縣催令葉金生照數完納。附詳以葉勤達戶糧。據葉金生稱係祖父名字。何以藉控飛糧。是否葉成如業巳變賣。並未過割。抑係糧退名存。飭縣分別查明清追具復。察奪。仍錄報督部堂並候批示。繳。解批發還。

臬司詳桃源壯捕戎標等挾嫌捉拏王得勝等私行逼認爲盜一案遵批核議詳復由

查例載捕役妄拏平人私行拷打嚇詐財物逼勒認盜照誣良爲盜例分別强竊治罪又誣指良民爲强盜若有拷詐等情俱發極邊煙瘴充軍又捕役誣拏良民逼認强盜照例擬軍遇

赦不准援免又蠹役詐贓一百二十兩照枉法擬絞咸豐五年通行蠹役詐贓無關人命者贓至一百二十兩卽照枉法擬絞入於秋審情實同治三年通行嗣後各省搶奪之案果係聚衆三人以上執持器械搶奪者卽屬倚强肆掠應悉照十年申定章程不分首從問擬斬決不得曲爲開脫各等語此案前據署臬司

訊擬具詳經護院以縣役戎標將韓得勝交王得勝變賣之騾馬銀兩强行帶回被韓得勝鞭打勒賠挾嫌逼令王得勝韓得勝供認行刦是旣取其財復逼令認盜似較尋常誣良爲盜之案情節尤重據稱戎標搶奪騾馬銀兩後經賠還仍照例擬軍是否不致輕縱應否酌量從重辦理之處批再確核詳奪在案茲據詳前情本部院查韓得勝騾馬等物旣訊明係在王家營擊退捻匪由營官賞給交王得勝變賣王得勝又訊係安分當勇縣差戎標何得見財垂涎輒行搶奪況騾馬被囊旣非輕齎之物王得勝曾充營勇亦必非懦弱之人若戎標一人行搶何能將騾馬及被等物連事主一併擄禁無此情理且所搶騾馬

囊內銀飾等物究竟計贓若干如果王景濼從中說合議賠前項首飾等錢一百二十千文照章以錢一千作銀一兩戎標已罪應繯首若審有結夥三人以上持械肆掠重情卽罪干斬決罪名出入攸關供情甚屬牽混原擬以戎標搶奪銀兩後經賠還并關匿王得勝輕罪不議果否允洽戎標尚有被葉金生控告一案亦不能存而不論去年署臬司及發審委員皆面稱王得勝被戎標酷刑逼勒認供身上尚有火烙疤痕數處慘酷至此令人寒心而該縣原稟輒以韓得勝王得勝持械行刦情罪較重爲詞稟請就地正法經本部院批飭提訊幸免屈殺若如該縣所請韓得勝等二命早喪於酷吏惡役之手安能起九原

而問之耶言之實堪憤懣

國家明罰敕法原以除暴安良此而不行嚴懲何以肅法紀而儆兇頑仰即遵照批示親提現犯及韓得勝等虛衷研鞫究明實情確核例案從重按擬詳辦總之江北盜風甚熾捕役無能每遇案難猝破官限急逼輒將庸懦鄉愚酷刑勒認地方官必粗手辣冀其可以寬免處分亦復不甚深求動以曾充營勇爲詞稟請就地殺却了事古之循吏求其生而不得今之有司求其死而不得其用心抑何刺謬乃爾耶本部院去年平反數十案皆與韓得勝等案相類戎標若不儘法懲辦則將來蠹役更可相率效尤明目張膽陷人於死於吏治人心所關匪淺該司志在鋤奸扶善

故不能不反覆熟商。期於刑期無刑而止。仍補詳督部堂。弁候批示繳。

催飭將示禁迎神賽會遵辦緣由具復

爲札催事。照得本部院嚴禁迎神賽會一案。前經刊刻告示。於六月十七日。分發蘇松常鎮太五府州屬各廳州縣。徧貼曉諭。並飭將貼示處所報查。旋據各州縣陸續具復。各在案。惟長洲金山吳縣崇明四縣。迄今尚未復到。合行札催。札到該州府、卽飭遵照速將遵辦緣由。弁奉文後如何嚴禁。嚴禁後有無斂迹。一切實在情形。及貼示處所。於文到十日內。詳細開摺具報查攷。毋任遲延。切切。

札蘇州府 松江府 太倉州

加函

凡友朋親戚每遇函詢必有回信獨至上司之於下屬凡有文檄皆曰限文到三日內辦覆或文到即日辦覆如違嚴參試問三日內即日內該牧令如何措手得及下屬覆文亦必曰除遵札即日辦理隨時稟覆外要之上司與下屬自看稿畫行後皆相忘於無事之天而事之能辦不能辦不計也迎神賽會最爲作無益害有益之事各縣皆已將嚴禁情形次第稟復獨長洲吳縣金山崇明四處竟同黃鶴一去他縣皆復平原獨無問必應亦不安前限半月今限十日並非限三日限即日措手不及者所可比豈該令奉文後即已相忘於無事之天耶事關人心風俗務祈

尊處核實推求窮其所往必令弊俗盡革而後已切勿以飭查該縣告示業已發貼一稟了事也

臬司詳元和陸會山借猪載賣河凍阻滯致毋陸陳氏乏用愁急自縊身死訊擬詳咨由

該犯陸會山欠丁春山等錢四千陸景春允借猪隻賣錢償欠該犯即令丁春山等幫同捉猪四隻賣錢八千供情果否確鑿陸景春允借農船載猪如果因須自用託陸壽成至陸會山家僅向查詢並無迫索威逼陸陳氏何致遽爾愁急即於是夜赴陸景春家門首投繯殞命且例載子貧不能營生養贍父毋因致父毋自縊死者杖一百流三千里似指惰其四肢不顧父毋之養以致父毋窘逼自盡者而言陸會山

既平日孝順。遭兵燹後家道貧苦。借貸度日。餬商借陸景春豬隻賣錢還欠。慮恐餘錢無多。起意販運蘿蔔獲利。接濟家用。與不能營生養贍者。殊有不同。察核案情。如果陸景春託陸壽成僅向查詢。別無威逼重情。陸會山之妻小陸陳氏曾於是晚煮粥奉養。亦無慫恿。陸陳氏自盡圖賴。迫陸會山商販回家。其毋已死非命。似陸會山不惟罪無可科。轉覺情殊堪憫。乃該縣並不細核其輾轉告貸販運營生始末情節。輒於出語內節去例文營生二字。遽請照不能營生養贍。致父母自縊身死之例擬流。恐不足以昭情法之平。又閱附詳該縣原審陸會山因貧向陸景春借貸未允。起意硬捉豬隻。向丁春山等揑說允借邀令

同往捉豬四隻下船開行陸景春因豬隻被捉迭向
陸壽成查催並聲言控追致陸陳氏慮控自縊先後
供情懸殊不無疑竇仰即遵照批指飭縣再行提集
犯證研訊明確分別妥擬詳辦勿稍枉縱繳

松海防翁丞會稟請咨直東等省招徠東衛船
隻由

已據稟併加函咨請直隸山東督撫院轉飭沿海地
方官傳諭該船等務於本年歲底駛至上海守凍聽
候配撥以資裝運矣仰即知會津局李委員設法招
雇東衛船隻令其來南候兌將辦理情形隨時報查
仍將廣東艇船可用者約有若干隻每船可裝米若
干石在船水手是否熟悉北洋沙線同蛋船一項能

否啟雇水手一體裝用卽速詳加考訂稟復察奪此

繳。

元和震澤二縣會稟徐汝福金輅被刦各案已會委

獲盜周阿芳等訊辦

據稟已悉。查巨盜周阿芳等夥衆持械。在於震澤元

和等縣。迭次行刦。贓至盈千累萬。夥盜朱和尚勒取

衣飾。辱及婦女。革捕唐忠衞紹豢盜分贓。均屬膽玩。

經本部院特派妥員。帶綫緝拏。既據獲案訊認。亟應

確審懲辦。未便稍稽顯戮。仰按察司督同蘇州府查

提各盜犯及革捕唐忠等認眞研訊。究明實在何人

起意糾刦。同夥實共幾人。得贓若干。如何俵分。事主

之妻金趙氏。被何人拒傷。朱和尚如何嚇逼事主。勒

取金飾辱及婦女徐倡二等三犯果否僅止在船看
守並未上盜有無事後分贓其泊船處所距事主家
是否近在咫尺唐忠等夥盜通信得贓若干各該犯
此外有無另犯搶刦不法別案眼綫徐順是否實被
王瑞生挾嫌誣扳務得各確情錄取劃一供招尅日
妥擬解勘會
奏委員徐令首先踹緝盜蹤拏獲首要盜匪多名緝捕
甚屬勤能應先記大功三次移蘇藩司註冊飭遵並
由藩司補給捕費銀一百四十兩俾免賠累至應如
何量予
奏獎俟各犯審定後由司會同確核妥議隨案聲請該
署縣甘令摘頂處分應即開復周阿芳等既在常熟

等縣潛匿日久。唐忠等又係該縣捕役。未獲各犯。責成常熟縣認眞拏捕。不得稍再玩縱。一面逼飭嚴拏盜窩韮菜阿二。務獲解究。餘由司核明飭遵具復。仍錄報督部堂。並候批示。繳。

撫吳公牘卷之四十

札飭各屬詞訟核計功過統由臬司彙辦一案

由

爲札飭事照得各屬詞訟應按三個月考核功過前經明定章程二十起以外雖全數訊結不必記功四十起以外訊結十成五十起以外訊結九成以上一百起以外訊結六成以上各予大功一次連息銷不及三成應記大過一次又淮安屬凡一百五十起至二百起訊結五成以上記大功一次又訟案最多之徐海兩屬四十起以外訊結九成五十起以外訊結八成一百起以外訊結五成以上者均記功一次當經分別咨行蘇屬由藩司甯屬由該管各道府按三

個月彙核具詳。已據蘇藩司詳辦至本年春季爲止。其甯屬夏季考核。雖未據一律送齊。應仍由本部院衙門照舊辦理。此後蘇屬自夏季起、甯屬自秋季起。凡前項詞訟功過。統由該臬司衙門核明詳辦。以專責成。惟前定章程。該司衙門未經行知。合行鈔案札飭。除分札飭遵外。合行札飭。札到該司。即便遵照。屆期查照章程彙詳察辦。毋違。

計粘鈔

札臬司

統由臬司衙門核明詳辦。以專責成。除札臬司查照外。合行札飭。札到該司道府州。即便移行遵照。屆期辦理。由該府州核明詳由臬司轉詳。並飭各縣知照。毋違。

札兩藩司常鎮道江淮揚徐海通六府州。以專責成。並分札司道府州遵照外。相應咨會。爲此合咨貴部堂。請煩查照施行。

咨督部堂

徐州府詳四五六月銅邳等八州縣詞案核計

功過由

查睢甯縣三個月詞案共計三十起核計訊結息銷不及三成本應照章記過姑念官更三任准如所請免議其餘各縣均無功過仰即分飭遵照繳摺存

華婁二縣會稟鹽公堂司事陳衛善匿官銷私致啟民怨由

蘇省行銷浙鹽現在招復引商整頓試辦立法伊始各該商原應自行經理乃松所甲商許慶會認辦之後僅派司事陳衛善到地以致借官行私銷多報少甚至按戶勒派民怨難言且以江蘇候補人員謀充商厮擅刊印記藉收私費實屬行止卑污仰蘇藩司

會同臬司提詢明確。詳請咨參。一面核明。應得罪名

照例議擬詳辦。並候先行容會浙鹽撫院轉飭運司

諭令該甲商許慶曾來蘇。自行到地經理或另派誠

實妥當司事前來接辦。切切。此繳。

阜甯縣詳黃金龍漁船在洋被刦勘驗訊供由

據詳暨另詳稟均悉。查前據稟獲李五崔明小石子。

僉供被擄。請俟移查鹽邑獲犯訊供情形再行訊辦。

嗣經鹽城縣將孫庭安祁古貴解訊。祁古貴訊係誤

拿保釋。孫庭安與李五等。仍未據究明實情。茲委員

等獲解徐大立子一名。提同李五等質訊。徐大立子

供被海匪沈如鈊擄去逃回。徐大立子與李五等三

名。及由營遞解漕部堂飭發審辦之李蠢頁趙萬順。

尹圍人等三名。既均非同時獲案。如果本非同案人犯。何從質訊。沈如鈊及已於六年間就獲正法。乃該縣以徐大立子被沈如鈊擄去。請同李五等解漕部堂飭發歸案審辦。是否沈如鈊從前曾供有徐大立子等同夥。察核所稟。殊不明晰。此案失事將及十月。正犯迄無報獲。仰按察司飭速遵照批指先行切實稟復。一面比差會營並移鄰封營縣一體嚴拏正盜務獲究報。毋再玩縱顢頇。切切。仍候漕督部堂批示。繳。圖存。

通候補州縣會詳奉委會審蔣王扣上控伊叔蔣玠和被季孫扣謀斃等情一案訊取確供開摺稟呈由

此案前署州並未審出實情。模棱具詳。該州抵任。又不上緊提訊。必待屍子具控。經委員訪訊。始有實供。該牧等從前之顢頇因循。亦可想而知矣。據稟前情。仰按察司嚴飭該州復審確情。錄供通詳。一面按擬招解。至王兆熙邵吉亭從中說合賄和。雖錢未入手。其情已屬可惡。必應嚴辦。邵吉亭現在因案在省。是否緊要案證。能否遞回。並即由司核明飭遵具復。仍候督部堂批示。繳。摺存。另單並悉。

臬司詳溧陽龐德帥王其洪聽從逸犯趙有順

即李大罄謀砍張永壽身死同行並未加功

一案核擬由

此案屍傷多至十餘處。合面頸項一傷。損至仰面食氣嗓。是張永壽頭顱。已將切落矣。情節極爲殘忍。該犯先據供認幫同致斃。現在恃無質證。任意狡賴。所稱時值大雨。趙有順暗令該犯到門口把風。復聞對門聲响。逼知跑逃。案情離奇閃爍。且究竟如何被張永壽盤出拐賣實情。該犯是否在門内。抑在門外。亦均未訊明聲敘。雖據聲明監候待質。但供情既屬扭捏。罪關生死出入。該司未經親訊。碍難率咨。仰即提犯研訊確情。另詳核辦。一面嚴飭勒緝逸犯趙有順等務獲解究。仍候督部堂批示繳

皋司稟清理積案力求祛弊由

爲札飭事八月二十三日據臬司稟稱司書紙飯辛工前任林升司議歸兩藩司扣廉放解每年計銀四千兩後因庫款支絀改由屬解又蘇藩司移解紙張不敷每季銀一百四十五兩零近來蘇屬各縣應解紙飯辛工既未按數解清而江北各邑則更屬寥寥本年八個月計之僅據名屬解到銀七百兩不及十分之二至發審局從前幕友歲修每年一千二百兩係江南北各州縣捐解邇來各屬州縣於發審應行捐解之脩金有名無實江南各屬尚或些少搪塞江北各縣則竟有絲毫不給者雖由府函札交催脣焦舌敝亦概置之不理至於該局經費每月二百三十

兩。除支給委員薪水百兩外。所餘無幾。支應斷難敷足。懇恩俯念發審幕友修金待支孔殷。札飭兩藩司先行嚴飭各屬遵照。自同治八年秋季爲始。務各提前赴解。如再逾期。卽由司扣廉支放。以杜宕延。並發審局經費。每月飭由牙釐局加給七十兩。連前共符三百兩之數。司書紙飯辛工一款。既有扣廉成案。請飭兩藩司一體扣廉放解等情。到本部院。據此。查所禀係屬實情。應准照辦。除分札飭遵外。合行鈔禀札飭。札到該司局。卽便遵照具復。毋違。

札江蘇藩司蘇省牙釐局

海州詳孫首夫提禁患病一案驗訊由

查監禁人犯患病遇有應行提禁。分別交歇取保醫詞今孫首夫係未定罪名人犯據詳患病提禁身故該犯屍身仰臥獄神堂地板鋪上並無交毆取保仍應作爲在監病故應照章將管獄官該署州有獄官吏目各記過一次以示懲儆已札行江藩司註冊並咨督部堂查照仰按察司轉飭遵照傳屬領理一面核入正案詳辦仍候督部堂批示繳格存

出示勒石變通蘆洲丈期嚴杜需索丈費

爲

奏定蘆洲田地變通丈期嚴禁丈費出示勒石永遠遵守事照得江蘇省沿江沿海沙洲林立坍漲靡常定例五年一丈坍則報豁漲則報陞法至善也無如日久弊生或望水以陞科或留糧而待補沙棍因之把

持豪强於以兼并而書差洲保人等明知此弊故每
屆大丈之期倡爲丈費名目隨丈徵解得規則照舊
造報無錢則立限比追內外上下各書吏按股均分
地方官亦從而染指往往前丈之費未已後丈之費
又來以百姓有限之脂膏何堪此無窮之朘削本部
院民依念切是用惻然卽經會同爵閣督部堂附片
奏明准部議復改爲十年一丈庶爲期較寬閭閻永免
夫騷擾而因時復勘坍漲仍有所稽查第恐吾民四
鄉散處未能周知合行出示勒石曉諭爲此示仰各
廳州縣沙洲業佃人等知悉自此次造報後續屆十
年大丈之期凡舉報坍漲者照例勘丈造具圖冊詳
咨陞除其無坍漲者不必重行丈量並不必另造圖

冊以免擾累至丈費名目永遠革除如地方官吏差保董事人等仍藉稽查欺隱爲名將並無坍漲之地通行丈量及需索丈費者許卽據實稟辦嗣後如有漲坍爾等亦須隨時呈報毋得隱匿影射自貽伊戚總期共沾樂利永絕弊端毋負本部院與民休息之意懔遵特示

計開

一每屆十年大丈之期如有呈報坍漲者照例勘丈追具圖冊詳咨豁除

一腹裏洲地如無坍漲者永免大丈

一丈費名目永遠革除如有仍前索取浮費者不論多寡許卽據實稟請嚴辦

一望水陞科。預埋爭佔之根。最爲惡習。嗣後如有新
漲。必須變成泥草各灘。方許繳價買受。若係水影
光灘。不准報買。以杜訟源。

一各洲遇有灘沒。應隨時呈報豁糧。不准再有留糧
待補名目。以爲影射地步。

一報買新漲若干。務將價銀照數呈繳地方官。以便
釘交執業。不准報多繳少。及赴司道府州衙門繳
價。以杜罩報之弊。

飭議撫標城守兩營營制章程

爲札飭事照得

國家籌餉養兵將以禁暴詰奸非僅以備營充伍徒飾觀瞻已也與其糜餉而濫收老弱之羸師何如併餉而精練勇敢之壯士查蘇省撫標及城守兩營計額兵一千七百餘名承平之年以額設之餉養額設之兵其人材不樸健其器械不齊整其技藝不嫻習而又分防各汛其氣散而不聚逸居在城其志溺而不振殊屬有名無實現擬變通舊制將原設額兵裁去七百餘名挑留精鋭一千名優給口糧勤習洋槍刀矛等項畧倣楚軍五百人爲一營之制以一千名分爲二營駐紮城外又將親兵營添足二百人爲一營

駐紮城內連前兩營朝夕訓練庶軍律一新士氣日
奮合行札議札到該司即將所發營制會同兩營將
官弁督同親兵營條令妥商辦理爲經久無弊之計
刻日稟復聽候分別
奏咨均毋違延此札
合札蘇藩司臬司
蘇省酌改營制當時議論譁然經公專摺
奏陳旋奉部覆准行惟駁加增額餉一節公復具疏力
請獲蒙
特旨允准仰見
聖明洞悉邊情疆吏苟能認眞振作雖變法難行之事無
不上荷

恩施惟望後人再接再厲庶免良法美意日久又成具文

行篋中適有鈔稿敬錄於此俾閱者得悉此案原委又以見胸無定見切不可輕易遽言變法也達

泉謹識

酌改蘇省營制裁兵增餉奏

奏爲蘇省撫標酌量裁兵增餉謹將試辦情形恭摺仰

祈

聖鑒事竊查蘇州省城爲東南重地自李鴻章克復後其留防之軍先係侍講學士劉秉璋所部各營繼爲江南提督李朝斌所部陸營均經陸續調征遣撤省城空虛可慮捻匪肅清後散勇紛紛回籍尤慮乘間竊發臣去年九月在江甯時曾與督臣曾國藩面商擬

於蘇州添練勇丁三營以固根本曾國藩亦以爲然督臣馬新詒到任後尤殷殷以整飭武備爲囑惟省垣空虛固須募勇巡防但募勇數營每月連口糧軍火帳棚等項即須銀一萬數千兩此時江蘇專供直隸陜甘淮軍之餉支絀萬分無從籌此鉅款因查蘇省巡撫所屬標兵原額本有一千六百餘人尚未招補足額從前綠營積習總係老弱充數而且分防各汛隊伍零星無非收取煙館賭場錢文藉資養贍平日不知槍礮爲何物臨時不知戰陣爲何事故以之禦侮則不足以之擾民則有餘督臣馬新詒與臣熟商與其募勇成營目前糜餉已多將來遣散亦滋流弊不如酌裁標兵之老弱補以散勇之精鋭在散勇

既免滋事在標兵亦可精强惟綠營口糧太薄兵發後食物昂貴已無以贍其身家即難冀其用命臣現將撫標中軍城守原額兵丁一千六百餘人改爲一千人酌增薪水口糧分爲左右兩營每營兵丁五百人內計正兵親兵等四百五十五人餘丁四十五人於營中搭蓋房屋居住不令零星分防致有缺額短數仍以額設參將爲營官統計兩營薪水口糧較之綠營原額每月不過加增餉銀千餘兩較之另募勇丁數營則省費甚鉅臣於署旁箭道隙地闢爲操場督同兩司輪流簡閱計該兵每日操演洋槍二次長矛一次仍於暇時演習開花礮洋火箭等項雜技令其習苦耐勞無事常如有事然後有事不致倉皇失

措現將兩營舊額之兵逐漸裁革所募新兵均係軍營慣戰之勇口糧每月榜示營門不令絲毫剋扣該兵亦遂恪守紀律兩月以來步伐槍法均尚整齊臣又派員在營宣講

聖諭並將古來名將事蹟編爲百將傳早晚由委員委婉講勸明以作其忠義之忱陰以消其桀驁之氣庶幾養一兵得一兵之用合將試辦營制事宜另繕清單兩件幷操演圖說三卷恭呈

御覽又前護撫臣劉郇膏所募勇丁三百餘人名爲親兵營本因兵燹後城中荒廢曠地太多專派該勇夜間分段巡查尚屬勤謹口糧按照楚軍章程由牙釐局給發今亦將該勇口糧每月每人核減一兩使歸一

律仍令認眞操演以資得力伏查同治元年九月間
總理衙門王大臣請飭沿海練兵大臣悉心訓練一
摺欽奉
諭旨準行欽遵在案原摺所稱中國教演洋槍隊伍練兵
必先練將練將必須與士卒同甘苦不致扣剋錢糧
等語實爲兵家扼要之談尤爲邊疆不可緩之計從
前蘇州省城額兵雖少尚有提標一萬二千餘人可
以兼顧今則提標額兵尚未招足十之二三而又遠
駐松江一帶兼之遊勇會匪未絕根株省城帶海襟
江今昔情形迥不相同似未可稍示虛弱將來自應
由他標添調二三營駐紮省城內外勤加訓練以冀
弭患無形總以合通省計之目前加增之餉不浮於

從前額設之餉爲度督臣馬新詒正擬整頓全省綠
營自能通盤籌畫核辦所有撫標營制目前因地制
宜暫時變通試辦緣由謹會同兩江督臣馬新詒恭
摺陳明是否有當伏乞

皇太后

皇上聖鑒訓示謹

奏

再目下髮捻雖已蕩平中原亦漸安謐惟關隴之回
匪未靖滇黔之餘孽猶存加以洋人梯航日廣勢難
閉關使絕天主耶蘇之教招集徒黨誘我奸民一有
要求動輒以兵船駛入內地其心懷叵測不獨中國
有識者知之卽彼族新聞紙亦頻頻明目張膽言之

自來中外交涉不恃理而恃力我力强於彼則理以
有力而伸我力弱於彼則理以無力而詘然則爲今
日計舍安民察吏無以爲自强之體舍富國强兵無
以爲自强之用匪獨事所當然抑亦勢難再緩也我
皇太后
皇上孜孜求治屢飭邊疆督撫修備練兵仰見
聖主安不忘危之至意惟查綠營額兵口糧太少分汛太
多若有征調勢不能一呼即集即集矣而各汛抽湊
之兵兵與將素不相習豈能望如臂之使指故分汛
不裁則營兵萬難精練譬如熾炭千斤聚熱一爐則
其勢炎炎人不敢近若分而十處百處火非不烈其
勢挫矣此無他聚則氣盛散則氣衰理固然也而或

者疑汛兵概行裁撤則無以制窮鄉僻壤之盜竊不知險要已有重兵遐邇皆當讋服即如從前墩鋪防兵未嘗不設何以盜竊之風未聞盡絕蓋其分汛零星力不足以禦强暴而勢反足以擾閭閻由此觀之則分汛之得失利害固灼灼然可覩矣臣愚以爲今日之兵必散者能合之使聚然後弱者能練之使强承平之世比戶可封人安耕鑿其時可以例兵制儒民故兵不宜於聚聚則有跋扈挾制之弊多事之秋積匪萌伏於內强敵環伺於外其時斷難以假兵禦眞寇故兵不宜於散散則有瘝苶難振之憂夫權衡視物爲輕重利弊因勢爲轉移猶之駕一葉之舟於淸流斷港之中則徜徉自得及駛至重洋巨浸雖有

篙師舵工亦顛播而不能自持然則練兵之必當因時制宜固非獨一省爲然且自髮捻滋擾以來多係勇丁立功未聞綠營著績是無事既須以薄餉養兵有事又須以厚餉募勇當其養兵既難恃緩急及至募勇又大費經營將來欲裁勇必至流弊多端欲留勇必至餉需不繼若不預先籌畫爲患胡可勝言臣前年有併三兵之餉以養一兵併二弁之餉以養一弁之議曾國藩李鴻章馬新詒皆以臣言爲不謬卽以目前情形言之邊省兵額約有五六萬人腹地省分亦有二三萬人就原額之餉挑經戰之勇補綠營之額選忠勇廉明之將官以五百人爲一營於要隘處所或合練十餘營或分練五六營大約每省有精

兵二十營卽有警急亦何至乞援他省而或者又疑綠營經制之兵易以精悍久戰之卒恐致變生意外不知兵隨將轉口糧不剋扣則兵無怨心賞罰不偏苛則兵皆効命故必先選將而後所練之兵不滋擾先併營而後所加之餉不虛糜其護餉解犯守庫守監分汛諸例差似可一概責成州縣派撥民壯如係衝繁之處或酌給差兵百數十名發歸州縣調遣如有穿窬小竊皆惟牧令是問其餉項仍於綠營原額中撥給除算大概戰兵與差兵汛兵總當截然分爲兩途庶州縣手有斧柯可免宵小之竊發營兵專心防勦可免外侮之侵陵數年之後營伍定可一律改觀外人知力之不相讓則恫喝之術不行土匪知勢

之不相敵則頑梗之心自化其弭禍於無形者豈有
艾哉溯自同治三年金陵克復之後中外臣工建議
卽有撤勇丁以補額兵之說一轉移間兩有裨益早
經奏
旨通行酌辦在案至楚軍以五百人爲一營其制參用古
法而加變通成效大著是以數年以來各省仿照辦
理已非一處曾國藩於上年亦將刊本營制
奏明有案此二層爲臣今日試辦章程所本非敢輕改
舊章又曾國藩奏辦江蘇外海內河水師章程一案
當時卽已議及裁併陸營一節誠以水陸相輔而行
勢不能不相因而改亦非臣一人之臆見也大抵備
豫莫亟於練兵練兵莫要於整飭營制果能兵歸實

濟餉不虛糜則自强之道舍此莫由但枝葉固須茂盛根本尤須固强京師爲首善重地利器精兵更宜數倍外省庶平時無外重內輕之患日久無尾大不掉之虞臣明知庸闇之識無補涓埃而傾向之忱有同葵藿區區愚見所及謹附片密陳伏乞

聖鑒訓示謹

奏

謹將撫標城守兩營擬請酌改舊制事宜開列清單恭呈

御覽

計開

一募勇成營較免拘文牽義然額設之兵雖無用而

仍須給餉而新募之勇又須口糧蘇省每月供各
省協餉及水師口糧銀三四十萬兩實無餘力可
以另行募勇查撫標城守兩營原額月餉銀三千
二百八十兩今裁減六百餘人改爲兩營兵一千
八每月共支餉銀四千三百餘兩加以廉乾等項
較之額設之餉每月多銀一千餘兩惟撫標兵額
本少若就本標之額併餉養兵則省垣重地兵數
過形單薄將來似應由他標移撥兵數挹彼注茲
總以合之通省原額之餉不使過浮爲度至向來
綠營官弁廉俸甚薄而兵丁之缺額餉乾之剋扣
其所入固有十倍於廉俸者現在已責成營官實
事求是卽應優給辦公之資庶免暗中剋扣如仍

有復蹈舊習卽分別從嚴參辦仍每日早晚由臣
委員點名二次以免缺額虛佔之弊臣亦不時親
自抽查
一營官練兵苟能得力則所轄汛防何至失事茲汛
兵已行酌裁營兵業已精練擬隨時抽調一二哨
輪赴所轄各汛巡查自無宵小竊發之虞將來俟
部復到日應否將汛防差兵責成州縣之處或將
汛官處分寬免而不寬免營官處分再當會商督
臣議辦
一設兵原以衛民總先以不騷擾百姓爲第一義現
飭弁勇無事無發不准出營如有擾民情事就地
正法其每日操演時候卽有事亦不准給發出營

如有臨操不到分別懲責

一兩營口糧定期於每月二十三日給發每兵領銀若干按名榜示營門如營哨官有絲毫剋扣分別參辦

一遇征調他處防剿再照楚軍營制加給薪水公費口糧長夫

一綠營甫改章程紀律多未諳練今擬選派久經戰陣熟悉營務之記名提督[illegible]督率兩營操演又每營派一久經戰陣打仗奮勇之副參游一員爲幫辦以上二層不作經制

一兩營現在薪水口糧每月仍由藩庫按照綠營原額餉數支發其比從前額餉加增銀一千餘兩之

款未准部覆之前暫由牙釐局解司支發俟議准作爲定章後再全由司庫於地丁正耗項下分别支發至牙釐局向章每月有津貼兩營弁兵巡防卡費油燭加增薪糧一款每月約銀一千餘兩自試辦新章後即行停止以資節省

一官弁兵勇未經戰陣雖操演嫻熟而膽識不壯臨事終不得力現在所募新兵均係剿捻剿髮久戰之勇籍隷遠省者恐其無可稽核故於就近籍貫認真挑選取具連環切結并行知該兵原籍地方官庶將來有所鈐制仍限定該兵入營後必須十年爲期方准乞退俾免習熟技藝逗留他處釀成隱患其犯事責革者遞回原籍管束至營官如不

得力或日久生懈再當會商督臣參撤另補如認
眞練有成效者隨時
奏請獎勵其額設千總把總外委額外等官有會經隨
營打仗熟諳紀律者挑爲哨官哨長不堪造就者
隨時撤革另行挑補或照長江水師章程以軍營
立功之員大銜借補小缺其額浮於事之官聽候
部覆另行會商辦理
一逢三八五十日宣講
聖諭及百將傳如營哨官及各兵等不齊集恭聽分別懲責
一現將演習洋槍步武陣式分合進退變化錯綜之
法繪圖註說計一哨操演圖說一卷一營操演圖
說一卷一軍操演圖說一卷敬謹裝訂成册恭呈

御覽

謹將撫標城守兩營擬請酌改營制開列清單恭呈

御覽

計開

一原額巡撫所屬之撫標左右二營內計參將一員守備二員千總四員把總七員外委五名額外六名　今試辦章程擬改爲撫標左營參將一員仍爲營官添派一久經戰陣熟諳紀律之候補副參游一員爲幫辦守備二員爲營務處千總把總外委額外共二十二員名內挑九人爲哨官哨長尚

餘額官十三名

一原額巡撫所屬蘇州城守營中左右三營內計參

將一員守備三員千總二員把總七員外委九名
額外七名　今試辦章程擬改爲撫標右營參將
一員爲營官仍添派一候補副參游爲幫辦守備
二員爲營務處計餘守備一員其千總把總外委
額外共二十五員名內挑六人爲哨官哨長共餘
額官二十員名
一查撫標馬兵一百十八名戰兵二百三十九名守
兵二百九十一名城守馬兵三十六名戰兵一百
二十五名守兵八百八名統共撫標城守兩營計
兵一千六百一十七名查中樞政考共兵一千六
百八十四名與現在數目微有參差　今試辦章
程擬改五百人爲一營分中左右前後五哨每哨

九十八爲九隊每隊設什長一名中哨九隊爲親兵親兵之什長爲隊長計五哨共哨長五名隊長九名什長三十六名親兵八十一名正兵三百二十四名每隊用餘丁一名計餘丁四十五名共五百人營官一員營務處二員哨官五員不在其內

一額設參將每員每月共廉乾俸薪銀七十兩七錢額設守備每員每月共廉乾俸薪銀二十八兩六錢額設千總每員每月共廉乾俸薪銀十六兩二錢額設把總每員每月共廉乾俸薪銀十二兩七錢額設外委每名每月共廉乾餉銀四兩六錢額外每名每月共廉乾餉銀三兩一錢 今試辦章程擬以參將爲營官每月支領薪水銀六十兩長

夫四名辦公經費銀一百兩文案獸醫旗幟均在
其內添派副參游一員爲幫辦幫辦每員每月薪
水銀五十兩長夫二名守備爲營務處每員每月
薪水銀三十兩長夫二名千總把總外委爲哨官
哨長哨官每員每月薪水銀十五兩長夫一名哨
長每名每月口糧銀八兩長夫一名其在營當差
之參將以下等官仍支半廉半乾俟奏准部復薪
水作爲經制或將薪水併入廉乾項下再當由督
臣通盤籌畫會商核議
一額設馬兵每名每月乾銀米折共銀三兩四錢戰
兵每名每月餉米銀一兩八錢守兵餉米每名每
月銀一兩三錢　今試辦章程擬隊長每名每月

支口糧銀五兩什長每名每月支口糧銀四兩親兵每名每月支口糧銀三兩四錢正兵每名每月支口糧銀三兩二錢餘丁長夫馬夫每名每月支口糧銀二兩又新補親兵皆係軍營遣散馬勇今因經費不敷親兵九十名統給馬三十匹飭令輪流演習每馬每月給麩料銀三兩每三馬給馬夫一名又選派委員宣講

聖諭每營一員每月薪水銀十四兩又洋槍教習每營二名每月各支銀八兩修理洋槍匠二名每月各支銀八兩以上弁兵均不另行支米

一餘存額官計守備一員月支全廉半乾銀十八兩八錢六分六釐千總四員每員月支全廉半乾銀

十一兩一錢把總七員每員月支全廉半乾銀八兩六錢外委十員每名月支全廉半乾米折銀四兩三錢五分額外十一員每名月支全餉半乾米折銀二兩八錢五分統共每月應支銀一百九十八兩三錢一分六釐　今試辦章程擬暫派該員弁巡查差使仍照舊給全廉半乾一俟部復議定應否移調酌裁再由督臣通盤籌畫會商核議

一原定汛防各兵崑山汛一百六十七名西城周莊木瀆沙河東城共五汛兵五十名楓橋社壇滸關黃棣兵四十名護送餉鞘貢差人犯差兵四十名六門汛兵三十名司監汛兵四名撫署提署及藩庫防護兵共三十六名撫署材官兵二十名中城

等隨巡兵共二十名看守覓渡橋兵六名字識六十名各武職公署聽差兵約一百餘名統計差遣分汛兵約五百餘名　今試辦章程無論文武衙門均不准私役兵勇擬酌留差兵百名六城門各留看門兵四名護送餉鞘貢差遞解字識共留差兵二十七名司府監共防兵五名西城木瀆周莊沙河楓橋滸關黃埭等汛每汛各留差兵二名崑山汛兵十四名覓渡橋二名火藥局硝局軍裝局弁藥庫三處共留差兵十四名總共一百名該兵並不操演仍暫食守兵之餉計共每月口糧米折銀一百三十兩應俟部覆核定是否歸州縣差遣再行會商定議

一綠營舊制向操土槍刀矛籐牌之屬不過數月一操　今試辦章程擬改爲學習洋槍一日兩操仍分別操習長矛開花砲洋火箭等項𢷬拔其馬上槍矛則三日操演一次至操習洋槍開花砲向用外國口號今已繙繹改爲中國口號仍次第將口號酌改金鼓旂角俾耳目不迷於趨向營中亦無外國人教授

一參將以下等官向任衙署千把等官向任汎防今試辦章程一律飭紮營内改任營房每月准三日假期回署料理家事如非征調不得支領帳房以資節省其號褂戰裙則由軍裝局一年兩換

部文行司

爲行文事同治八年七月二十三日准兵部火票遞
到洛開武選司案呈所有會議江蘇巡撫丁日昌奏
蘇省撫標酌量減兵增餉試辦情形分擬條款各件
一摺於同治八年六月二十九日具奏奉
旨依議欽此相應刷印原奏清單附入馬遞行文該撫可
也等因到本部院准此合就鈔黏札行札到該司即
便轉移牙釐局報銷局一體遵照毋違此札
計鈔粘
兵部原奏
奏爲遵
旨議奏事內閣鈔出江蘇巡撫丁日昌奏蘇省撫標酌量
減兵增餉試辦情形分擬條款各件同治八年三月

二十日軍機大臣奉
旨該部議奏單二件併發圖留覽欽此臣等查綠營標兵
均有足額自營伍廢弛額兵多以老弱充數錢糧每
有剋扣等情積習相沿有名無實疆臣思欲變更至
有減兵增餉之請原非得已卽就江蘇而論省城控
扼江海實爲東南重地該撫所稱簡防各軍均經陸
續徵調遣撤省城空虛亟須防範巡撫所屬標兵原
額一千六百餘人尙未招補足額擬請將原額改爲
一千人分左右兩營仍以原設參將爲營官酌增薪
水口糧較之原額每月加增千餘兩再由他標添調
二三營駐劄省城內外勤加訓練以冀弭患無形以
通省計之總以目前加增之餉不逾原額爲度又前

募勇丁三百名其口糧原照楚軍章程發給今亦核
減使歸一律等語該撫就昔日綠營之制度參以近
年勇營之規模係爲因時制宜實事求是起見旣稱
試辦自應暫如所請惟法制不能經久無弊在該撫
力求整頓不得已始更舊章在軍營積久弊生難保
不復循故轍應如何思患預防以期行之可久不致
別滋流弊尤應通盤籌及當此試辦之初儻有斟酌
不宜及窒礙難行之處仍應隨時奏明辦理所有臣
等遵議緣由謹逐款另繕清單恭呈
御覽是否有當伏乞
訓示遵行再此摺係兵部主稿合併聲明爲此謹
奏請

旨等因於同治八年六月二十九日具奏奉

旨依議欽此

謹將議復江蘇撫標城守兩營擬請酌改營制開列

清單恭呈

御覽

計開

一原奏巡撫所屬之撫標左右二營內計叅將一員守備二員千總四員把總七員外委五員額外六名今試辦章程擬改爲撫標左營叅將一員仍爲營官添派一人經戰陣熟諳紀律之候補副叅游一員爲幫辦守備二員爲營務處千總把總外委額外共二十二名內挑九人爲哨官哨長尙餘額

官一十三名等語兵部查江蘇撫標原設中軍叅將一員今該撫試辦章程內稱擬將原制撫標中軍改爲撫標左營卽以叅將爲營官添派一熟諳紀律之候補副叅游一員作爲幫辦原制左營守備一員右營守備一員卽作爲營務處其千總把總外委額外共二十二名內挑九人作爲哨官哨長該撫係爲整頓營務起見既稱試辦應准其暫行變通如辦有成效再行奏明詳細妥議原額浮出官弁仍令該撫妥籌辦理

一原奏巡撫所屬蘇州城守營中左右三營內計叅將一員守備三員千總二員把總七員外委九名額外七名今試辦章程擬改爲撫標右營叅將一

員爲營官仍添派一候補副參游爲幫辦守備二
員爲營務處計除守備一員其千總把總外委額
外共二十五員名內挑六人爲哨官哨長共餘額
官二十員名等語兵部查江蘇巡撫所轄蘇州城
守營參將一員今該撫試辦章程內稱擬將原制
蘇州城守營改爲撫標右營即以參將爲營官並
添派一候補副參游爲幫辦原制蘇州城守中軍
守備左軍守備右軍守備共三員今擬用二員爲
營務處應餘守備一員其千總把總外委額外共
二十五員內挑六人作爲哨官哨長該撫係爲整
飭綠營起見既稱試辦亦應暫行准其變通統俟
辦有成效再行奏明妥議其原額浮出官弁仍令

該撫妥籌辦理

一原奏撫標馬兵一百一十八名戰兵二百三十九名守兵二百九十一名城守馬兵三十六名戰兵一百二十五名守兵八百八名統共撫標城守兩營計兵一千六百十七名查中樞政考共兵一千六百八十四名與現在數目微有參差今試辦章程擬改五百人爲一營分中左右前後五哨每哨九十人爲九隊每隊設什長一名中哨九隊爲親兵親兵之什長爲隊長計五哨共哨長五名隊長九名什長三十六名親兵八十一名正兵三百二十四名每隊用餘丁一名計餘丁四十五名共五百八營官一員營務處二員哨官五員不在其內

等語兵部查撫標營現擬章程改五百人爲一營分爲五哨每哨九十人爲九隊每隊什長一名中哨九隊爲親兵親兵什長爲隊長計五哨共哨長五名隊長九名什長三十六名親兵八十一名正兵三百二十四名每隊用餘丁一名計餘丁四十五名共兵五百名該撫係爲暫時變通整頓隊伍起見自應准其試辦

一原奏額設參將每員每月共廉乾俸薪銀七十兩七錢額設守備每員每月共廉乾俸薪銀二十八兩六錢額設千總每員每月共廉乾俸薪銀十六兩二錢額設把總每員每月共廉乾俸薪銀十二兩七錢額外外委每名每月共廉乾餉銀四兩六

錢額外每名每月共廉乾餉銀三兩一錢今試辦章程擬以參將爲營官每月支領薪水銀六十兩長夫四名辦公經費銀一百兩文案獸醫旗幟均在其內添派副參游一員爲幫辦幫辦每員每月薪水銀五十兩長夫二名守備爲營務處每員每月薪水銀三十兩長夫二名千總把總外委爲哨官哨長哨官每員每月薪水銀十五兩長夫一名哨長每名每月口糧銀八兩長夫一名其在營當差之參將以下等官仍支半廉半乾俟奉准部覆薪水作爲經制或將薪水併入廉乾項下再當由督臣通盤籌畫會商核議等語戶部查蘇省綠營參將原額月支俸薪銀二十兩二錢零守備原額

月支俸薪銀七兩五錢零千總原額月支俸薪銀
四兩把總原額月支俸薪銀三兩今據該撫酌議
改設員弁擬支薪水銀兩核與原額銀數倍增應
俟該撫將改設員弁應支俸薪銀兩查照該標俸
廉原額數目詳細核明分別酌給另議章程到日
再行核辦總以無過原額為斷並將員弁所支廉
乾銀兩細數一併妥議章程迅速報部以憑辦理
一原奏額設馬兵每名每月乾銀米折共銀三兩四
錢戰兵每名每月餉米銀一兩八錢守兵每名每
月餉米銀一兩三錢今試辦章程擬隊長每名每
月支口糧銀伍兩付長每名每月支口糧銀四兩
親兵每名每月支口糧銀三兩四錢正兵每名每

月支口糧銀三兩二錢餘丁長夫馬夫每名每月
支口糧銀二兩又新補親兵皆係軍營遣散馬勇
今因經費不敷親兵九十名統給馬三十匹飭令
輪流演習每馬每月給麩料銀三兩每三馬給馬
夫一名又選派委員宣講
聖諭每營一員每月薪水銀十四兩又洋槍教習每營二
名每月各支銀八兩修理洋槍匠二名每月支銀
八兩以上弁兵均不另行支米等語戶部查例載
綠營馬兵月支餉銀二兩米三斗步兵月支餉銀
一兩五錢米三斗守兵月支餉銀一兩米三斗馬
每匹月支乾銀一兩一錢等語今據該撫擬改募
勇成營請將餉乾米折改給口糧均不另行支米

固屬因時制宜惟減兵增餉自應按照例支數目酌量加增該撫現擬請支口糧銀兩按估餉舊冊統計核算已溢於原額之數應俟該撫將新募兵丁應支口糧等項銀兩查照該標兵餉原額數目詳細核明另行妥議散放章程到日再行核辦並令造具應支口糧銀兩細數清冊咨送戶部查核

一原奏餘存額官計守備一員月支全廉半乾銀十八兩八錢六分六釐千總四員每員月支全廉半乾銀十一兩一錢把總七員每員月支全廉半乾銀八兩六錢外委十員每名月支全廉半乾米折銀四兩三錢五分額外十一名每名月支全餉半乾米折銀二兩八錢五分統共每月應支銀一百

九十八兩三錢一分六釐今試辦章程擬暫派該員弁巡查差使仍照舊給全廉半乾一俟部覆議定應否移調酌裁再由督臣通盤籌畫會商核議等語戶部查該標各營餘存額設員弁應支俸餉銀兩既經該撫酌議裁改所有前項餘存員弁卽應移調裁撤不得仍復冒支應令該撫迅卽妥議分別裁調奏明辦理

一原奏汛防各兵崑山汛一百六十七名西城周莊木瀆沙河東城共五汛兵五十名楓橋社壇滸關黃埭兵四十名護送餉鞘貢差人犯差兵四十名六門汛兵三十名司監汛兵四名撫署提署及藩庫防護兵共三十六名撫署旗令官兵二十名中

城等隨巡兵共二十名看守覓渡橋兵六名字識六十名各武職公署廳差兵約一百餘名統計差遣分汎兵約五百餘名今試辦章程無論文武衙門均不准私役兵勇擬酌留差兵百名六城門各留看門兵四名護送餉鞘貢差遞解字識共留差兵二十七名司府監共防兵五名西城木瀆周莊沙河楓橋滸關黃埭等汎每汎各留差兵二名崑山汎兵十四名覓渡橋二名火藥局硝房軍裝局並藥庫三處共留差兵十四名總共一百名該兵並不操演仍暫食守兵之餉計共每月口糧米折銀一百三十兩應俟部覆核定是否歸州縣差遣再行會商定議等語兵部查崑山等汎防護送差

遣各兵統計五百餘人該撫現擬酌留六城門各留看門兵四名護送餉鞘貢差遞解字識共兵二十七名司府監防兵五名西城木瀆周莊沙河楓橋滸關黃埭等汛各差兵二名崑山十四名覓渡橋二名火藥局硝房軍裝局藥庫三處共兵十四名統共酌留一百名該撫係爲禁止私役節省餉需起見自應准其試辦戸部查巡防兵丁旣據該撫酌擬裁撤所有前項酌留差兵一百名每月應支口糧銀一百三十兩應如所請辦理至此項差兵究隸何處應令會商定議報部查核

一原奏綠營舊制向操長槍刀弓籐牌之屬不過數月一操今試辦章程擬改爲學習洋槍一日兩操

仍分別操習長矛開花砲洋火箭等項襍技其馬
上槍矛則三日操演一次至操習洋槍開花砲向
用外國口號今繙譯改爲中國口號仍次第將口
號酌改金鼓旗角俾耳目不迷於趨向營中亦無
外國人教授等語總理衙門查該撫擬請酌改操
演章程於例操槍矛等項之外兼習洋槍開花砲
等襍技並將口號次第酌改係爲勤加操練起見
應如所議辦理
一原奏叅將以下等官向住衙署千總等官向住汛
防今試辦章程一律飭紮營內改駐營房每月准
三日假期回署料理家事如非徵調不得支領帳
房以資節省其號褂戰裙則由軍裝局一年兩換

等語工部查支領帳房更換號褂戰裙等項應否
准其更換當經臣部移查兵部今准復稱原奏內
稱帳房一項如非徵調不准支領等語該撫係爲
節省起見應如所議辦理其號褂戰裙據稱擬由
軍裝局一年兩換之處本部核與定例不符惟既
稱試辦自應准其暫行更換俟辦有成效再由該
撫另行核定年限更換至前項帳房號褂等項係
由何處撥用抑或另行添製並應需數目此次均
未議及應令該撫查明專案報部核辦等語相應
行令該撫查照兵部原議辦理俟聲復到日再行
核辦
謹將議覆江蘇撫標城守兩營擬請酌改舊制事

御覽

宜開列清單恭呈

計開

一原奏募勇成營較免拘文牽義然額設之兵雖無用而仍須給餉而新募之勇又須口糧蘇省每月供各省協餉及水師口糧銀三四十萬兩實無餘力可以另行募勇查撫標城守兩營原額月餉銀三千二百八十兩今裁減六百餘人改爲兩營共一千人每月共支餉銀四千三百餘兩加以廉乾等項較之額設之餉每月多銀一千餘兩惟撫標兵額本少若就本標之額併餉養兵則省垣重地兵數過形單薄將來似應由他標移撥兵數挹彼

汪茲總以合之通省原額之餉不使過浮爲度至向來綠營官弁廉俸甚薄而兵丁之缺額乾餉之剋扣其所入固有十倍於廉俸者然現在旣責成營官等實事求是卽應優給辦公之費庶免暗中剋扣如仍有復蹈舊習卽分別從嚴叅辦仍每日早晚由臣委員點名二次以免額缺虛佔之弊臣亦不時親自抽查等語兵部查撫標兵額一千六百餘人今裁減六百餘人改爲兩營共一千人該撫係爲因地制宜減兵節餉起見應如所議辦理仍令按年造入年終彙題冊內報部查核至營員剋扣兵餉本干例議今蘇省募勇成營如有剋扣情事應由該撫從嚴叅辦照例辦理戶部查江蘇

撫標左右併蘇州等三營原額官兵應需月餉銀二千七百五十一兩零餉米四百八十九石零該撫奏稱三千二百八十兩自係統廉乾米折等項約略計之今擬裁改官兵加增俸餉月需銀四千三百餘兩除原額月餉外每月計增銀一千一百餘兩加以廉乾等項統計一歲合增銀至一萬數千餘兩之多惟既稱併餉養兵自應就原定餉額分別酌給何必例外增添方足以資訓練該撫雖係因時變通而經費有常未便格外遞加致滋浮靡應令該撫將改設官兵應支俸餉口糧等項仍照該標各營額定餉需分別妥議散放章程報部核辦毋得溢於原額之數以昭核實

一原奏營官練兵苟能得力則所轄汛防何至失事
茲汛兵已行酌裁營兵業已精練擬隨時抽調一
二哨輪赴所轄各汛巡查自無宵小竊發之虞將
來俟部覆到日應否將汛防差兵責成州縣之處
或將汛官處分寬免而不寬免營官處分再當會
商督臣議辦等語兵部查地方疎防盜刦案件專
汛協防兼轄統轄各官例有處分今蘇省募勇練
兵雖將汛兵酌裁並未將汛官裁撤遇有失事仍
應照例開參議處如有應行通變之處俟辦有成
效再由該撫等會商奏明辦理
一原奏設兵原以衞民總先以不騷擾百姓爲第一
義現飭弁勇無事無發不准出營如有擾民情事

就地正法其每日操演時候卽有事亦不准給發出營如有臨操不到分別懲責等語兵部查設兵原以衞民今蘇省所募各兵如有生事擾民情事卽照該撫所擬辦理仍查取該管兼轄統轄各職名送部議處其有臨操不到亦應由該撫分別懲責辦理

一原奏兩營口糧定期於每月二十三日給發每兵領銀若干按名榜示營門如營哨官有絲毫尅扣分別參辦等語兵部查官員尅扣兵餉本干例禁例有明條今蘇省募勇練兵如營哨各官有尅扣口糧情事應由該撫卽行參辦照例議處戸部查緑營支放兵餉銀兩例應核實散放按月取具監

放兵餉各員並無尅扣侵蝕印結仍於年終隨同
兵馬奏銷清冊送部以備稽查
一原奏遇徵調他處防剿再照楚軍營制加給薪水
公費口糧長夫等語戶部查綠營官兵如遇徵調
防剿例有行營糧餉可支惟現在南省軍務大定
儻有徵調該撫隨時酌量情形奏明辦理
一原奏綠營甫改章程紀律多未諳練今擬選派久
經戰陣熟習營務之記名提督　督率兩營
操演又每營派一久經戰陣打仗奮勇之副參游
一員爲幫辦以上兩層不作經制等語兵部查原
奏內稱綠營新改章程紀律多未諳練今擬選久
經戰陣記名提督　督率兩營操演又每營

派一打仗奮勇之副叅游一員作爲幫辦此二層均係勇營新章既據該撫聲稱不作經制應准其暫行試辦將來究應如何酌定仍令該撫詳細籌酌並先行造冊報部查核

一原奏兩營現在薪水口糧每月仍由藩庫按照綠營原額餉數支放其比從前額餉加增銀一千餘兩之款未准部覆之前暫由牙釐局解司支發俟議准作爲定章後再全由司庫於地丁正耗項下分別支發至牙釐局向章每月有津貼兩營弁兵巡防卡費油燭加增薪糧一款每月約一千餘兩自試辦新章後即行停止以資節省等語戶部查各標綠營常年額餉例於甲年估撥乙年之餉由

該省依限造具估餉清册送部歷經臣部於年終
彙奏案内指撥今該標試辦新章仍應查照舊章
將所需俸餉等銀在於部撥額餉款内分別支發
至津貼巡防卡費一款該撫旣稱試辦後卽行停
止應如所議辦理
一原奏官弁兵勇未經戰陣雖操演嫻熟而膽識不
壯臨時終不得力現在所募新兵均係勦捻勦髮
久戰之勇籍隸遠省者恐其無所稽核故於就近
籍貫認眞挑選取具連環切結並行知該兵原籍
地方官庶將來有所鈐制仍限定該兵入營後必
須十年爲期方准乞退俾免習熟技藝逗留他處
釀成隱患其犯事責革者遞回原籍管束至營官

如不得力或日久生懈再當會商督 臣 叅撤另補
如認眞練有成效者隨時
奏請奬勵其額設千總把總外委額外等官有曾經隨
營打仗熟諳紀律者挑爲哨官哨長不堪造就者
隨時撤革另行挑補或照長江水師章程以軍營
立功之員大銜借補小缺其額浮於事之官聽候
部覆另行會商辦理等語兵部查蘇省募勇練兵
所設營官如不得力或日久生懈應由該撫會商
總督叅撤另補如果認眞訓練著有成效亦卽隨
時奏請奬勵惟不得保請越級免補班次以符定
章至原奏內稱額設千把外委額外等官有曾經
隨營打仗者挑爲哨官哨長不堪造就者隨時撤

革另補或照長江水師章程大銜借補小缺該撫
係爲整頓營伍鼓勵人材起見均應暫如所擬辦
理其額浮於事之員仍俟該撫會商到部再行核
辦
一原奏逢三八五十日宣講
聖諭及百將傳如營哨官各兵等不齊集恭聽分別懲責
等語兵部查蘇省營哨各官兵丁如逢宣講
聖諭日期不齊集恭聽應由該撫分別叅辦以昭
功令

酌改營制覆奏

奏爲減兵增餉案內奉部准駁各款先行據實登復懇
恩准照原議作爲試辦暫章恭摺仰祈

聖鑒事切准部咨會議蘇省撫標酌量減兵增餉試辦情
形分擬條款具奏一摺奉
旨依議欽此刷單行文前來當經分別咨行遵照在案伏
查部臣原奏聲明酌改營制係爲因時制宜實事求
是起見自應暫准試辦等語足見於疆事利弊實已
洞悉無遺祇因營員薪水兵丁口糧較之原額每月
須加增銀一千餘兩行令仍照該標各營額定餉需
分別妥議撒放章程報部核辦等因在部臣恪遵成
例自是慎重度支卽臣歷年籌濟軍需亦深識經費
艱難何敢不力求撙節第以從前撫標原額太單合
計兵數只有一千六百餘人當時滄海波恬腹地無
事提臣標兵又有一萬數千名棊布星羅足資鎮撫

自兵燹後外人麕集上海疆臣交涉邊事繁於他省數倍而且沿江沿海之地會匪游勇芽蘖未消提標額兵又未招足十之二三今昔情形判然不同是以前撫臣李鴻章升任後尚留劉秉璋淮勇十數營駐防蘇省前督臣曾國藩又飭提臣李朝斌兼練陸勇駐防蓋皆以蘇省爲海防重地未可過示空虛近來各營勇丁均已陸續調撤僅恃此撫標兩陸營本已嫌單臣方與督臣熟商一俟外省協餉稍鬆尚須添募數營藉資訓練今若專就撫標之舊額併餉練兵統計尚不能養足千人未免過於寡弱蘇省爲餉源重地每月協撥外省養兵之費數十萬金今本省練兵每月僅增費一千餘金似亦未致無裨實濟臣嘗

獨居深念以爲今日欲圖自强不外愛民練兵二事欲練兵必自整頓綠營化散爲整化多爲精始欲化散爲整化多爲精必自選將才優俸餉責其實效而寬其虛文始誠使各省皆裁分汛之兵合爲重鎮每鎮各練精兵三千八一省約設數鎮得精兵萬餘人使兵識將指將知兵意如身之使臂臂之使指則亦何戰之不克何敵之不摧哉中原軍務雖已肅清而外則海氛難就範圍內則散勇易生枝節虎尾春氷隱憂方大與其有事而始籌備禦倉猝易至張皇曷若無事而預爲綢繆從容可免僨事故臣以爲裁兵併餉之議不徒發其端倪尤貴責其實效至營哨等官欲其不剋扣兵餉不私役兵丁則薪俸不能不稍

從優厚亦勢所必然臣標兩營自今春整頓後操演
洋槍陣法及開花礮火箭諸技藝俱各嫺熟搜捕盜
匪頗爲得力臣亦間日親往閱看口糧則按名點給
榜示營門營官等不得絲毫有所染指現在整練甫
有成效未便因餉數稍溢於原額再議裁減更張況
就撫標兩營而論雖比舊額稍增統蘇省全局而言
猶比舊時減少權衡多寡仍在本省各標中酌盈劑
虛總以合全省計之餉數無過原額爲度惟部議謂
當試辦之初儻有斟酌不宜及窒礙難行之處仍應
隨時奏明辦理誠爲思患預防不致別滋流弊起見
臣與督臣往復函商就目前時勢計之蘇省標兵只
宜加增不宜裁減只宜變通振作不宜仍舊因循除

移調裁撤官弁等款容與督臣會商妥協另行具奏

外合無仰懇

天恩俯念海疆重地省會空虛現議整頓撫標兩營兵餉

雖稍溢於本標原額實不溢於通省餉需准令暫時

試辦卽就奏定之數開銷據實造報仍俟數年後提

鎭各標復額沿海安靖如常再行察看情形隨時

奏明辦理其目前加增餉數以及將來添營訓練應如

何就通省標兵裒多益寡因地制宜俾符原額之處

併請

勅下督臣通盤籌畫會議核辦庶於營務不致因循部議

亦無牴牾所有新練撫標兵餉請仍照原議作爲試

辦章程緣由謹會同兩江督臣馬新詒恭摺具

奏伏乞

皇太后

皇上聖鑒訓示謹

奏

同治八年十月初三日奉

上諭丁日昌奏新練撫標兵餉請仍照原議作爲試辦章程一摺蘇省減兵增餉內撫標兩營營員薪水兵丁口糧較原額每月加銀一千餘兩經該部議復仍照該標各營額定餉需散放茲據該撫奏稱撫標兩營整練甫有成効未便因餉數稍溢原額再議裁減營哨等官薪俸不能不稍從優厚等語自係實在情形所有撫標兩營兵餉卽着准其於原額外每月加銀一千餘兩作爲

試辦章程該撫務當慎選將材認眞訓練以期兵歸實用餉不虛糜其目前加增餉數及將來添營訓練應如何就通省標兵裒多益寡因地制宜俾符原額之數並著馬新貽會同丁日昌通籌大局妥爲辦理將此各諭令知之欽此

撫吳公牘卷四十一

豐順丁禹生侍郎原本　　受業林達泉校刊

侯官沈幼丹尚書評選

通州會詳江金球控案會同審擬請示由

既據稱江黃氏死由發痧屍父黃吉慶輒以江金球夫婦毆逼斃命等情具控該前牧並不親往驗明但憑差查押殮又不確訊懲辦以致蠹棍串索處息復翻纏訟三年之久實爲可恨至江金球能呈請押殮其人亦必非艮懦可知惟殮圖省儉自無不合黃吉慶攬辦衣棺齋薦一切致墊用洋二百二十餘元之多所稱王昇從旁勸說其爲該差從中染指亦不問可知至黃慶吉墊用之款內有陸樹堂等代付洋一

百圖江劉旺身帶洋銀。與陸李明爭毆時失落。被八拾去各節。本難遽信。姑念纏訟太久。現在既經該牧等訊明江黃氏患病身死。並無別故。自應准其取具供結完案。並將差票弔銷。不得蔓引枝牽。使成不了之局。仍將王昇革役。枷號兩月。黃吉慶枷號一月。滿日杖責發落。以示薄懲。餘如所議辦理。仰按察司轉飭遵照。繳。

批統領蘇防各營稟查薛游擊等私自將礮出營請查辦由

來稟所稱薛游擊、陳主簿私自將礮出營。如此糊塗。日久官兵恐有離心等因。若照所稟辦理。該員等罪應大辟。閱之殊堪髮指。亟應查明究辦。已札飭臬司立傳薛游擊等訊明礮位實在下落。稟復以憑嚴辦。
希卽知照。此復。

臬司詳解部駁通州盜犯王彬等出洋行刦拒
傷事主葛堯封等並許福張嘉福受傷後失
足落海淹斃船戶蕭太包被逼通線並未上
盜分贓一案審擬由

簽按察司知悉。據該司詳解部駁通州盜犯王彬等。出洋行刦。拒傷事主葛堯封等。並許福張嘉福受傷後。失足落海淹斃。船戶蕭太包被逼通線。並未上盜分贓一案。審招到院。據此。經本部院提犯親訊。犯供狡猾。又與原詳尚有參差。顯圖避就。查王彬一犯。應擬罪名。已由部議復准。船戶蕭太包勾通洋盜。將船裝客貨送入盜手情罪甚重所稱次早開船冀與丁二郎等船兩不相遇因牛洪港轉赴仙女廟必由姚港口外經過致被攏劫等語該犯如果非有心串通何不將該盜商議情形轉告事主預先防備抑或貪夜駛行或託故折回均無不可何以公然插旗踐約安穩開行經過賊船所必由之路而謂其冀與盜船兩不相遇其誰信之除人犯先行發回外合行簽飭簽到該司即速遵照提犯復訊確情按議解勘並查取應議職名隨案赴臬此簽仍繳

計發招冊長詳解批三件

簽臬司

兗沂徐海道會稟會勘豐魚河道上游情形由

豐魚二縣水道。目前先就新開東西二河。責令受益居民。分段歲加修濬。俾資容納疏消。實爲簡易良策。其遥堤太行堤以北。分開支河。引水東注。應俟民力充裕。再行察看議辦。仰郎轉飭該二縣諭知該處士民。一體遵守。勿再互相爭訟。切切。仍候兩江督部堂山東撫院批示。繳。

臬司會詳候補知縣孫令績又在府幫同審結各案轉請給奬由

讞局委員審斷出力。應准給奬。惟向章審結六案。給予拔署一次。審結十二案。給予儘先拔署優缺一次。自係指各該員承審之案。業已詳院題咨而言。今據詳孫令並另詳蘇丞金令等承審各案。內有解縣犯供翻異。及情節未確。駁飭復審。或現未解院。均不得謂之已結。未便併計給獎。且有一案經三四員承審亦恐不無浮濫。仰即轉飭該府另行確核辦理。嗣後須接到正案具題及出咨日期行知。再行併計請獎並於摺內案由之下。將題咨日期註明。以便稽核。并飭知照。仍錄報督部堂並候批示。繳。摺存。

嚴飭親勘荒熟禁革賣荒由

爲通飭事。照得甯蘇各屬。向來遇有荒歉蠲緩。書差人等。勒索荒費。方能免徵錢糧。有田雖荒歉。因無報荒使費。而仍徵糧賦者。有田係成熟。因出費報荒。而轉得免徵者。顛倒錯亂。移坵換段。種種弊竇。病民貽甚。前經本部院訪聞出示通飭各屬遍貼曉諭嚴行禁。革賣荒買荒規費。並飭屬遇有荒歉。彌緩即細心勘訪。核實查辦。務期徵免悉歸實在。如書差保甲再敢私行勒索。立提嚴懲等因在案。茲查本年霖雨過多。各屬紛紛呈報災歉。各牧令中辦公勤奮。親自核實勘報者。固不乏人。而因循怠玩。狃於積習。任令舞弊揑飾。以及任聽董保浮開。以致正款無着者。恐亦難免。合再嚴行通飭。札到該　司府州廳縣。即便通飭所屬遵照。遇有鄉民呈報災歉。務須輕車減從。親歷查勘。核實稟辦。如有並不秉公親勘。核實釐剔。致任書差人等。仍蹈從前惡習。以熟作荒。以荒作熟。勒索荒費。高下其手。以及任聽董保浮開者。一經訪聞。定

節專摺從嚴
奏參。決不寬貸。仍飭將辦理情形。隨時稟復。切切。
札兩藩司　江寧揚徐海通　蘇松常鎮太　十一府州并各□廳縣

通飭凡屬口角涉訟未經具呈出票卽銷之案

毋庸列入册報一案由

爲通飭事照得各屬詞訟前經飭據按月造具四柱清册呈送查核在案唯查口角喊禀未經具呈未經出票卽行銷結之案層見疊出其中恐有冒混自應毋庸列入以歸核實其出票之案應仍全數列入儻有遺漏一經該民人來轅控告核對月報若不相符卽不能爲該牧令寬矣除通飭遵照外合行札飭札到該司府州廳縣卽便移行遵照辦理仍將遵辦緣由具覆毋違

札臬司 江淮揚徐海通海門七
蘇松常鎭太五府州廳縣

札飭靖江縣上忙告示未經遍貼

爲（特札／咨明）申飭事。照得各屬徵收上下忙錢糧。原議條列科則。刊刻簡明告示。遍貼城鄉。俾家喻戶曉。書差無從高下朦混。各州縣均已遵辦。民皆稱便。若各該州縣刷貼告示。僅於各集鎮人烟稠密之所。畧貼數張。恐窮鄉僻壤。未能周遍。鄉民未得盡知。仍受書差之欺朦。是以每逢上下忙啟徵之時。本部院諄飭各屬。將田地斗則。每畝應完銀米合錢數目。刊刻明晰告示。無論城鄉市鎮。俱須遍貼。大縣以貼滿一千張。小縣以貼滿六百張爲度。如有鄉鎮未經遍貼。一經查出。定將該地方官記大過二次。以儆玩泄。節經轉行兩藩司通飭各屬遵辦在案。茲於九月初五日據靖江縣呈送同治八年應完下忙熟田地蘆銀合錢數示式串票開具貼示處所淸摺前來查該縣摺開貼示處所僅祇一百二十餘處每處是否祇貼一張抑有數張一處未據明晰聲敘且本部院派人密查前此該縣上忙告示鄉間張貼無幾此等緊要公事該縣竟敢視爲具文並不實心查察任聽書差人等日久玩生殊堪痛恨應將該令先記大過一次以觀後効合特札飭札到該司立卽遵照註冊仍嚴加申飭責令該縣確查本年上下忙期內刷貼簡明告示實有若干張曾否專人下鄉遍貼有無差保人等匿不張貼情弊刻日據實稟復察辦一面由司密查此次如再不張貼周遍卽行詳請從嚴叅辦儻有書差

人等從中阻撓。不令花戶自封投納。意圖包完需索
或有欺朦鄉民情事。亦即從重懲辦。此札。

札蘇藩司

以觀後効除札蘇藩司遵照註冊云云亦即從嚴懲
辦外。相應咨明。爲此合咨貴部堂請煩查照施行。

咨督院

批臬司會詳崇明縣申送詞訟環簿遲延請將
該令記過由

查崇明令於八月二十五日。申送詞訟環簿。尙係三
月分詞訟案件。辦理實屬遲延。應如詳將該令記過
二次。以儆其餘。已咨明督部堂查照矣。仰即註冊通
飭遵照。仍候督部堂批示。繳。

批海州詳贛榆三個月詞訟核計訊結記功由

查贛榆縣四五六三個月訟案統共一百四十四起。訊結共計七十八起。核計係在五成以上。應照章將該署縣記功一次。以示獎勸。已行司註冊通飭知照。並咨明督部堂查照矣。仰飭遵照繳。

金壇縣稟徒陽欠解考費無從撥解請酌撥釐捐濟用由

釐捐專濟軍餉要需。現議抽撥善後用款。尚屬煞費經營。豈能爲該屬辦差。擅行借動。所請未便准行。仰蘇藩司飭仍於府庫洲租項下。酌量借撥。餘即催提徒陽二縣欠款。或由該四縣各先攤繳濟用。至請歸四縣輪辦一層。並催鎮江府刻速察酌議定飭遵。均毋延誤。切切此檄。

臬司稟提省審辦各案人證擬請訊明後由司府先行省釋請示由

據稟提省審辦各案人證。請訊明後由司府先行省釋緣由。凡案證之拖累。全由審辦遲延所致。總須該局速審速轉。庶免無辜拖累。嗣後京控省控暨命盜等案人證。果於案情無涉。並無罪名可科者。審結後自應將情節詳細稟明候示。再行分別開釋。至笞杖之罪。不如在省了結。當堂開發。若遞縣取保。長途跋涉。曠日遲久。縣中差役又多所需索。在縣之拖累。與在省之拖累。何以異乎。仰即轉飭遵照辦理。檄。

蘇司會詳候補直隸州知州等委署震澤縣知

縣等缺由

如詳分別飭委取各任卸日期報查至正任無錫縣

博令先經

奏明留省察看與從前委署奉賢之揚令未赴本任者

有間且上年准補金山縣汪令調署川沙同知據司

詳請督部堂附

奏在案此次傅令另委署缺似應照例辦理應否聲明

無錫縣係有驛衝途疲難缺分較別項簡缺難治現

令署理荆溪縣篆藉資練習附片具

奏之處並即由司覆核妥議另行詳辦仍報明督部堂

查考並候批示繳

江陰縣稟清查廟産撥作義塾經費請通飭查

辦又單稟僧一清等聚眾圖控由

以廟產提充義學經費。果能董理得人，涓滴歸公，是化無用爲有用，於地方原有裨益。惟此項田畝本爲人所覬覦，一經撥作公產，侵吞隱占各弊往往相緣而生。從前各處善堂田產，此時盡歸烏有，其明徵也。現議撥產充公，設或以倡義始，而以漁利終，飽董事之槖，與飽緇流之槖，更何以異。此事全恃地方官紳實心辦理，毋祇塗飾耳目，方有成效。若欲敷衍塞責，則多一事，不如省一事也。另單所稟僧一清併訟棍夏翼南等糾眾斂費，意在阻撓等情，仰常州府查明虛實，親提嚴辦。併將該縣興辦義塾及提撥廟產充費是否悉臻妥善，確查稟覆，仍候督部堂批示。繳稟。

鈔發傳單存。

加函

此事務祈密商該令、自審力量能堅持到底、則辦否則徒滋騷擾、鄙人並非不欲成人之美、無如非常之原、黎民所懼、一則緇流產業覬覦者多、一則得罪神佛、阻撓者衆故、必須該令自揣、有狄梁公、韓文公、湯文正公本領方、可舉辦此事、倘其有始無終、反致變本加厲、鄙人禁朝山汰僧尼、業已謗書盈篋、誠恐該令未必能如鄙人之肯任怨也、倘真肯任怨、不致聞謗中輟、自當以全力助之、祈函商即覆爲荷。

蘇州府詳各州縣承緝盜案酌定勸懲功過章程遵批議覆由

據詳巳悉。承緝官於失事日起勒限嚴拏。如一月內獲犯及半。兼獲盜首。記功一次。贓盜首夥全獲者。記大功一次。失事一月。並未破獲。記過一次。兩月無獲。記過二次。三月無獲。記大過二次。以上所議均尚可行。至記過積至八次。大過積至四次。撤任留緝。應改照定章。記過積至六次。記大過積至三次。即行撤任。以歸畫一。至一月內連失兩案。應即摘去頂戴。勒限兩月破獲。逾限無獲。撤任留緝。一月內連失三案。即撤任留緝。據擬半月內連失兩案。或一月內連失三案。摘頂勒緝兩月。無獲。撤任留緝之處。應分別更正。其餘所擬是否妥洽。仰按察司一併確核議詳。復奪。仍候督部堂批示。繳。

鎭江府詳溧陽張巧生懷疑姤姦殺斃三命自
剐身死應否剉屍請示由
律載殺一家非死罪三人陵遲處死財產斷付死者
之家。例載殺一家非死罪三人爲首監故者仍剉碎
死屍梟首示衆各等語此案凶犯張巧生據請照殺
一家三命科斷雖已畏罪自刎身死仍應剉屍梟示
未便免議。至據稱向辦斷給財產之案如實係盡絕
應由印官出結一節旣因例無明文舍例言案又無
向辦成案可援且犯族張大運等供內僅稱張巧生
賃盧姓房屋居住其是否赤貧有無財產並未供明
應卽飭縣訊取地鄰族親人等切實供結詳復核奪
仰按察司轉飭遵照仍飭詳候督部堂批示繳

崇明縣詳奉飭籌辦積穀查有舊穀請緩辦由

上年通飭籌辦積穀。各府州廳縣。無不遵辦。該令才力支絀。所以事事窒礙。殊不知積穀以防儉歲。取之於民。仍須散之於民。與別項捐輸不同。乃該縣因循至今。據董事稟請緩辦。遽卽一詳了事。實屬玩視要務。所稱常平儲崇等倉。尚有存倉舊穀三千餘石。究竟是否足額。有無短缺霉變。設遇災歉。能否抵作賑需。其社倉穀價。於道光年間存縣報入淸查未補銀三千八百餘兩。究係何任虧挪。曾否議明籌補。仰蘇藩司委派妥員確查議詳察辦。總之他事可緩。積穀係爲未雨綢繆起見。斷不能緩。如該令自揣無辦理積穀之才。卽請推賢讓能可也。切切。此繳。

札催京控速審並核議章程

爲專札嚴催事。照得京控各案。前因未據依限審結。節次札催分別訊詳催提。仍查明遲延各員職名彙案詳參。復因積壓多起。應如何赶緊清理。分別照章參懲。經本部院面諭該蘇州府查明妥議詳辦。未復。於六月十二及七月初七等日札催議詳。各在案。茲於七月十五日。據該蘇州府呈稱。除遵札分別辦理並核議另詳外。合先申覆等情前來。查京控新舊各案積至十四起之後。復有准咨三起。共有十七起之多。舊案未能逐一訊結。新案又復接踵而至。經兩次札催議詳。乃該府仍以空文率覆。合再專札嚴催。札到該府司立即飭府遵照。迅將如何清理之處。剋日查明。妥議章程。詳候察辦。一面將人證已到者速即迅詳。未到者嚴行催提。仍查明遲延各員職名彙案具詳。其京控新案。亦即訊供飭提人卷解審。均毋再延。切速切速。

札　臬司
　　蘇州府

加標

積壓京控各案。屢經本部院向該守及發審委員等。面催札催。至再至三。而諸公熟視無覩。葵藿傾向而太陽不爲之回光。此皆由本部院誠不足以感人言不足以取信。故至如此。反躬自問。愧歉萬分。該司新政風行。務望轉爲諳諭。如再以水沃石。本部院表率無方。惟有自請議處。披髮入山而已。

臬司詳泰州閻天濟稟求省釋由

既據稱案已訊明具結。閻天濟李益廣患病沉重。應准先行保釋。以省拖累。如有必應傳訊之處。另飭看交質審。仰即遵照辦理具復繳。鈔黏供單存。

高淳縣詳六月分詞訟監押公文各册由

市廛有無行用小錢。全在地方官認眞查禁。若濫行出票。以致差人藉端勒索。是整頓錢法。而適以擾害閭閻也。汪期洛稟控差役孔順等藉查小錢索費不遂。兇毀物件等情一案。經該縣訊明。將差役孔順等。各予責懲。仍發廣通司分別革役。是孔順等想係該巡檢衙門之差矣。該縣僅予責革。尚涉寬縱。至罰令汪期洛出洋十六元。交嶽董領爲善舉經費。此事殊端尤大殊非正辦仰江藩司查照批示將以上各情嚴加申飭並令該縣此後切不可於控案輕率議罰致啟弊竇至趙艮桃一案既須移提施南榮到日集訊另行究辦似未便歸入開除下月仍應列入舊管再內監項下人犯姓名均係接連直寫與册式不符並飭遵照辦理繳册存

加函

州縣於控案輒議罰款流弊極多名爲充公而適以濟私即使本官毫無染指而門閫書差之需索充公款者十六元入私囊者已不止百六元矣前經微處屢次通飭嚴禁何以此種惡習仍未盡除此次該令復藉口金作贖刑之義尤堪詫異殊不知聖人教人

道之以德齊之以禮何不師法一二而偏欲效介甫
之師法周官乎遁辭知其所窮眞可痛恨務祈尊處
再爲嚴飭各屬勿得效尤蘇屬藉案罰捐之風較少
然第幾經大聲疾呼亦復舌敝脣焦矣

飭錄同治四年起續奉新例逕刊

爲札飭事照得律例一書爲從政之津梁至我
朝而大備疊奉纂輯頒行直省所以期讀書者咸知讀律
也乃近來筮仕人員往往以卷帙繁多束之高閣以
致臨民判事茫無頭緒實屬貽誤匪淺查有丹徒蔡
比部所編律例便覽及處分則例圖要依類編訂共
止六册書既便於觀覽義亦易於貫通唯省城書肆
並無此書出售板閱五年印本亦多漫漶現經本部

院諭飭書局委員照繕另刊附於牧令等書之後查閱是書上格所採例案各條截至同治三年爲止今既重付棗梨自應將續奉新例按門增入以備援引合行札飭札到該司立即遵照自同治四年正月起至本年六月底止所有欽奉

諭旨及部院各衙門奏准通行之案飭承逐件檢鈔註明准咨日期裝釘成本限一月內呈由該司核明蓋印送院以便編訂發刻字跡祇須端楷校對務期認眞毋得舛錯遺漏是爲至要切切此札

札蘇藩司

札臬司

札飭嚴禁結會燒香一案由

爲札飭嚴禁事照得結會燒香例干例禁乃東南風

俗崇信鬼神每屆春秋報賽之期或名平安醮或名
打七佛始不過一鄉一鎮之間作此非禮非義之事
漸至設法愈幻託名愈奇襲前神之封號官銜置五
色之旗燈傘扇名爲朝山醵賣絲糶谷之金錢變累
萬盈千之紙錠名爲解餉雇大號船集數十人往來
於湖州之道場白鶴杭州之天竺小和蘇省之穹窿
七子茅山等處原彼初心祇斂資以肥己極其流弊
卽盜賊之厲階方今緝捕綦嚴該匪徒不敢明目張
膽見前項香船卡不爲詰民不爲疑因而宵小生心
扮作香船溷入城鎮勢所不免近日拏獲震澤刦案
盜匪據供皆藉朝山爲名肆其行刼是前項朝山之
人雖未必身爲盜賊卽盜賊亦不盡託名朝山而僞

誣。横起於鄉愚。防範宜同於奸宄。若不重申厲禁。何以革巫風而清盜源。合行札飭。札到該司。立即通飭各屬。一體認眞嚴禁。毋僅以出示了事。如頑民抗不遵照。即當照例嚴辦。以爲懲一儆百之計。切勿姑息養奸。以寬大博流俗之虛譽也。

札臬司

加函

結會燒香。以蘇松一帶爲最盛。如果家給人足。盜息民安。則閭閻情殷報賽。原無妨稍順輿情。乃兵燹以來。百姓衣食有餘者百不及一。而又有游勇之藉端滋事。盜賊之乘機劫竊。即使民間無隙可乘。尚恐變生意外。況又迎神賽會。聚衆燒香。游手之徒。因而尷集盜案安得不日多民生安得不日蹙乎卽祈函懇各屬於出示官樣文章之外另邀公正紳耆諭以勸力宜惜盜賊宜防令其家喻戶曉不可仍沿陋習或者此風漸可革除弟爲閭閻除害計非爲兩廡特豚計想公必能鑒其苦心也

丹陽縣詳六月詞訟監押公文册由

查自理項下有儒學沈移送唐文高控案一起教官干預詞訟已屬不應且册開先准該學移據唐文高稟唐國輔因索欠詈罵請提懲辦並追贄禮旋准知照唐國輔已將贄禮措交似可免究是該學之移請提究係爲贄禮起見較之干預詞訟尤屬可惡應將該教諭記大過一次以示薄懲該縣馮令雖先未准

理繼因移催飭傳究有不合亦應記過一次除咨學督部院堂查照外仰蘇藩司註册移會江藩司一體通飭各屬知照至册敘審斷緣由如朱鳳二控嚴桂芳一案將朱鳳二鎖繫石礅辦理頗有斷制惟上控項下楊明廣等一案册註示期催集勘訊究竟定期何時未據聲敘下月册內務當查明開報至接到公文册內未將上月有無已復未辦已辦未復之案查明登註亦欠合式下月卽應聲明並飭遵照繳册存

崇明縣稟五月分月報遲延緣由

該令始而赴滬繼而晉省僕僕道途專怕上司見怪不顧窮簷蔀屋之中有無數老少呼號待批示而無期候訊結而不得者古云官怠於宦成該令之謂也

姑從寬將該令再記大過一次。以儆將來。仍勒限於八月內務將積牘一律清理以速補遲。除通飭江蘇兩屬各府州廳轉飭遵照。並咨督部堂查照外。仰蘇藩司註冊。轉飭該縣遵照辦理。勿再玩延。切切。繳。

南匯縣學稟川沙等處所欠廟捐請提解濟工由

此案昨據川沙廳具詳，即經批司查明各原案核議詳復，飭遵在案。茲查該縣學稟敘川沙紳士以廟捐均已照輸，皆由川董孟念曾等串通漕總周浩然借端侵漁等情，該廳以爲撥用無存，究竟撥歸何用，其中顯有不實不盡。仰蘇藩司轉飭川沙廳，即將孟念曾、周浩然等提省確訊，查明究係何人侵沒，悉數清出解濟工用。惟扣考一層似屬難行，並即由司查明原案，迅速核議詳辦。一面移飭營場各將欠解南匯廟工捐款一律清出，批解濟用，均毋推諉延誤，切切。仍候學院批示。繳。

南匯縣詳七月分詞訟各案四柱清冊由

查上月詞訟月報各冊。自應於下月初十前到院。所有七月分江北詞訟清冊。均已到齊。該縣近在江南。何以遲至八月二十日始行送到。應記大過一次。以示薄懲。已行蘇藩司註冊通飭知照。并咨督院查照矣。仰按察司嚴飭遵照。此後務須赶緊造送查核。如再遲延。定干糸撤。仍將未結各案。迅速催提訊結。並候督部堂批示。繳冊摺存。

常鎮道詳通州訊結詞訟成數三個月核計由

如詳。將通州牧記大過一次。以示薄懲。已札行江藩司註冊。通飭知照。並咨明督部堂查照矣。仰即遵照。繳。摺存。

宿遷令催提案件遲延由府記過轉飭一案由

爲札飭事。九月初十日據徐州府朱守申稱本年二月間。奉學憲批府親提宿遷縣童生孫翰卿。稟控廩生朱玉堂。因借貸未遂。串同學書陳瑞廷捐結訛詐等情一案。節經札飭該縣。提解人證。時逾半載。迄無一名解訊。屢次嚴催。該縣延不提解。亦無隻字稟復。實屬玩違。應將宿遷縣記過一次。除詳請藩司註冊外。申報到本部院。據此。查該令向來於催提之案。全不認眞。而又盜案疊疊。辦事實屬怠玩。合行札飭。札到該司。即便轉飭該令遵照。此後務當實力任事。如再不知振作。定即叅撤。切切。

札臬司

松滬捐釐總局詳五月分各局捐款月報收支
各冊摺由

據送五月分收支解存月報各冊摺存核查閱行釐卡近來收數甚爲短絀該卡員役司事有無弊竇該總局務卽澈底嚴查五厙泖港釐卡所支薪水經費已在二成之外未免浮多東溝界浜釐卡所支薪水經費核計捐數已在四成以外更屬虛糜此二卡宜由總局核減至上海貨捐局大小委員共有十四人似覺太多該總局各委員亦屬過多均可裁汰所有南卡稽查絲船各貨兼辦油荳餅可以酌量歸併總之現値收款支絀之際自應量入爲出委員可裁者裁卡局應併者併卽由總局逐一釐剔核實整頓俾

裕餉源仰即遵照分別辦理詳覆察奪仍候督部堂

批示繳

淮揚道詳清桃界溝勘估興挑請彙案會奏由

清桃界溝淤墊致夏家湖腴田連年遭水淹漫將成廢棄自應將界溝開挑通暢俾水有容納地免荒廢旣經該道督飭印委覆加勘估應卽由清桃墟民照業食佃之例集夫興挑並借給津貼土方工費俾速蕆事仰江藩司於籌借清安二縣挑河經費內設法添籌協濟并案詳

奏並移行淮揚道府督飭清桃二縣將所借經費應如何分派籌還匀作幾年攤繳歸款刻日妥議詳奪毋遲仍候漕督部堂批示繳圖冊存

淮揚道詳覆勘清安河道請照原估籌款興挑

由

查清安二縣挑河經費。前據該司具詳運庫不能分籌。藩庫亦難全撥等情。雖係實在情形。惟疏通水利。民間利賴攸關。當此冬令農隙之際。若不乘時挑辦通暢。來年春水漲發。又難措手。現在司庫究能籌撥若干。不敷之款。能否移商釐局借撥濟用。攤徵借款究應定期幾年。即經批令會商釐局通盤籌畫妥議詳奪在案。據詳前情。仰江藩司查照前批會商釐局通盤籌酌。刻日議詳察辦。毋遲。並移章道知照。繳。

加函致章道

高淳縣稟奉刊嚴禁蘆洲丈費告示照搨碑摹呈送查　由

據稟已悉。本部院通飭泐石嚴禁蘆洲丈費。限於十一月內搨摹呈送。今於十月十七日。據高淳縣並泰興縣提前送到。均屬辦事急公。惟查原頒示式內敍坍則報豁。今核對高淳縣碑摹內刊坍則報費。大屬錯誤。且鐫刻字跡亦不清楚。此等泐石要件。該縣如此疏忽。本干重咎。姑念辦理迅速。從寬免議。合將碑摹發還。仰江藩司飛飭該縣。復加核正。刊刻清楚。另行搨摹豎立具復。一面由司移會蘇藩司一體通飭知照。務各細心摹刊。依限搨送。勿稍錯誤。切切。繳。

加函

此等緊要事件。該令何以不親自過眼。況題目原爲嚴禁丈費而設。而該令筆誤卽在費字。豈非平日只有一費字橫梗胸中。耶見卵而求時夜。見彈而求鴞炙。必之所注。形卽彰之。雖僅過門大嚼。想亦暢然意滿。須知兵燹之餘。百姓困窮已甚。此時卽以全副精神爲之櫛垢爬痒。尚恐蚩蚩者不能自存。該官吏等猶視爲豐亨豫泰之時。可以任憑敲脂吸髓耶。古云有機事者必有機心。我輩注意除費。而該令偏注意費字。思之憤懣。務祈轉致該令將費字心腸滌蕩淨盡。庶不致誠於中形於外。沙洲百姓或有喘息稍定之日也。

直隸督院咨機器局詳六年四月至七年九月

製造輪船用過洋稅

爲咨會事。同治八年十月十七日。准直隸爵閣督部堂會咨敘云云等因到本部院。准此。查機器局製造輪船。向無主政專辦衙門。所有該局詳稟請示之件。亦未指定由何衙門主政。批示是以各衙門所批均不過彼此相仰候而已。惟該局創建於同治三四年間。論創議應歸曾李兩中堂主政。論洋務應歸馬爵督部堂衙門主政。論關稅亦可歸巡撫衙門主政。將來輪船成造愈多。事愈繁重。以後恐非各衙門所能兼顧。應否仿照福建情形。奏請專派大員辦理船政。抑即奏派該廠委員督辦船政。自行報銷。或仍由各衙門兼理之處。除咨復直隸爵閣督部堂暨咨湖廣爵閣督除札機器製造局會同關道核議詳奪外相部堂查照核示外。合行札飭。札到該局立卽會同關道核明妥議詳復察奪。其恬吉輪船實在用銀若干。應咨商爲此合咨貴爵閣部堂請煩查照酌核示復施行

亦卽詳晰查復毋違

札機器製造局

咨督院湖廣直隸督院

札飭睢甯縣經書提訊由

爲據申飭查事同治八年十二月十九日據署睢甯縣知縣申稱奉部行查拔貢李玉淸縣承誤報病故據實檢舉申請更正等情到本部院據此查拔貢李玉淸係部查有無事故攸關銓選教職之員該縣經書當時並不確查遽卽申報病故現雖復查尚存聲明將該承嚴行責懲檢舉更正乃該署令並不具詳請示率行繕具申文殊屬不合縣書係何姓名未據敘明難保無需索弊混別情亦非責懲所能了事應卽由道查提訊辦合亟札飭札到該道立卽遵照迅將此案經書查明提案由道訊明有無需索不遂揑報弊混情事務得確情錄供議擬詳奪毋任違延切

切。

札徐海道

加函

丹陽縣詳王廿霖被刦勘訊由

案關城內被刦多贓拒傷店夥該管地方文武事前既不認眞巡防迨失事一月有餘查無一犯報獲捕務廢弛已極應如何嚴行懲儆仰按察司於五日內查照詳奪仍勒限半月內比差會營懸賞購緝並移鄰封營縣一體查拏贓盜悉獲究報限滿無獲即由司揭請參勿稍姑容至該司前詳咨州縣承緝盜案酌定功過章程經本部院批准照辦並飭由司隨時稽核指明何州廳縣應記功過詳請咨行註冊飭遵以昭核實在案自定章以後各州縣詳報失事之案共有幾起務即逐一查核分別照章詳辦再前據徐海道稟徐海兩屬與江南情形不同酌改勸懲功

過章程亦經批司速議具覆并卽遵照前批辦理切
切仍候督部堂批示繳冊圖存

飭屬刊碑禁絕丈費

爲札飭遵辦事照得江蘇省沿江沿海蘆洲田地前
經會
奏變通丈期嚴禁丈費奉部覆准轉行遵辦應卽出示
勒石永遠遵守以絕弊端現在本部院酌擬示式除
鈔行蘇江兩藩司江蘇十二府州廳轉飭有蘆州縣遵辦外合亟
鈔示札飭札到該某立卽轉行有蘆各屬遵照鈔來
示式刊刻高大石碑務須字跡清朗豎立城隍廟前
俾得閭閻周知永遠遵行仍飭將遵辦緣由具復遞
限十一月內搨取碑摹呈送查核毋稍草率遲悞再

本部院衙門蘆洲全卷陷失有蘆州縣無從查考除
州府所屬有無腹裡沿湖灘地完納蘆課應造大丈
冊結及應行泐石之處務即查明辦理一併附覆切
切。

計鈔示

札江蘇兩藩司蘇城善後局十二府州廳並沿江有沙州縣溧水縣
上元縣江甯縣句容縣長洲縣
高淳縣江浦縣六合縣震澤縣
元和縣吳縣吳江縣新陽縣
常熟縣昭文縣崑山縣金山縣
華亭縣婁縣奉賢縣武進縣
上海縣南匯縣青浦縣江陰縣
陽湖縣無錫縣金匱縣丹徒縣
宜興縣荊溪縣靖江縣阜甯縣
丹陽縣金壇縣溧陽縣鎮洋縣
安東縣江都縣儀徵縣泰興縣
寶山縣崇明縣如皋縣

常州府詳六月分詞訟監押公文册摺由

孫秀昌控王寶書一案。既經該府行提原被訊明。尚有要證鄭楨緯必須補提質審。仰即勒限嚴提。毋任兔脫。至新收監犯沈停淮一名。除在項下皆未列入。如何遺漏。並即查明具復。仍一面將未結各案。趕緊催提訊結。繳册摺存。

酌留淮軍一成洋稅抵作機器製造局用款咨商一案

爲咨請事。同治八年七月十八日。據委辦江南機器製造局禀稱。竊准江海關移奉通商大臣馬札准戶部咨會奏江海關徵收洋稅應行解部之四成銀兩。仍留一成以爲製造輪船之用。其餘三成按結解部。

交納等因並蒙院台札同前由各到關移局奉此伏查此案戶部議駁之故或以爲所請二成洋稅專爲造船而用致未允行殊不知製造機器槍砲等件所需經費前奉李爵憲奏明於軍需項下融撥有案嗣因軍需無款可撥故併入造船用項開支此爲歲支最鉅之款至議建廠屋學館船塢工程上年雖經曾爵中堂將學館船塢兩事隨摺奏明而工程費用係在何項撥發當時未及籌定此爲目前難緩之款又工程既竣之後歲支辛工膏火各費此爲將來因事遞增之款以上各項均係造船行船之外增添用款且即就造船行船而論此時逐漸推廣所費亦必日有加增若非通盤籌畫恐致辦理棘手惟有仍請會

核復奏。將曾爵中堂奏留酌濟淮軍及添兵等事一
成洋稅。抵作機器局之用。俾得經費充裕。是否有當。
仰祈訓示祗遵。並聲明逕稟貴大臣等情到院。據此
本部院查核該局所稟。係屬實在情形。將來如須再
圖撥充。即二成洋稅。儘數充撥。尚恐不足集事。除批
示外。相應咨請。爲此合咨貴大臣希即查照主政。挈
銜會
奏施行
咨通商大臣
札飭京控提解遲延申明定章
爲札飭事。案查前准吏部咨嗣後京控之案。關提人
證。除去程途例限。尚未解到。即將該地方官先行奏

參。按其逾限月日議處。遲延不及一月者。罰俸一年。一月以上。降一級調用。半年以上。降三級調用。俱公罪。如有正犯潛逃。要證外出。仍遵定例確切查明。取具族鄰甘結。加具印結。詳報上司備案。仍一面查明該犯證等現在何處。關提歸案審辦。總不得逾半年之限。儻有捏報正犯潛逃。要證外出者。即照不應重私罪例。議以降三級調用。毋庸查級紀議抵等語。近來京控人證。各屬往往未能依期解到。實屬玩延。合行札飭。札到該司。立即申明定章。遍飭各屬遵照。如有奉文提解京控人證。務須依限解省質審。儻有除去程途例限。尚未解到。即行據實詳請奏參。仍令將奉文提解日期。通報查考。毋違。

札臬司

札催沭陽程張氏京控　奏交速審

爲專札查催事。照得定例奉

特旨交審之案，定限兩箇月完結，例限綦嚴。溯查同治四

年六月初四日，准都察院咨

奏交沭陽縣民婦程張氏遣抱京控謝明等挾嫌焚殺

一家六命，取供謄詳一案，係奉

特旨交審之案，計今已及四年之久。蘇州府有無訊詳？應

即由司速提審擬解勘。合亟專札查催，札到該司，立

即遵照查明，速提審擬解勘，毋遲。速速。

札臬司

催議清理京控各案並查委員幫審到差日期

爲札飭事。照得前因京控各案。積壓多起。應卽赶緊設法清理。經本部院面諭蘇州府妥議章程詳辦。並迭次札催在案。迄今未據議復。殊屬遲延。至該府審案事繁。經設局派員幫審。乃以京控要案積久懸宕。未能依期完結。均難辭咎。應如何分別嚴行懲儆。合行札飭。札到該司立卽遵照查明各該員到差月日。剋日議詳覆奪。毋遲。

札臬司

南匯縣申送六月分宣講清摺由

摺報閱悉。仰仍移學親督講生認眞奉行。按月開報。至南匯縣有明臣方孝孺祠祀。生載在學政全書。彰彰可考。該學現擬設位惠南書院春秋編祭。復設祀生。具見追崇往哲。矜式後人。自可照辦。惟祠宇舊建何處。應需祭品銀兩。向來是否由縣編徵。例設奉祀生。在前接充至何代止。於何年以後懸缺未充。現在有無嫡派裔孫在南。均應溯查明確。方可咨部辦理。並即移學一體詳細訪查。專案詳辦。至迎神賽會演戲聚賭。已經本部院刊發告示。通行諭禁在案。該縣地方仍有藉酬神爲名。斂錢演戲。經旬累月。結黨朝山。耗財廢業。大爲風俗人心之害。應即由縣隨時認眞查禁。儻再違犯。立拏爲首之人。從重懲辦。以儆其餘。仍將遵辦情形查報。切切。此批。

前徐河後幫千總蘇文魁稟裁丁欠款請飭鈔產監追由

該革弁連次率用紅白禀逕瀆本部院衙門詞多費解。殊屬越分妄爲。仰江糧道嚴行訓飭並將借用鈐記之江北幫左所千總查明姓名。詳請記過示懲。儻該革弁再不安分守常。卽行按例詳辦。毋稍姑寬。仍由道將該幫丁欠繳兵米。領用錢糧各情。查案核明辦理具覆。並候漕部堂批示。繳。

蘇糧道申覆奉提減漕輕賫會司催提屬欠漕項湊解由

此項同治四年起屬欠四分漕項係應抵解現奉部提減漕輕賫及原抵加給沙船修費等要款之用。各屬積慣拖欠。任催不解。必應酌立限期。明定勸懲章程。勒令各現任先行清出批解。卽有前後任互相轇轄應令自行淸理不准推諉延誤儻至逾限不完即照章嚴辦俾各屬知所儆畏源源報解不得徒以已經飭催一復了事仰即會同藩司嚴定限期酌立勸懲章程刻日詳明飭遵毋遲此批

行臬司催桃源韓得勝等一案核詳

爲札催事案據該司詳桃源縣壯捕戎標等挾嫌捉拏王得勝韓得勝私刑逼認爲盜訊擬緣由到院當查此案如果縣役戎標將韓得勝交王得勝變賣之騾馬銀兩强行帶回被韓得勝鞭打勒賠挾嫌逼令王得勝韓得勝供認行刦是旣取其財復逼令認盜似較尋常誣良爲盜之案情節尤重據稱戎標搶奪騾馬銀兩後經賠還仍照例擬軍是否不致輕縱應

否酌量從重辦理之處。即經批飭確核詳奪。嗣據吳縣詳報從犯徐貫提禁病故。又經批司核入正案擬詳各在案。迄今月餘。未據核詳。合行札催。札到該司遵照先今批檄。即速確核詳奪。毋違。

札臬司

江都縣詳據職員黃逸雲稟仿金陵典章在揚城試開原章變擬二條可否准行請示由

蘇省各典。均有月捐。所議通變章程內請免繳捐一層。未便准行。現在揚城育嬰堂經費短絀。應令順和典每月捐錢三十千文。津貼育嬰堂之用。仰江藩司核明轉飭遵照。並飭取具各結。詳司給帖陞稅。仍候督部堂批示繳。摺存。

金匱縣稟查李容照控案並開該圖積欠漕銀

摺由

該圖公事究應歸何人承辦。來稟所敘圖董忽李忽錢。忽押忽釋。該令本已毫無定見。且訪聞該縣鄉間仍不免有差役董保需索津貼之舉。仰常州府即飭該令遵照。此後務當實力整頓。將一切浮費認眞革除。毋任稍滋弊混。並俟該圖地保舉充定案後具復察奪。切切。繳。摺存。

鎭江府稟鎭郡善堂請俟考試後淸查由

各處善堂。凡田產之無肴者。董事無不推諉。其生息稍厚者。又無不謀充經管。藉爲肥巳之資。此積弊然也。而鎭江爲尤甚。非認眞整頓。斷不足以挽回積習。

該府既確知此中弊竇。務須徹底根查。固不可畏難
而蹈因循。亦不必急遽而隳苟且。破除情面。核實經
營。執殺誰嗣之歌。均毋庸預計也。所請俟考試旋署
後。再行逐一清查。應准如稟辦理。仰即遵照繳。

札飭臬司將押發之葉金生等飭府提審由

爲札飭事。七月二十日據元和縣申奉院押發賊稟
之葉金生交歇收管。已逾一月。未奉明示。申請示遵
等情到院。據此。查該民人葉金生前據來轅呈控。當
經押發元和縣暫行收管。批司飭府提訊詳辦。於六
月二十三日印發在案。何以尚未據該蘇州府提訊。是
否該司衙門轉行遲延。抑係該蘇州府延不提審。合亟
札查。札到該司。立即查明前批於何日轉行。接到。先行專

文申復。一面飭催蘇州府趕緊復提犯證屍親處衷研鞫。務得確情錄供詳辦。均毋稍延。切切。

札臬司
蘇州府

加函

葉金生之歿。既被桃源縣丁役逼勒斃命。今其子情逼來控。奈何累月經旬。不爲一訊。哉日來天氣酷熱。有鑠石流金之象。萬一葉金生又復瘐斃。問心何以自安。務求卽傳發審委員速爲提訊。此案葉金生並無罪名可科。提訊後卽令取保可也。恐此外仍有似此積壓之件。並祈面囑委員將發押首縣人數五日開單一送。庶免遺忘。至禱至禱。

撫吳公牘卷之四十三

札發程張氏京控駮審

爲札飭事。照得沐陽縣民婦程張氏。遣抱京控仲緒珍等。率匪焚殺。盜賣膳田。獲犯仲緒珍等。訊係持械互鬬致死。程見賢等。非一家六命一案。據前署司以此案程張氏圖詐。誣告仲緒珍等放火燒搶。詞內聲明親見仲緒璋等。將胡蘭等下手致死。仲緒璋審屬全誣。將程張氏依律擬杖一百。流三千里。加徒役三年。仍照婦女圖詐翻控例。監禁三年。限滿察看釋放。程張氏固執京詞。堅不輸服。胡晉山係程見賢家管事之人。與程禮賢同係屍親。供詞可信。請照例奏請定奪。詳解勘

奏前來。綜核全詳殊堪詫異。如果程張氏呈控案外百
餘人任意羅織。希圖斷給財產。原不能率准查辦。且
恐尚有主使之人。前據謝耕硯即謝明控告周韶虞
從中唆訟。似非無因。若再任其狡執。以致要案久懸
莫結。不但前獲各犯業已監斃多名。即人證亦拖累
靡已。惟折獄不外衡情。科罪必須核實。此案先經前
漕部堂咨准大部核案指駮。經飭據淮安府審照原
擬詳咨。未准核復。即據程張氏以三百族匪焚搶二
日。謀殺一家六命。經部駮迴護原審等情。仍遣抱京
控。奉都察院以案關問官改供朦詳。如果屬實。大干
法紀。

奏奉

諭旨交審行司飭提人證訊詳在案。程張氏京控詞內。歷稱並非械鬬。部駁亦稱仲緒珍等。將程見賢前後門圍住。施放火槍。致燒燬房屋。慘殺多命。難保非有心放火。還忿仇殺。前漕部堂原咨將糾衆械鬬三十人以上。致斃彼造四命以上。首犯擬以斬決。從犯擬軍待質等因。本部院細核案情。犯供同夥四十餘人。如謂與死者均有深仇積怨。自屬無此情理。惟兩造人數多寡懸殊。程見賢等被仲緒珍等傷斃六命。仲緒珍等並無一人受傷。其爲並非兩造約期械鬬。亦似無疑義。惟例內所載械鬬仇殺。本係接連併列。並非截然兩途。其隨從各犯。仍各依本律例問擬。如能遵照部文。究明各下手正凶。將應擬抵者。即行擬抵。應援免者仍應援免應緝拏者仍行緝拏。照例擬辦明白開導。該原告自亦無可藉口、今現犯仲緒璋先被程見賢等在何處擄禁。於何日如何乘空脫逃。供詞糢糊。斷難輕信。且胡蘭等實被何人致傷身死。據訊人多手雜。未經看清、既未能究出正凶。逸犯在逃。亦未就獲。現犯恐有避就。尚須監禁待質。可見案情不甚確鑿。疑竇甚多。乃輒稱程張氏控告仲緒璋等將胡蘭等致死。審屬全誣。究科以誣告人死罪未決之律。實屬牽強。萬無此理。又例載犯未逃走。鞫獄官務得輸服供詞。毋得節引衆證明白。卽同獄成之律。遽請定案。其有實在刁健堅不承招者。如該徒罪以上。仍具衆證情狀。

奏請
定奪今程張氏程步賢均已到案經本部院兩次提訊據
供慘斃六命逸犯未獲現犯無一實抵心不甘願等
語查仲緒璋謝明仲心耀仲緒祥所稱程張氏程步
賢總想藉案圖詐不肯完案究係被告一面之詞程
禮賢胡晉山等供亦與來詳大相刺謬何以謂之衆
證明白此外供情支離串揑之處指不勝屈若照此
入
告並請
敕部將漕部堂前咨一併核覆必致大干部詰且何以折
服原告之心該府暨委員審問要案並不詳細研求
輒將被斃六命之原告屍母擬以流徒監禁率行詳

請

奏結故爲輕重殊不解其是何居心所有閶官蘇州府知府及委員等應由該司查核例案確擬詳叅仍勒限兩個月內提集原被犯證虛衷研鞫錄取切供通詳并查取原驗各屍傷由司復審另行妥擬詳解勘

奏將來案情衡斷確鑿該原告仍復逞刁希圖拖累本部院再當執法從事斷不任其刁狡札到該司立即轉飭遵照仍一面飭將程步賢取具的保候訊特札

計發解批一件

札臬司

海門廳詳草厚之被竊勘訊由

匪徒肆竊多贜。失事已及三月。始據通詳。贜犯又無破獲。捕務泄玩。不問可知。仰按察司嚴飭比差會營購線踩緝。並移鄰封營縣一體協拏贜賊。務獲究報。屆期無獲。即行詳參。至失贜寶銀五十一兩一錢一分。何以僅估銀四十八兩三分四釐。此外各贜亦多任意短估。並飭核實確估。另行造冊詳送察核。詳尾聲明案因經承病故。詳報稍稽。吏屬荒謬。並即申飭。仍候督部堂批示。繳冊圖存。

機器製造局稟訂請美國金階理繙譯斷送薪水由

稟悉。已據情轉咨矣。華教衡芳所譯各書。尤屬深入顯出。眞世間不可多得之才。亦不可任其埋沒不彰。

仰即知照仍候曾李爵中堂並督部堂批示繳摺存。

臬司稟山陽王五即王佩瑤拏獲竊賊張應喜

推河淹斃一案

張應喜之偷摘茆義仁地內東瓜雖非當時獲住亦未送縣訊供惟屍母張黃氏及夥竊之張必成既供無異詞或尚可信王五即王佩瑤經坊衆雇令看青如係茆義仁等出資公雇實有應捕之責其將賊犯張應喜致斃照擅殺罪人律擬絞亦自係照例辦理惟張應喜自刎受傷後在運河溺斃屍身漂失無憑相驗全在研訊明確方能定讞今察核供情張應喜既已自刎受傷必須繩綑擡送乃忽能從繩綑跳下與王五爭毆拚命已覺離奇且王五既被張應喜抓住互相滾跌河灘乃謂王五用力掙脫即將張應喜

推跌落河淹斃情形亦不無牽强供詞種種扭捏未便遷就具

題查縣詳該犯王五先將張應喜兩脚踠縶縛栲問覛鶴瀾等勸令解放因張應喜自刎嚇制該犯畏累將張應喜撞撩運河復訊則稱張應喜與伊拚命順用木杆推入河內現詳則稱互滚河灘推跌落河淹斃究竟張應喜如何自戕圖賴被該犯捏稱送回醫治實在如何致死及有無致斃後棄屍水中仰即轉飭山陽縣遵照指飭研訊確情錄取切供由司復加查核另詳呈候核奪繳詳冊小看發還簽存銷

臬司稟泰州牧被叅一案請開復原官仍議處

請示由

前據由司分案具詳聲明該叅牧應歸張御史奏案叅處因核詳敍尚有疏漏當將各原詳一併札發查核妥敍茲據前情能否照擬辦理仰卽由司確核全案參以輿論人才難得該叅牧果有屈抑豈可不爲據實詳請昭雪耶該司務當持平辦理勿稍徇枉繳

飭撥清河安東二縣挑河經費

爲札飭事據查辦田賦水利章道申稱清安二縣借款興挑包家等河亟宜乘時興工請飭司迅卽動撥庫款委解濟用並據另文申請將清邑丈田經費准於借撥挑河經費申出土方盈餘項下撥錢三千貫一例按年分畝攤還各等情又據稟同前由到本部院據此合鈔申稟札飭札到該司立卽遵照將借撥

經費。刻日如數籌撥。遴委幹員解交該道查收。分濟挑河丈田各項之用。並飭責令委員會同各該地方官督飭挑辦。仍將動撥銀數委員銜名報查。毋遲速速。

計鈔申稟三件

札江藩司

蘇糧道詳通核歷年漕項完欠分數請立案由

詳摺均悉近年道庫四分漕項均已
奏明撥抵加給海運水腳之用因各屬俱有積欠於道庫移挪籌墊遂致庫儲支絀不敷周轉業經本部院屢札嚴催不啻脣焦管禿現復奉部飭提減漕輕賫亟應籌動起解必須將各屬積年欠款勒限嚴提清楚俾資解放非僅詳明立案所能了事也該道總理糧儲職守攸關應即責成該道會同藩司查明各屬歷年欠款除註緩之外核計何州縣欠數最多於初十內擇尤詳請嚴參勒追其餘欠數稍次之州縣先行立限催提解清逾限不完亦即一體詳參均勿姑寬切切此繳

批長洲縣詳元和犯證朱萬春等被火焚斃驗訊由

據詳孫錡福飯歇共押人證二十六名。因鄰居張氏失火。延燒飯歇。救出犯證十七名。內陸盛朱裕慶林三名。身被火傷。尚不深重。查點尚少陳阿五保等九名。檢獲燒殘屍身四具。內朱萬春一名。現據驗訊通詳。其餘三具。究係何人。尚有五名。是否脫逃。且鄰居張氏失火。何以獨延燒孫錡福飯歇一處。左右鄰均皆無恙。其中難保不無別情。案關燒斃無辜多命。當時既未稟明。迄今日久。尚未據元和縣詳報。尚復成何世界。應如何嚴行懲儆。仰按察司即速查議詳參。一面嚴飭確查勒緝在逃各犯證務獲並赶傳張氏

到案。提同孫錡福研訊確供。通詳察奪。並行該縣知照。仍候督部堂批示。繳。格圖存

通飭詞訟章程一案

爲通飭遵辦事。正月二十八日據無錫縣稟稱詞訟之不能迅結者。由於到案遲延。現從正月爲始。差票外加用限單。酌量道里遠近。人數多寡。親手標定日期。隨票並發。逾限不到。嚴行比催。其存根卽留置案頭。以便隨時查考。謹將差限單式附呈鑒核等情到本部院。據此查稟呈限單。尙屬妥洽。訟案拖延。小民受累至深。全賴各牧令勤於審理。嚴禁書差弊捺索擾。其要尤在刪減牽涉株連之人。除酌列章程黏單通札飭照外。合行鈔黏札飭。札到該某卽便移會江通

蘇兩藩司一體轉飭遵照辦理仍將遵辦緣由具復
飭所屬
查考毋違
計鈔黏章程三條並差限單式

札臬司 江淮揚徐海通府州海門廳 蘇松常鎮太府州川沙廳

一詞訟牽連人證往往任意羅織全在收呈時詳斷原告即酌定某人必應傳質某人可以不傳某人可俟覆訊時補傳俟票差時再加一番斟酌多費一分心少傳一二人造福於冥冥者不少但斷刪人證必須確有可删之故若掉以輕心稍涉苟且其初意未嘗不爲省拖累起見而因少傳一人多訊一堂多拖一日流弊滋大總之票差傳人以省株連爲第一義

一差傳人證須確按道里之遠近案情之輕重人證之多寡酌給差役盤川錢文如依限到案立時給賞逾限不到即行責罰不准以功抵過賞不逾時罰不姑貸懲勸在在核實利害判然兩途庶該役謹懍奮勉不敢怠肆其要尤在編列簿冊逐日親自稽查

一票內所簽之差除正身外不許私帶白役若票止一差而帶至兩三人票止兩差帶至四五人者准被害人鳴鑼喊稟至尋常詞訟應傳人證每案不過二三名一票只須一差差票依限繳銷又各差承票傳喚人證不許妄用鎖鍊若票內註有用鎖字樣方准用鎖儻敢妄用鎖鍊准被害人鳴鑼喊

稟又該差喚到被告人證立卽稟官由官飭令房書開單送審不准私行押候雖係昏夜亦應稟明定奪儻人已到而延不稟審准被害人鳴鑼喊稟以上或係前人成規或本部院先經通飭均應認眞照辦仍先出具簡明告示徧貼曉諭務使鄉僻周知

通飭札行司道府州轉飭文件一併造報

爲通飭事照得各屬接到本部院衙公牘已據遵照通飭按月彙開事由聲明已未辦復造册申送在案惟札行司道府州轉飭之件各該州廳縣未據一律開造仍不免稍有疎漏合行通飭札到該某卽便轉飭遵照此七月分奉到公文册內應將本部院札行

司道府州轉飭之件詳敘已辦未辦已復未復緣由按月歸入詞訟册內一文彙詳毋稍遺漏仍將遵辦緣由具復切切

札　江蘇兩江蘇屬各府州廳縣　臬司藩司

札飭各局卡委員有撤委更調者先行稟商

爲專札飭遵事照得各局卡委員經理釐捐事繁責重必須愼選精明廉潔之員方足以資佐理而昭核實嗣後凡委員有應撤應委更調者總宜先行稟商本部院察奪聽候核飭遵辦不得僅以一報了事合亟札飭札到該總局卽便遵照辦理幷移知蘇松太道暨蘇州牙釐局知照毋違

札松滬捐釐總局

吳江縣稟收繳器械禁絕槍船章程由

前定收買廢鐵價值本屬太昂現議各節是否周妥仰蘇藩司會同按察司督率首府縣悉心妥議總期能永除江浙槍船之患爲要仍候附片

奏明另札行知繳摺存

揚州府詳興化縣舉人王春旭等訊無率衆鬧漕情事詳請開復由

該縣舉貢生監率衆鬧漕積習相沿殊可痛恨據稱王春旭等查無確據而供情可憫是否實情應俟今冬察看如該縣不致仍有鬧漕方見該舉人等眞能痛改前非爾時再行詳請開復衣頂可也仰江蘇司

轉飭遵照。仍録報督學部堂院並候批示。繳。

札催委員等覆試

爲專案札催事。照得候補知縣曾令期滿甄別。上年由院傳考未到。又教習知縣茅令先據呈報候差竣回省。再行由司考試。前經本部院於上年十一月初二日行司飭傳曾令來轅覆試。並飭將茅令一員曾否回省。查明具覆。嗣該司護理撫篆時。於本年五月十四日開單彙催。札司遵照將曾令茅令等傳考之案。先行查明呈覆。迄今仍未覆到。該二員均應考試甄別。未便延宕。合行查催。札到該司。卽便遵照。迅卽查明專案具復。並令曾令等赶緊赴司覆試甄別。毋任再延。切切。

札蘇藩司

蕭縣稟辦過保甲情形由

保甲非止為弭盜設也而戢匪安良尤為目前急務乃各屬非視為緩圖即多畏難苟安其視為緩圖者於地方似覺不關痛癢其視為畏途者類皆絀於才力而要之均無一腔眞切愛民之念故也該縣於到任後即能參酌成規立法務歸簡當辦理已得窾竅細核條款其中尚有仍須斟酌商定之處如十家同牌只寫家長姓名年歲不將男婦大小瑣碎查開一條不開明男婦大小可也每家丁口若干仍應查開必先有一家丁口數目而後有十家丁口數目至牌册發由寨董散給旗長莊長一條如何謂之旗長如

何謂之莊長稟內未據聲明寨董旗長莊長除保甲牌册外槪不得妄有干預寨董尤須選得其人方免流弊又三年更換門牌編查既定便可一勞永逸一節前人查造門牌有四易簿始抽查無漏然後給發門牌閒有漏戶亦具呈補給何等詳愼百姓各有生業固要格外體卹不可稍有煩擾然官則必須細心耐煩方免有所遺漏也又每村共置鑼梆小村力難置鑼可置兩梆互擊接應一節此亦前人成規一村僅置一鑼一梆尚非難事至每夜起更羣擊鑼梆三次二更至五更皆照前羣擊以壯聲勢似不如添雇健丁數人輪更看守不動聲色嚴密巡查遇有響動則以吹角鳴鑼爲號俾各寨羣起截拿更有實濟蓋

在睡夢中敲擊鑼梆則擊者自擊盜者自盜殊屬兩不相謀設遇有警到處皆係人聲梆聲鑼聲更難覓盜蹤之所在不如暗中梭巡以靜制動更有裨益總之事無難易視有無實心爲難易該令務當勉益加勉不得徒託空言仰按察司轉行遵照再定例編排保甲稽查盜賊如州縣官奉行不力降二級調用前經護院通飭所屬勒限兩箇月編查完竣現在限期早屆如未能依限辦竣應切實稟復再給限兩箇月儻始終怠玩不辦不復或辦理煩擾或以空言搪塞均不得爲無過也該司並通飭各屬知之仍候督部堂批示繳清摺牌式存

新陽縣稟辦理保甲情形並章程由

據稟已悉。辦理尚屬詳盡。仰按察司飭即督率妥辦。務須勤於稽查。勿稍擾累。俟查辦完竣。造冊呈送。至另設閭師黨正。由縣親訪敦請。並送戳記。與保甲無干者。毋庸使用戳記一節。命意良是。而體制未洽。公文照會刊用戳記。近於添設鄉官。軍興以來。紳士辦理保甲捐輸等事。當時從權刊用戳記。後來流弊甚多。大抵事若可行。不必附會經典。如其窒礙。總師周官成法。亦不過等諸蘇威之五教王安石之青苗而已。仰該司並飭知照。仍補稟督部堂。並候批示。繳。章程存。

臬司詳新陽縣拋保揑大疎脫軍犯石小猪一案復訊議擬由

例載軍流罪犯在配脫逃。勒限百日緝獲到案。其看守之保甲革役免罪。逾限不獲。一名杖八十等語。此案軍犯石小猪於八年正月十一日在配脫逃。經該縣提保訊無賄縱。選差押保勒緝。於百日限內在寶應縣地方將犯協獲。應照例將穩大革役免罪。茲據請照王守不覺失囚一名杖六十律。擬杖六十革役。似屬錯誤。至前詳該逃軍於正月十八日被獲。現詳聲敘二月十八日緝獲。如何歧誤。仰即一併查明更正另詳。請咨。仍候督部堂批示。繳。

蘇州府詳六月分詞訟管押公文各册由

王飛熊等控金照亭一案。如果余子虔等催提不齊。應就現到人證。確審完結。仰即遵照同其餘未結各

宗迅速一併提訊斷結。至公文冊內飭催京控各案
一件。既須核議另詳。何得謂之已辦已復。登註殊屬
錯誤。弁卽知照。繳。冊存。

金壇縣稟擬辦保甲章程由

查所擬章程。雖就該縣地方情形。參酌成規辦理。惟
查造烟戶冊籍辛工。及城鄉各董往返舟車等項經
費。會董籌辦。是否籌有定章。能否妥善無弊。革除陋
規。尤須嚴防苛派。衙門中多一分慎重。閭閻中卽少
一分騷擾。至圖董皆係舉貢生監。於各該圖利弊自
較熟悉。第須嚴禁不得干預詞訟。以免流弊。所請飭
教職於赴鄉宣講
聖諭廣訓時。順道稽查。亦聽由該縣斟酌。該縣仍不得稍

存推諉總之戶口能得的實散數總數不可徒成具文爲要仰按察司轉飭遵照仍候督部堂批示繳清摺牌式存

臬司詳江寧張余氏僞造聯照描摹關防誆騙得贓核擬由

張余氏以婦女假造關防聯照誆騙得贓謂無同謀知情之人殊難遽信王得龍文朱氏等果否僅止代爲押錢得受中資張余氏之夫張太益是否實赴通州生理委稟李松壽業已病故有無揑飾應再切實查訊至該氏所造聯照既與借劵筆迹如出一手應令該氏當堂寫字細加核對是否與聯照借劵筆迹相符庶案情較爲核實仰即轉飭江寧府遵照辦理

覽日詳復察奪仍候督部堂批示繳。
江藩司詳故官王布政請祀名宦一案迄尚未
奉批示由
前因王故官並無實在循聲。派員密查政績。現據委
員覆稱詢訪百姓。未聞感頌遺愛。所有前詳請祀名
宦祠。該司再行確切查核。如有實在政績。另詳具
題可也。此繳。
札飭楊秀龍等原差稟請押發申飭
為札飭事。七月十七日據丹陽縣申稱據原差陳元
等稟稱民人楊秀龍疊赴臬府轅稟控袁留松等誘
婦勒嫁一案。節次往提。避不見面。細查始知仗上控
之勢。不肯到案。概犯楊道秀脫逃無蹤。到處派費任

意揑控。誓不來陽候訊。委係圖准不圖審。藉此拖宕。於中取利。惟有懇求備文申請。嗣後凡遇楊秀龍等攔輿上控。即賜押發等情。由縣轉申到本部院。據此查原差陳元等竟敢公然禀請押發上控之人。可謂膽大極矣。既云脱逃無蹤。何以又云到處派費。豈非自相矛盾。該縣衡情度理。楊秀龍如應押發。原不妨據實上陳。然斷無由差役禀請。將上控民人押發之理。天下豈有不恨上控百姓之差役耶。該令辦理此事。未免掉以輕心。且請示之件。總應具禀。何得率用申文。合行札飭。札到該司。即便轉行申飭該令。毋再徒爲傀儡。任書差牽扯而不自知也。

撫吳公牘卷之四十四

青浦縣陳令稟修築墟岸由

該縣地勢低窪恆苦水潦農民怠於築墟保護以致易遭淹浸現經該署令勸諭照業食佃力之例合力築墟開溝以資保障而便宣洩其荒田及無力工作者由縣捐給工食助其興築並委員督催趕辦以期一律告成歲獲豐收該署令盡心南畝爲民興隄防之利深堪嘉獎仰蘇藩司轉飭督令員董勸諭農業乘時赶緊興築毋任草率怠惰並查明實在荒田及無力貧農給錢助令興築仍將給過錢數報查此繳

委孫道勘挑鎮郡運河並飭備機器

爲札委事照得鎮郡運河淤墊工段前據鎮江府稟

請委勘開挑即經飭據蘇藩司札委候補直隸州陳牧前往會勘挑辦嗣查該河爲商賈通行之路礙難築壩車水復經札飭機器局配撥火輪機器一具運往挑挖以資利便在案茲據該府等查勘應挑工段深長約數稟復前來除札飭機器局赶辦挑河機器運往應用外查候補孫道曾用機器挑挖黄渡一帶河道妥速如式堪以飭委赴鎭督同勘辦合行鈔稟札委札到該道立即遵照會商機器局酌帶熟悉情形之人先行馳往會督府縣暨委員等勘估淤墊工段丈尺如何次第興挑實需機器人工等費各若干刻日繪造圖冊稟報核奪一俟機器到時即行開工挑挖毋得刻延速速速

札候補道 上海機器製造局

蘇糧道會詳欠解七年分漕項最多之婁青二縣先請摘項由

各屬積欠漕項陳陳相因亟應從嚴整頓以挽頹風前據該道原詳摺開自同治二年至七年分止各屬均有積欠自應併年核計以欠數尤多之州縣詳揭請參何以現詳又稱前呈完欠摺其中徵存實欠一時無從分晰獨將七年欠解之員酌量請參而置其餘各年所欠於不問即七年分尚有欠數較多之縣亦未一律開參而所參者又係卓有政聲向不應酬之陳金二令究竟其中如何歧誤抑係另有別情潛項關係

正供州縣果有徵存未解亟應和盤托出從嚴叅辦若
曲爲彌縫以致日積日多轉成不了之局則愛之適
所以害之矣仰卽確查各屬欠款內何年實有坐落
災區緩徵若干其餘尙欠若干何年未經展緩通計
歷年欠數員名開具詳細清摺刻日呈送一面分別
勒限追解毋稍徇庇所有詳稱七年分漕項欠數尤
多之婁縣青浦二縣現據婁縣稟稱除民欠外皆係
趲故令任內徵存未解之款其中有無揑飾應由該
司會同該道確切查明刻日詳復以憑核明
奏叅勒追其靑浦縣欠解七年分漕項現據該令稟稱
除詳請展緩外其餘欠解銀四千九百餘兩遵限於
二月二十六三月初三日兩堂批解清楚等情是否

依限解清。該司道亦卽確查詳復以憑核辦。除據縣稟另行分別批飭遵辦外。一面通飭各屬先將欠解七年分漕項。勒限兩月內掃數報解清楚。逾限不完。定卽叅追。切速切速。此檄。

札發築墟圖說

爲札發遵辦事。照得農田必資乎水利。而督率尤賴乎循良。三吳素稱澤國。低窪稻田。毎虞水患。卽如去年夏秋霖潦。漫浸田疇。其高田猶幸豐收。其低田全被淹損。豐收之田。小民得有蓋藏。正供亦無虧欠。官斯土者。並免催科之苦。勘驗之煩。且多收一分錢漕。卽多贏一分公費。其淹損者。事事均與之反。是農田水利之關係不獨國與民同其豐耗抑且官與民共茲利害思前慮後亟宜及早綢繆以期各收其益前據青浦縣陳令呈送孫耕遠築墟圖說本部院詳爲披閱嘉其能先事備災足以推行各屬因飭書局重刻以廣流布合行札發札到該府廳州縣卽便併飭所屬一體按照圖說事理巡行阡陌訪之墟董老農各就地方情形乘時認眞修築本部院來自田間深知稼穡艱難所望賢有司加意經營祛水患卽以收水利他日公餘之暇拏舟問俗察墟岸之築否卽以覘牧令之勤惰並將循是以爲勸懲也勉之懍之所有築過墟岸處所逼稟察核毋遲切切

計各發築墟圖說十本

札蘇松常鎮太五府廳州縣

咨行飭拏通州東沙鎮盜匪曹二麻子等一案

爲札飭咨會事據蘇松太道稟稱竊查海洋盜匪充斥前蒙派撥師船分飭會哨行商本可漸安無如洋面遼闊盜匪出沒靡常往往此拏彼竄東巡西劫師船有不能周顧者以致搶劫之案仍所不免近則師船專護漕運防維稍疎匪徒漸無顧忌茲於二月二十八日據山東五幫商號陸吉等聯名呈稱向係由海販運爲生近日所雇之徐正源同福盛彭合順王德泰王長順等各船均遭劫掠水手受傷船貨無着水手有逃回者咸稱盜巢在通州東北洋梢港亦名東陵港爲南北往來必經之處港內之東沙鎮曹二麻子

等爲首。嘯聚千餘人。出沒海面。凡被刦之船。水手有被拘者。迫使仍駕原船隨行。致載貨商船遠望良莠莫辨。迨知爲盜船。已路隔無多。猝不及避。掠去貨物。在鎭銷售。該處地方瀕海。若從水路緝拏。彼卽匿於原野。從陸路追捕。彼又遁於島中。呈求申詳嚴飭水陸兵勇會同拏辦等情。並據各該船舵工管儉盛等。先後稟報到道。查核失事日期。係上臘及本年正二月間被刦。除批飭照例前赴地方衙門報候勘緝。一面飛移各鎭營並飭通州合力會拏外。伏查該處濱臨海口。且爲南北要道。該盜匪等膽敢潛匿窺伺。爲害行旅。實屬目無法紀。若不痛加剿洗。絕其根株。不足以安商賈。惟滬上現無輪船。且船身較大者。難涉港汊據呈前情理合稟祈鑒核俯賜咨明督憲就近飭派輪船並嚴飭附近水陸各營合力兜拏悉獲解究實爲公便等情到本部院據此查水師緝拏海盜是其專責惟盜魁曹二麻子等在通州東北洋梢港出沒行刦嘯聚多人大爲商船之害掠去貨物在鎮銷售該管文武竟漫不經心致盜匪明目張膽迭刦肆擾若不立予剿除水陸會捕誠恐此拏彼竄釀成巨案除咨督部堂提督外合亟札飭札到該司立即遵照查明移行巡洋舟師剋日馳往剿捕務期擣穴擒渠仍隨時梭織巡哨遇有失事無論中外商艘均須實力救護該司並嚴飭通州文武及沿海附近各縣營暨東沙鎮專汛員弁一體合力兜捕有犯必獲勿任

漏匪且查該鎮各姓多聚族而居匪徒搶刦之後一聞兵到即竄匿無蹤并該州會同鹽場汛地諭飭該鎮之武舉武生貢監董事人等設法購線加以重賞重罰斷不能破案也並將窩頓銷贓各匪徒確查拏辦儻有弁兵捕役人等通盜豢匪及借起贓爲由索擾良民一經查實立即分別嚴辦並移蘇松太道杳照此札

札臬司

簽駮朱鳳翔京控案

簽按察司知悉據該司詳解宿遷縣監生朱鳳翔等京控朱桂森等勒捐肥已賄串朦蔽勒結等情一案

審擬解候勘咨前來本部院查𧞣董朱桂森於奉示

禁止各項捐輸以後並不即將田捐舖捐停止仍照舊收捐雖據稱公捐公用實屬藐玩僅擬以不應重杖照例納贖尚覺輕縱該壚董既歷邀保獎現應如何嚴行懲儆並將已收捐款逐一核實清算以杜浮冒合行簽飭簽到該司立卽遵照確核另行妥議詳解勘辦毋違此簽仍繳

計發司招附詳長詳解批原呈甘結呈批八件

簽臬司

徐州府詳徐海道病故出缺請委員接署由

高道從戎十有餘載廉樸幹練一錢不名自到徐海道任後仍復兼辦營務清理積案裁減陋規教養兼行眞能覗

國事如家事。遽聞病故。惋惜殊深。所遺員缺。應候會同

督漕部堂酌核遴員接署。仰江藩司轉飭知照。一面將

高道病故日期。由司查叙履歷。刻日照例詳

題。開缺毋遲。仍候會商督部堂將該故道照軍營立功

後病故例。

奏請從優議恤。並候督漕部堂批示。繳。

崑新清丈局董徐栴等禀已丈魚鱗未經編復

及請撥欠發錢文由

查該局員董辦理清丈更正時閱兩年之久用費至萬餘之多何以已丈魚鱗田數尚未復勘完竣該委員董事人等究竟所司何事現在業已撤局始行禀明不知是何居心惟未竣事宜已據委員禀請由縣辦理應令該二縣督同原董趕緊復查明確造齊業戶更正田單魚鱗坵戶細冊分別給發通送將來徵收錢糧如有舛錯即惟原經手之委董等是問仰全書總局轉飭遵辦冊遲繳

江陰縣禀上年啟徵熟田應徵上忙銀兩擬請

照額全徵其剔出淹田緩至下忙察看併徵

請示由

查上年啟徵上忙錢糧時據該縣以七年新墾田畝稟請緩徵當經批司議復緩俟麥熟後酌量稟辦所有原熟及六年新墾飭令造串啟徵迨麥熟後又經飭府查復因麥收未能豐稔民情拮据方准緩至秋後併徵今該縣稟請將同治八年分剔出被淹無收田畝應徵九年上忙银兩援案緩至秋後察看併辦等情既未據將上年批查原委明晰聲敘且現在二麥菜豆連得雨澤滋培正當青葱長發之際從此雨暘時若春花可冀一律豐稔該縣聲稱收成不免減色何得如此欺飾仰蘇藩司卽速飭府體察情形據實通稟由司查議詳復酌辦毋稍瞻徇切切繳

山陽縣詳候補同知直隸州知州王牧病故日期家屬扶柩回籍治喪由

據詳王牧在差病故由屬請咨回籍入城治喪核與定例雖有未符惟蘇屬曾有前署元江青縣丞陳某丁憂扶柩回籍當據蘇藩司詳請援照豫省前署考城縣候補知縣吳令辦過成案給予護照回籍治喪有案今王故牧曾任實缺姑准援案給照由屬扶柩回籍治喪仰將發來護照一張轉給祇領仍候分咨部籍查照並候漕部堂批示繳

計發護照一張

校核江屬下忙告示

爲札飭事照得各屬徵收錢糧前經飭令將田地山

蕩上中下科則每畝應完銀合錢數銀洋照市作價
逐一條列刊刷簡明告示大縣以貼滿一千張爲度
小縣以貼滿六百張爲度並於串票上加蓋每銀一
兩實收錢若干紅戳庶鄉民一目了然仍將告示加
戳串票式樣通送查核茲查淮揚等屬啟徵同治八
年分下忙錢糧各州廳縣應送示串各式本部院就
已經送到者逐一校核內豐縣贛榆二縣告示內漏
敘銀洋照市作價一節阜甯沛縣雖亦未敘然已於
串文內聲明向不行用銀洋應免置議此外均尚詳
晰無漏惟桃源安東鹽城高郵興化寶應銅山宿遷
睢甯通州如皋泰興海門十三州縣廳迄未將斗則
告示單串各式呈送殊屬玩違應即分別記過示懲

又江都海州沭陽三州縣。查無單串各式同送。亦屬玩泄。海州雖據於文內聲明以銀完交。請免於串內加蓋錢數紅戳。是以未送串式等情。惟該州與沭陽縣錢漕既收銀兩。亦應將每錢糧銀一兩。連公費實徵銀若干。漕米一石折徵銀若干。於單串內加蓋紅戳。並將蓋戳單串式樣。同以錢折繳照市價合算告示。併送查核。未便藉請免送。合行札飭。札到該司。卽便通飭各屬一體遵照。並令嚴行查禁。擅書差保人等。浮勒病民。低作洋價等弊。儻有違犯。立提懲治。其此次告示內未能詳備之處。卽令於下次明晰聲敘。勿再忽漏。並由司將未送告示單串各式之桃源縣安東縣鹽城縣高郵州興化縣寶應縣銅山縣宿遷縣睢甯縣通州如皋縣泰興縣海門廳同知各記大過一次。分别註冊飭遵。其漏送單串各式之江都等三州縣。並即分别申飭。仍令將應送告示單串各式補送查核毋遲。併通飭各屬嗣後開徵時。務將開徵日期。斗則告示。加戳單串各式。同貼示處所清摺一併具文呈送。毋再遲延遺漏切切。

札江藩司

核江屬冬漕告示

爲札飭事。照得淮揚各屬徵收錢糧漕米。前經飭令照蘇屬辦法。將上中下田地山蕩科則。毋畝應徵銀米各數。按照奉定價值合錢若干。銀洋照市作價若干。逐一條列明白。刊示曉諭。使糧戶一目了然。以杜櫃書差保朦混多收在案茲查同治八年徵收冬漕應送示串各式本部院就已經送到者逐加校核內鹽城縣僅送催徵告示未列斗則杜弊之語亦大簡略蕭縣示中列每石隨漕腳費錢五十四文四字似係誤刊宿遷贛榆二縣僅有每畝應徵米數並無合錢細數其餘各屬均尚合式惟清河桃源高郵甘泉儀徵寶應銅山睢甯通州泰興海門十一州縣廳迄今未將斗則告示單串各式呈送實屬違玩應即分別記過示懲又阜甯鹽城泰州江都興化海州沭陽如臯八州縣僅送示式未將單串各式同送亦屬疏漏合行札飭札到該司立卽通飭各屬一體遵照並令嚴行查禁櫃書差保人等如有浮勒病民低作銀

洋二價等弊立提懲治其此次示內未能詳備之處即令於下次刊辦時務遵定式逐細聲敘並將延不呈送告示單串各式之清河縣桃源縣高郵州甘泉縣儀徵縣寶應縣銅山縣睢甯縣通州泰興縣海門廳各記大過一次分別註冊飭遵漏送單串各式之阜甯等八州縣亦卽由司分別申飭仍令將應送示串各式補送查核毋遲並通飭各州廳縣嗣後務於開徵時卽將開徵日期斗則告示由單串票各式並於單串內加蓋每石折徵錢若干有無隨正應交之款紅戳同貼示處所清摺一並具文呈送毋再延漏切切。

札江藩司

吳江縣稟勸諭築墟並示禁各種惡習由

該縣地逼太湖常苦水潦。該令復任以來。卽勸民乘時築圩。疏通溝洫。洵爲盡心民事。深堪嘉奬。現在飭書局刻印築圩圖說。俟書成卽當發交該令。曉諭農民。俾知築圩之益。所禁四條。亦能爲民除弊。如農夫去草。芟夷蘊崇。仍望督率勸懲。勤求實事。以副厚望。並録批報明藩司查考。繳。示摺存。

江蘇兩屬未送忙漕斗則告示單串各式記過

申飭一案通飭

爲通飭事照得江蘇各屬徵收錢糧漕米。前經飭令將田地山蕩上中下科則每畝應完銀米各數逐一條列出示曉諭。並於由單串票內加蓋每銀一兩每米一石實收錢若干紅戳。將告示單串各式通送查核。以憑彙校詳畧在案。茲查同治八年分徵收錢漕各屬。除已據送到外。核計下忙案內尚有桃源安東鹽城高郵興化寶應銅山宿遷睢甯通州如皋泰興海門十三州縣廳。迄未將斗則告示單串各式送到。現經將各該州廳縣各記大過一次。其江都海州沭陽元和吳縣太湖常熟新陽金山青浦丹徒鎮洋十二州廳縣。僅送告示。查無單串各式同送。亦經分別行司申飭。又冬漕案內。尙有清河桃源高郵甘泉儀徵寶應銅山睢甯通州泰興海門十一州廳縣。漏未呈送斗則告示單串各式。現經將各該州廳縣各記大過一次。其阜甯鹽城泰州江都興化海州沭陽如皋新陽九州縣。僅送示式。查無單串各式同送。亦經分別行司申飭。並梭核已送斗則告示單串各式內詳畧舛漏。行司轉飭遵照。合再通飭。札到該府州縣廳。卽便轉飭遵照。嗣後務須詳愼辦理。並於開徵時卽將開徵日期斗則告示由單串票各式。並在單串內加蓋每銀一兩。每米一石。實收錢若干。有無隨正應交之款。紅戳。同貼示處所。清摺。一並具文呈送。毋

得延漏致干未便切切此札

札江淮揚徐海通海蘇松常鎮太十二府州廳並各州廳縣

蘇州府詳安東縣民周幗愛之妻許氏實係被賊拒傷身死並非周幗愛自殺揑報審正由

周許氏係事主周幗愛之妻被賊拒殺身死竟以事主自殺其妻擬解若非本部院將該發審局所呈節略分別簽駁豈不又枉殺一命哉審案如此憒憒實堪詫異縣差劉中陳倉等既逼令事主十三歲之女妄供其父將許氏殺死周幗愛被其女一口質任亦竟誣服該差等並因索詐不遂將事主房屋等物折賣膽玩已極江北吏治暗無天日令人髮指周幗愛前經司訊既供有素識之汪六串差索費縢縣刑逼

承認之語。汪六果否卽地保汪同德。府訊又供明陳倉等。將伊刑逼承認醉後殺妻劉中僅認畏官革比。起意嚇誘其女周小煥子揑供。並稱陳倉等如何逼打承認。王中如何變賣屋料豬物。伊不知情。王中則稱折賣屋料等物。係爲抵給飯食錢文。是則該差等教供詐索。業已自認不諱。惟陳倉等至今延不解訊。案情尙有糢糊。亟應澈底根究。儘法懲辦。不能稍涉輕縱。仰按察司立卽遵照。速飭安東縣迅將此案玩差陳倉等。限二十日內按名提齊解究。不准一名漏網。周幗爱等拖累已久。究竟到案時如何被縣刑逼承認。及該差等如何逼打索詐。是否已給差費若干。實在因何誣服。應卽明白開導。令其逐一據實供吐。

訊明後卽行釋回毋庸畏凶隱忍仍一面嚴飭勤緝
在逃兇賊務獲究報繳

甘泉詳六月分詞訟監押公文月報册結由

該縣訟案上月本積壓太多今六月分開除又未過
半訊結者尤屬寥寥辦理實屬延怠仰卽赶緊催提
審結否則日積月累更難清楚矣至開除項下息結
各案僅據聲明已經理明究竟如何理明並未於册
內畧敘殊欠明晰且有並未取具兩造遵結僅據原
差一禀銷案難保不日後翻控仰江藩司轉飭遵照
此後息結之案應將如何理明緣由於詞訟册內摘
敘簡明原委取具原被各結存案切切繳册結存

溧陽縣申送六月分宣講清摺由

該縣支領薪水之講生。每月講期章句。已於結內塡註。其不領薪水者。卽未據開報。無從查核。且每一講生。一月秪講三期。空曠過多。該學督講之期。亦太簡少。均屬違玩。仰卽會學諭令講生。嗣後每按五日宣講一次。一月之內各需舉行六次。均就原定講期遞輪增添。不得曠誤。所有講期章句支領薪水者。卽於結內塡報。不領薪水者。開單專報。併責令該學官等勤密分投督率。將何日至何處督講何段何章。於摺內逐一條列開報。勿再偷安怠惰。仍隨處采訪稽查各事。考察義塾課程。一併附列摺內送縣轉呈。毋稍率忽。切切。此批。摺結存。

山陽縣詳六月分公文詞訟監押册結由

冊報詞訟開除雖多。而新收不少。訟風仍未消息。仰即設法勸導。俾期無訟。自理開除項下。陳國文控吳武勘索馬頭費錢一案。吳誠究係何人。未據聲明。且既經訊明索錢屬實。亦非一吏所能了事。應再提案確訊。從嚴究辦。又訪查該縣有命婦鮑沈氏服煙自盡一案。冊內何以並不列入。並即查覆。從次如再匿漏。定即查參。至內監項下。殺犯吳長汶組瑞一名緩決三次。已准部議減流。應即造冊詳咨起解。毋稍遲延。仍候督部堂批示。繳冊結存。

各屬僅漏報一案。公何以即知之。是真具摘奸發伏之神矣。蓀根受事將及兩年。並未摘發一案。公牘中曾言江北書差往往爲州縣供奉長生祿位。

然則此間州縣。又當爲葆楨供奉長生祿位矣。

催安東徐克榮案訊詳並將該縣記過註册

爲再行札催事。上年六月初三日。據該縣詳民人徐克榮被賊拒殺。獲犯宋老漢。訊係姤姦起意糾毆洩忿。致將徐克榮砍傷身死等情。當查此案傷多且重。謂非有心致死。殊難憑信。且是夜裴樊氏之夫裴小眼。是否在家。亦未據訊及。種種支離閃爍。顯有不實不盡。批司飭訊另詳。迭經勒限札催。嗣因逾限日久。未據詳報。又經勒限七月初十日以前通詳在案。現又逾限。仍未據詳報。殊屬玩延。應將署安東縣知縣先記大過一次。以示薄懲。除行江藩司註册飭遵並札臬司該管道府嚴催。暨咨督部堂查照外。合再專札嚴催。札到該縣立即遵照提集屍親犯證。逐層研訊。錄取切供。再限本年八月內通詳察核。一面勒拏朱芳等務獲併究。如再遲延。定行撤參。此札。

札安東縣

通州詳五月二十四日起至六月底止詞訟監押公文各册由

查內監項下紋犯徐儉和一名。業准部復減流。仰即赶緊造册請咨起解。自理項下李珍稟金貴和等一案。差役簽至七名。未免太多。以後幸勿復爾。至監押人犯。如果一案而有數名者。自應註明以上幾名開除人犯。應將如何省釋。畧敘案由。來册均未聲明。殊欠清楚。並即知照。仍將未結之案。赶緊提審斷結毋延。繳冊存。

加函

一案而簽差至七名之多。殊駭聽聞。須知正差一名。必帶帮夥數名。白役數名。若正差簽至七名。勢必五六十八。蜂湧而往。隳突叫囂。無所不至。小康之戶。必至家破人亡而後已。諺云。堂上一點硃。民間一點血。以後執事判票時。務求試代百姓設想接到此票。須如何受氣。如何花錢。如何將老弱送至鄰右逃避。如何將貲財轉託勢豪說情。瞑目代想片時。必有愀然不忍下筆者。一差尚且不忍簽。何況簽至七差乎。我輩俱係來自田間。須念兵燹之後。百姓皮骨僅存。不可暴摧折之也。

沭陽詳六月分詞訟監押公文各冊由

舊案太多。開除又少。似此日積月累。試問何時得以清理。仰即振刷精神。上緊提審速結。如果兩造延不到案。核其案情細微者。即行照例詳銷。以清塵牘。繳冊存。

長洲縣詳六月分詞訟監押公文冊摺由

查自理項下。萬鑅一案。經該縣訊明。該原告倚恃衙門書辦。並仗陸姓聲勢。同至同源押店。贖取兩票。明係希圖便宜利錢。及被陸姓贖取一票等情。難保非萬鑅串通揑控。實屬可恨。且押店去年曾經禁止。何以此時尚敢開設。是萬姓亦宜懲究。而押店亦宜禁絕。仰即遵照分別辦理查禁。至此案現在陸姓尚未到案追給。不可謂之已結。其顧朱氏一案。現經該縣諭令該原告及顧銀壽尋獲顧朱氏交案斷交。亦不得謂之已結。上控項下。沈增觀一案。僅據聲明詳復是未奉到批示。均不應先列開除。並卽知照仍將未結之案。趕緊提訊斷結。幷候督部堂批示繳。册摺存。

泰興縣詳六月分詞訟監押公文各册由

查自理開除項下。蔣東海嚴芝元楊必達三案。既經訊係誣告。自應照例嚴辦。今該縣僅止分別掌責申飭。未免太寬。仰卽遵照。此後控案。如果審係虛誣。卽當從嚴究辦。以爲好訟者戒。內監項下。陳九小方禾森二名。緩決三次。已准部覆減流。並卽驗明年貌。造册作速請咨起解。至六月分開除甚少。未結太多。且

有二年分積案。迄今尚未辦結。實屬遲滯。並卽上緊
催提訊結毋延。繳册結存。

札飭准咨通行通緝之件不必造報通飭一案

由

爲札飭事。七月二十四日。據常州府稟稱接奉院札。
此後七月分奉到公文册內。應將札行司道轉飭之
件。按月歸入詞訟册內。一文彙詳等因到府。遵查各
屬命盜錢漕詞訟。以及一切照例案件。應否一律開
列。再奉准大部或准各省督撫將軍咨文內。如通行
通緝。官員請咨取結赴選。到省丁憂起復各件。向例
亦由司道轉行。是否免予造報。稟請核示等情。據此。
查司道轉行本部院公文。凡係特札通飭。有關吏治

民生人心風俗之件。卽應造報。如准咨通行通緝。則不必造報。除批示外。合行札飭。札到該司卽便通飭各府州廳縣自八月分起。一體遵照辦理。俾免歧誤。切切。

札兩藩司

崇明縣稟各義塾辦理情形由

義塾卽古閭師黨庠之意。全在實心經理。俾之薰德善良。原非僅多設處所。存其名而已也。至經費一節。亦宜各就地方情形。參酌籌商。來稟所稱併而集資運取其息等語。殊屬費解。仰太倉州飭卽核實妥辦。相與有成。仍將已設各塾認眞查察。勿稍弛懈。切切。繳。摺存。

撫吳公牘卷之四十五

飭查各屬積穀數目詳報

爲札查事照得本部院於前年屢次通飭各屬勸諭籌備積穀建倉存儲已據各州廳縣陸續議稟章程或隨漕帶捐或分忙攤徵各按地方情形隨宜舉辦惟七八兩年內共計收有若干如何采買穀石建倉儲積未據按年截清收支各數造册報查已於上年九月內據該藩司報明頒發册式飭令造報並委員分赴各屬逐一確查開摺通稟在案迄今半年有餘甫據青浦縣查明七年分止收支存積各數遵式造册詳報並先據宜興荆溪二縣將各圖捐存穀數開摺呈送其餘各屬均未據遵造細册詳送到院其委員

前往查報之數亦未開摺通稟無憑查核合行札查。札到該司州府卽便遵照查明蘇廳省各屬已辦帶捐積穀者幾處或錢或穀於何時捐收共有若干何時建倉買穀現在實存錢穀若干彙核通計共已積存錢穀各若干於四月二十以前逐細開摺詳候

奏明立案幷核明勸捐積穀爲數尤多之州縣附摺

奏請獎勵一面通飭已辦各屬將連年收支存積各數遵照司須冊式造冊詳院查核並飭未辦各屬督董議章通稟趕緊開辦毋遲。

札蘇藩司

札蘇松常鎮太五府州

鎮江府稟徒陽運河挑土約需經費不敷請撥款由

徒陽挑河工費。以府庫洲租存款儘數抵用。不敷尙鉅。應如何籌撥濟支。仰侯總局悉心籌畫核議詳覆。察辦。至孫道因須回籍終制。已札委陳牧會辦在案。並即催令陳牧。即速稟商機器總局。選派熟悉情形之人。督同勘估核計。以機器撈挖應需煤火人工若干。另用運土剝船挑土人夫各若干。統計共需經費若干。較之現據所估。節省幾何。刻日通稟核奪。一面運送機器到工。即行赶緊挑挖。爲時已迫。毋再遲誤。切切。仍候督部堂批示。繳。册存。

清河縣詳孫繼沅等認封孔憲儒布店訊供由

此案前據獲犯李葨樺孫繼沅二名據稱該犯等供
認參差並未錄敘供詞今核來詳續獲戈瀨仔即葛
瀨仔一名據訊係楊洪汝馬二兩人起意爲首供詞
已不確鑿李葨樺則稱向馬二索還舊欠馬二令其
跟往趙家集拏錢因而聽從楊洪汝馬二糾劫得贓
所劫贓物據供係藍白布一二百疋錢幾十千等語
該犯分布六疋錢二千其起獲之銀簪一枝亦係該
犯分得贓物銀戒指一個又稱係馬二楊洪汝二人
交存所供贓數及分贓情形頗屬含糊孫繼沅所供
另有聽從監斃之李葨有夥劫郭懷義家衣物一案
前據縣詳獲犯李葨有周濤兩名詳內亦稱該犯等
供認情形未能畫一李葨有業已在監病故該縣審

辦盜案。如此草率含混。殊滋疑竇。仰按察司嚴飭將事王孔憲儒郭懷義被刦各案犯迅即分別訊錄切供通詳。一面勒限緝拏逸盜。務獲究報。毋得仍以浮光掠影之詞。希圖搪塞。儻再玩忽。即由司嚴揭請參。仍候督部堂批示。繳。

江海關道稟復進口半稅存票統抵正半稅現

蒙指駁並狄司稅欲改舊章各情形由

該道此舉。原屬過於遷就。其洋商請領內地稅單。及長江三關還存票之執照。如由新關塡給。流弊必多。經該道力爲辦駁。自屬正辦。繳。

佘御史奏禁蘇省蠹役。

爲欽奉事。同治九年三月二十五日准戸部咨御史佘培軒奏請禁除蘇省蠹役私墊錢糧。並官役數目。請定限制各摺片。奉

上諭一道恭錄咨行欽遵辦理計單等因。到本部院。准此。查江蘇各屬。從前有書差代納錢糧。勒索串票荒費以及詞訟內鋪堂等項陋規。本部院涖任以來。不啻

三令五申。嚴加整頓。通飭各屬。永遠革除。每屆啓徵
錢糧時。並令先期出示曉諭。以清弊源。各在案。茲准
前因。除札江藩司外。合就鈔黏札飭。札到該司。即便
遵照。遴委幹員前赴海州等屬。嚴密查訪贛榆沭陽
等縣糧差。有無代墊錢糧。勒捐串票等弊。該處衙役
是否實有若是之多。以及私立督總等名目。驕縱不
法。陵辱庠生鄭棫林等。及搶傷李錫麟之事。如有前
項情弊。即行詳請從嚴懲辦。以除積蠹。並移飭各該
管道府州。一體明查暗訪。儻敢陽奉陰違。或有前項
不法情事。亦即稟請嚴加懲治。仍令各屬出示禁革。
不准私立名目。多設差役。每於上下忙徵收錢糧時。
由各該州廳縣密查書差。如無勒捐浮收等弊。出具

印甘各結並開差役花名清摺通送查核仍報明督部堂查考移會臬司知照並將查辦情形隨時報查此札

計鈔黏

札江藩司

常熟縣詳訪獲民人陳盛金等疑賊綑縛曹阿四等致斃棄屍不失一案驗訊由

據詳震澤事主歸甫倫行船被搶一案捕役張源疑係陳盛金盜首因遣副役曹阿四等緝拏既已事隔三年差票遺失何以至今始行拏犯又據陳盛金供稱並無行搶歸甫倫之案因曹阿四等手拏洋鎗鄉人疑賊驚喊該犯出看被鎗傷額角喝同翁春潔等

捉獲綑縛致斃將曹阿四等一併拋入湖内淹死所
稱該犯等旋在舟中將中艙四人用滚水灌入口内
欲止其罵不期致斃陳增郎則供並未同行等因案
關致斃六命事情重大未便以離奇恍忽之供遽定
爰書是否各匪逞兇拒捕其中有無别項轇轕抑係
差役索詐起釁仰按察司飭府速即提集犯證屍屬
人等研訊確供通詳勒限十五日内按擬招解毋得
顢頇枉縱切切仍候督部堂批示繳格圖存

江都縣稟擬呈詞訟章程並差限簿式請示由

據稟已悉江北民情固屬好訟而刀生劣衿爲尤多訟師以刀筆爲生涯書差以辦案爲利藪誠不可不加意察究儘法懲治該縣詞訟不少現值蒞任伊始果能判决勤明速審速結則願訴者多求伸者衆不可遽厭冗瑣掉以輕心全賴耐煩清理虛衷研鞫平情衡斷懲勸兼施所謂治亂民如治亂繩不可急也至派訪案情極須斟酌公正紳耆非公不至道路傳聞每多附會間有訪詢得實原足藉資考證若所派非人不但捕風捉影徒亂人意轉恐變亂黑白流弊滋多决獄惟賴明字方能持久公生明靜生明從容亦生明平時周知民隱臨事方有確見以虛公之心

坐照誠求，則庶幾乎近之矣。又查拏棍徒鎖繫榜示一節，棍徒情罪重輕，亦不一致，如果游手好閒，偶然詿詐，原聽酌量辦理。若屢次擾害，即不能不按例擬辦，投之遠方。棍徒無衙蠹串庇，爲害尚不酷烈。頗聞該縣蠹役不少，控案纍纍，務須力加整頓，隨時確察嚴懲，勿稍寬假。爲要簽差簿式妥洽，須逐日查閱，不可以他事閣過，尤不可假手於人。仰即遵照繳簿式存。

江都稟周汝誠私開小押請革衣頂並周汝誠

在寓自服洋煙身死由

據稟高郵州武生周汝誠私開小押盤剝病民請暫革衣頂何以先僅稟府轉請褫革迨奉府批始行通稟殊不可解察核州詳周汝誠之長子周以恭於初八日晚送麵點到歇次日天尚未明周汝誠胃疵舉發卽自吞煙殞命既有該武生次子周以寬同房住宿究竟周汝誠如何吞煙如何毒發致斃是否周以寬毫無聞見何以未據詳細聲明該州又率准攔驗其所服洋煙果否周汝誠自行帶在身邊該歇果否並無陵虐索詐有無串飾消弭情弊仰按察司卽飭揚州府剋日確查據實詳覆察奪勿稍徇隱含混切

切。仍候督學部堂院批示。繳。

札臬司通飭各府州廳縣清理監獄體恤罪囚

由

爲札飭事。照得各屬監獄羈禁罪囚。固屬咎由自取。然明刑所以弼教。非有意患苦之也。既已明定罪名。示懲以儆誡。仍應時加體恤。存司牧之哀矜。況夏令炎蒸。江南卑溼。囹圄地隘。縲紲人多。疫癘易侵。尤須及時清理。合行札飭。札到該司。卽便通行各府州廳縣遵照。督飭管獄官隨時親詣監所查驗。責令提牢禁卒人等。將監房勤加灑掃。刑具勤加洗滌。時焚辟溼辟瘟藥物。其獄囚衣糧。勿任刑禁剋扣。亦不准積年監犯違例自充牢頭。陵虐滋弊。如遇伏暑。酌給

席扇涼漿俾在禁諸囚不致紛紛瘐斃以廣
皇仁一面查明未結各案赶緊訊斷完結毋得閣延致滋
羈累惻隱所施無分善惡仁愛之至可召祥和願諸
君子於監獄羈押各處時時親自訪查詢問則胥役
人等必不敢橫肆陵虐誅求況羈押中尙有許多無
罪牽連者乎念之惻然此札

札臬司

吳縣詳覆詞訟差票外加限單一案現辦情形

由

前據無錫縣稟呈差限單式查核尙屬妥洽經本部院酌列章程鈔黏通飭已據各外縣陸續報明遵辦茲查長吳二縣具詳均稱無須加用限單元和縣雖稱仿照辦理究竟如何仿辦亦未據核實稟明而於黏章內酌給差役盤川錢文不許妄用鎖鍊各層各該縣竟概置不論試思不給盤川能保差役之不藉端需索乎不應用鎖而用鎖能保差役之不虛聲恫喝乎該首縣爲外縣所儀型乃外縣俱能照章辦理而該縣竟爾託詞推宕於民生疾苦漠然無所動於中誠不知是何居心仰按察司嚴飭長元吳三縣立

卽遵照前飭辦理。仍出具簡明告示徧貼曉諭。務使鄉僻周知。如再玩違。卽行參辦。檄

吳江縣詳委驗吳縣監犯陳幫輪病故一案驗訊由

前據該司審解盜犯蔣柏蕣等到院。當經前護院提訊。犯供翻異。復提夥犯張阿桔等研審。供亦游移。發回復訊。迄今兩月。未據審解。據詳前情。仰按察司卽飭蘇州府速提現犯。督同局員研訊確供。由司復審按擬招解。一面將陳幫輪病故緣由。核入正案擬議詳辦。並行長吳二縣暨該縣知照。至各首縣遇有寄禁之犯。一月內在監病故二名者。將印捕各官記過。前經批飭遵照在案。未定罪名禁押人犯病故。分別

記過。原因罪名尚未審定。人犯先已瘐斃。予以薄懲。庶期速審速結。而於患病人犯。或能加意矜卹。如堪以取保者。亦必爲之取保醫調。不致濫禁濫押。視人命如草菅。此定章之初意也。寄禁寄押。與本監本押不同。是以量爲區別。至罪名之未定已定。只能以曾否解審爲斷。如尚未解審而詳內聲敘係某案內應擬某罪之犯。不足憑也。既已招解。則固已擬定罪名矣。其人犯翻供發回復審。仍當作爲已定罪名論。各屬僚有捏飾上司扶同徇隱。自應分別懲儆。吳縣前有元和縣分禁人犯陳全郎一名。於六月二十一日在監病故。係未定罪名人犯。應行存記。俟扣滿一月有無續故。照章辦理。今陳幇輪一犯業經解勘。因供

詞游移發回復審寄禁病故應免併計並即知照仍
移行兩藩司道府直隸州一體查照將奉文日期報
查并候督部堂批示繳格存
元和令記過一案由
爲咨明事七月二十四日據元和縣詳送六月分詞
訟監押公文各册到本部院據此查上月詞訟各册
定章於下月初十前到院該縣六月分各册直至七
月二十四日始行送到實屬玩延應將該縣記大過
一次以示薄懲除批行蘇藩司註册移會江藩司一
體通飭遵照外相應咨明爲此合咨貴部堂請煩查
照施行
咨督院

銅山令記過一案由

爲札飭事案據銅山縣詳送五月分詞訟監押公文各册到院。當因自理實在項下。漏開吳夢祥與郭朝聘互控一案。即經批飭知照在案。茲於七月二十三日據該縣申稱遵查五月分詞訟報册原稿。委於實在項下漏入此案。又查六月分各册。係查照五月分實在開報。以致六月分亦復漏開。除於七月分月報册內補入外。應請將卑職記過一次等情。到本部院。據此。查此案五月分册內既已遺漏。而六月分又復漏開。可見該令於民閒詞訟不肯隨時留心。實屬疎忽。姑從寬將該縣記過一次。以示薄懲。除咨明督部堂查照外。合行札飭。札到該司即便註册移會蘇藩司一體通飭遵照至該縣於自請記過之件率用申文。亦屬不合。並即申飭毋違。

札江藩司

贛榆詳六月分公文詞訟監押册結由

查上年蘇藩司具詳佐雜各員恃有控訴到案呈送印官查辦免議之條。陽奉陰違。不可不防其漸。擬請嗣後佐雜衙門。遇有民人控訴。應令逕自赴縣呈遞。不得代爲詳送。儻敢擅行收受。即照擅受例辦理。印官據詳審理。即照徇庇例詳請懲處。立法已屬詳盡。經批如詳飭遵在案。今該縣詞訟册內有理開除瑣下劉萱氏控韓名川一案。註明先據靑口巡司由據韓名川稟控劉姓等情。是該巡司擅行收受。該令不行揭報。均屬咎有應得。姑念該令平日辦事尚屬認眞。從寬記大過一次。已咨明督部堂查照矣。其青口巡司册內。並未聲明名姓。仰江藩司確切查明。詳請懲處。仍飭該縣迅將未結各案。赶緊提訊斷結。並由司將該令記過緣由。移會蘇藩司一體通飭各屬遵照。繳。册結存。

崑新清丈局稟覆奉提節省經費委屬無從籌解由

此案前據該印委等具稟。當查清丈經費。自應先儘本款支用。即經批局轉飭遵照。務以清丈公事爲重。即速督董赶緊查辦竣事。逐一造册通送察核。毋得縣宕糜費。此後所收丈費。核明餘存若干。悉數解司抵充全書經費等因在案。何以此批該縣委尚未接到。據禀前情。合將原批鈔發。仰即遵照辦理。仍錄報全書總局繳。

臬司詳籌議清理京控案件章程摺由

此案業經札司議詳。茲核章程。尚屬明晰。詞訟等案。無關命盜及各項重情。並未在本省上司衙門呈控者。分別發交該管道府州親提審辦。應勒限兩箇月訊取切實供結。議擬通詳。由該司確核詳咨。如有情罪未洽。分別提省審正。其控情細微。不候州縣審斷。輒赴京申訴者。或委員會同州縣審辦。亦勒限兩箇月訊取切實供結。議擬通詳。仍由司確核詳咨。不得以州縣已經審理之案。仍委該州縣會審。以示區別

而符例義其道府州如有承審逾限及能如限速結
者。卽由該司議一勸懲定章以免日久廢弛至局員
審理京控各案既於人證到案之日起給限兩箇月。
如有案須關查或賍須提起查認者應卽於兩月內
關查提辦依限完結不得率請展限至委員提解迅
速既准優給獎敘分別記功酌委不作尋常勞績論
其委員提解遲延亦應嚴行懲儆現尚未據議及審
斷妥速准予隨時稟請給獎其逾限一月者據請記
過一次二月者記大過一次三月以上撤差停委懲
處尚嫌太寬此次清理京控須
奏明變通辦理務將現在新舊咨交未結十七案統於
四箇月內埽數完結方爲妥善若非正犯潛逃要證

外出。仍復輾轉遲逾漫無限制。不惟人證仍多拖累。
亦屬碍難入
告。至人證何時奉提何時解到。何員承審均屬有關考
核。並應隨時報明。再同治四年奏交一案。屢經本部
院嚴催解勘。至今查無聲息。究竟人證於何時提到
自應由司查明遲延各員職名。於十日內專案詳參
以期發聾振聵。至外省民人赴京呈訴未經在本省
控理。解回審辦。係屬照例辦理。所請
奏明
飭令都察院步軍統領衙門。遇有控情無關重要。概不准
行之處。應毋庸議。仰即查照前今札批事理遵辦。濡
筆以待。毋稍刻延。繳。摺存。

淮安府詳阜甯縣事王崇如堂被刼案內李大等訊非正盜可否分別歸案另行確訊責釋由

查江令原詳據稱先後拏獲李廣發夏仁選顏三周以來四名已稟請漕部堂委員審辦嗣因夏仁選病重提驗週身瘡痛不能行走不能解審因與原稟不符附文聲明情節本有可疑迨張令抵任既訊明夏仁選實係無辜之人因江令究出事主黃茂有案內亦有李大夥同行刼該令提訊李大供無其事因與陳三均被陳正齊挾仇誣攀陳正齊先經正法無可質證雖此案原辦模糊罪在江令而張令明知夏仁選係屬無辜並不早爲詳釋必俟其瘐斃而後已是

誠何必。夏仁選爽甦後。該令曾否親詣驗明。何以率
用申文通報。且既奉文提解。又必俟節次嚴催。遲至
半年之久。始將李大等解審。總緣意存迴護。視囹圄
之疾苦。漠然無所動於中。一聽其生死存亡而不顧。
該守令等清夜捫心。安乎否耶。該府既訊明李大並
無夥劫崇如堂黃茂有等家。據供陳正齊與伊及陳
三素有嫌隙。誣攀爲匪。何不即提陳三質訊。黃茂有
案內現犯僅止陳三一名。並非必須紛紛傳提人證
者可比。顏三周以來二犯。供認行竊各案。亦不難提
卷核審。查李大陳三係於六年十一月間緝獲。府訊
李大似係無辜。濫禁已及二年。顏三周以來係七年
正月被獲。亦已羈禁一年有餘。乃該府於奉文親提

之案。半年後始行提到訊供。輒請發回。殊涉泄視。仰按察司速飭遵照。即提陳三並飭查顏三供竊二案。周以來供認在鹽城行竊一案。有無事主呈報。核明縣卷。迅將李大顏三周以來陳三四名研訊明確。限九月初十以前。分別究釋擬辦。至夏仁選李大等實在當時如何被差役妄拏。夏仁選是否被刑禁人等剋扣陵虐。垂斃取保。抑有別故。并提該差等切實嚴究具報。均毋稍再徇延。切切。仍候灊督部堂批示。繳

海門廳稟嗣後上控人證請押發收審由

原告應否押發。須隨案核其情節輕重。再行酌定。未便執一而論。即差稟所云原告避匿不到。安知非書差怨恨原告上控。阻遏之不使向前乎。該丞但時時

求通民情。不以書呈之耳目爲耳目。則於牧養之道思過半矣。

江藩司詳覆江都仙女廟杜康二仙顯聖請加封號由

查各直省廟祀正神。實能禦災捍患。有功德於民者。方准請

加封號。今該處所祀仙女。既不在祀典之列。建廟事蹟。又無確鑿考證。應如部文所敘湖南廣東二省仙姑神女之案。祇令民間自行報賽。毋庸請

封。且神仙蹤跡渺茫無憑。本部院現在正飭地方官將無錫惠泉山尼庵及江陰等處寺觀。改爲義學。併嚴禁百姓朝山進香。致滋弊竇。今若爲仙女道院請

加封號。是愈足以長吳人信鬼之習。未免有損無益。所請
咨部核辦之處。應毋庸議。仰即轉飭知照。併錄報督
部堂查考。仍候咨覆禮部查照。將前案註銷可也。此
繳。

江陰縣稟被毀木石橋梁由縣撥款捐廉建修
由

該縣應行修建木石各橋。因需費較鉅。未可派捐於
民。請將該縣節省存庫之清糧單費抵支。尚屬因公
濟公。惟該縣節存單費。計有若干。以之儘數抵用。尚
有不敷若干。應行捐廉湊足。未據確切聲明。無憑稽
核。仰蘇藩司轉飭該縣即速查案明白稟覆核奪。毋
稍延混。切切。此繳。摺存。

高郵州稟遵飭示諭仿辦義圖妥議辦理情形

由

催收錢糧。派充現年以及捆墊名目。最爲小民苦累之事。該州各村莊輪派現年。雖有似乎武陽之莊首。其實究不相同。仰江藩司卽飭遵照能否參仿武陽成法。妥議義圖辦糧章程。稟明舉行。要之。信而後勞其民。該州自揣若胸無成竹。民信未孚。雖有良法。矣意斷不可孟浪遽改前章。以致毫無把握也。仍候督部堂批示。繳。

蘇州府詳新陽王飛熊等控案請銷

縣書金照亭於糧戶繳過銀錢米價。並不隨時核結串票。情弊顯然。姑從寬發縣枷號兩月。再行保釋。王

飛熊胡清爲亦准暫行保釋惟王飛熊不准開復其
餘人證均未到齊統候該府提集後再行審擬詳奪
仰蘇藩司轉飭知照繳

札飭婁縣歸併田糧的戶

爲飭行事照得婁縣前辦清糧一案未能澈底清釐以致糧賦混淆往往催徵無着甚有一戶之田分立數十戶名目詭寄飛灑專爲隱漏錢漕張本積弊相沿牢不可破現據該縣議章更正欲清田額尤必先清糧戶務使戶戶皆歸的實甲姓之田不得託名乙姓尤不得多立戶名然後影射欺隱諸弊可以從此革除合行札飭札到該縣立卽轉飭遵照會委督董務將各業田畝統歸的戶承種不准再有花分詭寄

情弊。儻有頑戶抗不歸併。即由該縣照例懲辦。毋得瞻徇。併干咎戾。如業田分散在各保各圖。應令查照版圖章程。分保分圖。列冊造串。其承種的戶。仍須一律不得紛歧。此次清糧之後。推收過戶。皆令以單契的戶呈驗過割。不准憑戶書經承人等再爲分立詭戶。從中舞弊。並飭即懍遵毋違。切切。特札

札 蘇藩司 婁縣

興化縣稟送義倉積穀章程並呈示式由

該縣籌辦積穀。據請於每年秋穀登塲。按畝捐穀三觔存儲。備賑。尚屬輕便易舉。應准照辦。所議章程。亦甚周妥。俱可照行。惟該縣各圖田額若干。本年約可捐穀若干。未據聲敘。無憑稽核。仰江藩司轉飭遵照。

先行查明稟復一面諭督城鄉各董按戶按畝秉公稽收一俟收齊由縣親詣各圖存穀公所盤查封儲毋得委派佐雜假手吏胥致滋流弊仍按年截清捐收穀數造册報查並刊徵信錄分頒呈送俾使比戶共知毫無欺隱至下年應捐與否應俟屆時察看收成豐嗇稟明辦理如有殷戶倡捐穀石卽詳請酌量給獎以昭激勸仍候督部堂批示繳章程示式存

嚴禁泰州賭博

爲札飭嚴禁事照得聚衆賭博有干例禁訪聞泰州賭風較他處尤甚游手好閒之徒見年少子弟動輒勾賭名曰空心把市搖攤則做成鉛骰或手帶銅鈴或扣老虎或一線天擲骰則箝虎頭或鑽鉛大小面

打牌則捶洗穿張或三人擡一人名目奇異隨時變幻總期有贏無輸一墮術中害無底止該州城外向有趙應祥周廷培即周六虎張三花子顏光壁徐小峰等皆著名賭棍實堪痛恨本應飭提究辦姑念旣往不咎亟應嚴行禁止以挽澆風合行札飭札到該州立即遵照嚴行示禁此後該賭棍等如再不知悛改卽行嚴拏從重究辦切切此札

札泰州

泰州詳奉飭舉辦社倉遵議章程請示由

古人社倉之設與常平相輔而行要皆簡拔出納於社司而吏不與其事原以百姓私家之物儲之以備公用似公而實私也惟立法用人則又須官爲經營

以補民力之所未逮該牧詳送章程內首列勸捐一條固知地方士民必有急公好義之人然貧富高下不齊即難免抑勒苛派之弊此外減價平糶分別賑恤同條共貫無非欲實惠及民第經理不得其人法固易弛事亦難久江南蘇松各屬前經本部院飭據各府州縣妥議章程由司詳報到院節經逐加酌核無論積米積穀或折錢採買悉令按照田畝多寡分別忙漕隨正帶徵隨漕則每畝捐米一升於完米時附繳隨忙則每畝捐錢二十於上下忙分收其中因地制宜固不能較若畫一而大致總不外此且以靑浦縣所議章程八條最爲簡明易行業經通飭遵辦在案茲特另單鈔發仰即愼選司董實力仿辦或所

議與該州情形猶有未盡允洽。亦可斟酌變通。總之行法惟恃乎人。實事務求其是。出納則責諸董稽察全在於官。仍將如何仿辦緣由具復核奪。弁候督部堂批示。繳。摺存。

邳州稟已未詳各積案酌議限期開摺稟復由

准於本年十一月內一律辦竣。如延撤參。仰按察司核飭遵照。仍飭將未詳各案迅速查明先行分案通詳察核。均毋玩延干咎。繳。摺存。

撫吳公牘卷之四十六

豐順丁禹生侍郎原本　　受業林達泉校刊

侯官沈幼丹尚書評選

飭駁薛舉京控案

飭按察司知悉：據該司詳解安東縣封職薛舉遣抱黃玉京控李標等造房礙路，唆控抄搶等情一案，審擬解候勘容前來。查例載兇惡棍徒屢次生事行兇，無故擾害良人，人所共知，確有實據者，發極邊足四千里安置。凡係一時一事，實有情兇勢惡者，亦照例擬發。如並無兇惡實跡，偶然挾詐逞兇，仍照所犯之罪，各依本律本例定擬，不得濫引此例等語。今此案據詳，該處墟門留有車路，李標蓋房之地並非行車

大道即因礙路須拆亦應稟官核辦乃該封職於被
人控告之後不候縣示即着保擅自往拆嗣復屢提
避匿藉詞混控並經淮安府查稟該封職在鄉仗勢
多事雖無兇横實跡已屬不安本分擬請將所捐封
職斥革以爲地方紳衿倚勢妄爲者戒本部院查該
處墟門既留有車路李標蓋房之地並非行車大道
其爲倘非有礙車路已可概見乃不候縣示輒着保
將李標草房兩間拆卸雖係一時一事已屬情兇勢
惡確有實據如謂究與無故擾害情稍有間似亦祇
能量予末減況前經淮安府查稟該封職在鄉仗勢
多事且迭被控告難保無另有兇横實跡嗣復屢提
避匿藉詞混控僅擬斥革太覺輕縱至被控縣役張

林訊止得用傳審川飯錢文並無串索等弊恐有不實不盡據請與縣書馬懷德均從寬免議亦未允洽樹德務滋除惡務盡幸勿姑息養奸是爲至要合行簽飭簽到該司遵照即速確加查訊另行妥擬詳解勘辦毋遲此簽仍繳

計發司招附詳長詳解批原呈甘結鈔案鈔粘供單十件

簽臬司

丹陽縣稟收管化莠所賊犯釋放謀生由

豈豈者豈盡甘心爲盜賊哉特爲饑寒所苦耳該令果能化莠爲良不惟爲閭閻除患害且爲百姓長生機閱之欣慰仰按察司轉行嘉獎李德喜楊滙源既經保釋如捕役人等輒敢私向勒索逼令復犯一經

察出。卽當置諸重典。此外在所各犯。仍飭隨時認眞辦理。勿徒以空言塞責也。檄

飭安東縣駐工督挑民便等河

爲札飭事。據查辦清安田賦水利章道稟稱請飭安東縣常駐工次。監挑民便一帆兩河等情。到本部院。據此。查地方工程。全賴在事員董。澈滌陋習。認眞督辦。乃得功歸實際。款不虛糜。此次於庫款支絀之時。力籌借

帑。挑濬清安二縣河道。所以顧恤地方民生者。至周且切。乃安東縣開挑民便一帆兩河。該董事等竟不常川在工監挑。一任人夫草率偸減。實屬玩視要工。深堪痛恨。除稟批示外。合行札飭。札到該縣。卽便遵照。

督董常川駐工｡責令人夫上緊如式挑濬｡務期一律
深通｡趕速竣事｡儻再草率弊混｡定將地方員董查明
分別叅辦｡勒令賠修｡不稍寬貸｡切切

札安東縣

章道稟挑辦包家等河情形由

安東一帆河中下兩段｡刻下難以築壩施挑｡已據前
稟批准緩至秋冬再行接挑矣｡其清安兩縣境內已
經開工挑辦各河｡尚無一處竣事｡或尚未及半｡且人
夫不受約束｡乘間逃散｡該印委等督率無方｡已可概
見｡仰即嚴督印委員董常川駐工｡認眞從事｡催押人
夫如式儹挑｡剋期完竣｡儻有草率偷減延誤時日｡定
惟該印委等是問｡并即嚴催新任安東縣周令將張

家河工程趕緊勘議開挑事關民瘼爲時已遲儻再宕延俟至大雨時行無從宣洩當有任其咎者本部院豈但問諸水濱已哉仍候漕督部堂批示繳

蘇藩司詳州縣交代款冊勒限造送

現在清釐屬庫交代均應造冊同結詳咨以便核提存庫若不立定限期必致仍前延宕該司所擬分限章程極爲得法應如詳辦理仰卽通飭遵照以五月十五日爲首限如不冊報者提承究處五月三十日爲二限不冊報者將該州縣詳記大過六月十五日爲三限不冊報者卽行詳請

奏參懲辦仍由司督飭交代局將已造冊報未造冊報及所提該承名姓記過次數按半月一次開列清摺

報院查核如有存庫銀兩亦於摺內詳細登明一面
掃數提解清楚加造全完款冊一併詳咨毋任延宕
切切繳

鎮江府會稟覆勘徒陽運河擬請另造機器開
濬由

徒陽運河爲官差商旅經行要道固應赶籌挑濬俾
得暢行無阻惟造成撈河方船既因闊大難用而蘇
省善後局又值拮据萬分無款可籌只可俟秋間再
辦候即據稟札飭機器局能否另造一丈二尺闊機
器方船撙節核計煤火人工薪飯等項每日實需銀
若干詳開款目清摺稟候核奪至金山便民河現多
淤塞秋間鄉試士子雲集若用機器及早挑浚即可

避江面風濤之險而該河水面較寬現在局中已成之方船必可得用除咨商督部堂并札行甯藩司酌核辦理外仰該府縣遵照並飭令陳牧先行回省赴洋務局當差毋遲此繳

蘇滬釐捐萬分支絀應將淮揚水師酌裁三四營畧資周轉由

爲咨請札飭事據蘇省牙釐總局稟稱蘇滬釐捐入不敷出萬分支絀淮揚水師現存七營每月實需餉項能否就此次所定蘇滬兩局撥款內各再減解若干請飭桂道再行確核通籌稟定行知遵辦等情到本部院據此查現

大婚撥款緊要奉撥京餉屢次行催該局遲延未解院司

俱奉
旨議處此外本省應辦善後絲毫無可措手湖瀵淤塞江
震各屬農田常淹徒陽運河水淺春間幾於舟楫不
通此外各屬
萬壽宮
文武廟以及提督織造道府衙署監獄倉庫驛站均未興復
三十餘州縣除上海嘉定兩縣有衙署外餘皆租住
民房廟宇去冬元和縣覊所借租民房失火燒斃押
犯八九名今年元和縣到任無民房可租竟在客店
接印視事省城盤門外大橋正月倒塌至今未能興
修光景如此此言之可慨查淮揚水師一軍原議俟長
江水師妥議章程即行裁撤上年商准讚部堂來咨

亦稱將應留七營師船。斟酌裁併。去冬本部院與黃
軍門面商。亦議候至今春。看蘇省力量如何。再行酌
量留撤。刻下長江水師各營已定分汛。而本省艱難
萬狀。無米爲炊。决裂即在目前。陝甘西征各餉。關繫
西北大局。斷難議減議緩。只得於無可奈何之中。爲
呼籲同舟之舉。合無仰懇貴部堂貴軍門將淮揚水師於五
月內酌裁三四營。俾本省應解
大婚款項京餉協餉。善後水利一切。可以畧資周轉。除稟
批示外。相應鈔稟咨請。爲此合咨貴部堂貴軍門請煩查照
酌奪。並祈見復施行。

計鈔稟

咨督部堂
長江水師提督軍門黃　六百里排單

加函

金山縣詳送積穀捐錢清冊由

據送清冊存查。仰蘇藩司飭府催齊各廳縣收支存積錢穀各數。核結彙造清冊。刻日詳送核辦。其該縣八年分上忙收存積穀捐錢。該前令交卸時。應照章以現錢移交。何得以書欠列抵。顯係虧挪。現據開報八年上忙。尚有未完錢八百餘千。是否實欠在民。至該令下忙帶徵之款。詳敘僅完九百餘千。欠數尤鉅。有無挪移捏報情事。且核冊開有錢糧已完而穀捐並未併繳錢一千一百餘千。與隨忙收繳原議。大相違背。更堪詫異。並即速飭將八年上下兩忙內未完穀捐。分別清出追繳全完具報。按數發董收領。先提數成量建倉廒。其餘暫行發商生息。以便秋後買穀存儲。毋得先儘建倉。轉致儲備全虛。緩急一無所恃。
仍令將發董錢數。遵辦緣由。隨時通報。均毋違混。切
切。此繳。

上海縣詳送七年分帶捐積穀收解支欠各數
清冊由

上海縣所收積穀捐錢。既係解交道庫。由道發董買
穀存儲。該縣自未能截清造報。仰蘇松太道核明該
縣解到捐錢若干。發董買穀若干。截清實存錢穀各
數。並將存穀以漕斛量准之數。開報存錢是否發典
生息。抑係存庫。亦卽登明。飭知該縣另造管收除在
清冊送府彙轉。並先查造一套送院查核。至冊列該
道初次發董買穀四千擔。共給價腳棧租等項錢五

千三百六十餘千。二次買穀三千擔。共給價腳等項五千四百十餘千。何以四千擔與三千擔均支用錢五千餘串。殊屬不解。並即由道查明具復毋遲。切切此繳。冊存。

江海關稟官置輪船進出黃浦請派員查驗由

官置輪船進出黃浦。自應派員查驗。已據稟札委李令遵照駐紮吳淞。專司查驗。儻船內上下一切人等。夾帶商貨。偷漏釐稅。即行據實稟報。由關道隨時分別懲辦矣。仰即知照。仍轉移常鎮道在鎮江關。再派一委員專司查驗。如上水輪船。經鎮關查出帶私。則上海委員有失察之咎。下水輪船。經滬關查出帶私。則鎮江委員有失察之咎。彼此互相稽查。似更周密。也仍責成該委員將進出官置輪船。並無夾帶情形。按月結報。繳。

札飭親兵水師礮船營制章程

爲札飭事。照得現在驅逐游勇省城內外水路紛歧。

尤當加意稽查。應將去年所修礮船十號。作爲親兵水師。配齊弁勇。晝夜梭巡。以資得力。惟經費無出。應即將本部院隨轅差委各員弁。及六門武巡查巡勇等項裁撤。騰挪經費。爲礮船之用。其不敷經費。仍由善後局於釐捐解款籌補。飭據中軍并營務處酌擬營制薪糧章程。開摺呈核前來。應准照辦。合行鈔摺札飭。札到該局。即便遵照。督同中軍營務處妥商辦理。具文呈復。毋違。

札善後局

松江府詳送各廳縣帶收積穀實存錢穀各數清冊由

查核冊開各廳縣及場竈田地帶捐積穀錢文。何以

俱有民欠未完。內奉賢金山二處。欠數尤多。是否實
欠在民有無未掣串票可憑。仰蘇藩司卽飭該府查
明具覆。并合各廳縣將欠戶細數開摺送查。一面榜
示逼徵。勒限催完清楚。儻有官役侵挪揑欠立卽查
明究追嚴辦。毋任隱混。至奉賢辦理積穀常年應用
費。前於章程內議請支銷。以一成爲率。當經批令撙
節開支。實用實銷在案。今該縣仍開支一成錢一千
一百餘千之多。較之其餘各廳縣浮增數倍。又不造
冊報銷。斷斷不能照准。並卽飭令核實造冊報銷。將
浮支之款按數追繳。發典一并生息。又奉賢青浦二
縣存穀數目。均應飭令概以漕斛量見石數開報。由
府另行彙造總冊核結。府總冊限於五月二十日以

前詳送到院。以憑彙核具

奏。並令華婁奉賢三縣。查明原有義倉田產。逮年收取租息支銷實存各數。專案造冊通送。均毋違延。速速。此繳。冊存。

常昭二縣會詳紳士捐建昭忠祠請立案致祭由

該二縣紳士捐資創建昭忠祠。崇祀殉難士民婦女。洵足以激揚忠烈而慰幽魂。惟查定例昭忠祠應建府城。今在縣建祠。係由外通融辦理。未便咨部請給編祭銀兩。所有春秋祭品。應即由縣捐辦。仰蘇藩司轉飭遵照於每年春秋二仲由該二縣輪流捐廉備辦祭品。會同親詣致祭。毋任書役藉端派累行切。

切此繳。

札飭釐局嚴禁卡勇稽阻商民船隻

爲札飭事。據溧陽縣申准儒學移送宣講月報摺內。開陳設立釐卡之處。每到上燈。即已鎖卡。農船不能出入。必俟至天明。或別有必應開放之船。方能同出。卡勇多係無賴。習慣暴橫。凡士農工商經過者。無貨固非犯法。即有貨亦祇須捐釐。然每當過卡。呵叱刁難。搜索苛求。鄉民尤爲易欺。農忙之際。一刻千金。且其船無棚。晴天即須露宿。風雨更屬難堪。深可悲憫。應即飭查嚴束等情。到本部院。據此查核所陳各情。如果屬實。殊非體恤商民之道。亟應查禁。合就札飭。札到該總局。立即遵照。轉飭卡員督率司事。嚴束勇丁。如遇往來船隻過卡。隨時稽查。有貨照章抽收。無貨立刻放行。儻敢刁難苛索。或有意稽阻。卽行從嚴懲辦。毋違。

松江府稟海塘總局距工本遠照料難周現在札蘇省牙釐總局
覓房遷移由

海塘攸關蘇松二屬田廬民命。本部院已附片
奏明由該守令會同錢令認眞督率辦理。幸勿視爲泛常差使。虛應故事。弁行錢張二令知照。繳。

加函

前此曾經函屬方伯轉致執事。移住工所。以免鞭長莫及。今蒙慨然應允。接信之餘。不啻手之舞之足之蹈之也。人夫皆係土著，非有地方官就近督率，委員往往呼應不靈，仍祈轉屬華婁二縣分班循環，任工十日一換，以均勞逸。攔水堤已動工否，許令所辦木料至今未到，思之焦灼。再人夫來遲散早，似宜力加整頓，趁執事親自臨工，務宜一鼓作氣。

丹陽縣會稟比追田捐，先將實在情形稟覆。由前縣迮令經徵六年分田捐有未繳錢四萬三千一百餘串之多，其捐簿案卷何以不即移交，輒行帶往任所，殊不可解。所有移交徵剩民欠捐項，該縣與該委員會同比追。既經該科書各具認限八月十四日先繳錢八千五百餘串，屆期乃僅繳錢二百餘千，不過百分之三實屬疲玩性成雖經展俟月底再繳恐未能如數繳清仰蘇藩司即飭趕緊催令全數清解儻敢逾違即行從嚴追比毋稍鬆勁惟該科書爲數較多平日難保無包攬侵虧情弊應遵前批擬具整頓經徵錢糧章程並將科書應如何裁減以期催科得力不致弊混刻日悉心妥議詳復察辦一面飭催追令將田捐案卷簿據即行移送會同監盤委員將經手田捐各款逐一盤交清楚依限造册結報詳請核咨如有徵存未解之款由司歸數提解清楚仍飭嚴拏科書臧壽芝即日解省訊辦並將楊凌雲等上控一案一併飭府趕緊訊明詳復均毋違延繳

崑新二縣委員李丞會禀呈奉定清丈更正用款準撥請

賜查考由

查核該印委等所開支用各款內多浮冒且單開款目亦未明晰今將原摺隨稟批發仰全書總局遵照指飭各屬嚴加駁斥務令逐細按款刪減核定實需支給款目細數另開清摺稟覆察奪飭遵總期事事撙節毋致絲毫虛糜爲要原摺仍繳備案毋遲此繳

婁縣稟密查如有斂錢聚衆眞正教匪當即拏辦由

據稟已悉仰仍隨時密加訪查如有斂錢聚衆眞正教匪務當隨時嚴拏懲辦以杜亂萌仍不許胥役藉端索詐擾累致干重咎切切此繳

洛商籌撥會館經費一案

爲咨商事據蘇藩臬司會詳蘇省舉辦善後要工應需經費請將釐捐項下撥放餉項酌量裁減以節省之款每月撥濟善後工費等情詳請會商具
奏到本部院據此查蘇省善後多未舉辦卽如水利一端他省皆係官爲籌款獨蘇省之海塘劉河白茆諸大工則係按畝科派偏值今年洪水爲虐百姓既苦於歲事之歉薄又迫於科斂之頻仍怨聲嘖嘖亦實出於情之所不得已將來應辦善舉不能不賴官爲籌款該司所詳自係實情相應咨商爲此合咨貴部堂請煩查照察核酌定示復會辦施行

咨督院

武進縣稟民間置買產業祇准寫立絕契不得

告找告贖請示由

所稟是否可行。仰蘇藩司確核妥議。如無弊竇。即由司通飭各屬。一體遵照辦理具復。繳稟鈔發。

南匯縣申送七月分宣講清摺

摺報閱悉。存查。該令接辦義塾不力。現經該訓導查出從未延師之召樓鎮。該縣則稱係設在塾師沈菊林家內。如果屬實。豈有該訓導全無見聞。致有開報歧異之理。教官無不恭順縣令。亦斷無教官敢枉屈縣令之理。又四團鎮坦直橋二處。本年五月前後已無生徒。且坦直橋五月後之散塾。該縣現亦直陳不諱。何以該縣六月鈔申送摺內。均尚開有師生姓名人數。豈以本部院於此等清摺。全不寓目耶。前後自

相矛盾。一至於此。可見該縣遇事虛捏塘塞。毫無實
際。殊堪痛恨。仰蘇藩司即飭該府楊守嚴密訪查該
縣報設各塾。是否實係一體設立。學徒多少。功課如
何。召樓鎮一塾。是否實在塾師家內。有無虛捏。沈庄
鎮塾因何裁汰。據實稟報察辦。該守向來面面圓通。
切勿徒以一復了事。一面飭縣將四團鎮坦直橋二
塾。趕緊延師召徒。復設諭令各該董事實心經理。會
學隨時親往各塾。考　功課。以免有名無實。若再因
循停輟。恐該令不能當此重咎也。仍飭學將宣講事
宜。采訪各情。實力奉行。詳明開報。均毋怠玩。切切此
批。

扣函

義學爲童蒙養正之始。該令爲民父母。理宜實心經營。乃竟將無作有。欺人乎。欺天乎。該令既不能教。安望能養。即祈尊處留心訪察。如果該令一味虛揑。即當選人另易。該令雖久處窮約。到任未久。然一家哭何如一路哭也。

蘇藩司詳奉催欠解布疋議先酌數辦解由

如議辦理。仰即由司籌定應給工價銀兩。轉飭吳縣迅催蘇董。並關傳松商具領。仍令赶緊剋期織辦。限於九月內工竣。報請委員一併起解。至現奉大部附片

奏催每年額解棉布二萬七千三百餘疋。此次未據議辦。應於籌辦布數動款案內。同其餘欠解布疋。再行

酌核續辦緣由。分晰聲敘詳咨。毋得遺漏。仍將動放工價銀數日期報查。勿遲。繳。

候補知縣馮令條陳淸釐洋商地租酌改釐捐整頓洋務考試人員由

所議各條。甚爲有見。惟酌改釐捐。現雖未能遽行。亦應早爲議及。又上海洋務。必應揀員整頓。但難乎其人。其候補人員。勤加考驗。按月局試。拔其眞才。自應由司照行。又洋商地租。應如何設法淸釐。仰蘇藩司逐加核議。專案詳復察辦。仍移蘇松太道知照。原摺並發。仍繳。

太湖義塾飭令赶緊延師開館札

爲札飭事。據太湖廳唐署丞申稱。擬於前山後山各設義塾一處。俟明年開辦等情。到本部院。據此。查義塾爲啟發愚蒙。牖迪蠢頑起見。實遭兵後轉移風俗切要之舉。何可一日遲緩。該廳既擬定於前山後山各設一塾。舉有塾董總理。應卽早爲延師開館。何必俟至明年。至每塾月需經費若干。除該丞倡捐錢四十千文。其商富捐存義舉公款。共有若干。是否存公支用。接續捐備。抑放存典鋪。取息抵支。均未明晰聲敘。合行札飭。札到該廳。卽便轉飭遵照。刻速延師開館。將開館日期。塾師姓名。生徒數目。開摺通報。並令查明月需經費。捐存公款各數。據實開報。如能湊集成數。或置買田產。或存放典鋪。生息抵支。以資經久。卽令會董商酌核辦。妥議經理塾務收支經費章程。

逕稟察核。毋任有名無實。切切。此札。

札蘇州府藩司

沙洲總局倪道稟密查各沙洲情形並請假十日省親由

據稟及另單均悉。惟陳楷到處需索。在寶山索程儀二十元。又索沙洲委員費四元。此人如何可用。仰即撤委聽候查辦。並另派廉潔幹員給其川資。分往查勘。仍嚴密查察其餘各員。如有需索情事。立即據實稟請參辦。並移兩藩司一體遵照。該道順道省親後仍即前往各處查勘。將勘丈情形。隨時稟明察辦。並造具各沙洲新漲灘地應繳地價補課。及應升應豁圩圖頃畝四址各數細密。逕送查核。毋稍違延。繳。

江蘇藩司會詳奏撥協黔兵餉委實無力籌解

由

查江蘇前此本無奏撥黔餉。迨經貴州撫院奏催各
省歷年欠撥兵餉案內。接奉部文行令蘇省欽遵
諭旨。無論如何爲難。每月協解一二萬兩或數千兩。設法
辦理。嗣因司關各庫無力籌濟。節經
奏咨免解。均奉駁飭。以爲數無多。且未限以定數。不難
酌解等因。行司移會司關各道會議詳辦去後。茲據
該司等會議詳復。仍請
奏咨免解前來。司關各庫放款浩繁。支絀自屬實情。但
屢奉部行。不拘數目。酌量籌解。情詞已屬體恤。今若
復請免解。仍恐未能邀准。仰再移商各司關庫酌量

湊解若干。或祇解一批爲止。妥議詳復察辦。並將現在各庫支放各項款目支絀情形。詳請

奏明。以後力難再解。則集腋成裘。似尙易於爲力。亦卽以顧全大局。仍候咨明督部堂查核。並候批示。繳。

淮安府稟請仍飭淮揚各屬勸修民圩由

築修堤圩。捍禦水潦。雖爲地方要舉。儻辦理稍不得法。必致弊竇叢滋。苦累小民。據請通飭淮揚各屬仿照業食佃力之法。勸修民圩。是否有益無損。不致擾累閭閻。仰淮揚道體察情形。博訪輿論。再行察酌妥議。稟請核辦。毋遲。仍候漕督部堂批示。繳。

撫吳公牘之四十七

飭撥修志經費

爲札飭事照得徐揚以淮海畫疆圖昭職貢吳越以春秋名冊事等桓文大荒廣於東經半壁詳於南史況陋過江之蹟嫺宏肇域之規式廓

皇輿攸關邦憲查江南通志創舉康熙二十二年纘成乾隆元年篤修前烈責在有司周千數百里之幅員財賦甲於天下閱百數十年之風會聲教垂於簡端茲逢

聖武重光芟夷大難灰驗昆池之刦故老猶存字探禹穴之藏異書間出儒生以補闕拾殘爲業史氏以損文增事成編本部院祇役三吳瞬連四歲兵戈甫定禮

樂未湮。幸徵文徵獻之無難。宜書策書方之有繼。近復頻承部檄。議修通志一書。今我不作。後生何聞。分任有歸。詎敢多讓。惟是特開志局。豫立規橅。需費殷繁。自必先爲措備。現擬於蘇州上海兩牙釐局罰贖項下。每月提制錢三百串。彙由善後總局按月給支。嗣後營造大興。不敷供應。俟再隨時籌畫。續與擴充。庶集鉅工而資經始。合行札飭。札到該司。即便遵照辦理。毋違。切切。此札。

札兩藩司 善後蘇省釐 松滬釐總局

署婁縣詳送各前令認解交案各款及已未解數目摺由

查核摺開該前縣張李趙逭四任交代案內。認解銀兩，延今俱有帮欠，且進令欠數尤鉅，殊屬不成事體。

至張令認解之一千三百兩，已據稟報解清，何以摺

開尚有尾欠？仰蘇藩司核明，勒限嚴催各該令暨趙

故令家屬，將短解銀兩，刻日掃數報解清款。儻敢逾

延，立即分別条追嚴辦。至該縣歷年四分漕項一款，

已經解過若干，尚欠若干，究竟如何着落，並未議及，

亦未逐細開報，殊屬不合，并即由司會同糧道嚴飭

該縣查明欠解四分漕項確數，分任分年，詳開已未

報解各數，細摺限五月底逕詳核奪，一面勒限嚴催，

將欠解漕項由該令先行清出，批解道庫。此外各州

縣交代錢糧，恐似此轇轕不清、欠款纍纍者尚多，並

即由司一律確核，嚴催會算結報，核明欠解錢糧，掃

數提清造冊詳辦均毋任延切切此繳摺存

貴州請餉委員請再增撥餉銀由

黔省軍餉前此屢准咨催行據江蘇兩藩司議復移商司關各庫皆緣力難籌解詳請奏咨免撥等情本部院當查黔省軍務緊迫需餉孔殷未便坐視批令該司道等會同熟籌勉力措解銀一萬兩嗣據詳復祇能解此一批以後無力再籌卽經咨明大部暨貴州撫院查照在案旋因該倅長途來蘇告急又經札飭江海關於無可設法之中勉籌銀五千兩交給領回以濟急需今據稟請酌增銀一萬兩復與司道往返函商此間苟可爲力決不稍存推諉惟現在奉撥京餉要款本省因遲延未解院司俱

已奉
旨交部議處。此外本省水陸餉需以及陜甘西征各路協餉。攸關大局。籌撥時形支絀。卽應辦善後一切事宜。亦絲毫無可措手。竭蹶情形。難以盡述。茲鈔發牙釐局司道會議裁減淮揚水師各營稟批一件。該倅披閱此批。卽可知此間籌措之爲難矣。仍將此批錄報貴州撫院及兩司。爲要。仰卽將前撥銀五千兩刻日具領回黔。切切。此檄。

李軍門咨各營采辦煤炭咨請免釐

爲咨請事。同治九年五月初九日。准江南提督軍門李咨。各營赴上游一帶采辦煤炭。咨請飭局轉行各卡。仍舊照章免捐驗放等因。到本部院。准此。查現在軍餉緊迫。釐捐不敷供支。是以查照督部堂來咨。無論何營采辦均不准免釐。此章行未半月。遽爾更改。在釐局亦頗有爲難。惟營中購煤。遽爾賠累。於心亦有所不安。應否查明此次煤價。俟采辦後。營中究須賠累若干。再行咨請督部堂撥款津貼之處。除札飭釐局會議外。合行札飭。札到該局。卽便遵照會同議詳。以憑咨復。毋違。

札善後釐局

蘇藩司詳查辦各屬交代章程請示由

據擬章程六條。查核前四條及第六條。均可照行。惟第五條民欠漕尾。應如何列抵現經由司飭令三首縣悉心妥議。另行詳辦。本部院詳加察核。蘇省漕尾一項壘經禁革若一經作抵易開州縣侵挪之漸流弊更多平時州縣果能認眞催科民欠自可漸少此次定議章程斷不准再有民欠漕尾作抵名目應行妥議詳辦仰卽督飭局員刻速參考舊案妥議詳復通飭遵辦仍將已未冊報各案遵照前批按半月一次由局開具細摺報院查核如有存庫銀兩立卽掃數提解清楚不准絲毫存留屬庫以杜侵虧由司加造全完款冊一併詳咨毋稍遲延切切仍候督部堂批示繳摺存

興化孫鸞仔案飭提復訊解勘

爲札飭事據司詳蘇州府承審部駁興化縣民朱沅瑞圖船謀死林得章父子二命孫鸞仔起意棄屍不

失並朱沅瑞取供後在監病故一案請照原擬核咨前來本部院披閱來詳其有可疑者數端尚在部駁之外者查原詳稱朱沅瑞邀林得章同飲用鴉片膏投入酒壺借勸飲為由向林得章口中强行灌下林得章毒發身死一層夫鴉片和酒並非可口之物謂朱沅瑞係用軟勸則林得章僅飲一口斷不能再飲二口謂朱沅瑞係用强灌則林得章尚有父子二人而且是主朱沅瑞僅有一人而且是客林得章年甫三十有一年力强壯卽使謂林得章正當酒醉之時然鴉片酒既須强灌則林得章並非懞然無覺可知朱沅瑞如果旁無得力幫助之人斷不能獨身將鴉片酒灌令林得章嚥命林得章亦斷不肯甘心飲毒

自斃。此事之不可信者一也。又原詳稱林沅瑞將林得章致斃後，遇見孫麛仔，邀令幫同搖櫓，下船看見林得章屍身面色青黑，又見林扣子在旁啼哭，盤出圖船害命實情，孫麛仔畏懼，欲圖上岸逃逸，朱沅瑞嚇稱事發到官，定行攀害，孫麛仔畏累勉從，待夜靜一同擡屍到龍珠庵後掩埋，事畢回船，朱沅瑞將林扣子用被罨斃滅口，孫麛仔救阻無及，起意將屍投河，孫麛仔並未分得錢文各層。查朱沅瑞之前此將林得章致斃者，欲圖其財也；後此之將林扣子致斃者，欲滅其口也。夫朱沅瑞已欲將林扣子滅口，何不於謀死林得章之後，一併致斃林扣子，將兩屍出脫乾淨，再雇孫麛仔幫同搖櫓，豈不更爲渾然無蹟？乃朱、沉、瑞於灌甃林得章極難之事。既已獨任其勞而於移屍上岸及壓甃小孩至易之事。反使旁人得窺其隱。彼卽不慮孫鬣仔挾制分贓。獨不慮孫鬣仔洩漏機事乎。此事之不可信者又一也。且孫鬣仔若非同謀。不過專爲怕到官攀累起見。則移屍到龍珠庵時。何不赴庵喊救僧衆。自必相幫。何以當時噤不發聲。且兩人一同上岸。而謂安心放林扣子一人獨在船上。獨不慮林扣子之乘間脫逃喊救。有是理乎。孫鬣仔前已幫同移屍。後又獨自起意丟屍。無一錢到手之事。而任此瓜李莫辨之嫌。該犯雖全無心肝。亦斷不獃至如此。此事之不可信者又一也。本部院當提訊該犯時。將以上各層逐加詰駁。該犯惶悚失色。

卽實供先在岸上商同朱沅瑞謀財害命該犯買就煙膏用手指拌酒卽揿林得章之腳朱沅瑞用藥酒灌下朱沅瑞旋又騎在林得章身上該犯用藥酒灌下林得章毒發斃命朱沅瑞又商將林扣子致斃滅口該犯又將林扣子壓斃事後賣船分得錢文等語所供情形歷歷如繪并飭委員復訊亦復相同與原詳情節大相逕庭殊堪詫異查從前發審各案屢有原審歧誤經本部院平反後飭令發審委員隨同更正原不肯過爲深求惟屢次諄諄囑令此後務當認眞研審如再顢頇從事定當立予叅懲而該發審局印委等若罔聞知仍舊將就了事卽如此案前此未經解勘業已照案咨達旋經部駁該局卽當認眞推

求豈可再事遷就若惑於救生不救死之說則林如綱只此一子一孫均被謀害林如綱從此絕嗣如此慘毒行爲竟無一命實抵該發審局印委欲生者枉法獨不慮死者含冤耶除供單發閱仍繳外合行札飭札到該司立卽督同發審局印委等提訊明確另錄切供通詳按擬解勘不得再任該局員等草率含混其承審原審各印委等一味迴護前詳不肯遵駁更正殊屬有意含混應如何量予叅懲俾以後承審各員不致一誤再誤之處卽由司於五日內先行核擬詳叅毋稍遲延切速切速

計發解批一張並供單一件仍繳

札臬司

松滬捐釐局稟籌防捐款抵撥善後經費擬請儘收儘解由

查巡洋經費改歸關稅項下動支尚未專案奏明則原動之該局所收籌防捐款亦未便抵撥善後經費惟善後局需用各款關係水利民生亦不可任其缺誤必須從長計議仰即會同商酌妥速另議一籌撥之法并查明釐局有無應裁之款可以挹彼注茲刻日一并核議詳奪毋遲仍錄批報明督部堂並候批示繳

臬司詳江都職員董恩霆等上控革書李賢才等串設私局索騙得贓等一案審擬由

查前署江都縣會同委員告示內稱劣董王德懷冒

收陞轉各費據稟以飯食紙張爲名自認每畝收八
錢三分私出局條中奠等洲應辦增估三千二百
畝盡爲王德懷旨收核有數千兩之多其捐職造屋
皆出於此詳道文內亦稱王德懷串通縣書李賢才
藉辦灘轉爲名斂費苛收並據該局倪道以王德懷
經府縣諭充州董辦理轉重並未飭令斂費乃與李
賢才倡立名目局戳局票俱在該員手內難保無侵
吞入己等語察核案情其爲該劣董串通蠹書李賢
才門丁蔡興等私收侵蝕朋比爲奸已可概見玆據
稱李賢才隨同王德懷查辦陞科騙取各業戶費銀
七百餘兩李賢才分得二百九十餘兩餘銀均係蔡
興措回王德懷訊未知情並無在宅設局串通科錢

及另興買額名目索取銀錢情事顯係狡供避就所
稱局照止填畝數並非藉此斂費亦難輕信旣將李
賢才按例擬罪王德懷僅予擬笞納贖蠹書劣董同
惡相濟擬辦輕重太覺懸殊恐不足以蔽厥辜仰卽
核飭復提劣董王德懷等悉心研究務得確供分別
按擬詳辦一面確查門丁蔡興是否實已病故移取
原籍地方官印結送查并將失察門丁藉端誆騙之
本管官職名隨案附參

泰州詳民婦張章氏買轎畏罪服毒身死驗訊

擬詳由

現訊供情果否盡實。地保汪宏帶賊私自起贓。遲至六日之久。始行稟報。即使並無釀命。照地保首報遲延例。亦不能僅擬笞責。又不聲明革役。擬辦似未允洽。仰按察司即速確核飭遵具復。仍候督部堂批示。繳。格存。

牙釐局稟請減各府縣津貼公費並防兵薪糧

由

據稟常鎮二府及陽壇溧三縣。每月津貼辦公不敷經費。請從六月分起。分別核減給領。均可照行。所有奔牛釐局月撥孟河營緝匪船價。即從六月分起全

數裁停。仰卽分飭遵辦至另稟鎭江營派駐瓦子等
山防兵。按月另貼薪糧。應否一律照稟辦理。仰候咨
明督部堂酌奪飭遵繳。

勒限查辦崑新清丈飭將印委紳董摘項由

爲札飭事。照得崑新二縣。應辦清丈失冊各圖更正
通境田糧事宜。前經札委候補同知李丞會督該二
縣官紳設局查辦。自同治七年閏四月內開局至今。
前後辦至三年之久。支用經費至一萬七千餘串之
多。自應丈清田數。對準科則。合符通境原額。前據該
印委等稟報撤局。卽經批令將未了事宜。責令該二
縣勒限查辦清楚。造冊通送在案。乃昨據崑山令面
稟。兩邑尚有缺額田三萬餘畝。仍未清出。殊堪詫異。

不知此三年中該印委等所辦何事如此虛糜經費辦事不力實屬玩誤已極若不予以懲儆難期振作應先將崑山縣新陽縣暨委員及經辦總董等一并摘去頂戴仍責令補辦清楚合行札飭札到該司卽便詑冊飭遵並勒限三個月責令該印委紳董等將缺額田地一律清出悉符全額核準科則糧數塡給業戶田單查造坵戶細冊通送核奪並將未了一切事宜均于三個月限內一併赶辦竣事儻敢再事逾延貽悞立卽專案分別嚴參不稍寬貸其所提丈費除已經支用外尚存若干現應准其留用若干並卽由司查明議詳核奪毋違

札蘇藩司

崑新二縣會稟八年分應辦積穀因民情困苦

緩至本年再辦由

該二縣應捐積穀上冬既未照收何以並不稟詳立案及至行查穀數始以未經收繳稟覆實屬違玩貽誤細察其情似該二縣恐一經加收穀捐疲玩之戶即致少繳錢糧故諉之紳董專收紳董又因事權不屬設或急公催追勞怨兼集遂亦聽其延宕將致年復一年無日辦成且由董專收糙米既須造票設倉之費糶米糴穀又多盤運虧折之耗不若改照各縣隨同錢漕收繳折價之案另議章程辦理俾免推諉延誤仰蘇藩司轉飭遵照查仿三首縣及松屬青浦等縣於錢漕串內加戳帶收辦法妥議收辦章程酌

定何時起捐。刻日通稟察奪。毋再稍遲干咎、切切。此繳。

長洲元和吳縣會稟三縣典史在任一年獄囚並無疎失請予外奬請示由

三首縣寄禁人犯爲數較多各州縣遇有未定罪名人犯在監病故管獄有獄官各記過一次首縣監犯則僅扣足一月內病故兩名方予記過以示區別記過既已從寬請奬亦難稍濫如扣足一年並無疎失重囚即准給典史委署兩次未免過優應否畋爲記功抑如何量予奬敍或查明各該典史有無記過之案另行分別辦理仰按察使確核妥議詳奪仍候督部堂批示繳

武進縣詳請將先賢祠田產基租歸公善堂經理並請註銷前案由

該縣

先賢祠田產。無論是否張氏捐置。自應歸公經理。未
便由張伯堃執管。如詳將該祠田產一併歸於公善
堂收租。抵充祭修經費。並將該縣前詳之案。卽行註
銷。仰蘇藩司核飭遵照。督飭善堂紳董秉公收租支
用。每年彙造收支細數清冊。送府查核。毋任日久滋
弊。切切。仍候督部堂學院批示。繳冊摺圖存。

鎭江關稟委查官置輪船一案擬請明定章程

由

據稟已悉。仰候江海關道酌核移覆。再行辦理。至滬
關係專派委員查驗。不歸新關洋人經手。鎭江亦應
一律照辦。但委員務須揀選。不徇情面者派委爲要。

並即遵照繳

飭司核減蘇省各典當利息議復

爲札飭事照得蘇省典鋪從前取利以二分爲率當期以三年爲滿自匪擾克復後先經變通章程招開公典取利三分一年爲滿續經飭據前署司議定自八年分起當本三十兩以上者減爲二分四釐十兩以上者減爲二分六釐十兩以內者減爲二分八釐仍以十二個月爲滿詳經批准飭遵嗣於該司詳報吳縣潘紹勳開設公典案內當查上海王鼎新已呈明輕取利息其餘各典自應按次遞減又經批飭核議詳奪各在案迄尚未據詳覆惟查蘇省典鋪逐漸增開而月利未免較重當期亦未免迫促小民仍多

受累亟應酌仿舊章赶緊減利寬期以恤貧民合行
札飭札到立即會同善後局遵照先今批札迅速核
案妥議詳復察奪毋遲

札蘇藩司

奉賢縣稟各典月捐可否充修志經費請示由
據稟修葺志書該令既未倡捐又未辦有頭緒區區
此稟遂得謂之首先創舉乎所請將各典月捐留作
修志經費其中有無弊竇仰蘇藩司確核妥議詳奪
繳

桃源縣詳倪汝昌牛車被搶拒捕放鎗轟傷來
宮身死獲犯訊供由
前據縣詳當查失事將及一月徐汝言是否此案正

犯何以並不訊錄供供詞難保非藉詞搪塞。批飭勒限嚴緝並飭提徐汝言確訊逼詳茲闊來詳徐汝言往喻九青家索討鹽錢。吳芳潰起意行搶該犯走至半路患病回家事後赴喻九青家等候分贓旋被拏獲供情不無支離至所稱王士青落水淹死既據捕役隨同汛官於拏獲徐汝言之時見有河內淹死一賊餘犯脫逃何以打撈賊屍遽至漂失無蹤察核案情究竟王士青有無淹死徐汝言是否此案正犯均難憑信仰按察司即飭將犯病醫痊由淮安府親提確訊詳奪如查有捏混情弊及並不將此案正犯剋期獲辦即行據實揭參不得迴護仍候漕部堂批示繳

蘇州府稟桃源盜韓得勝等一案現訊供情由

此案前據桃源縣稟報訪查韓士錄並無收押在縣。及韓得勝隨營駐紮日期。卽經批司飭府確核辦理在案。據稟前情。已咨催漕部堂飭查示復矣。案關誣良爲盜。務須質訊明確。從嚴究辦。毋稍枉縱。仰按察司轉飭遵照。仍候漕督部堂批示。繳。

查此案漕院業已批准桃源令就地將韓得勝等就地正法矣。漕院委員李姓正會同該縣將韓得勝王得勝綑縛行刑。而公嚴駁提省之批適至。該令知案將解省。又稟王得勝行刼之供。尙未可靠。試問供不可靠。奈何遽請正法乎。迨提韓得勝等至省。始言二月二十四日徐事主被刼之時。該勇尙隨鄭游擊在河南省城駐紮。札行鄭游擊稟復。則是日在豫省無名尚有韓得勝在場也皆由縣差禁標索賍不遂酷刑逼供迨提禁標到省則直認索賍酷刑各情歷歷如繪噫公當日批駁之文若遲到數刻則韓得勝等業已身首異處矣公於江北命盜各案平反多起此起直刀下留人間不容髮達泉時在幕中目擊情形始知牧令於命盜各案誠不可以輕心掉之也達泉注

程紳肇清禀請撥款舉辦賑施粥飯棉衣由

據請撥款煮賑施捨棉衣瞬屆嚴寒本應早爲籌及仰蘇藩司復加核議酌撥錢米協濟並俟置備棉衣發交散給具報仍飭令該紳核實舉辦俾貧民均沾實惠不致徒務虛名另單所禀上等失業貧民月給

米石。俾資全家餬口一節。應令仍照上年辦理。以示格外體卹可也。章程存。

江藩司詳請詿銷崔牧等記過江丞差欠仍請改委崔牧會追由

崔牧前記大過三次。同張署令記過一次。准卽如詳詿銷。已咨會督部堂查核矣。仰卽分飭遵照。至所稱書役欠繳錢糧。許印委隨時禁押嚴辦。不在塡入粉牌之列。但管押差役。旣不列入粉牌。卽不應與尋常詞訟人犯。押在一處。以便稽查而免淆混。並卽由司遴飭遵照辦理。仍候督漕部堂批示。繳。

泰州稟揚郡八屬考試向歸一處供應並無津貼陳明請示由

揚屬院試一切供應經費。向由該州獨力承辦。現在鹽規等項裁革淨盡。力難獨任。自係實情。惟所請於漕羨內每石另派考差公費若干。未免偏累州民。恐滋怨謗。應否仿照各府州辦法。一體按屬分攤。以昭公溥。仰江藩司察酌核議。詳復飭遵。仍候督部堂批示。繳。

蕭縣稟添設書塾情形錄呈示稿條規由

徐海兩屬不聞絃誦之聲久矣。該令竟能勸設義塾。城鄉已增四處。並將每歲鹽規撥歸書院津貼膏火。於培植寒士。教育童蒙。兼籌並濟。接閱此稟。不禁喟然開口而笑也。仰江藩司轉飭會督學董隨時親往各義塾查察勤惰。分別獎黜。俾資觀感奮興。化民成

俗其餘無塾各寨並令勸諭捐設以廣教化無任祈禱切切繳摺存

札飭將署震澤縣甘令記過飭司註册

爲札飭咨會事九月二十九日據震澤縣詳事主吳榮椿家被刦一案勘訊緣由到本部院據此查該縣境內搶刦之案屢見迭出雖經隨案批飭嚴拏破獲甚屬寥寥今又有事主吳榮椿家被刦拒捕之案該管文武所司何事當時既失於防範事後又不認眞拏辦捕務實屬廢弛該署縣甘令先因沈友堉行船被搶一案批飭記大過一次應將甘令再記大過一次俾資儆惕除詳批臬司飭緝並咨督部堂查考外合行札蘇藩司註册相應札知札到該司即便註册飭遵毋違咨會爲此合咨貴部堂請煩查考施行

札蘇藩司
咨督院

咨行奉賢縣韓令等記過由

爲札飭事。案據奉賢縣詳事主陳洪海家被刦一案。又另詳事主陸廷魁停船被刦一案，各到院。據此。又先據詳事主黃懷春店被刦一案。該縣一年內七八九三個月，每月俱有刦案。贓盜均無破獲，尚復成何世界。應將該縣韓令先記大過二次，以示懲儆。除札臬蘇藩司（會同該司。通飭各屬一體知照。暨咨督部堂）（註冊飭遵。並飭會同該司通飭各屬一體知）照外。合行札飭。札到該司，即便遵（註冊飭遵並照）會同蘇臬藩司通飭各屬一體知照。仍將通飭日期具報毋違。此札。

札蘇臬藩司

丹陽縣詳賊犯王福庚訊認行竊事主鄺鳳章家一案訊擬由

案係計贓科罪。詎容任意短估。册造失贓金鐲等件。僅照六折估計。殊與歷辦不符。且該犯係聽從鄺尚明行竊。鄺尚明、尚未獲案。旁無質證。所供恐有避就。仰按察司飭速勒緝逸犯鄺尚明等務獲。提同現犯研訊確情。核實估贜。另行造册錄供擬詳。毋稍率延。仍候督部堂批示。繳。册暫存。

委查邳州圩董戴錫玲等勒派圩捐由

爲札飭委查事。照得本部院訪聞邳州圩董戴錫玲、戴廷琛、戴廷璐等。把持圩務。勒派同族居民。毎畝按年捐錢百文及數十文。捐麥一二升及半升不等。或一年一捐或一年兩捐甚有派至數次者自咸豐十年至同治六年積捐錢約數千串麥約數百石復有牛捐戲捐外戶捐貼捐等名目無非藉端苛累且擅將圩捐錢文動用結交官長賄通書差至一千餘串之多又東徐書院由紳民捐助膏火戴延琛謀充董事私挪膏火錢一千串與州役杜玉等支用以致士民痛恨經職員戴延兩等稟控府州有案如果屬實殊爲假公濟私擾害地方亟應嚴行查辦另派公正紳董經理合行札飭札到該道即便遵照刻日遴委妥員馳赴邳州密速確查實在情形稟由該道調查府州控案逐一核明妥議詳復察辦毋任徇飾遲延切切

札徐海道

加函

紳董之不自愛。其弊甚於書差。何則。書差尚懼官爲之箝制。紳董則內結衙門。外通土豪。可以爲所欲爲。即有認眞辦事之民牧。欲繩以法。又懼撼之不動。反爲所傷。往往隱忍優容。釀成大變。今邳州既有戴姓劣紳。特强擾害。似宜及早杜漸防微。邳牧外强中乾。恐未能了此勾當也。

撫吳公牘卷之四十八

催送交代款册清單並飭頒册式

爲專札飭催事案於四月二十六日據蘇藩司詳明
州縣交代款册勒限造送一案到院當經批司通飭
遵照以五月十五日爲首限如不册報者提承究處
五月三十日爲二限不册報者將該州縣詳記大過
六月十五日爲三限不册報者即行詳請
奏參懲辦仍由司督飭交代局將已造册報未造册報
及所提該承姓名記過次數按半月一次開列清摺
報院查核如有存庫銀兩亦於摺內詳細登明一面
由司掃數提解清楚加造全完款册一併詳咨去後
旋於五月初七日據丹徒縣申請飭司鈔發册式並

聲請以奉到冊式之日起限開造。又經批司核明鈔發。飭令依限造報各在案。茲於五月二十八日。又據該縣申覆請將前請冊式。飭司鈔發。以便赶造等情。查此案冊式迄已日久。何以司中尚未頒發。致滋藉延。前經首限屆滿。未據該司局遵照按半月一次開摺送核。當經札催。亦尚未據開送。現在已屆二限。各屬交代款冊。已造送者若干。未造送者若干。有無存庫未解清楚。自應赶緊開摺呈送。以便查核。合行專札飭催。札到該司。即便遵照。由司迅速擬一簡明冊式。冊中總以徵存若干。已解若干。未解若干。俾一覽可知有無虧空爲最要。並將冊式呈送核奪。一面星馳統頒各屬。飭令依限造報。免致藉詞推諉。儻敢遲延立即遵照節飭詳請參辦毋稍寬貸仍由局查明各屬交代如積有兩三任者務令前後接筍將已未造冊結報及延不造報所提玩承名姓州縣記過次數趕緊開具簡明清單由該交代局於六月半前送院查核如有存庫銀兩亦於單內詳細登明並由司委員嚴提掃數清解加造全完款冊一併詳咨勿遲切速切速

札蘇藩司省交代局

常鎮道詳如皋令議自盡命案已結復翻可否另起審限由州詳轉請示由

一月內審結後兩造復有上控先將記功註銷另起審限雖尚可行惟審斷如果平允兩造自應輸服似

不致復有上控即或因訟棍唆串刁翻則由該縣平日不能拏辦訟棍所致是否毋庸輕議更張抑應如何分別辦理務歸簡要仰按察司確核妥議詳奪繳詳鈔發

洋藥稅捐局稟陳通判可否札委駐蘇稽查洋藥請示由

所稟飭委陳倅駐蘇稽查洋藥已行蘇省牙釐總局核飭遵照矣惟據該局所稱近年報驗箱數日見減少奸商私買漏捐以致官貨滯銷私貨充斥總不能有私必獲等情現在軍餉緊迫全靠上海捐釐爲大宗俾得源源接濟若如該局所稟則是奸商詭計百出竟致有私不獲流弊將何所底止耶亟應設法整

頓以裕餉源仰由滬局會同關道傳齊該局各董趕
緊議一妥章以杜奸商偷漏之弊仍將所議章程稟
候察奪仰即錄批報明道局查照繳

吳江縣稟拏獲王藎臣等訊無迷拐情事遞籍
由
此等迷拐之案有犯即懲不必徒自紛紜該縣先行
出示尤爲無見仰按察司即通飭各屬遵照務當處
以鎮靜爲要繳

三

江海關稟查驗輪船章程十條請示由

稟摺閱悉至第三條委員幕友順便搭船帶有自用及送人食用免納釐稅須定以數目章程另列條款請示方有限制否則攜帶一切貨物皆可以送人爲名第四條各衙門及臺局託購食用之物亦須定一數目限制由輪船委員開單送驗相符准予放行仍須由道按月通報以備查考第五條官置輪船所帶貨物如有情願報完稅釐者應赴何關何局完納第六條帶船之員攜帶商貨收取寄資貼補查輪船專爲解餉而設若一帶貨物則買賣停泊以及議價卽不免躭延從前安得祿船因貪貨重儎以致船炸餉丢此其明證此後解餉輪船總一意以解餉爲主無

論已納釐稅未納釐稅之貨物均不准其攜帶以免貽誤解餉要公以杜影射流弊第九條官置輪船進出因緊急要公不及在吳淞停輪候驗者派司事隨船押送查該船若不停輪爲能派司事過船但停輪頃刻稽查恐不認眞准由該委員或派妥當可靠司事或親自隨同該船入浦俟查明並無私貨後再行回局其入江之船該委員亦當預先派司事或親自在輪船守看下餉隨同開行至淞再行回局更無流弊然司事必須遴選十分可靠者酌派爲要餘如該道所議總之現在軍餉緊急釐稅偷漏一分則軍餉支絀一分該委員等務當圖其大者遠者不可專顧目前小利也仰即轉飭遵辦並移鎮江關查照仍錄

批撫臬督署理湖廣總督部堂部堂查考。繳摺存。

如皋泰興會詳奉委會審戴長玉殺傷丁文保身死並遺火燒傷丁陳氏身死一案由

前據縣詳。當查丁文保既目擊該犯壁上拔刀。豈有仍卧不起。任憑該犯跪壓刀割之理。屍妻丁陳氏逃出喊救。該犯將其追回。用布紮縛手足。亦恐另有幫助之人。火亮是否該犯帶往。亦未訊明。當經批飭確訊。另詳在案。茲據詳稱戴長玉係用刀嚇禁。昏夜慌張。以致割傷咽喉。又稱丁陳氏因奪被縛其手足。碰落燈火燒死。供情扭揑。離奇尤堪詫異。查核丁文保屍傷七處。咽喉刀割。左重右輕。食嗓已斷。丁陳氏存有燒存頭骨二片。脊骨二條。肋骨三條。零星殘骨二十五件。燒殘肚腹一團以致斃一家二命重案情節。如此慘毒。非奸即盜該縣並不澈底根究。猶欲曲爲開脫。審辦如此糊塗。實屬可恨。本應立予撤參。姑寬將泰興縣記大過一次。如皋縣記大過二次。勒限一個月審正通詳。按擬解辦。儻再玩延。即行嚴參。仰按察司轉飭遵照。並移會江蕃司。註冊。通飭知照。仍錄報督部堂並候批示。繳。

蘇藩司稟巡洋經費請示遵辦由

此案兩院本未明確批准嗣後局何以不再行錄批請示遽爾動用正款至四萬餘千之多在該司道等竭力急公所有本省入款全以接濟軍儲及水師餉項以致本省急需之款反致剜肉醫瘡身陷綱羅而不顧情節殊屬可憫該局惟有即日知會關庫速行停解一面妥商兩釐局將可裁之款速行裁撤庶冀騰挪鉅款解還關庫斷不可泄泄沓沓多所顧慮致成不了之局也繳摺存

泰興縣詳童生張渠報被刦獲犯起贓訊供不符勘訊情形由

現據事主張渠呈控業經批飭確訊勒緝此案毋論

是刦是搶。而事在黑夜。贓至九百餘兩之多。窩頓者又係衣冠中人。更應嚴辦。該縣遲至半年始報。寔屬玩視要案。應將泰興縣摘去頂戴。勒限一月。務將此案贓盜悉獲究報。仰按察司卽移江藩司註冊。飭遵。仍一面由司查照定章嚴參。並候督部堂　學院批示。繳。圖册存。

吳江縣詳訪聞東珊圩圩甲馬洪業之幫夥馬幅雲被馬益齋等戳瞎兩眼一案辦理情形由

馬幅雲身充圩甲幫夥。輙向鄉民需索。按畝派米。復又誣賭訛詐。寔屬不法。惟馬益齋果受馬幅雲訛詐。自當赴縣呈控。豈能擅自行兇。輙將馬幅雲兩眼戳瞎且馬幅雲按畝派米圩甲馬洪業必係從中主謀亦應從重擬辦乃並不訊錄馬益齋等確供但稱質之馬益齋供詞大畧相同輒請將馬益齋照例免議馬洪業僅擬責革殊未允洽察核來詳甚屬率忽仰按察司即飭新任吳江縣提集研訊錄取各供分別妥擬具詳由司確核詳辦至該令任聽圩甲需索毫無覺察復任聽百姓自行報復殊屬形同木偶姑從寬將該署縣記大過一次以示薄懲移會藩司註冊飭遵該令到常熟後若再如此憒憒本部院即不能爲該令寬矣各屬有無似此圩甲差役需索之事並即由司通飭各屬出示禁革仍飭錄批補詳督部堂查考並候批示繳

札飭軍裝局所存藥帽全歸蘇防五營支用

爲札飭事。據蘇防營務處楊守稟稱蘇防親兵左右三營。合之調紮葑門外覓渡橋之慶字兩營共五營。每月操演洋槍開花砲弁打靶一切需用粗細洋藥大銅火皮紙鉛彈等項爲數頗多。現在內軍械所奉湖廣爵閣部堂李飭將藥彈等項儘數解運湖北彙儲。酌留蘇州粗細洋藥五萬磅。大銅火二百五十萬顆。已交軍裝局收儲、約計祇敷蘇防五營數月操防之用。稟乞酌奪等情。到本部院。據此查內軍械所交存軍裝局之洋藥銅火。以及該局現存之皮紙鉛彈應行全數撥歸蘇防五營。撙節支用。非奉面諭。不得輒行開火以節糜費。除稟批示外。合行鈔稟札飭。札

到該局卽便遵照辦理毋違

計鈔稟

札蘇省軍裝局

札飭善後局撥給銀兩製造蘇防三營號衣戰裙

爲札飭事六月十三日據蘇防營務處楊守稟稱蘇防親兵左右三營前奉
奏定章程號衣戰裙每年由軍裝局製換兩次歷經遵辦在案茲查三營號衣戰裙大半破舊亟須更換惟軍裝局已奉裁併無從製造擬請飭撥銀兩由營派委陳主簿前赴上海採辦羽毛洋布回蘇雇工裁製開摺稟乞查核批示飭遵等情到本部院據此查此

項號衣戰裙應由善後局先行動放銀一千五百兩
給發購辦俟製造完竣核實報銷并將庄店原單呈
局核算現在經費支絀將來或可兩年三換不必執
定
奏定章程除稟批示外合鈔稟摺札飭札到該局即便
遵照照數放給具報毋違
計鈔黏稟摺
札善後局
催造交代款冊並首府等摘頂記過
爲專札飭催事照得蘇松等五府州屬未結交代過
多前經由司議立章程設局清釐應造款冊詳請勒
限趕造經該司詳奉批准酌定半月一限分作三限

遍飭造送在案本部院屢次嚴催清釐屬庫交代着
一不惟欲其速行造册結報更在嚴提存庫杜絶侵虧
覘見自應由局將各州縣新舊交代無論已結未結
查明開具存庫錢糧已解若干未解若干應歸何任
清解簡明清摺呈送俾有無虧空得以一覽而知茲
據交代局彙核各屬已結交代及已未册報併存庫
銀數開具清摺呈送前來除將存庫另行札司催提
外查前據該司議詳新定章程前任經徵錢糧後任
到任後以二十日爲限查明有無存庫未解銀兩開
摺通稟逾限分别記過撤任今祇鎮洋縣遵照辦理
其餘元和奉賢金匱等縣均未遵辦何以該局不即
詳請記過又核對現送司摺內太湖廳樊任接收唐

任交代一案局摺內並未開列婁縣顧任接收王任
白任局摺內祇開王任其白任有無經手錢糧應列
交代之款未據聲敘總之各屬新舊交代內有無存
庫銀兩本部院屢次嚴飭該局務於清摺內詳細登
明並於堂期見面時諄囑該守等迅速開一簡明清
摺送核原欲使如指上螺紋羅羅清疏一望而知其
有無虧空乃自三月二十二日開局以來面言者十
餘次批檄頻催者六七次筆舌俱敝而該守等所送
之摺開列存庫者只有長洲等十數廳縣而又眉目
不清毫無頭緒此外震澤華亭奉賢上海南匯青浦
川沙武進陽湖無錫宜興荆溪靖江丹陽金壇溧陽
嘉定崇明等廳縣何以並不一併開列即或交代已

全行清結。究竟有無未解存庫。亦應開報。本部院曾於四月初八日向該守等催取各屬有無徵存未解銀兩簡明清摺。該守回稱局中一時尚催不齊。地丁須向司庫查詢開送。漕項須向道庫查詢開送。非半月不能開送齊全等語。今已數月矣。豈猶未向藩道各庫查詢耶。本部院所重者。欲知各屬有無存庫未解銀兩。非虛應故事。僅催造交代款冊也。乃該守等於二十日來院謁見。本部院詢問各屬有無徵存未解存庫銀兩。而該守茫然答以不知。然猶可諉之曰非本屬。復詢以蘇屬各廳縣交代存庫未解。共有若干。而該守又茫然答以不知。當據元和松令面稱厲令徵存未解約及萬金。該令卸事。將及四月。欠解正項鉅萬而該守有督催之責。若罔聞知。已可詫異。然猶可諉之曰未留意。至於該守本月十四日所呈之摺。詢以摺中二十九任何任短欠若干。該守仍茫然無一知者。非惟數目不知。即有欠無欠亦不能登答一二。以爲該守未經寓目耶。然則此案屢經特札嚴催。并經本部院當面切催。斷無有不寓目之理。以爲該守記性平常耶。則呈摺甫經五日。事關

國帑。況又屢奉

諭旨飭催速結交代。嚴檄絡繹之際。豈有事隔五日。摺開二十九案中本屬又幾及十分之五。該守竟無一任能記其髣髴耶。如此玩視交代要件。種種出人意外之事。不惟本部院意料所不及。即該守亦當啞然無

以自解。姑從寬將總辦交代局務蘇州府先行摘去
頂戴。俟補沈守雖無督催之責然既在交代局中亦
何至毫無聞見。應先記大過三次。勒限十日內將各
屬現任卸事之徵存未解銀兩開一簡明清摺呈送
核辦。合再專札飭催。札到該司立即遵照由司分別
詳冊飭遵並嚴催交代局趕緊開摺分別查辦迅速
清理完竣。仍將延不造報交代各屬及到任後不依
限開報者。即行查明分別詳請照章查辦並將所提
玩承姓名州縣記過次數依限開具簡明清摺呈送
核辦。所有核出新舊交代存庫銀兩務將何縣何任
名下何款徵存應解若干。已解若干。未解若干。有無
現銀移交後任。於摺內詳細登明。總須一覽即知有

無虧空是爲至要並由司委員嚴提埽數解淸加造
全完款冊一併詳咨毋遲火速切速

札蘇藩司
　省交代局

專提各屬存庫銀兩

爲專札飭催事照得蘇松等五府州屬未結交代積
壓過多徵存屬庫銀兩亦復不少前經由司議章設
局立限淸釐玆據交代局彙核各屬巳結交代及巳
未冊報各案並將冊報存庫銀數開具淸摺呈送前
來查摺開元和縣厲任接收陶任交代冊報存庫銀
兩厲任是否淸解吳縣唐任接收張任田任接收唐
任汪任接收田任三案交代冊報存庫銀內汪任有
無未解之款吳江縣汪任接收沈任交代未解漕項

銀內汪任有無未解之款太湖廳唐任接收温任交代雖據摺內登明冊報全完並無存庫自係指温任正項錢糧而言其唐任有無經徵正雜錢糧未解之款其餘各縣各任交代案內冊報存庫銀兩是否應歸接任批解有無前後任分解之款現當清釐庫款之際未便任其延欠所有局摺開報銀數合行開單專札催提札到該司立即遵照刻先查明詳復核辦一面由司核明有無續解以及正雜之款迅速分飭各該縣勒限於一月掃數批解清楚造具全完款冊取同交代總細冊結一并詳咨儻有逾延即行由司分別欠數之多寡詳請分別記過

奏參懲辦仍將各屬何員名下應解何款若干及續解

未解各數由司按月按款開摺呈送查核勿遲火速

火速。

計開單

札蘇藩司

江陰縣稟議挑東橫河情形由

該縣橫河既爲七鎮農田水利攸關自應及時疏浚。以資利賴。仰即督董勘估該河淤墊工段。共有若干丈。坐落幾圖。應需土方夫工戽水築壩經費各計若干。繪圖造册。議明如何按田起夫章程。刻日通詳核辦。以後該令凡遇有益民生

國計之事務當掃除官氣。認眞振作。勿爲浮言所動。以致中餒。是爲至要切切。繳

上海廳縣會禀封雇沙船辦理情形由

辦理海運。以封雇商船爲第一要務。現在上海沙船。較前短少。明年江浙兩省起運米數增多。恐有停米待船之虞。務望該廳縣會督員董。責令稅行認眞催辦。廣爲招雇沙甯各船。立攬排泊候兌。勿使稍有短缺。其東衛各船。往往有意避匿。遲不進口。本屆尤須設法嚴催稅行船商。勒令各船赶速來南。受雇一體承運。毋得再任逗遛。仰蘇藩司轉飭遵照辦理。仍將雇到船隻數目。按旬通報查考。幷移蘇松太道就近督催毋遲。繳。

清河縣禀訪查陳景福不甚安分奉訪陳姓訟棍是否卽係其人請示由

據稟已悉。訪聞該縣城內有生生客棧。所有訟棍代
人京控之案。本人俱在該棧等候接替去年有通州
民人王聲金京控。雇海門訟棍陳錫光頂替赴京。王
聲金即在生生客棧住過數月。以後遇有京控之人。
遞解到縣。該縣務須留心查訪。如有頂替訟棍。即一
併拏獲解究。至陳錫光已另經海門廳拏獲解省矣。
仰即知照。繳。

委解書籍

爲札發事照得宣講
聖訓。誦讀小學。最能感悟人心。維持風教。前經本部院飭
發板片。交蘇省書局刷印。呈候分頒江北各府州廳
縣。派發宣講誦讀。茲據該局刷印釘本呈送前來。合

行札委札到該員即便遵照將刻就
聖訓小學同江藩司公文一角查收即日小心管解起程
前赴江藩司衙門交納回省銷差毋稍延悞切切

札候補知縣茅令

以昭愼重除札委候補知縣茅令將各書管解赴江
藩司交納外合行札飭札到該司即便知照并核發查收分發各
該委員盤川船價切切
府州廳縣行學一體遵照選舉講生督同宣講並將
小學分發義塾教讀由司將收到轉發各日期及分
發細數報查另將蘇省宣講及義學各章程鈔發一
分以備斟酌損益發行各府縣次第辦理幷轉飭該
府縣將辦理情形專案具復切切

札江蘇藩司

金陵釐捐總局稟請開復泰興縣張令泰興營

成都司頂戴由

據稟已悉。此案要犯朱溯庭等。既經張令等拏獲解辦。尙知奮勉。應如所請。將泰興縣張令泰興營成都司一併給還頂戴。除札飭江藩司註册飭遵並札臬司遵照。暨咨明督部堂查照外。仰卽移行遵照。速提現獲之周鐵保等五犯。研審確情。錄供詳辦。一面飭卽勒緝未獲各犯。務獲究報。仍候督部堂批示。繳。

溧陽教官記功

爲札飭事。照得本部院近日訪察各屬地方有司及各學教官優劣。卽稔聞該溧陽縣教諭陸希文品端學優。勤於課士。雅有泰山孫明復海陵胡翼之之風。

茲據該學來稟於宣講

聖諭。興建文社及佐助該縣設立義塾之處均能勤勤懇懇切實舉行與敷衍苟且塞責者迥別其條陳各事宜亦能陳閭閻之疾苦引通雅之賢材洵足爲各學教官之最本部院爲之欣慰無量亟應優予獎勵以昭激勸合行札飭札到該司即將該溧陽縣教諭陸希文訓導張錫履各記大功一次均註册飭遵仍飭該學時進嘉言以匡不逮又據摺開該縣講生楊汝霖聲音高朗勸人爲善之意出於一片血誠聽講之人無倦而思去者亦足爲各講生之最並飭該縣周令暨該學傳諭勸勉如著有成效自當酌加獎勵仍由司通飭各學知照俾各學勿視司鐸一官爲閒官

教化一事爲迂事也切切此札

札蘇藩司

札催修理華亭塘工攤捐報銷確查詳辦

爲札催事案於八月初九日據該司詳送華亭海塘四七兩段勘估工料清摺圖說並按畝攤捐歸款懇再附

奏等情一案到院據此當以查核工部原奏聲明歷屆塘工多係攤捐歸款即同治四年四月蘇撫奏協修浙江海塘案內亦經聲明按畝酌捐等語是捐修海塘歷有成案可循所請附

奏之處自應照辦惟據稱每畝所捐不過十餘文究係約略之詞能否即將通工實需錢數若干每畝實應

派捐若干逐一查明確數聲敘再行入
奏吏為結實至此項工需應否遵照報銷亦未確切聲
明批飭再行確查詳復核辦並飭查明道光年間修
理原案有無可考旋據申覆飭府將修築華亭海塘
通工實需錢若干每畝實應派捐若干逐細查明估
計確數分晰詳覆核辦一面將道光年間修理原案
有無可考確查鈔錄通送察核各在案迄今未據詳
到合行札催札到該司即便遵照前批逐一確查迅
速具詳以便年內覆
奏毋稍遲延切切

札蘇藩司

代辦中軍參將詳不在營盤當差各員弁可否

邀恩酌給薪銀由

據詳不在營盤當差各弁實缺者請仍支全廉無缺之員請酌給薪水並逐支銀數目清摺前來本部院酌核摺開各員弁內徐振飛秦文炳均當巡捕差使乾廉薪水應准照支其餘仰候鈔摺行知蘇藩司核議詳覆繳原摺存

戶部議覆蘆洲田地變通丈期摺鈔行兩司核

議

爲遵

旨事同治八年正月十四日准戶部咨議復曾國藩丁日昌片奏蘆洲田地變通丈期一摺奉

旨依議欽此鈔奏行文遵照等因到本部院准此查前於

廷寄。

同治三年五月初三日欽奉

並於初五日接准部咨均經李升院鈔奏轉行欽遵在案。現准大部議奏蘆洲田地查照定例前經通丈造報。後續無升坍。不必重行丈量。並不必另造圖冊。以免擾累各節。洵爲與民休息之道。應再詳慎講求妥議。咨明大部立案。以期垂諸永久。茲准前因合就併鈔黏札飭。札到該司道卽便移行遵照辦理。並由司道會同蘇藩司江蘇兩藩司總辦沙洲倪道詳細確核。妥議章程。詳復察辦。此外如有應核例本。一併呈送查核。該司道等務期實心籌辦。此札。

計鈔黏二件

札江蘇藩司總辦沙洲倪道

茲准前因除札江蘇兩藩司。暨總辦沙洲俔道。移行遵照辦理云云該司道等務期實心籌辦外相應鈔黏咨會。爲此合咨貴部堂。請煩查照一體飭遵施行

咨督院

鎮江府詳送普仁堂辦理掩埋留養等項淸摺由

據詳已悉。摺開各條。既係申明舊日堂規。應可照行。惟原董羅志讓究竟是否可用。該守仍令隨同幫辦。以觀後效之語。甚屬含糊。如其無弊。則須令仍董其事。若其有弊。換之可也。何必瞻顧。又該堂每歲入款不過八百餘千文。而堂中用款已幾二百千之數。正項無多。規模不可侈大。恐有爲善不終之患。仰即轉

飭該教諭督董妥爲經理。期於涓滴歸公。窮民咸受
實惠爲要。繳。摺存查。

札查太鎮嘉二州縣留存劉河工費曾否報銷

爲札飭事。案照太鎮嘉二州縣。留挑支河之一二三兩
年節省等案內。隨收劉河工費錢五萬餘串。究竟開
挑何處支河幾道。共用工費若干。有無餘存。迄未稟
總報銷。前經批札飭查。茲據太倉州申覆。前款已於
太鎮善後案內。造冊彙總報銷。計有餘存錢二千八
十五千文。挪爲請領經費。請免歸還。開具收支總數
清摺送核。並據另文申覆。嘉定係由委董給發。應存經
手造冊報銷。現在董已出外。無從查詢。請飭藩司飭
明。鈔錄報銷冊呈覆等情。到本部院。據此。合行札飭。

札到該司卽便遵照查案核明太鎭留存劉河工費錢款。是否支用完竣。嘉定之款。是否已彙造報銷細册送司。其中有無浮支濫借。不實不盡之處。卽逐一確核。鈔錄銷册。詳復查核。毋遲。

札蘇藩司

上海縣稟定期勘估邢竇湖支河並查訪地方情形由

據稟已悉。該令乃心民事。能於清理積牘之暇。跂裝易服。親赴各鄉。體察風俗。從此吏治民生。益加洞悉。具見振刷精神。力求整頓。凡爲牧令者。不當如是耶。深堪嘉尙。如查出地方棍徒。擾害閭閻者。卽從嚴懲辦。浦西邢竇湖支河。議請挑濬。自當有益地方。惟是否出自農民情願自行捐費有無流弊監生蔡忠仁等是否向來安分之人均當一一查明方可舉辦社倉亦當赶速籌建仰俟查有建倉基址一並詳細稟覆繳

謝恩澤稟揚關積弊請嚴示木榜刊定章程由

前據該員具稟即經批飭司道查辦旋准督部堂咨請委員就近確查復經本部院飭委孫道訪查稟復又將從前關卡積弊各條錄行該司道等查議稟辦在案該員事不干已一再瀆陳殊屬冒昧惟念事關商民疾苦稅課盈虛姑候咨商督部堂酌核辦理仰江藩司轉飭知照繳稟鈔發

飭查陽壇溧三縣抵徵錢文並不照章徵收由

爲專札飭查事照得丹陽金壇溧陽三縣上年應徵
錢漕除新墾荒田不計外所有原墾熟田暫辦抵徵
本部院會札奏奉
諭旨金壇溧陽二縣每畝徵收錢二百文丹陽縣每漕田
一畝徵收錢一百六十文洲田一畝徵收錢一百文火
耗羨餘一併在內該督撫嚴飭該地方官核實查辦
不准書役人等絲毫多取以恤民困等因欽此當經行
司移行欽遵辦理在案現在本部院訪聞丹陽縣每
畝徵收二百文較之原定章程計多收錢四十文溧
陽縣初限每畝收錢二百一十文二限每畝二百二
十文三限二百三十文亦較定章計多收一二三十
文不等是否屬實必應確查至該二縣及金壇至今

不將應徵應免區圖村莊示式送查有無弊竇合行
專札一併飭查札到該府立即遵照飭府嚴密查訪
務得實徵確數刻日據實詳覆如有浮多即行揭請
奏參懲辦並催令該三縣按照原定數目趕緊徵收報
解依限全淸仍將示式呈送查核以杜弊混現當買
米起運及司庫籌餉緊要之際毋任玩延火速飛速

札蘇藩司鎮江府釗

飭查沈鯤擅收賭規

爲札飭咨明事照得竊照本部院訪聞溧陽城守千總沈鯤向
不安分於同治四年因案告病今回本任擅收賭場
陋規賭風日熾又移居城內不任本汛惟派令城外
店舖出錢以爲巡夜之費以至去年九月初二日西

門外王祥泰布店被刦等情如果盡實大屬貪鄙廢弛合行札飭札到該府即便密查稟覆切切

札鎮江府

云云大屬貪鄙廢弛除行鎮江府密查稟覆外相應咨明爲此合咨貴部堂請煩查照施行

咨督院

督院咨揚關弊竇一案由

爲咨會事同治七年十一月二十三日准督部堂馬咨謝恩澤稟揚關各口諸多弊竇情形一案咨請就近委員確查辦理見復等因到本部院准此前據該委員並稟到院當查揚由關分口大多該員如果爲苛刻商民起見理應確切指實何口應裁何口宜併

以及如何興利杜弊方可分別查辦乃以丁役皆係
關道紀綱不敢明言措詞殊屬乖謬至江北釐卡果
有弊竇稟內何不明晰指陳查閱鈔黏亦多含混且
不於在差時呈請查辦直至交卸後始行具稟其中
恐有隱情惟釐卡積弊關役浮收事關大局亟應力
圖整頓以甦商困即經批飭江藩司會同淮運司常
鎮道派委妥員迅速認眞查辦據實稟復以期裕餉
恤商仍錄報督部堂查考在案茲准督部堂洛商就
近派員確查等因合就札行札到該道立即遵照確
查並會同關道釐局認眞整頓籌議稟復察辦事關
縱役累商務望澈底查察窮其所往毋得粉飾彌縫
存討好同寅之念是爲至要

札前揚州府孫道

撫吳公牘卷之四十九 補遺

松滬蠶局會稟崇明布捐查議章程歸併各局

兼辦由

據稟及所議章程均悉仰即轉飭遵照辦理仍將收捐數目按月造册報查至另單稟崇明翹鎮各庄戶所繳布蠶毋庸內扣存錢九毫儲備該處開河之用現在姑准照辦一俟河工完竣務即全行裁撤斷不准仍留鋪捐名目流毒閭閻仍候爵閣督部堂批示繳札存

臬司會詳海州命盜重案應仍循舊由道勘轉由

如詳飭遵貴州知府多有親轄地方首府與首縣同

城。畫疆分治思州石阡大定三府皆無附郭首縣。可見邊疆制度與內地迥殊。一切章程皆非蘇省所可援照也。並飭知照。仍補詳督部堂並候批示繳

札飭停免常郡布捐

爲札飭事。據該常州府申送常郡四月分城局布捐收數。及三月分鄉捐數目旬報收支各冊呈祈查核等情。到本部院。據此查蘇省牙釐局所屬各處城鄉市鎮舖捐已經全行裁撤。頒示曉諭在案。此項布捐旣由行莊捐提。核與舖捐無異。應卽一併停免。以昭公溥。惟前於開辦時。曾據該府以向有是項釐捐歸善堂充費。暫請收作賑粥。將來辦竣停撤。應另議抽歛充款等情。稟明有案。誠恐在官停收之後。復有善堂

紳董收辰第地方官紳不准抽捐早有明文此次裁免之後即常郡善堂亦不准另議抽收充費致滋擾累合行札飭札到該某即便轉飭該府遵照速即定期免抽并由府核繕告示分發城鄉遍貼曉諭查明截數以前收支各數造冊報銷并將委員即行撤回仍將停收日期出過示式處所先行報查至此項布捐內抵支之世族貧寒婦女月給錢文能否另籌抑即停給其書院經費應如何另行籌濟並飭即察酌妥議分案稟請核奪均毋違延切速切速

札蘇藩司省牙釐局常州府

加函

城鄉鋪捐雖少有補苴善後之益然流弊極多功不

補過蓋舖捐不能不用董事鄉黨自愛者皆不肯爲董事而甘心爲董事者必皆武斷鄉曲心術不甚可問之人因而假公營私高下其手一縣有千百鄉卽有千百董事既無委員爲之稽查蚩蚩者受其荼毒訴之於官猶訴之於天訴之於鬼神民生安得不日蹙元氣安得不日傷乎鄙人於所屬舖捐必欲拔其根株者蓋誠見乎利少弊多興一利不如除一弊也或有謂舖捐裁後一切善舉費無所出不知以舖捐資善舉是猶飲酖止渴受益有限被害無窮鄙意萬不容已之善舉只可由民間自爲勸辦或由就近釐局酌給多寡以爲之倡庶乎善舉不致中輟而民困亦可漸甦矣

咨行如皋周令詳報李建失跌溝內淹斃三案

驗訊由

爲札飭事據如皋縣周令詳報李趙氏之子李建失跌王琴圃等合業溝內淹斃一案驗訊緣由到院據此查此案與另詳薛耀連自縊身死一案又黃李氏失跌落溝淹斃一案均係上年四月及六七月間報驗該前署縣並不早爲審結以致案內人證受累逾年實屬昏憒應將前署如皋令記大過三次永遠不准委缺以爲玩視民瘼者戒除咨爵閣督部堂查照并詳批示外合行札飭札到該司即便註冊飭遵具復並通飭所屬以該令爲前車之鑒可也毋違

札江藩司

常州府稟請飭所屬勸設義塾由

該府督率首縣先在郡城設立義塾茲復札飭各屬仿行並查察勤惰隨時稟辦辦理甚爲得體良深欣慰仰蘇藩司飭令諸催所屬於城鄉各處一律添設遴聘品優學粹生員教讀講解以期頹風暫變士習日端仍將設立處所塾師姓名並如何籌撥經費置買田產以資長久之計詳晰通稟核奪勿任因循玩泄徒託空言切切仍令補稟督部堂查考並候批示繳

委沈道煌等辦理江陰通州沙務

爲札行事照得江蘇兩屬沿江沿海沙洲灘地前經本部院會同爵閣督部堂札委倪道會同藩司設立

總局綜覈一切事宜並派委員分往各屬設立分局會同印官核議章程逐一勘丈分別陞轉飭令繳價補課出示曉諭以除積弊而安民業茲據倪道稟以通州紳董沈道煌江陰紳士金道國琛陳中書榮邦均係高才碩望輿論咸孚已由該局照會辦理各該處沙洲事務稟請加札前來應如所請特委會辦除分札外合亟札飭為此札行該紳即便遵照會同印委各員按照章程妥為襄辦務期將沙洲從前積弊掃除淨盡為要其有多年積蠹牢不可拔者祈即咨商儆處草薙而禽獮之除惡務盡不可泥弊去太甚之一說也

札通州紳董沈道煌　江陰紳士金道國琛　陳中書榮邦

沙洲總局稟委查通海各處沙務情形並請加札沈紳等襄辦及李庚年提訊由

已照稟分札通州沈紳及江陰金陳二紳矣仰將發來札文二角查收分致並移兩藩司知照一面飭令委員星夜前往通海兩處會同印委赶緊妥辦不得再有諉延致干參撤其泰興老類田册本部院衙門已於二十一日送到矣諒該局亦經送到並即確核辦理有無遺混至常熟經承李庚年既經把持沙洲公事於前必係刁猾之徒仍即委員守提到案訊明通詳察辦毋稍狥庇切切繳

安東縣知縣記功由

爲札飭事據署安東縣張令詳嚴成方等訊係劉玉

枉挾嫌誣攀並非事主方同義被刦案內正犯仍發回沭陽縣審辦一案除批飭臬司轉飭沭陽縣俟石至動等解到提同確訊詳辦外查署安東縣張令甫經到任即能清理滯獄殊堪嘉尚應將該署縣張令記功一次以示獎勵合行札飭札到該司即便註册飭遵毋違此札

札江藩司

松滬總局詳崇明布釐應否准予邀免請示由

現在舖捐均已裁免布釐事同一律自當照免仰即轉飭遵照不可名去實存仍候爵閣督部堂批示錄報繳

臬司詳青浦盜犯周庭九等審擬由

已於同治七年六月二十三日咨達刑部核覆並咨
總理衙門通商大臣查照矣查乾隆年間欽奉
諭旨遇有回民搶竊之案不得混稱回匪回賊字樣等因
今洋人事同一律詳內洋匪二字正與回匪回賊字
面相同與乾隆年間所奉
諭旨未符殊屬未協已代爲更正仰即通飭各屬遵照嗣
後如遇回民犯事則直稱回民不得用回匪回賊字
樣如遇洋人犯事則直稱洋人不得用洋匪字樣以
示
聖朝有教無類至意毋忽仍飭勒緝逸犯陳大等務獲究
報並候爵閣督部堂批示繳

訪聞上元老農王元吉被委員枷責一案由

爲札飭事照得本部院訪聞上元縣宗墅村兵燹以後凡奉官示應辦事件皆年老農民王元吉領辦謂之村董今該村董忽經委員傳至湻化鎮公館因所呈田畝冊有欠明晰之處回話不當登時重枷嚴責並聞村庄之田畝荒熟上年報過一次又報過四至界限一次此次清查辦法係圻領戶不似從前戶領圻四鄉罔弗遵奉辦理嗣值大雨連綿揷秧正急亂後農民十存二三過時則禾生不茂此四五十日間各村有辦竣者有辦未齊全已辦而不合款式者從前清查費每畝五十文村董倘無侵呑等弊乃縣差張發等二人知王元吉勢將嚴責謂爾能捨三塊錢可求免罪王元吉不允果然五板見血打至百板委

員喝止差復連加十板等情如果屬實則委員濫行枷責差役挾忿加刑殊堪詫異必應嚴行查辦以示懲儆合行札飭札到該司立卽遵照迅速確切查明據實詳復察辦勿任差役橫行庶幾良民可以安業切切

札江藩司

札催震澤縣稟獲盜陳大德等審明正法等六案批查未復

爲札催事據震澤縣稟獲陳大德等解省審明正法並徐幅三等復訊另辦一案又據桃源縣詳民人張有功被高沅潰等毆傷身死遵飭訊明可否據供定讞一案又據詳劉章氏被康振三等毆傷身死據屍

夫具結請銷一案又據新陽縣詳堂董王應霖等控
致和塘內浮有無名男屍無憑相驗一案又據崑山
縣禀菉葭浜等處請砲船代巡一案又據豐縣詳渠
逢山報妻張氏被架送回連劉進德解訊一案均經
批飭查詳具復迄今未據復到合行開單彙案札催
札到該司即便查照單開前批事理分別飭催核辦
剋日具覆毋得如黃鶴一去也

札臬司

加函

官場畫諾後即算簽押桌上打掃乾淨然我輩乾淨
而百姓尚滿身疮痏也前催各件各縣杳無一復殊
堪詫異務求分別嚴催總等到實在回信方可謂之

打埽乾淨。我公以爲何如。

催睢甯硃標排單詞訟監押各册

爲札催事。案照本部院飭將奉到本衙門繕發公文。不論有無硃標排單。按月造册送核一案。又飭將每月上控自理詞訟各案。監押各人犯。分别管收除在。按月造册呈送一案。迄今均未據該縣遵照造送。實屬遲延。姑念代理人員到任未久。姑從寛將該代理睢甯縣知縣記過一次。以示薄懲。合行札催。札到該縣。立卽遵照將本年正月起至五月止。奉到本部院繕發公文。不論有無硃標排單。逐件查明補造清册呈送。並將四月起至五月分止詞訟監押各册。赶緊造送。以憑查核。均毋再延。致干重咎。切速切速。

札雎甯縣

蘇藩司詳衛船來南查無不讓裝運各情請咨

覆由

已據詳咨覆直隸督院查照轉飭天津甯河二縣傳諭各船商遵照於每年冬杪春初及時來滬豆攬承運漕糧以顧要公勿稍延誤支飾仰卽轉飭上海廳縣遵照此後凡遇衛船來滬總當格外羈縻以廣招徠現值預籌海運之際不可稍有歧視致滋藉口諉卸切切此繳

崑山縣稟現擬辦理地方情形由

查核所議條陳內酌貼地保川資以杜浮收中飽洵爲至當不易之論應准照行收漕公費內提款修建

漕倉應照新陽辦法。漕提足以速興工。斷不准延至三年。致滋攤派轇轕之弊。此外每圖懸掛木牌。令糧戶自塡完納數目。及添設社學。另議章程二條。均俟專稟到日。再行核示外。惟地保侵蝕錢糧。請擇尤正法。並清丈田畝。分別緩急辦理二條。事關大局。不厭愼詳。仰蘇藩司會同按察司逐一確核妥議飭遵具覆。毋稍率延。人命所在。不得以意自爲輕重也。並飭補稟爵閣督部堂核示。此繳。

加函

後世無庶人在官之祿。胥差地保。勢不能不取給於民。逆變本加厲。遂致吸髓敲脂。舐糠及米。於是乎民難不堪命矣。今以地方官應得平餘。畧爲分潤。若輩

自不致有浮收中飽之弊務望決意行之勿爲官親門上輩浮言所惑吾民幸甚盡書差地保無利可漁則官親門上必亦無利可漁此相因而至之理也

盛澤釐局汪令稟接辦釐務一載以來捐數較前增收由

該員委辦釐務一載以來較前約增收錢二萬五千餘串具見辦事認眞可嘉之至應卽記功一次以示鼓勵已札行蘇藩司註册並札蘇省牙釐總局知照暨咨明爵閣督部堂查照矣仰卽遵照隨時周歷分卡妥爲查察實力整頓勿得始勤終怠毋任司勇舞弊以副厚望尤要者不得以此次增收記功此後遂從苛刻古人謂寬一分則民受一分之賜不可不念

茲在茲也。仍候爵閣督部堂批示。繳。

催邳州碭山縣積年未結各案訊擬勘辦由

爲專札嚴催事。案據該署徐州府府稟奉札飭查積年未結各案。計邳州一起。宿遷二起。碭山五起。又據申稱續查出邳州二起。皆係咸豐年間逼詳之案。節經飛飭各該州縣將未結各案迅速審解。所有同治元年以後各案。亦即上緊訊辦。嗣據宿遷縣將未結二起分案詳復。並據該邳州稟盜犯聶士宣一案。已解府勘轉。其孫省螻杜中二起。現在復審赶辦。又據碭山縣申。周仁杜青雲韓隴汪二峯四起。業已解府。其宋二等一起。尚須復審擬解各等情前來。合再專札嚴催。札到該某立即遵照。將已經解府各案迅速復審解

葮並飭將應行復審之案及同治元年以後各案一
併上緊訊擬勘辦毋得以文件發房遂謂案頭乾淨
也切切此札

札徐州府邳州碭山縣

蕭縣等記功由

爲專札飭遵事照得江北各屬自盡命案較多前經
通飭勒限於報官後一月內審結其有辦理迅速者
自應記功以期奮勉而免拖累茲查有蕭縣詳王其
昌婢夂史春梅自縊身死一案又通州詳張高扣失
跌落河身死一案又六合縣詳陸金因病身死一案
查核詳結日期有距報案未及一月者有僅滿一月
者辦理均尚勤奮應將蕭縣知縣通州知州署六合

縣知縣各記功一次以示奬勵除札江臬藩司知照詳冊飭遵外合行札飭札到該司即便分別詳冊飭知遵照毋違此札。

札江藩司臬司

泰州詳無名竊賊因事主孫長庚追捕戳傷後落水身死驗訊由

仰按察司核明飭遵至該牧蒞任後詳結自盡命案於今又滿十起又所詳審結新案距報案皆不及一月實屬勤奮可嘉應再記大功一次以示奬勸除行江藩司詳冊通行暨咨督部堂外並飭知照仍候爵閣督部堂批示繳格存

撫吳公牘卷之五十 補遺

鎭洋縣稟浚河築塘由

據稟。該縣捐資浚河並搶築海塘添築幫塘各情形。洵屬妥協惟所稱海塘歷年既久。究未鞏固小塘子等河道俱形淤淺。必須分別修挑。以利農田而資捍衞。仰蘇藩司卽飭太倉州覆加確查。督同該縣分別勘估工費。核明如何籌款興辦。並確查海塘究於上屆何時修理。鈔錄舊案。妥議通詳察辦。另單並悉。仍候爵閣督部堂批示。繳。

臬司詳贛榆民朱湘糾毆王剛兌身死一案核

擬由

君前臣名禮也。此案代驗之海州劉牧何名未據聲敘。

礙難具題仰卽飭查申復核辦一面通飭各屬凡題

咨案內遇有職名均應直書不得於案牘中作世故

文字並移蘇藩司刊入省例遵行仍候爵閣督部堂

批示繳

金陵釐捐總局稟泰興界河捐卡連被搶毀請

勒限飭拏並鈔呈匿名揭帖由

如稟將泰興縣泰興營都司一併先行摘去頂戴以

示薄懲已札行江藩司註冊飭遵並咨明爵閣督部

堂查照暨札臬司移行遵照一面速飭該縣會營比

差幹役勒限嚴緝棍徒戴長庚等及爲首滋事各犯

悉數務獲從嚴究辦仍飭將勘訊緣由先行通報杳

核矣仰卽知照仍候爵閣督部堂批示繳摺存

蘇紳請撥釐捐辦理各項工程行司局核議

爲札飭事。十月初二日據蘇郡紳士馮宮允等公呈。蘇省郡縣應辦地方公務善後工程等項需款甚鉅。請將釐捐一項。先行按月分撥若干成。儘最要之用。其餘各需。俟將來撤卡之先。通盤籌畫。以敷用爲度。酌定展限若干月。以期一律修舉等情。到本部院。據此。除批牌示外。合行鈔呈札飭。札到該司。即便會同蘇藩司蘇省牙釐松滬捐釐兩總局商酌妥議。詳復察辦。毋違。

計鈔呈

札蘇藩司蘇省牙釐松滬捐釐總局

陽湖縣會稟荒熟田畝擬請分別蠲減徵輸並

呈圖摺由

本年夏初雖連得透雨。幸爲時尚早。低田卽或被淹。儘可設法疏洩補種。迨入伏徂秋雨暘時若。現查各屬稟報秋收分數。尚稱中稔。斷無該縣歉收較甚之理。據稟會勘荒熟田畝。是否核實。仰蘇藩司確核飭遵。所請將舊熟田畝應征本年錢漕一律減免二成。應否准行。至本年新墾熟田。請將上忙蠲免。其下忙錢糧及冬漕。與舊熟田畝並征。又上年熟田內本年被淹無收田地。請將已完之上忙。作爲應完其下忙錢糧及冬漕。請同拋荒未墾田地全行蠲免一則。請蠲上忙。一則請蠲下忙。誠恐易滋弊混。將來彙案奏報時亦難聲説。應卽由司飭府確查實在收成情形。

酌議減成數目。刻日通稟察奪。毋稍徇延。切切仍候

督部堂批示繳圖摺存。

新陽縣稟捐修明倫堂名宦鄉賢等祠由

該縣會同崑邑捐貲給董修建明倫堂等處工程。俾毀廢祠宇。一律重新。足見敦崇典禮。嘉慰殊深。仰蘇藩司轉飭遵照。會學督董赶緊興建。一俟工竣。卽行通報察奪。至崑邑張令應捐錢文。是否亦已籌給。並飭現任王令查明具覆。此繳。

奉賢縣稟清理向有義倉及現辦情形由

該縣既有此項公田。爲買穀儲倉之本。此外勸捐湊濟。自易集事。仰蘇藩司轉飭選舉公正紳董勸諭紳商富戶。量力捐輸。同連年收起義倉田租。一并買穀

存儲以備荒歉仍先核議捐收辦法出納章程通稟核奪毋遲此繳

太倉州詳州境各圖本年租價由

查核摺開租價並未分別花稻是否每畝統行收取此數何以照上年錢數均有加增其中稻田租籽如何折算並未聲明又摺後登載各圖如無額者均加一色亦不明晰仰蘇藩司轉飭查明另開細摺詳覆核奪並飭鎮洋縣一體酌定租價詳明出示毋違此繳摺暫存

咨行新陽縣稟請砲船巡防

爲咨請事十一月十七日據蘇藩臬司會詳請飭撥長龍等船解蘇押送散勇等情到本部院據此並據

新陽縣廖令以新陽江至三江口一帶爲上海至省城往來要道巡防緊要稟請准撥砲船兩號並發軍械鎗砲火藥等件其勇弁人等由縣自行招募俾靈呼應等情前來查押送散勇派撥巡防均關緊要該縣所請船由省給勇由自募甚於時局有裨三首縣亦曾面商仿照該縣辦法省城並無空砲船可撥相應併案咨請爲此合咨貴部堂請煩查照轉飭金陵水師糧臺支應桂道於各營繳存砲船選撥長龍二號舢板三十號送蘇以便撥交撫標二營兼爲演練俟熟習時聽候派防各縣並可解送散勇洵爲兩便望切施行

咨督院

昭文縣申送九月分宣講處所並采訪事宜摺由

查核摺開僅有宣講日期處所講生姓名其各期所講

聖訓小學內何章何段何以並不逐一指明聽講者有無領悟之人均未詳細註明殊屬疎率仰蘇藩司轉飭移學將九月分宣講書目規勸何事另開細摺分送院司查核以後務須按月詳註呈送毋再率畧遺漏切切此批

儀徵縣詳核議興辦蠶桑紡織章程由

紡紗織布種棉栽桑爲民間當務之亟衣食之源該縣地方既向未習此若以空言勸諭恐難興舉據議

設局招人教習擬呈辦理章程均尚妥善所需經費應勸令本邑紳富量力捐助或由貲借墊仍由該令捐廉倡率俾可尅期集事爲地方開無窮之利功莫大焉仰江藩司轉飭遵照會督紳董妥籌開辦具報毋違仍候督部堂批示繳摺存

桃源縣稟勘明水利請撥款興挑由

據議挑深禦匪長墟之濠溝以達成子河宣洩積水是否可行有無窒礙仰淮安府察酌情形核議詳覆酌辦至各處支河水利均應由各該州縣自行設法辦理據請撥款興辦未便准行並飭該縣知照暨報明江藩司淮揚道查照仍候督部堂批示繳圖摺存

委員領解總署定購來福槍赴京交納

爲咨呈事。竊照前准貴衙門函撥軍火。即經委解來福槍兵槍開花砲火箭等件在案。茲又札據褚令稟奉諭定購恩費而來福槍一千桿業由洋商全數運到。囑令滬蘇轉運軍械所暫爲收儲。請委員解京交納等情。到本部院據此除飭委候補知縣覺羅綽勒歡保前赴上海領解繕給咨批飭由輪船解赴貴衙門投納。並預行呈明外。相應咨呈。爲此咨呈貴衙門謹請查照派員驗收示復施行。

給咨呈總理衙門給委員賫

補用知縣褚令稟裝運銅板解津並購來福槍一千桿請給發咨批委員解京由

此項洋銅。應由該員將裝定之一千箱先行押運赴津其餘八百箱准交旗昌洋行隨後附搭輪船裝運抵津由道將全數起運日期報查至所購恩費而來福槍一千桿業已委員赴滬領解並咨呈總理衙門派員驗收暨咨三口通商大臣轉飭護解照料并行知該道矣仰蘇松太道轉飭知照繳

總理衙門咨斟酌鳳凰山等兩處練勇裁撤

為咨請事九月十二日承准總理衙門咨開同治七年八月二十日接據調任直隸總督兩江總督曾文稱據蘇松太道稟稱數載以來江南大定上海地方中外咸安現値滬關稅項撥解京外要餉不敷之時擬將鳳凰山高昌廟兩處練勇裁撤並將外國兵官酬給厚資加賞功牌善遣回國請由總理衙門與英

法兩國公使論定。俟咨行到日。妥爲遣撤等因。咨達前來。查此案前於同治三年冬間。經英國公使威妥瑪。將上海領事所議鳳凰山練勇章程十三條。照送前來。當經本衙門咨查前上海通商大臣李。查覆續據覆稱。俟擬定額數。妥立章程。再行核明具奏。嗣於四年十二月十九日。經上海大臣李奏明在案。查原摺內稱英法防兵未撤之先。據英領事巴夏禮以上海係通商最要口岸。須由中國練兵接防。卽酌留上海城南高昌廟法國教練勇四百人。鳳凰山英國教練勇千餘人。仍揀派英法武弁各數人。分司教習。又稱其勇丁口糧。改照楚軍營制。按月由關稅內撥給。外國兵弁止管教習槍礮。不准干預營務。並與該領

事等議明此後該軍進止機宜與洋弁應否撤換之
處悉由督撫統兵大員主政以重海防而肅體制等
語是此事有關奏案且發端由於上海巴領事未便
先由本衙門與英法公使議撤從前設此練勇時原
因駐滬洋兵全行撤去始留高昌廟鳳凰山兩處營
勇千五百人名爲保護洋商江南軍務現雖肅清若
即將練勇全裁未免令洋商轉生疑竇且恐無以彈
壓流氓儻實因關稅項下不敷支撥或由貴撫斟酌
情形裁汰若干名飭該關道先行與英法領事商明再
行照會公使一面奏明辦理以符定章而合原議可
也等因准此除札江海關應道斟酌情形妥速議復
外相應咨請爲此合咨貴大臣請煩查照核辦施行

咨通商衙門

爲札飭事。照前云云准此。除咨請通商大臣核辦外。合行札飭。札到該關道立即斟酌情形。或先裁汰三分之二。即與英領事商明。相機妥辦。稟請察核會同分別咨

奏。事關中外交涉。務望斟酌妥善爲要。此札。

札江海關道

加函

鳳凰山及高昌廟二處。洋教練所訓各營弟日前順道往閲。全是有名無實。營哨官多有煙癮。其不足恃者一也。進退步伐。不能整齊畫一。其不足恃者二也。排槍响聲。多有參差。其不足恃者三也。陣法變化不

能神速其不足恃者四也營盤內外全不清潔其不足恃者五也該營官鄭有暮氣袁多滑氣其不足恃者六也洋教練哲貝久任洋涇浜多不在營其不足恃者七也計此數營虛糜經費較之中國營制幾多十分之五而且養一兵不能得一兵之用務望速與麥領事熟商即使不能全裁或先裁三分之二亦可否則弟擬將該營調至省城附近親自兼督如其日有精進則又何求否則次第撤之彼族當無辭也

機器製造局稟送配成備解總署機器清摺並圖由

已給發三口通商大臣崇咨文札委候補知縣龔令赴局領同各項機器解赴天津交納驗收並預行咨

明總理衙門查照矣仰即點交該委員收領齎解具報清摺鈔圖分別并送并由應道查明現在有無夾板可搭如無夾板只可擇事件之輕小者先由輪船搭解一批其重大之件輪船不肯裝載只可留俟明春另搭夾板是否如斯希查明即覆爲要其委員盤費亦由應道酌給具報可也繳

後路營務處高道稟武毅營咨送官馬飭邳宿二州縣喂養請示由

已札飭江蘇藩臬三司會同查明有驛各州縣每年應買馬匹若干此項官馬如何分派各驛赴領共可派發若干扣抵應給馬價刻日核議辦法詳覆飭遵並將邳宿二州縣喂養麸料等項作何支發一并議

覆矣仰即知照仍候爵閣督部堂批示繳

加函

戰馬發交驛站是猶駛驥使負鹽車也不出一二年僅存其皮與其骨矣鄙意淮徐爲南北咽喉實治亂之所自出不如由尊處留其良者精練馬隊數營以爲未雨綢繆之計此項馬匹甫於上年購自塞外其中必多倜儻不羣之器安得謂當時四十萬匹馬張公嘆其材盡下哉劣者方以付驛庶乎各得其用爾

札飭丹徒縣等記過註册

爲札飭事九月十二日據丹徒縣詳佘鏞等報竇興祥錢店被刦一案勘訊緣由通報到院據此查匪徒箕夜糾衆在城內肆刦拒傷店夥人等贓數多至七

百餘兩該管文武事前既疎於防範事後又無一犯就獲捕務廢弛不問可知且守城員弁不知所司何事任匪出入自由尤屬可恨案關城內被刦非尋常疎忽可比本應立予撤叅姑先將印捕官鎮江營守備各記大過一次以示薄懲除批臬司移會該司詳冊並飭會營勒緝贓盜務獲究報並咨督部堂查考外合行札飭札到該司即便詳冊飭遵毋違

札蘇藩司

山陽縣稟徵漕另加印單呈送各示式並保甲

示式由

據稟已悉徵收漕糧先由冊書給串以致侵欺疲玩百弊叢生該縣獨能於積重之餘力圖整頓具見實

心任事於書差積弊洞見癥瘕深堪嘉尚所呈印單及漕糧定價各示式均屬簡明可行仰江藩司即通飭所屬參酌情形仿照辦理並轉飭該縣知照繳印單示式及原稟一并鈔發

桂道稟水師米價一款擬自八年正月起每石折給銀二兩請示由

爲咨會事十一月十七日據辦理淮揚水師支應所桂道稟稱水師米價一款擬請自八年正月起每石折給銀二兩請示等情到本部院據此查現在江南等處米價每石不過一兩一二錢坐營不比行營亦無轉運之費該道請統照二兩發給使勇丁均沾實惠實於營務有裨除咨湖廣督爵閣部堂酌核飭遵並

稟批司外應否通飭各營照辦之處相應咨請為此合咨貴爵閣部堂請煩查照酌核施行

咨 湖廣爵閣部堂
督 院

飭崑新印委清丈田畝

為札飭事照得清丈田畝所以正經界平錢漕民生國計關係攸重膺斯任者宜如何勤慎辦公廓清宿弊方能無負委任乃訪聞崑新清丈委員於十月初六日開丈每日丈四圖俱託冊書人等往丈該印委則鎮日安坐衙齋並不親至田間督飭丈量確實設使冊書高下其手寬狹不一與不丈何異實屬玩視要務合行札飭札到該印委等除札崑新清丈印委各員務宜振奮精神掃除官氣躬履丈量核實填報將來如查有不實不盡即惟

該印委等是問。又訪聞該處文費。每畝不論荒熟。於
本年條漕上帶收文費四十文。此文費去年已曾收
過。究竟作何開銷。卽由該令等逐一淸查。據實稟復。
毋得徇隱。切切。合行札飭。札到該司卽便一體轉飭遵
照。毋違。

合札崑山新陽二縣 崑新清丈委員

札蘇藩司

加函

文費則年年帶徵。成效則至今未覩。以小民有盡之
脂膏。塡官吏無盡之欲壑。念之痛心。仰祈我公切囑
該印委等。激發日氣。謂志眞丈量。剋期竣事。否則當拔
髮入山。尙敢泚泚恨恨。爲民吏羞耶。

松太道稟教練營勇可否俯如領事所請緩調

請示由

現在蘇省業將撫標兩營裁去老弱改習洋槍勉强足敷巡防英領事以華界等處刦案頻聞意欲緩調鳳凰山一營似亦爲顧全大局起見姑暫照所請辦理惟兵可百年不用不可一日不練仰卽轉移鄭統領會督中外教練朝夕操演使兵勇時刻勤勞不惟鎗法可以嫻熟亦免使該勇因閒生事至此間冬防如將來實有不敷再行酌調統由該道與之熟商總之有用之餉須當養有用之兵此本部院區區苦心也繳

加函

鬪勦鄭提督二營全不操練有名無實或云每勇口糧剋扣至六七錢之多尚未得其確據目前經費支絀如此將官貪肆如彼可不謂之喪心病狂乎營務雖非弟之專政要亦不能熟視無覩前此札撤不動故欲調之來蘇希冀親自督操可以轉弱爲强今渠又求洋人緩頰及其老也戒之在得鄭公之謂矣弟本不答應而爵相謂宜且羈縻之卽祈公就近善言切勸或者此後能認眞整頓則又何求乎

查蘆墟奔牛莫城等處各卡委員司事

爲札查事照得抽釐助餉原屬萬不得已之舉凡司其事者均宜於精核之中寓體恤之念庶幾商販流通餉源日旺乃訪聞蘆墟鎭卡蒯委員忠厚無能任

聽劣幕汪織雲或得賄賣放客船或捉拏漏捐重罰數至七八倍或十倍不等曾於十月間河灘顧姓一船裝載豆餅於黃昏時駛過卡南拏回議罰祇應四五千文其後連罰連謝共用去錢七十八千文船上無錢將客貨變賣了結似此營私苛罰不惟有傷天理亦復上干

國憲又訪聞奔牛釐卡刁難需索怨聲載道其分卡香草河七里港二處司事人等亦肆行索詐並聞該二處每月所收無幾實於公事無益又訪聞莫城南市釐捐總局委員王姓抽釐甚苛凡小販船俱繞向小河避捐以致報捐寥寥亦屬辦理未善合行札查札到該總局卽便遵照密速確切查明稟復以憑分別

參辦。其顧姓罰款。是否歸入私槖。香草河七里港二處應否裁撤。並即分別查明稟復。均毋徇延。切切。

札蘇省牙釐總局

加函

今之爲關也。將以爲暴。念之痛心。務求嚴諭各卡委員。畧爲放鬆一分。俾免往來商販。怨聲嘈嘈。我先生素以理學自命。何致事權在手。遂覺籌餉之念重。愛民之念輕。其實商賈非令稍有盈餘。何以能源源轉輸。諺云。卹商卽以裕餉。固非虛語。比來肝氣上衝。言多無狀。遲日稍愈。再當負荆。但乞先生肯撤奔牛委員某。卽五體投地。不卹也。

飭山陽縣刷印示式呈送

爲札飭事十一月二十五日據該縣申稱遵奉札飭將本年應徵漕糧分别正價運費串票科則錢數逐一條列刊刻告示徧貼曉諭鈔録示式申送查考等情到本部院據此查該縣前送徵收冬漕告示最爲明晰業經行司通行現送科則折價錢數告示既經刊印曉諭何不照刷示式送核合行札飭札到該縣即便遵照將現在所出告示刷印一張同貼過處所開摺刻日呈送查核仍督同櫃書遵照定價秉公徵收提前報解如有匿示不張抑勒浮收情弊一經訪實恐該令無辭以自解也切切

札山陽縣

委查溧陽清丈經費由

爲飭查事照得清糧丈田本屬一事各處皆未分辦同治四年前溧陽縣趙令辦理清糧稟明每畝熟田收經費六十文荒田二十文令各業戶遵照開報費隨册繳通縣共已報熟田三十餘萬畝收費二萬餘串旋因趙令丁艱未能蕆事惟照業戶册報荒熟塡給一單爲憑該令到任後續稟開局查丈未將趙令已收經費確查明白通盤籌畫復於熟田項下請每畝收費一百三十文逾限者收一百五十文較諸趙令所收之數加倍過之業經本部院核駁在案查該縣額田一百十三萬畝有奇近年僅據報熟田三十八萬餘畝本部院訪聞該縣熟田約有五十餘萬之多其中定有隱匿未報以熟作荒之弊一經查丈自

可水落石出。今即以該縣熟田一項照通省清丈章程每畝收費六十文計之約可收錢三萬串加之原收一項共有五萬餘串經費儘可有餘何至每畝派錢至一百三十文之多。該令於百姓脂膏毫不體恤。爲民父母之謂何。至趙令所收一項其中有無開銷。現存何處。有無經書朦混侵蝕等弊。以及現在清丈經費統計約須若干。合行札飭。札到該司卽委　亟卽遵照。確切查明。纏悉稟復。至該縣隱匿未報熟田。該令與吳令亦當不憚辛勞。澈底清查。吳令向來辦事精能。諒能和盤托出。必不致欲吐又茹也。切切特札

合札溧陽縣周令
候補知縣吳令

札蘇藩司

加函致司

以熟作荒之弊。惟蘇屬爲最多。常郡比亦效尤。然農民將熟報荒。必另出一項荒費。官得其一。帳房門上得其一。書差地保得其一。而農民沾光無幾也。此與侵吞
國課何異。而官吏竟公然爲之。眞屬忍心害理。敝處已訪明數縣有確據者。原擬疏請懲辦。又因不教而誅無以開若輩自新之路。卽祈公大聲疾呼。如仍不能動聽。敝處只可和盤托出也。溧陽亦有此弊。并乞密令從速改絃易轍。尤爲禱望。

鎭江府稟重理育嬰堂章程由

據送章程。尚見妥洽。惟聞該堂董事。向不可靠。該守

仍宜隨時察看。毋致一誤再誤。有名無實。又聞該府各善堂經理多不得人。義塾塾師戴姓。止肯收徒五人。衆心亦多不平。該守並宜認眞體察。以資蒙養。切切。仍候督部堂批示。繳。摺存。

太倉州禀捐廉製衣買米賑貧由

據禀已悉。該署牧捐廉製備棉衣米石。賑恤貧黎。洵屬視民如子。樂善不倦。深堪嘉奬。已行司將該署牧記大功一次。註册飭遵。並咨督部堂查照矣。惟施衣施米。尚是第二等文章。最緊最要是訟獄不滯。催科不擾。則百姓受福無量矣。勉之望之。繳。

鎭江府禀塘工無用木植可否運省請示由

據禀塘工無用木植。發商變價較之蘇城低昂太甚。

自可毋庸出售。仰將前項木植。即飭該委員運解來省。以應各項工程之用。繳。淸摺存。

金陵內軍械所稟遵撥洋鎗三百桿交周外委領解由

來牘具悉。舊洋鎗三百桿。已收到發營矣。洋鎗洋礮。實爲軍營利器。此後凡有各營繳到之件。務望分別高下。謹愼收儲。應修則修。不可惜費。務使歷久常新。一遇前敵催提。方不致臨時竭蹶。至軍械所洋鎗匠斷不可省。其收儲好鎗。必須裝箱另放高處。方能耐久。仍錄報李中堂。繳。

江都甘泉縣會稟候補副將秦大發來揚募勇由

稟悉。候補副將秦大發。係蘇州城守營幫帶。因該營現須裁汰老弱。另招精壯經戰之勇百名補之。該將本係勳軍營官。自言舊部精銳。均多散在揚州一帶。是以飭發盤川銀二百兩。前往挑選。仰即確密查探有無招搖騷擾。所招之勇。是否結實可靠。即速飛稟察奪。繳。

飭議籌給壽婦沈蔡氏餼贍

爲札飭事。據吳縣訓導程貽孫稟稱前赴洞庭西山宣講鄉約。並留心采訪。見該處俗尚敦龐。人多壽考。偏歷吳縣所轄各鄉。仁𡖊無出其右。茲查有三十五都十一圖里名匯上民人沈建勳年八十有五。其母年百有六歲。子一。年三十一歲。孫一。年二十九歲。曾孫二。一年五歲。一年三歲。五代同堂。洵屬熙朝人瑞。卑職親至其家。慰問兩次。並悉建勳秉性至孝。鄉黨咸稱。除巳由舟頭巡檢袁鍾琳具稟太湖廳給匾通詳在案。復查沈建勳家況極貧伊子與孫在楚幫夥爲業。祇能自食其力。家中老幼衣食難周。並有寡弟媳吳氏年六十五歲亦甚貧苦。卑職目擊心傷用敢仰懇憲恩。可否籌款月給錢米。以資養贍等情前來。查古人於民年九十以上。爲復子孫。令得身卹妻妾遂其供養之事。所以禮高年。助孝順也。今該民沈建勳之母。年逾百歲。五代同堂。而該民又能孝事其親。見稱鄉黨。實屬可嘉。若任聽其衣食難繼。殊非養老勸孝之道。除沈蔡氏百歲五世同堂業經

題請

旌表外合行札飭。札到該司卽便飭府酌議。籌給錢米。每月若干。俾該民沈建勲得以遂其孝思。且使白髮黃童。得以含哺鼓腹於光天化日之下。亦屬鄉里盛事。卽速籌議具報毋違。此札

札蘇藩司

諭永提順公和行號嗣後親族來蘇由行墊送洋銀勸令還家

諭永提順公和行號知悉。照得本部院巡撫三吳。懔奉官箴。清操自勵。下車以來。所有舊規槪行裁汰。月中所入。祇有飧廉一款。除飧廉之外。如有絲毫進益。便爲天地鬼神所不容。現在幕友脩金。署中伙食。尚且不給。實無餘力可顧族黨。是以本年來署中官親紛紛

告歸。蓋因此間約束甚嚴。不能寸步出門。而又毫無出息。是以皆不願留此受苦也。乃自正月以來湯坑族人親戚接踵而來。每一人來此間必凑送數十元。在領者不見其多。在送者一人須數十元。一年約六一人。計之便須數千元矣。實屬無款可給。且自豐至蘇爲程數千里。族戚來者得此數十元。除去往返盤川。亦毫無餘剩。而又大海茫茫。風浪拍天。頭暈目眩。眈驚受怕。我尤過意不去。是此間每人自費此數十元。而於來者並無分文裨益。而又空受長途許多驚恐也。若爲圖館起見。則此間不准屬員請託引薦。豈自已又可薦人與屬員乎。查湯坑來蘇路過汕頭。必以永提順公和爲居停。汝二行若不代爲雇搭海船。則來者亦不能遽然而至。為此諭仰該行號知悉。嗣後如有本部院族人親戚等已至汕頭要來蘇州者。爾行中即為墊送每人洋銀五元。勸令還家。如彼實有不得已之苦衷。亦可囑令寫信。由行中代為轉寄蘇州。則見信如見其人。此間自當酌量寄贈銀兩。俾有實濟。庶來者免飄洋過海之苦。得少可以當多。此間亦不至以應酬不周得罪於鄉里鄉黨。實為一舉兩得之道。此係為我族人親戚通盤打算。免伊在大海中受驚受恐起見。思之諒之。至如行中代送之款。按月彙開寄蘇。本部院如數繳還。不以相累。此諭。